湛庐文化
Cheers Publishing

知识让世界更简单！

中国资产管理行业发展报告

短兵相接中资产管理格局的重构

巴曙松　陈华良　王超　等◎著

中国人民大学出版社
·北京·

中国资产管理行业发展报告课题组简介

课题主持人

巴曙松 研究员 国务院发展研究中心金融研究所研究员，中国银行业协会首席经济学家

课题协调人

陈华良 华中科技大学中国金融市场研究中心博士

王 超 中国科学技术大学管理学院金融研究中心博士

合作的金融机构

九鼎投资 吴雪征

交通银行 施峥嵘、王敏、陈新桥、骆克龙、马小伟

国信证券 杨伟、何诚颖、卢宗辉、张龙斌

诺亚财富 连凯、邓伟岩、李要深、袁源、肖闰月、袁力、孙治香、陈延博、羌纳

源乐晟投资 曾晓洁、吕小九、胡一帆

百瑞信托 高志杰、程磊、曹安定、汪要文

民生银行 刘天凛

课题组成员

郑 弘 北京中改金研经济咨询有限公司

徐小乐 中国农业银行总行私人银行部

金玲玲 中央财经大学金融学院

刘少杰 中央财经大学金融学院

王月香 中央财经大学金融学院

邓　鑫　　国金证券研究所
蔡政元　　安邦保险集团
王　茜　　中央财经大学金融学院
曹　娜　　中银基金管理有限公司
白　铂　　上海财经大学
杨　倞　　北京大学汇丰商学院
殷　铭　　北京大学汇丰商学院
吴　凡　　南开大学
郑子龙　　南开大学
张晓龙　　中国科学技术大学
周冠南　　中央财经大学金融学院
云佳祺　　中央财经大学金融学院
叶　聃　　中央财经大学金融学院

·推荐序·

资产管理，服务社会与经济的有效载体

李　伟
国务院发展研究中心主任，研究员

在《2012年中国资产管理行业发展报告》发布之际，编委会邀我作序。恰逢全社会都在倡导经济转型和金融业更好地服务于实体经济，由此，我就资产管理与经济转型和实体经济发展之间的联系谈一点想法。

2012年召开的第四次全国金融工作会议指出，未来一段时间金融工作要坚持金融服务实体经济的本质要求，为经济社会发展提供更多优质金融服务，加大对薄弱领域的金融支持。要实现这一目标，关键是提高金融资源的配置效率，从而提高金融市场运行效率、改善金融体系的风险管理水平、推动技术创新和完善财富分配，而这需要各类金融产品与工具作为载体。

在诸多金融服务工具载体中，资产管理业务占据着重要地位。

第一，资产管理业务有着广泛的社会需求和市场需求。现代资产管理业务已经从过去相对狭窄的基金投资、证券投资等领域拓展出来，其内涵与外延也正在显著扩张，丰富的资产管理产品及其供应者和需求者共同构成了广义的资产管理行业。因此，在一定程度上，资产管理不仅是一项金融业务，它还涉及政府机构、金融机构、企业、居民，也涉及国民经济改革发展的诸多领域。

第二，资产管理业务的健康发展，本身就是一个提高金融资源配置效率、促进金融市场创新的过程。近年来，银行体系资产规模迅速扩张，与此同时，在货币紧缩条件下，影子银行体系也出现了快速成长，这在一定程度上反映了货币政策紧缩环境下，不同行业资产配置的现实需求。与此相类似，我们也可以看到，在美国历史上基础货币投放增速较高的时期，如 20 世纪七八十年代，美国 M2 增速在多数年份都达到 10% 以上。在这种情况下，资产管理业务就会快速发展，产品创新频出。

美国资产管理行业在 1970—1982 年间发展迅速，共同基金行业总资产从 476 亿美元增长到 2 562 亿美元。在 1982 年，货币市场基金的资产总额占到行业总资产的 70%。在 21 世纪刚开始的几年，美国 M2 增速经过长期调整后又上升至 8% ～ 10%，这一阶段也正是 ETF、对冲基金、结构化产品等创新加快的时期。

第三，大力发展资产管理行业，可以为化解当前金融体系中的一些结构性风险提供备选的途径和工具。例如，资产证券化业务对于部分地方平台贷款债务问题的化解，可能是一个值得考虑的选择；房地产信托基金（REITs）在保障房建设进程中，可以吸收更多的民间资本；传统产业的调整和新型产业的兴起，使得并购基金等并购重组产品的创新空间凸显；一些地区民间融资需求旺盛，中小企业因为多方面的原因从传统金融体系获得融资支持的难度加大，加快面向小微企业的金融创新，特别是发展一些面向小微企业的直接投资产品，有助于资金需求方与供给方的市场化对接，从而为经济体系中的薄弱领域提供金融支持。

第四，资产管理行业的健康快速发展能够为中国金融市场的逐步开放提供更有深度的市场支持。例如，随着人民币在跨境贸易投资结算中应用的不断扩展，如何发展以人民币计价的各种金融产品、为境外人民币持有者提供更多货币管理和资产配置工具，就成为一个必然要面临的课题。分析第二次世界大战后日元的昨天和今天，应有可借鉴之处。

日本从 20 世纪 70 年代左右开始启动日元国际化进程。尽管当时日本也在尝试发展货币和资本市场，例如在海外市场大量发行日元债券、发行日元计价的中长期贷款、允许国际投资者进入日本股票市场等，但总体来看，以日元计价的货币管理工具还不完善，以日元作为贸易结算的比例仍然较低。据推算，目前日元在全球出口和进口贸易中的计价比例不到2%，在外汇和衍生品市场的交易规模也不到10%。

因此，要逐步推进中国金融体系的平稳开放，需要加快发展有深度的、以人民币计价的金融产品和资产管理工具。

第五，资产管理业务有助于优化居民的金融资产配置，提升扩大内需的动力。经济转型要求进一步提升消费对经济增长的贡献率，这除了要完善分配制度，增加居民收入总量外，更需要优化存量资产配置，提高财富管理效率，释放更多的经济活力。

一方面，当前居民所面对的财富管理产品种类偏少、深度不够。目前中国城乡居民的资产配置结构性缺陷突出，主要集中于房地产和存款，分别占51%和32%，配置于股票、债券、保险产品等金融资产的仅占13%。而美国居民资产配置相对比较均衡，股票、不动产和养老保险金的配置比例分别为30%、28%和23%，其他20%配置于存款和债券。虽然，这种配置结构有适应美国过度超前消费的一面，但是，这种对比也直观反映出中国居民资产配置工具的匮乏。

另一方面，不同收入阶层的居民的金融服务需求也开始出现分化。阶段性的通胀压力使得中低收入阶层需要低风险的保值工具来对抗通胀；中产阶级则需要更为灵活的资产管理产品来平衡当前消费与未来保障，提升生活质量；而高收入阶层对个性化的财富管理需求也明显增加。在这样的背景下，做大资产管理行业，特别是财富管理行业的空间巨大。

资产管理业务在社会经济发展中所发挥的重要作用，使得研究和探讨资产管理行业的发展问题，成为一个持续而又重要的课题。巴曙松研究员和他组织的研究力量，七年来一直关注资产管理行业的变化和发展，坚持每年出版一本资产管理行业发展报告来记录和评估这个行业的演进历程。回顾他们这几年的研究重点，从最初重点关注共同基金产品，拓展到关注财富管理的模式创新，再到近两年延伸至与政府机构，金融机构和企业相关的股权投资、信托产品、理财产品等。研究领域的不断拓展，本身也反映了中国资产管理行业边界的拓展。

与往年一样，今年的资产管理报告就业界关注的一些关键问题进行了深入探讨，其中包括资产管理行业发展的内在创新逻辑、对冲与结构化的资产管理投资策略、理财产品市场发展的宏观影响与微观作用、股权投资行业经历高速发展后的未来方向，以及信托行业的成长法则与未来展望等。这些都是当前资产管理行业的重要课题，许多课题无论是理论思考还是实践探索，当前都可以说只是处于起步阶段，希望他们的研究可以引发更多深入的分析与讨论，以促进整个资产管理行业的健康发展。

是为序。

·前 言·

中国资产管理行业，交锋互动中的发展与挑战

巴曙松
国务院发展研究中心金融研究所研究员
中国银行业协会首席经济学家

在 2011 年年末构思《2012 年中国资产管理行业发展报告》的写作框架时，我们回顾并讨论了中国资产管理报告过去六年的写作轨迹。从一开始着手这项基于资产管理行业的跟踪研究，我们的定位始终是尝试成为中国资产管理行业发展的独立、客观的观察者。在研究起步时期，我们更多是从数据分析、事后行业分析的角度来观察，这种研究方法更适用于行业的快速成长阶段。随着研究的深入，加之中国资产管理行业进入到了更为复杂的转型阶段，越来越多的金融机构参与其中，不同子行业采取不同的商业模式，面临不同的发展环境，传统的研究方法只能做到记录行业发展的静态数据，对于行业发展驱动因素给出合理解释的难度加大。

为了促使我们的研究更加与市场一线的动态相结合，在之前几年的报告中，我们已经开始尝试邀请资产管理行业的专业机构和专业人员参与写作，来增加整个报告的现场感。但是前几年的参与内容更多的是不同行业机构的独奏，而且之前的资产管理行业基本上是基金行业一家独大，其他类型金融机构的参与比例并不高。但在过去的 2011 年，不同行业之间的交锋互动变得频繁，银行理财产品

成为资产管理行业中规模最大的品种之一，信托产品也保持快速增长态势，基金、券商理财、阳光私募等规模则相对萎缩。不同行业之间的资金流动十分明显，不同行业均开始在产品布局、业务拓展、客户开发等方面寻找自身的创新路径。

有鉴于此，我们在《2012 年中国资产管理行业发展报告》中，邀请了国信证券、交通银行、九鼎投资、诺亚财富、百瑞信托、源乐晟投资、中国民生银行等外部专业机构的专业人员，分别就各自所在的，与资产管理相关的子行业 2011 年业务的开展情况，以及未来的发展战略进行详细阐述，重点分析所处行业与其他资产管理行业的相互影响。通过让这些一线专业人士参与，可以明确不同类型资产管理机构的战略和重点，能够比较清晰地勾勒出当前中国资产管理行业的生态环境，得到很多有参考价值的结论。

例如，国信证券的数量分析结论显示，信托理财产品与公募基金和集合计划分别为替代品，而与公募基金的替代性更强。信托理财产品预期收益率每增加 1%，则公募基金的平均发行规模将下降 0.23%，而集合计划的平均发行规模下降 0.15%。而百瑞信托的研究显示，信托作为业务范围十分灵活的资产管理机构，与银行、保险、券商、基金等其他类型金融机构开展不同形式的合作，横跨货币市场、资本市场和实业投资领域，在资产管理行业的转型阶段展示出强大的创新活力。信托公司通过参股地方性金融机构强化产品营销能力，信托借助基金参与定向增发，而基金借助信托公司进行专户募集资金。

本书包括以下的内容：

第一部分，重点是立足于整个中国资产管理行业的宏观视角，运用客观的理论和数据分析，研究各资产管理子行业的发展路径。值得一提的是，本书中有关国内私募股权投资行业的研究章节，在蔡政元博士的主笔下取得了新的进展，从更为全面的角度总结了当前 PE 行业的发展特点，分析了 PE 行业繁荣背后的隐忧。私人银行、银行理财和信托等章节也在持续研究的基础上，对行业的分析有了新的进展。

第二部分，重点是汇集资产管理行业中不同类型的金融机构从不同侧面的判断和分析。这个部分主要围绕 2011 年流动性偏紧、企业和居民杠杆率下降、经济增长中枢下移的宏观背景，就不同类型资产管理业务受到的冲击、挑战，相互作用以及相应对策，对未来业务发展的影响等课题进行阐述。其中，民生银行、国信证券、交通银行、九鼎投资、诺亚财富、百瑞信托、源乐晟等外部专业机构都给予了大力支持，将自身的经营模式、发展战略思考、具体业务实施路径等宝贵的经验和看法与广大读者分享。

第三部分，重点是对公募基金行业的集中研究，也是本报告持续研究的重要内容之一。《2012年中国资产管理行业发展报告》分别从海外基金行业发展总结、中国基金业投资业绩、产业发展和市场营销四个方面进行研究，延续以往的研究视角和模式，通过集中安排相关内容，更加便于读者对比国内外基金的发展情况。

附录是资产管理行业发展的年度数据，供读者参考。

本年度报告由我和陈华良博士、王超博士负责总体协调和具体组织以及全书的统稿、修订、讨论、出版等事宜，最后由我对全书进行全面修订统稿。各章节起草人员包括：巴曙松、陈华良、王月香、叶聃起草第1章；巴曙松、王超、杨倧起草第2章；郑弘、白铂起草第3章；徐小乐、曹娜起草第4章；刘少杰、云佳祺、周冠南起草第5章；王茜起草第6章；蔡政元、吴凡起草第7章；高志杰、程磊、曹安定、汪要文起草第8章；杨伟、何诚颖、卢宗辉、张龙斌起草第9章；吴雪征起草第10章；曾晓洁、吕小九、胡一帆起草第11章；施峥嵘、王敏、陈新桥、骆克龙、马小伟起草第12章；刘天凛起草第13章；连凯、邓伟岩、李要深、袁源、肖闰月、袁力、孙治香、陈延博、羌纳起草第14章；金玲玲、郑子龙起草第15章、第16章和第17章；邓鑫起草第18章；张晓龙起草第19章；殷铭起草第20章；刘少杰、云佳祺、周冠南整理附录。

我们十分感谢湛庐文化的编辑团队为本书的出版所付出的专业努力，同时，也十分感谢国务院发展研究中心主任李伟专门为本书作序推荐，感谢国信证券股份有限公司董事长何如，九鼎投资合伙人黄晓捷，百瑞信托有限责任公司董事长马宝军，诺亚（中国）财富管理中心CEO汪静波等的积极推荐，有了他们的鼓励和支持，我们的研究也有了继续前行的动力。

希望每年一度的资产管理行业发展报告能够对读者有所帮助。当然，报告的缺陷和不足在所难免，欢迎各位读者指正，以便我们在下一步的研究中不断改进和提高。

·目录·

2011年，中国资产管理行业竞争格局发生转变，曾经宁静的蓝海被染成了一片乱战的红海。在重构的局面下，“创新”成为中国资产管理行业发展的主旋律。从横向拓展到纵向融合，转型中的中国资产管理行业如何驱动内在创新的引擎？券商、保险、基金、银行、信托等五大领域，在短兵相接中，如何领衔群雄逐鹿的资本时代？

|第二部分|

机构视角下的资产管理发展与挑战

2011年，国内单一市场运行低迷，经济增长放缓预期明显；国外欧债危机此起彼伏，经济前景难以预料。在这种内外交困的环境下，中国基金行业哀鸿遍野，PE行业惨烈洗牌，证券行业深陷泥沼……但是，每一次危机都是涅槃重生的机会。谁是真正的王者？谁能化危机为契机，引领中国资产管理行业的未来？

|第三部分|

中国及海外基金行业梳理

曾几何时，基金是资产管理行业最为耀眼的一颗明星。但近年来，基金行业一家独大的霸主地位受到强烈冲击。新基金发行数量再度井喷的现象，无法掩盖基金行业吸金能力下降，资产不断流出的事实。放眼未来，基金公司能否在投资策略选择、机构规划、营销方案等方面进行积极尝试？基金行业能否浴火重生，重现锋芒？

|附　录|

中国资产管理行业发展数据

|第一部分|

短兵相接中资产管理格局的重构

2011年，中国资产管理行业竞争格局发生转变，曾经宁静的蓝海被染成了一片乱战的红海。在重构的局面下，“创新”成为中国资产管理行业发展的主旋律。从横向拓展到纵向融合，转型中的中国资产管理行业如何驱动内在创新的引擎？券商、保险、基金、银行、信托等五大领域，在短兵相接中，如何领衔群雄逐鹿的资本时代？

第1章

创新，资产管理行业持续成长的引擎

■ 本章导读 ■

■ 美国资产管理行业的产品创新体现在三个层级的递进发展上，分别是基础产品的种类扩张、基于核心产品的组合和策略变化、适应宏观经济变化的产品创新。

■ 在产品创新的引导之下，美国资产管理行业的行业格局已基本稳定，并形成了共同基金为主体、养老基金广泛参与、商业银行集理财与信托于一身、第三方独立理财引领高端的多层级行业格局。

■ 中国现阶段资产管理产品的创新在三个层级上均有发展空间：在基础产品层次上，交易所市场利率产品、基础衍生品等待完善；在组合和策略变化层次上，融资融券的推出使得多空股票、市场中性等投资策略得以实施；现阶段行为发展遇到的瓶颈为垃圾债券、并购基金、房地产信托基金、资产证券化等的推出提供了很好的契机。

近年来，中国资产管理行业发展迅速，基金行业产品种类不断丰富。在此基础上，多种资产管理机构相继为投资者带来了多元化的投资渠道，形成包括理财产品、信托、私人银行财富管理等多元产品的格局。

理论上讲，资产管理是指机构投资者所收集的资产被投资于资本市场的实际过程。而一个明显的判断是资本市场的波动跟随经济周期也具有周期性，因此资本市场所吸收的管理资产也必然有周期性波动的特征。事实上，美国共同基金业近 15 年的发展和中国资产管理行业近 5 年的数据均证明了这一点。

但是，我们看到的资产管理行业的成长性，要么来自于机构投资者收集资产的增加，要么来自于投资于资本市场实际领域的扩张，这两方面构成了资产管理行业的成长性。过去我们着重研究了管理资产外部总量增加的内在逻辑，现在我们将进一步研究资产管理行业扩张的内在逻辑和路径。

资产管理行业的周期性与成长性

美林投资时钟理论是资产配置领域的著名理论，该理论将资产品种的表现与经济周期联系起来。在经济的衰退期、复苏期、过热期和滞涨期，债券、股票、大宗商品和现金组合的表现依次超过大市。我们将美林投资时钟理论应用到中美两国的资产管理行业中，得出以下资产管理行业周期性规律。

在美国共同基金业中，我们观察了近 15 年的数据，发现股票型基金，债券型基金以及货币型基金的资金净流入规模在美国经济发展的不同阶段表现出此消彼长的特征。

- 在过热期（1996—2001 年），表现最好的是股票型基金和货币型基金。
- 在衰退期（2001—2002 年），股票型基金产品和货币型基金走势转颓，债券型基金产品显示出强劲走势。
- 在复苏期（2002—2006 年），股票型基金和货币型基金逐渐恢复，债券型基金规模收缩。
- 在滞胀期（2007—2008 年），股票型基金和债券型基金净流入缩水，货币型基金表现良好。

在中国资产管理行业中，我们观察了基金产品、阳光私募产品、券商集合理财产品和信托产品近 5 年的数据，发现在经济发展的不同阶段，资产管理产品的发展规模随着标的基础资产的投资时钟规律此消彼长。

- 在过热期（2006 年 2 季度至 2007 年 3 季度），随着股市的火爆，以股票为标的的资产管理产品发展迅速，主要代表是公募和阳光私募的股票型基金。
- 在滞胀期（2007 年 4 季度至 2008 年 1 季度），公募货币基金规模快速上升。
- 在衰退期（2008 年 2 季度至 2009 年 1 季度），债券产品表现出色，其中公募债券基金和券商集合理财产品中的债券产品均有了迅猛发展。

- ○ 在复苏期（2009 年 2 季度至 2010 年 2 季度），以股票为标的的资产管理产品表现良好，公募和阳光私募中的股票型基金以及券商理财产品中的股票产品均表现较好（如图 1—1 所示）。

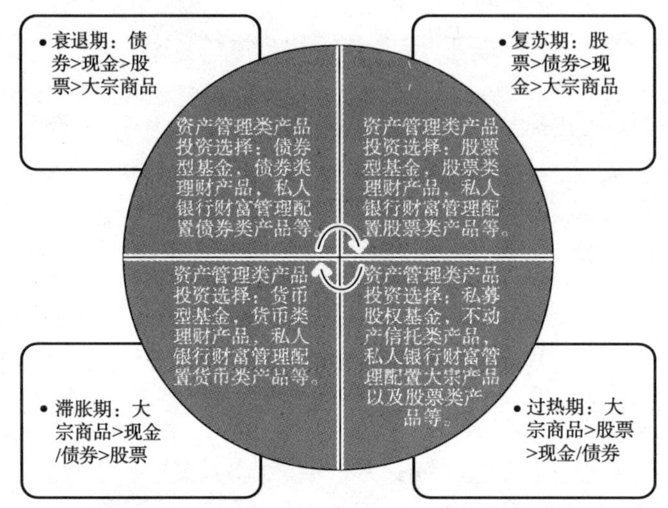

图 1—1　资产管理行业投资周期性规律表

资料来源：美林投资时钟报告，课题组。

无论对于美国还是中国的资产管理行业，投资时钟模型都很好地解释了产品配置的周期性。然而，如果不同资产管理产品只表现出周期性的此消彼长，那么，整个资产管理行业的规模也应当是周期性的增加和减少。但是，我们看到，无论是中国还是美国，广义范围上的资产管理规模都是在不断扩大的。

- ○ 从美国看，共同基金的主体地位逐步稳固，而独立第三方的财富管理成为新形势下引领整个资产管理规模不断增长的重要源动力。
- ○ 从中国看，虽然在 2009 年和 2010 年，基金的发行份额出现了一定下滑，但是阳光私募、信托产品、券商集合理财等产品的资产规模增长足以抵消基金份额的下降（如图 1—2 所示）。

因此，我们需要进一步探讨资产管理行业发展的成长性问题。**在经历一轮又一轮的经济和货币周期之后，资产管理行业的配置是不断重复还是螺旋式上升？如果是螺旋式上升，那么支撑整个行业不断上升的动力又源于何处呢？**

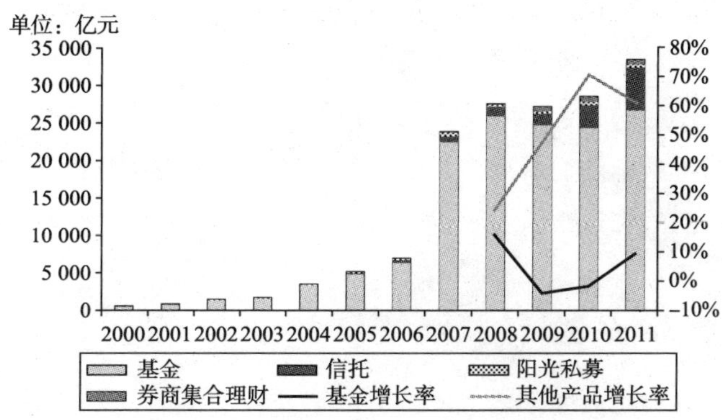

图 1—2　中国资产管理行业发行规模变化

资料来源：Wind 数据库，课题组。

在 2011 年的报告里，我们从行业外部因素的角度，运用产业周期模型，分析了需求增长、技术改进、政策影响和社会习惯对资产管理行业成长的推动作用。今年，我们将从行业内部视角，即资产管理产品的不断创新，来探索推动资产管理持续发展的引擎。

产品创新，永恒的话题

经过了 80 年的快速发展，美国共同基金业依然呈现出繁荣发展的景象。长期持续的发展以及基金业绩的稳定增长，似乎在向人们证明整个基金行业的发展基础像冰川一样坚固。虽然基金行业作为一个整体在整个资产管理行业中的地位不可动摇，但基金业内部的竞争一直非常激烈，市场份额也持续在向优势企业聚集。

> 从行业的集中度指标 HHI 来看，美国基金业 2005 年 HHI 指数为 400，2010 年年末，这一指数上升至 465，表明行业的集中程度进一步上升。而 2010 年的数据也显示，美国基金业规模排名前五的公司市场占比为 40%，规模排名前十的公司占比为 53%。

激烈的竞争使得行业的重组及并购更为频繁。**决定孰胜孰败的因素中，除**

基金的营销策略、规模优势以外，能够推动整个行业持续发展的动力当属产品创新，产品创新是基金业永恒的话题。

除了共同基金，各种形式的新产品以及新机构也不断涌现，资产管理产品大家族的成员不断增加。资产管理产品的创新推动着美国资产管理行业稳固发展，屹立于活跃的资本市场而不倒。

美国资产管理产品创新的三大层级

美国资产管理产品的创新主要分为以下三大层级。

第一层级：基础产品的种类扩张

资产管理行业发展初期，对于股票、债券等传统产品的依赖性非常强。自从20世纪30年代，格雷厄姆出版了著名的《证券分析》以后，很长一段时间内，专业的投资界基本上都据此进行基本面分析，追求传统主动型价值投资。**资产管理的第一层级也主要体现在基础产品范围的拓展。**

- 从基金内部产品看，货币市场基金作为一种基础的基金产品，其崛起极大地完善了基金的品种；
- 从整个资产管理产品的角度看，另类投资产品的不断发展拓展了基础资产管理产品线。

1. 货币市场基金，在滞胀环境下崛起

20世纪70年代以来，西方国家出现了新的经济现象——滞胀，经济增长停滞与通货膨胀并存，经济陷入全面危机。

> 1973年，第一次石油危机的爆发，标志着长达十年的滞胀阶段的开始。这一时期，美国的通货膨胀率平均为8.75%，在1974年达到第一个高峰11%，在1980年达到第二个高峰13.5%；而同一时期，实际GDP增长率平均仅为1.42%，1974年、1980年和1982年甚至出现负增长。

为了刺激有效需求，财政支出不断扩大，西方七国（美、日、西德、法、英、意、加）政府支出占GDP的比重从1967年的31.6%上升到20世纪70年代的35%，1982年甚至达到了40.4%。同时，货币供应量高速增长。20世纪60

年代被称为美国“繁荣的十年”，在凯恩斯主义的指导之下，货币环境已经相当宽松，M2 年均增速达 7%。1970—1982 年，M2 以更高的速度增长，年均达到 9.3%。这虽然创造了更加宽松的货币环境，但也是通货膨胀不断高企的根本原因。而与此同时，联邦基金利率也两次攀升至峰值，1981 年的最高值达到 20%。

股票市场的情况相对平稳，道琼斯工业平均指数和标普 500 指数在整个时期基本呈平稳波动状态，虽然在 1974 年和 1981 年由于危机的加重出现下跌，但从 1982 年开始迅速反弹。纳斯达克综合指数相对走高，1982 年以后涨速明显加快（如图 1—3 所示）。

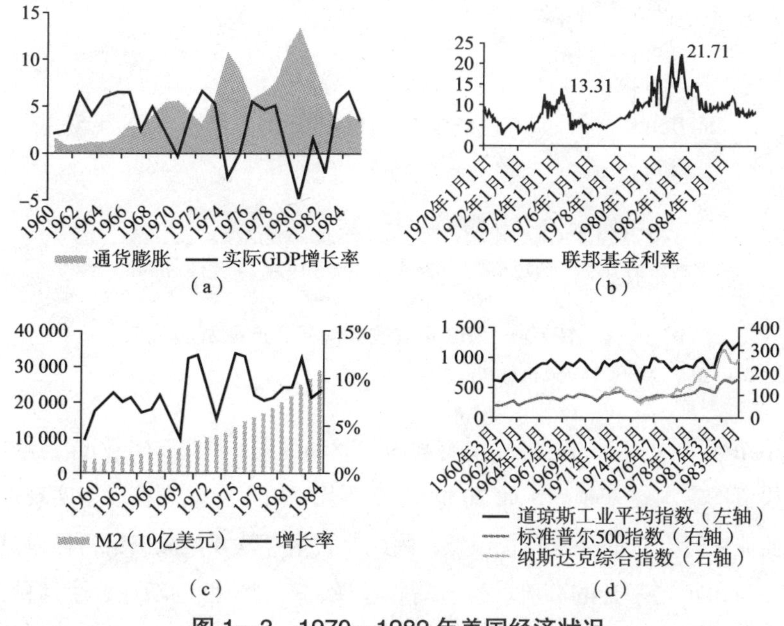

图 1—3　1970—1982 年美国经济状况

资料来源：Wind 数据库，课题组。

在这一背景之下，货币市场基金得到了空前的发展。1971 年，美国历史上第一只货币市场基金——联邦储备基金（The Reserve Fund）诞生。由于存款利率受管制，所以创新性的货币市场工具收益率远超过银行等储蓄机构提供的收益率。但美国货币市场工具具有较高的进入门槛，并不是所有投资者都可以直接参与。在此背景下，联邦储备基金聚集小额投资资金、发挥聚少成多的优势，瞬间成为广大投资者最青睐的投资产品。此后，货币市场基金得到了长足的发展。截至 2010 年年底，美国货币市场基金产品达到 652 只，资产规模达到 2.8 万亿美元，占美国共同基金资产总额的比例超过 20%。

如图 1—4 所示，1970—1982 年，整个行业的总资产从 476 亿美元增长到 2 562 亿美元，其中贡献最大的为货币市场基金。1982 年，货币市场基金的资产总额占到行业总资产的 70%。权益基金在 1973 年和 1974 年有所下降，这和股票市场的短暂下跌有很大关系。相对而言，债券型和收入型基金增长较稳定且缓慢。

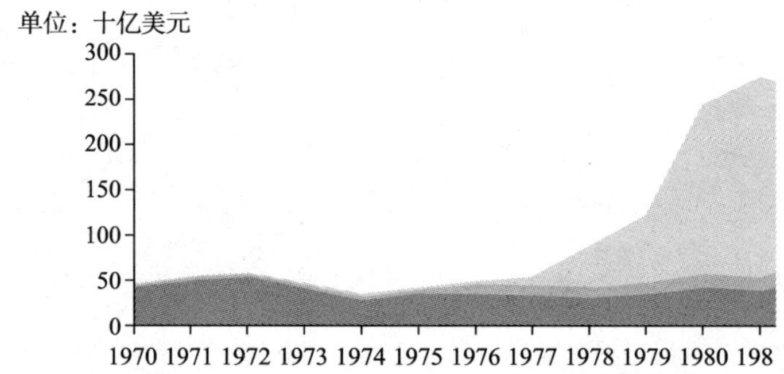

图 1—4　1970—1982 年美国共同基金产品发展情况

资料来源：ICI，1997 Mutual Fund Fact Book。

货币市场共同基金的迅猛发展有其内在驱动因素。随着财富和储蓄的增加，居民对投资的需求越来越高，而 20 世纪 70 年代，由于存款利率尚未实现市场化运作，商业银行支付的存款利息很低，因此，大量存款开始流出银行体系进入资本市场。货币市场基金的高流动性、高收益性、高安全性创新迎合了这种需求。加之通货膨胀严重，利率走高，债券的价值下降，因此，债券型和收入型基金的吸引力下降。而股票市场的名义收益率增长不大，在扣除通货膨胀之后，其真实收益率并不乐观。这些都给货币市场共同基金的发展提供了很大的空间。

2. 另类投资产品拓展

在另类投资产品内，艺术品、葡萄酒、钟表等投资的不断发展丰富了另类投资产品。甚至，一些看起来与金融领域毫无关联的衍生产品，如天气类、巨灾类衍生产品也被开发出来用于避险。

● **艺术品投资。**对艺术品的投资是另类产品中发展相对较早的品种。艺术品投资的吸引力主要表现在三方面：（1）高回报率；（2）低波动性；（3）与其他资产收益的低相关度。

1957—2007年的50年间，艺术品和艺术精品的投资回报率分别为4.18%和5.9%（如图1—5所示），仅次于全球股市和标普500的收益率，平均超出美国短期国库券（T-bill）收益率3个百分点。而根据梅摩世界艺术品综合指数[①]，艺术品投资在2007—2011年的指数增长了7.7%，高于标普500全收益指数4.8个百分点。

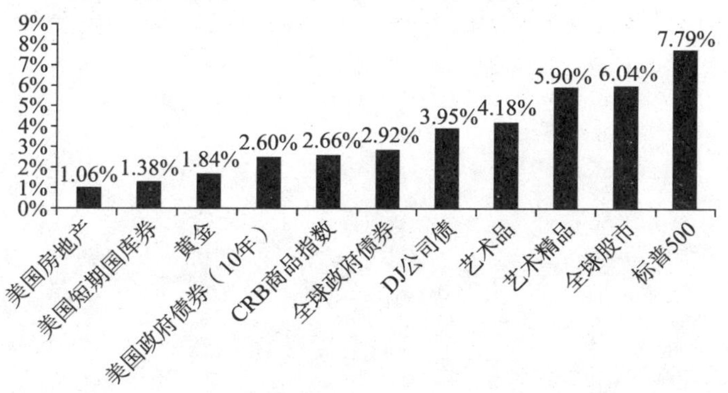

图1—5　1957—2007年各类资产回报率（年均收益率）

资料来源：L.Renneboog&C.Spaenjers，2010。

艺术品，尤其艺术精品的稀缺性使得艺术品投资具有较高的收益率，而且其持有时间通常为5到10年，这种低流动性使得艺术品投资收益能够保持相对较低的波动性。梅摩世界艺术品综合指数也显示，艺术品投资的年均复合收益率在过去10年和25年的波动性均低于标普500全收益指数（如表1—1所示）。

表1—1　　指数波动性比较（以2011年为基础）

时间段	梅摩世界艺术品综合指数	标普500全收益指数
过去10年	14.1%	20.5%
过去25年	17.6%	18.2%

资料来源：http://www.artasanasset.com/market/

① 梅摩世界艺术品综合指数涵盖了纽约、伦敦、阿姆斯特丹以及中国香港地区，包括八大艺术品门类，有27 000多对数据，时间跨度为200年(1810—2010年)，这是目前艺术品市场上涵盖全球拍卖记录时间跨度最长的艺术品指数。——作者注

此外，艺术品除了本身投资收益率较高、波动性较低之外，与其他资产的收益相关度也较低。根据 L.Renneboog 和 C.Spaenjers 的研究，艺术品与美国短期国库券、黄金等资产的相关系数都相对较低，如艺术品与全球政府债券的相关系数仅为 0.17，而艺术精品的相关系数则更低（如表 1—2 所示）。在投资组合中加入艺术品，尤其是艺术精品，能够在某种程度上降低投资组合的风险。

表 1—2　各类资产相关系数

	艺术品	艺术精品	美国短期国库券	美国政府债券（10年）	DJ公司债	全球政会债券	标普500	全球股市	黄金	CRB商品指数	房地产
艺术品	1										
艺术精品	0.86	1									
美国短期国库券	0.08	0.1	1								
美国政府债券（10年）	0.08	0.01	0.43	1							
DJ 公司债	0.14	0.07	0.41	0.95	1						
全球政府债券	0.17	0.11	0.37	0.93	0.92	1					
标普 500	0.32	0.27	0.38	0.48	0.49	0.47	1				
全球股市	0.47	0.38	0.3	0.4	0.41	0.47	0.9	1			
黄金	0.23	0.25	−0.47	−0.1	−0.1	0	−0	0.16	1		
CRB 商品指数	0.27	0.35	−0.3	−0.25	−0.15	−0.17	−0	0.08	0.54	1	
房地产	0.28	0.16	−0.22	0.05	0.06	0.13	−0.1	0.07	0.1	0.12	1

资料来源：L.Renneboog & C.Spaenjer，2010。

● **葡萄酒投资**。对葡萄酒进行投资，在国外已经有三百多年的历史。这种投资方式将葡萄酒收藏和金融投资巧妙结合，是一项集爱好与投资为一体的商业活动。初期的葡萄酒投资形式仅限于对现酒的投资，表现为直接向酒庄购买投资级葡萄酒，或在二级市场上购买成品。随后，投资方式不断发展，出现了投资期酒（以期货形式出售的葡萄酒，把还不能上市的半成品提前出售）、投资葡萄酒庄园，甚至出现了葡萄酒投资基金，投资者的资金被集中在一起，用来买入葡萄酒进行交易，以期获利。这种形式使得投资人群由专业的葡萄酒人士扩展到对葡萄酒不甚熟悉但又想参与投资的投资者。**葡萄酒投资基金的产生标志着真正意义上的金融形式的酒类投资的产生。**

葡萄酒投资风靡的重要原因是其较高的收益率，它是全球投资回报最稳定的品种之一。英国嘉士德公司对1980年以来的三十多年国际上6种主要投资品的累计回报率做了统计，结果显示：钻石上涨1.49倍，黄金上涨1.68倍，中国瓷器上涨16.67倍，古典名画上涨16倍，而顶级名酒上涨37.69倍。

● **名表投资**。钟表投资的第一次浪潮源于20世纪80年代纽约名流开始佩戴古董表。1985年，名表的价格在一年之内上涨超过30%，并持续走高，直至1991年世界经济陷入衰退。从1995年开始，随着世界经济的复苏，钟表市场又迎来了第二次投资浪潮，并且一直延续至今。2008年的金融危机只是使瑞士钟表的出口量出现短暂下滑，2010年即恢复到金融危机之前的水平。在金融危机的洗礼中，股票价值仅剩三成，但瑞士名表的新品上市价格每年仍有5%到10%的涨幅，2011年的涨价幅度更是创历史新高。

与葡萄酒投资相类似，专业机构也看到了钟表投资市场的潜力，开始发起各类钟表投资基金。2010年10月，世界首只专注钟表投资的基金（precious time）发起设立。2011年该基金表现不凡，获得了10.64%的超额收益。

● **衍生产品投资**。在衍生产品方面，基本的期货、期权、互换等产品的标的开始与一些看起来与金融毫无关系的变量相联系，如20世纪90年代后期兴起的天气类和巨灾类金融衍生产品。

> 随着全球气候波动的加剧，降水量、气温、风速等指标对于实体企业经营的影响越来越大，而极端情况下的飓风、洪水、干旱、地震以及暴风雪等天气更是使企业的日常经营处于不确定环境中。为了规避这种由于天气变化给企业乃至实体经济带来的损失，以天气指数为标的的衍生品开始发展并壮大。
>
> 从交易形式看，可分为场外交易、在交易所内进行的有组织的期货期权交易两类。1999年，标准化的天气衍生金融产品开始在芝加哥商品交易所进行交易，与此同时，欧洲、日本、芬兰等地的交易所也陆续推出一些此类的产品交易，并以每年递增两倍的速度发展。

第二层级：基于核心产品的组合或策略变化

1963年，投资理论界有了较大的突破，威廉·夏普提出了著名的资本资产定价模型——CAPM 模型。他指出：

> 投资组合的回报来源于无风险利率和组合的 Beta 系数，只有 Alpha 回报，即绝对回报，才值得投资者向基金经理支付高额的管理费用，而资本市场有效性假说从理论上说明了主动投资并不能战胜市场。

随着理论界对于分散投资和被动跟踪指数的有效性论证，实践中，指数型基金以及创新型的 ETF 基金开始出现，在市场中的占比也逐渐增加。除了基于产品的组合投资以外，策略投资是第二层级发展的另一重要内容。其中，对冲基金、结构化产品等是运用策略投资的主要产品形式。

1. 危机中一枝独秀——ETF、FOF、指数基金

现存最早的 ETF 是美国证券交易所（AMEX）和道富环球投资公司（SSGA）于 1993 年推出的标准普尔存托凭证（SPDRs）。20 世纪 80 年代，纽约证券交易所和纳斯达克市场欣欣向荣，AMEX 却交易清淡。特别是 1987 年证券市场暴跌后，AMEX 面对的挑战更为严峻，迫切需要推出新产品。同时，纵观代表美国股市的标普 500 指数日收益率的波动率可以发现，20 世纪 90 年代的整个 10 年，标普 500 指数日收益率的波动率（0.89%）远低于 20 世纪 80 年代最后 10 年（1.08%）和 21 世纪前 10 年的波动率（1.38%）。推出指数交易型产品，活跃交易所市场势在必行。

在这个背景下，针对标普 500 的一揽子股票而设计的第一只 ETF——SPDRs 应运而生。该产品上市第一天的交易量就令人咋舌，而整个 2 月的平均日交易量超过 30 万单位。而今，SPDRs 仍是全球资产规模最大、交易最活跃的 ETF 品种。

> 据统计，2000—2010 年，全球 ETF 总资产规模以年均 34.5% 的速度增长。美国 ETF 资产规模和数量也逐年增加。截至 2010 年年底，美国 ETF 资产规模达到 9 930 亿美元，ETF 数量超过 900 只。并且，在 2007 年以来的金融危机中，指数类基金的表现明显优于其他类型。

2007 年以来，由次级贷款引发的金融危机开始席卷全球，高杠杆率使得次级贷款危机以史无前例的速度扩展到经济整体，以致实体经济也进入衰退。2008 年和 2009 年两年实际 GDP 增速分别为 –1.9% 和 –2.1%（如图

1—6 所示）。

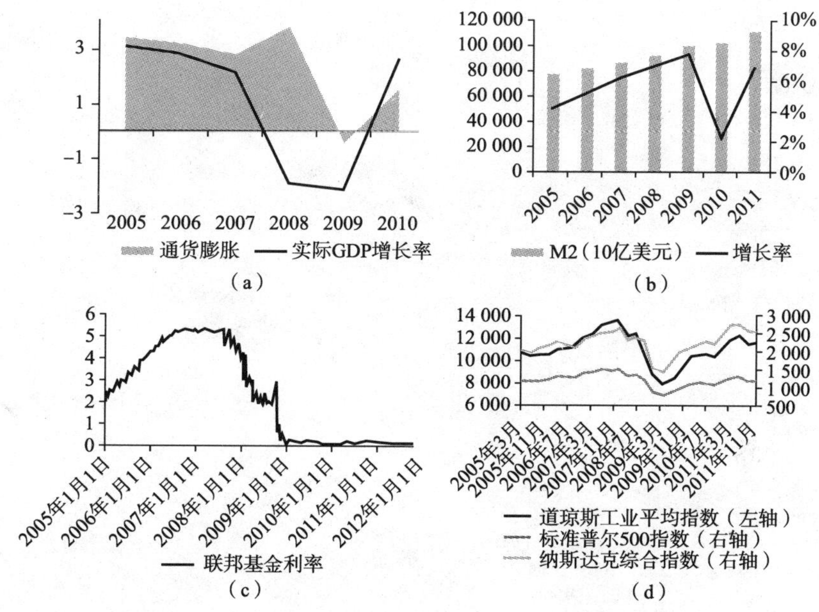

图 1—6 2007 年前后美国经济状况

资料来源：Wind 数据库，课题组。

为应对危机，美国政府实行了量化宽松的货币政策，货币供给量在 2009 年增速达 7.9%。同时，美联储不断降低利率，联邦基金利率从 5.2% 持续下降到 0.2%。次级贷款的高杠杆性使得金融市场流动性缺乏，但量化宽松的货币政策为金融市场注入了大量流动性。

股票市场经历了大幅下跌，道琼斯工业平均指数在 2008 年几乎跌掉一半，标普 500 指数和纳斯达克综合指数也出现大幅下跌。

在这轮危机之中，共同基金业总体上经历了资金的净赎回，而基金中的基金（FOF）、指数基金、ETF 等市场表现则一枝独秀。指数基金的资金净流入情况与 FOF 类似。在 2008 年经历回落以后，2009 年和 2010 年基本恢复到原位。具体来看，跟踪债券指数的基金资金净流入在危机后增长最快，占比也达到 40%；跟踪国际股票指数的基金资金净流入波动最大；跟踪国内股票指数的基金资金净流入在危机后持续下降。ETF 基金的总资产和基金数量在危机过后持续增加（如图 1—7 所示）。

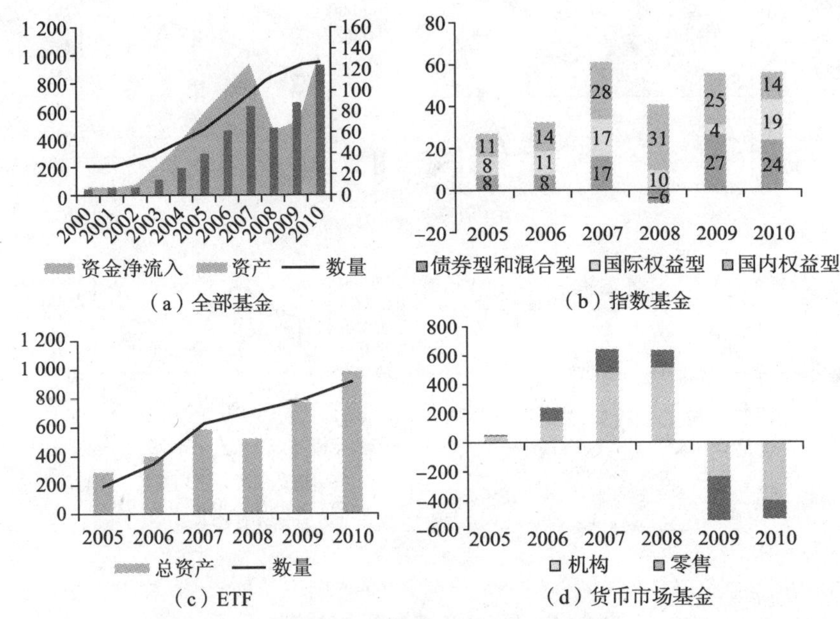

图 1—7　2007 年前后各类基金的资金净流入情况

资料来源：Wind 数据库，课题组。

2. 对冲基金

1949 年，世界上出现了第一只对冲基金——琼斯基金，而对冲基金的快速发展是在 20 世纪 90 年代。一方面，计算机技术的迅速发展以及良好的市场条件为国际资本流动提供了广阔的空间，对冲基金的资本来源充裕；另一方面，各种交易手段，例如卖空、杠杆操作、程序交易、互换、套期保值等，在经历初步发展后逐渐成熟，对冲基金可选择的期货期权等衍生产品也逐渐丰富，直接促成了对冲基金业的繁荣。[①]“对冲”二字也失去了其最初的风险对冲、套期保值的内涵，逐渐成为一种新型的高风险投资模式（如图 1—8 所示）。

① 由于对冲基金业对于信息公开并无监管要求，因此尚不存在这方面的官方统计数据，现有的数据主要由一些私人公司提供。——作者注

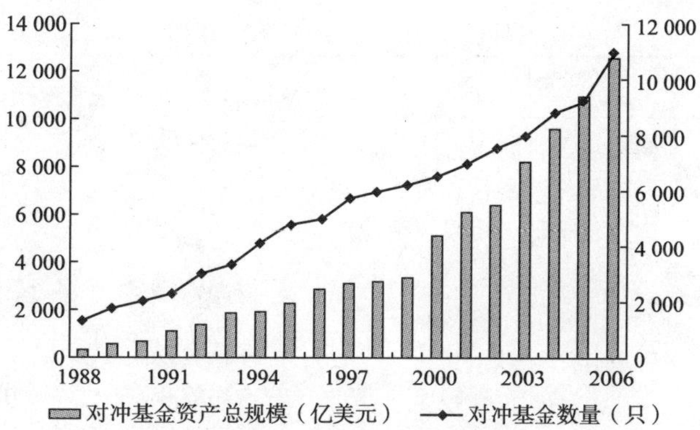

图 1—8　对冲基金业的资产规模及基金数量

资料来源：Van Hedge Funds Advisors International (2004):Financial Advisors: Their Need for Hedge Funds Accelerates—The Solution.2005、2006 年为估算值。

对冲基金的核心创新点在于，其对于各种策略的灵活使用。历经 60 多年，对冲基金从最初的以多空股票策略为主，到 20 世纪末期的以全球宏观策略为主，发展到今天已经进入了多种策略并驾齐驱的时代。根据瑞士信贷 / 特里蒙特公司的调查结果，各种策略中，居前三位的分别是多空股票（30.1%）、事件驱动（23.5%）、全球宏观（11.1%），而固定收益套利、股票市场中性、新兴市场、偏空、转换套利、多策略、管理期货等策略也分别占有一定比例（如表 1—3 和表 1—4 所示）。

表 1—3　对冲基金主要发展脉络

时间	时期	主要特点
1949 年至 20 世纪 80 年代	幼年期	以多空股票策略为主，保持高私密性
20 世纪 80 年代	青年期	拓展到货币、商品等资产，开始使用杠杆交易，出现相对价值套利（股票市场中性）策略，全球宏观策略资产规模占70%。
20 世纪 90 年代	过渡期	股票和债券开始区分开来，成为独立行业，交易范围全球化，投资策略丰富化，全球宏观依旧占据半壁江山，量化交易初露锋芒。
2000 年以后	成熟期	宏观对冲基金在资产管理规模中的占比降到四分之一以下，其他策略则如雨后春笋般发展壮大。

资料来源：根据公开资料整理。

表 1—4　　对冲基金主要策略的优势和风险

	策略优势	策略风险
多空股票	与市场表现相关性高 面临的风险易被投资者理解 进入门槛低，可以灵活应用	选股风险 轧空风险
全球宏观	投资灵活性	方向性风险、杠杆风险
管理期货	分散化 投资于全球市场的便易性	保证金风险 策略收益在一段时间内显著下降 羊群效应
事件驱动	业绩的持续高收益	流动性风险 交易或事件的特定风险
股票市场中性	收益相关性低 波动性低 改善资产组合的风险调整收益	选股风险、模型风险 轧空风险、事件风险 流动性风险
可转换套利	市场中立、关联性低 收益相对稳健	低利率水平、低波动性 可转换证券供给和需求特征的变化 下降的Delta、Gamma、Vega等风险
固定收益套利	与股票和债券市场以及其他策略的相关性相对较低	杠杆、流动性风险 利率风险、提前偿还风险

资料来源：国泰君安证券。

通过不同的策略手段将股票、债券、货币等投资工具进行杠杆化、对冲性的重新组合，对冲基金可以形成风格各异的产品类型，其优势与风险也各不相同。其中，与其他市场相关度低、波动性低的产品在市场波动性较大的情况下业绩较好。根据统计，各种策略业绩的波动性均小于股票指数的波动性，但高于债券指数的波动性。

3. 结构化产品

另一种广泛使用衍生产品进行组合和策略创新的产品为结构化产品。结构化产品是将股票、债券、外汇、大宗商品等基础性产品和远期、期货、期权、互换等衍生产品相结合，运用套期保值技术组成单一的金融产品，并进一步将其证券化，实现风险收益的多元化匹配。从其投资策略对于基础产品和衍生产品的组合运作来看，结构化产品主要包括参与性产品、收益增值产品和资本保障产品三种（如表 1—5 所示）。

表 1—5　　结构化产品主要类别

类别	投资策略
参与性产品	一篮子股票，可能使用杠杆
收益增值产品	投资债券 + 出售股票看跌期权 投资股票 + 出售股票看涨期权
资本保障产品	投资债券 + 买入股票看涨期权 投资股票 + 买入同样股票看跌期权

第三层级：适应宏观经济变化的产品创新

资产管理行业的发展来源于产品创新，而产品创新往往源于追求收益的新方式。由前面论述的资产管理行业周期性规律可知，各种产品的发展受宏观经济环境影响较大。为了熨平经济发展对于产品收益的影响，获得较为平稳的回报率，一些基金产品开始走出国内市场，专注于投资经济情况较好国家的市场。全球投资基金的出现就是为了适应宏观经济形势的变化。

1. 首批投资海外股票市场基金

富兰克林 – 邓普顿（Franklin Templeton Investments）是一家全球知名的投资管理机构。早在 20 世纪 50 年代，邓普顿就作为独立的资产管理公司发行了邓普顿成长基金，投资于全球市场，成为美国首批海外股票型投资基金的代表之一。

> 当时，世界正处于第二次世界大战结束后的经济复苏期，美国推行马歇尔计划，德国及日本等国也面临着战后重建，邓普顿推出全球投资基金的目的就是分享欧洲及日本等国的经济增长机会。

由图 1—9 和图 1—10 可以看出，20 世纪 60 年代日本的 GDP 增长速度远超美国，给邓普顿成长基金带来了良好的配置机会。经济表现在股票市场上得到印证，日经 225 指数在 20 世纪六七十年代一直呈现高速增长态势，这使得邓普顿成长基金的收益超过了专注于国内市场的基金。

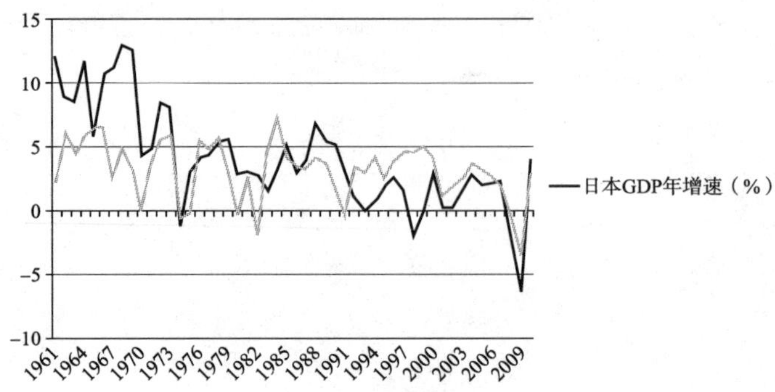

图 1—9　美国与日本经济增速对比

资料来源：CEIC，课题组。

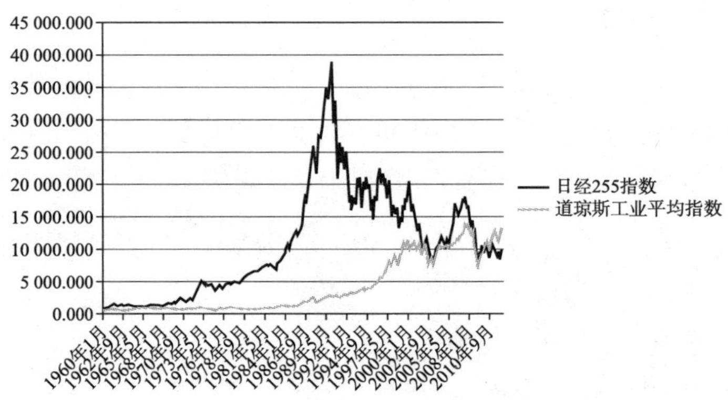

图 1—10　美国与日本主要股票市场指数

资料来源：CEIC，课题组。

邓普顿成长基金的规模自成立时的10亿美元左右不断扩张，至今已有150亿美元的资产规模（2012年年初）。之后，邓普顿基金相继推出了邓普顿全球投资基金、邓普顿海外投资基金、邓普顿全球债券基金、邓普顿全球小盘基金、邓普顿新兴市场基金以及邓普敦中国基金等多只全球概念投资基金。邓普顿公司在1992年与富兰克林、1996年与互惠（Mutual Series）合并之后，仍始终将全球投资平台和全球投资视角作为公司的一大特色予以强化。

2. 信用违约互换

此外，在以上风险管理技术发展成熟的基础上，本次金融危机中广为人知的信用违约互换（CDS）作为一种创新的场外衍生品，经历了短暂的发展。

场外衍生品CDS

CDS最初在1993年由美孚银行创造，在21世纪初备受商业银行青睐。美国房地产的持续繁荣，使得次级贷款市场繁荣发展，而消费信贷的规模在居民财富收入持续增长的情况下也不断增长。商业银行作为发放住房贷款、消费贷款的主要金融中介，体系内部积累了大量风险。为了转移贷款风险，商业银行开始购买大量的房地产信贷、消费信贷和地方市政债的CDS工具，通过缴纳一定的期权费，转移大量信贷的违约风险。尽管，其设计的初衷是用于保值，但是，它可以增值的特性使众多投资者看到了机会，其功能也逐渐偏离设计的初衷，更多地被用于投机。随着利率的连续上升，次级贷款的违约率不断上升，CDS的价格也随之上升，甚至导致发行机构资不抵债，引起此轮危机不断扩散。

美国CDS的未清偿余额在2007年底曾达到62.17万亿美元的峰值，甚至超过当时全球GDP的规模。次贷危机发生后，CDS的资产规模迅速下降，至2010年6月，未清偿余额仅为26.26万亿美元，两年半的时间里减少了六成（如图1—11所示）。

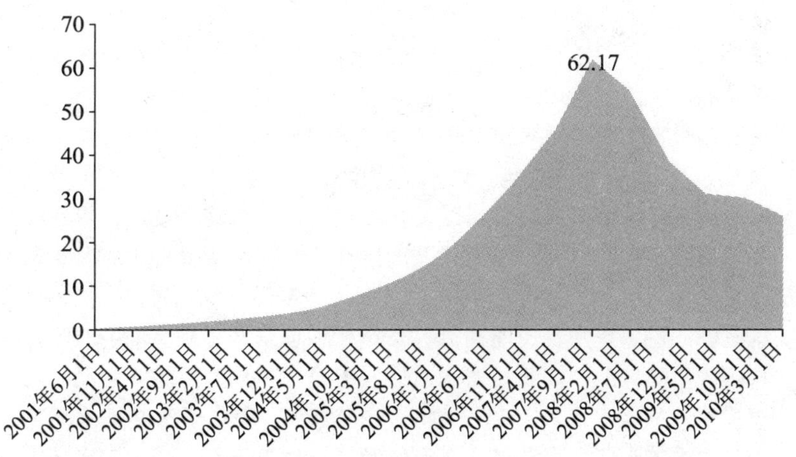

图1—11 美国CDS未清偿余额（万亿美元）

资料来源：ISDA。

从以上对于美国资产管理产品发展的梳理来看，资产管理行业产品创新可归纳为图 1—12 所示的三个不断升级的层级。

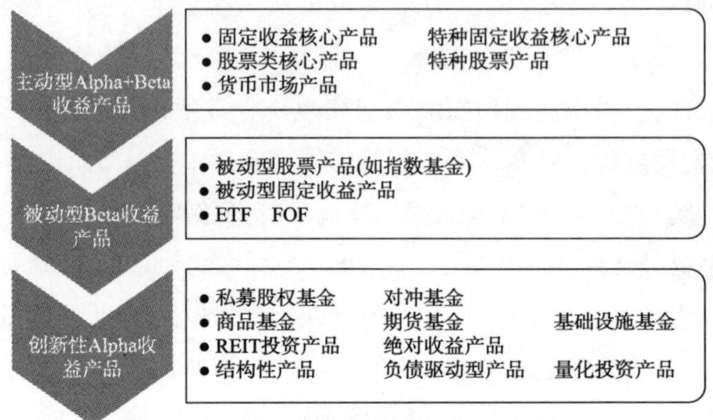

图 1—12　资产管理产品的发展层级

行业内产品横向的拓展和纵向的深化融合代表了全球资产管理行业产品发展的方向。对于危机以后资产管理行业将会出现何种动态，波士顿咨询公司提出了以下六点预测：

- 第一，投资者虽然继续采用核心 + 卫星式产品的资产配置模式，但是将扩大对另类产品的需求，以充分分散风险。
- 第二，传统核心产品的发展将继续受到被动管理型产品和创新及另类产品的挤压。
- 第三，投资组合将更多侧重于被动管理型产品，其中很大一部分将转向 ETF，以降低管理费用，增加透明度。
- 第四，量化投资产品将凭借数量化技术和计算机信息技术，更好地发挥其选股范围广泛和投资纪律严明的优势，在经历调整之后有望保持增长势头。
- 第五，人们将更加希望能通过另类产品和创新产品来实现绝对收益和真正的风险分散。随着投资者对这些投资工具更为熟悉并主动寻求此类投资，另类产品将更趋于主流。虽然 2008 年对于对冲基金而言是极其艰难的一年，有些基金甚至倒闭了，但在未来，寻求与市场无关的绝对收益产品将会再度兴起。
- 第六，投资者要求投资结构性产品。德国和瑞士以凭证和票据包装的结构性产品正在吸引部分投资资金。

从美国历史看资产管理行业的多维度格局

产品创新的路径与资产管理机构格局之间是什么关系？上文讲到，产品创新依据的是基础产品、组合产品和宏观驱动产品三个层级，那么就需要不同层级的机构来运用这些产品。**从狭义的资产管理行业定义来说，共同基金是把基础产品做好，在此基础上由养老金来做普通的资产配置，满足基本需求，而由商业银行、独立理财机构等来做高端的财富管理，满足高端需求，从而形成多维度的资产管理行业格局。**

美国的资产管理行业历史悠久，自 1924 年共同基金在美国诞生以来，以共同基金为主的资产管理行业已走过了八十多年的风雨成长之路。**时至今日，美国已形成了相对稳定的资产管理行业格局与架构，其特征体现为：以共同基金为主体，养老金广泛参与，商业银行集理财与信托于一身，第三方独立理财引领高端，适合不同层级投资者的多维度资产管理行业格局不断完善（如图 1—13 所示）。**

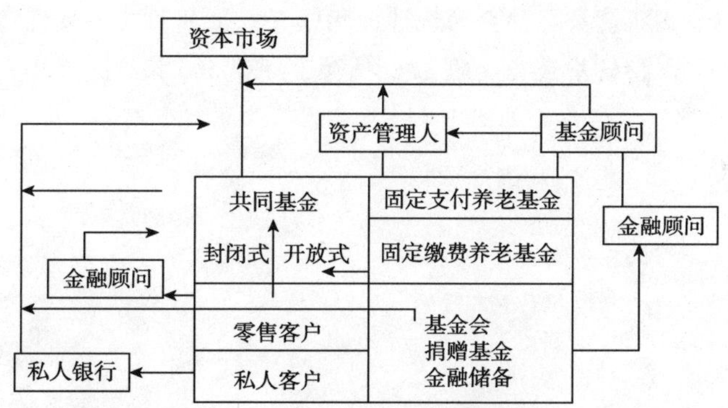

图 1—13　资产管理组织流程图

资料来源：Ingo Walter, the Global Asset Management Industry: Competitive Structure, Conductand Performance. working paper series from New York University, Feb 1998。

‖共同基金为主流投资产品‖

美国资产管理业最为我们所熟知的投资产品即共同基金。截至 2010 年年底，美国注册投资公司发起的共同基金管理资产达 13 万亿美元，持有共同基金的家庭户数达516亿户，占美国家庭总数的44%。共同基金在美国家庭金融资产中的占比也由20世纪80年代初的3%上升至2010年年末的23%（如图1—14所示）。毫无疑问，共同基金是美国资产管理行业最主流、最大众化的投资品种。

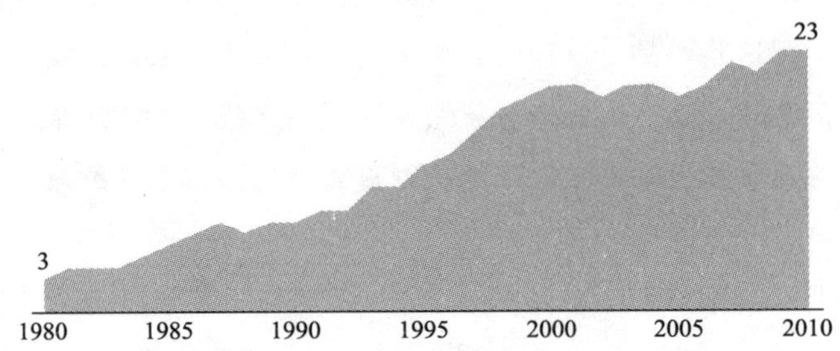

图1—14　共同基金在美国居民金融资产中的占比

资料来源：ICI，2011 Mutual Fund Fact Book。

美国共同基金在整个资产管理行业中处于完善基础产品的地位。其产品囊括了股票型、债券型、混合型、货币市场等多种类型的基金。

根据美国投资公司协会的统计，2011年，共同基金整体资产的48%投资于股票，指数基金资产的37%投资于标普500指数，封闭式基金资产的58%投资于债券（见图1—15）。

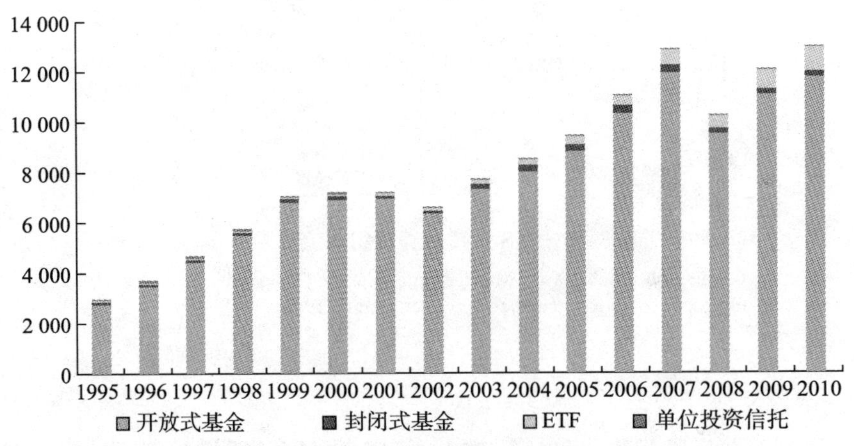

图1—15　美国各类基金资产规模增长图（十亿美元）

资料来源：Wind数据库。

美国共同基金作为最基础的产品，对各种资产的持有比例已基本稳定。共同基金产品投资品种的稳定联合对冲基金遍布全球的投资策略，为资产配置和财富管理提供可选择的基础产品。正因如此，共同基金才能够成为美国资产管理行业最主流的投资产品，而其管理的规模庞大的养老金资产又进一步稳固了其提供基础产品的地位。

美国共同基金的设立与中国公募基金的设立有所不同。中国公募基金的设立需由基金管理人，即基金公司来完成，而在美国，发起共同基金的中介机构可以有很多种，包括独立的基金顾问公司、银行等储蓄机构、保险公司及证券经纪公司。截至 2010 年年底，美国约有 74% 的共同基金是由独立的基金顾问公司设立的，而这一比例在 2003 年仅为 61%（如图 1—16 所示）。商业银行与保险公司设立的共同基金占比均出现了下降。由此可以看出，**美国共同基金的内部格局处于不断变化之中，独立的基金设立机构在不断壮大。**

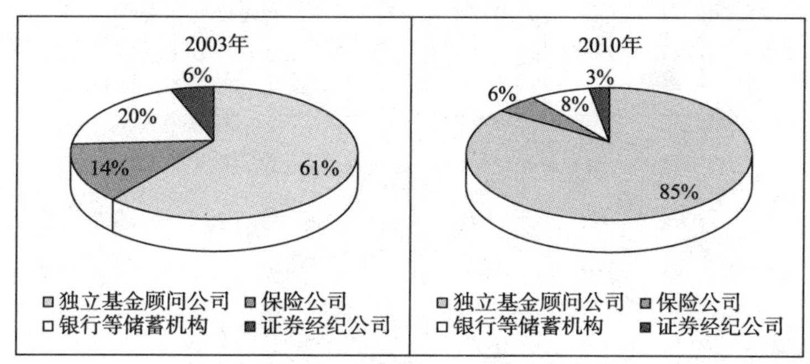

图 1—16　共同基金设立机构的占比图

资料来源：ICI，2011 Mutual Fund Fact Book。

养老金，资产管理业务的重要资金来源

美国的社会保障体系发达，允许每个人都建立个人退休账户（IRA）。随着税收优惠政策的实施，养老金计划成为广受大众欢迎的储蓄工具。过去 20 年，养老金资产增长了三倍多，由 1990 年的 3.9 万亿美元增长至 2010 年的 17.5 万亿美元，其中增长最快的 IRA 账户，逐渐成为美国个人养老理财市场的主体。由于市场的非专属性，个人养老金市场成为共同基金、商业银行、保

险公司、投资银行等多种资产管理机构竞争的主战场。

养老金作为资产管理业务的资金来源，其主要关注的是资产配置。由图1—17可以看出，2000年以来，养老金的资产管理者非常广泛，包括共同基金、银行等存款机构、人寿保险公司和经纪人证券账户等。其中，共同基金一直为IRA最主要的资产管理者，占据约一半的份额。同时，经纪人证券账户发展速度明显加快，银行、保险等传统的金融机构占据份额则相对较少。而在产品配置上，养老金的投资策略偏重长期化和分散化，金融危机之后，对于股票的投资比例也逐步下调，转而投资债券市场。**先保值、再增值的理念决定了养老金投资风格较为稳健。**

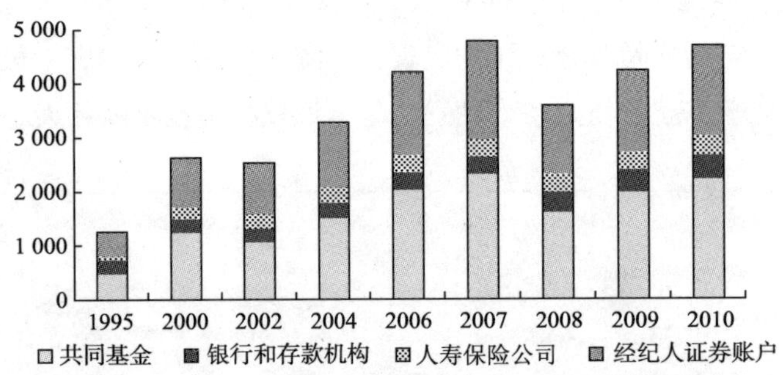

图1—17　不同机构管理的个人退休账户资产规模

资料来源：ICI，2011 Mutual Fund Fact Book。

‖商业银行集理财与信托于一身‖

商业银行作为传统的金融机构，在愈加活跃的资产管理市场高盈利的吸引之下，也纷纷涉足。其中，我们最了解的是银行私人理财业务。私人理财业务在美国的兴起发端于商业银行内部，是个人金融业务的升级。总体来看，商业银行对于个人金融业务一般按照客户资产的大小，分为大众市场业务、个人理财业务及私人银行业务三个层级（如图1—18所示），随着客户所处层级的提升，其享受的金融服务也相应提升。在外部资产管理机构的竞争之下，商业银行私人银行业务的涵盖范围也越来越广，不仅能满足客户的保值增值需求，实现教育、养老、合理避税等传统私人银行功能，还可以为客户提供诸如私人税务师、私人律师等高度专业化、精细化的服务。

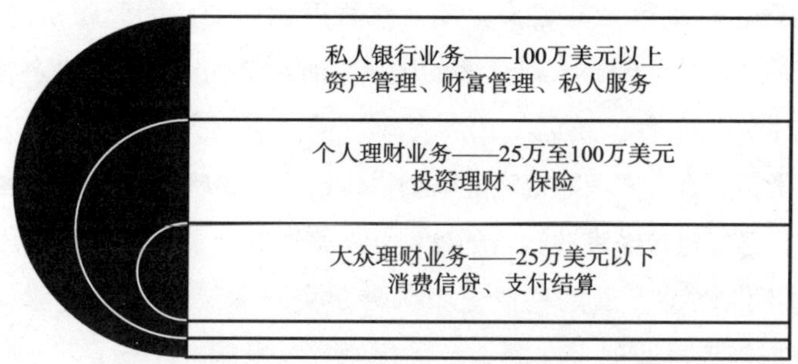

图 1—18　美国银行业个人金融业务层级图

与中国很大的不同之处在于，美国的信托行业基本由国内商业银行尤其是大型商业银行垄断，由商业银行信托部兼营。据统计，美国有 420 多家银行兼营信托业务，信托业务已经逐渐成为除私人银行外，商业银行涉足资产管理的重要组成部分。从美国信托行业的发展历史来看，专业的信托机构并不多，在《现代金融业服务法案》颁布之前，由于商业银行被禁止从事证券经营及买卖业务，因此，很多商业银行设立了专门的证券信托部代为经营。依托于庞大的商业银行体系，美国信托行业得以长久发展。

‖第三方独立理财引领高端客户需求‖

理财行业在美国的兴起，最早可以追溯到 1970 年。当时，美国国内面临滞胀，投资市场低迷，除了房地产，其他投资机会的回报潜力均差强人意。同时，政府的养老金体系也面临困难。人们逐渐意识到，要想在退休后安享晚年，不能完全指望政府和雇主，这些因素使得个人应对理财问题的压力骤增。

面对市场的这一新形势，如前所述，很多金融机构，如商业银行，在内部建立了个人理财部门，但由于这项业务并不能为银行带来显著的利润增长，个人理财业务在大机构内部不能健康生存下去。此外，一些证券经纪机构的从业人员也开始发掘这一潜力巨大的市场，由经纪业务转而升级至独立的顾问咨询等高端业务。传统金融机构内部的很多优秀从业人员也开始自立门户，成立独立的第三方理财机构。在这两种力量的推动之下，第三方独立理财市场快速扩容。

美国的个人理财市场不仅庞大，需求更是高度多元化。**很多独立理财机构属于地区性机构，其面对的市场人群相对细化，这些个性化的理财机构注重**

满足特定地区、特定行业的客户，专业化程度相对高，因此特别受客户青睐。毕竟，美国是个幅员辽阔、人口众多的国家，有足够的空间可以支撑众多地方性的小公司或个人从业者。截至2010年年末，美国第三方理财机构已经拥有60%的理财市场份额。**第三方理财机构能够提供传统金融机构所不具备的高度专业化、精细化管理，已经对传统商业银行的理财业务形成较大的威胁和竞争压力。**

在这种不断动态发展的格局之下，涉足资产管理业务的金融机构不断增加，美国资产管理行业似乎在向着两极化的方向发展。

- 一方面，共同基金与商业银行凭借自身的高公众信赖度，满足一般公众的投资需求，实现大众化的理财管理。追溯到产品类型上，主要应用第一和第二层级的产品。
- 另一方面，各类新兴的资产管理机构以各种形式不断追求精细化、差异化、高端化，满足高资产净值人群的资产管理需求。这类机构对于第三层级产品的运用更加广泛和灵活。

把握金融创新下的中国资产管理行业成长的脉络

中国资产管理行业的产品在过去几年得到了很大的丰富。

从资产管理的主要子行业基金业内部来看，基金类型不断发展。在过去的8年时间里，基金业的产品种类由最初以股票型、债券型、混合型基金为主，拓展为现在包括ETF、LOF、QDII、量化基金、分级基金、创新型基金等多样化品种。由图1—19可知，创新型基金资产规模占整个基金业资产规模的比重稳步提升，在2011年资产规模占比接近四分之一。

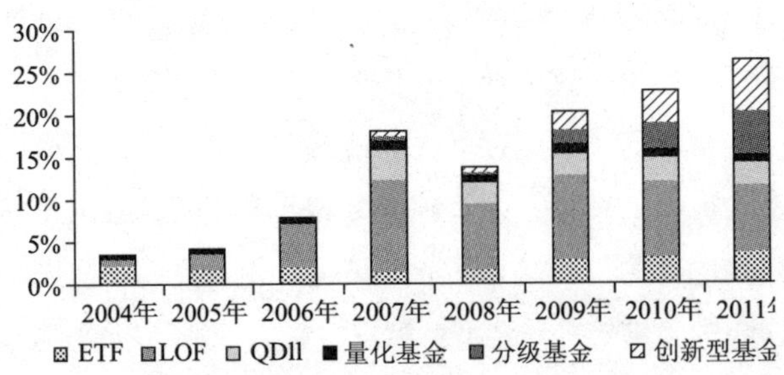

图1—19　各类基金的资产规模占全部基金资产规模的比重

资料来源：Wind数据库，课题组。

以基金业为中心点，多种资产管理机构也为投资者带来了更多元化的投资渠道，演变发展到今天的包括理财产品、信托、私人银行财富管理等多元产品的格局。一方面，商业银行作为传统的金融机构，参与到资产管理的大行业之中，不仅面向大众发行了大量的理财产品，管理先进的商业银行也面向高端客户开展私人银行财富管理业务。另一方面，各种广泛意义上的资产管理机构也逐步扩大自身的市场份额。

例如，信托产品深入到房地产行业，间接为投资者提供了多元资产投资的可能性。资产管理的领域也突破了传统金融产品的界限，开始从二级市场向一级市场延伸、从国内市场向全球市场延伸。私募行业蓬勃发展，场外市场空间无限。

所有这些资产管理的机构、产品与形式为广大投资者提供了丰富的投资品种和渠道，使得资产管理行业不断向着深层次、多体系、复杂化的道路迈进。我们将在以后的章节分别进行介绍。

然而，总体来看，中国资产管理产品的创新相对美国等发达市场仍处于初级阶段。按照我们之前对于产品创新三个层级的划分，中国在过去几年取得的成绩主要还是在从第一层级到第二层级的发展。由于基本衍生产品，如期货、期权等金融工具不健全，中国大多数的资产管理产品尚不能运用做空机制来实现风险规避。虽然产品的形式多种多样，但由于监管的诸多限制，追踪到原始投资标的，无外乎是股票、债券、货币市场工具等单方向多头头寸持有，尚未实现囊括未上市公司股权、私募股权基金、信托、银行理财、各类收益权，以及传统投资领域之外的房地产、矿产、大宗商品、艺术品等实物资产的全方位资产管理模式。**近几年来银行理财产品、信托产品的阶段性爆发式增长，并不是缘于资产管理水平的提高，而是因实际负利率条件、房地产持续增长等特定环境而产生的需求爆发。这也是这种发展方式不可持续的主要原因。**

虽然由第二层级向第三层级跨越的势头强劲，出现了“私募股权基金热”、“分级基金热”等现象，但要真正跨越这一层级还需要很多制度和监管的突破，这也是未来中国资产管理行业升级的核心。

中国资产管理行业成长的三大方向

基于前文的讨论，**中国资产管理行业的突破性发展核心在于从第二层级向第三层级跳跃**。在资产管理行业的实践当中，部分创新已经体现出这一跨越的特点，进一步的推进表现在三个方面。

‖继续扩大基础产品的范围‖

从美国的经验看，基础产品范围的广度决定了后续行业发展的深度。美国的基本产品市场的健全以货币市场基金的崛起为重要标志，而中国作为后起之秀，仅仅如此还远远不够，应当在基本衍生品层面进行更深层次的完善。中美立法理念有所不同，在美国“法无禁止即允许”，而中国的金融市场遵守“法无允许即禁止”的理念，这就使得基本上所有的金融创新都是由监管部门来试点推动的，相比美国而言，创新性大大减弱。因此，**在基本产品层面上，允许更多的投资品种被纳入整体框架之中是产品升级的一大方面。**

从债券市场来看，中国现阶段以国债和金融债为债券市场的主体。这两种债券的票面金额的占比约三分之二，与此相比，企业债、公司债及各类信用债券的占比相对少，而高收益债券（又称垃圾债券）更是缺乏（如图1—20所示）。完善债券市场中高收益、高风险的新品种能够满足高风险项目的融资需求，也能吸引特定风险偏好投资者，从产品品种上实现收益和风险的有效匹配。从总量上看，也有利于扩大债券市场容量，平衡中国股票与债券市场的投融资比例。同时，基于交易所市场利率产品（如国债）的债券指数基金，作为高流动性的利率替代产品，能够起到完善基准利率的作用。

从衍生品市场看，中国现阶段基础性的衍生产品远未完善。股权类衍生产品仅有基于沪深300的股指期货，2011年日均成交额仅1 793亿元，基于其他指数的期货、股指期权、股票期货、股票期权等衍生品尚未出现。此外，交易所交易的国债期货、利率期货、利率期权等标准化产品缺乏。虽然商品期货市场保证金规模已居全球首位，但中国企业真正用于套期保值的投资规模较低。基础衍生产品的缺失，限制了场外市场做市商机构有效对冲风险的能力。因此，尽快完善现有期货产品，在此基础上实现对冲、做空等风险管理，是行业持续发展的前提和基础。

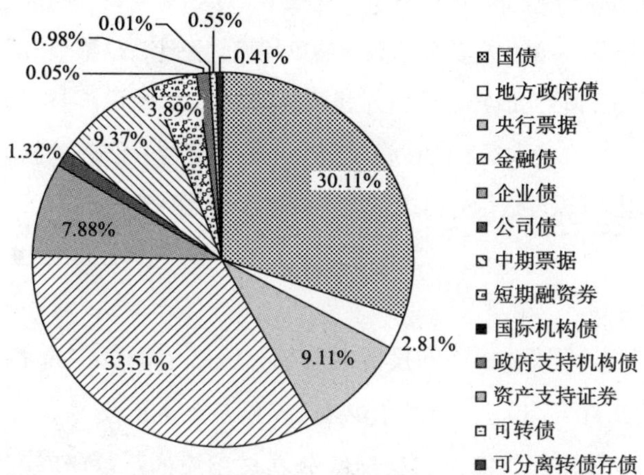

图 1—20　中国债券市场各类产品票面总额占比

资料来源：Wind 数据，课题组。

‖产品组合交易的进一步丰富‖

有了基础衍生品市场的补充，在金融产品发展的第二层级上，行业的发展就不仅能做到分散化投资、被动化投资，涉及多空交易、对冲交易的风险管理产品也将有更大的发展空间。

融资融券的意义

长期以来，中国资本市场上受卖空交易限制，无法使用多空结合的诸多操作手段规避风险。2010 年，中国融资融券试点工作打开了中国投资市场策略投资的新时代。实际上，融资融券为信用证券交易，之前讨论的对冲基金的基本策略——多空股票即依赖于信用证券交易。2011 年 11 月，中国融资融券试点工作开始转入常规，大规模的融资融券业务带来了策略投资的繁荣。同时，各基金公司也开始设计并发布自己的专业化投资指数，为市场组合策略投资提供标的。

融资融券的放开使得对冲基金基本策略里诸如多空股票、全球宏观、事件驱动、股票中性投资等迅速发展，实践中对于量化交易、结构化投资的需求也越来越旺盛。量化投资根据数学概率和模型设计，从整个市场中扫描筛选个股，是一种较为成熟的投资方式。截至 2012 年 4 月，市场上的量化基金已经有 13 只，绝大多数的投资收益优于标准普通股票型基金。结构化投资中，依据杠杆原理进行分拆操作的分级基金是当前的热点。

中国第一只分级基金——国投瑞银瑞福分级基金于 2007 年推出。经过 5 年的发展，截至 2011 年年底，市场上共有 26 只基金上市交易。**分级基金采用结构化设计、分割与组合，通过改善风险分布与相应的收益所匹配，能够满足不同风险偏好的投资者需要**。在美国，大多数封闭式基金都采用分级基金的运作方式。

中国已发行的分级基金通常将母基金分为两类份额——优先份额（低风险收益端）和进取份额（高风险收益端）。优先份额可优先获得分配约定收益，进取份额则最大化补偿优先份额的本金及约定收益，并参与剩余收益分配。**分级基金的设计在分解同一投资组合下基金收益、基金净资产的同时，也对风险进行了转移和组合**。进取份额的资金借助优先份额的资金来放大收益，从而具有一定的杠杆特性，投资者能够方便地根据自身投资特点和市场走势进行灵活的资产配置，因此，分级基金近年来受到投资者青睐。然而，由于受到规模的限制，分级基金的发展也出现了诸如场内流动性不足、杠杆不稳定、两类份额之间套利行为等问题。因此，在积极推动这一产品发展的同时，也应该完善相应的制度建设，比如引入做市商制度来解决流动性的问题。

‖适应宏观经济转型的资产管理工具‖

中国当前经济面临一些突出的阶段性问题，这类问题的发展态势和资产处理的相关可能性是否会推动新的资产管理产品出现?

美国21世纪初房地产的持续繁荣使得CDS这种场外信用风险产品得到发展，虽然在次贷危机的冲击之下，其发展受阻，但经历此次衰退之后，CDS市场的发展将会更加稳健。

而对中国而言，一方面，在金融创新要为实体经济服务的理念引导之下，诸如地方政府债务、房地产信托、传统产业的行业并购、新兴产业的崛起、人民币账户开放、产业结构调整等突出性问题，都将刺激中国资产管理行业出现相应的产品创新；另一方面，上述实体经济发展中的问题也需要金融产品创新以提供融资和分散风险的功能。

利率市场化进程深入将拓展第三方财富管理机构的发展空间。央行在2012年6月8日首次下调基准存贷款利率，并且贷款利率允许上浮1.1倍，存款利率允许下浮0.8倍，这是利率市场化的重要环节，意味着存贷款利差最高可达30%。最直接的，对于银行而言加大了存款与贷款成本之间的利差，提升了对其定价能力的考验。而间接的，在这样的存贷款利率扩大后，寻找并优化财富管理模式的空间也在拓展。特别是对于第三方理财机构而言，如何综合构建以存款、理财产品、共同基金、信托产品、保险产品等为基础池的资产管理产品组合，提供全系列的服务将成为其比较优势。未来单一依靠销售佣金和项目分成的模式的利润率会进一步降低。

高收益债券。中小企业融资难问题无论是对于发达经济体还是对于新兴经济体而言，都是较难解决的问题，而现阶段中国中小企业融资难问题已经愈发突出。融资渠道的不畅通也使得温州等地民间资本日趋活跃，借贷风险频发。高收益债券的产生将对缓解和解决这两类问题有很大的助力。高收益债券又称垃圾债券，是信用等级相对较低、风险相对较高的企业发行的债券。在国外，垃圾债券作为杠杆收购中必要的产品形式，其兴盛得益于企业并购的繁荣。在我国，无论是传统借贷还是银行间债券市场对于企业的信用等级要求都较高，因此，**高收益债券的产生被广泛视为弥补中小企业融资途径空缺的重要创新。**目前，具体的制度安排正在不断完善之中。高收益债券的推出必将进一步丰富中国多层级的债券市场，完善债券收益率曲线。

并购基金。传统产业的调整和新型产业的兴起，使得并购基金等并购重组产品的缺乏显得尤为突出，阻碍了产业的升级。并购基金是广义私募股权基金的一种。在中国，私募股权基金以Pre–IPO为主要介入形式，并购基金的发展受到严重制约。随着中国经济增长方式的转型，一些产能过剩的行业必将经历一次行业并购重组的洗牌，这将为并购基金、垃圾债券等的发展提供绝好的机遇。然而，并购基金作为一种高杠杆资金运作形式，其风险也需格外重视，在正式推出之前有必要建立相关的制度，储备相关的风险控制人才，为并购浪潮做好充足准备。

资产证券化。资产证券化是解决地方政府债务问题的很好的突破口。针对此次危机，政府采取的大量投资活动集聚了一定的风险，地方政府债务问题引起了广泛关注。在解决这一问题时，**适当地引入新的产品形式，是有效缓解平台贷款的流动性风险，防止其进一步演变为信用风险的重要手段。**资产证券化可通过打包地方债务资产，将其证券化，从而作为新的产品在市场上进行转让。中国现有的信贷资产证券化可为地方政府债务资产证券化提供很好的借鉴，利用这种形式，能够提高债务的流动性，分散过度集中于银行体系内的风险，避免系统性风险的出现。

房地产信托基金（REITs）。公租房建设过程中，由于资金过度依赖政府和银行体系，使得二者承担了过度的风险，需要更多的民间资本渗入其中。资金来源的多样化既有利于分散风险，也可以增加民间资本的投资途径，帮其获取一定的收益。REITs作为市场上可行的一种集聚资金、分散投资的形式，可以参与到其中，分散风险并分享收益。

随着基金业发展进入瓶颈期，纷繁多样的资产管理产品次弟在特定因素下不断发展。在经历了实际负利率条件下的理财产品爆发、依托房价上涨的信托产品壮大之后，下一阶段，资产管理产品的发展将依托于“金融创新服务实体经济”的大理念，在上述等领域获得较大的发展。

资产管理行业成长下的行业格局展望

在产品创新的引领之下，资产管理行业的格局也将发生一定变化，不同类型的机构管理者将面临不同的发展机遇。如何做好产品和市场的差异化，发展自身的比较优势，成为各类机构转型与升级的核心。

基金公司的未来出路

中国基金公司作为资产管理行业的主要子行业，其发展开始进入瓶颈期。对比中美两国的情况，美国的基金业已经成为资产管理行业最主要的组成部分，其在资产管理行业内的地位不容挑战。共同基金在美国的兴起与经久不衰有其特定的历史背景，也离不开投资者的储蓄习惯等因素的影响，可以说，共同基金的地位是历史使然。而在中国，由于长期依赖间接融资体系，基金业的发展不如美国繁荣。在经历了2007年以后的股市动荡后，基金业更是进入发展的瓶颈期。

> 基金公司数量在2011年达到69家，而行业的集中度持续下降，各基金公司之间的差异化水平越来越低。2011年，新成立基金211只，为历年最高，而平均首发规模仅为13.09亿元，为历史新低。

考虑到基金业规范程度较高，在现有的体制下能够突破的领域相对较少，所以，**基金业未来的出路应该是加强自身的专业化投资服务水平，专注提高细分市场和领域的投资能力，在特定市场的投资研究和产品创新等方面实现行业引领，从而使其作为一种相对基层的产品能够为其他的资产管理机构提供可供选择的标的。**实践中，基金业也表现出专业化产品经营的趋势。

> 在2011年新发行的基金产品中，以广发标普全球农业、广发制造业精选、易方达资源行业、东吴新兴产业指数、国泰上证180金融行业ETF等为代表的行业主体基金大行其道，而以中银全球策略、国泰事件驱动、建信双利策略主题分级等为代表的多策略基金也开始盛行。

各基金公司也将产品设计作为发展的重点，成立专门的委员会，吸纳专业化的产品设计高级人才，在渠道上尝试联手第三方销售机构深化产品创新。**在基金业产品同质化竞争的今天，规模小的基金公司只有追求细分市场的产品创新才能有效弥补其发展劣势，在行业竞争中占有一席之地。**

证券公司的发展机遇

广义概念的证券公司作为资本市场的服务中介，其本质是组织市场、提供流动性、作为买卖对手方撮合交易并从中收取价差。其业务范围从传统的证券经纪、证券承销、投资顾问，到资产管理、自营投资，再到并购基金、产业基金设立等，实际上可以涵盖整个资本市场的范围。

然而，中国证券公司由于资本市场较为落后、监管较为严格等原因，尚处于发展的初期，行业盈利模式过度依赖经纪业务。2011年，证券公司全年净收入中代理买卖证券业务的占比达到了三分之二。行业内竞争的加剧使得佣金费率持续下降，单纯依靠佣金收入的增长模式必然受到挑战。资产市场的改革和资产管理产品的创新为证券公司转型为真正意义上的资本中介提供了绝好的机会。

随着中国投资产品种类的健全，证券行业能够提供的相关服务也随之增多，高收益债券、并购基金、资产证券化等业务都是未来证券公司可以进行创新的业务。证券公司基于自身的投研能力，可以为客户提供投资顾问、产品定价、资产管理投资等业务，形成新的盈利增长点。更为重要的是，证券公司可以为其他资产管理机构的组合、策略投资提供良好的制度环境，例如完善融资融券制度、做市商制度。这些都将使得证券公司的业务经营多元化、差异化，为行业成长注入新的活力，在实现资本市场融资功能与风险分散功能最大化的同时，促进行业不断发展和成熟。

‖商业银行与财富管理机构的发展方向‖

中国的经济在快速发展，未来的方向之一是收入分配体制改革。通过减税，普通民众的收入可能会有所提升，这就造就了一大批中产人群。

> “中产人群”主要是指相对发达地区的城市的高收入人群，他们大多从事脑力劳动，主要靠工资及薪金谋生，一般受过良好教育，具有专业知识和较强的职业能力及相应的家庭消费能力。从经济地位和社会文化地位上看，他们均位于现阶段社会的中间水平。从理财的角度，中产阶层家庭的年收入应当在20万至100万元。而随着经济的增长与知识的开放，中产人群的投资能力和投资意识也在逐渐增强，他们拥有旺盛的财富管理需求。

针对这一部分理财需求，各商业银行和财富管理机构在具体产品及服务领域，设计出了针对个人的教育、创业、发展计划，针对家庭的经营、养老、消费计划，更有囊括了个人、家庭的各项金融需求的一揽子计划。因此，**从需求角度来看，财富管理模式的发展方向是提供更为综合的理财服务，即可以覆盖**

个人生活各个方面的理财服务。

随着全球经济一体化以及中国外汇管制的逐步放开，配置离岸资产成为越来越多国内投资者的选择。随着大量高净值人士对海外投资、教育、移民的需求日益增加，跨境财富管理也将成为机构争夺的热点。从配置资产角度来看，财富管理的趋势是多元化，这主要体现在三个方面：跨市场、跨区域和跨方向。这就对各财富管理机构的资产配置能力提出了更高的要求。

养老金入市对现有格局的冲击

目前，养老金入市可能的模式是成立单独的养老金投资管理公司，但其注重的主要是资产配置功能，需要与其他机构合作。

同社保基金一样，养老金追求的是稳定的回报。

> 社保基金于 2003 年 6 月开始投资股票，历年股票资产占全部资产的比例平均为 19.22%，累计获得投资收益 1 326 亿元，占全部投资收益的 46%；累计投资收益率为 364.5%，年化投资收益率达到 18.61%，比全部基金累计平均收益率高出 10 多个百分点。

不过，社保基金投资股票也会遇到波动。 2008 年股市大跌，社保基金也未能幸免。当年社保交易类资产公允价值变动额为 – 627.34 亿元，基金权益投资收益额为 –393.72 亿元，投资收益率为 –6.79%。可见，在股票市场的波动下，投资亏损的可能性迫使养老金选择一些以股票为标的，但是能抵御风险的资产管理产品。这样的间接入市也是一种可能的方式。共同基金能够获得稳定的资金来源，因此，股票型基金是养老金可能选择的产品。从 2011 年年报来看，股票型基金占比最大，达到 58%。养老金入市可能更加偏好股票型基金，而这样的偏好会进一步加大股票型基金的占比。

对投资者说

- 以共同基金业为核心的美国资产管理行业在经历了 80 年的增长之后依旧风景独好，支撑整个行业不断前进的动力是资产管理产品的创新。新产品以及新机构的不断涌现，使得资产管理产品的大家族得到丰富，推动美国资产管理行业稳固发展。

○ 随着中国经济的发展和居民财富的增长，投资者对资产管理产品的需求日趋旺盛。要突破中国的资产管理行业发展的瓶颈，必须通过研究美国资产管理行业发展的内在路径，提出资产管理产品创新的层级和方向，并据此审视中国现阶段资产管理产品创新趋势，对中国各类资产管理机构的发展前景进行展望。

○ 中国各类资产管理机构应专注于自身的优势和差异化竞争策略，在细分市场领域谋求专业化的发展，构筑多层级的资产管理行业格局：基金公司的未来发展动力在于专业化基础投资产品线的完善；证券公司将转型为真正意义上的资本中介；商业银行和第三方独立理财应抓住居民财富的增长机遇提供量身定做的全方位财富管理；养老金的入市也将打破现有格局，它与其他机构的合作将促进行业内部各机构的互惠与共赢。

第2章

中国基金业，震荡市场倒逼对冲时代来临

■ 本章导读 ■

■ 2011 年，浑水研究大肆做空中国概念股，它以“唱空”为主，与以做空为主要策略的基金存在着非常密切的合作关系。浑水研究负责发布“强烈卖出”的报告，而基金们则在报告发布之前储备该股票的看空期权或者大量卖空该股票，借报告发出、股价大跌之时，获取大量利润。

■ “130/30”基金是扩展性主动基金的统称，是某只基金通过做空某几只证券获得 30% 的资金，再用所拥有的 130% 的资金进行投资。这样，整只基金就有 130% 的多头头寸和 30% 的空头头寸，净头寸还是保持 100% 的多头。

■ 中国公募基金二十多年的发展过程中，经历了证券市场两次大起大落，亦经历了证券市场从“无股不庄”的野蛮时代步入以研究为核心、重视定价能力的“文明时代”的过程。

■ 融资融券业务由小范围试点正逐步扩大推广，除了试点券商数量和融资融券标的数量增加之外，转融通的准备推出亦预示着整个金融市场要逐渐步入对冲时代。

2011 年，浑水研究做空中国概念股的事件震惊全球金融市场，“做空”一词随之走入人们的视野。实际上，虽然在全球范围内对冲基金的数量仍然不多，但是对冲基金的投资理念的运用却日益广泛。共同基金在近年来也发展了“130/30”的对冲投资策略并付诸实践。

在融资融券业务已经得到开展的前提下，海外对冲理念对于 2011 年重仓持股却又风险集中爆发的中国基金而言，具有非常重要的借鉴意义。理论上而言，对冲时代的到来会显著改善市场的定价效率；而目前的实证检验则表明，缺少机构投资者参与的小规模融资融券业务，尚不能实现使市场更为有效的目标。但随着机构投资者的成熟，市场法律和制度环境的完善，中国“双边市场”建立的条件亦逐步成熟，最终付诸实践。

从“浑水研究”看海外对冲基金盈利模式

今年对于中国在海外上市的企业们来说，是不平静的一年。“做空中国概念股”的新闻开始走进人们的视野。在做空中国概念股的机构之中，一家注册于香港尖沙咀的独立研究机构尤为显眼，这家名为“浑水研究”（Muddy Water）的机构自2010年6月起就在自己的网站上发布关于中国在美上市公司的调查报告，以“揭示财务造假和虚假概念陈述”为己任，并给予那些公司“强烈卖出”的评级。报告一经发布，往往立刻使被披露公司的股价大跌（如表2—1所示）。

表2—1　　浑水研究“强烈卖出”评级对部分中国概念股的影响

目标公司	报告发布日	报告发布日当日股价涨跌	报告发布一个月内最大跌幅
东方纸业	2010年6月28日	–0.49%	–51.70%
大连绿诺环境工程科技	2010年11月10日	–15.08%	–87.10%
中国高速频道	2011年2月3日	–33.23%	–37.90%
多元环球水务	2011年4月4日	–27.32%	–49.00%
嘉汉林业	2011年6月2日	–20.59%	–79.80%
分众传媒	2011年11月21日	–39.49%	–39.49%

资料来源：浑水研究，一财网，雅虎财经。

浑水研究发布中国概念股的卖出评级报告，不仅仅是为了“打假”。浑水研究这类以“唱空”为主的独立研究机构在美国并不少见，它们与以做空为主要策略的基金存在着非常密切的合作关系。**在整个利益链条之中，独立研究机构负责挖掘相关公司的负面消息，而在“强烈卖出”的报告发布之前，基金们便开始大量储备该股票的看空期权或卖空股票，在报告发布、股价大跌之时，基金和研究机构就可以因此获利。**

谈到浑水研究及其背后的利益链时，不能不提到“对冲基金”和“做空”两个概念。对冲基金最初的操作宗旨是利用期货、期权等金融衍生产品，以及对相关联的不同股票进行买空卖空、风险对冲的操作，在一定程度上规避和化解投资风险。[①] 但时至今日，对冲基金概念的外延有所扩展，其更多是指一种投资方式，即利用复杂的金融市场操作技巧和各种金融衍生工具所产生的杠杆效应，追求一定风险之下的高收益。而“卖空”和“杠杆”则是对冲基金可以使用的最重要的两大工具，“卖空”指的是投资人在手中不持有证券的情况下，向券商借入证券以卖出，并在一定时期内回购证券并补回的交易方式。在当前全球去杠杆化、经济下行预期明显的局面下，“卖空”手段对于对冲基金的重要性有所增加。

在全球范围内，被注册为对冲基金的基金仍然只占少数（如图 2—1 所示），但对冲基金的投资理念的运用却日益广泛，一些共同基金在一定的限制之下也会利用“卖空”等方法进行操作和交易。

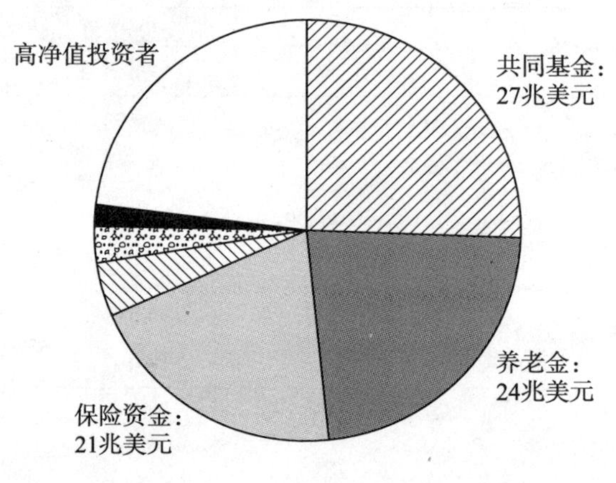

图 2—1　全球基金种类分布概览

资料来源：Strategic Insight Estimates，ISL Research。

① 摘自维基百科，“对冲基金”词条。——作者注

从盈利模式上来看，对冲基金（包括使用对冲理念操作的其他基金）的多空结合（long/short）模式和仅仅采用买入策略的共同基金的单纯做多（Long-Only）模式存在较大的区别。后者的盈利模式在于鉴别和发现具有好的价值和成长性的股票或其他投资标的，并且通过持有获得收益；而前者则是在对风险和收益均做出正确评估的基础上，通过对风险和收益进行正确的匹配，追求一定风险下的最大收益。Brush 于 1997 年论证了多空结合模式扩展了有效边界，相对于单纯做多模式可以提供正的 Alpha。从信息的角度来说，多空结合模式对于信息的利用更加充分，相对于单纯做多模式而言不仅利用好了正面消息，对负面消息也进行了充分利用。在一个投资组合内，买入和卖空的股票之间关联度越高，采用多空结合模式的信息利用越充分，采用单纯做多模式信息非有效利用带来的损失越大。在存在模式选择的情况下，信息比率（Information Ratio）越高，投资经理越偏向于选择多空结合模式，反之，他们倾向于选择单纯做多模式（Grinold and Kahn，2000）。在充分利用了信息的情况下，资金使用的效率也会在多空结合模式下得到一个提高。然而，从成本上而言，多空结合模式的管理成本、信息成本和费率均要高于单纯做多模式。

海外共同基金对冲投资策略的实践——130/30 基金

何为130/30基金

随着投资理念的进一步发展，共同基金开始被允许在一定限制下参与卖空，投资组合之中“单纯做多”的限制开始被放宽，130/30 基金逐渐兴起，这种基金的兴起可以被看做对冲理念在实践中的扩展。

130/30 基金是扩展性主动基金（Active Extension Funds）的统称，其投资方式介于单纯做多的共同基金和多空结合的对冲基金之间。其原理非常简单，即某只基金通过做空某几只证券获得 30% 的资金，再用所拥有的 130% 的资金进行投资。这样，整只基金就有 130% 的多头头寸和 30% 的空头头寸，净头寸还是保持 100% 的多头（如图 2—2 所示）。

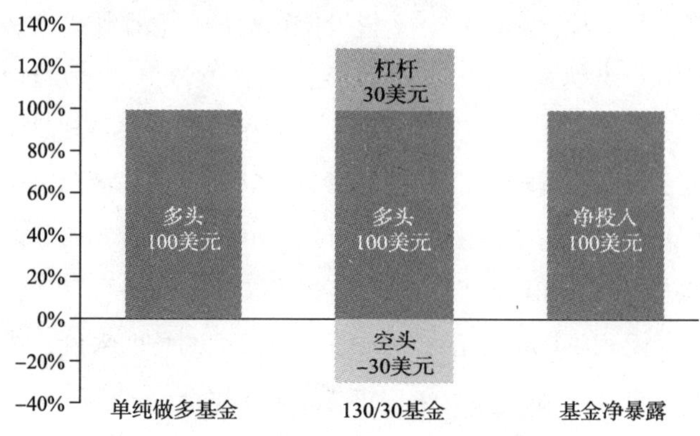

图 2—2 130/30 基金原理

130/30 基金放宽了过去在投资组合中持有资产份额必须为正的限制，而多空比例维持在 130/30 是多年市场实践中所得出的较为合理的比例。目前，130/30 比例基金在此类基金中占比大约为 52%，125/25 比例基金占比约为 19%，120/20 基金占比约为 25%，而 140/40 基金占比约为 5%。① 故此类基金被称为 130/30 基金。

130/30 基金的产生主要是基于四个原因：

- 随着投资技术和风险管理技术的发展，在只能够单方面做多的情况下，获取市场收益之上的超额收益越来越难。
- 随着投资理念的推广和深化，对冲理念逐渐被普通投资者接受。
- 法规上放宽对共同基金卖空的限制为 130/30 基金的出现创造了条件。
- 只能单边做多的规定造成了研究资源的浪费，具有高 Alpha 的基金经理主观上亦希望在投资组合中加入做空以获得更好的收益。

‖130/30基金的风险与优势‖

1. 130/30 基金所面临的风险

从风险角度来看，130/30 基金暴露在市场之上的，是约为资本金 160% 的仓位。多空仓位的设立，并非像传统的对冲基金一般，是为了对冲掉风险，

① 资料来源：New York Life Investment Management：130/30 Strategies: myth and realities. 联合证券：《海外基金新宠：130/30 基金》。——作者注

最终实现风险中性；而是以充分利用信息和资金，最终获得更高的收益为目的。所以，本质上而言，130/30 基金还是“多头基金”，也被称为“新型的多头基金”（New Long-Only），因此，此类基金也同样受到市场系统性风险的影响。

130/30 基金面临的另一个风险是对于基金经理的信息能力和获得正 Alpha 的能力有更高的要求，对于做空的理解和风险管理也有更高的要求。在目前多数共同基金经理缺乏做空经验的情况下，130/30 基金模式是否可以良好运作，也是风险之一。

2. 130/30 基金的优势

130/30 基金模式下，信息可以得到更加充分的利用，从而具有产生更高 Alpha 的可能性。在单边操作的情况下，基金经理在信息分析和处理之后，只能对好的股票进行操作，而不能从分析中表现“差”的证券里获得收益。但在 130/30 基金模式下，基金经理也可以对分析中表现差的证券进行卖空，从而使信息和资金得到更加充分的运用，产生更高的 Alpha。

130/30 基金也为基金经理提供了更好的风险控制的方法。基金经理可以通过卖空，用类似对冲基金的手法部分对冲掉市场上存在的风险。

130/30 基金的操作方法上，可以实现传统股票配置和数量化配置相结合。由于 130/30 基金的投资理念来源于放宽传统的投资组合中资产比重必须为正的约束，所以 130/30 基金可以实现完全暴露于市场（Beta=1），故而传统的股票配置方法可以适用于 130/30 基金。而 130/30 基金中还存在空头头寸，卖空手段的存在要求 130/30 基金必须引入数量化投资。

‖130/30基金收益的研究与实践‖

1. 130/30 基金投资收益的研究

对于 130/30 基金投资收益的研究，最具影响力的文章来自于 Lo 和 Patel 于 2008 年发表的论文 *130/30，the New Long-Only*。在该文中，作者构建了一个 130/30 投资指数，作为在实践中可实现的 130/30 投资方法的基准。

作者构建该指数运用了瑞士信贷的选股模型。该模型是一个包含 10 个 Alpha 因素的选股模型。

这 10 个 Alpha 因素包括，传统价值（Traditional Value），相对价值（Relative Value），历史增长（Historical Growth），预期增长（Expected Growth），利润趋势（Profit Trend），销售增速（Accelerating Sales），收入情景（Earning Momentum），价格情景（Price Momentum），价格反转（Price Reversal）和小规模（Small Size）。

10 个因素评价高的股票被预测为将会产生出显著的正 Alpha，而 10 个因素评价低的股票则被预测为将会产生出显著的负 Alpha。该指数将标普 500 指数作为标杆，并以标普 500 指数中的成分股作为股票池。依据该方法选出的股票，将会成为构建 130/30 投资组合时买入和卖出的证券。

该指数严格执行了 130% 的多头头寸和 30% 的空头头寸的要求，同时也考虑了换手费用（Turnover Cost）和卖空费用（Short Sale Cost）。依据对换手率限制的不同，作者构建了多个 130/30 指数，并将其与市场上现存的其他指数进行对比。图 2—3 和图 2—4 分别为换手限制为 15% 和 100% 的两个 130/30 指数同罗素 2000 指数，标普 500 指数，以及 CS/Tremont 对冲基金指数在 1995—2007 年里的表现对比。

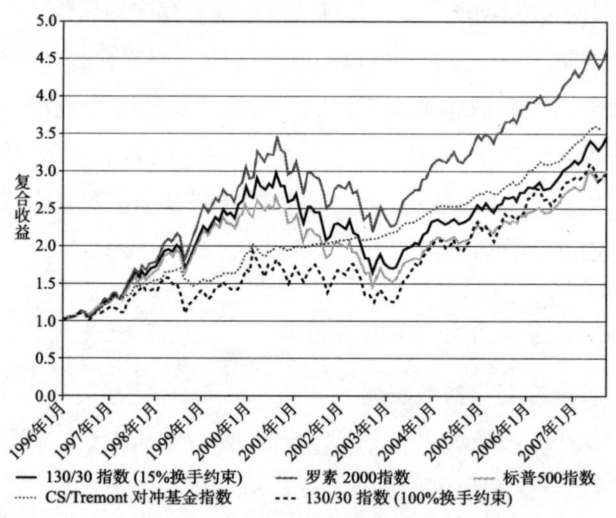

图 2—3　130/30 指数相对于其他指数的表现

（换手费用为 0.25%，卖空费用为 0.75%）

资料来源：Lo and Patel，*130/30*，*the New Long-Only*。

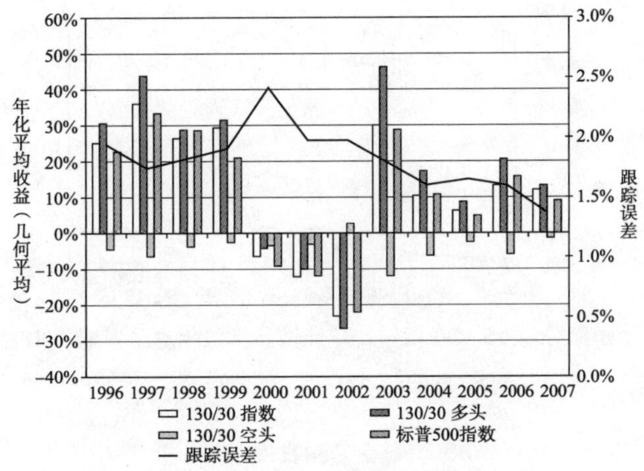

图 2—4　130/30 指数收益构成

（换手费用为 0.25%，卖空费用为 0.75%）

资料来源：Lo and Patel，*130/30*，*the New Long-Only*。

由图 2—3 和图 2—4 可以看出，130/30 指数的表现要显著优于其他指数，而且通常来说，在换手费用和卖空费用相等的情况下，随着换手率的升高，130/30 指数的表现会更好。

Johnson，Ericson 和 Srimurthy 在 2007 年的文章 *An Empirical Analysis of 130/30 Strategy* 中，也以罗素 1000 指数作为美国国内业绩比较基准，以 EAFE 作为国际业绩比较基准，分别得出了相应的单纯做多股票收益指数和 130/30 股票收益指数，结果依旧是 130/30 投资方法显著优于业绩比较基准指数和单纯做多指数（如图 2—5，图 2—6 及表 2—2 所示）。

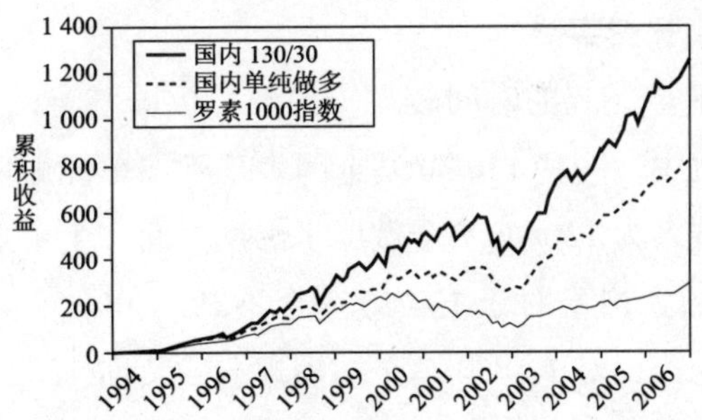

图 2—5　美国国内股票 130/30 指数，单纯做多指数相对于罗素 1000 指数模拟

资料来源：Johnson，Ericson 和 Srimurthy，*An Empirical Analysis of 130/30 Strategy*。

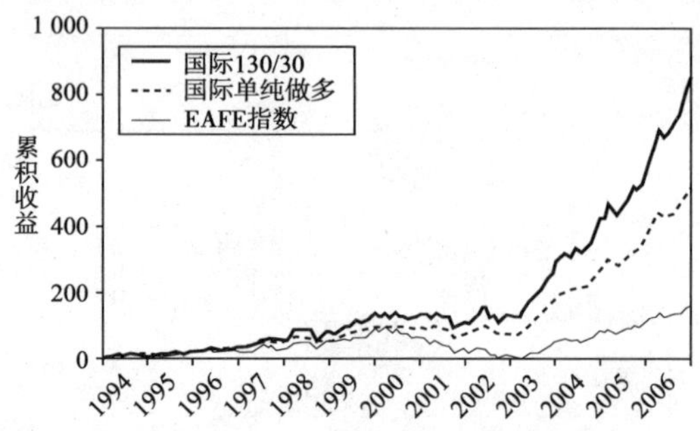

图 2—6　国际股票 130/30 指数，单纯做多指数相对于罗素 1000 指数模拟

资料来源：Johnson，Ericson 和 Srimurthy，*An Empirical Analysis of 130/30 Strategy*。

表 2—2　130/30 基金超额收益归因分析

	1994	1995	1996	1997	1998	1999	2000	2001	2002	2003	2004	2005	2006	均值
国内														
主动单纯做多收益	3.0	3.5	4.7	3.0	–1.0	3.1	18.6	14.8	5.6	19.2	10.3	8.9	1.6	7.6
主动采取130/30策略收益	7.7	8.8	10.8	9.3	11.0	2.9	24.7	20.0	7.9	19.6	5.7	11.2	3.7	11.3
多头收益贡献	4.1	3.0	7.9	1.5	–0.7	–2.4	22.7	24.2	6.4	23.7	8.8	10.1	2.5	9.1
空头收益贡献	3.3	5.4	2.8	7.0	9.9	5.2	1.3	–3.6	1.6	–4.0	–3.3	0.7	1.3	2.1
多空头交互	0.3	0.4	0.1	0.7	1.7	0.1	0.7	–0.6	–0.1	0.0	0.2	0.5	–0.1	0.1
国际														
主动单纯做多收益	9.2	–2.1	3.1	–1.8	–5.5	0.4	12.4	9.3	16.0	24.1	11.4	7.6	9.8	7.3
主动采取130/30策略收益	7.2	–1.5	3.9	10.6	–1.5	4.9	11.7	11.3	24.4	29.2	14.9	12.8	16.8	11.1
多头收益贡献	6.6	–4.0	8.0	1.4	–6.4	–1.1	12.3	11.0	20.9	32.6	16.7	13.0	11.6	9.3
空头收益贡献	0.6	2.9	–4.0	7.9	5.0	5.7	–0.6	0.2	2.4	–3.5	–1.8	–0.2	4.3	1.6
多空头交互	0.0	–0.4	–0.1	1.3	–0.1	0.3	0.0	0.1	1.1	0.0	0.0	0.0	0.9	0.1

资料来源：Johnson，Ericson 和 Srimurthy，*An Empirical Analysis of 130/30 Strategy*。

2. 130/30 基金投资实践

由于 130/30 基金兴起的时间较短，关于 130/30 基金的实证检验并不多。在市场上的实践之中，一些 130/30 基金因表现不如单纯做多基金而受到了各方面的批评。也有人为 130/30 基金做出了出现时间“生不逢时”的辩解，不仅全球去杠杆化的大格局对于 130/30 基金不利，2008 年金融危机之后，美国出台的“限空令”也对 130/30 基金的表现造成负面影响。尽管如此，多数 130/30 基金依然跑赢了指数。①

① 联合证券：《海外基金新宠：130/30 基金》。——作者注

Johnson，Ericson 和 Srimurthy 在 *An Empirical Analysis of 130/30 Strategy* 中也对 130/30 基金做了检验。他们用买美国大盘股的 130/30 基金，以及类似的投资组合，与同买大盘股的单纯做多基金在 2004 年 7 月到 2007 年 6 月期间的收益做了对比，结果显示 130/30 基金的表现显著优于单纯做多基金（如图 2—7 所示）。

海外共同基金的启示

海外共同基金在对冲策略方面的实践对于当前的中国基金行业而言，具有重要的启示意义。在过去的 2011 年，上证综合指数下跌 21.68%，但是与以往下跌市中基金普遍战胜指数的情形不同，股票型基金全年下跌 25.02%，跑输大盘 3.3 个百分点。除了市场走势震荡向下增加了操作难度之外，多起基金重仓股的“黑天鹅”事件给基金造成的巨大损失也是重要因素。如同之前中国基金业发展过程中经历的投资困境成为基金业形成新的投资模式的契机一样，2011 年基金重仓持股风险的集中爆发对于中国基金业来说，或许意味着传统的“买入-持有”的单纯做多模式的终结。海外共同基金的对冲策略可能是未来基金新的投资模式，中国基金业有望进入对冲时代。

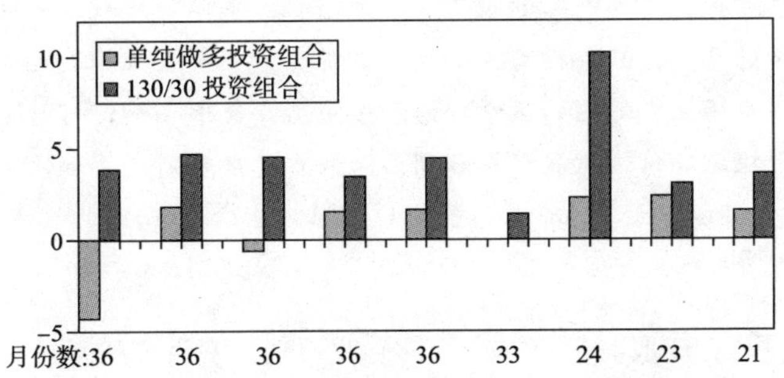

图 2—7　美国大盘基金相对于单纯做多基金投资收益表现

资料来源：Johnson，Ericson 和 Srimurthy，*An Empirical Analysis of 130/30 Strategy*。

国内市场，从庄股时代到对冲时代

与经历了百年风雨洗礼的欧美证券市场不同，中国证券市场刚刚发展了二十余年。作为当今国内市场上主要机构投资者的公募基金的发展时间则更为短暂。然而，正是在这短暂的十二年里，国内公募基金却经历了市场两次大起大落。正如前面提到的，历次投资困境都会成为基金投资理念和模式更新的契机，基金行业的核心——基金投资理念和策略也在市场动荡中不断涅槃，从无到有，再到被市场新的变化否定，周而复始。10年之前，上证指数2 200点，10年之后，市场还是2 200点，但是基金已经从之前的“初生牛犊”蜕变为身经百战的“老兵”，不再是赤手空拳，而是不断丰富和完善了从自下而上选股、自上而下宏观配置，以及量化投资研究等研究模式。此时的公募基金即将进入对冲时代，真正在二级市场对上市公司进行理性定价。

‖庄股崩塌与五朵金花行情确立基金的价值投资规模‖

1. 混乱的庄股时代

最早期的中国证券市场是一个庄家横行的市场。在很长的一段时间里，“无股不庄”的事实被下至散户，上至监管层普遍接受。

> 那个年代，作为庄家的投资者和为“俎上鱼肉”的散户之间竟也形成了有趣的默契：只要拥有大量的投资资金，个人或机构均可以作为庄家出现在市场上，他们的投资理念和手法主要集中在如何巧妙地利用信息和资金操纵股价，谋取短期暴利；而散户的兴趣则在于如何提前获得庄家消息，可以先于其他散户进行操作，“跟庄吃肉”。那时的机构投资者，即“庄家”群体的组成部分之一。

“南橘北枳”，庄股时代资本市场的游戏规则，使得“舶来品”基金在国内难以发挥机构投资者稳定市场的作用，促进市场合理定价。相反，在缺乏有效监管的情况下，基金凭借雄厚的资金实力随意拉抬股价，操作极不规范，而且缺乏明确的投资理念和策略，完全沿用了“庄家做庄”的操作模式。

庄股模式毕竟不能造就可以良好配置社会资源的资本市场，相反，这种模式破坏了优胜劣汰的市场法则，混乱了市场的价值判断标准，损害了市场的基础。自2000年开始，随着市场监管力量的逐渐增强，中国证券市场开始了打击庄家的行动。至2003年，市场上主要的庄家，诸如中科系、德隆系，以及银广夏、亿安科技和蓝田股份等股票的庄家，均走向了覆灭。自此，中国机构投资者的“庄股思想”也逐渐走向了终点。同样是在2000年，当时的中国基金业，也经受了“基金黑幕”事件的重创，基金不规范的投资行为被曝光，基金开始在监管机构逐步构建的严格制度框架下进行规范的投资操作。

2. “买入并持有”式价值理念的确立与挫折

随着庄股时代的过去和投机思想的终结，资本市场投资亦需要新的盈利模式。此时，机构投资者从海外引入了基于基本面研究的“价值投资”理念，并开始相信“研究创造价值”，将宏观经济、行业格局和公司基本面研究作为投资的决策依据。

此时机构投资者的价值投资理念，属于“买入并持有”式的价值投资理念范畴。在该理念的指导下，公募基金很少关注资金流向等影响股价短期波动的信息，而是通过更多地发掘行业与公司长期增长的大趋势，以买入并持有的策略分享行业和公司的成长。在基本面研究的基础上，行业景气度大幅回升的汽车、钢铁、石化、电力和银行五大板块——“五朵金花”的蓝筹股作为价值投资对象被挖掘出来，并为基金重仓持有（如表2—3所示）。一年内，五朵金花的最高涨幅超过100%，而通过重仓五朵金花，基金则取得了诞生五年来最辉煌的成绩。2003年，全部基金的平均收益在15%以上，远远超过大盘的平均收益。一时间，价值投资理念得到了广泛认同。

表2—3　部分股票型基金2003年重仓股行业分布情况

	旗下被统计基金数	前5名重仓股中含有石化行业基金数	前5名重仓股中含有电力行业基金数	前5名重仓股中含有金融行业基金数	前5名重仓股中含有机械设备行业基金数	前5名重仓股中含有金属、非金属行业基金数
华夏基金	1	1	1	0	0	1
博时基金	4	0	4	1	3	4
泰达宏利	3	1	1	1	2	1
南方基金	2	0	2	1	2	2
华安基金	3	2	2	2	2	3

续前表

	旗下被统计基金数	前5名重仓股中含有石化行业基金数	前5名重仓股中含有电力行业基金数	前5名重仓股中含有金融行业基金数	前5名重仓股中含有机械设备行业基金数	前5名重仓股中含有金属、非金属行业基金数
大成基金	2	0	1	1	2	2
融通基金	2	1	2	1	2	2
富国基金	2	0	2	0	2	2
易方达基金	2	1	2	0	2	2
国泰基金	2	1	2	0	1	2
长盛基金	1	1	0	1	1	1
万家基金	1	0	1	1	0	1

资料来源：wind 资讯，课题组。

然而，“买入并持有”式价值投资理念指导下的成功仅维持了一年。2004年，随着国家的宏观调控，钢铁、汽车等周期性行业纷纷达到了行业景气的高峰，随着企业业绩环比增幅的下降，昔日“五朵金花”的股价也开始下滑，“价值投资”理念也开始受到质疑。

回顾“价值投资”理念所遭受的挫折，根本原因在于成熟市场上良好的理念与尚未健全的市场环境和机制不能匹配。

- 一方面是因为长期的价值发掘与短期的基金绩效考核存在矛盾。
- 另一方面则是因为中国缺少真正长期增长并与股东分享收益的企业。

尽管如此，“五朵金花”的短暂盛开，对于中国资本市场的意义非凡。

- 一方面，这是中国公募基金群体一次主动的思考所带来的变革，将“买入并持有”式价值投资理念运用于中国市场，“研究＋投资”的模式和“发现价值”的思想开始深入人心。
- 另一方面，这大大提升了券商研究力量的影响力，公募基金和券商研究使得中国证券投资行业的生态发生改变，上市公司的股价与公司基本面之间的相关性明显增加，整个行业开始告别混乱而无序的“原始时代”，进入凭借分析寻找价值的“文明时代”。

‖行情大起大落成就宏观配置时代‖

1. 大熊大牛造就了基金宏观配置思想

2005 年开始的股权分置改革逐步消除了上市公司业绩增长的治理障碍，使得上市公司经营业绩与宏观经济的相关性逐步增强。制度变革、红利叠加、宏观经济的繁荣使得中国股市在 2006 年开始了一轮大牛市，并迅速在 2007 年达到 6 124 的高点。之后，在全球金融危机的影响下，急转直下，在 2008 年迎来了大熊市，而之后的 2009 年，在“四万亿”的刺激之下，市场迎来了超过 100% 的反弹（如图 2—8 所示）。

图 2—8　上证综指在 2006—2009 年之间上演过山车走势

资料来源：Wind 资讯。

短短四年时间内，中国股市经过了一轮“过山车”式的大起大落。证券市场这种大起大落式的运动，一方面符合中国经济基本面大的方向，另一方面也体现出投资者的不理性和不成熟。在市场泡沫吹起的过程中，再差的股票都可以找到上涨的理由，而泡沫破灭时，再优质的股票也会受到大势的拖累。所以，**在大熊大牛的市场转换里，基金对宏观经济和行业形式的判断，相对于就公司层面的个股分析而言要显得更加重要。**在这种情况下，基金研究的重点转向自上而下的宏观和行业配置，“投资时钟”配置模型（如图 2—9 所示）和指数化投资也成为这一阶段基金普遍运用的工具。在这一阶段，基金公司的投资流程相对简单：先根据宏观经济研究确定所处的经济周期阶段，再根据投资时钟模型或类似的模型运用历史数据统计寻找所处阶段最优的行业配置，之后就是根据相应的行业对成分股进行配置。在这一环节，个股的选择才会被提上日程。

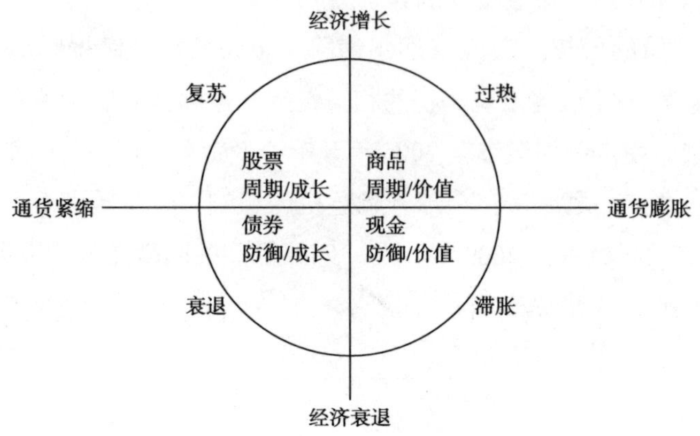

图 2—9　投资时钟模式

资料来源：《2010 中国资产管理行业发展报告》。

我们曾在《2009 中国资产管理行业发展报告》里，对于 2004—2008 年"熊——牛——熊"市场转换过程中，中国内地基金所获业绩做过归因分析（如图 2—10、图 2—11 及图 2—12 所示）。分析结果表明，在 2006—2008 年，各类基金业绩的区别主要是因为大类资产配置的选择不同，个股选择对于基金业绩差异化的贡献较不明显。

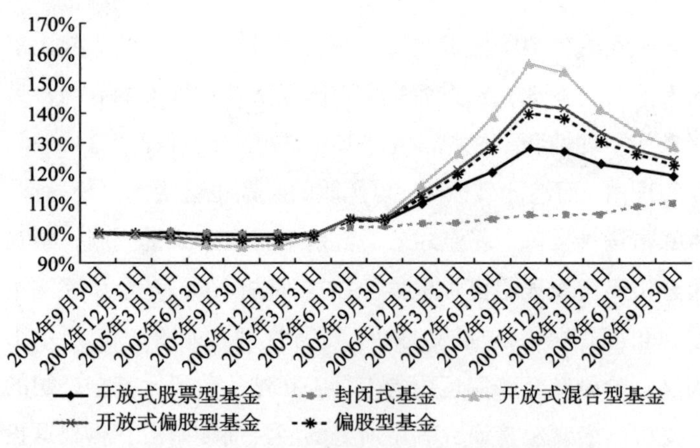

图 2—10　各类基金大类资产配置超额收益

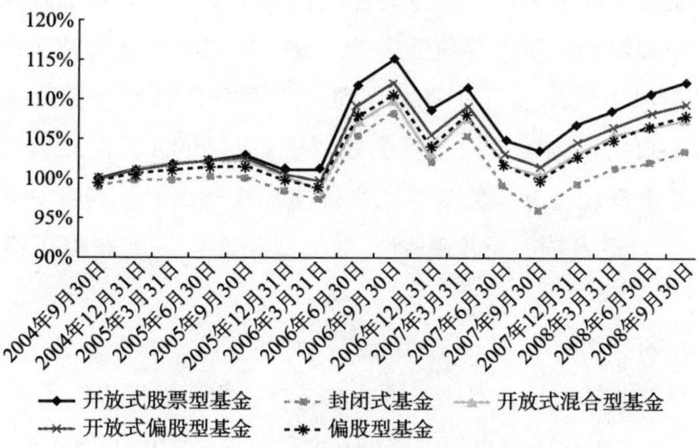

图 2—11　各类基金行业资产配置超额收益

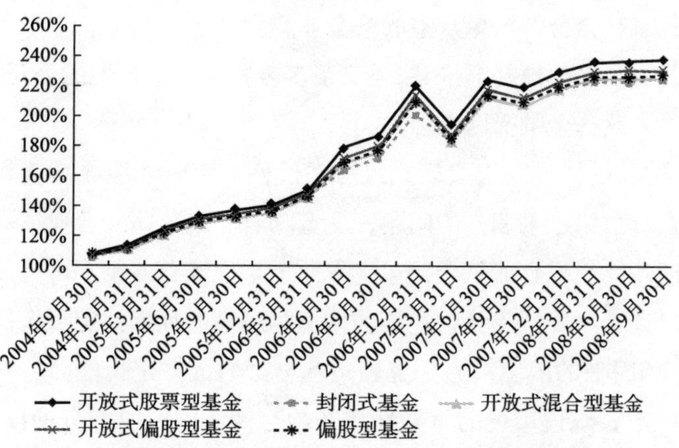

图 2—12　各类基金行业个股选择超额收益

资料来源:《2009 中国资产管理行业发展报告》。

‖中国基金业的对冲时代‖

如果说 2003 年开始的“五朵金花”行情使得基金公司开始运用主流投资理念和方法进行规范投资；之后的市场大起大落则使基金深刻意识到 Beta（系统性风险，不仅仅局限于整个市场风险，也可以是细分类别资产风险，例如大盘股指数、小盘股指数或者行业指数）对于投资业绩的影响。进入 2010

年，经济转型处于攻坚阶段，股市关注的焦点也从刺激政策和发展规划转向经济增速放慢和流动性紧缩等负面影响。这一阶段的市场特征表现为市场震荡向下，各类风格资产和行业资产之间的收益分化收窄。在这一市场环境下，公募基金再次回到了个股选择的投资模式，Alpha 再次成为基金关注的重点。大量基金重仓持有少数基本面指标能够维持高成长或者具有高成长预期的股票，如双汇发展、重庆啤酒、中恒集团等，一度获得了优秀的投资业绩。

但这一时期与 2003 年的“五朵金花”时期不同，如今市场信息流通已经较为充分，市场监管也日益严格，单个基金对于市场的操纵能力基本不存在，基金公司对于市场的话语权也让位于持有大量流通股的上市公司股东；基金自身的投资研究体系也已较为完整，投资理念趋于成熟，市场上亦不存在明显的套利空间。各家基金公司数量众多的基金业绩竞争压力巨大，市场上任何可能存在低估的公司几乎都被基金进驻，还有很多被寄予过高预期的公司发生了“黑天鹅”事件，多只基金蒙受巨大损失。

传统的“买入-持有”选股模式只有在价格上涨时才能成功获利，而国内市场普遍存在着估值水平偏高的问题，这意味着上市公司经营业绩只有不断超越投资者预期才能使重仓的基金公司全身而退。但经营业绩不可能如同投资者的情绪一般脱离基本发展趋势，过高的估值和过高的预期注定了大概率的“悲剧”。当前市场面临的困境倒逼基金公司基金努力提高定价能力、发掘有价值的投资标的同时，双边市场的重要性亦开始浮现。国内股票市场自 2010 年股指期货和融资融券制度推出之后就不再只能单边做多，价格双向波动都可以使投资者获利。随着基金参与此类业务的监管限制逐步放开，中国基金业即将进入对冲时代。基金在进行价值发掘的时候，不仅可以发现价值高于价格的股票，亦可以发掘出大量价值低于价格的投资标的，可以通过对价格被高估的股票进行卖空，更充分地利用好基金的定价能力。

‖市场环境逐步完善为基金对冲时代来临创造条件‖

中国股市从只能单向做多转为双边市场的历程也如股市走势一般起伏波折。政策层面早在 2005 年起便为对冲时代的来临做好了充分准备：2005 年 10

月 27 日，修改后的《证券法》加入了融资融券条款，为融资融券业务扫清了法律障碍。在法律障碍被扫清之后，融资融券试点工作亦逐步展开。

2006 年 3 月，证监会发布《证券公司融资融券试点管理办法》。2006 年 8 月 21 日，沪深交易所发布《融资融券交易试点实施细则》，融资融券试点工作被提上议程。2006 年 8 月 29 日，《证券登记结算有限责任公司融资融券试点登记结算业务实施细则》公布，融资融券试点工作正式走上正轨。2006 年 9 月 5 日，中国证券业协会公布《融资融券合同必备条款》和《融资融券交易风险揭示书必备条款》。2008 年 4 月 8 日，证监会就《证券公司风险控制指标管理办法》、《关于进一步规范证券营业网点若干问题的通知》（征求意见稿）、《证券公司分公司监管规定（试行）》公开征求意见。2008 年 4 月 25 日，国务院正式出台《证券公司管理条例》、《证券公司风险处置条例》。2008 年 10 月 5 日，证监会宣布启动融资融券试点。

在法律和制度层面，融资融券试点被谨慎推进的同时，一些实践上的经验亦得以积累。2010 年 1 月 8 日，国务院原则上同意开展证券公司融资融券业务试点的同时，原则上也同意推出股指期货。股指期货交易的展开，除了为市场提供了一个双边的产品之外，同时也为对融资融资非常重要的保证金制度提供了实践的平台。

2010 年 3 月 19 日，证监会公布了首批 6 家融资融券试点券商名单。2010 年 3 月 30 日，深圳证券交易所、上海证券交易所正式向 6 家试点券商发出通知，称将于 2010 年 3 月 13 日起，接受券商的融资融券交易申报。这标志着经过 4 年多时间，融资融券交易正式进入市场操作阶段。

融资融券业务正式进入市场操作阶段之后，业务量依然只占沪深市场总交易量的一小部分。要建立双边市场，还需要更加广泛的社会参与。2011 年 6 月 8 日和 12 月 13 日，融资融券业务的第二批和第三批试点券商名单被公布，使得融资融券业务有了更广泛的参与基础；同时，2011 年 10 月 28 日，转融通业务的监督管理试行办法亦向全国征集意见，虽然尚没有明确的时间表，但是如能顺利推出，融资融券的参与群体将会被扩大至银行、保险公司等众多重要的金融机构，届时，资本市场真正的双边时代将正式到来。

对冲时代的市场基础——融资融券业务对定价效率的改善作用

在有效市场理论里，有效市场的隐含前提之一是存在“卖空”机制，即融券机制。只有当所有信息，不论好坏，都可以充分流通，并可以被充分地通过实际的操作反映在市场上时，市场才可以被有效地定价。所以，理论上说，融资融券业务的开展，有助于提升中国证券市场的定价效率。

关于融资融券业务对市场定价效率的改善作用，不少学者亦做过相关的实证研究。D'Avolio（2002）研究美国股市的数据发现，高额的融券成本将会减少投资者交易的达成，进而使得证券价格不能够充分反映出负面信息的作用；Chang 和 Yu（2007）研究香港股票市场数据发现，约束卖空会导致个股价值被高估；Bris，Goetzmann 和 Zhu Ning（2007）利用 46 个国家的数据得出结论，允许卖空的国家，价格对负面信息的反应更快；而不允许卖空或者卖空受到严格限制的国家，个股收益明显被高估了。

针对融资融券制度能否改善中国证券市场定价效率问题，本部分将通过格兰杰因果检验，R^2 法、指标构建法和事件分析法，分别对以下三个假设进行检验。

假设 1：融资融券业务会对中国证券市场价格产生影响。

假设 2：融资融券业务开展后，证券市场有效性有所提升。

假设 3：增加融资融券试点证券范围或增加融资融券试点标的范围会提高市场的有效性。

融资融券制度对中国证券市场价格影响的检验

本部分日度融资余额 X_{RZ} 及日度融券余额 X_{RQ} 数据分别与标的价格指数 Y_P 做格兰杰因果检验，如果 X_{RZ} 和 X_{RQ} 分别为 Y_P 的格兰杰原因，那么就说明融资业务或者融券业务具备改变市场价格的能力，反之则不具备影响市场价格的能力（如表 2—4 所示）。

标的价格指数 Y_P 为融资融券试点第一批标的证券（共 90 只股票入选，由于有 5 只证券中途曾被调整，所以将其剔除，余 85 只）的日度价格加权平均。数据长度范围为 2010 年 4 月 1 日至 2012 年 3 月 23 日。

误差修正模型：

$$\ln Y_p=0.111\ 318\ln X_{RQ}+0.292\ 859\ln X_{RZ}-0.003\ 339TREND-2.835\ 801$$

$$[-5.584\ 05]\qquad[-15.240\ 5]\qquad[11.956\ 4]$$

由以上可以看出，融资的价格弹性（0.29）要高于融券的价格弹性（0.11）。

表 2—4　格兰杰因果检验结果

因变量	自变量	P值	结果解释
D (1nY$_p$)	D (1nX$_{RZ}$)	0.192 0	融资额变动不是价格变动的格兰杰原因
D (1nY$_p$)	D (1nX$_{RQ}$)	0.257 5	融券额变动不是价格变动的格兰杰原因
D (1nX$_{RZ}$)	D (1nY$_p$)	0.011 7	价格变动是融资额变动的格兰杰原因
D (1nX$_{RQ}$)	D (1nY$_p$)	0.220 2	价格变动不是融券额变动的格兰杰原因
D (1nY$_p$)	D (1nX$_{RZ}$(– 2))	0.000 0	融资额变动的变动是价格变动的格兰杰原因
D (1nY$_p$)	D (1nX$_{RQ}$(– 2))	0.008 5	融券额变动的变动是价格变动的格兰杰原因
D (1nX$_{RZ}$ – 2)	D (1nY$_p$)	0.679 5	价格变动不是融资额变动的变动的格兰杰原因
D (1nX$_{RQ}$ – 2)	D (1nY$_p$)	0.575 8	价格变动不是融券额变动的变动的格兰杰原因

检验结果表明，融资业务和融券业务均具备影响价格的能力，即融资融券业务具备改善证券市场有效性的基础。通过协整方程可知，融券余额对价格的弹性是 0.11，融资余额对价格的弹性是 0.29，因此，融资业务对于价格的影响能力要大于融券业务对于价格的影响能力。同时，我们由以上检验可以看到，价格的变动可以影响融资业务，但不是融券额变动的格兰杰原因，这说明在价格变化的时候，投资者易于通过融资业务对价格进行反应，而融券业务则不能充分地对价格变化进行反应。

融资融券业务对市场有效性改善检验

依据市场有效性的概念以及一些学者的研究，市场有效性的衡量可以从两个方面来开展：

- 证券价格所反映的公开信息的含量；
- 证券价格对于信息的反应速度。

证券价格所反映的公开信息的含量，可以用 R^2 法来衡量，该方法由 Roll 于 1988 年提出。其基本原理为，可将 CAPM 模型 $r_{j,t}=\alpha_j+\beta_j\cdot r_{m,t}+e_{j,t}$ 看做一个单因素回归模型，该单因素回归模型之中的 R^2 值可以反映个股价格之中所含有的公开市场层面的信息的程度。

基于该方法，我们构建模型：

$$r_{j,t}=\alpha_j+\beta_1 r_{m,t}+\beta_2 SIZE+\beta_3 TSHARE+\beta_4 BSHARE+\beta_5 EPS+\beta_6 ROE+\beta_7 DR+\beta_8 DIVID+\varepsilon$$

并用 85 只第一批融资融券试点证券（剔除了 5 只被调整的证券）在 2008 年 3 月至 2010 年 3 月和 2010 年 4 月至 2012 年 3 月的数据，分别分行业做出回归，得出 10 个行业在融资融券前和融资融券后的 R^2 值，并用这些值做秩和检验（ranksum test）。

检验结果为，**融资融券之后，个股价格信息含量有了显著提高**（p=0.939 7）。

证券价格对于信息的反应程度指标由 Saffi 和 Sigurdsson 于 2010 年提出，他们构建了一组回归模型：

$$r_{i,t}=\alpha_i+\beta_i\cdot r_{m,t}+\gamma_i\cdot r_{w,t}+\varepsilon_{i,t} \quad (1)$$

$$r_{i,t}=\alpha_i+\beta_i\cdot r_{m,t}+\sum_{n=1}^{4}\delta_i(-n)\cdot r_{m,t-n}+\gamma_i\cdot r_{w,t}+\varepsilon_{i,t} \quad (2)$$

其中，$r_{i,t}$ 为个股本周的收益，$r_{m,t}$ 为市场本周的收益，$r_{m,t-n}$ 是滞后 n 周的市场收益，$r_{w,t}$ 为本周世界市场收益。

通过对模型（1）和（2）的回归，我们可以得到两个线性回归拟合程度度量指标 R_{1i} 和 R_{2i}；其中 R_{1i} 代表个股价格中本期本国市场和世界市场信息的含量，R_{2i} 中除了包含有 R_{1i} 所包含的信息之外，还包含了前 n 期（前 n 周）市场的信息。

基于此，Saffi 和 Sigurdsson 构建指标如下：

$$D_{1i}=1-\frac{R_{1i}^2}{R_{2i}^2}$$

$$D_{2i}=\frac{\sum_{n=1}^{4}|\delta_i(-n)|}{|\beta_i|+\sum_{n=1}^{4}|\delta_i(-n)|}$$

指标 D_1 和 D_2 均反映了现实价格受到过去信息的影响情况。D_1 是从价格中所含的现在的和过去的信息量的角度出发，D_1 的值越小，说明价格受到过去信息的影响越小，市场价格消化过去信息的能力越强；反之则表明市场价格对过去信息的反应能力迟钝。指标 D_2 从现在和过去的市场信息对价格影响的程度角度出发，D_2 越接近 0，说明价格受到现在信息的影响越大，市场有效性越高；反之则说明市场对于过去信息的消化能力不强。

我们用恒生指数和道琼斯指数来代表世界市场价格信息，用 2008 年 3 月至 2010 年 3 月和 2010 年 4 月至 2012 年 3 月的 85 只证券的日度数据回归并计算出 85 只证券融资融券前的 D_1 值和 D_2 值。通过配对 T 检验来检验融资融券业务是否改善了中国证券价格对于信息的反应程度。

T 检验结果显示，在融资融券之后，D_1 值有所上升，统计上轻微不显著（p=0.150 2）；而 D_2 值有所上升，统计上显著（p=0.002 2）。

增加融资融券试点证券范围或标的范围对市场有效性影响的检验

本部分用事件分析法来检验增加融资融券试点证券范围或增加融资融券试点标的范围对市场有效性的影响。异常收益率的计算方法采用 Chang 和 Yu 在 2007 年所用的方法：$AR_i^{m}(t) = R_{i,t} - \alpha_j - \beta_i R_{M,t}$，其中 $R_{i,t}$ 为证券 i 的日度收益率，$R_{M,t}$ 为市场的日度收益率，α_i 和 β_i 分别为用 $R_{i,t}$ 和 $R_{M,t}$ 做单因素回归得出的截距和系数，此处的异常收益率实际上是 OLS 单因素回归之后的残差值。计算异常收益率 α_i 和 β_i 的数据长度为 2008 年 3 月至 2012 年 3 月。

平均超额收益率（AAR）和积累超额收益率（CAR）的计算公式分别为：

$$\mathrm{AAR} = \frac{1}{N}\sum_{i=1}^{N} AR_{it}，以及$$

$$CAR\,(t_1, t_2) = \sum_{t=t_1}^{t=t_2} AAR_t$$

在融资融券试点推出之后，融资融券试点市场参与范围扩大的事件主要包括两类：试点券商范围的扩大，以及融资融券标的范围的扩大。两类事件的几个关键时间点包括：

> 融资融券第二批试点券商名单公布日（2011 年 6 月 8 日）、融资融券标的范围扩大日（2011 年 12 月 5 日），以及融资融券第三批试点券商名单公布日（2011 年 12 月 13 日）。

本文将以这三个关键时间点为基准，用 85 只融资融券第一批试点证券标的积累超额收益率变化来检验融资融券市场参与范围扩大，是否会影响融资融券制度对个股定价效率的影响。

由于融资融券范围扩大日（2011 年 12 月 5 日）和第三批试点券商名单公布日（2011 年 12 月 13 日）非常接近，所以拟以第二批试点券商公布事件来检验试点券商公布事件是否对个股定价效率产生影响，若不产生影响，那么则直接忽略第三批试点券商名单公布事件，对融资融券范围扩大事件进行检验。

在第二批券商名单公布日（2011 年 6 月 3 日），分析图 2—13 和表 2—5 可知，在事件日当日，标的证券 AAR 为负，但是统计上不显著；在事件前后 5 日，标的证券 CAR 有所上升，但是统计上不显著；在事件前后 15 日，标的证券 CAR 有所上升，但是统计上不显著；在事件前后 30 日，标的证券 CAR 有所上升，但是统计上不显著。

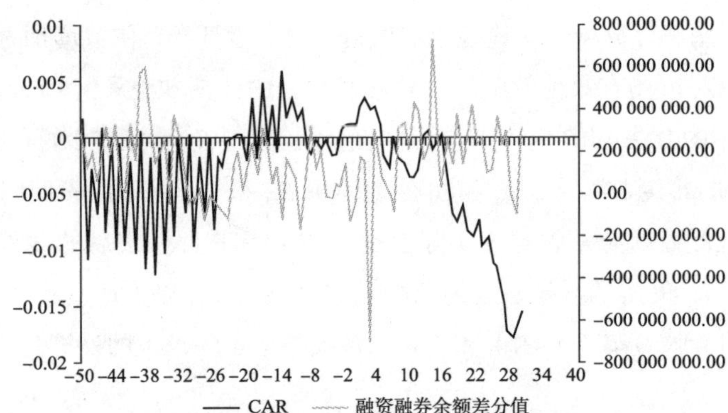

图 2—13　事件日窗口期 CAR 及融资融券余额差分值变动

表 2—5　　融资融券第二批券商试点公布市场效应（CAR）

窗口期	观察值	均值	最大值	最小值	标准差	均值配对检验
事件日	85	– 0.000 26	0.023 828	– 0.020 385	0.008 36	– 0.299 2（0.234 5）
[–5,–1]	85	0.0024 17	0.086 276	– 0.071 98	0.027 389	
[1,5]	85	0.0011 14	0.170 157	– 0.047 58	0.028 513	– 0.501 5（0.691 4）
[–15,–1]	85	0.0034 79	0.141 79	– 0.128 98	0.044 858	
[1,15]	85	– 0.001 76	0.125 001	– 0.107 49	0.043 094	0.266 9（0.395 1）
[–30,–1]	85	– 0.006 69	– 0.137 03	0.237 982	– 0.019 26	
[1,30]	85	– 0.008 77	– 0.106 32	0.169 795	– 0.019 34	– 1.548 7（0.062 5）

注：采用均值配对检验方法为配对 T 检验。

从描述性分析的图表上来看，我们可以发现在事件发生前后融资融券交易余额的差分值并没有明显扩大，说明试点券商名单的扩大并不能带来融资融券交易的显著增加。我们可以得出试点券商名单公布事件并不能提升标的证券的定价效率的结论。

因此，我们假设第三批券商试点名单公布亦不能对证券定价效率产生影响，并在此基础上用事件分析方法对融资融券标的范围扩大事件（2011 年 12 月 3 日）进行分析（由于 2011 年 12 月 3 日并非交易日，所以以 2011 年 12 月 5 日为事件发生日）。

由图 2—14 和表 2—6 可以看出，在事件发生当日，标的 AAR 为正，统计上显著；事件发生前后 5 日，标的 CAR 有所上升，统计上不显著；在事件发生前后 15 日内，标的 CAR 有所下降，统计上不显著；在事件发生前后 30 日内，标的 CAR 有所上下降，统计上不显著。

从图表上看，在事件发生前后，融资融券交易余额差分并没有显著变化。

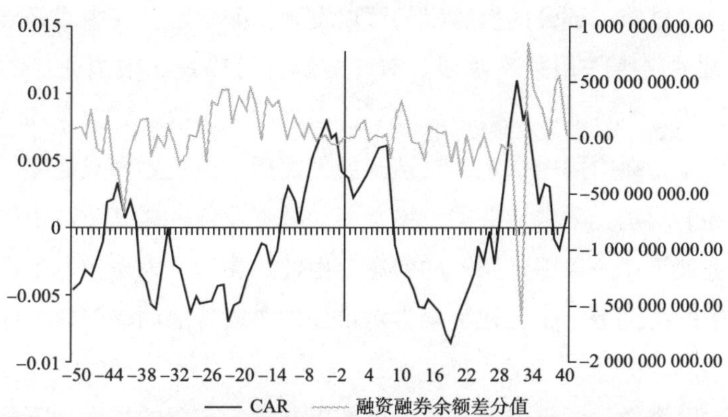

图 2—14　事件日窗口期 CAR 及融资融券余额差分值变动

表 2—6　融资融券标的范围扩大事件市场效应（CAR）

窗口期	观察值	均值	最大值	最小值	标准差	均值配对检验
事件日	85	0.0 037 777	0.039	−0.058 5	0.0 163 066	2.197 8（0.015 3）
[−5,−1]	85	0.0 030 664	−0.074 69	0.104 035	0.0 355 804	
[1,5]	85	0.0 015 692	−0.061 66	0.065 41	0.0 271 223	−0.684 0（0.752 1）
[−15,−1]	85	−0.005 134	−0.118 21	0.121 113	0.0 495 453	
[1,15]	85	−0.009 109	−0.197 64	0.172 108	0.077 17	1.609 8（0.944 5）
[−30,−1]	85	−0.0 085 834	−0.168 22	0.192 915	0.0 705 198	
[1,30]	85	0.0 037 619	−0.236 85	0.168 076	0.0 889 219	0.001 7（0.500 7）

注：采用均值配对检验方法为配对 T 检验。

对检验结果的解释

第一，通过格兰杰因果检验我们可以发现，融资余额和融券余额的变动均为价格变动的原因，这说明，融资融券制度的推出的确对价格有影响，融资融券制度具备改善中国证券市场效率的能力。而价格的变动是融资余额变动的格兰杰原因，价格的变动却并非是融券余额变动的原因，则说明市场可以灵敏地捕捉到价格变动的有利信息，从而通过融资的手段来将市场上的正面信息反映到价格之中去。但是当市场上出现对于价格不利的信息时，由于融券手段受到了一定的限制（券商只可以融出自有证券，转融通业务尚未开放），市场并不能及时通过融券手段将市场上的负面信息反映到价格之中。融券余额的价格弹性小于融资余额的价格弹性亦说明了这一点。

第二，通过第二部分的检验我们可以发现，融资融券在中国开展之后对于市场有效性的改善作用并不明显。对此的解释可以是，中国此前的交易制度是可以保证买方力量能够及时被反映到价格之中去，但卖方力量却不能得到及时反映。但是，在中国融资融券试点开展了之后，由于券商只能够融出自有的资金和证券的限制，融券业务的发展并不如融资业务一样繁荣。中国融资融券业务实质上处于“一条腿走路”的状态。由此，在卖方力量依然不能及时被体现到价格中的情况下，中国融资融券对市场效率改善的功能同样不能得到良好发挥。

第三，融资融券试点券商范围的扩大以及标的范围的扩大均不能改善个股定价的有效性。由于券商只是交易中介，市场上大多数愿意积极参与到融资融券业务之中去的交易者在第一批试点券商出来之后就会通过第一批试点券商参与到交易之中去，因此试点券商的范围扩大并不能带来社会对于融资融券业务更为广泛的参与。而融资融券标的范围的扩大，带来的主要效果是使交易者可以更加有效地利用信息对于更多的证券进行卖空，并不会吸引更多的人参与到融资融券的交易之中来，从而使得原有的标的个股效率得到提升。

对投资者说

- ○随着融资融券业务在中国的逐渐开展，中国开始逐步建立双边市场。融资融券试点券商范围的扩大、标的股票数量的增多，以及转融通业务的准备推出都预示着整个市场的大环境可能要发生巨大改变。
- ○中国投资者长时间处于只能单边做多的环境之下，不论是投资理念和方法，都早已习惯于“发现价值，买入并持有”的方式。然而，在进入对冲时代之后，投资者必须转变原有的投资理念与方法，以适应对冲时代更高的风险，提高获得更高收益的可能性。
- ○目前，中国各类投资者缺乏适用于对冲时代的投资经验，因此，学习海外机构投资者对冲投资的理念和方法，成为中国广大投资者，尤其是机构投资者必须要补上的一课。

第3章

银行理财，在市场与政策的博弈中蓬勃发展

■ 本章导读 ■

■ 2011 年，银行发行理财产品 23 663 只，是 2010 年的 2.23 倍，平均每月发行近 2 000 只；2011 年全年发行规模更是高达 15.53 万亿元，同比增长 120.3%。

■ 理财市场的繁荣是市场供求关系共同作用的结果。理财收益率上升化、委托期限短期化、产品类型非保本化、运营模式以资产池为主，成为 2011 年理财市场发展的主要趋势。

■ 理财市场的快速扩张伴随着风险隐患的逐渐增加，也引起了监管层的关注和重视。2011 年，监管机构频频出手，对银行理财业务进行了全面规范。

■ 理财市场规模膨胀也对货币政策起到了不可忽视的反作用，造成新增存款规模在月度、季度之间频繁波动。同时，非保本理财产品日渐成为主流使得银行理财业务大量存在于表外，进而游离于 M2 统计之外，造成 M2 对货币供应量规模的短期指向意义下降。

与资产管理市场中的传统投资渠道相比，银行理财这一 2004 年才刚刚诞生的新生渠道，在 2011 年的从紧货币政策大环境下，迎来了前所未有的繁荣发展局面。但是，与理财市场的繁荣景象一同出现的还有各种风险隐患。为防患于未然，监管机构从银信合作转表、规范理财产品委托期限、销售模式、运作方式、投资对象等方面，对银行理财业务进行了全面规范。

无论是从监管方、供给方还是需求方进行分析，2012 年对于银行理财产品而言，都应是在更加严格的监管环境下逐步回归稳健发展的一年。开放式和滚动型理财产品将成为超短期理财产品的有力替代者，成为未来银行之间角力的主战场。

货币政策从紧下银行理财市场的空前繁荣

2011年，银行理财产品无论是发行数量还是行业管理规模均呈现爆发式增长态势。

- 从银行理财产品的存量规模来看，中国人民银行数据显示，截至2011年9月末，仅银行表外理财产品余额就已达3.3万亿元人民币，比年初增加9 275亿元，同比增长45.7%。
- 从发行金额看，据普益财富数据显示，2011年，银行理财产品发行规模为16.99万亿元人民币，较2010年增长141%。
- 从发行数量看，2011年全年发行量高达23 663只，是2010年的2.23倍，平均每月发行近2 000只；2011年全年发行规模更是高达15.53万亿元，同比增长120.3%（如图3—1所示）。

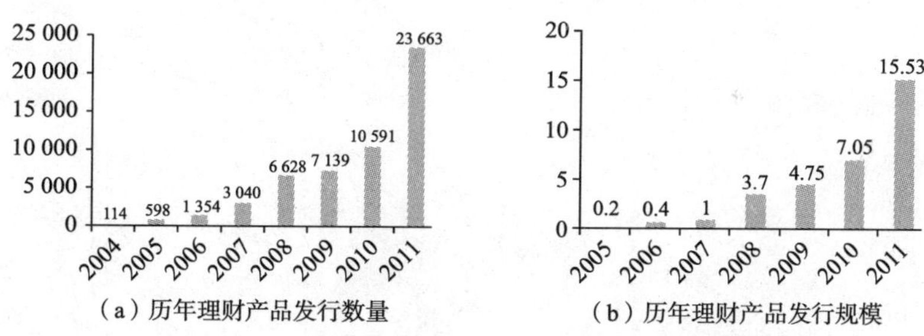

图3—1　空前繁荣的2011年银行理财产品市场

资料来源：Wind资讯，课题组。

当然，由于2011年新发行的理财产品大部分期限较短，且有部分理财产品采取滚动发行方式，实际存量规模应该远小于累计发行规模。但无论如何，2011年是银行理财产品市场空前繁荣的一年，仍是一个不争的事实。银行理财产品大规模发行及结构演变背后有其独特的宏观经济形势背景和行业发展规律，反映的是供给、需求和市场环境多方综合作用的结果。

供给方：存款大战与业务转型

2011 年以来，银行之间存款大战硝烟再起。无论是连续调高存款准备金率收紧银根，还是控制贷款规模导致派生存款减少，亦或是 75% 存贷比监管红线，都使存款对于银行经营发展的重要意义更为凸显。在此背景下，银行理财业务成为争夺存款的利器。为应对存贷比考核以及抢占市场份额，银行往往发行大量在季末、半年末、年末等关键时点到期的理财产品，利用理财到期转换成为存款来冲击时点规模。

从 2011 年按周理财产品到期情况（见图 3—2）可以看出，在月末、季末等关键时点，理财产品就会大量到期。特别是 2011 年最后一周，到期只数高达 293 只，创年内新高。

除了冲时点作用外，银行还利用理财产品超过存款利率的收益率维持和提高客户忠诚度，而私人银行等高端财富管理业务更是借助理财产品争取和维护高净值客户。

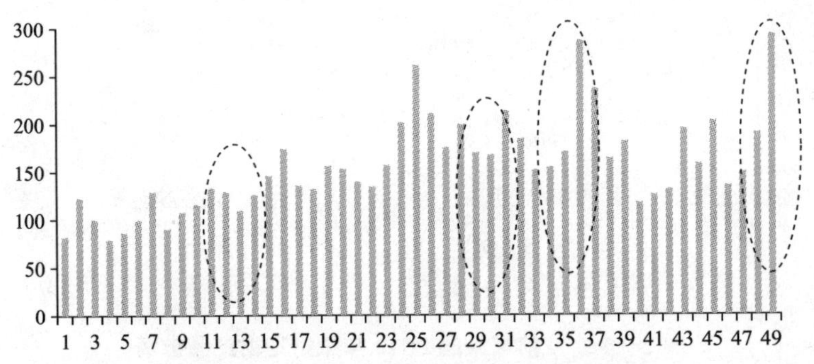

图 3—2　临近关键性时点，理财产品大量到期

资料来源：Wind 资讯，课题组。

除了争夺存款的作用外，在资本约束日趋严格的形势下，银行从传统的资产负债业务向中间业务转型发展的大趋势，也促使银行在理财业务方面投入更多精力。发行理财产品虽然使银行向客户让渡了一部分低成本存款与盈利资产的利差，但仍可以获得包括认购费、管理费、托管费、赎回费和超额收益业绩报酬等综合化中间业务收入（如图 3—3 所示）。据安信证券估算结果显示，银行从理财业务中一般可获取 50bp 左右的平均收益，高收益、资本节约等优势理财业务已成为银行中间业务收入的主要增长来源之一。

> 部分上市银行在 2010 年年报中公布的数据显示，工商银行、光大银行、华夏银行、中信银行理财业务收入占手续费与佣金收入的比重已分别达到 19.0%、18.7%、13.1% 和 12.2%。

而在 2011 年，理财产品的大规模发行更是大幅拉升了中间业务收入，多家银行手续费及佣金净收入同比增长速度超过 60%。

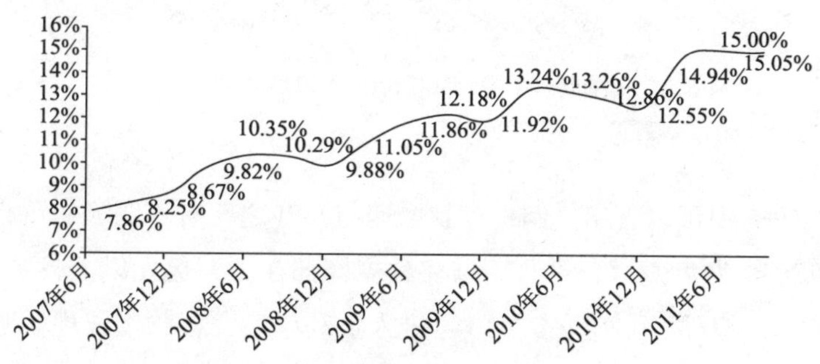

图 3—3　银行中间业务收入占比

资料来源：Wind 资讯，课题组。

需求方：实际负利率与其他投资渠道的低迷

2011 年理财市场的繁荣不仅体现在空前巨大的发行规模上，从销售火爆程度中也可见一斑。不少银行反映，收益率相对较高的品种往往都供不应求，甚至在发布后几十分钟内就被抢购一空，可以称得上“秒杀”。从需求方来看，造成这种抢购现象的原因主要有以下两方面。

- 实际负利率造成存款搬家，居民拥有大量可投资资金（如图 3—4）所示。
- 房地产、股市等投资渠道收益率普遍较低，银行理财成为投资者为数不多的盈利选择。

自 2010 年 2 月以来，CPI 的持续高企造成存款搬家和存款活期化现象明显。由于定期存款利率增幅赶不上CPI增长的速度，储户有强烈的投资于其他非存款渠道的冲动。同时，为稳定物价所采取的相对紧缩性货币政策也控制了货币供应量的增长速度，进而抑制了存款的增长。

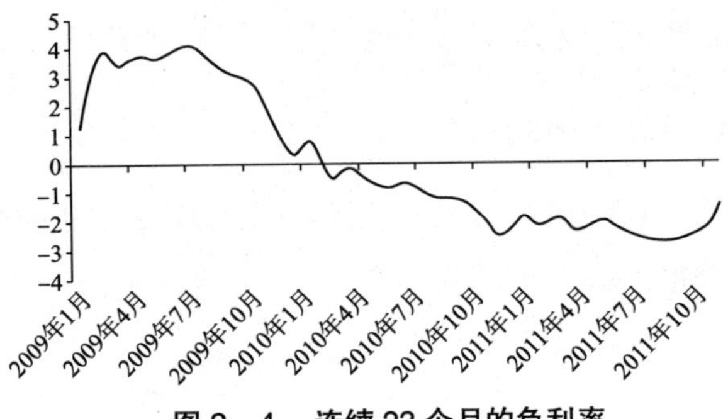

图 3—4　连续 23 个月的负利率

资料来源：Wind 资讯，课题组。

从图 3—5 中可以看出，储蓄存款增速与 CPI 之间有着明显的负相关关系。在 2009 年 CPI 为负值时，每月新增存款规模都在 1 万亿元以上，季末当月新增更是高达 2.4 万亿元。但在 2010 年进入负利率后，存款增长规模明显下降，2011 年 1 月、7 月、10 月，存款甚至出现负增长，且除去季末当月，其余月份新增存款规模几乎都在 1 万亿元以下。

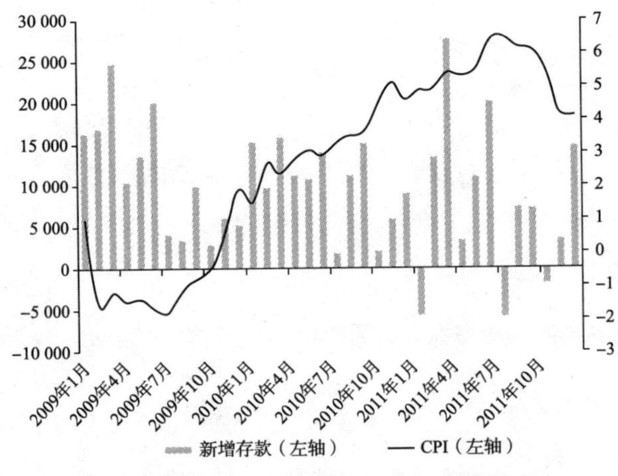

图 3—5　实际负利率与存款搬家

资料来源：Wind 资讯，课题组。

在实际负利率形势下，为了更方便地在多种投资渠道之间进行选择，持币者往往倾向于保持现金头寸和流动性强的活期存款，而非定期存款。从图3—6可以看出，实际利率与活期存款占比之间有较强的负相关性。在其他投资渠道持续低迷的情况下，性质类似于定期存款，但收益相对较高、流动性也较好的短期理财产品成为投资者的优先选择。

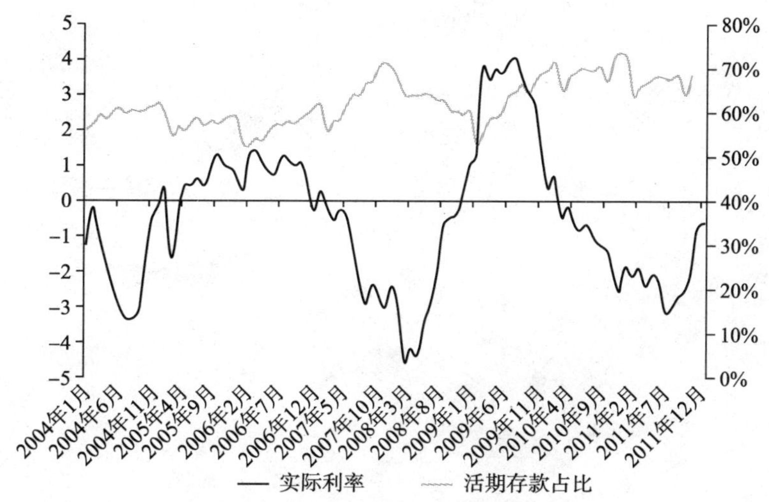

图3—6 实际负利率与存款活期化

资料来源：Wind资讯，课题组。

如前所述，得益于股票、房地产、基金等渠道收益率普遍低迷的情况，银行理财产品的收益率在2011年的资产管理行业竞争中格外引人注目，进而也承接了大量避险资金。

- 2011年，中国股市继续低迷，上证综指累计下跌21.68%，深证综指下跌32.86%，中国深证成指下跌28.41%，股民亏损比例更是由2010年的77.38%进一步扩大到83.39%（如图3—7所示）。
- 房地产价格稳中有降，2011年1月至11月房地产开发投资和新开工面积增速分别为29.9%和20.5%，从2010年35%～40%的历史高位上持续回落，一二线代表城市住宅成交面积同比分别下降15%和7%。成交价格方面，2011年9月百城住宅均价近一年来首次下跌，10月、11月跌幅还略有放大（如图3—8所示）。

○ 基金净值的表现也不佳，在 Wind 统计的 1 083 只基金中，2011 年全年总回报在 5% 以上的基金仅有 8 只，总回报为正数的基金 108 只，仅占所有统计基金的 9.9%（如图 3—9 所示）。

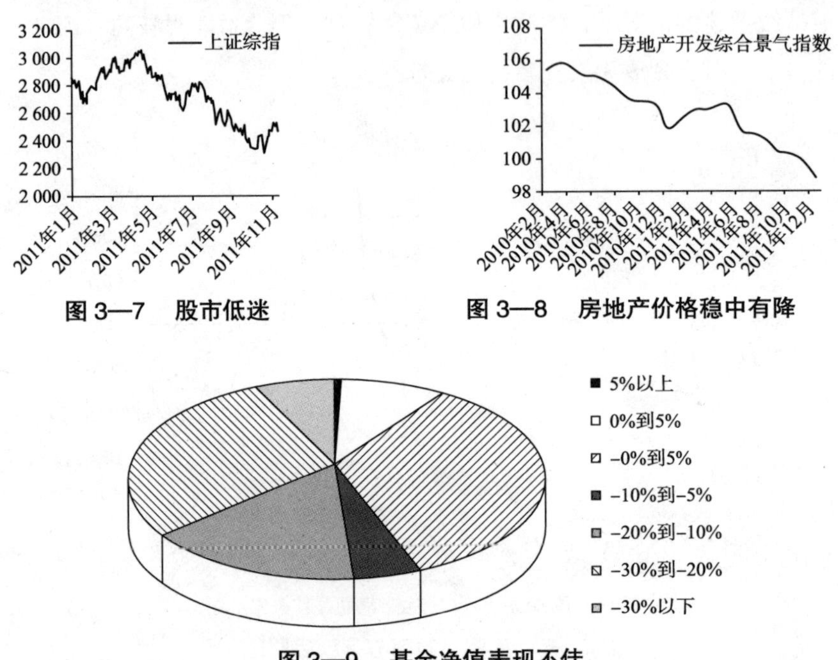

图 3—7　股市低迷

图 3—8　房地产价格稳中有降

图 3—9　基金净值表现不佳

资料来源：Wind 资讯，课题组。

2011 年银行理财市场发展趋势

2011 年，银行理财市场蓬勃发展的同时，产品结构和发展趋势发生了较为显著的变化，呈现如下特征。

市场竞争激烈，预期收益率攀升

从预期年化收益率看，受 2010 年以来连续 5 次加息以及存款市场资金紧张影响，理财产品整体的年化收益率明显上升。由图 3—10 可见，2011 年以来，收益率在 3% ～ 8% 之间的产品逐渐成为市场主流，而收益率在 2% 以下的低收益类产品发行数量则明显下滑，到 2011 年四季度时已难觅其踪。其中，

2011 年全年发行的年化收益率 3% ～ 5% 和 5% ～ 8% 的理财产品占比分别为 56.52% 和 23.98%（如图 3—11 所示），较 2010 年分别提升 30.9 个百分点和 21 个百分点；收益率在 5% ～ 8% 的理财产品在 2011 年年内更是增速明显，一季度时占比仅为 5.69%，到四季度时占比已达 46.31%，几乎占据理财市场半壁江山；而收益率在 2% 以下的理财产品仅占 3.92%，较 2010 年下降 22.3 个百分点。

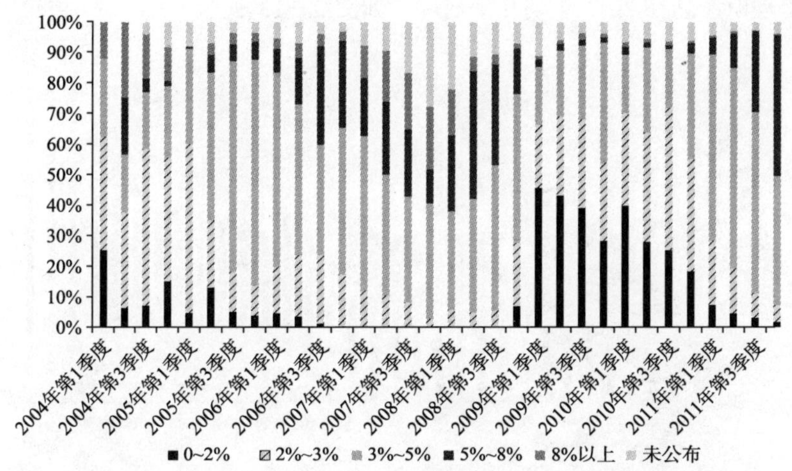

图 3—10　2004—2011 年理财产品预期收益率分布情况

资料来源：Wind 资讯，课题组。

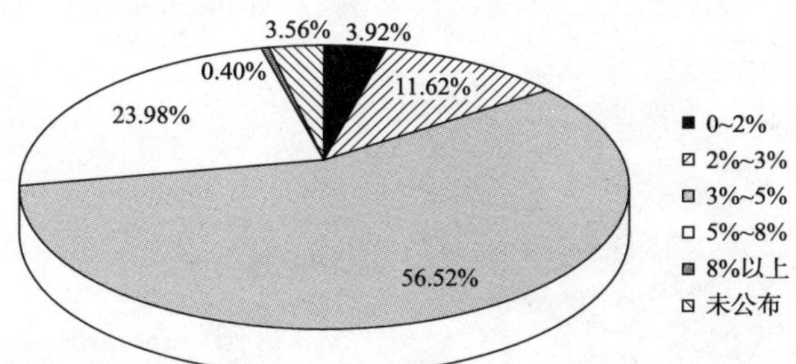

图 3—11　2011 年理财产品：中高收益占主导地位

资料来源：Wind 资讯，课题组。

短期化趋势明显，超短期理财产品大量发行

从理财产品的委托期限看，2011 年，短期化趋势越来越明显。

- 期限在 6 个月以内的理财产品占比 88%，较 2010 年增加近 10 个百分点（如图 3—12 所示）；
- 期限在 3 个月的理财产品占比 67.75%，特别是 1 个月以内的超短期理财产品，占比达 30.61%。

在监管层 9 月底正式发文叫停超短期理财产品前，期限在 1 个月以内的理财产品占比更是高达 37.01%。而在理财产品市场发展初期占据主导地位的 1 年以上理财产品在 2011 年则几乎绝迹（如图 3—13 所示）。

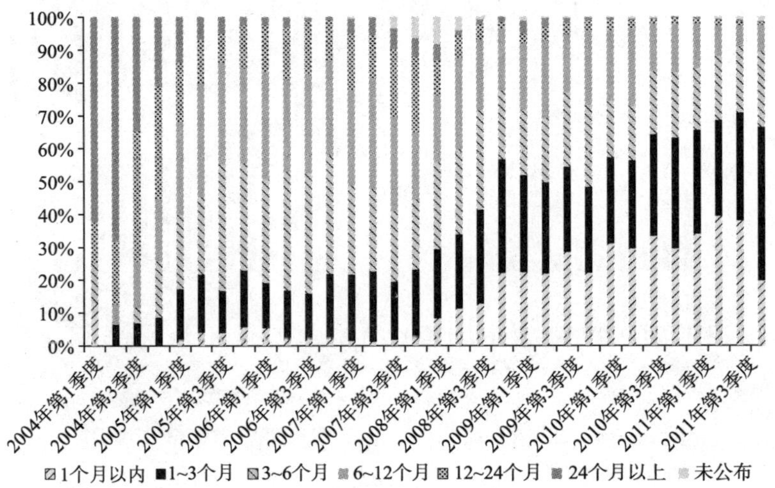

图 3—12　2004—2011 年理财产品期限分布情况

资料来源：Wind 资讯，课题组。

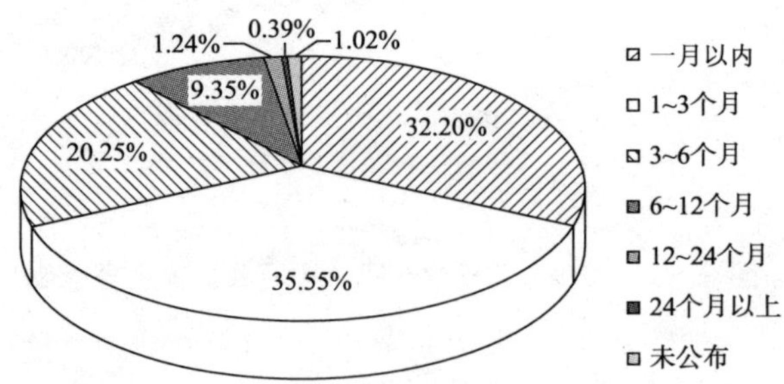

图 3—13　2011 年理财产品：期限短期化

资料来源：Wind 资讯，课题组。

非保本理财产品增加，表外扩张态势明显

从产品收益类型看，理财产品逐渐由保本型向非保本型转变。2004—2005 年，保本型理财产品数量占比高达 76.97%，而 2011 年这一比例下降到 46.29%，并且有进一步下降的趋势。2011 年全年共发行非保本型理财产品 14 731 只，占比 62.15%（如图 3—14 所示）。**保本和非保本型理财产品的会计处理有显著不同，保本型理财产品仍作为存款留存在银行资产负债表内，而非保本型理财产品因银行并不承担相应风险而计入表外。**非保本型理财产品占比提升使理财产品呈现表外扩张态势（如图 3—15 所示）。

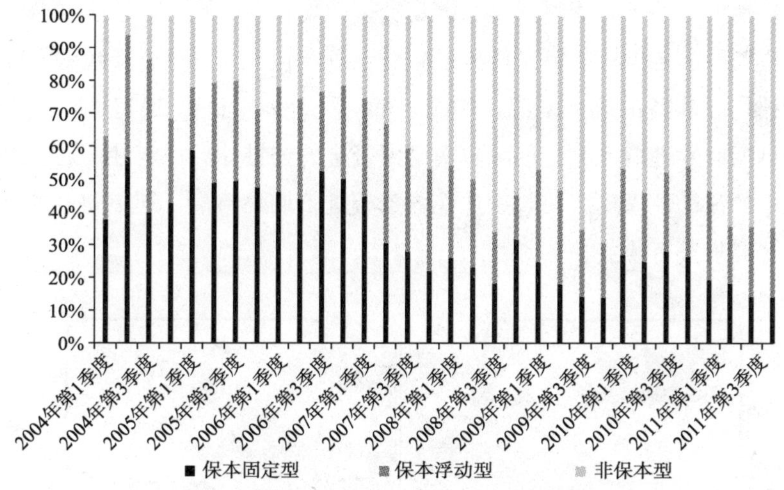

图 3—14　2004—2011 年理财产品期限分布情况

资料来源：Wind 资讯，课题组。

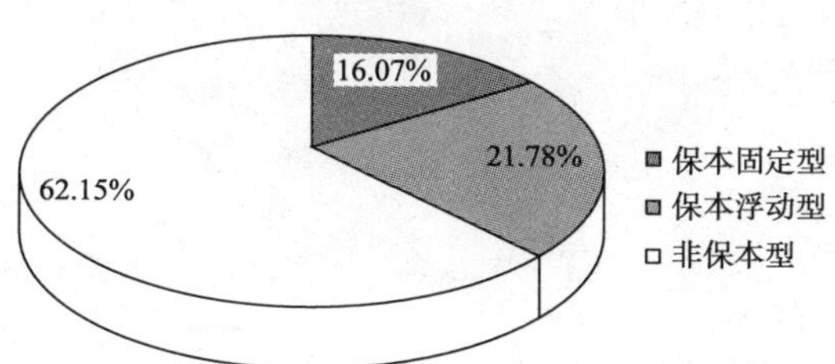

图 3—15　2011 年理财产品：表外扩张

资料来源：Wind 资讯，课题组。

资产池成为主流运作模式，创新与风险并存

资产池理财模式是指通过滚动发售不同期限的理财产品持续募集资金，统一投资于包括债券、回购、信托融资计划、存款等多元化投资的集合性资产包，以动态管理模式保持理财资金来源和理财资金运用平衡，并从中获取收益的理财产品运作模式。

近年来，资产池模式逐渐成为银行理财业务的主流运作模式。**资产池模式具有“滚动发售、集合运作、期限错配、分离定价”的特点（如图3—16所示）。**同一资产池发售的各款理财产品所募集资金归集管理，统一运用于符合该类资产池投资范围的各类标的资产构成的集合性资产包，并以该资产包的运作收益作为理财产品收益的统一来源（如图3—17所示）。同时，通过连续发售理财产品和到期续发理财产品，保障募集理财资金的连贯性和稳定性；通过规模优势和灵活的流动性管理沉淀较大比例的资金进行期限错配，利用向上的收益率曲线，提高投资者收益。

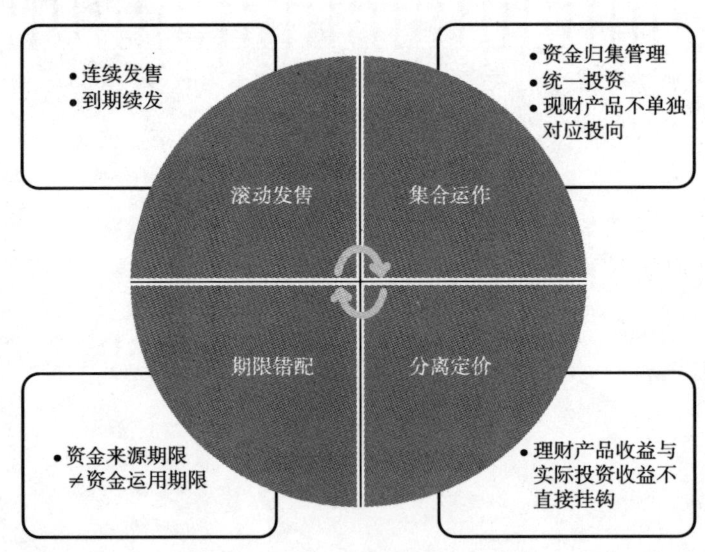

图3—16　资产池运作模式

资料来源：课题组。

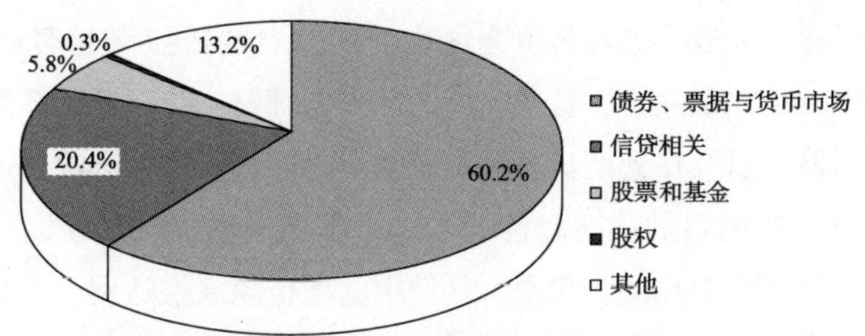

图 3—17　2011 年理财产品资产池结构

资料来源：西财信托与理财研究所，课题组。

风险与监管政策应运而生

自 2005 年发布《商业银行个人理财业务管理暂行办法》起，银监会就开始对银行理财业务进行监管。纵观 6 年监管历程，2005—2009 年，理财业务的监管处于框架搭建阶段，包括颁布基础性法律、进行风险提示、规范报告管理等；2009 年年底至 2010 年，监管内容集中于对银信合作业务的清理规范；2011 年，面对日益蓬勃的理财市场及其快速发展中不可避免的风险隐患，监管层从规范理财销售、资金投向、产品期限、管理模式等方面开始了全面监管（如图 3—18 所示）。

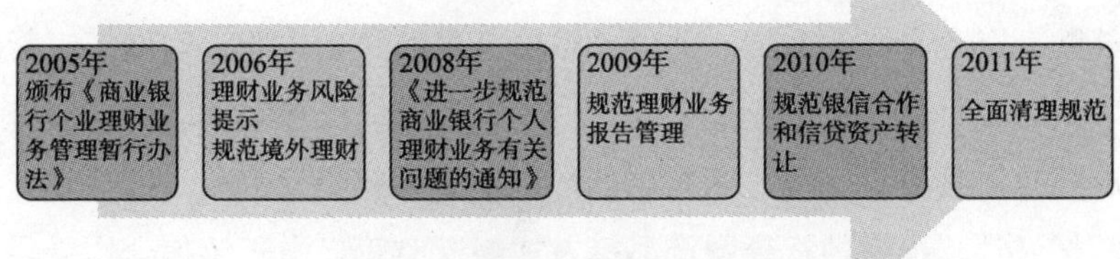

图 3—18　银行理财业务监管历程

资料来源：课题组。

风险隐患不容忽视

变相高息揽储易发恶性竞争。如前所述，流动性趋紧和存贷比监管红线促使银行展开了存款大战。银行为争夺存款，获得信贷空间，争抢客户，在月末、季末等关键性时点大量发行收益率较高的超短期理财产品，利用募集期和起息日之间的时间差，以及在到期日当天晚于营业时间进行本金和收益返还的方式达到增加存款余额的目的。在此情形下，2011 年新增存款规模剧烈波动，且呈现明显的季节性波动趋势：在季末月份中新增存款规模达到当季高点，而在随后的一个月内存款则迅速外流，呈现负增长态势（如图 3—19 所示）。

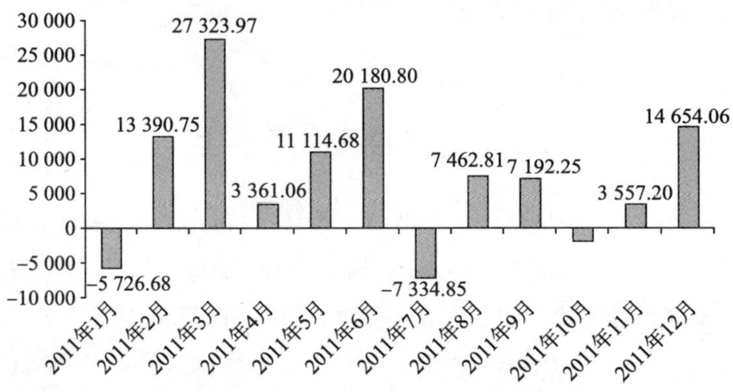

图 3—19　2011 年新增存款规模剧烈波动

资料来源：中国人民银行，课题组。

在存款竞争中，部分银行发行的理财产品存续期较短、清算期较长且不计利息，导致收益率被夸大。部分银行不计成本开展价格竞争，通过用其他来源的收益补贴理财产品收益的方式兑付承诺给客户的预期收益，引发了银行间的恶性竞争。从今年储蓄存款形势来看，由于银行过度依赖短期理财产品进行揽储，造成存款在月度、季度之间大幅震荡，还有可能引发流动性风险。

"理财委贷"、投资他行理财产品等方式规避监管。由于银信合作受限，房地产等行业信贷收紧，部分银行绕过信托公司，以理财资金作为资金来源，通过开展委托贷款业务来满足客户融资需求，即所谓的"理财委贷"。在这种模式中，理财产品发行方是委托人，以其所属分支机构或其他银行作为受托人，向融资企业发放委托贷款。部分银行在信贷规模管控和盈利压力下，通过投资其他商业银行发行的信贷资产类理财产品或本行的理财产品，达到不占用信贷规模、提高资金收益水平的目的。

资产池与产品的非一一对应难以控制风险。在资产池已成为银行理财产品运作主流模式的情况下，由于银行是将各种期限、各种类型理财产品募集的理财资金集合后再投资配置于多种资产，而非单个产品封闭运作，因而无法实现理财产品与投资对象的一一对应（如图 3—20 所示）。资产池内各类资产风险系数不同，对于整个资产池而言无法达到“成本可算、风险可控”的监管要求，既无法准确测算和评估投资收益与成本，又无法实现风险的完全转移。

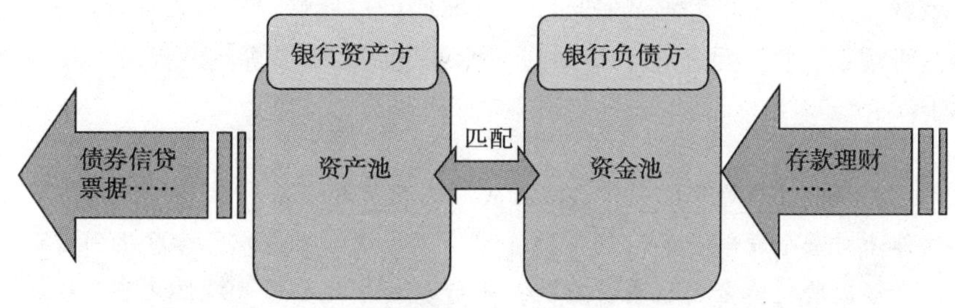

图 3—20　资产池运作模式难以实现一一对应

资料来源：课题组。

银行隐性担保承担潜在风险。在资产池模式下，理财产品收益不能直接与实际投资标的收益挂钩，而主要是按照事先约定的预期收益率来确定。在存款竞争白热化形势下，银行为了维持客户关系，有时会以其他收益对亏损理财产品进行补贴。因此，虽然非保本产品占比增加，但实际上银行仍提供了隐性担保，进而承担了相应的流动性风险、市场风险和声誉风险。由于这些风险是隐性的，所以难以通过金融工具进行对冲。

全面监管的开始

2011 年，伴随着银行理财市场的空前繁荣，监管层面对理财产品风险的关注也达到了前所未有的高度，针对前述提出的银行理财风险问题出台了多项监管政策，旨在规范银行从理财业务的“受人之托，代为理财”的实质出发，真正帮助客户实现财富的保值增值，而非单纯依靠理财产品为银行传统存贷款业务铺路搭桥。

要求银信理财合作表外转表内。2011 年 1 月，银监会下发《关于进一步规范银信理财合作业务的通知》，要求商业银行在2011年年底前将银信理财合作业务表外资产转入表内，并按照每季度至少25%的比例予以压缩，对于未转入表内的银信合作信托贷款，各信托公司应当按照10.5%的比例计提风险资本。5月，银监会下发《关于规范银信理财合作业务转表范围及方式的通知》，对银信理财合作业务表外转表内政策进行进一步明确。

纠正"六大违规"。2011年6月，银监会召集主要商业银行召开理财业务监管座谈会；7月，下发会议纪要，针对前述银行理财业务中存在的高息揽存、规避监管规定、资产池不能一一对应、业务发展不审慎等问题提出6项自查整改要求。

> 不得通过短期化理财产品进行变相高息揽存；规范资产池"多对多"运作，对每个理财产品进行单独管理；不得用向公众发行标准化的理财产品募集所得资金发放委托贷款；不得绕开信托公司开展信托受益权业务；不得通过相互购买理财产品或发行理财产品投资于另一款理财产品；不得违规开展信贷资产转让业务。

规范理财产品销售。2011年6月，银监会就《商业银行理财产品销售管理办法》向社会公开征求意见，并于10月正式公布，于2012年1月1日起正式实施。该办法规定：

> 商业银行在销售理财产品时，应当遵循风险匹配原则，禁止误导客户购买与其风险承受能力不相符合的理财产品；理财产品宣传材料应当在醒目位置提示客户，"理财非存款、产品有风险、投资须谨慎"；银行不能将存款单独作为理财产品销售，不得将理财产品与存款进行强制性销售，不能采取抽奖、回扣、赠品等方式销售理财产品。

叫停超短期理财。2011年9月，银监会下发《关于进一步加强商业银行理财业务风险管理有关问题的通知》，规定商业银行不得通过发行短期和超短期、高收益的理财产品变相高息揽储，重点加强对期限在一个月以内的理财产品的信息披露和合规管理。11月，下发《关于2011年第四季度重点风险防范和改革发展工作的通知》，规定商业银行原则上不允许发行一个月及以下期限理财产品（见表3—1）。

表 3—1　　2011 年银行理财主要监管政策

1月	下发《关于进一步规范银信理财合作业务的通知》
5月	下发《关于规范银信理财合作业务转表范围及方式的通知》
6月	•下发《关于做好信托公司净资本监管、银信合作业务转表及信托产品营销等有关事项的通知》 •就《商业银行理财产品销售管理办法》向社会公开征求意见 •组织主要商业银行主管理财业务负责人召开理财业务监管座谈会
7月	•下发《关于印发王华庆纪委书记在商业银行理财业务监管座谈会上讲话的通知》，要求银行按照监管要求进行自查整改，纠正六大违规 •下发《关于进一步落实各银行法人机构银信理财合作业务转表计划有关情况的通知》
9月	下发《关于进一步加强商业银行理财业务风险管理有关问题的通知》
10月	正式公布《商业银行理财产品销售管理办法》
11月	《关于2011年第四季度重点风险防范和改革发展工作的通知》

资料来源：课题组。

市场变化应运而生

银信合作理财业务被叫停后，以信贷资产为基础资产的理财产品占比大幅下滑，由 2008—2009 年的 26% 以上下降至 2010 年 4 季度的 8.4%。在完成 2011 年的表外转表内要求后，又进一步下降至 2011 年 4 季度的 4.93%。与之相对应的是债券和利率类理财产品逐渐成为主流理财产品，2011 年发行量占比分别达到 27.29% 和 25.34%（如图 3—21 所示）。

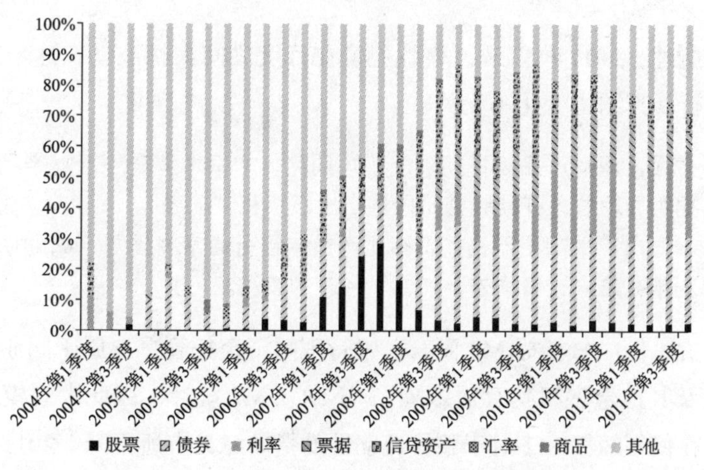

图 3—21　信贷资产已非理财产品主要投资标的

资料来源：Wind 资讯，课题组。

同时，在监管层禁止超短期理财产品发行后，2011 年 10 月起，商业银行发行的期限在一个月以内的理财产品明显减少。2011 年 4 季度银行共发行期限在 1 个月以内的理财产品 1 270 只，占比 19.5%，较前三季度下降近 18 个百分点。作为超短期理财产品的替代品，银行开始发行期限在 30 ～ 40 天的理财产品，打政策的擦边球。2011 年 4 季度，期限在 1 ～ 3 个月的理财产品占比由前三季度平均的 31.23% 上升至 46.95%（如图 3—22 所示）。

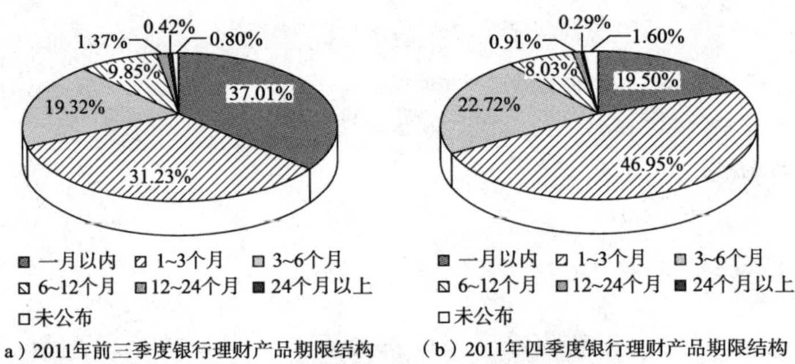

（a）2011年前三季度银行理财产品期限结构 （b）2011年四季度银行理财产品期限结构

图 3—22 短期产品发行量有所下降

资料来源：Wind 资讯，课题组。

银行理财业务发展对货币政策的反作用

如前所述，2011 年以来，存款规模在月度之间大幅波动，这与理财产品的大量发行及其结构变化不无关联。

- 一方面，理财产品委托期限趋于短期化，非保本型表外理财产品逐渐占据主导地位，存款频繁阶段性“出表”和“入表”。
- 另一方面，受制于严格的贷存比考核，银行通常将理财产品到期日集中安排在月末或者季末，加剧了存款的波动。

对于货币供应量指标 M2 而言，银行理财资金托管账户属于同业性质，纳入“同业及其他金融机构存放款项”，不纳入 M2 统计，因此大规模表外理财产品的存在使得短期 M2 对于整体流动性的指向意义有所下降。2011 年 M2 同比增长 13.6%，而银行新增贷款增速为 14.35%，可以看出银行体系资金面并不像 M2 显示的那样紧张，这与大量理财资金游离表外有关（如图 3—23 和

图 3—24 所示）。同时，由于对银信理财合作业务的清理规范，银行理财产品中投向基础资产挂钩债券与同业资产的产品占比增加，使得银行同业市场头寸也相对充裕，仅在部分时段阶段性紧张。

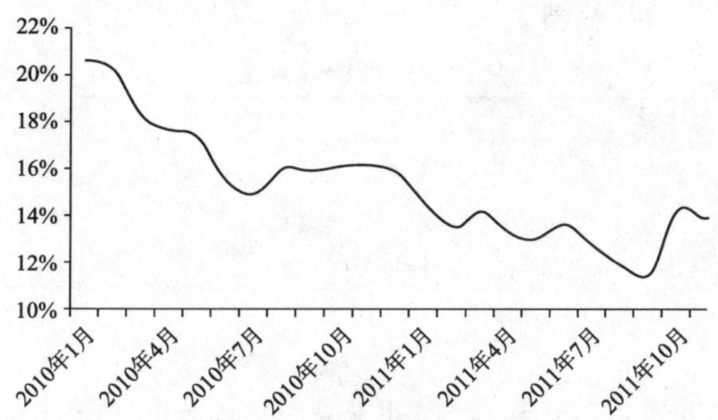

图 3—23　2011 年 M2 同比增速明显滑落

资料来源：中国人民银行，课题组。

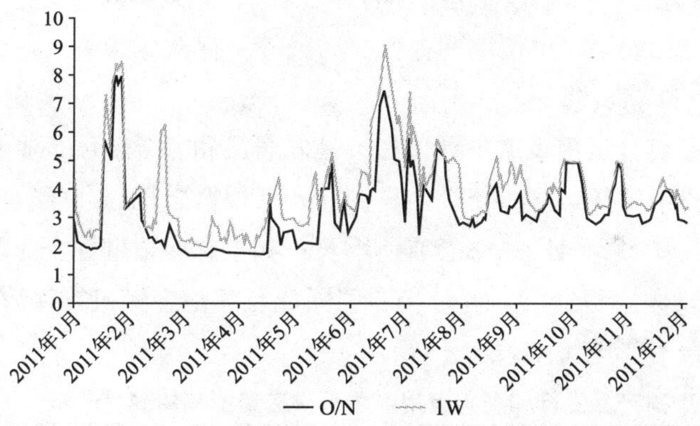

图 3—24　上海银行间同业拆放利率（SHIBOR）仅在部分时点冲高

资料来源：Wind 资讯，课题组。

就货币乘数而言，虽然理财产品的资金池不需要计提存款准备金，但在其购买资产池内投资标的后，资金又进入银行体系，在未来货币派生时同样需要计提存款准备金，即理财产品仅有第一次派生存款时不需计提保证金，因而对货币乘数影响较小。

具体来看，由于理财产品发行方式和资金运用渠道的不同，银行理财业务对货币供应量的影响也有所不同。首先，我们需要明确M0、M1和M2的统计范围，如表3—2所示。其中，理财业务之所以会对货币供应量产生影响，关键在于银行理财资金托管账户属于“同业及其他金融机构存放款项”，并未纳入货币供应量的统计范围。

表3—2　　货币供应量统计范围

M0	流通中现金
M1	M0+企事业单位活期存款
M2	M1+企事业单位定期存款、居民储蓄存款和其他存款 （不含“同业及其他金融机构存放款项”）

资料来源：课题组。

从理财产品的发行方式来看[①]，如果是向居民和非金融性企业发行理财产品，都将使M2降低。其中，如果居民和非金融性企业以现金购买理财产品，就相当于资金由“现金”项转移到“同业及其他金融机构存放款项”，则M0、M1和M2都将降低；如果以单位活期存款购买，则对M0没有影响，而M1和M2将会降低；如果以单位定期存款、居民储蓄存款等购买，则对M0、M1没有影响，而M2将会降低。

从理财产品资金运用渠道来看，如果是向居民和非金融性企业购买基础资产，就相当于投向实体经济，资金由“同业及其他金融机构存放款项”再流回货币供应量统计体系，M1、M2会有所增长；如果是向金融性企业购买基础资产，就相当于投向虚拟经济，资金仍在“同业及其他金融机构存放款项”内，对货币供应量没有影响（如表3—3所示）。

表3—3　　理财产品发行和资金运用对货币供应量影响的简化分析

<table>
<tr><th colspan="3"></th><th>M0</th><th>M1</th><th>M2</th></tr>
<tr><td rowspan="4">发行</td><td rowspan="3">居民和非金融性企业</td><td>现金</td><td>↓</td><td>↓</td><td>↓</td></tr>
<tr><td>单位活期存款</td><td>–</td><td>↓</td><td>↓</td></tr>
<tr><td>储蓄存款</td><td>–</td><td>–</td><td>↓</td></tr>
<tr><td colspan="2">金融性企业</td><td>–</td><td>–</td><td>–</td></tr>
<tr><td rowspan="2">运用</td><td colspan="2">实体经济</td><td>–</td><td>↑</td><td>↑</td></tr>
<tr><td colspan="2">虚拟经济</td><td>–</td><td>–</td><td>–</td></tr>
</table>

资料来源：课题组。

① 本部分研究思路参考自银河证券研究报告《规模持续扩张，驱动中间业务增长——银行理财业务及其影响分析》（2011年7月26日）。——作者注

银行理财业务未来发展趋势：回归稳健

多种因素显示，2012年银行理财业务发展很难延续2011年的爆发式增长态势，将回归稳健。

首先，从监管层面看，2011年年末银监会叫停了一个月以下的短期理财产品发行，银行发行理财产品频度将大大降低，发行规模也难以重现2011年高歌猛进的态势。考虑到2011年基数较大的影响，2012年理财产品的发行数量和发行规模较2011年应无明显增长。

其次，从供给方看，"以财揽存"是银行发行理财产品的主要动力之一。目前银行存款紧张局面虽未缓解，但2012年前两个月银行新增贷款规模均低于市场预期，使得业界将关注焦点再次聚焦于"存贷比"指标，关于是否通过将同业存款纳入存贷比范围等方式放宽存贷比限制、如何促使银行资金更多支持实体经济发展的讨论日趋激烈。一旦存款考核有所松动，发行理财产品的内生动力也将减弱。同时，季末理财产品到期释放为存款，虽然能够帮助银行完成存贷比等存款类监管指标考核，但是也会增加银行上缴存款准备金的需求。此外，在存款大战中，银行为了吸引和争夺客户，通过挪用其他利润以维持理财产品高收益等手段屡见不鲜，这种"杀敌一千、自损八百"的竞争式发行模式也难以持续发展。

最后，从需求方看，如前所述，市场对于银行理财产品的热捧主要来源于CPI高企造成的实际负利率与其他投资渠道的"不给力"。但从目前形势看，今年通胀压力将远低于去年，春节之后股票市场等也有回暖趋势，因此银行理财产品收益是否能重现2011年"一枝独秀"的局面仍存疑问。

综上，2012年对于银行理财产品而言，应是在更加严格的监管环境下逐步回归稳健发展的一年。银行理财产品期限预计将以1～3个月为主，开放式和滚动型理财产品将成为超短期理财产品的有力替代者，成为未来银行之间角力的主战场。随着银信合作的持续清理规范，债券和利率型理财产品仍将占据市场主流地位。而预期收益率是否将继续攀升，则在很大程度上取决于银行存款市场流动性的紧张程度。

对投资者说

- 2011年，从紧的货币政策成为资产管理行业发展的主要基调。相较于其他资产管理渠道的普遍低迷，银行理财产品可以说是2011年混乱的中国金融市场中为数不多的亮点，无论是发行数量、规模，还是提供给投资者的收益率都格外醒目，因此也格外受到投资者的欢迎。部分理财产品在推出后没多久就被抢购一空，甚至出现“秒杀”。
- 市场流动性趋紧使得银行存款难以支撑其贷款规模的快速扩张，银行开始更多地依靠大规模发行理财产品维持客户关系、争夺存款市场份额。在此情形下，2011年银行理财市场迎来了一轮空前繁荣，并出现了收益率攀升、短期化、表外化等发展特征，资产池模式也成为理财业务的主流运营模式。
- 爆发式的增长往往伴随着恶性竞争、价格战、运营不规范等风险隐患，因此，2011年也成为监管机构密切关注理财业务风险，监管政策频出的一年。监管层面更加关注理财快速发展背后的风险因素，从规范理财销售、资金投向、产品期限、管理模式等方面多管齐下，加大了银行理财业务的监管力度，银行理财市场发展方向也发生相应变化。此外，理财业务也对从紧的货币政策产生了反作用，致使存款剧烈波动，短期M2指向意义下降。
- 展望未来，银行理财产品市场在经历了2011年的爆炸式发展后，将在2012年逐步回归稳健，并将成为资产管理行业中不可或缺的有机组成部分，为投资者提供相对稳健的财富配置选择。

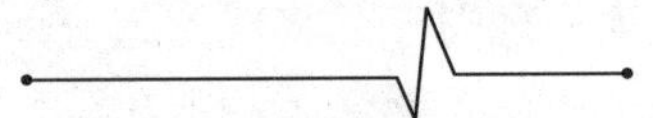

第4章

私人银行，在红海竞争中打造功能性平台

■ 本章导读 ■

■ 作为一个舶来品，私人银行在 21 世纪才登陆中国。以招商银行、民生银行、中信银行为代表的股份制银行率先尝试设立私人银行，以工、建、农、中、交为代表的五大行随后跟进。

■ 中国各家私人银行的发展模式虽然各有不同，但在为客户提供金融产品方面主要分为两大块：基础的银行产品和私人银行专属类产品。

■ 中国各家私人银行的服务内容大都包括两个大类：顾问咨询服务体系和尊享增值服务体系，但是各家银行在顾问咨询服务体系和尊享增值服务体系的具体服务内容方面，却呈现出较大的不同。

私人银行是发展中的新兴行业，各家私人银行在推进事业发展的过程中各显神通，演绎出了截然不同的私人银行版本。目前，中国私人银行在组织构架、服务类型、差异化产品等方面都有继续改进和提升的空间。同时，中国的法规监管环境也需要针对业务的特点适时进行调整。

海外私人银行发展至今，已经形成了一些较为成熟的经营模式，其中最具代表性的有：以瑞银集团为代表的一体化私人银行、以花旗集团为代表的特色金融经营、以高盛为代表的投资和交易驱动性经营和以欧洲一些专门服务某一家族私人银行为代表的经营模式等。但是中国目前尚不能完全照搬这些模式，这些模式与中国的实际情况均存在或多或少的差异。

中国私人银行业的发展情况

私人银行在中国的发展历程

私人银行最早登陆中国，应当是进入21世纪以后的事情了，最先尝试私人银行的，是以招商银行、民生银行、中信银行等为代表的股份制银行，后来跟上的是以工、建、农、中、交为代表的五大行。在推进私人银行事业发展的过程中，各家银行八仙过海，演绎出了截然不同的私人银行版本。

私人银行的成功与失败

在三家全国股份制银行当中，招商银行无疑是最成功的。招商银行私人银行组建之初，邀请了一家国际咨询公司为其提供规划，这家咨询公司隶属于一家海外IT集团，强项在管理咨询。经过数月的规划、讨论和完善后，招商银行推出了比较先进的基于零售银行，又支持零售银行；依靠零售银行，又超越零售银行，并最终以事业部制为目标的渐进式私人银行发展模式。而且，在招商银行初涉私人银行业务的那几年，市场还属于一片蓝海，所以招商银行很快就树立起了私人银行的品牌，并且异常迅速地完成了零售银行和私人银行品牌、渠道之间的整合，成为了中国最为领先的私人银行之一。

与招商银行私人银行的命运截然相反的是民生银行和中信银行的私人银行。这两家私人银行在发展之初，采用了堪比欧美的最先进的私人银行理念，以事业部制为基础，快速推动私人银行的独立经营、独立产品研发、独立渠道建设以及独立核算。同时，在人才引进方面，两家银行也重金聘请了重量级的国际级银行家挂帅，并聚拢了一批优秀的人才参与其中。但世事难料，接下来几年，中国市场几乎是异常明确地对这种模式说“NO”。在两家私人银行经营三年之后，人们发现这项新业务积重难返，举步维艰，更有笑话说某家私人银行是“一个统帅，十个兵，围着几人天天转”。因此，在2010年和2011年，中信银行和民生银行的私人银行均经历了较大的调整，从发展上来看，基本上属于推倒重来。

究其失败的原因，可能有两点最为关键：第一，中国私人银行业务的核心还在零售，脱离了零售的私人银行很容易出现无本之木的尴尬，无法有效解决客户的实际问题；第二，中国的客户目前还不愿意为顾问服务付费，而私人银行的产品表现又不稳定，这就使独立经营的私人银行较难盈利。

在以上几家全国股份制银行初步尝试之后，工、建、农、中、交开始加入私人银行的战场。在五大行加入战局后，私人银行的竞争格局出现了根本性的转变，这一原本的蓝海，也终于被染成了一片红海。从发展模式上来看，五大行的模式各有不同，主要可分为三种。

首先，是以工行和农行为代表的循序渐进、申请牌照模式。两家银行的总体战略思路与招行相似，都是采用循序渐进的方式，将私人银行作为总行内设部门，依托现有零售银行，逐步向事业部制转型。同时，两家银行还向银监会申请私人银行的专门牌照，接受银监会的统一指导，为以后申请资产管理牌照打下基础。从发展情况来看，两家私人银行的账目华丽，盈利明显，客户数量稳步攀升，分支机构迅速扩张。但从盈利考核的角度来说，私人银行的盈利与零售银行的盈利考核并未分开,因此体现出的盈利并不完全是真实盈利。此外，两家银行对分支机构的约束力也明显不足，缺乏单独的人事和财务管理体系。

其次，是以建行和中行为代表的强化分支，强化研发模式。建行和中行虽然也设私人银行总部，也为总行内设部门，但其分支机构的独立性更强，从业务管理到产品研发，私人银行分支机构受总部的约束更小。建行和中行未向银监会申请专门的私人银行牌照，在合规性方面弱于工行、农行。从经营情况来看，建行和中行私人银行的发展情况也较为乐观，客户数和分支机构都有增长，产品创新亦层出不穷。

最后，是交行的观望发展模式。交行的私人银行在2011年以前，一直都是一个内设的处级行政机构，这个级别的机构根本无法调动和统筹交行的资源为私人银行发展服务。因此，在相当长的时间里，交行的私人银行一直都生活在交行“沃德”财富管理的阴影之下，交行内部对其存在性和必要性也一直有所置疑。2011 年，交行终于迈出一步，向银监会申请了私人银行的专门牌照，并已于 2011 年底获批，成为了中国第三家持牌私人银行。但就发展情况而言，交行的私人银行还处在空白阶段。

中国私人银行业的产品和服务体系

‖中国私人银行业的产品体系‖

中国私人银行的发展模式虽然各有不同，但在为客户提供金融产品方面，差异性却并不明显。总的来说，私人银行的产品分为两大块：

- ○ 基础银行产品；
- ○ 私人银行专属类产品。

基础银行产品比较简单，就是指作为零售银行能够为客户提供的所有个人类金融产品，并能够为个人客户的企业协调提供公司类金融产品。具体的产品包括：个人存款、个人贷款、支付结算、投资理财、银行卡等个人大类产品，以及融资融信、投资银行等公司类基础产品。

私人银行专属产品是指仅为私人银行签约客户或者是目标客户提供的金融产品。私人银行签约客户是指与私人银行签订正式服务协议的客户；而私人银行目标客户是指达到各行金融资产入门标准的客户，银监会目前的规定是 600 万元人民币。就私人银行专属产品来说，按照风险由低到高的顺序排列，又可以分成仅为高端客户提供的银行类固定收益产品；信托计划；券商集合理财和基金专户；私募股权类产品；艺术品、酒类、茶类、钻石类等另类投资产品等（如图 4—1 所示）。

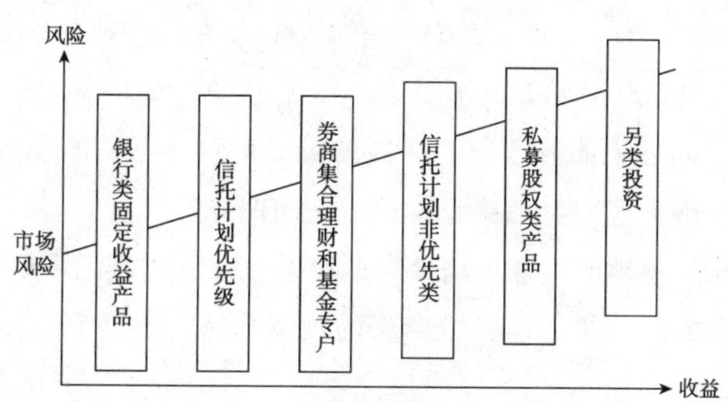

图 4—1　私人银行的专属产品线

在仅为高端客户提供的银行类固定收益产品方面，目前各家私人银行一般都没有要求必须明确私人银行正式客户身份才可购买，而是只需购买金额达标即可购买。与零售银行同类理财产品相比，专供产品的特点是不增加产品的任何风险，但会提高到期时获得的预期收益水平。2011 年，此类产品的发行规模无从统计，但数量级应该在万亿以上。

在信托产品方面，银行的高净值客户比较偏爱信托计划优先级，也有部分客户喜欢不分级的信托产品，或者是信托计划的劣后部分。发行信托计划规模较大的是招行、建行、中行和第三方理财机构，例如诺亚财富。2011 年，中国一共发行信托计划 4 051 只，规模达到 7 086.70 亿元，其中相当大的一部分都针对私人银行高端群体发售。但是在信托产品快速发展的背后，也出现一些隐忧，集中体现在以下三个方面。

- 信托产品总体粗糙，对投资者的保护和对风险的隔离等都存在较大瑕疵，一旦出事，对投资者极为不利。
- 信托从业人员素质偏低，经常严重误导客户以及银行人员，不当销售、不当推荐、隐瞒风险、违规奖励等行为屡见不鲜。
- 信托标的资产的风险不受银行控制，私人银行在把控信托产品风险方面几乎无能为力。

在券商理财和基金专户方面，2011 年，券商集合理财产品发行 108 只，基金专户理财产品达到 1 581 只。由于参与券商理财的客户并不一定都是私人银行客户或私人银行目标客户，所以参与基金专户理财的客户，一般也不是私人银行的正式客户。再加上 2011 年二级市场表现糟糕等因素，私人银行，以及私人银行的客户群体对这类产品的关注度并不高。

在私募股权类产品方面，2011 年可以查到的发行数据大约是 250 只左右，募资规模在 2 000 亿元人民币以上。总体来看，私人银行客户群体对私募股权投资的热情高涨，而且客户一般更加偏好有具体项目的私募股权类投资。此外，中国私人银行客户对私募股权类产品的偏好还具有显著的地域特征，需求主要集中在长三角地区、珠三角地区，以及北京和福建沿海地区。

在另类投资方面，2011 年比较典型的投资产品包括: 艺术品、酒类、茶类、钻石、名表等。

- 在艺术品投资方面最为领先的是招商银行，它在 2011 年率先同文交所合作，为客户提供了炒作艺术品的机会，并引发了社会的极大参与和关注。
- 在酒类投资方面，红酒类产品和白酒类产品齐头并进，代表性产品包括：工行"君顶酒庄"红酒收益权信托计划、舍得 30 年年份酒收益计划、中行张裕百年酒窖 1912 品重醴泉干红葡萄酒系列理财产品、深发展五粮液 60 年 69 度酿神封藏限量酒信托理财产品等。
- 在茶类投资方面，普洱茶仍然是其中的明星，2011 年建行和工行分别推出了相关产品。
- 在钻石投资方面，中行和招行步伐较大，分别推出了类似的钻石类理财产品。
- 在名表投资方面，农行的步伐最大，在 2011 年面向北京和天津两地的客户，推出了与名表挂钩的另类投资产品。

中国私人银行业的服务体系

虽然中国各家私人银行的服务内容大都包括两大体系：顾问咨询服务体系和尊享增值服务体系，但是各家银行在两大体系的具体服务内容方面，却呈现出较大不同。

顾问咨询服务是指以为客户提供相关领域知识和资源等为主要内容的服务模式。私人银行在提供顾问咨询服务方面均需要依靠第三方合作机构的支持，因此总体思路相似，就是以私人银行为平台，整合第三方机构的专业和专家资源，通过私人银行财富顾问向客户提供咨询服务，为客户解决相应问题（如图 4—2 所示）。这种顾问咨询服务模式在海外也是主流，数十年前就已经出现了能够涵盖近百项第三方服务内容的家族办公室，专门整合各类资源，为某一个家族性质的客户服务。从中国的现实情况来看，各家私人银行能够整合的服务项目一般都在十项左右，侧重点各有不同。

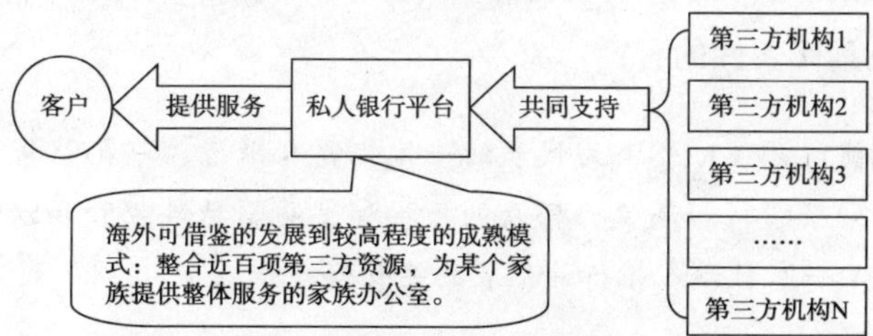

图 4—2　私人银行顾问咨询服务的一般模式

例如，工行联合了国内外几家白酒厂商和红酒进口商，专门提供酒类方面的收藏和投资咨询；农行与加拿大蒙特利尔银行、澳大利亚联邦银行等合作，为客户推出以移民为主的跨境金融服务，而且，农行还联合中国国家画院，创建外滩26号艺术中心，为客户推出以艺术品买卖收藏为主的顾问咨询服务。

尊享增值服务是指为私人银行客户专门提供的增值类服务。目前各家银行也都提供增值服务，服务内容虽有所差别，但一般都包括：

医疗健康服务、机场贵宾服务、商旅会务服务、私人会所服务、拍卖鉴赏服务、游艇飞机服务、道路救援服务、奢侈品购买服务、高端旅行服务、高尔夫主题活动等类似服务。

一般来说，由于私人银行的尊享增值服务和各家银行的高端卡客户的增值服务内容接近，所以很多银行为了节约成本，也为了整合资源和客户，通常都会对卡客户和私人银行客户的尊享增值服务进行集中采购。就竞争意义上来说，这部分服务是各家私人银行不能或缺的服务内容，它有助于维护客户的忠诚度，但是想要依靠尊享增值服务来抢夺客户，或者是长期留住客户等，则存在较大的难度。

中国私人银行的未来发展策略

海外私人银行的主要发展模式和策略

海外私人银行发展至今，已经形成了几种较为成熟的私人银行发展模式和策略。其中最具代表性的有：

以瑞银集团（UBS）为代表的一体化私人银行、以花旗集团为代表的特色金融经营、以高盛为代表的投资和交易驱动性经营和以欧洲一些专门服务某一家族私人银行为代表的经营模式等。

瑞银的私人银行模式。瑞银集团是全球资产规模最大的私人银行，已有

140 多年的私人银行业务经验。2003 年，瑞银将其私人银行部门正式改称财富管理，至 2005 年，瑞银集团将其四大业务品牌统一划归到 UBS 品牌下，重组后的部门分成瑞银财富管理，瑞银环球资产管理和瑞银投资银行三个部分，其中瑞银财富管理专门服务于私人银行客户。

作为综合性银行的先驱，瑞银集团采用成熟度较高的综合性银行业务模式，运用一体化的银行模式，其私人银行是内部独立设置的一个事业部。瑞银集团对其私人银行来说是一个整合的解决方案提供商，前方是财富管理部门的私人客户经理，后方分布着提供咨询、证券服务的瑞银投资银行，提供理财产品的瑞银资产管理部门和第三方服务提供商。借助一体化平台，瑞银形成了一个包含各类产品和服务的开放式产品架构，其服务内容涵盖投资解决方案、债务管理、财富规划和特色服务等（如图 4—3 所示）。

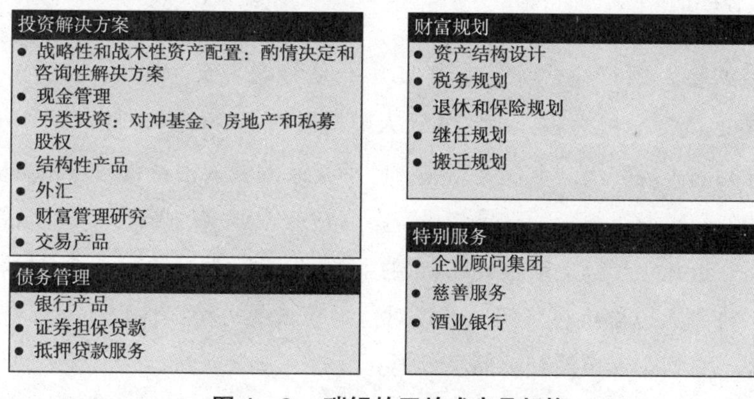

图 4—3　瑞银的开放式产品架构

资料来源：课题组。

花旗银行的私人银行模式。花旗私人银行的经营特点是细分客户并细分服务。在细分客户方面，花旗财富管理部门又下设三个主要部门：个人银行、Smith Barney 财富管理中心和投资研究中心，其具体职能如图 4—4 所示。

花旗集团该模式的优势在于，可以专注地在股票、债券、外汇、衍生品方面开发出适应客户需要的金融工具，以此实现客户资产的增值。但该模式的缺点也较为明显，由于投研、销售等没有进行有效分离，所以一旦某一个部门出现失误，就会对其他部门造成较为明显的影响。例如，在 2008 年金融危机期间，花旗的产品出现问题，直接影响到了客户关系部门，并进而导致其客户大量流失。

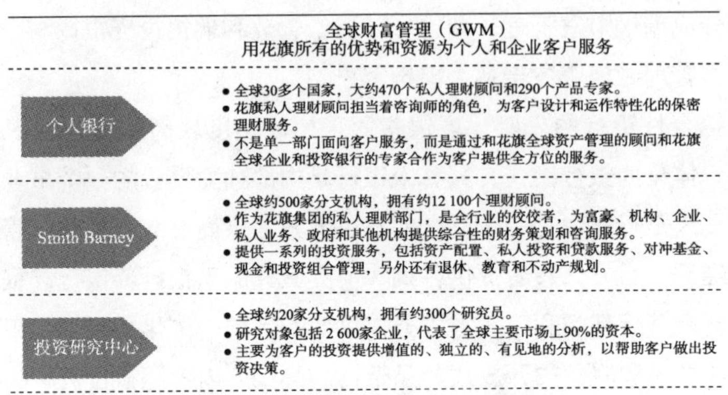

图 4—4　花旗财富管理各部门职能

资料来源：课题组。

高盛的私人银行模式。高盛其实并不是传统意义上的私人银行，但在2008年美国次贷危机之后，高盛的私人财富管理迅速崛起，原因就在于高盛在投资方面的表现突出。不仅是高盛，此前美系的私人银行普遍强调交易和投资方面的特长，通过不断的交易与投资帮客户获得财富的增值。从经营结果来看，高盛是近几年经营业绩最好的典型代表。但是对于这种较为激进的私人银行模式，许多人也都抱有疑问，市场对这种模式的可持续性也一直存有疑虑，这种疑虑一直到今天也没有被彻底打消。

欧洲一些专门服务家族的私人银行。除了瑞银、花旗、高盛等耳熟能详的名字外，欧洲还活跃着一大批专门服务于某个或某几个家族的隐私性极强的中小私人银行。这里的中小私人银行不是指其管理的资产规模小，而是指其分支机构少，人员规模小。在欧洲，这种银行占据着私人银行的大多数，他们与客户的关系往往都维持了几代，其中最长的一家，据说已经为客户的家族服务了十六代。

海外各种模式在中国均无法照搬

以上经验和模式在中国均无法照搬的原因来自两个方面：

- 第一，欧洲私人银行的经营模式和策略刚刚在美国次贷危机中经受了洗礼，本身就暴露出了一些明显问题。
- 第二，中国的客户特征、金融市场和法律环境等均与海外有本质不同，所以其中部分模式得以立足发展的外部环境并不存在。

海外私人银行模式

就瑞银模式来说，它是最为成熟的私人银行发展模式之一，但它对组织协调性的要求很高，同时还需要有发达的金融市场作为支持其产品的环境。而就中国目前的情况而言，私人银行大都建立在总分行的管理体制下，总行是管理中心和成本中心，分行是经营中心和利润中心，支行是营销和服务的前端触角，这种相对分散的经营体系使得全行资源难以被私人银行调动，无法发挥整体竞争优势。在事业部制、准事业部制、二级部门制等各种发展思路尚未有定论的情况下，去奢求达到瑞银这种高度的系统协作程度，是不切合实际的。此外，瑞银模式本身也经受着挑战。从2008年以来的情况看，瑞银模式抵御市场系统性风险的能力明显不足，其产品线无法为客户提供稳定的财富保值支持，客户流失非常明显。

就花旗模式来说，它本身就是在兼并收购的过程中逐渐形成的，与中国私人银行的发展情况截然不同。而且，在金融危机中，这种特色模式的表现极差，不但没有体现出特色经营的本意，更导致了对系统性风险的放大，严重伤害了客户的财富。

就高盛模式来说，中国私人银行模仿学习的最大掣肘就在于金融市场的产品结构单一。从目前各家私人银行推出的产品来看，固定收益类，即类似储蓄变形的简单产品仍占主要部分，挂钩类产品占比极少，而且这少部分的产品也是同外资行合作设计的。同时，由于银行间模仿性极强，理财产品大多具有标准化或格式化的特点，无法满足客户的个性化需求，再加上中国的对冲衍生品市场尚不完善，理财产品的设计在收益、流动性和风险偏好方面难以形成明显梯度，很难为资产规模庞大的私人银行客户设计出风险充分分散的产品。此外，高盛策略的持续盈利仍有待时间检验，其本身也不是一种成熟的模式。

就欧洲一些专营家族的私人银行模式来说，中国私人银行业也不具备这样的条件。这种经营模式的建立需要具备两个前提条件：第一是财富代际传承的经历和经验，第二是法律环境的完备。在代际传承方面，中国高净值人士当中大多数是第一代的创富企业家，在过去的时间里，面临的最大问题一直都是财富的增值，以及财富的保值，大都只是刚刚开始进行财富传承方面的工作，经验经历都非常欠缺，相对应的一系列策略和做法都无先例可借鉴，而欧洲的贵族传统在中国也并不存在。在法律环境方面，目前国内并没有一套专门针对私人银行出台的法律法规，信托法、继承税法制度尚未完善，缺乏对私人产权及隐私保护的法律界定，对私人银行业务相关事件的保护方式、损害赔偿的监管法规也尚属空白。相关法律条件显然不支持这种模式在中国的发展（参见表4—1）。

表4—1　　中国私人银行业无法照搬海外经验

代表模式	无法照搬的原因
瑞银模式	对银行部门协调性的要求极高，对金融市场的要求较高，在金融危机中受到了一定程度的冲击。
花旗模式	对金融市场的要求较高，源自收购兼并，在金融危机中遭受到了巨大冲击。
高盛模式	对金融市场的要求极高，对从业人员的要求很高，模式的可持续性仍然存疑。
家族银行模式	对代际传承有经验要求，对法律环境的要求高。

资料来源：课题组。

中国私人银行业未来发展策略探讨

中国的私人银行业发展至今，在不断摸索前行的道路中，已经积累了一些成功的策略，这些策略和经验集中体现在产品、服务、风控和营销等几个方面。

强化私人银行的功能平台作用，强化服务类项目的供应

同国外的高净值人士一样，中国现有的高净值人士不仅需要财富管理上的帮助，也同样关心如何利用这些财富更好地享受生活，保证财产安全以及今后的财富传承、子女教育和个人事业的发展问题。这就需要私人银行在为客户提供丰富多样的理财产品，使财富增值的同时，加强高端咨询及协助业务，满足客户个性化的需求，如预约著名医师，提供医疗健康服务，为客户子女组织亲子活动，组织精英论坛，组织高端聚会，为高净值人士提供资源共享的平台等。

除了为高净值客户提供本土顾问咨询之外，随着高净值客户境外资产迅速增长，2011 年，很多中资私人银行纷纷加快为客户提供“走出去”服务的进程，以满足客户全球资产配置、子女教育以及部分移民需求。例如，建行预计在 1 ～ 2 年内搭建离岸服务平台；中信和招商银行也已经着手准备香港私人银行中心的建立；农行开始与境外资产管理公司合作，帮助客户进行海外资产配置等。

加强非常规理财产品的设计，拓宽投资领域

目前，私人银行仍属于产品驱动型，产品的设计与开发能力成为衡量私人银行的重要指标。近三年，随着越来越多的上市公司被私有化，亚太地区的私募股权市场成长迅速，平均投资规模也在不断增加，私募股权投资以其高门槛、高风险、高收入的特征成为高净值人士的新宠。针对这一领域的巨大需求，银行应加快同私募基金的合作，发展私募股权投资产品，搭建起与合格投资人的沟通渠道，招行私人银行、民生私人银行等都已开始对私募股权基金进行积极引入。

今年另一类较为火爆的非常规理财产品为集合信托类理财产品。

> 据统计，2011 年上半年，集合信托理财发行的另类信托产品达到 12 款，接近去年全年 14 款的发行量。

由于信托投资领域的多元化和产品的灵活性，以及信托的私密性和利于长期规划的特性，使得信托成为高净值人士的财富管理工具。私人银行应加强同

信托机构的合作，使之更好地在财产转移与保护、财产传承、税收筹划服务、财产分割与保护、继承人教育等方面发挥积极作用。

私募股权和集合信托类产品虽然具有高收益，但也面临着高风险，尤其是在金融证券市场频繁动荡难以获利时。因此，具有较高收益和抗通胀性的投资渠道成为富人资金的避风港，从艺术品到酒类再到茶类，如工行私人银行推出的普洱茶理财产品，中行推出的红酒理财产品等。私人银行在引导高净值客户对具有升值潜力的商品进行投资的同时，也满足了客户对于避险的要求。

‖加强新型服务产品的风险控制，减少系统性风险‖

从商业银行各业务所对应的不同风险来看，私人银行承担的风险主要是声誉风险、合规风险以及操作风险。不同于国外私人银行强调信任的顾问角色，中资私人银行仍以产品驱动为发展模式，在提供银行服务的同时辅之以投资服务和信托服务。产品风险管理是目前中资私人银行面临的主要困难。从新型产品类型看，以下领域应成为主要风险控制对象。

私募股权投资产品。首先，应坚持客户分层，按照客户的风险承受能力以及资产配置建议为客户选择不同风险和收益的私募产品，并进行投资门槛之上的资金投入；其次，对私募基金实行严格的准入机制，根据团队管理、PE 过往业绩等指标进行综合考量，产品推出后还要进行持续的售后监督；最后，在股市低迷时期还应要考虑退出风险，防止私人财富受到侵蚀。

信托产品。从信托资金的投资领域来看，除了金融、房地产，工商企业、基础设施之外，私人银行的集合信托产品还涉及艺术品领域。由于信托的涉猎范围广、目标资产不明确、结构隐蔽、信托行业从业人员素质低等客观原因，私人银行必须严格设定信托的准入标准，并尽量选择客户能够对投资标的施加控制的信托产品。

民间借贷风险。在今年社会流动性偏紧，中小企业尤其是房地产中小企业的融资需求急剧上升之时，各种纠纷案件以及非法集资活动愈演愈烈。遇到资金集中结算时，各种风险更易集中爆发。高净值人士在这一投资领域面临的风险需要高度重视。

对投资者说

○ 中国最先涉足私人银行领域的各家银行，虽然取得了一定的成功，但是也出现了不少问题。各家银行都在尝试的过程中收获了大量经验，为其进一步开展私人银行业务，争取高净值客户奠定了良好的基础。

○ 中国私人银行必须找到适合自己的发展模式。目前国际上先进的几种私人银行模式，虽然各有其优势，但归根结底都是建立在某一特定的市场环境之上的，并非适用于所有的情况。所以，中国的私人银行只能从中借鉴，绝对不能原样照搬。

○ 中国私人银行发展至今，已经在产品、服务、风控和营销等方面积累了一些经验，对于自身未来的发展方向已经有了一些想法。未来，中国的私人银行业仍需将强化私人银行的功能平台作用，加强非常规理财产品的设计，以及加强新型服务产品的风险控制作为关注的重点。

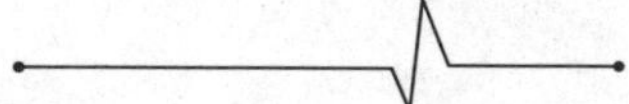

第5章

信托行业，成长法则的推演与猜想

■ 本章导读 ■

■ 近些年，信托市场的繁荣是整个资产管理领域值得关注的现象。我们在波士顿矩阵框架下发现房地产信托、工商企业信托和金融机构信托构成了信托明星业务的“三驾马车”。

■ 2011 年，由于需求端的政策干预和投资者兑付风险忧虑，房地产信托初现颓势。2012 年 3、6、7、8 月是房地产信托集中到期时点，中小地产商可能率先违约，天津地区信托项目违约概率最大。

■ 工商企业和金融机构信托增速稳健而弹性不足，很难独立维持行业超高增长速度。问号业务中的矿产信托、阳光私募等都因为自身风险、期限和收益等多重限制，短期内难以蜕变为新的明星业务。

近几年，信托市场的成长壮大无疑是整个资产管理领域为之瞩目的焦点。2010 年以来的紧缩超调更是赋予了信托行业对其他资产管理行业“弯道超车”的机会。2011 年信托行业管理资产规模超过基金业，信托行业在整个资产管理领域中的影响力已不容忽视。

2011 年是《信托公司净资本管理办法》落地实施的第一年。随着下半年监管层对房地产信托严厉调控和投资者对兑付风险的担忧情绪蔓延，市场热点在新兴产品类型上迅速切换。种种迹象表明，信托行业原有的成长法则在杠杆经营时代已不再适用。这意味着过度依靠放贷渠道就可以坐收渔利的时代行将结束，整个信托行业将逐步从粗放式规模增长的道路，转向专业化、高端化的发展路径。

就一般意义而言，外部环境任何一次的剧烈冲击都可能意味着行业内结构产生显著变化，这是重新审视行业发展思路和方向的一次契机。在新的时空条件下积极适应环境的公司才可以在激烈竞争中脱颖而出。

因此，透过行业中的一些共性表象，我们更加关注的是归纳行业成长的内在逻辑。在这一轮繁荣周期中，我们试图识别和检验成长规则在行业多元化发展中所扮演的角色和确定规则本身变迁演化的轨迹。我们的最终目标是结合成长规则与行业生态的本身属性，推演和展望信托行业未来的前进方向和主流趋势。

波士顿矩阵对信托业务模式的定位

波士顿矩阵是评价企业产品组合的常用分析工具，由美国波士顿咨询集团在 20 世纪 70 年代开发应用。这一分析框架的核心是解决企业如何使自身产品品种和结构适应市场需求变化的问题。

该分析方法认为决定产品结构的基本因素有两个：市场引力与企业实力。衡量市场引力的指标是销售增长率，衡量企业实力的指标一般用市场占有率。这两个指标组成的二维矩阵将产品归入四象限，以 10% ～ 20% 的销售增长率和 10% 的市场占有率为划分边界。这四类产品群又与其生命周期存在天然的对应关系，从而形成不同的发展预期（如图 5—1，图 5—2 所示）。

- 明星类产品（stars）：是指位于销售增长率、市场占有率“双高”象限内的产品，这类产品可能成为企业的现金牛产品，需要加大投资以支持其迅速发展。这类产品一般对应着成长期。
- 现金牛类产品（cash cow）：指处于低销售增长率、高市场占有率象限内的产品，通常利润率较高，销售量大。这类产品已进入成熟期，多数由明星类产品演化而来。
- 问号类产品（question marks）：处于高销售增长率、低市场占有率象限内的产品。前者说明市场机会大，前景好，而后者则说明在市场营销上存在问题，通常利润率较低。这类产品多处于产品生命周期中的幼稚期，是因种种原因未能开拓市场局面的新产品。如果增加选择性战略投资，提高市场占有率，可以发展成“明星类产品”。
- 瘦狗类产品（dogs）：也称衰退类产品，是处在低销售增长率、低市场占有率象限内的产品，财务特点是利润率低、处于保本或亏损状态，无法为企业带来收益。这类产品多处于生命周期的衰退期（见表 5—1）。

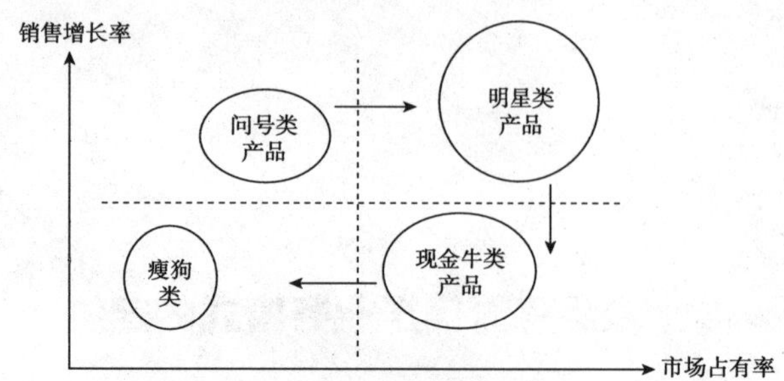

图 5—1　波士顿矩阵的一般分析框架

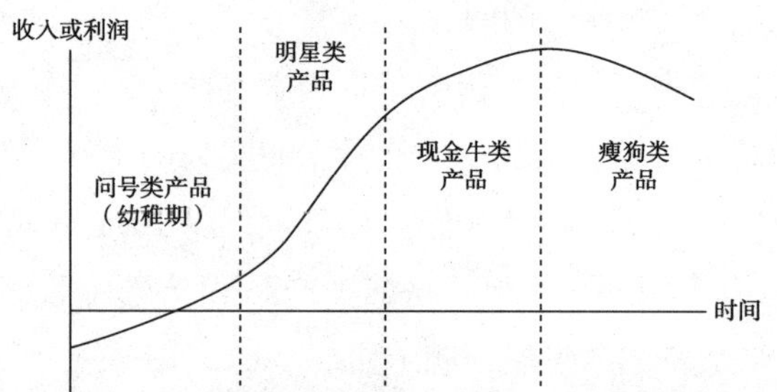

图 5—2　波士顿矩阵和产品生命周期的对应关系

表 5—1　处于不同象限和周期的信托业务特征

产品类型	对应生命周期	收入增长率	市场占有率	需求增长	业务模式
问号类	幼稚期	增长较快	较低	增长较快	不确定性
明星类	成长期	高速增长	快速扩张	高速增长	比较明朗
现金牛类	成熟期	增长较慢	很高	增长较慢	非常清晰
瘦狗类	衰退期	缓慢下降	较低并减少	需求下降	不确定性

资料来源：课题组。

利用波士顿矩阵分析信托行业，我们可以在微观层面对不同业务模式所处的发展阶段进行量化定位，剖析和比较其驱动模式的异同之处。同时，进一步结合对产品自身成长周期的识别，我们可以从外部环境和产业内部结构两方面对不同信托业务背后的潜在增长动力逐一归因，自下而上勾勒出行业未来的发展图景，寻找潜在的生长模式和风险点。沿用上述分析框架，我们回顾一下信托行业近几年来的成长历程。

如果把财富管理行业各子行业看成不同的产品组合，那么信托行业和银行理财产品共同构成了明星类业务领域。

从全行业存量资产规模来看，2009—2011 年信托行业资产规模纪录是以“万亿”为单位被不断跨越的。从 2009 年 18 974.08 亿元暴涨到 2011 年的 48 114.38 亿元仅用了两年时间，而从 2007 年到 2011 年存量资产 50.17% 的复合增长率更是其他行业望尘莫及的。作为行业而言，在 2011 年，信托行业资产管理规模超越了基金业，在资产总量上仅次于银行和保险。毫无疑问，近几年的表现凸显了信托行业在整个财富管理领域中的“优等生”地位，跨市场投融资的行业特性使其高成长性得到了充分体现（如图 5—3 所示）。

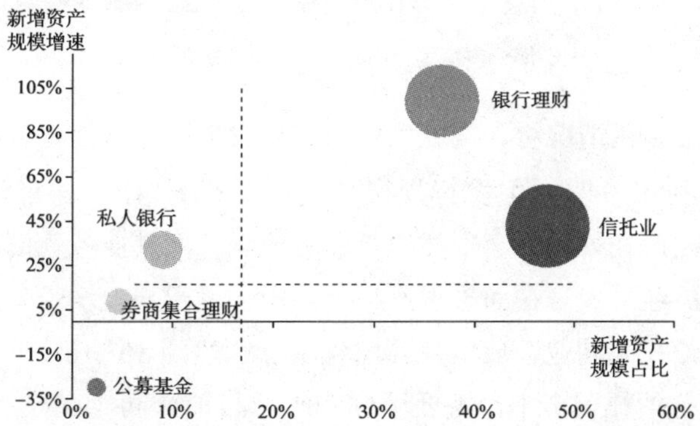

图 5—3　2011 年财富管理领域波士顿矩阵分解：信托和银行理财受追捧①

资料来源：信托行业协会数据，Wind，课题组。

从信托资金的投向来看，房地产信托、金融机构类信托和工商企业类信托位于明星类产品象限。其中，广受市场关注的房地产信托在 2011 年的发行规模为 3 704.58 亿元，发行规模增长率和新增资产在全行业占比分别达到 29.33% 和 26.28%。矿产资源信托是信托行业主动管理转型中出现的一个新增长点，全年发行规模增幅达到 251.34%。在现金牛产品象限中，尽管基础设施信托新增资产占比仅次于工商企业类信托，但增速却呈负增长。值得注意的是，证券类信托业务在 2011 年整体上同比增幅超过 70%，但新增资产占比仅占全部资产规模的 12.47%，属于问号类信托业务，未来增长前景和盈利模式尚不

① 2010 年私人银行业资产规模数据来自中信银行《中国私人银行客户特征与未来发展趋势研究报告》，根据工行、中行、民生银行、招商银行 2011 半年报数据估算全行业全年资产规模预期增速，得到 2011 年私人银行业资产规模。——作者注

明朗（见图 5—4）。

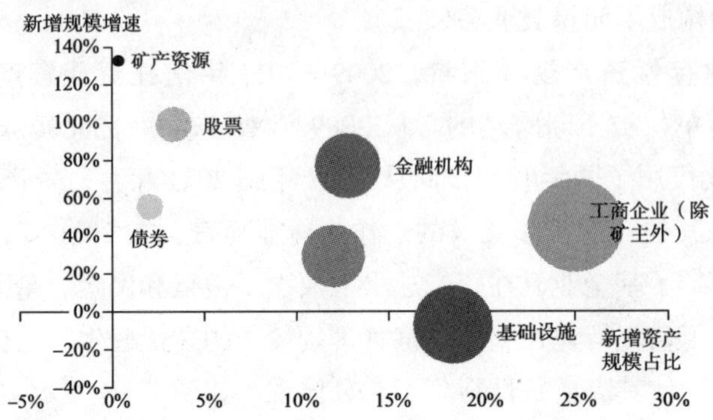

图 5—4　2011 年明星信托产品“三驾马车”

资料来源：信托行业协会数据，课题组。

从信托资金运用情况看，贷款类信托产品占据了新增信托资产规模的半壁江山，占比达到 43.34%，但发行规模增幅却仅有 1.14%。虽然波士顿矩阵分解结果显示贷款信托处于现金牛类信托业务象限，但其业务规模逐渐萎缩步入衰退期的趋势已经形成。在问号类产品象限中，发行规模增长率由高到低排列分别是租赁类信托和同业存放信托，增长率分别达到 363.18% 和 144.94%，但合计起来在所有信托资金中份额还不到 10%。目前，同业存放信托已被叫停，而租赁类信托虽然是监管机构一直鼓励的信托产品类型，但其尚处于成长周期的幼稚期，高成长的持续性尚不能确定（见图 5—5）。

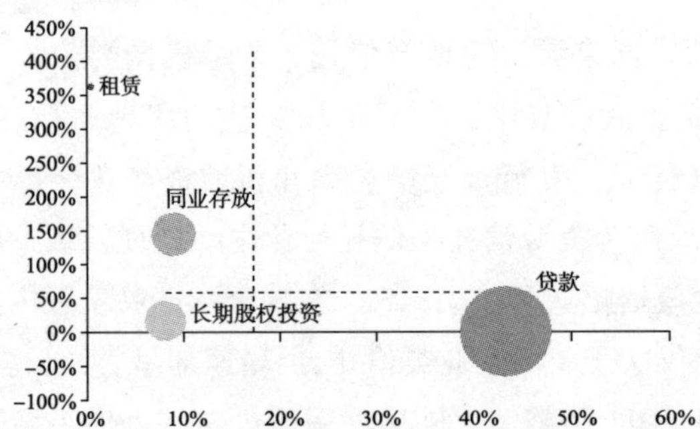

图 5—5　贷款类信托属于现金牛产品①

资料来源：信托行业协会数据，课题组。

① 我们剔除“可供出售及持有至到期投资”这个类别，虽然从数据上看其应当属于明星业务模式，但是其涵盖范围较广，不具备分析价值。——作者注

从信托资金运用情况看，只有银信合作业务属于现金牛类业务，其2011年年末存量资产规模占比为34.73%，比2010年年末下降了近20个百分点。银信合作在2008—2010年曾是信托行业的主力业务模式，但由于银监会不断出台政策加以规范和压制，未来银信合作业务将长期停留在成熟期，规模也将继续缩减。私募基金合作也就是阳光私募信托，与私募股权投资基金（PE）和基金化房地产信托一起被划入问号类业务（见图5—6）。

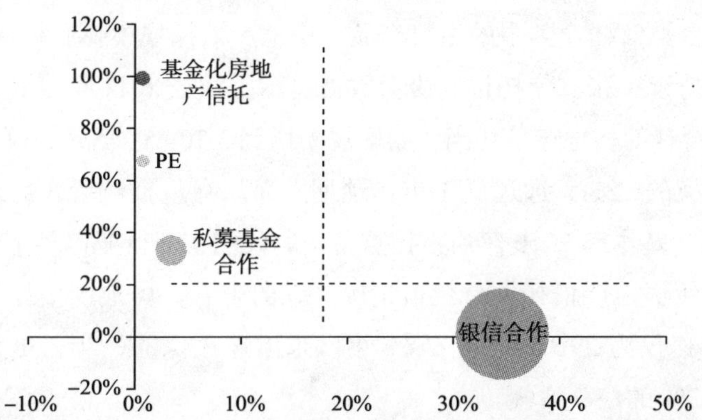

图5—6　银信合作位于现金牛类产品象限，阳光私募成长乏力

资料来源：信托行业协会，课题组。

通过解读根据不同属性构建的信托行业波士顿矩阵，我们看到现金牛类业务中的贷款类信托、银信合作业务和基础设施类信托的市场占有率和增长能力均出现下滑趋势，有的业务甚至出现负增长。从产品周期上看这些信托业务位于成熟期末期，一只脚已经迈入了衰退期。这些业务模式不仅不能给行业带来更多的利润增长，反而还会占据有限的资金、人力和销售资源，从而制约其他业务成长，在未来终究会被归入瘦狗类产品而被市场逐步淘汰。

房地产信托、工商企业类信托和金融机构类信托构成了信托行业明星产品模式的“三驾马车”。归纳这三类信托业务膨胀的模式和原因，推演未来的增长潜力和发展方向是我们研究的重点。

问号类信托业务范围比较广泛，比较有代表性又被行业普遍期待的是矿产能源信托、阳光私募、租赁和PE等，这其中又有多少能杀出政策和市场重围，“破茧化蝶”成为新的明星产品，未来行业中新的佼佼者呢？我们将从外部环境变迁和行业自身结构性特征角度来寻找答案。

明星信托业务“三驾马车”的成长归因与展望

房地产信托内生增长动力趋弱，蛰伏消化风险

作为明星类信托业务中的主打产品，房地产信托规模膨胀推动着2010年以来行业的持续扩张。信托行业协会数据显示，截至2011年年底，集合信托和单一信托合计的房地产信托当年新增规模达到3 704.58亿元，仅占全部新增信托产品规模的12%，远远低于市场预期。而从存量资产看，房地产信托占比为14.83%，基本和2010年所占比重持平。我们在全行业口径下模拟测算了2007—2011年房地产信托发行规模情况。纵向来看，房地产信托发行规模在2011年的增速仅为29.33%，是2008年以来增速最低的一年，更是远远低于2010年321.7%的最高增幅。

表面上看，2010年房地产信托发行增速类似于2008年，而2011年的增速回落就如同2009年一样，是在规模显著扩张后进入一个休整期和平台期（如图5—7和图5—8所示）。

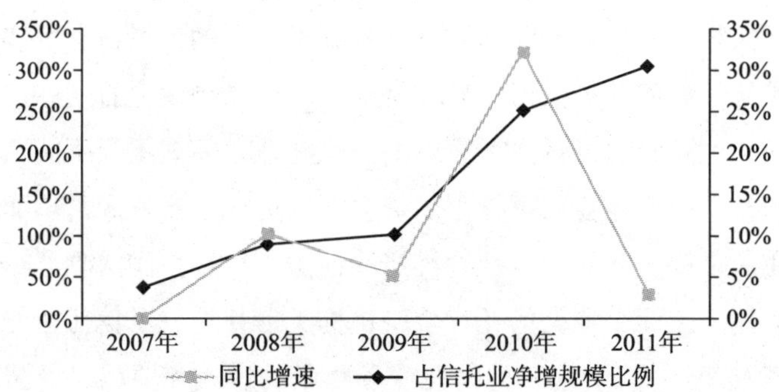

图5—7　全行业口径下2011年房地产信托发行规模增速创历史最低①

资料来源：课题组。

① 房地产信托大致来自单一信托和集合信托两部分。2007—2009年的房地产信托规模只有集合信托数据，因此2007—2009房地产信托在单一信托中比例利用2010—2011年其所占比重大致进行估计。——作者注

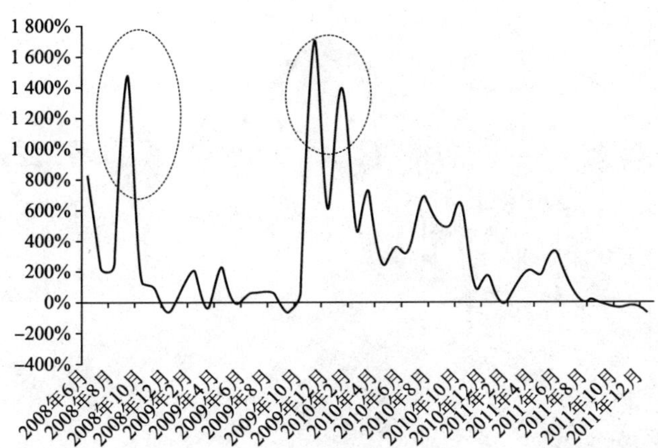

图 5—8　集合信托中的房地产信托发行增速在 2008 年和 2010 年最快

资料来源：用益信托数据，课题组。

但是我们不禁要问：

- 2010—2011 年的市场环境和政策环境是否是 2007—2009 年简单的周期性重复?
- 房地产信托在走过这段“成长间歇期”后是会演变成现金牛类产品，还是会继续明星类产品的快速扩张之路?

沿用产品生命周期分析范式，我们从外部因素和产品内部结构角度来对近几年房地产信托迅猛增长的驱动模式进行归因。

房地产信托迅猛增长的驱动模式归因

从外部因素来看，资金供给端的宽松拓展了房地产信托市场容量和增长空间。2010—2011 年持续的负利率环境促使储蓄存款同比增速不断下行。储蓄存款加速转化为活期存款，大量银行资金流出银行体系涌入信托体系，催生了一个庞大的信托市场（如图 5—9 所示）。从历史纵向地看，目前的货币环境与 2008 年下半年比较类似，不同的是近两年活期存款占比一直维持在 40% 左右，没有出现明显的加速回落（如图 5—10 所示）。

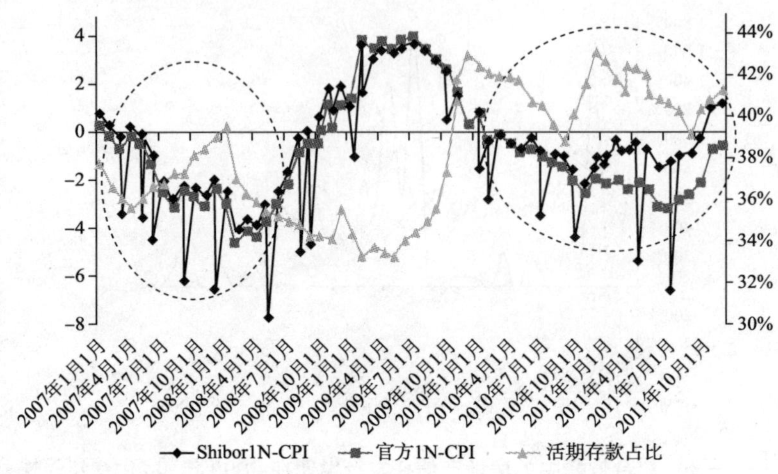

图 5—9　2010—2011 年与 2008 年下半年的负利率周期均导致了资金脱媒化加剧

资料来源：Wind，课题组。

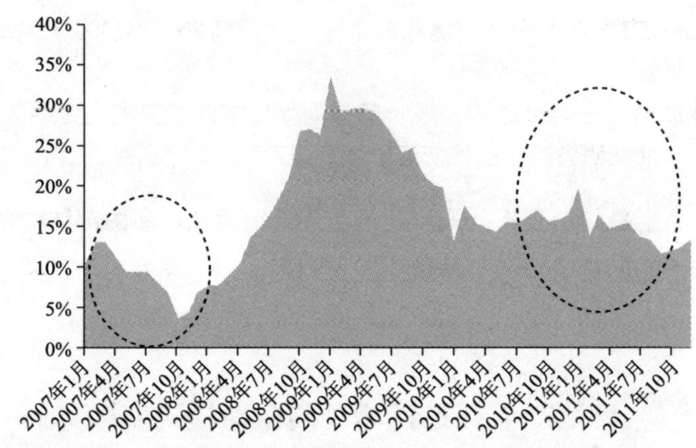

图 5—10　2007 年和 2010 年储蓄存款增速均出现下行

资料来源：Wind，课题组。

虽然房地产信托在 2007 年的发行规模基本可以忽略，无法和当时的货币环境加以对照，但当我们把信贷宽松时期的实际利率水平和房地产信托增速对比之后发现，2008 年下半年至 2009 年实施超宽松货币政策时，2009 年房地产信托立即受到市场冷落，发行规模增速从 2008 年的 102.22% 骤降到 51.61%。货币环境的周期性宽松挤压了房地产信托的成长空间，这从反面说明了信贷趋紧和负利差扩大对推动房地产信托市场繁荣的积极意义，充裕的活期存款流动性为其提供了趋近无限的资金供给。

从市场需求端看，近两年房地产调控政策持续收紧，地产商干涸的资金面客观上创造了旺盛的融资需求。本来，地方政府有强烈的通过卖地增加财政收入的政绩冲动，在 2009 年信贷宽松条件下还可以通过银行信贷满足房企资金需求，但 2010 年以来银行信贷不断紧缩，资本市场融资渠道关闭，有地方政府背书的地产商要想拿地开发，也不得不转而借道信托渠道融资。当然，信托公司也乐于介入房地产开发，因为有地方政府做隐含担保，资金安全性和抵押物评估确定性要显著高于其他信托业务。2010—2011 年，房地产开发资金来源中银行贷款增速持续下滑，从 2010 年 2 月最高的 48% 下降到同比减少 2.8%，而非银行金融机构的贷款规模增速一直保持在 30% 的水平（如图 5—11 所示）。从历史上看，这种贷款渠道上形成的巨大反差与 2008 年类似，而当时的情况也在客观上造成了 2008 年房地产信托规模膨胀的繁荣景象。

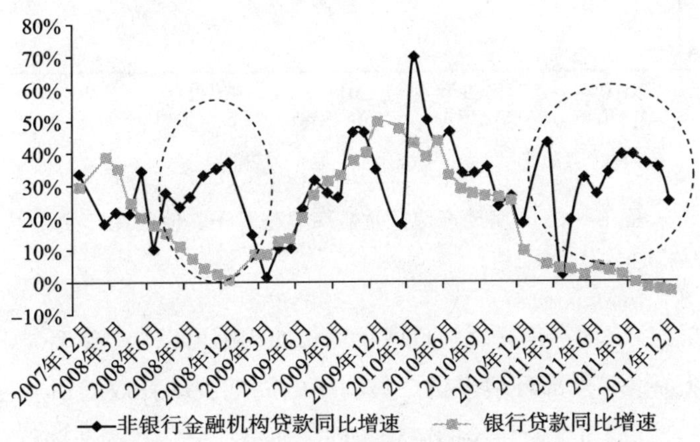

图 5—11　2008 年和 2011 年非银和银行贷款在房地产开发资金来源中此消彼长

资料来源：Wind，课题组。

从房地产信托产品自身的特性和结构观察，我们有以下发现：

- ○ 房地产信托产品期限短的特性恰好匹配信托资金的流动性要求。投资信托的资金在负利率环境下以活期存款形式逃离银行体系，是资本短期流动行为而非中长期投资行为，而负利率受到信贷条件和物价波动影响，具有周期性，大多数房地产信托 1 年半至 2 年的投资期限恰好匹配这些流动资金的需求。
- ○ 房地产信托的收益率在各类新产品中较高，2010 年第三季度房地产信托平均收益率达到 10.19%。虽然资金风险略高于其他资产标的，但是总体而言兼顾了收益性和安全性（如图 5—12 所示）。
- ○ 房地产作为基础资产标的物的可复制性好，相似性很高，并且定价具有客观性。因此，对于信托公司来说，开发一个新的房地产信托产品周期非常短，市场规模容易迅速做大。

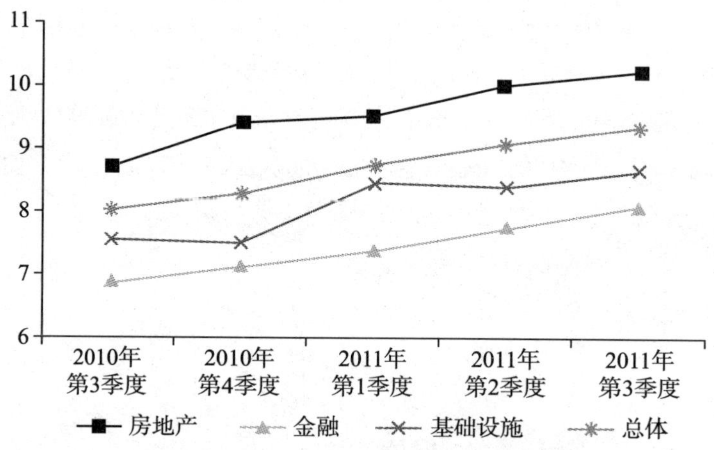

图 5—12 房地产信托收益率显著高于其他信托产品

资料来源：用益信托数据，课题组。

总的来说，房地产信托规模近两年增长的动因可以从外部环境和产品内部结构上加以考察。外部环境上讲，负利率的周期波动释放的活期存款造成了一个信托资金近似于无限供给的市场条件，而信托公司作为非银行金融机构的代表，与地方政府出于共同的利益考虑，为地产企业融资的意愿非常强烈。从房地产信托产品结构上看，收益高，期限匹配，产品开发周期短，规模容易做大是主要原因。因此，在信贷紧缩周期中出现了房地产信托蓬勃发展的契机

（见图 5—13）。

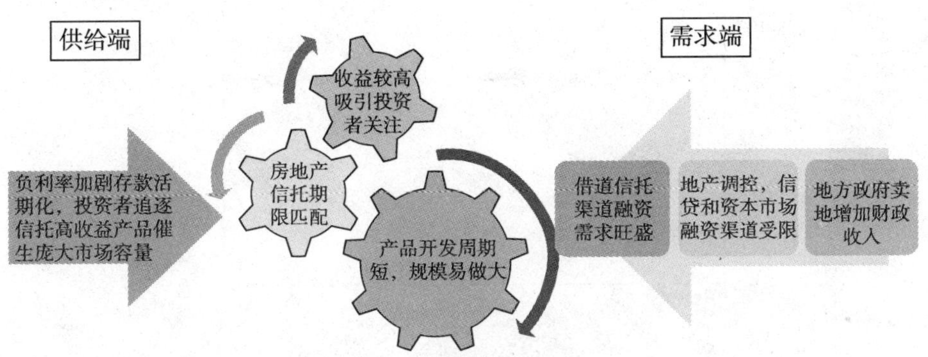

图 5—13　房地产信托增长归因

我们从历史数据的对比归纳中得到了近些年来房地产信托繁荣背后的动因和模式。但是，规模增长掩盖不了增速下滑的事实。2011 年房地产信托发行增速出现大幅度下滑，房地产信托曾经的繁荣景象日趋衰退。

内部因素中，目前房地产信托业务模式没有较大变化。外部因素中，在需求端，2011 年房地产调控政策未现放松迹象，融资渠道不畅和售房情况不理想导致地产公司资金链依然紧绷；在供给端，虽然随着本轮通胀从高点逐步下移，2011 年负利率水平有所缓解，但是活期存款占比和非银行金融机构贷款增速放缓并不明显，因此并不是投资方“很差钱”，而是其对房地产信托风险的顾虑导致发行锐减。总体来看，房地产信托发行放缓的原因在供给端。

客观上说，银监会将地产信托产品报备制改为审批制，监管层干预力度之大前所未有。市场也日趋担心房地产信托兑付风险爆发，投资者对地产信托的购买热情迅速下降。

> 2011 年房地产信托产品收益率继续攀升超过 10%，而在集合信托发行比例中已经降到 24.87%，产品期限快速缩减至 1.7 年。

发行量的骤降以及收益率和期限的背离体现了市场对房地产信托的态度日趋谨慎，投资者对房地产信托的风险厌恶水平开始显著上升，购买产品的意愿在降低，担忧情绪开始扩散（如图 5—14 和图 5—15 所示）。

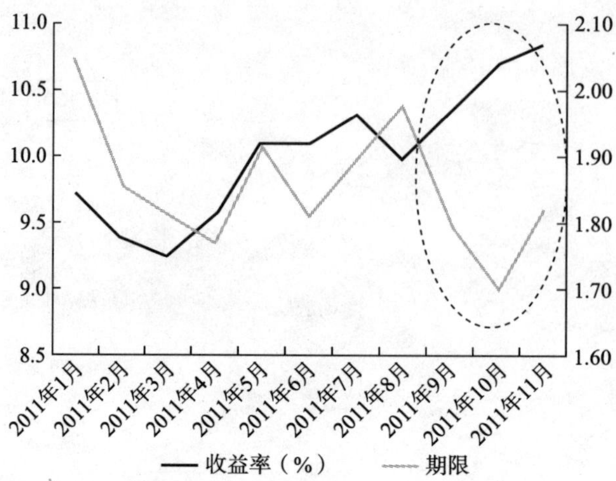

图 5—14 2011 年年末集合信托中的房地产信托收益率和期限出现背离

资料来源：用益信托数据，课题组。

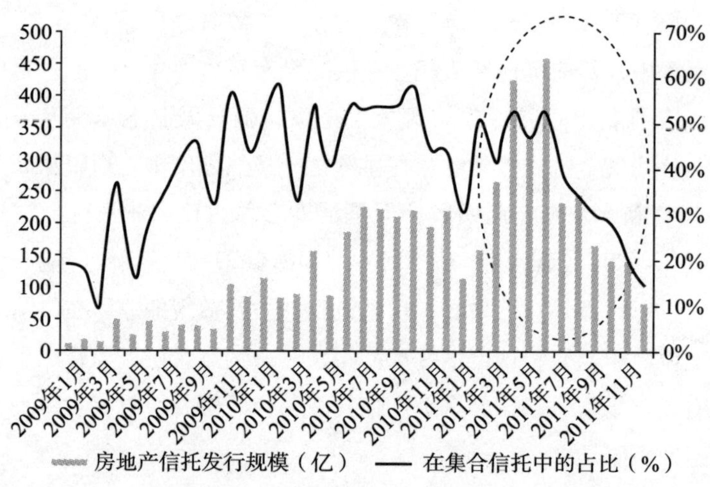

图 5—15 2011 年下半年房地产信托增量快速萎缩

资料来源：用益信托数据，课题组。

市场对房地产信托的回避并非没有道理。由于房价已现拐点，售房回款未必足够还本付息。存量的房地产信托主要在 2012—2013 年到期，兑付规模分别为 2 234 亿和 2 816 亿，分别占到 2010—2011 年新增房地产信托规模的 78% 和 60.31%（如图 5—16 所示）。据诺亚研究测算，2012 年中的 3 月、6 月和 7

月到期规模最大，分别是 147.52 亿、129.52 亿和 113.76 亿，整体来看，第二季度、第三季度到期规模最高（如图 5—17 所示）。

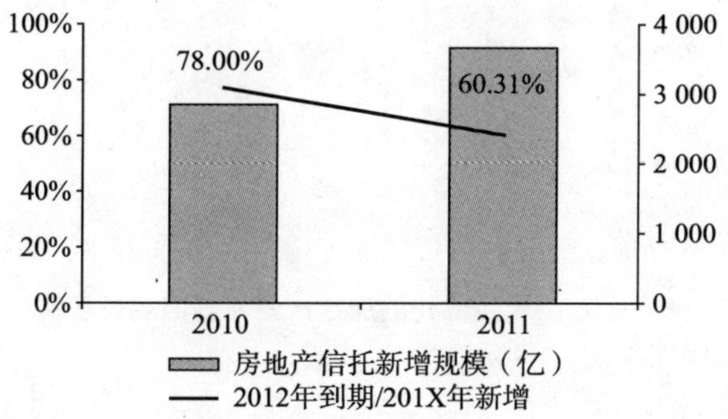

图 5—16　2012 年地产信托到期占 2010—2011 年新增规模超六成

资料来源：信托行业协会数据，诺亚财富数据，课题组。

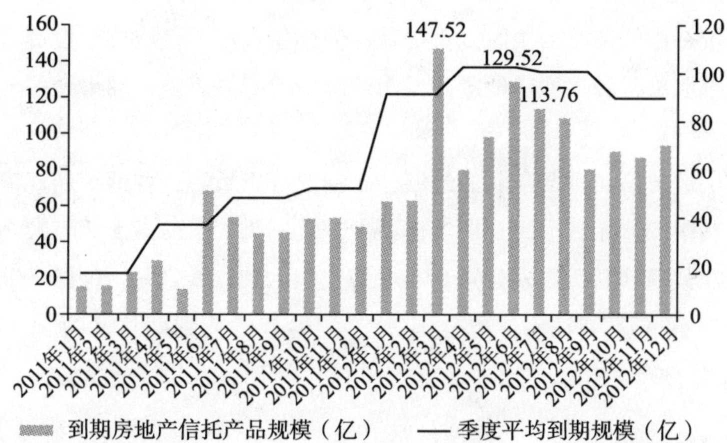

图 5—17　2012 年 3 月、6 月、7 月、8 月是房地产信托集中到期月份

资料来源：财汇数据，课题组。

从发行方看，2012 年到期的地产信托主要集中在中融、新华、平安、中海、中城、华澳等信托公司。到期规模排在前十位的公司全部地产信托到期规模约为 1 100 亿，约占 2012 年全行业到期规模的 50%，可以说兑付风险非常集中。其中，中融信托和新华信托到期规模分别为 150 亿和 131 亿，而全部信托公司平均到期规模为 20 亿（如图 5—18 所示）。

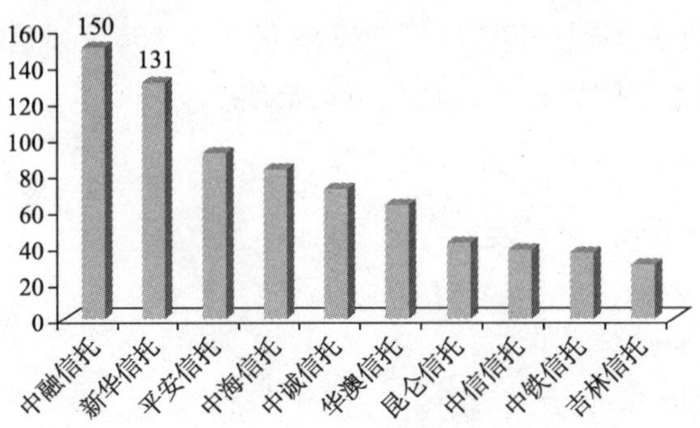

图 5—18　中融信托的房地产信托到期规模居首

资料来源：财汇数据，课题组。

从融资方看，在房地产市场量价齐跌的走势中，中小开发商承受着更大的兑付压力。据诺亚研究测算，房地产信托中 85% 的融资方为中小型地产企业，每笔融资规模均在 10 亿元以下。中小开发商最快可能在一季度开始采取大幅降价、以价补量的策略加快回笼售房款，但销售进度不仅取决于投资者实际购房意愿，也取决于和大型房地产开发商的降价博弈是否能带动整个住宅市场成交量回暖。

考察房地产信托到期产品的地域分布情况可以看到，各地到期规模分布极不均衡。其中，天津和上海到期规模最大，分别为 157.07 亿元和 122.74 亿元。江苏和浙江紧随其后，规模分别为 108.57 亿元和 84.58 亿元，这四个地区合计到期规模达到 472.96 亿元，占全国 2012 年地产信托到期总量的 21.17%，构成了 2012 年地产信托兑付压力最重的“第一梯队”（见图 5—19）。

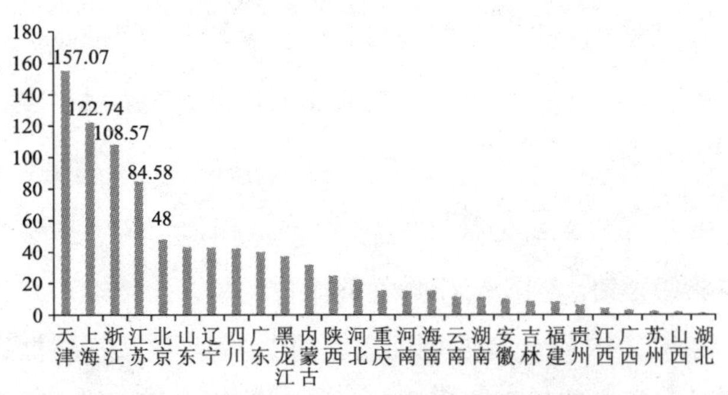

图 5—19　2012 年房地产信托到期规模地域分布（亿元）

资料来源：财汇数据，课题组。

对比商品住宅价格和成交数据，我们认为第一梯队四个地区的兑付违约风险不容忽视。

以天津和上海为例，从2011年年初开始，两地住宅价格环比增速逐步由正转负，环比下跌最大的月份分别出现在9月和11月，跌幅达到0.83%和0.47%，表明地产市场交投日趋转冷，市场观望情绪弥漫。2012年1月住宅成交价跌幅虽有所收窄，但市场回暖速度仍非常缓慢（见图5—20）。

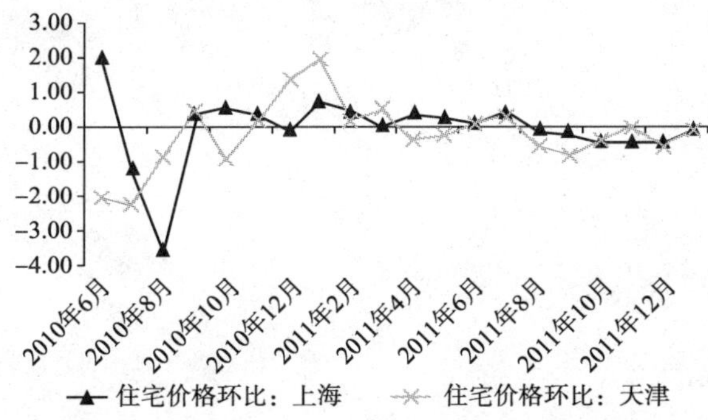

图5—20　2011年下半年天津和上海住宅价格环比转跌

资料来源：Wind，课题组。

从住宅成交金额和成交面积观察，天津的成交量在2011年第四季度加速下滑，作为传统销售旺季的9月和10月仅成交156.22亿元，比2010年下降19.49%（如图5—21所示）。上海住宅成交情况同样不甚理想（如图5—22所示）。受宏观房地产调控政策打压，2011年下半年的楼市成交状况和2008年相似。假如2012年延续“量价双杀”的低迷局面，房地产信托到期将给天津和上海的住宅市场带来巨大的销售压力，一旦销售状况不理想或者销售攀升在年末才出现，那么将无法在地产信托集中到期的年中月份兑付本金和利息，那时违约将在所难免。

假定2012年房屋销售情况不会比2011年更好，那么我们以天津和上海两地在2011和2008年的住宅销量来代表其2012年房地产销售的最好和最差情形。估算结果显示，项目地在天津的房地产信托到期规模将会占到商品住宅销售量的14.9%～34.74%；上海的情况相对乐观，兑付规模占比约为5%～7%。

对比发现，天津的兑付压力要远远超过上海，这意味着天津的房地产企业全年要拿出 2.4 到 4 个月的商品房销售额来偿还房地产信托合约所要求的本金和收益（如表 5—2 所示）。因此，从全国范围来看，部分区域发生房地产信托兑付违约案例的可能性较大。

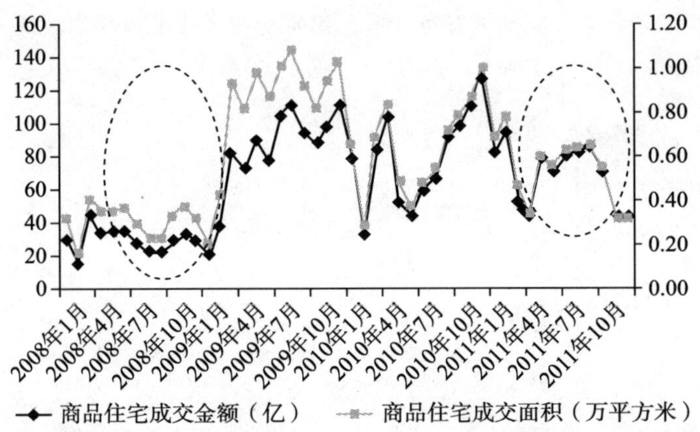

图 5—21　天津住宅成交金额和成交面积加速下探

资料来源：Wind，课题组。

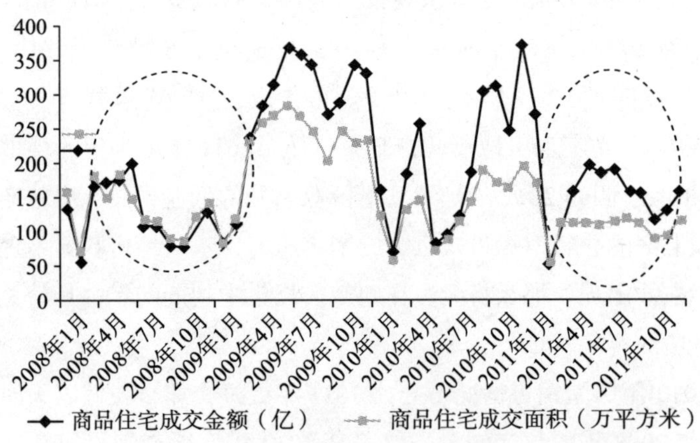

图 5—22　上海住宅成交金额和面积维持低位震荡

资料来源：Wind，课题组。

表 5—2　　天津销售回款兑付地产信托的比例高于上海

到期规模/预期商品住宅销售量	天津	上海
最差情形	34.74%	7.19%
最好情形	14.90%	5.77%

资料来源：课题组。

综合各方因素考虑，由于预期到限购令等房地产调控政策在本届政府任期内很难有所放松，投资者“买涨不买跌”的态度很难配合房企实现加快预售回款的策略。因此，天津、上海、浙江、江苏等地的房地产信托项目出现兑付违约成为大概率事件。而从融资方资质看，中小开发商可能首先发生违约，从而成为倒下的第一张多米诺骨牌。

房地产信托违约可能性排序：

- 中小型房地产开发商 > 大型开发商
- 天津 > 上海、浙江、江苏 > 其他地区

如果房地产信托产品的融资方无力偿付本息，那么开发商借款能力和信托公司对标的资产的处置能力将受到考验。一般来说，信托违约的“灭火机制”分为预防和处理两类，这两种模式的“火力”是逐层递增的。

为了预防违约情形发生，首先，房企会在到期前一到两个季度集中降价，加快销售回款速度。同时，一般地产信托计划都要建立回款保证金制度，回款保证金应占售房收入的六成。其次，信托公司自身或通过其他信托公司新发产品，在保持基础资产不变的前提下替换信托资金，完成“变相展期”。当然，信托公司也可以对地产信托直接展期。但这两种方式都要求项目现金流依然在覆盖范围内，只是出现暂时性本息偿付困难。中融信托就用借新还旧方法对青岛凯悦项目进行过操作。

假如违约发生，那么处理方式无非两种：

- 信托公司用自有资金收购项目基础资产，自己兑付投资者。近两年房地产信托抵押率一般不超过 5 折，信托公司只要保证自身资金链不断裂，转手抛出项目资产不仅有利可图而且风险可控。
- 把项目转让给第三方资产管理公司或其他开发商，如果抵押率较低、项目质量较好，则比较容易促成信托公司和资产管理公司或开发商的合作（如图 5—23 所示）。

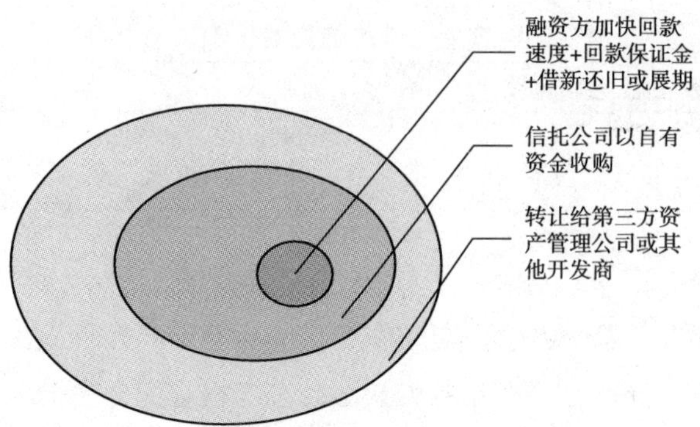

图 5—23　解决信托产品兑付违约的“火力配备”

资料来源：课题组。

从以上分析我们看到，受制于房地产宏观调控政策落地，住宅价格在2012—2013年将经历一次大的调整过程，投资者对房地产信托到期兑付能力的质疑等于关闭了资金无限供给的阀门。当然，银监会对房地产信托审批报备前置的监管动作也给火爆的房地产信托市场来了一次强制降温。事情正在发生变化，以往我们看到的驱动房地产信托快速前进的供需链条正在解体。如果说2011年房地产信托市场还算是惯性前进的话，那么2012年牵引它前进的引擎已经动力不足。

短期来看，房地产信托还不会这么快就远离投资者视线。如果2012年出现了一定比例的违约案例，但大部分都被或正在被我们前述的三类模式就地解决，那么在2012年前三季度存量地产信托兑付高潮过去后，投资者转好的预期可能推动房地产信托发行在第四季度出现一个小高潮。

但是从更长的时间跨度考察，**随着中国经济增长模式不可避免地发生转变，维系房地产行业生存的政策和市场环境已经愈加恶劣。在未来，房地产信托市场份额将逐步缩减，增速将在逐波反复中下降，最终不可避免地从明星类产品演变为现金牛类产品。**从目前的情况看，房地产信托已经步入这样一个消化前期风险的“调整期”，而这是产品进入成熟阶段的标志。

工商企业信托和金融机构类信托稳健有余、弹性不足

从对信托版图扩张的贡献度考虑，工商企业类信托和金融机构类信托与房

地产信托相比存在显著差异。从集合信托结构上看，2009 年以来，工商企业信托和金融机构信托的发行规模比重始终稳定在 10% ～ 20%，月度波动幅度不大，而房地产信托占比一直保持 40% 左右，在 2010 年和 2011 年年中甚至超过 50%。可见工商企业和金融机构这两类信托的增长状态比较稳定，但业绩增速和弹性不如房地产信托（如图 5—24 所示）。

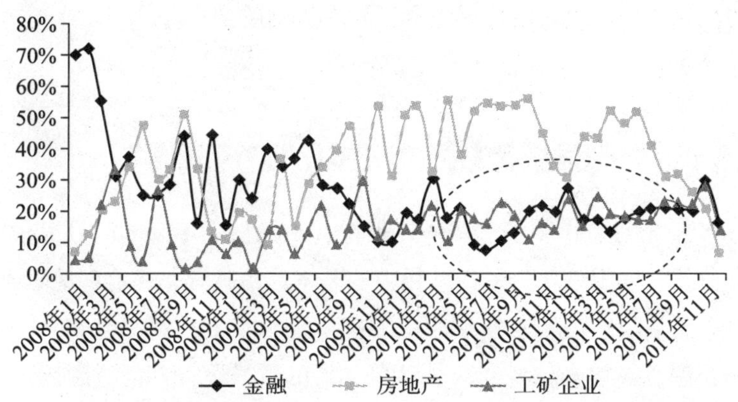

图 5—24　2009—2011 年房地产信托在集合信托比重遥遥领先

资料来源：用益信托数据，课题组。

究其原因，**工商企业信托和金融机构信托本质上体现了信托行业对大中型企业日常经营活动的资金支持**。这些公司在债权、股权等融资通道顺畅的条件下，对信托渠道的融资需求弹性不大。金融机构信托主要将资金用于为银行、证券、保险、基金等金融企业提供注册资本金，并购和运营资金等；工商企业信托是为生产、服务和贸易类企业提供并购资金，流动资金以及项目资金。对比来看，2010 年以来房地产企业在银行贷款、股票发行和增发上都受到监管机构的严格控制，资金链趋紧严重影响了房地产企业日常经营，由此才造成了房地产信托市场的繁荣。但是，监管机构没有关闭一般生产性、贸易服务类、金融类大中型企业的贷款和股权融资通道，通过信托渠道融资反而会推高资本成本，所以这些企业不可能对发行信托产品产生浓厚兴趣。

2012 上半年市场关注的焦点很可能落到工商企业信托和金融机构信托上，在房地产信托退去明星光环的背景下，这两类信托才从默默无闻的幕后走上前台。不过根据前面的分析，这两类信托产品业绩波动很小，仅仅依靠它们很难重现信托行业以往的高速增长。

总体来看，尽管未来房地产信托还会有短时期的复苏和增长，但是从明星类业务向现金牛类业务过渡，将是其生命周期的必然演化历程。金融机构信托和工商企业信托虽然增速稳定，但都欠缺房地产信托所具有的爆发潜力。这意味着信托行业再一次遇到了发展瓶颈。但是，每一次危机都是涅槃重生的机会，所以这些困难似乎暗示着信托行业全新游戏规则的孕育。

问号类信托业务难以“破茧成蝶”

2011 年信托行业出现了一些增速很快、市场份额不高的问号类信托产品，比如矿产信托、票据信托、另类信托中的艺术品信托等，也有一些近几年始终处于问号产品象限的信托业务，比如阳光私募合作、PE、基金化房地产信托等。下面我们将着重对矿产信托和阳光私募背后的成长逻辑和前进障碍进行剖析，归纳阻碍问号类信托产品向明星类产品跨越的关键因素。

矿产信托扩张存在诸多障碍

2011 年最受市场关注的产品莫过于矿产信托。相比我们提到的其他问号类信托产品，矿产信托能够获得市场认可的原因有三点：

- ○ 矿产审批权下放地方政府，地方政府支持信托融资；
- ○ “十二五规划”矿产资源整合工作的推进落实，扩充了矿产信托市场容量；
- ○ 信托公司融资渠道和矿企需求的成功对接（见图 5—25）。

2006 年，《对矿产资源开发进行整合意见》明确了矿区整合实施方案由省级人民政府审批。2009 年年末，《关于开展进一步推进矿产资源开发整合工作检查验收》的通知出台了分级审批规定，即整合矿区内矿山企业原采矿许可证均为市、县级国土资源管理部门审批颁发的，整合实施方案由市级人民政府审批，报省级人民政府备案。随着矿产审批权由省政府下放到地方政府，以及“十二五规划”关于煤炭资源整合工作的逐步落实，矿产企业对资金的需求日益加大。信托公司拥有了比银行更灵活的、个性化的资金借贷机制，从而得到矿企青睐。

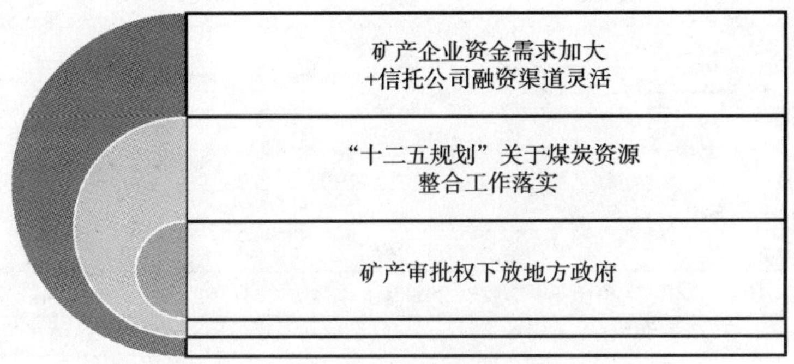

图 5—25　矿产信托异军突起的背景因素

资料来源：课题组。

据不完全统计，2011 年共有 157 款矿产类信托产品投向市场，募集资金达 481.3 亿元。比较 2011 年各季度发行情况可以看到，发行规模在第三季度格外引人关注，单季度 244.42 亿元的融资规模使得同比增幅达到 315.96%，占全年发行规模的 50.78%（如图 5—26，图 5—27 所示）。虽然 2011 年第四季度矿产信托发行数量及规模开始回落，但与去年同期相比，增速还是超过了 200%。

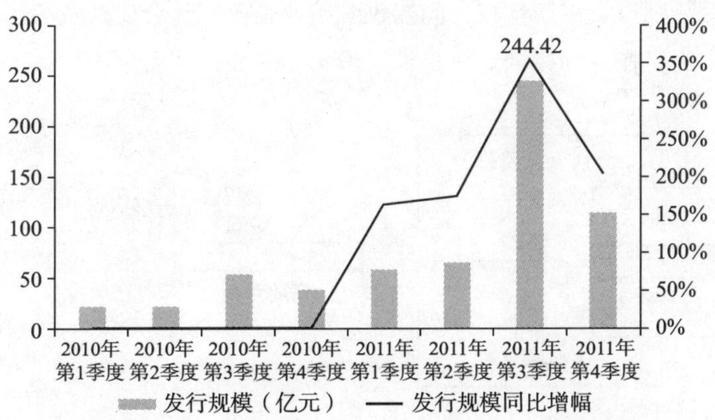

图 5—26　矿产信托规模在 2011 年第三季度出现较大增幅

资料来源：用益信托数据，课题组。

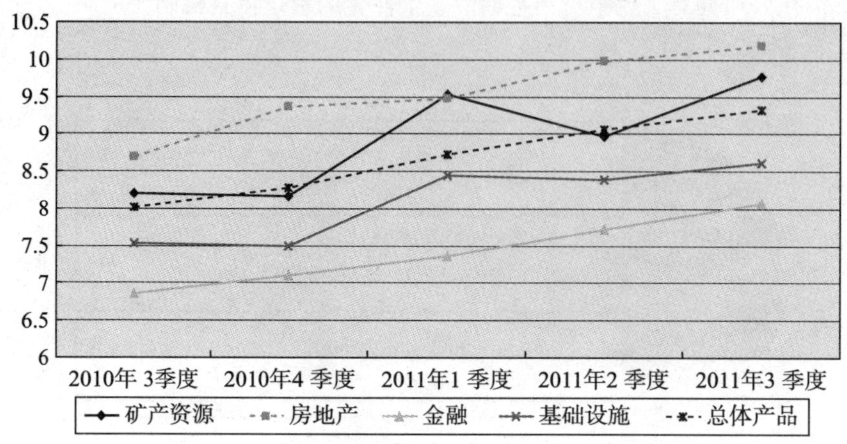

图 5—27　矿产信托产品收益率低于房地产信托

资料来源：用益信托数据，课题组。

目前常见的信托计划形态有信托贷款型、产业投资基金型、结构化股权投资型、权益投资型等。前三类的存续期限一般较长，而后两类多出现在矿产整合收购中，需要多层次的连带责任担保和将股权质押给信托公司来提高信托资金安全性。例如，结构化股权投资型矿产信托的次级委托人一般会选择有矿业项目筛选和投资能力的公司来提高投资收益能力（如图 5—28 所示）。权益投资型矿产信托则投资矿产债权，间接收购矿业企业来整合矿产资源，利用矿企股权质押来为信托计划按期兑付提供保障（如图 5—29 所示）。

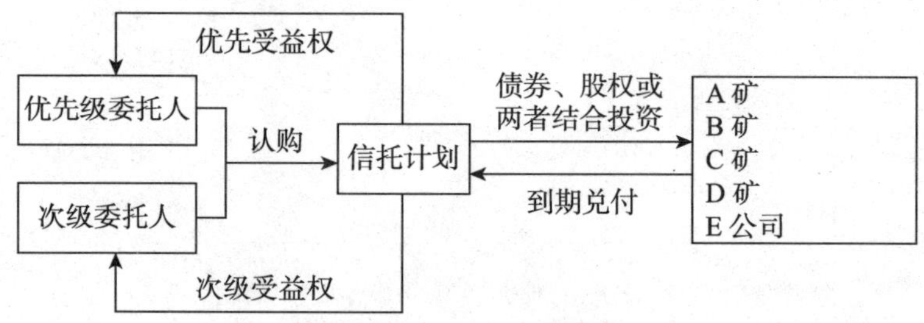

图 5—28　结构化股权投资矿产信托的次级委托人的选择是风控关键

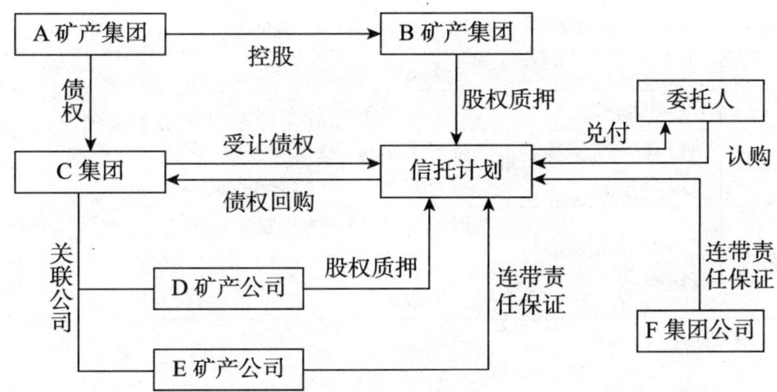

图 5—29　案例：权益投资型矿产信托参与矿产股权整合

虽然信托公司可以采取结构化设计或寻找政府背景公司的担保来控制矿产信托风险，但是矿产信托要完成从问号类产品到明星类产品的跨越，还存在诸多障碍。

一是矿产标的属性的差异性较大，评估矿产储量或价值难度较大，因此信托产品开发周期和信托计划存续期都比较长，很难形成快速扩张的市场容量。

二是矿产自身的风险较高，这决定了矿产信托计划的风险不容忽视。

（1）**监管风险**。矿产项目涉及监管部门众多，涉及营业执照、土地使用权、采矿权等。任何一个环节未获审批，都无法获得采矿权，从而影响后续的银行贷款及开采。

（2）**安全生产风险**。由于矿产资源埋在地下，可能发生突发矿难或其他隐形风险，并且这种意外损失发生的可能性比房地产行业高出许多。一旦产生安全生产问题，矿区面临停工，就会影响回款。

（3）**评估风险**。由于矿产资源深藏地下，其储量预测可能存在一定偏差。而矿产信托保证收益的前提是矿产生产量与预测相符，因此勘测误差会给矿产信托带来特有的风险。

（4）**矿产价格存在波动风险**。矿产价格的波动较房产波动更大，且矿产开采时间长，在估计未来价格时更加困难。一旦矿产价格下跌，就存在信托回款兑付风险（如表 5—3 所示）。

表 5—3　　矿产信托和房地产信托差异明显

	差异点			相同点	
	市场容量	收益率和期限	风险控制		
房地产信托	项目具有同质性，市场容量大	收益较高，期限在两年左右	售房量下降，影响回款	行业盈利能力强	杠杆高
矿产信托	项目差异大，市场容量有限	收益低于房地产信托，期限在多在三年以上	监管、安全生产、评估、价格波动等		

资料来源：课题组。

通过对比，我们发现矿产信托的项目差异性导致其市场容量不大，信托计划较长的存续期与投资者追求短期高收益的需求很难匹配，并且让投资者面临更多的风险暴露。就矿产行业本身而言，虽然行业盈利能力很强，但可能引发风险的因素也较多，这使得矿产信托违约兑付的可能性高于房地产信托，也对信托公司风控水平提出了更高要求。综合来看，矿产信托难以复制房地产信托的暴利模式，很难实现从问号类产品到明星类产品的飞跃。

阳光私募，熊市中难觅成长良机

2011 年全年，阳光私募共发行产品 924 只，发行规模 419.73 亿元，其中股票型信托发行规模占比超过 70%。阳光私募发行规模增速和沪深 300 指数环比涨幅呈现正相关关系，相关系数达 0.68（如图 5—30 所示）。月度来看，3 月的发行规模创年内最高，之后逐月萎缩，而由于三季度阳光私募整体平均收益跑赢公募基金和大盘，年末最后两个月的产品成立数量与规模出现一定程度反弹。总体上看，与 2010 年发行市场低位波动相比，2011 年阳光私募信托在熊市中却出现一定的恢复性增量（如图 5—31 所示）。

不过，阳光私募信托复苏的速度和力度都非常有限。与发行情况相对应的是，2011 年不少阳光私募产品达到了协议规定的止损幅度，导致较大规模的清盘现象出现（见图 5—32）。全年共有 207 只阳光私募产品清盘，其中结构化产品 162 只，非结构化产品 45 只。从时间点上看，集中清盘大多发生在大盘快速下跌的阶段。

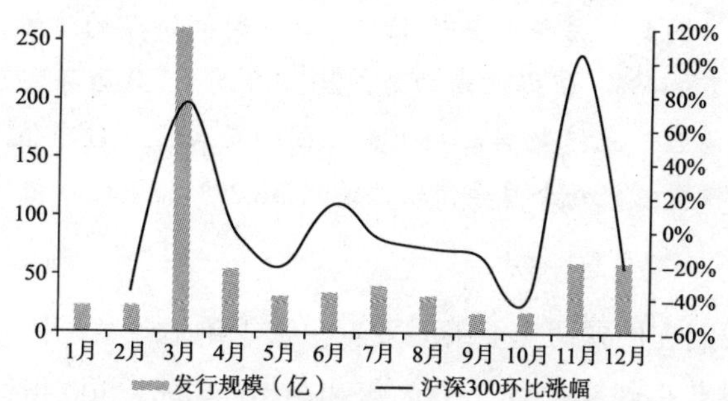

图 5—30　2011 年阳光私募月度发行增速拟合沪深 300 环比涨幅

资料来源：Wind，课题组。

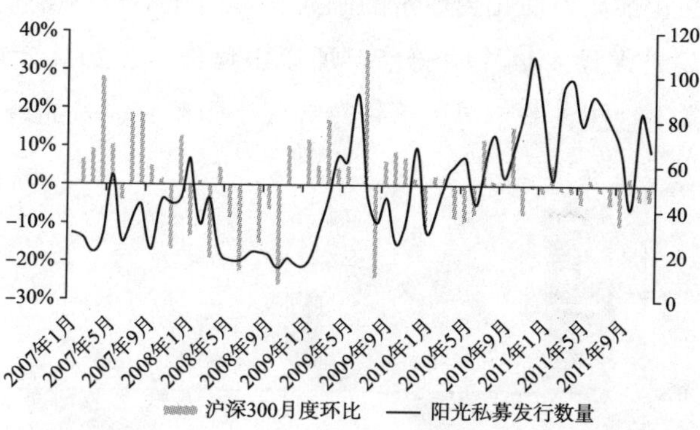

图 5—31　2007—2011 年发行数量和大盘涨幅对比

资料来源：Wind，课题组。

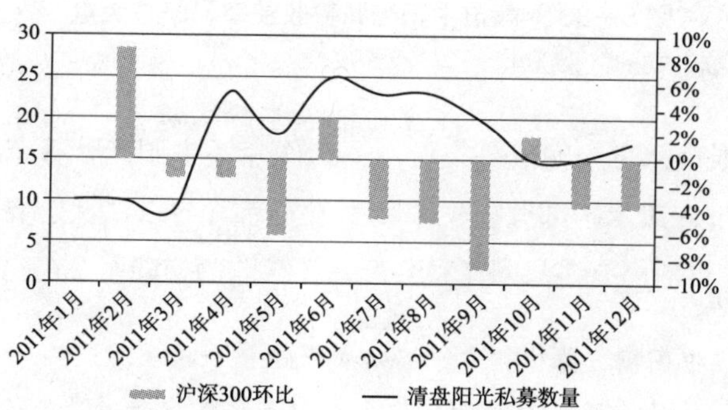

图 5—32　4 月至 9 月大盘下探致清盘量陡升

资料来源：朝阳永续，Wind，课题组。

大盘从4月到9月整体下跌19%，这一时间清盘的信托产品数量也占到全年的63.46%。值得注意的是，2011年有65只当年成立的阳光私募产品即遭清盘，业绩数据表明清盘原因均是大幅跌破净值。比如，达融一期证券投资信托6个月净值跌幅达到32.29%，累计净值仅0.617元，被迫清盘。

实际上，我们在回顾历史业绩时发现，追求绝对收益的阳光私募信托在熊市中应该更容易获得超额收益。2008年和2010年沪深300指数均录得负收益率，阳光私募产品整体业绩却分别超越大盘35.6%和18.3%，2010年甚至实现了难得的绝对正收益率（如图5—33所示）。但是，2010年至今股市连续两年的下跌，刚性止损压力使相当数量的阳光私募信托不得不斩仓离场，导致整体收益水平仅超越大盘4.44个百分点。所以整体而言，2011年阳光私募产品的业绩确实非常不理想，股市单边下跌趋势成为阻碍其成长的最主要因素。

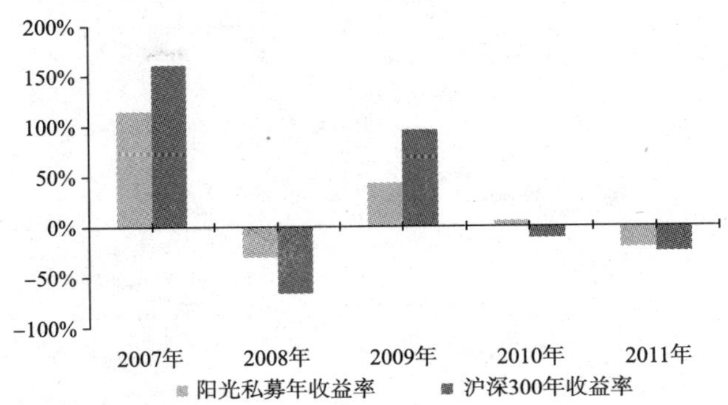

图5—33　熊市中阳光私募收益率易超越大盘

资料来源：朝阳永续，Wind，课题组。

为了能在股市寒冬中完成募集份额，2011年不少阳光私募产品降低了发行门槛，甚至通过许诺承担部分损失来吸引投资者。与以往认购要求在100万到300万元不同，目前已有多只阳光私募产品将认购门槛降至20万到30万元。

比如，中国银行推出“中银安心成长组合”的理财产品只需30万元即可认购，并且承诺由管理资金的5家阳光私募基金出资先行承担产品10%以内的亏损，即产品净值在1元至0.9元之间的亏损由投资顾问承担，0.9元以下的亏损才由投资人按照比例承担。

这种作法的确为阳光私募产品吸引中低端客户群打开了方便之门，但是一味降低募集下限，可能使风险厌恶水平较高的中低端投资者负担的过度风险暴露，并可能进一步引发私募基金道德风险和欺骗投资者的行为产生。

阳光私募信托要摆脱对单边做多业务模式的依赖，可以从产品开发和渠道拓展两方面着手。在产品多元化选择上，2011 年 7 月市场期待已久的《信托公司参与股指期货交易指引》正式落地，11 月华宝信托获得首张期指交易牌照。尽管该指引的落实速度远不及行业预期，但是随着 2012 年更多信托公司获得开展期指交易资格，阳光私募可以通过套保、套利和投机交易在很大程度上规避市场下跌风险。在渠道拓展方面，2011 年 2 月四大国有银行分别批准部分私募作为投资顾问的理财产品的发行资格，而微博营销、社交网络营销等都是值得推广和借鉴的思路。

信托行业成长法则之动态量变与质变坐标

“独立产品一招鲜”的传统法则逐步失效

通过分析信托产品模式的演变历程，我们从实现问号类产品到明星类产品跨越的信托产品中概括出信托行业传统的成长法则。

- ○ 信托融资渠道享受信贷紧缩周期的政策红利最大化。
- ○ 信托行业跨市场的资产配置平台容易突破监管约束。
- ○ 符合信托行业财富管理转型大趋势，体现了信托公司由被动管理向主动管理转变的尝试和探索。

2008 年，银信合作成为近年来信托行业第一个明星类业务模式。当时的历史背景是银行体系信贷资源匮乏，商业银行资本充足率普遍不达标。为了维持生存，银行必须寻找表外放贷的机会，于是信托公司就成为了银行加以利用的渠道。银行和信托合作的过程中，融资方和投资方的客户资源全部掌握在银行手里，信托公司只能乖乖充当银行体外循环的放贷渠道。由于议价地位悬殊，信托只能让银行切走大部分利润，自己依靠银行带来庞大的产品发行量获得相应的收益，可以说银信合作是这一时期信托公司被动管理的代表。

2008—2010年是银信合作快速膨胀的时期，而2010年之后银监会不再容忍银行借道信托放贷的模式，采取了一系列监管动作，同时出台了对银信合作的监管规定，在2010年年末甚至直接勒令银信合作按季度规模实施转表计划，这才让银信合作模式彻底冷却。虽然房地产信托在2008年增速也曾超过100%，属于问号类信托产品，但其发行规模相对银信合作来说基本可以忽略。直到2010年“415”新政和“国十一条”等房地产调控政策落地，加上银行信贷逐步从紧的背景，大量房地产企业转向信托渠道融资，监管层对房企这一模式的默许才最终成就了房地产信托从问号类产品向明星类产品的蜕变。**房地产信托使信托公司开始向主动管理模式转变，真正从发行方角度掌握投资方的需求和资源，开始摸索和掌控项目的经验并实现了可观的收益**（见表5—4）。

表5—4　　信托行业成长法则的迁移路径

	2008—2010年	2010—2011年	2012年以后
行业成长法则	被动管理	逐步摆脱被动管理模式，但主动管理成分不大	加强对项目抵押物主动跟踪管理；服务模式和产品专业化升级满足高端理财需求
	信托公司不掌握融资方和投资方信息资源	信托公司开始建立和积累自己的客户渠道	直销网络建设；定位高端理财客户专业化
明星产品	银信合作	房地产信托、工商企业信托、金融机构信托	地产信托增长显现颓势，工商企业信托和金融信托难堪大任，没有新的明星产品可以替代
问号产品	房地产信托从问号产品向明星产品跨越的条件正在酝酿	2011年受关注的矿产信托、艺术品信托等市场潜力有限	后紧缩时代，现有问号类信托模式很难获快速成长的机会
产品同质化竞争水平	非常集中	有所分散	热点更加散乱，产品模式竞争变为服务模式的竞争

资料来源：课题组。

抢占高端客户和服务模式的制高点是质变方向

2011年下半年市场关注的热点不再集中于房地产信托，差异化更大、交易结构更复杂的信托计划类型开始崭露头角。但是，一方面明星类产品颓势凸显，传统信托市场上热点产品日趋分散化和短期化；另一方面中国高净值人士数量的高速增长，使其对高端财富管理的需求日趋个性化和多元化。

这些现象表明信托行业固有的成长法则正在量变中积累质变因素，信贷条件逐步改善，不再是支持行业成长的必要条件，信托公司财富管理转型的外部压力在不断积聚。因此，**信托行业新的成长法则不再强调独立产品或业务单元的市场占有能力和增长潜力，取而代之的是服务模式和产品专业化的转型升级，为高端专业化客户群提供个性化、多元化的投资产品所带来的高额回报**。可以说财富管理市场的蓬勃繁荣创造了一片信托公司还未深耕细作的新“蓝海”。

- ○ 利用跨市场投资平台优势，设计创新性投资产品迎合日益增长的高端财富管理需求，提升信托公司主动管理能力。
- ○ 服务模式的创新升级给高端客户带来差异化、个性化的服务体验。
- ○ 高净值客户资源的积累和营销渠道对客户专业化的精准定位。

新的规则和新的市场正在酝酿，监管机构应当加快对信托行业的引导并加大支持力度。2011年年末出现的一个非常重要的变化是，银监会下发了《规范信托产品营销有关问题的通知》(下称《通知》)，鼓励信托公司建立自己的直销渠道网络，转移银行和第三方理财的客户资源，掌握财富管理业务主动权。

《通知》的意义在于指明一条道路，信托公司通过加强多方合作和博弈，从无到有、从小到大地涉足和开拓高端理财市场。目前信托产品主要通过银行与第三方理财机构销售，由于销售周期的延长，信托公司丧失了资深销售渠道，脱离了产品中心，忽视了与顾客的接触。因此，信托公司需要在未来一段时间内围点布局，培育营销团队，建立面向高净值客户和专属客户的直销网络，这样既可以了解客户的详细情况与实际需求，发展直接基于客户需求的高端理财能力，又能在与银行和第三方理财机构的博弈中增加合作筹码。

同时，信托公司应当加强发展专属客户渠道，对自身产品特征和客户属性进行细分定位，提供专业化的投资理财服务，只有这样才能形成稳定的、黏性高的高净值客户群体。**目前信托公司开发高端客户专属的独立账户信托还处于起步阶段，从私募等投资顾问处回收投资决策权，建立跨市场的投资决策团队，提供独立专业化的投资建议是信托公司满足高端客户个性化需求的关键。**

在中国金融业分业经营的背景下，信托行业拥有能够提供全方面综合性金融产品的优势，可以丰富金融机构高端理财产品序列，逐步走向财富管理和高端理财的路线，在与私人银行的竞争与融合中促进理财市场的成熟健康发展。

对投资者说

- 在各种另类信托、创新型信托产品尚无法支撑行业高速成长的条件下，2012 年信托行业资产规模增速将大幅放缓。2012 年，存量房地产信托兑付风险能否顺利化解是决定信托行业能否持续成长的关键因素。
- 投资者不仅需要密切关注存在潜在违约风险的房地产信托项目的处置方式和进展情况；还需要提高风险意识，即使收益率持续走高，也须对新发行的房地产信托产品保持谨慎态度。
- 对于矿产信托、基金化信托等创新型产品，投资者需要仔细辨别基础资产质量、受益结构和违约概率，总之需要将控制风险作为第一要务。
- 考虑到金融改革释放的积极因素，投资者可以适当增加投资于股票、股指等标的的信托产品比例，通过分散化投资来稀释风险，同时尽可能博取更高的投资收益。

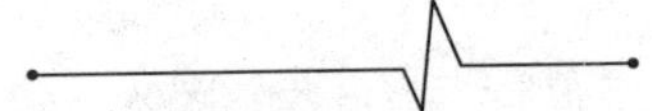

第6章

全球保险业，复苏与挑战并存

■ 本章导读 ■

■ 2011 年，欧洲保险行业延续 2010 年的发展态势，缓慢恢复。截至 2011 年 12 月底，欧元区保险公司与职业养老金的总资产规模为 6.998 万亿欧元，较 2010 年年末增加了 0.15 万亿欧元。

■ 欧债危机对欧洲保险业造成的负面影响主要体现在两个方面：资产价值的缩水和暗淡的经济增长前景下保险需求的降低。主权债的信用风险、股权风险和经济下行风险备受关注。

■ 2011 年，美国经济继续改善的方向并未改变，尽管改善程度仍未令人满意。在此背景下，美国保险行业继续延续其缓慢复苏之路，但仍低于危机前水平。

2011 年欧洲保险行业从金融危机中缓慢复苏。受欧债危机不断恶化、世界经济增长乏力、自然灾害频频发生等因素的影响，欧洲保险行业的整体复苏态势放缓，不确定性增加。然而，欧洲保险行业受欧债危机的影响有限，未引起管理层和监管机构的过度担忧。

2010 年年初，资本市场复苏背景下欧洲保险业资产负债表的改善转瞬即逝，资本市场再次掀起风暴。尽管欧洲政治当局和监管机构一直致力于寻找稳定且可持续的救助措施来稳定金融市场、促进经济的长期增长，主权债务危机仍不断恶化。目前看来，出台清晰且全面的政策来消除所有关于欧元区能否完整持续下去的疑虑，是唯一能减少欧洲金融体系彻底瓦解的可行性措施。

欧洲保险行业：复苏与发展的严峻挑战

2011 年，欧洲主权债务危机风起云涌，已出现向法国等核心国家蔓延的趋势，严重制约并影响着欧洲及全球经济危机后的复苏进程。在此背景下，欧洲保险业的复苏进程面临着较大不确定性，主权债务的信用风险、长期低利率环境下投资收入的减少，以及经济增长乏力下保险需求降低等因素对保险业的复苏和发展提出严峻挑战。

欧洲保险业总体受金融危机影响有限

2011 年，欧洲保险行业延续 2010 年的发展态势，从金融危机中继续恢复。目前可得的行业数据显示，截至 2011 年 12 月底，欧元区保险公司与职业养老金的总资产规模为 6.998 万亿欧元，较 2010 年年末增加了 0.15 万亿欧元（如图 6—1 所示）。受欧债危机不断恶化、世界经济增长乏力、自然灾害频频发生等因素的影响，欧洲保险行业的整体复苏态势放缓，不确定性增加。

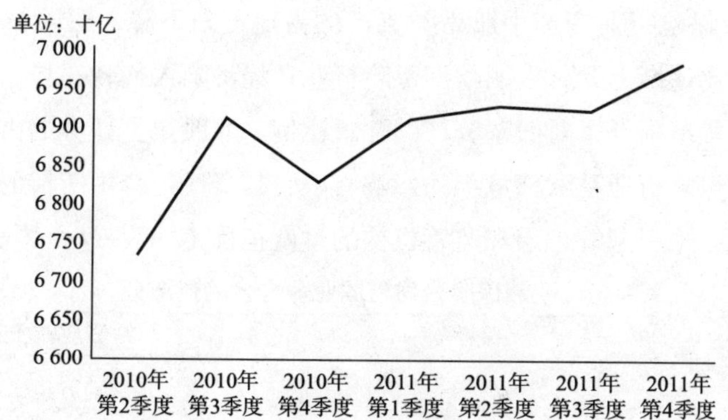

图 6—1　欧洲保险行业的总资产

资料来源：ECB。

截至2011年第三季度，由于未来负债估值的不断调整以及保险业务的不断发展，保险公司专项准备金（即保险公司与职业养老金的主要负债）总额从2010年年底的5.896万亿欧元增长至6.131万亿欧元（如图6—2所示）。2010年至今，欧洲保险行业的年金业务准备金总额在趋势上处于上升的通道。

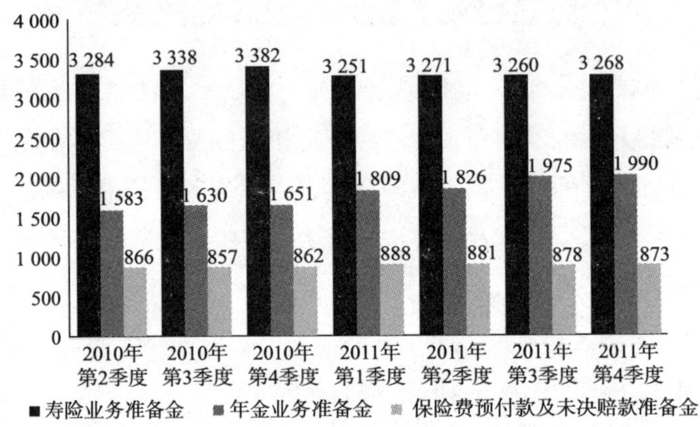

图6—2　欧洲保险业各项准备金情况

资料来源：ECB。

从欧元区保险公司和职业养老金的资产构成来看，截至2011年年底，保险公司的资产总额为5.492万亿欧元，占保险公司与职业养老金资产总额的79%，而职业养老金的资产总额为1.488万亿欧元。从资产方的结构来看，2011年欧洲保险行业资产中股票类资产的占比逐渐下降，保险公司的非股票类证券的占比逐渐上升，表明欧洲保险行业在经济陷入疲软态势、股市震荡幅度加大的背景下降低了对股票资产的配置比例。非股票类证券的占比调整侧面体现出欧洲保险行业受欧债危机的影响有限，其资产组合中所持的债券没有出现较大波动，未引起管理层和监管机构的过度担忧（如表6—1所示）。

表6—1　欧洲保险公司与职业养老金的资产分布

	保险公司				职业养老金			
	2011一季度	2011二季度	2011三季度	2011四季度	2011一季度	2011二季度	2011三季度	2011四季度
现金与存款	10.54%	10.53%	10.87%	10.71%	14.06%	14.09%	13.80%	13.37%
贷款	7.82%	7.92%	7.85%	7.92%	4.88%	4.94%	4.39%	4.50%
非股票类证券	43.13%	43.22%	42.98%	42.92%	21.56%	21.50%	22.65%	22.65%

续前表

	保险公司				职业养老金			
	2011 一季度	2011 二季度	2011 三季度	2011 四季度	2011 一季度	2011 二季度	2011 三季度	2011 四季度
股票和其他资产	12.35%	12.30%	12.01%	12.25%	10.56%	10.75%	9.27%	9.41%
股票投资基金	18.17%	18.09%	17.06%	17.70%	43.63%	43.72%	41.67%	41.73%
货币市场基金	1.07%	1.10%	1.41%	1.47%	0.36%	0.44%	0.49%	0.40%
保险费预付款和未决赔款准备金	4.46%	4.31%	4.27%	4.32%	2.26%	2.18%	2.16%	2.15%
其他应收资产和金融衍生品	2.45%	2.51%	2.58%	2.68%	2.77%	2.32%	5.57%	5.71%

资料来源：ECB。

主权债务危机悬而未决，保险业仍面临诸多挑战

2011 年，愈演愈烈的欧洲主权债务危机是影响欧洲保险业和职业养老金财务稳定性的关键因素。**欧债危机对欧洲保险业造成的负面影响主要体现在两个方面：资产价值缩水和暗淡经济增长前景下保险需求的降低。**

2010 年年初资本市场复苏背景下，欧洲保险业资产负债表的改善转瞬即逝，资本市场再次掀起风暴，信用价差加大和股价波动加剧再次出现。尽管欧洲政治当局和监管机构一直致力于寻找稳定且可持续的救助措施来稳定金融市场、促进经济的长期增长，但主权债务危机仍不断恶化，越来越多欧洲国家的资本市场融资能力受到威胁。目前来看，出台清晰且全面的政策消除所有关于欧元区能否完整持续下去的疑虑，是避免欧洲金融体系彻底瓦解的唯一可行性措施。

现实的经济金融状况给欧洲保险业和职业养老金部门的偿债能力带来了威胁。在清晰的救助政策出台之前，欧洲保险行业面临的风险无法得到充分、准确的量化。**欧洲保险业的监管者判断：主权债的信用风险、股权风险和经济下行是未来一年内欧洲保险业将面临的最严峻挑战。**

2008 年的金融动荡使得欧洲进入了长期利率下行的阶段（如图 6—3 所示）。低利率的环境使得未来的支付义务变得更昂贵，而资产和负债的久期不匹配时，情况会变得更加糟糕。但从积极的角度来看，平均来说，欧洲保险业仍保持较好的弹性，2010 年的偿债比率为 309%。当然，该平均数并不意味着

每家保险公司都在健康发展，高度关注资本化程度较弱和资产受到较大负面冲击的公司仍是有必要的。

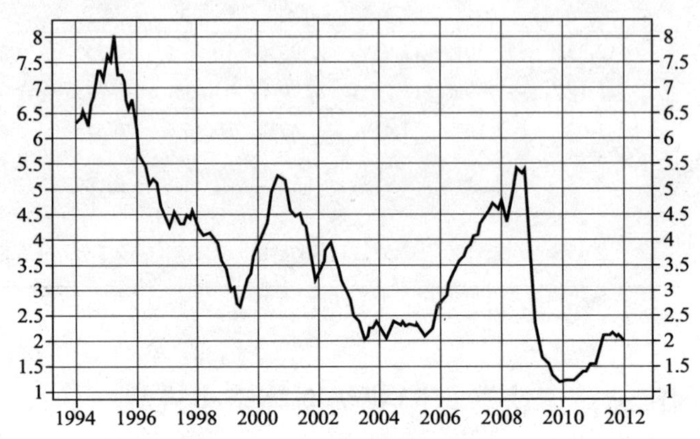

图 6—3 一年期银行间市场利率

资料来源：ECB。

欧洲保险业监管机构欧洲保险和职业养老局（EIOPA）对保险公司进行了一次核心压力测试，以评估利率长期走低的情况下欧洲保险公司所面临的风险。测试结果显示：样本中 5% ～ 10% 的保险公司的最低资本要求（Minimum CapitalRequirement，MCR）偿债比率将跌至 100% 以下。此外，偿债比率跌至近 100% 的公司的数量也在增加，这些公司在外来冲击下将变得更加脆弱。未能满足压力测试要求的保险公司将面临 20 亿到 60 亿元的融资压力。

对于欧债危机背景下低利率市场环境向保险行业经营提出的新挑战，有 10 个欧盟成员国认为：得益于本国一般公认会计原则（GAAP）监管规则和资产负债匹配（ALM）战略的应用，利率对行业的影响有限。其他成员国则坚持认为低利率环境已经对保险资产的盈利能力和承担风险能力（如准备金的重新估值）造成了重大影响，但低利率对负债方的影响不大。

行业发展所面临的风险及应对

偿付能力方面，欧洲保险业务已经从 2008—2009 年的金融危机中逐步恢复过来。从一些大型保险集团 2010 年的财务数据来看，盈利能力和偿债能力有所改善。欧洲保险业的偿债比率从2009年的198%提高至2010年的206%（如图6—4所示）。

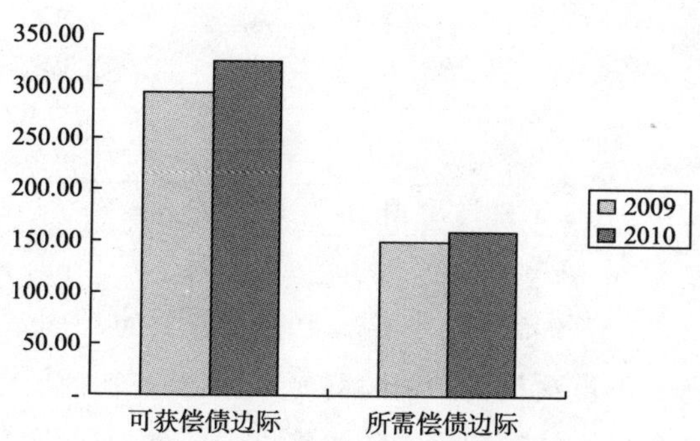

图6—4　欧洲保险业偿债边际

资料来源：EIOPA，基于27家欧洲保险集团的财务数据。

保险行业流动性不足的风险依然存在，而在发生灾难事件时风险更是会加剧，理赔大幅增加，短期内需要把更多的投资资产变现来满足大幅增加的理赔支出。投保人对行业失去信心、大的灾难性事件、来自其他行业和市场的竞争（如高投资收益率的品种和银行存款的竞争），以及因“流动性互换”而来自银行业的危机传染等都会对保险业的流动性造成负面影响。

风险评估方面，EIOPA要求成员国根据风险发生的概率，以及对国际保险市场的影响等评估风险和挑战。集合来自27个会员国的反馈，根据风险发生概率及潜在影响，对风险进行了分类，如表6—2所示。主权债务风险、公司及私人家庭的信用风险、股权风险排名靠前。

表6—2　保险公司对风险的分类

	风险的平均概率	风险的平均影响	过去6个月的发展	预计未来6个月的进展
规则	1–最低；2–次低；3–次高；4–高	1–最低；2–次低；3–次高；4–高	–2=降低 +2=增加	–2=降低 +2=增加
信用风险–主权	2.5	2.7	0.6	0.2
信用风险–公司及私人家庭	2.3	2.4	–0.1	0.0
股权风险	2.4	2.3	0.1	0.0
利率风险–长期低利率	2.1	2.6	–0.2	–0.5
利率风险–利率陡增	2.0	2.6	0.5	0.3

续前表

	风险的平均概率	风险的平均影响	过去 6个月的发展	预计未来 6个月的进展
自然灾害	1.9	2.6	0.3	0.0
财产风险	1.9	1.9	0.0	0.2
外汇风险	1.7	1.7	–0.1	0.0
流动性风险	1.6	1.9	0.0	–0.1

资料来源：EIOPA 成员国，2011 年 5 月的数据。

为应对经济危机，大部分欧洲保险公司降低了其资产组合的久期。尽管在短期或中期，以低利率重新投资的风险对于三分之一的受访国家影响较低，但资产和负债的久期差异在某种程度上依然很大。此外，保险公司自身也纷纷采取各种措施，主要包括提高资本使用效率、承诺增加资本金、建立救助计划、扩大再保险覆盖面、开拓新的业务领域以及将公司置于行政管辖或行政强制清盘程序下，以增强偿付能力，提高投资者信心。

英国保险行业小幅增长

2011 年，英国寿险行业的收入较上年度小幅上涨。截至 2011 年 9 月底，累计保费收入出现 2% 的增长，其中第三季度保费收入的下滑源于正常的季节性因素（如图 6—5 所示）。

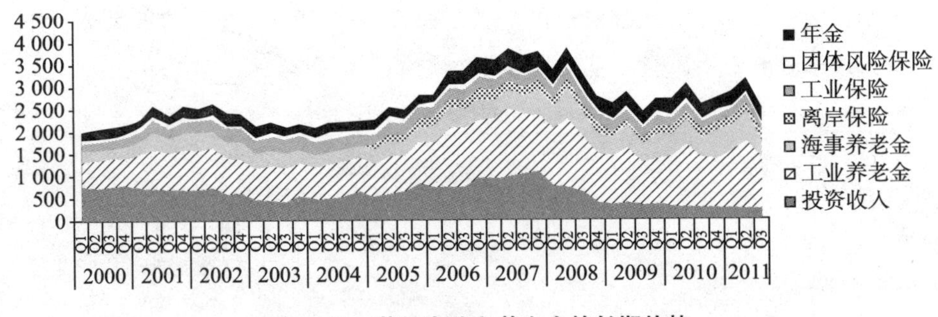

图 6—5　英国寿险和养老金的长期趋势

资料来源：UBS。

根据慕尼黑再保险的最新估计，2011 年是史上自然灾害损失最严重的一年。在此背景下，英国非寿险行业的经营业绩深受影响。2011年，英国非寿险行业的平均赔付率比2010年高12%（如表6—3和图6—6所示）。

表6—3　　自然灾害的保险损失

事件	预计保险损失（单位：十亿美元）
日本地震	40
新西兰地震	13
泰国水灾	10
美国龙卷风	25
飓风“艾琳”	7
其他	10
总计	105

资料来源：MunichRe, UBS。

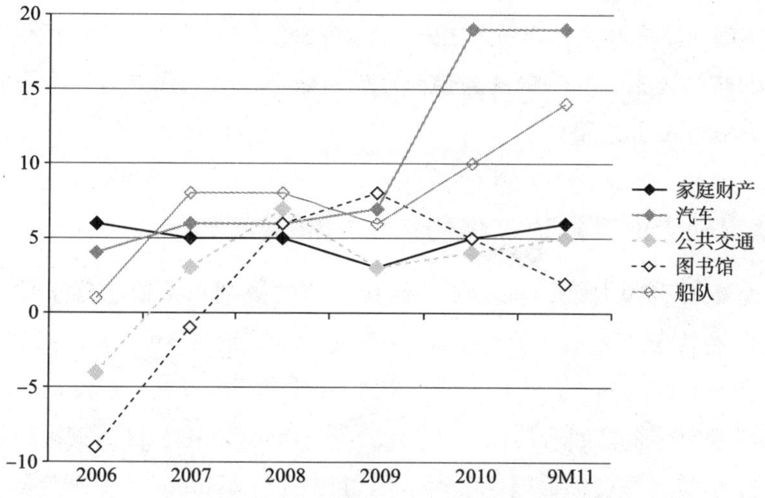

图6—6　英国非寿险行业持续上升的赔付率

资料来源：UBS。

与2010年相比，2011年英国保险行业的并购重组相对平淡。期间，没有一家保险公司进行并购，宣布破产的公司亦屈指可数。目前，英国寿险市场的合并重组是一种重要的战略选择，原因在于：销售业绩弱化、投资回报低、高盈利产品被低盈利能力的投资连结保险养老金取代、成本结构低效、养老金税收优惠可能被取消等。面对这些威胁，合并重组似乎是有效的防守战术。

而 2011 年并购重组活动的减少，一定程度上是由于保险行业的融资约束造成，而非战略上的转变。

至 2011 年 9 月底，英国养老金占保险业与养老金总销售额的 60%。尽管养老金的利润率低于保险业平均利润率，但也吸收了行业相应比例的成本。此外，养老金的发展对行业未来盈利性的贡献非常重要。不过，需客观看到的是，养老金产品对政策的依赖程度非常高，如税收优惠。

美国保险行业的缓慢复苏之路

2011 年，尽管在欧债危机困扰下全球经济恢复增长的前景暗淡，但美国发布的经济数据却普遍显示其经济继续改善的方向并未为改变。2011 年前三季度，美国的经济增长率分别为 2.2%、1.6% 和 1.5%。虽然改善程度仍未令人满意，但整体处于温和改善的通道。在此背景下，美国保险行业将继续延续 2010 年的缓慢复苏之路。

经营状况处于回升通道，但仍低于危机前水平

截至 2011 年 9 月底，虽然美国保险行业的盈利水平依然低于危机前水平，但依然处于不断改善当中。受自然灾害频发的影响，2011 年二三季度的盈利情况有所下降，资产收益率、权益回报率等指标在二季度时出现明显下降，三季度有企稳回升的倾向（如图 6—7 所示）。由于自然灾害赔付的需要，2011 年前三季度，美国保险行业赔付比率（LossRatio）和综合赔付比率（CombinedRatio）都呈上升趋势，并在 2011 年第二季度达到高点。三季度虽有所回落，但与过去几年相比仍处于高位（如图 6—8 所示）。

保险公司的收入主要来源于两个方面：投保人支付的保费以及投资收入。2010 年，美国保险公司的总收入增加了 10%，共计 8 630 亿美元。在收入总额中，保费与年金收入贡献了 60%，投资收入贡献了 25%，剩余的则来自利息维持准备金（IMR）的摊销收入、再保险部分的佣金和开支津贴及其他杂项收入（如表 6—4 所示）。

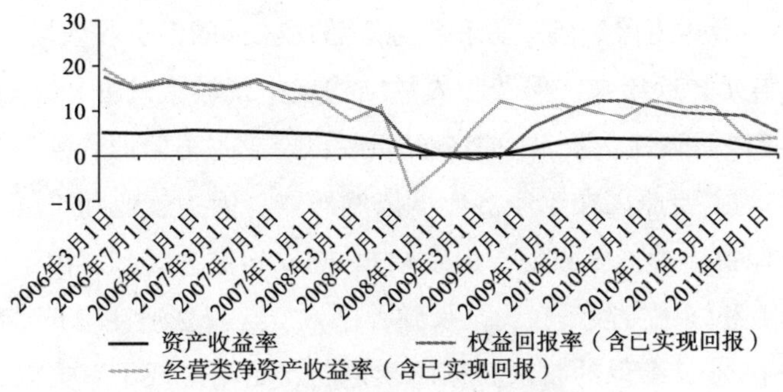

图 6—7　美国保险业的盈利情况

资料来源：彭博资讯。

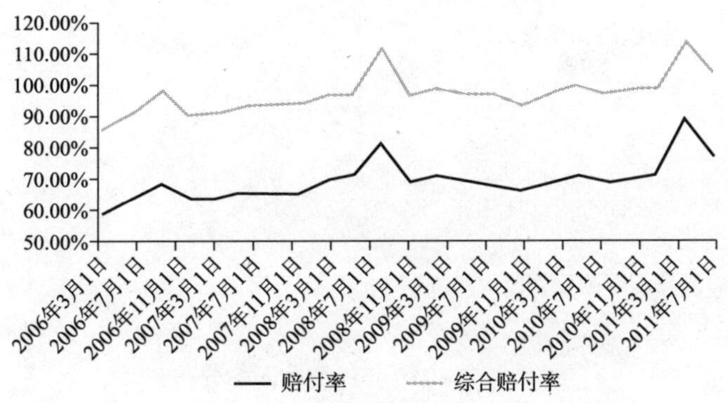

图 6—8　美国保险行业赔付比率

资料来源：彭博资讯。

表 6—4　　美国寿险行业的收入　　单位：百万美元

	2009	2010	年度平均变化百分比
净保费收入和年金收入			
寿险保费收入	124 564	104 648	–16.0%
年金收入	231 580	293 622	26.8%
健康保险收入	166 164	172 717	3.9%
合计	522 308	570 987	9.3%
投资收入	211 650	212 841	0.6%
其他收入	47 468	78 741	65.9%
总计	781 426	862 570	10.4%

资料来源：American Council of Life Insurers。

2010年，通过寿险、健康险和年金销售所获得的保费收入增长了9%，共计5 710亿美元。近年来，保费收入的结构发生了较大的变化（如图6—9所示）。1986年以后，保费收入中年金的贡献已经超过寿险收入。美国的寿险保费下跌0.7%，主要原因在于经济环境依然严峻。因为就业和工资增长恢复缓慢，新业务保费连续三年收缩，但跌幅较2009年更为缓和。由于保单解约率较低，万能险和终生寿险销售出现反弹，个人寿险保费适度增长，约为800亿美元，其中60%是续保的收入。然而，定期产品则出现了有史以来最严重的下跌。在股市相对较好的走势下，年金销售于2010年第四季度开始出现反弹，亦反映了美国就业和工资方面出现的逐步回暖。

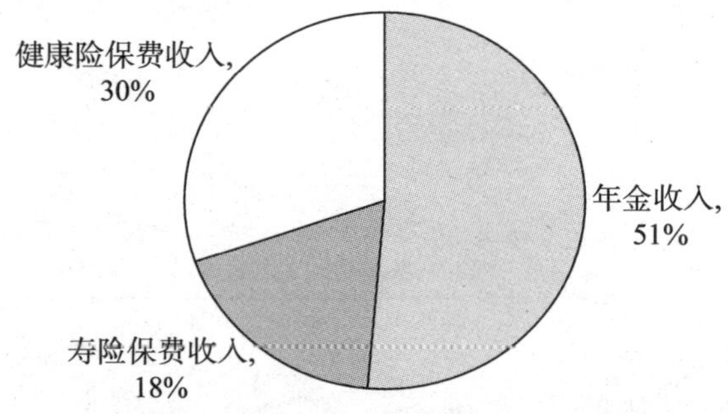

图6—9　2010年保费收入的分布

资料来源：American Council of Life Insurers。

寿险资产规模平稳增长，投资收益受欧债危机冲击较小

寿险公司的资产主要源于两大方面：保费收入和收益。寿险资产是美国经济投资资本的重要来源。2010年年底，美国寿险行业共持有资产5.31万亿美元，2010年增速为7%。其中，独立账户[①]资产共有1.85万亿美元，较上年增长13%；普通账户[②]资产共有3.46万亿美元，较上年增长4%（如图6—10所示）。

在投资品种上，普通账户风险容忍度较低，比独立账户受到更多的监管限制。普通账户的资产结构中债券所占比重较大。截至2010年年底，普通账户

① 独立账户：支持与投资风险挂钩的债务（如可变年金、浮动人身保险和退休金产品）。——作者注

② 普通账户：支持合同债务、固定福利支付等寿险品种。——作者注

资产中有 72% 是债券，其中 94% 为高信用等级债。此外，为与久期较长的债务匹配，普通账户所持有的债券主要以中长期债券为主，五年以上债券占所有债券资产的 91.8%（如图 6—11 所示）。

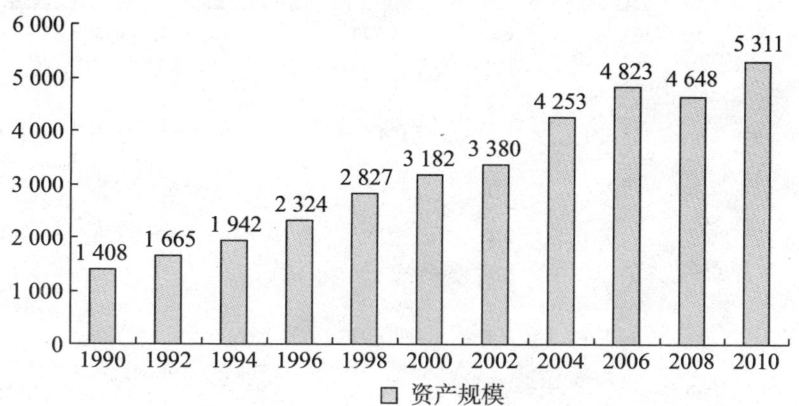

图 6—10　美国寿险行业资产规模（单位：十亿美元）

资料来源：American Council of Life Insurers。

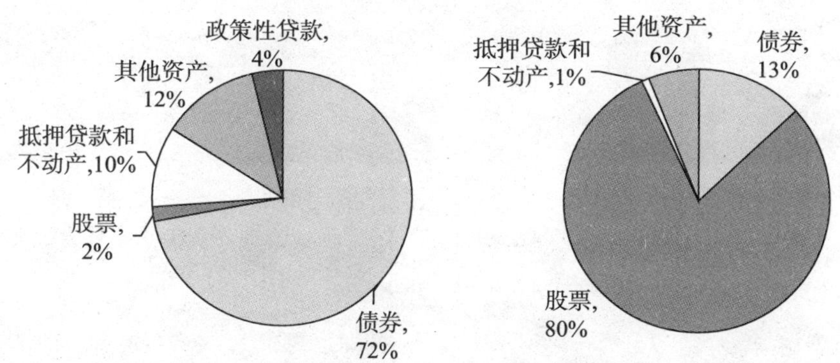

图 6—11　普通账户与独立账户的投资结构

资料来源：American Council of Life Insurers。

从美国保险行业的资产投向分析，总账户投向政府债券的 0.41 万亿资产中，约 18% 是国外的政府债券，其中主要投向加拿大、荷兰、法国、英国等国的政府债券，持有欧债危机中出现偿债风险的政府债券数量很少（如表 6—5 所示）。

表 6—5　　截至 2010 年年底，美国保险行业资产的投向　　单位：百万美元

	普通账户		独立账户		总账户	
	年底总量	百分比贡献（%）	年底总量	百分比贡献（%）	年底总量	百分比贡献（%）
政府债券	365 700	10.7	47 745	2.6	413 445	7.8
公司债券	1 611 217	46.6	89 144	4.8	1 700 360	32.0
抵押支持证券	526 877	15.2	104 075	5.6	1 700 360	11.9
长期债券总额	250 374	72.4	240 964	13.0	2 744 758	51.7
普通股	73 026	2.1	1 487 111	80.2	1 560 138	29.4
优先股	9 484	0.3	603	0.0	10 087	0.2
股票总额	82 510	2.4	1 487 714	80.3	1 570 225	29.6
农场	17 645	0.5	166	0.0	17 811	0.3
住宅	3 898	0.1	50	0.0	3 948	0.1
商业	295 730	8.6	9 499	0.5	305 229	5.7
抵押贷款总额	317 273	9.2	9 715	0.5	326 988	6.2
不动产	20 026	0.6	7 826	0.4	27 851	0.5
政策贷款	126 273	3.7	549	0.0	126 821	2.4
短期投资	63 688	1.8	19 745	1.1	83 432	1.6
现金及现金等价物	33 892	1.0	19 316	1.0	53 208	1.0
其他投资类资产	149 940	4.3	37 384	2.0	187 324	3.5
非投资类资产	160 549	4.6	30 048	1.6	190 597	3.6
总计	3 457 944	100.0	1 853 260	100.0	5 311 204	100.0

资料来源：American Council of Life Insurers。

2010 年，寿险公司的净投资收入约为 2 020 亿美元。其中，债券投资收入占比最大，约为 1 460 亿美元，较 2009 年增长 3%。此外，普通股票投资收入为 250 亿美元，较 2009 年减少 20%，抵押贷款投资收入为 200 亿美元。与 2009 年相比，投资收入总额增长 0.6%，投资开支与税收方面降低 12%（如表 6—6 所示）。

表 6—6　　美国寿险行业的投资收入　　单位：百万美元

	2009	2010	年度平均变化百分比
总投资收入			
债券	141 860	146 062	3.0%
优先股	790	573	–27.5%
普通股	31 251	25 013	–20.0%
抵押贷款	20 700	20 024	–3.3%
不动产	4 200	3 918	–6.7%
协议存款	8 136	8 041	–1.2%
现金/短期投资	914	528	–42.3%
其他投资资产	6 095	7 505	23.1%
衍生品投资	–2 640	848	—
其他投资收入	344	330	–3.8%
总计	211 650	212 841	0.6%

资料来源：American Council of Life Insurers。

业务转型和防范市场风险，准备金构成发生变化

此外，从准备金的提取方面来看，寿险公司的保单准备金的构成不断发生变化，体现了保险公司业务类型的转变。目前，年金合同准备金在整个政策准备金中占据很大比重，而为寿险合同而提取的准备金所占比重有所减少。准备金的种类分为很多种，其中最重要的是保单和资产波动准备金。在美国，法律规定保险公司要将准备金保持在一定水平以应对到期的保单支付义务，该准备金水平是基于精算原理，根据未来赔付支付、未来利率和预计死亡概率计算得出。

2010 年，针对寿险合同而提取的准备金占保单准备金总额的 30%，共计 1.2 万亿美元。这一比例从 1980 年的 51% 开始一直下降。在这些准备金中，有 1 万亿美元是为个险而提取，有 1 390 亿美元是为团险而提取，约 10 亿美元是为信用寿险保单而提取。

与寿险合同准备金相比，年金和补充合同准备金约占所有准备金水平的65%，约2.7万亿美元，而这一数字在1980年仅为44%。这一增长也反映了退休计划的强劲增长。在年金准备金中，有1.8万亿美元是个人年金计划的准备金，较2009年增长了10%；有863亿美元是团体年金，较2009年增长了8%。从账户角度来看，一般账户的年金准备金水平增长了4%，而独立账户准备金水平增长了13%。2010年共有补充合同准备金170亿美元，健康保险准备金2 140亿美元（如图6—12所示）。

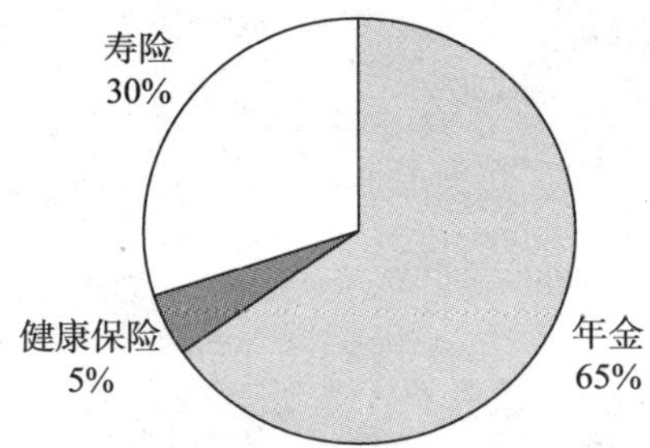

图6—12　2010年准备金的分布

资料来源：American Council of Life Insurers。

为防范市场风险，除了保单准备金外，保险公司还需提取两项专项准备金来吸收投资资产的收益和损失。资产重估准备金（AVR）用以吸收已实现和未实现的、信用相关的资本利得和损失；利息维持准备金（IMR）用以吸收固定收益资产中所有已实现的、与利息相关的资本利得和损失。2010年，寿险行业资产重估准备金增长了52%，共310亿美元；利息维持准备金增长了48%，共160亿美元（如表6—7所示）。

表6—7　　美国寿险行业的负债与资金盈余　　单位：百万美元

	一般账户		年度平均变化百分比
	2009	2010	
准备金			
保单准备金	2 373 867	2 473 369	4.2%
其他准备金：			
存款型合同的负债	288 533	281 494	–2.4%

续前表

	一般账户		年度平均变化百分比
	2009	2010	
资产重估准备金（AVR）	20 667	31 340	51.6%
保单和合同赔付	42 358	42 106	–0.6%
保单红利准备	17 591	17 356	–1.3%
利息维持准备(MVR)	10 789	15 973	48.1%
其他项准备金	16 652	18 619	11.8%
合计	396 590	406 887	2.6%
准备金总额	2 770 456	2 880 256	4.0%
非准备金负债	255 813	262 695	2.7%
总负债	3 026 270	3 142 951	3.9%
资本盈余	297 992	314 993	5.7%
总负债和资金盈余	3 324 262	3 457 944	4.0%
	独立账户		**年度平均变化百分比**
	2009	2010	
准备金			
保单准备金	1 438 384	1 624 219	12.9%
其他准备金			
存款型合同的负债	127 945	139 000	8.6%
利息维持准备(MVR)	119	160	34.3%
合计	128 064	139 160	8.7%
准备金总额	1 566 448	1 763 379	12.6%
非准备金负债	64 754	86 155	33.0%
总负债	1 631 202	1 849 533	13.4%
资本盈余	3 229	3 727	15.4%
总负债和资金盈余	1 634 432	1 853 260	13.4%

资料来源：American Council of Life Insurers。

对投资者说

○全球经济继续复苏，为保险需求提供了支撑。总体来看，尽管面临欧债危机和全球经济增长乏力等带来的挑战，但保险业正逐步从危机中恢复过来，人口老龄化也将为寿险行业提供更多机会。

○海外保险行业逐步恢复的资本实力、持续改善的偿债能力和较成熟的资金运作能力，都将支持其继续成为投资者的生活保障，以及投资决策的重要领域。此外，对于投资者而言，企业年金等仍是退休储蓄工具的重要选择。

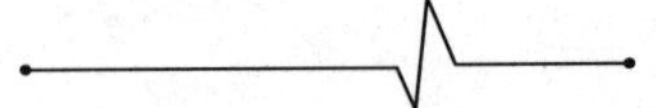

第7章

私募股权投资，从繁荣到惨烈洗牌

■ 本章导读 ■

■ 1990 年以来，国内 PE/VC 市场高速发展，PE 规模不断增长。政府主导的大型产业基金不断涌现、外资机构纷纷设立人民币基金、保险资金、社保资金逐步进入 PE 市场等原因均有力地保障了行业规模增长。

■ 就 2011 年前三个季度的投资案例个数来看，互联网、清洁技术、电信及增值服务仍然是投资的热点，尤其是互联网行业，其投资金额远远超过位居第二位的汽车制造业。

■ 我们可以预料，在现在 PE 行业竞争愈演愈烈的情况下，很难轻易找到一个已接近成熟的投资对象。因此，PE 需要真正去培育一个企业，体现其本质。

自 1990 年至今，国内 PE/VC 市场持续高速发展，主要得益于以下几点：经济高速增长过程中蕴含的大量机会；资本市场趋于完善，投资环境得到改善；法律法规逐渐健全，市场运作更加规范；加入 WTO 后，投资范围更加广泛；国企改制带来的新投资机会。PE 投资对于中国企业而言，将是银行贷款之外新的有效的融资方式，PE 投资将发挥出越来越强劲的资源配置能力。

但自 2011 年下半年开始，境内外资本市场持续低迷，PE 基金退出渠道收窄、投资收益下滑，PE 行业出现明显"降温"。我们判断全球资本市场将在年初短期反弹后恢复低迷，若有回暖，也可能要到 2012 年下半年。在此总体经济环境下，中国 PE 行业也将从之前的"红火期"逐渐步入"调整期"。

中国 PE 行业发展背景

私募股权（PE，Private Equity）投资是指将资金投到尚未在股票交易所里公开交易的公司和企业，或者投资于上市公司的非公开发行的权益；而创业投资（VC，Venture Capital）则是指将资金投入到不具备上市资格但具有良好发展前景，同时又面临较高不确定性的中小企业，尤其是高科技企业，以期最终通过退出获得回报的一种投资策略。就目前的实际操作情况来看，PE 与 VC 之间的界限正在逐渐变得模糊，许多 PE 机构，如凯雷（Carlyle Group）等也涉及 VC 业务，而许多 VC 机构也会参与 PE 项目，PE 和 VC 在实际的业务运作中趋于相互渗透，相互结合。因此，现在所说的广义上的 PE 投资其实已经包含 VC 形式的投资了，严格区分 PE/VC 的成本将远大于收益，我们将不再对 PE 和 VC 做太严格的区分。

最早的VC案例与PE案例

从狭义的 PE 概念来看，中国的 VC 案例产生要早于 PE 案例的产生。

自 1990 年年底，上海证券交易所和深圳证券交易所先后创立，为中国资本市场的发展注入了新的活力以来，中国的资本市场发展随即进入了一个全新的阶段。1995 年，中国政府颁布《设立境外中国产业基金管理办法》，为众多境外风险投资机构进入中国铺平了道路。在此期间，诸如红杉资本（Sequoia Capital）、凯雷集团等境外投资机构纷纷涌入中国，这一阶段的投资普遍是 VC 形式。

在中国，真正意义上的 PE 投资出现较晚。1999 年国际金融公司（IFC）入股上海银行被认为是中国具备 PE 特点的第一起案例，而随后在 2004 年新桥资本（New Bridge Capital）出资 12.53 亿元购买深发展银行 17.89%

的股权则被认为是中国第一起典型的PE案例。此后，中国的PE案例如雨后春笋般不断涌现，先后出现了华平投资集团（Warburg Pincus）入股哈药集团，凯雷入股太平洋人寿等投资金额巨大的案例。相比之下，国内的PE机构起步较晚，但是受较高行业平均回报的驱动，正处于规模急剧扩张的阶段。截至目前，中国约有各类PE机构3 000余家，但是有为数不少的机构管理能力低下。在当前竞争日渐加剧的环境下，行业难免面临洗牌的压力。

自1990年至今，国内PE/VC市场的高速发展得益于以下几个方面：

1. 经济高速增长，蕴含大量机会

自改革开放以来，中国的经济发展速度有目共睹，巨大的市场潜力不仅为诸多产业带来了巨大的机会，也造就了一批具有发展潜力但囊中羞涩的企业，这无疑将为PE提供许多投资机会。

2. 资本市场趋于完善，投资环境改善

趋于完善的资本市场不仅降低了投资风险而且提高了投资的软硬件环境，使在中国投资变得更具吸引力。中小板和创业板的设立使中国的资本市场覆盖范围更广泛，结构更加完善。特别是创业板开版之后，IPO退出正渐渐的成为国内一种重要的退出方式。

3. 法律法规逐渐健全，市场运作更加规范

《公司法》《证券法》《信托法》《创业投资企业管理暂行办法》《有限合伙法》等众多规范投资行为的法律法规相继出台，使中国资本市场的运作更加有规可循，有利于降低投资风险，提高投资吸引力。此外，规范QFII以及QFLP等相关规定的出台也为国外投资者进入国内市场铺平了道路，极大地丰富了投资主体，活跃了资本市场。

4. 加入WTO后，投资范围更加广泛

中国加入WTO时做出的承诺使外资的投资领域扩大至包括金融业在内的诸多行业，诸多金融开放措施也使得外资可以更方便、更规范的涉足PE/VC的投资。

5. 国企改制，新的投资机会增多

国退民进的大潮使PE接手中小国企成为了可能，这也为PE机构带来了巨大的投资机会。

2011年全球与中国私募股权业的最新发展

全球环境与中国货币、政策环境对PE行业的影响

‖2011年全球及中国的环境因素‖

毫无疑问，PE的发展动向会受到很多因素的制约与促进，例如货币政策、财政政策、产业政策以及各种法律法规的出台等，都会不同程度地影响PE的发展动向。我们首先从国际和国内两个方面总结主要驱动因素，随后再分析这些因素对PE市场主要参与者的影响，以寻找2011年PE行业发展的主要驱动因素。进入2011年以后，影响PE发展的主要因素可以从国内和国际两方面加以讨论。

1. 国际方面

（1）2011年最为明显的特征即全球经济持续低迷。低迷的全球经济使各国政要不择手段地刺激本国经济，多数主要经济体都维持了一个较低的利率水平，甚至不惜开动印钞机不断将危机转嫁国外。经济的持续低迷带来了贸易保护主义的抬头和宽松的国际货币环境。

（2）国际政经环境持续动荡，欧洲债务危机、欧洲经济与能源政策的变化、利比亚局势、美国太平洋战略的重构，以及伊朗局势的演进，都会对全球范围内的资金流动、地区及国别风险评估、投资偏好及产业判断产生较为深刻的影响。

（3）似乎是在一夜之间，中国海外上市公司就从华尔街的宠儿变成了众矢之的，“浑水”对中国概念股的质疑与公然做空使中国概念股成为了投资者眼中的又一个泡沫。遭到“浑水”猎杀的大连绿诺，从股价跳水到被摘牌，前后只经历了23天。虽然分众传媒等中国概念股公司进行了相应的反击，但上述

事件实实在在地影响了美国投资者对中国概念股以及国内拟上市公司借道纳斯达克的热情。自2011年8月土豆网上市后，中国公司赴美上市窗口关闭至今，同时，有部分拟上市公司已然准备转而选择香港或内地作为上市地，而少数优秀的中国已上市公司也在着手进行私有化并在内地或香港重新IPO。

2. 国内方面

（1）今年国内的政策主题是抗通胀。受国际上的宽松货币环境，人民币汇率的灵活性有限，以及中国自身的经济刺激计划滞后性的影响，2011年中国持续面临着输入性通胀和国内刺激计划导致的滞后性通胀的双重通胀压力。因此，加息和提存准成了今年家喻户晓的政策关键词。显然，面对国际上普遍宽松的货币环境，中国有着一个截然相反的总体货币环境。

（2）与股权投资相关的扶持政策及规范性通知陆续密集出台，显示了国家对于股权投资作为经济关键角色之一的认可与期望。

> 从2010年至今，中国先后出台了《鼓励和引导民间投资健康发展若干意见》,《股权投资基金税收政策》,《外商投资合伙企业登记管理规定》,《国务院关于加快培育和发展战略性新兴产业的决定——十二五规划》,“京沪渝QFLP”,《规范股权投资企业备案管理工作的通知》,《实施外国投资者并购境内企业安全审查制度的规定》以及《关于促进股权投资企业规范发展的通知》。

（3）二级市场与房地产行业的持续低迷逐渐使股权投资的行为、结构、偏好等都发生了较为明显的变化；2011年的资本市场与货币市场整体环境促使股权投资在行业选择、投资成本、投资条件等方面都更为谨慎；经济整体的调整正要求股权投资回归其核心本质。

2011年全球及中国的环境因素对PE的影响

我们将从以上因素对市场参与者的具体影响来进行分析，在这里我们将参与者从宏观上划分为潜在的目标企业和PE两个部分。

1. 企业方面

我们认为流动性紧缩作为2011年货币政策最明显的特点，会对企业的融资需求产生两方面影响。

- 银根紧缩改变国内企业，尤其是中小企业的信贷融资成本。由于风险较高以及银行对于道德风险的担忧等，中小企业通常很难获得银行信贷的支持，尤其是长期发展信贷资金的支持，这在银根紧缩时变得更加明显。此外，中小企业通常又不具备股市以及债市的融资条件，因此，其信贷融资成本势必会增加，温州民间高利贷在2011年发展得如火如荼就从侧面上折射出中小企业面临的困境。
- 由于银根紧缩，信贷成本上升，寻求PE机构的支持就成了一些具有不错发展前景，尤其是受到国家产业，税收政策支持的中小企业的首选渠道。PE不仅能为企业带来期限较长的低成本稳定投资，还能为企业带来先进的治理技术，可谓一举两得。因此，中小企业寻求PE投资的积极性大大增加。

2. PE方面

对于PE的影响我们将从其运作流程入手进行分析，包括募集，投资，退出和回报。

PE的募集。谈及PE资金的募集，首先考虑的是中国PE市场的参与者构成。就目前情况来说，中国PE市场主要由国外PE机构（凯雷，黑石，红杉等），官办政策性基金（渤海，中瑞等），官办创投（深圳创新投，上海创投等），华人管理境外募集（鼎晖，联创等），以及部分纯民营基金构成，按其募集币种又可分为人民币和外币（主要为美元）两类。

其次是募资渠道，主要包括养老金，保险公司等机构投资者，高资产净值的个人投资者，以及地方政府等。我们认为在国际货币环境较为宽松的情况下，PE从国际市场上募集资金似乎不会太困难，但是由于经济持续低迷以及不确定性增加的制约，多数有限合伙人（LP）投资趋于谨慎，对回报率的要求也有所提升，因此可以预见美元PE资金的募集也并不会一帆风顺。

而在国内募集的内资PE也可谓是机遇与风险同在：

- 外资LP趋于谨慎，房地产、股票二级市场等传统投资渠道回报偏低都为内资PE募集带来了空间。
- 国内机构LP缺失和个人LP的不成熟，投资周期较短以及货币紧缩带来的流动性不足，QFLP和PE备案重启可能带来的外资竞争冲击也使得内资PE募集面临挑战。

PE 的投资行为。在全球经济持续低迷以及“欧债危机”的影响下，全球经济都被蒙上了一层不确定性的面纱，加之中国经济增长趋缓，毫无疑问，PE 的投资行为将会趋于谨慎。**在这种情况下仍具有投资价值的 Pre-IPO 企业无非有两种，一种是中长期不确定性较小的行业，另一种是受到政府产业政策支持的结构性转型行业**。因此，TMT[①]，清洁技术等传统投资热点，以及《国务院关于加快培育和发展战略性新兴产业的决定》中重点支持的产业类别将会再次成为焦点。这些企业在经过长期战略性培育后都应该会取得不错的发展。此外，由于经济低迷和不确定性增加带来的避险性调整，可以预见 PE 投资于房地产，并购基金，次级债，私人股权投资已上市公司股份（PIPE）等投资行为较之于传统的 Pre-IPO 策略将会有所升温，竞争加剧导致投资阶段的前移也会日渐明显。

PE 的退出和回报。PE 是通过退出来实现投资收益的，目前国际上 PE 的主流退出方式有 IPO，吸收兼并（M&A），清算（Liquidation），管理层回购（MBO），转让（Sold–out）等。其中 IPO 是公认的最佳退出方式，通常会带来最高的投资回报率，相比之下清算则是无奈之选，通常意味着投资已经失败。显然，在 2011 年，资本市场持续低迷使得国际和国内的 IPO 退出难度增加，企业难以被投资者认可，而且其平均回报率也趋于下降，甚至在国内创业板上市首日即破发的也不在少数。2011 年前 11 个月，中国企业在全球各主要资本市场 IPO 融资规模大幅“缩水”，338 家中国企业合计融资 3 506.02 亿元，同比分别下滑 22.5% 与 43.0%。其中，境外市场尤其是美国资本市场 IPO 数量骤减，前 11 个月仅有 14 家中国企业赴美上市，其中下半年更是只有土豆网一家。此外，我们还应当注意包括部分基金在内的某些机构已因此面临较大的压力，甚至已有部分基金发生清盘，通过协议转让方式将部分回报低、退出倍数较低的项目予以转出，进行内部项目结构的调整，而且并非所有项目都能以原价进行转让，折价转让项目也并不稀奇。其他拟赴美上市的企业如迅雷、盛大文学、拉手、凡客诚品等，均取消或推迟了其 IPO 计划。因此，PE 机构急需增加退出渠道，实现多元化的退出选择。

---

① TMT（Technology，Media，Telecom），是科技、媒体和通信三个英文单词的缩写的第一个字头，整合在一起，实际是未来（互联网）科技、媒体和通信，包括信息技术这样一个融合趋势所产生的大背景。——编者注

‖PE与其他投资形式相互影响‖

资本的逐利性质决定了不同的投资方式会通过回报率的差异产生相互影响。我们认为，进入 2011 年以来，股市的持续低迷，以及国家对房地产的调控使二级市场投资中的基金、房地产投资等传统投资方式的回报率受到沉重打击，尤其是从股市近期已经跌至 10 年前的水准中可见一斑。在这样的环境下，PE 作为一种仍具备较高回报率的投资方式自然更受欢迎。

首先，传统投资方式回报率降低也使投资者面临较大的机会成本，这将方便 PE 募集资金。

其次，在市场低迷的情况下 PE 可以以较低成本实现投资。

> 第三季度 PIPE 类型投资规模达到 42.22 亿美元，占季度 PE 投资总额的 50% 以上，首次超越 Growth 类型投资规模。截至 2011 年 10 月 31 日，共有 58 家机构管理的 75 只基金投资二级市场定向增发，投资金额为 186.53 亿元。截至 10 月 31 日，2011 年 A 股市场共有 109 家企业完成定向增发，其中有 64 家获得 VC/PE 机构的青睐。

由此可见，在低迷的资本市场下，较低的二级市场投资成本使 PE 表现得更加青睐于二级市场。

最后，艺术品投资也渐渐成为一个新兴的投资领域，我们称之为“另类投资”。2011 年前三季度发行艺术品信托 31 款，较去年前三季度增加 25 款，前三季度的发行规模为 410 875.5 万元，虽无法与 PE 投资资金数量相提并论，但同样也表现出了较快的发展速度。

中国私募股权业2011年综述

‖主要投资领域与行业统计分析‖

就 2011 年前三个季度的投资案例个数来看，互联网、清洁技术、电信及增值服务仍然是投资的热点，尤其是互联网行业，投资金额达到了 26.280 9 亿美元（2 628.09US$M），远远超过位居第二位的汽车制造业的 6.490 9 亿美元（649.09US$M），如图 7—1 所示。

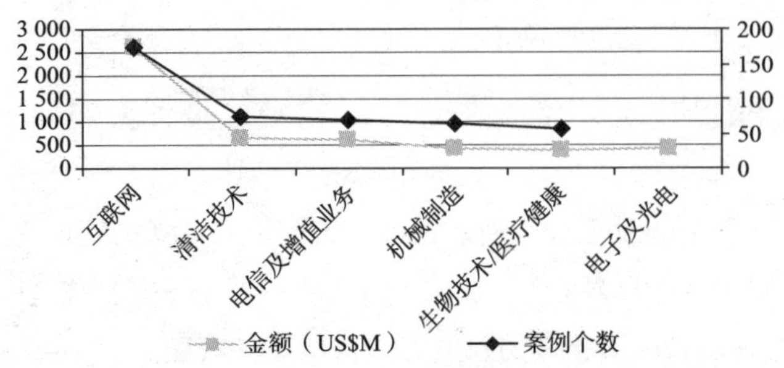

图 7—1　2011 年前三季度中国私募股权投资各行业的情况对比

年初至今，涉及 IDG 资本等的融资事件共计 13 起，而其中 10 起与北京数字顽石无线科技有限公司，深圳市万兴软件有限公司，广州爱购网络科技有限公司等互联网行业相关，以 TMT 测算的话则为 11 起，占比之大足以表明互联网行业仍然是投资热点（如图 7—2 所示）。再来看一下深圳创新投，在涉及创新投的 65 起融资事件中，涉及互联网行业的有 12 起，涉及清洁技术的有 2 起，涉及生物医药的有 4 起，涉及电子及光电的有 16 起，由此可以看出深创投更加青睐于互联网和电子科技类企业（如图 7—3 所示）。

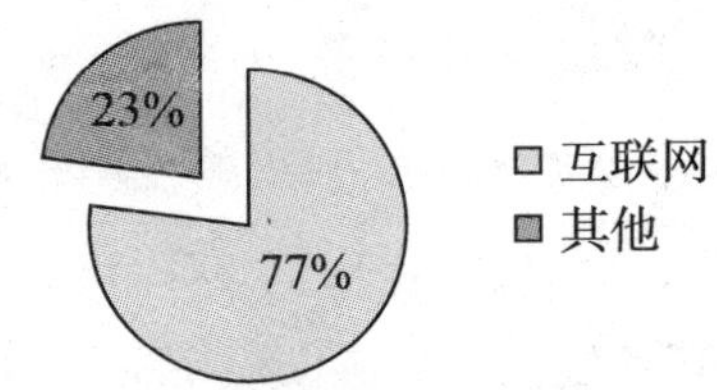

图 7—2　互联网涉及 IDG 融资事件占总数的 23%

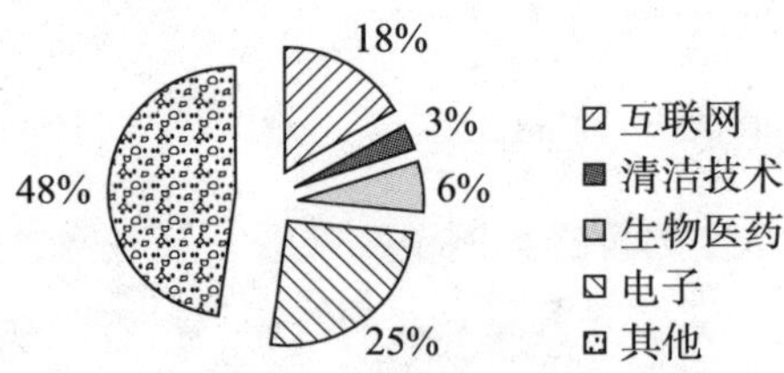

图 7—3　各行业涉及创新投的融资事件

‖主要投资阶段统计分析‖

我们可以预料，在现在PE行业竞争愈演愈烈的情况下，很难轻易找到一个已接近成熟的投资对象，PE需要去培育一个企业，体现其本质。从2011年前三季度的数据来看，共计发生投资案例925起，其中投资于扩张期及初创期的共计699起，占总数的76%，这也印证了我们前面所做出的PE投资阶段前移的推断（如图7—4所示）。从投资金额上观察，我们的推断再一次得到验证，投资于扩张期和初创期的金额共计71.39亿美元（7 139US$M），占投资总金额的76%。**2011年机构投资策略也在酝酿调整，早期投资成为机构调整的重点方向。**

> 德同资本、红杉资本、凯鹏华盈等典型的VC机构，均已加快在早期投资领域的布局，凯鹏华盈更是开始探索投资额仅数十万美元的极早期投资。本土投资机构方面，如同创伟业、深创投等，则由原来的Pre-IPO向成长期投资的早期转移，旗下投资经理也被要求做出一定比例的早期投资。

转向早期投资，不仅是创投资本的价值回归，也是投资机构面对激烈市场竞争的无奈选择。一方面，大量基金涌入成长期及Pre-IPO投资领域，导致激烈的市场竞争；另一方面，投资及退出之间企业估值差距的缩小，也进一步挤压了投资机构的盈利空间。**深入早期获取优惠价格、通过增值服务获得企业成长的绝对收益，成为创投机构长远发展的必然选择。**

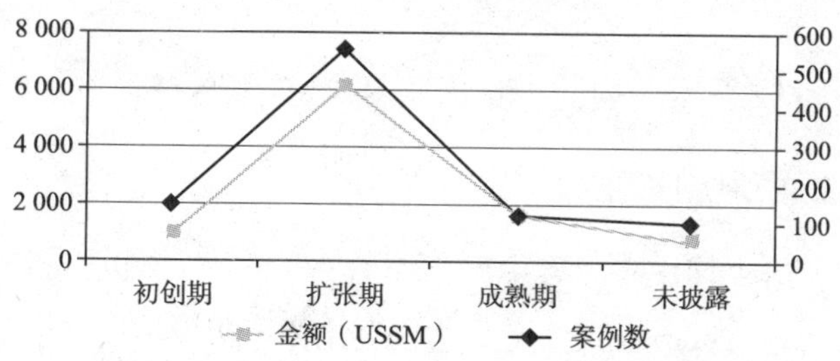

图7—4　企业发展的各个时期创投资本的投资情况

‖主要投资价值体现方式与价值实现方式‖

PE投资于一个企业具有一个与多数间接投资不同的特点，其不仅可以为企业带来资金，还可以为企业带来公司治理上的全面提升。通常PE会为企业的公司治理，财务管理等方面提供建议和帮助，帮助企业建立完善的内控机制和财务结构改善。我们选取账面回报率和内部收益率（IRR）作为这一综合提升效果的概括性指标，以下几个为典型案例。

1. 红杉中国、清科创投等退出奇虎360

奇虎360属于互联网行业，红杉中国、清科创投等于2011年3月底完成退出，分别取得退出账面回报1.372 9亿美元（137.29US$M）和379万美元（3.79US$M），其账面回报倍数分别达到17.7和2.79，IRR分别为80%和213%。奇虎360，这家曾经名不见经传的公司现在已经发展成家喻户晓的软件提供商，它的成功离不开公司治理和运行的全面提升。

2. IDG资本、凯欣亚洲等退出土豆网

土豆网也是一家互联网企业，两家机构于2011年8月中旬完成退出，账面退出回报分别为5 892万美元（58.92US$M）和103.06亿美元（1.030 6US$M），回报倍数为22.58和1.75，IRR达到75%和35%，略低于奇虎360，但也足以显现公司的巨大进步。

3. 深圳创新投退出勤上光电

勤上光电是一家光电企业，深圳创新投于11月中下旬完成退出，取得账面回报2 175万美元（21.75US$M），账面回报倍数6.36，IRR为63%，收益也不错。

2011年私募股权行业主题、行业与阶段投资分析

‖群雄逐鹿、规模急剧扩张‖

“全民PE”这个词用来形容中国当前的PE行业一点也不为过，因为参与人已发展至包含地方政府在内的多元化投资主体。快速增长并不仅仅表现在成立数量的增长以及参与主体的广泛化上，还表现在募集资金的规模上。2010年PE共募集资金近387.9亿美元，是2000年初期的30多倍，如图7—5所

示。2011年，国内PE行业的发展速度更加令人咋舌，PE募资、投资案例数量均创新高。PE机构如雨后春笋般爆发，仅北京就有7 000多家PE。于是，在僧多粥少的态势下，高价抢项目导致竞争日益激烈，从而削减了行业暴利。

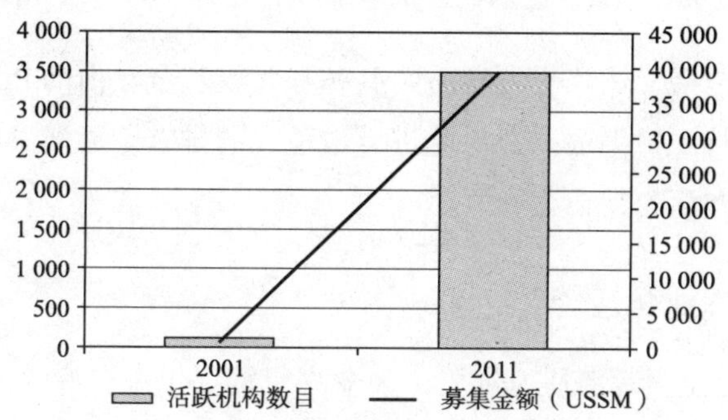

图7—5　10年间国内PE行业的发展情况

不畏风险、项目竞争加剧

规模的急剧扩张必然导致竞争的加剧，一个优秀的企业会很快被机构发现，留给多数参与者的是需要独具慧眼的机构去发现的具有潜在发展前景的企业。目前，良好企业的数量已经远远跟不上PE数量的增长，PE正面临着日渐增加的搜寻成本，而搜寻成本的增加又会促使PE降低对企业的质量和内控要求：放弃对赌条款与管理者业绩要求条款、放松尽职调查、缩短考察期、漠视企业瑕疵、以量弃质等。

2011年上半年，PE投资案例中高倍数入股，闪电入股等行为比比皆是，项目竞争已经到白热化的程度，企业对自身的估值已出现较大泡沫，许多投资案例的动态投资成本已然接近上市企业甚至出现了某些倒挂。我们可以预见，需要PE真正去培育企业而不是把企业上市作为套现的渠道的时代即将来临。

地毯围猎、广开项目渠道

PE机构同质化的爆炸性增长，加剧了机构争夺项目时的竞争程度，也促使中国的PE机构不断创新并疯狂地开展地毯式围猎。

例如，近年崛起的九鼎投资组建了庞大的自有项目搜寻团队，在各个城市安排长期驻扎人员，深入了解城市中的一切潜在投资企业，建立起一个超大型项目库，进行地毯式拜访与搜寻。银行系PE依托其庞大的银行分支机构网络与信贷资源开展项目搜寻与获取。券商系PE则依托其投行团队的项目积累，攫取优秀上市前项目进行“安全性”投资。

我们认为包括上述几个类型的大型私募股权基金在内的PE将不断战略性地构建自身独特项目渠道，并借此进行地毯式的排查，逐渐形成PE在选择并获取优秀项目方面的核心竞争力。

‖模式初显、作业化运营‖

近年PE行业蛮荒般快速发展，为众多机构提供了良好的行业环境，一些PE机构跳出传统经营模式，在中国推行具有中国特色的PE模式，我们还以九鼎投资为例。九鼎投资将过去精英化运营的PE投资模式，改造成流水线般的PE投资。我们不去讨论九鼎模式是否长期科学有效，这需要时间去检验，但经过这两年我们对九鼎的研究，我们认为九鼎模式结合了中国的实际情况，具备一定的创新与特色。九鼎将团队按融资、项目搜寻、项目尽职调查、投后管理等模块进行流水线般细分，不采用传统PE机构的精英化模式，而是采用人海战术，建立自己的大团队。大团队流水化作业帮助九鼎每年投资多达几十个项目，并呈现出逐年递增的趋势。

‖外资涌动、分享中国经济盛宴‖

中国享有“金砖四国”的美誉是实至名归的，高速的经济增长为外资带来了大量投资机会。外资PE早在20世纪90年代就在中国抢滩登陆。2011年外币基金的募集工作较去年明显提速，前三季度就有21只基金募集到位，基金数量超出去年全年水平。基金规模方面，21只基金共计募集118.00亿美元，当中不乏科尔伯格－克拉维斯（KKR）和霸菱亚洲等机构旗下大型基金。此外，QFLP的试点工作也为外资PE带来了新的生机。截至2011年12月，上海市QFLP试点已批出15亿美元的额度。众多外资PE如凯雷复星、黑石、德同资本、弘毅资本、3i集团等投资机构取得QFLP试点资格。此外，高盛、摩根大通在北京筹备的新基金均获QFLP试点资格，英菲尼迪也在重庆成立一只获得QFLP试点资格的双币基金。

‖裸泳危险、风险已然积聚‖

首先，规模过度扩张使风险聚集成为必然，正如前面描述的规模过度扩张带来的搜寻成本上升，最终导致放松尽职调查、缩短考察期、漠视企业瑕疵、以量放质等问题。**以严谨的态度投资于一家良好的企业是成功的最根本的保证，因此，追求规模过度扩张成为导致风险聚集的首要原因。**

其次，由于2011年国内股市的持续低迷以及国际资本市场对中国概念股的谨慎，IPO这种最受青睐的退出方式正加速萎缩，并伴以IPO价格的持续回落调整。

IPO低迷对VC/PE的直接影响是使退出渠道收窄。根据ChinaVenture投中集团统计，2011年前11个月共披露140起有VC/PE背景的中国企业IPO，相比2010年全年的228起大幅减少。账面投资回报率也同样下滑，2011年前11个月IPO平均账面退出回报率为7.84倍，低于去年的8.04倍。其中，2011年下半年至今IPO退出账面回报率仅为6.48倍。2011年，在大量资本的追逐下，一级市场投资市盈率屡创新高，而A股市场在“破发”频出状态下，企业估值则持续回归。境外市场，除了IPO窗口的关闭，现有中国概念股也在诸多质疑声中集体下挫。在这种形势下，VC/PE投资机构的盈利空间受到持续挤压，而未来，无论是境内还是境外退出，都将面临较大压力。

2012年私募股权行业发展展望

2012年中国PE发展趋势

自2011年下半年开始，境内外资本市场持续低迷，PE基金退出渠道收窄、投资收益下滑，PE行业出现明显“降温”。

> 根据我们对市场上主流股权投资机构的调查，机构上半年接触的股权投资项目的入股PE倍数多为12～15倍甚至更高，而下半年PE倍数则逐渐下降到10～12倍。2011年年底，某些行业的投资入股倍数仅为8～10倍左右。

2012年，假设欧元区债务危机恶化或美国经济缺乏持续反弹的动力，我们判断全球资本市场在年初短期反弹后将恢复低迷，即使有回暖，可能也要到2012年下半年。在此总体经济环境下，中国PE行业也将从之前的“红火期”逐渐步入“调整期”。调整期将表现出以下特点。

（1）PE机构生存压力增大，投资收紧，回报有限。外围宏观经济持续低迷，造成PE机构融资难，合适的项目标的少，再加上于2009年前后“全民PE”热潮中成立的大量PE基金正陆续进入退出期，整个PE行业将面临巨大的退出和回报压力。而2012年的IPO将延续2011年下半年的不景气，融资规模难有起色，PE机构整体生存压力增大。

（2）PE行业投资方式进一步丰富。在不断恶化的生存压力之下，2011年，PE的产品与投资策略明显呈现出多元化趋势，其中以参与定向增发、私有化等二级市场交易为主。越来越多PE机构涉足二级市场，如鼎晖、中信产业基金均设立证券投资部门，天堂硅谷、凯石投资也分别成立了多只定向增发PE基金。2012年，将有更多PE机构基于现有的品牌优势与客户群体，设立与证券投资相关的团队甚至基金，以拓展资产管理业务、丰富盈利模式。同时，本土PE机构也有望在中长期转型为资产管理公司，覆盖资本市场的各个环节。长远来看，其业务将延伸至房地产、金融衍生品等另类资产及传统资产类别的各个领域。

（3）FOF等机构快速成长。2011年下半年开始，人民币基金募资普遍面临困境。年底发改委再次发布新规，规范基金募资，个人投资者参与PE基金的门槛进一步提高。在这样的形势下，市场对来自机构投资者的资金需求进一步增长。此前，PE基金比较理想的机构投资者主要是社保基金、保险资金等，但前者依然设有较高门槛，无法惠及多数PE机构，而后者参与PE投资的形式仍在探索。相比之下，基金的基金（FOF）面临有利的发展环境，也拥有足够大的市场需求。因此，未来将有更多专业化FOF出现，并成为机构投资者的主流。

‖2012年经济形势与产业结构调整对PE的影响‖

根据国家出台的“十二五规划”，六大战略性新兴行业——高端制造业、新能源、新材料、节能环保、生物医药、信息网络等行业将是中国大力发展的重点行业，未来配套出台的各类政策，证监会的政策引导，资金支持，均将极大推动这些行业公司的发展及资本市场化。PE 机构也将追随国家政策，积极配置资金到以上战略性新兴行业，通过资本的力量，培育出新兴行业的龙头企业，帮助企业在新兴行业中建立先发优势。

从“十一五”开始，国家就倡导发展低碳经济，实现节能减排，但在“十二五”期间，在节能途径上与“十一五”期间有明显不同。“十二五”期间，会更多利用调整产业结构的方式实现节能减排的目标。

> 例如，产业结构状况是决定国内生产总值的二氧化碳强度的关键因素，因此，开展产业梯度转移，用“产业链整体式转移”取代“产业链分拆式转移”，用“高端技术合作”取代“低端产业转移”，给予合适产业政策，将会极大影响企业投资行为。

PE 投资将在产业结构调整中发挥其资源配置的优势，追随产业政策的 PE 机构将与企业、行业形成共同联动的共赢局面。

2012年监管政策对PE的影响

2011 年发改委重启 PE 备案，并于年底发布《关于促进股权投资企业规范发展的通知》，成为中国首个全国性股权投资基金管理规则。此外，地方性 PE 管理规范也在逐步完善，天津、深圳等地均出台 PE 新规。在目前 PE 行业所在政策环境中，发改委占据先机，在 PE 市场运行尤其是基金募资层面，起到了相对主导的作用。虽然，对于 PE 运作中涉及的投资、退出环节，商务部、证监会等部门相应的政策导向仍未明朗，但私募股权基金逐渐纳入监管，建立多部门协同管理的趋势明显。

2012 年，修订后的《基金法》将在人大会议上提交审议通过，预计私募基金也在其提案之中，各部门也将陆续出台更为细致的管理办法，整个 PE 市场的监管将逐步走向类似今天其他金融机构的政府监管之中。这种多部门协同的细致管理，将有利于行业的规范，可以提高股权投资基金的准入门槛及运营门槛，保障股权投资行业健康发展，避免股权投资行业出现早年信托行业那般混乱不堪的局面。

‖2012年融资环境与市场变化对PE的影响‖

清科研究中心对各机构 2012 年募资难度的调查结果显示：

> 66.2% 的受访机构认为 2012 年募资难度将会略微加大，11.7% 的机构认为募资难度将严重加大。

这与清科研究中心开展的 2011 年募资难度调查的结果形成较大反差。2011 年的调研结果显示，逾七成的机构认为 2011 年募资活动将持续火爆。

2012年PE发展趋势综合分析

‖PE行业发展状况展望‖

2012 年，中国 PE 行业的冬天将再次来临。市场调整后，上市前期投资的局部狂热随之消退，投融资双方价格预期回归理性，投资阶段可能适当前移。那些既缺乏增值服务能力，又缺乏投资经验，前两年一味高价哄抢上市前期项目的 PE，可能会因为投资项目企业不能如期上市，又无法从市场募集新的资金，甚至因原来承诺的投资也有“断供”之虞而从市场消失。大规模的“洗牌”不可避免。

一些资金雄厚、投资理念成熟、真正具有竞争力的优秀 PE 则能更好地应对行业调整，长期受益于此次“寒冬”，受益于“危”中的“机”。特别是其中刚刚完成新基金募集的机构，手里握有大量资金或承诺资本，自然可以从容过冬，并且能够以合理的价格挑选那些在寒冬依然具有生机和活力的优秀企业。

‖PE策略展望‖

目前中国私募股权投资市场上，由于 LP 群体追求短期回报、创业板企业估值过高、PE 监管不力等诸多因素，造成 PE 投资过分追求 Pre–IPO。但随着市场的逐渐成熟，PE 终将回归合理的价值投资。

2012 年经济的继续低迷，使得 PE 机构可以更容易地寻找到真正有成长价值的企业。**持有现金，挑选真正有成长价值的企业，以合理价格入股，并帮助**

企业更好成长，避免撒网式投资将是 PE 机构今年的策略。这也将帮助 PE 机构逐步改变过去过分重视 Pre–IPO 的策略，从而帮助 PE 机构积累长期的投资能力。

同时，PE 机构应多关注并购市场。在中国产业结构调整、国有企业改制重组的背景下，并购市场将持续活跃。长期来看，产业链上的纵向整合、大小企业之间的横向并购，以及进入新市场的扩张收购，对 PE 机构而言都意味着广阔的投资空间。

‖PE发展特点展望‖

规模继续增长。即使 2012 年经济低迷，也不能阻止人民币基金的快速发展。PE 行业的规模将持续增长。政府主导的大型产业基金不断设立，外资机构纷纷设立人民币基金，保险资金、社保资金逐步进入 PE 市场等原因均有力地保障了行业规模增长。**PE 投资对于中国企业而言，将是银行贷款之外新的、有效的融资方式，PE 投资将发挥出越来越有效的资源配置能力。**

PE 机构将不断拓展新业务。2011 年，PE 的产品与投资策略明显呈现出多元化趋势，如大量参与定向增发、私有化等二级市场交易。为平滑风险与减轻短期压力等原因，众多 PE 机构开始涉足二级市场，如鼎晖、中信产业基金均设立证券投资部门，天堂硅谷、凯石投资也分别成立了多只定向增发 PE 基金。2012 年，我们预测将有更多 PE 机构设立与证券投资相关的团队甚至基金，以拓展新领域之投资业务、丰富盈利模式。长远来看，PE 机构业务将逐渐延伸至房地产、金融衍生品等另类资产及传统资产类别的各个领域。

专项基金发展。专业化基金代表专业化基金管理团队。只有建立更专业的团队才会对行业有更深刻的理解，从而挖掘更具投资价值的项目、更好地控制风险，以及为企业提供更好的增值服务。在 PE 投资生存压力增强的 2012 年，价格竞争已经趋于白热化，因此，仅能够提供资金的投资机构将难以为继，培养在细分领域的专业化服务能力，将成为投资机构的重要竞争优势，如九鼎投资成立医疗产业基金、达晨创投成立文化旅游产业基金等。

国际化开拓与回归。越来越多的中国 PE 机构由于发展需要，将业务领域拓展到周边国家及欧美地区，其形式有：与中国企业建立联盟，共同收购海外企业；去周边国家收购资源类企业股权等。另外，创业板凭借其 IPO 的高市盈率和大比例超募，不仅吸引了企业和投资机构将其作为理想的上市和退出场所，也令已在境外资本市场上市的中国内地企业开始考虑回归的可能性。中国 PE 机构也将通过参与境外上市公司的回归过程获得投资回报。

全球产业链的重新构建和股权投资行业的进一步发展。放眼全球，美国对企业，特别是科技企业的减税计划可能会带来美国科技企业的繁荣与美国本土 PE 的再次兴旺。同时，科技企业的兴盛也可能会促进美国产业结构的顺利调整，并有望出现一个能引领美国经济再次腾飞的核心领导性产业。最终，上述演进会影响全球产业链的重新构建与股权投资行业的进一步发展，我们认为可能的行业主要存在于新能源、生物科技等相关领域。

对投资者说

- 为了拓展盈利渠道和分散业务风险，2012 年将有更多 PE 机构设立与证券投资相关的团队甚至基金，以拓展新领域之投资业务、丰富盈利模式。长远来看，PE 机构业务将逐渐延伸至房地产、金融衍生品等另类资产及传统资产类别的各个领域。
- 在国际化方面，国内 PE 会将业务领域拓展到周边和欧美国家，和国内企业共同进行海外并购收购，或者直接收购资源类企业股权等。创业板凭借其 IPO 的高市盈率和大比例超募，不仅吸引企业和投资机构将其作为理想的上市和退出场所，也令已在境外资本市场上市的中国内地企业开始考虑回归的可能性。

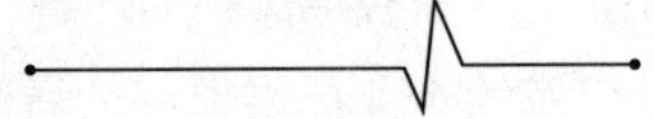

附录A　2011 年中国私募股权投资行业十大最受关注交易

2011 年中国私募股权投资市场继续保持活跃，尽管下半年投资热度有所下降，但全年投资规模仍有望超过去年，达到新的历史高峰。今年披露多起巨额投资案例，尤其是电子商务领域，在“重型化”热潮下出现多起开创性投资；移动互联网行业也从“概念”走向商业化探索，整体投资活跃度明显提高；消费服务持续受到热捧，外资机构仍积极投资中国消费服务企业；二级市场的持续低迷，也使得更多 PE 机构参与企业私有化交易。根据 ChinaVenture 投中集团基于旗下数据产品 CVSource 掌握的中国 VC/PE 市场运行数据，总结盘点出 2011 年中国私募股权投资市场十大最受关注投资案例。

一、京东商城 C 轮融资 15 亿美元，电商走向重型化

2011 年 4 月 1 日，京东商城创始人刘强东在微博上公布了 C 轮融资细节：融资总金额 15 亿美元，已经到账 11 亿美元，投资人包括俄罗斯 DST、老虎基金等共六家基金及个人。京东商城此轮融资超过多数中国企业的 IPO 融资额度。京东商城的巨额融资，不但显示了投资者对中国电子商务市场前景的认可，也进一步改变了 B2C 电商的游戏规则——融资后京东商城斥巨资进行物流建设，此后，当当、凡客诚品、好乐买等 B2C 电商以及阿里巴巴均加大物流建设投入，电子商务正式进入“重资产”时代。

二、春华资本投资康鹏化学，引领私有化热潮

“悬浮在海外的孤儿”，春华资本创始人胡祖六如此形容在海外市场被边缘化的中国概念股。春华资本也抓住这一机会，于今年完成了第一单 PE 基金支持下的中国概念股私有化交易。2011 年 8 月 19 日，康鹏化学宣布 Halogen Ltd. 对公司的收购计划已全部完成，后者为公司高管及 Primavera Capital（春华资本海外基金）共同所有。2011 年，境外中国概念股遭受重创，股价一路下滑，因此，一些中国企业开始利用这一机会加速实施私有化，这也为 PE 基金带来机会。除康鹏化学外，中消安于 8 月份完成私有化交易，大连傅氏、泰富电气的私有化也在进行当中，其背后则分别有贝恩资本、磐石资本等 PE 机构的参与。

三、拉手网C轮融资1.1亿美元团购行业融资过山车

早在2010年下半年兴起的团购热潮中，拉手网即获得当年团购行业最大一笔融资，其B轮融资额达到5 000万美元。2011年上半年，团购行业继续受到资本热捧，单笔投资金额动辄数千万美元，而拉手网的第三轮融资1.1亿美元,则继续领先于多数团购网站。进入下半年,整个团购行业投融资迅速“降温”,除少数市场领先网站获后续融资外,几乎不再有新的团购网站获资本青睐。而在境外IPO窗口已基本关闭的形势下,团购网站上市也基本无望,今年11月,拉手网宣布将登陆纳斯达克,但随即因财务问题被美国监管部门暂停上市路演,短期之内经历“冰火两重天”。

四、小米科技引入多家机构开启“软件 + 硬件”模式

2011年7月，小米科技创始人雷军透露，小米已获Morningside、启明、IDG以及小米团队等4 100万美元投资，公司估值达2.5亿美元，这也是目前移动互联网领域投资额最大的案例之一。小米科技成立于2010年10月，早期产品主要是手机通信应用软件米聊以及手机操作系统MIUI。而在其完成融资后不久，小米科技正式进军移动终端领域——8月16日小米科技在北京正式发布小米手机，开启了国内首个“软件 + 硬件”的移动互联网商业模式。

五、PE收购阿里巴巴集团股份企业估值达320亿美元

2011年11月，阿里巴巴集团持续一月有余的“黎明计划”宣告结束，由云锋基金、银湖资本及俄罗斯DST等机构购买阿里巴巴集团员工持股的投资行动已经结束。此次投资涉及阿里巴巴集团股权约5%，收购总价达到16亿美元，这也意味着阿里巴巴集团估值达到320亿美元。据悉，上述机构投资者收购要约中，均将购买到股份在股东大会的投票权委托给阿里巴巴集团现有管理层，可见投资者对阿里巴巴现有管理层运营能力的认可。

六、建银国际领投小马奔腾文化产业基金活跃

2011年3月份，小马奔腾完成B轮，同时也是上市前的最后一轮融资，由建银国际影视出版文化产业投资基金领投，开信创投、信中利、汉理前景基金等跟投，投资总额达7亿元以上，该案例也是建银文化产业基金成立以来的首笔投资。今年，文化产业投融资异常活跃，根据ChinaVenture投中集团统计，2011年至今已成立15只文化产业投资基金设立，总募资规模达381.5亿元。2011 年 10 月 18 日中共十七届六中全会通过《中共中央关于深化文化体制改革、推动社会主义文化大发展大繁荣若干重大问题的决定》，明确提出“推动文化产业成为国民经济支柱性产业”，为文化产业的资本运作提供了更为有利的政策环境。

七、安佰深收购金钱豹资本持续热捧中国消费

2011 年 7 月，欧洲最大的私募股权投资集团安佰深对外披露，旗下基金已经完成对餐饮连锁企业金钱豹的收购投资，15 亿元的投资额度创造了餐饮连锁行业投资的最高纪录。此前，安佰深已经投资中国最大房产信息网站搜房网以及高级服装品牌 TommyHilfiger 中国子公司，投资金钱豹则再次凸显安佰深布局中国消费服务领域的战略。而其他外资机构也遵循了类似投资路线，如 KKR 投资中国服饰控股、高盛投资利群百货等，显示出“中国消费”概念对境外资本的持续吸引力。

八、弘毅投资鸿锐集团 QFLP 基金首笔投资

2011 年 8 月 31 日，弘毅投资旗下一只规模为 5 亿美元基金，获得上海 QFLP 试点资格，并投资全球最大 PVC 检验手套供应商鸿锐集团。弘毅投资的这支美元基金是当时金额最大的一只 QFLP 试点基金，其投资也是上海 QFLP 试点开启以来首笔投资。此外，弘毅投资还宣布其跨境基金投资总部落户上海，将致力于“双向跨境并购”战略的实施。今年 1 月，上海出台《关于本市开展外商投资股权投资企业试点工作的实施办法》，QFLP 试点正式启动，截至目前，已有凯雷复星、黑石、德同资本、弘毅资本、3i 集团等机构已取得 QFLP 试点资格。

九、高盛入股泰康人寿或圆其多年上市梦

2011 年 4 月，泰康人寿宣布，经保监会批准，高盛集团收购泰康人寿 12.02% 的股权，高盛的加入，进一步提升泰康人寿在企业治理、风险管理和内部控制方面的竞争力。泰康人寿上市计划已启动多年，2008 年曾因金融危机而受阻，2010 年则再次传出已提交 A 股上市申请的消息，泰康人寿董事长兼首席执行官陈东升也在今年表示，拟在三年内实现“A+H”上市。此次引入高盛集团作为其战略投资者，预示着距离泰康人寿上市已经不远。此外，人保集团整体上市、中国再保险集团上市计划也于近期浮出水面，保险行业或将面临新一轮资本角逐。

十、海尔电器获凯雷注资将转型渠道业务

2011 年 8 月 1 日，海尔电器（1196.HK）发布公告称，已与凯雷投资集团签署认购协议，后者将向海尔电器投资约 1.37 亿美元认购其可转换债券；同时凯雷还获得了 400 万份的认股权证，总价值约 5 700 万美元。该投资将主要用于支持海尔电器集团进一步向服务性企业转型，帮助海尔电器开拓中国三四线市场的渠道业务。凯雷集团曾因保护“民族工业”的敏感性而折戟徐工，而海尔电器向服务业的转型，则使得其免受争议。此前，海尔集团对下属的两家上市公司差别定位：青岛海尔（600690.SH）主要负责家电制造，而海尔电器则侧重家电分销。

附录 B　2011 年中国 VC 与 PE 市场投资规模前 10 名

附表 7—1　　2011 年中国 VC 市场投资规模前 10 名

企业	行业	融资时间	投资机构	融资轮次	金额（US$ M）
拉手网	互联网	2011-03-23	美顿投资/Remgro/Reinet Investements/金沙江创投/NVP/特纳亚资本	Series C	111.00
多玩	互联网	2011-01-01	老虎基金/思伟投资	Series E	100.00
梦芭莎	互联网	2011-02-01	德同资本/崇德投资/金沙江创投	Series D	60.00
上澎太阳能	新能源	2011-10-19	青云创投/Capricom Venture Partners/IFC	Series A	50.00
豆瓣网	互联网	2011-09-13	贝塔斯曼/挚信资本/红杉中国	Series C	50.00
尚品网	互联网	2011-07-27	成为/晨兴创投/思伟投资	Series C	50.00
美团网	互联网	2011-07-07	红杉中国/阿里巴巴/华登国际/北极光创投	Series B	50.00
途牛旅游网	互联网	2011-04-12	红杉中国/DCM/高原资本	Series C	50.00
钻石小鸟	互联网	2011-02-01	方源资本/联创策源	Series C	50.00
优视科技	移动互联网	2011-01-11	纪源资本	Series D	50.00

资料来源：投资中国网，作者冯坡，2011 年 12 月 30 日。

附表 7—2　　2011 年中国 PE 市场投资规模前 10 名

企业	行业	融资时间	投资机构	融资轮次	金额（US$ M）
阿里巴巴	互联网	2011-9-22	云峰基金/DST/银湖	Growth	1 600.00
京东商城	互联网	2011-04-01	老虎基金/DST/高瓴资本/红杉中国	Growth	1 500.00
无线电视	文化传媒	2011-03-11	Providence Equity	PIPE	805.74
新华保险	金融	2011-02-26	中金香港	Growth	268.83
中消安	制造业	2011-11-04	贝恩资本	Buyout	265.00
新达科技	节能环保	2011-03-05	鼎晖	Buyout	257.68
塞维LDK硅化	新能源	2011-01-04	国开金融/建银国际	Growth	240.00
凡客诚品	互联网	2011-07-05	淡马锡/IDG资本/和通/中信产业基金	Growth	230.00
金钱豹	连锁经营	2011-07-26	安佰深	Buyout	221.57
海尔电器	连锁经营	2011-07-31	凯雷集团	PIPE	137.34

资料来源：投资中国网，作者冯坡，2011 年 12 月 30 日。

|第二部分|

机构视角下的资产管理发展与挑战

2011年，国内单一市场运行低迷，经济增长放缓预期明显；国外欧债危机此起彼伏，经济前景难以预料。在这种内外交困的环境下，中国基金行业哀鸿遍野，PE行业惨烈洗牌，证券行业深陷泥沼……但是，每一次危机都是涅槃重生的机会。谁是真正的王者？谁能化危机为契机，引领中国资产管理行业的未来?

第8章

信托行业量变推动质变

■ 本章导读 ■

■ 2011 年信托行业延续之前的快速发展势头。信托公司注册资本达 871 亿元，净资产达 1 633 亿元，信托资产规模达到 48 114 亿元，比 2010 年增长 58.2%。信托行业持续迅速增长的动力来源于信托产品的不断丰富。

■ 2011 年信托公司实现总收入 439 亿元，比 2010 年增长 53.5%。信托业务实现收入 346 亿元，比 2010 年增长 119%。信托业务收入增长速度超过公司总收入和信托资产规模的增长速度，体现了信托本源业务的内在增长。

■ 2011 年信托资金投向分布更趋合理，信托资产投向重点仍然是基础产业、工商企业和房地产市场。其中，工商企业投资占比不断提升，到 2011 年年底达到 20.4%，而基础产业投资占比不断下降，到 2011 年年底仅占 21.9%。房地产信托降到了第四名，投资比例为 14.8%。

2011 年信托行业面对复杂的宏观环境，正确处理了自身发展面临的问题：集合信托产品占比上升，自主管理能力有所提高；投资领域不断扩展，产品趋向多样化、组合化发展；《信托公司净资本管理办法》继续落实，信托公司资本实力进一步增强；《信托公司营销管理办法》征求意见稿出台，信托行业直销能力建设迅速展开；信托公司重组效果显现，历史遗留问题得以有效解决。

2011 年，信托行业资产规模超公募基金近 1 倍，与保险行业的差距继续缩小，信托已成为理财市场中快速发展的一支重要力量，信托业务与其他资产管理业务的合作与影响不断加强。未来中国金融市场的发展将是一个逐步信托化的脱媒过程。

中国居民财富增长迅速，理财市场投资者保值增值需求旺盛，金融业正逐步进入财富管理黄金时代。信托行业应充分运用信托的制度优势，加速从融资平台向资产管理平台转型，并在财富管理领域打造专长。

2011 年信托行业的最新发展

中国信托行业2011年发展综述

‖信托行业发展总量指标数据统计与描述‖

1. 2011 年信托行业续写高增长传奇

在货币紧缩和股市低迷的 2011 年，信托理财产品成为理财市场上的佼佼者。凭借较高的收益率和较好的风险控制为投资者提供了资产保值增值的避风港。在帮投资者赢得稳健收益的同时，信托行业续写高增长传奇。

2011 年年底，信托公司注册资本达到 871 亿元，净资产达到 1 633 亿元，而信托资产规模则达到了 48 114 亿元，迈上一个新台阶，延续近几年一年一个新台阶的发展速度（见图 8—1）。

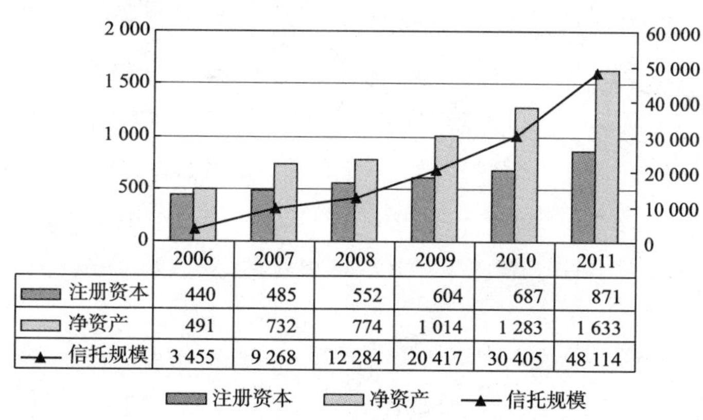

	2006	2007	2008	2009	2010	2011
注册资本	440	485	552	604	687	871
净资产	491	732	774	1 014	1 283	1 633
信托规模	3 455	9 268	12 284	20 417	30 405	48 114

图 8—1　信托行业资本和信托资产规模

信托资产规模的提升来源于信托产品的不断丰富，信托产品发行数量的激增奠定了行业发展的基础。从 2008—2011 年信托产品数量和发行规模统计（按季）图 8—2 中可以清晰地看到这一点。

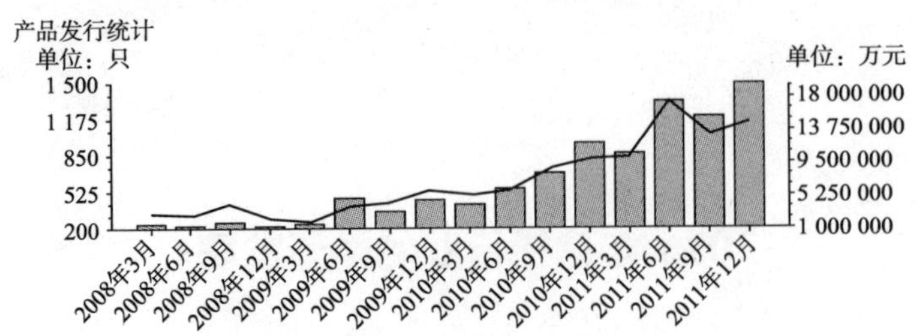

图 8—2　2008—2011 年信托产品数量和发行规模统计（按季）

资料来源：Wind 资讯。

2. 信托行业收入增长迅速

在资产规模增长的同时，信托行业收入类指标同样令人兴奋。2011 年信托公司实现总收入 439 亿元，比 2010 年增长 53.5%。信托业务实现收入 346 亿元，比 2010 年增加 188 亿元，增长 119%（如图 8—3 所示）。信托业务收入增长速度超过了总收入和信托资产规模的增长速度，体现了信托本源业务的内在增长。

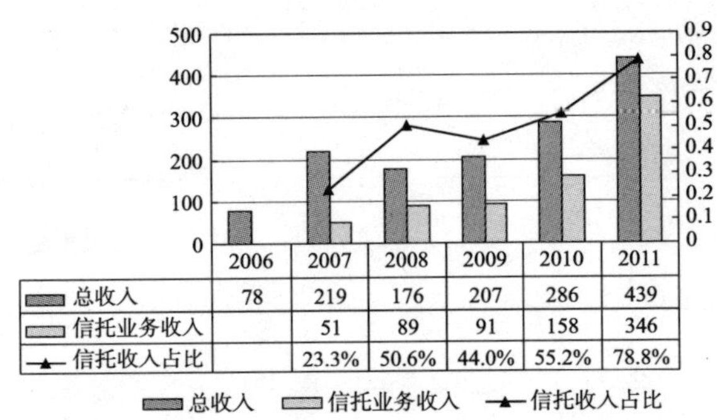

	2006	2007	2008	2009	2010	2011
总收入	78	219	176	207	286	439
信托业务收入		51	89	91	158	346
信托收入占比		23.3%	50.6%	44.0%	55.2%	78.8%

图 8—3　信托行业总收入及其信托业务收入占比

信托资产规模、总收入大幅增长的同时，信托行业自身资本实力也得到了提高。截至 2011 年年底，信托公司固有资产达到 1 825 亿元，比 2010 年年末的 1 283 亿元增长 42.2%。

3. 信托行业人力资本迅速积累

随着“一法两规”颁布，信托行业在监管层指引下，不断创新业务发展。几年来信托行业发展迅速，员工人数快速增长，人力资本迅速积累。据不完全统计，截至 2011 年年底，信托行业从业人数已经突破 1 万人大关，约为 1.1 万人。信托行业人员大为充实。2006—2010年信托行业从业人数变动情况如图8—4所示。

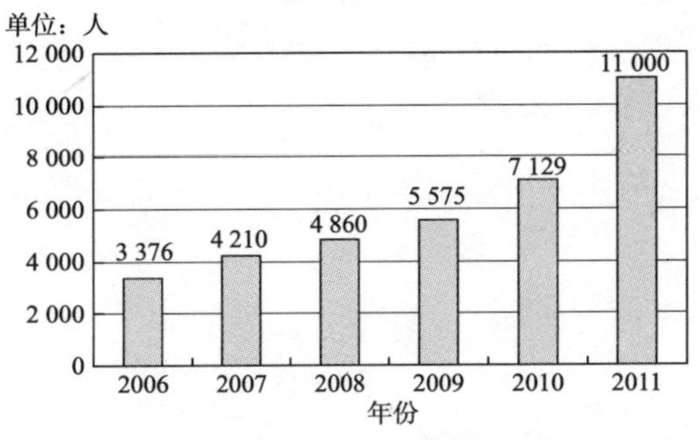

图8—4　信托行业从业人数

从图8—4中可以清晰地看到，2006—2011年中国信托行业从业人员数量增长十分明显。信托行业从业人员增加主要来源于两个方面的动力支持：

- 随着行业发展，信托行业资产总量不断增加，推动了信托行业从业人员大幅增加。
- 随着信托公司逐步转型，信托行业在信托产品设计和信托产品营销两个方向的主动管理能力加强，前者是水平变化，后者则是结构性变化，显示出信托行业自身资产管理水平的不断提升。

信托公司的结构性变化体现为信托公司人力资本密度增幅逐步增加。其中，人力资本密度指每单位收入中所包含的人力资本数量，一般用每单位资产的员工数量表示。图8—5清楚显示出信托公司总资产增加额与信托公司员工增加额之间的比例关系。

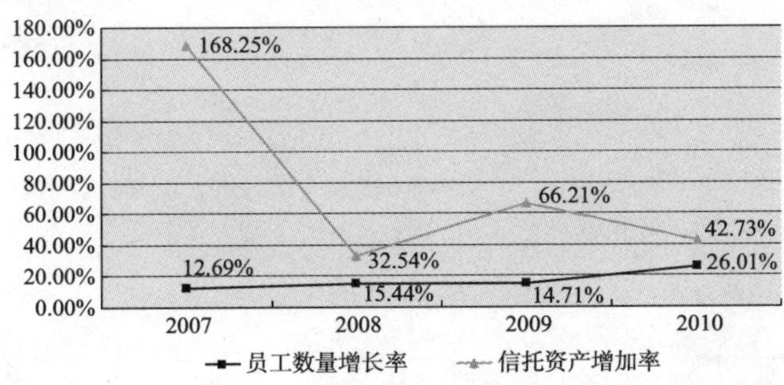

图8—5　信托资产规模和行业人力资本增长情况对比

2006—2010年的五年间，信托公司信托资产增加率分别168.25%、32.54%、66.21%、42.73%，而同期信托公司人员增长量分别为12.69%、15.44%、14.71%、26.01%，二者差距逐渐缩小，二者比例从2007年的13.2逐步下降到2008的2.1，2009年的4.5，以及2010年的1.6，清楚表明信托公司人力资本密度增幅逐步增加。可以预计，随着中国信托行业转型逐渐取得进展，信托公司中人力资本密度增幅的逐步增加，信托资产和员工数量增长比率会处于低位。

‖结构化指标‖

1. 信托资金投向分布更趋合理

根据信托行业协会数据，我们将截至2011年年底的信托资产投向列示如表8—1所示。信托资产投向重点仍然是基础产业、工商企业和房地产市场。其中，最大的变化是，工商企业投资占比不断提升，到2011年年底达到20.4%。而与此对应，基础产业投资占比陆续下降，到2011年年底仅有21.9%。基础产业虽然仍然是最大的投资方向，投资额超过1万亿元，但是和前几年35%～45%的投资比例相比，已经有大幅下降。在各信托资金的投资领域中，房地产信托降到了第四位，投资比例为14.8%。

2011年信托资产投资结构的变化，充分表明信托公司已根据宏观经济金融政策，加大了工商企业投融资比例，严格管理政府平台和房地产融资，不断优化资产结构。

表8—1　　　　信托资产投向分布情况

	余额（万元）	占比（%）
基础产业	101 552 706	21.9
房地产	68 823 117	14.8
证券市场（股票）	17 165 717	3.7
证券市场（基金）	2 250 208	0.5
证券市场（债券）	22 642 618	4.9
金融机构	58 995 177	12.7
工商企业	94 707 501	20.4
其他	97 944 206	21.1

2. 信托行业发展程度数据分析

国际上一般用信托深度和信托密度来衡量信托行业的发展程度。

- 信托深度是用信托资产与 GDP 的比值描述一个国家信托行业的发展水平。
- 信托密度是用信托资产与总人口数的比值描述一个国家信托行业的财富管理程度和规模。

自 2004 年起，中国信托资产与 GDP 比值这一指标逐年增加，仅 2005 年有所下降。2004 年中国信托密度仅为 1.5%，到 2011 年三季度末已上升到 12.78%，信托资产规模增速高于同期 GDP 增速（如图 8—6 和表 8—2 所示）。

图 8—6　信托资产规模及其与 GDP 比值

表 8—2　　中国信托行业资产规模与 GDP 比值

指标	单位	2005年	2006年	2007年	2008年	2009年	2010年	2011Q3
信托资产规模	亿元	2259	3 455	9268	12 284	20 417	30 404	40 978
GDP总量	亿元	182 321	209 407	246 619	300 670	333 244	397 983	320 692
占GDP的比重	%	1.2	1.6	3.8	4.1	6.1	7.6	12.78
人均信托资产	元	172.8	262.8	701.4	925	1 529.7	2 218.4	2 989

资料来源：信托行业协会，统计年鉴，百瑞信托。

不过，与信托行业更加成熟的国家相比，中国信托资产在 GDP 中所占比例依然偏低。2008 年年末，美国和日本的信托资产占其 GDP 的比例分别为 186.79% 和 153.97%，同期中国信托行业的信托资产占 GDP 比例仅为 4.1%，仅为美国的 2.2%、日本的 2.7%①。

① 限于获取数据的难度，美国和日本数据引自国金证券《信托行业行业研究报告 2009》。根据国金报告，即使加上银行等金融机构的信托资产，2008 年中国信托资产占 GDP 比例也仅为 16.67%，为日本的 1/9 和美国的 1/10，仍远低于这些国家。——作者注

信托密度方面，2004 年中国人均信托资产规模仅为 161.7 元，但到 2011 年三季度末就达到了 2 989 元，增长飞速。2008 年年末，美国和日本人均信托资产占有量分别达到了 60 042 人民币元和 41 014 人民币元，而同期中国这一数据仅为 3 788 人民币元。美国和日本的信托密度分别是中国的 15.8 倍和 10.8 倍，中国社会财富信托化发展程度较为落后。

根据亚当·斯密的“比较优势”原理，**市场经济体系的建立和完善本质就是一个社会分工更加细化的过程，未来社会财富管理将是一个逐步“信托化”的进程，各种形式的信托行业业态将日益丰富。**随着中国经济的进一步发展，居民财富不断增加带来的信托理财需求增加，特别是相关信托法规的逐步完善，意味着中国的信托行业在资产管理领域拥有巨大的发展潜力。

2011年信托行业发展主题分析

2011 年，信托行业延续了之前的快速发展态势，信托资产规模得到快速增加。同时，信托行业面对复杂的宏观环境，正确处理了自身发展面临的问题，自主管理能力和可持续发展水平得到提升。

‖自主管理能力不断提升‖

集合信托产品占比上升，信托公司自主管理能力提高。根据 Wind 资讯数据统计，2011 年共有 66 家信托公司发行了 4 662 款信托产品计划，平均每家公司发行 71 款产品。在 66 家信托公司中，外贸信托、中融信托和长安信托的产品发行数量位居前三名，其中外贸信托共发行 382 款产品位居榜首，中融信托全年发行 302 款产品位居次席，而长安信托以 263 款产品名列第三名。

2011 年，信托行业共发行集合信托产品 3 649 个，募集资金规模 6 246 亿元，新增集合信托的占比已经升至 28.25%，余额超过 11 496 亿元。在新成立的集合信托计划中，平均融资规模 1.71 亿元，平均信托期限 1.95 年，平均预期年收益率 9.08%。其中，一年期产品平均预期年收益率 8.20%，二年期产品平均预期年收益率 9.79%，二年期以上期产品平均预期年收益率 9.51%。与其他理财产品相比，信托产品预期收益率拥有较大的比较优势，且平均期限比 2010 年增加。单一资金信托占比呈下降态势，由 71.7% 降至 68.21%；而集合资金信托占比却由23.90%上升至28.25%。

从比例上看，虽然单一资金信托业务规模首次降到70%以下，但仍然是信托资产规模的主要构成部分。2010年，银监会加大了对于银信合作业务的监管，理财资金不再是信托计划的合理资金来源，单一类信托计划规模占比有所下降。但可喜的是，集合资金信托计划一直处于上升过程中，2011年尤其明显。信托公司加强了高净值客户拓展，提升了自主管理能力，集合资金信托规模占比达到28.25%，这是集合资金信托业务规模占比首次接近30%，是一个重要的进步。可以说量变已经逐步引起质变，信托资产结构优化质量得到提升（如图8—7所示）。

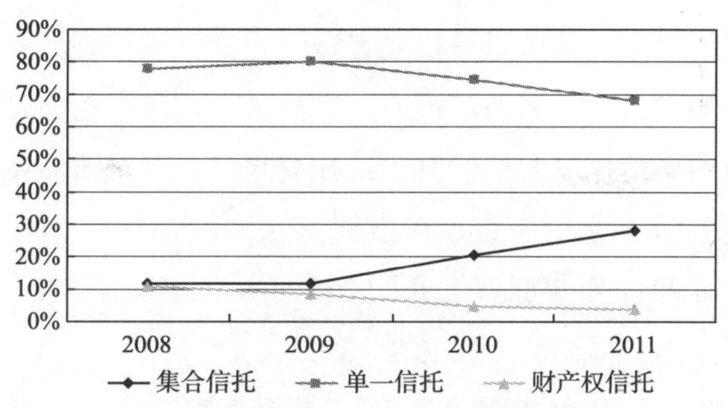

图8—7　2008—2011年信托资产构成图

此外，信托行业协会的数据显示，2011年年初，融资类信托业务余额为1.79万亿元，占全部信托资产的比例为59.01%；而截至年底，融资类信托业务余额为2.48万亿元，在全部信托资产中的比例约为51.44%，贷款类融资模式比例下降。2010年年底信托公司银信合作业务余额为1.66万亿元，在2010年年底全部信托资产中的占比为54.61%。截至2011年年底，信托公司银信合作业务余额达到了1.67万亿元，在全部信托资产中占比为34.7%，银信合作业务占比持续下降。

‖产品趋向多样化、组合化发展‖

应对政策变化，信托公司探索业务新亮点。信托产品趋向多元化，组合化发展。

1. 房地产业务精细化发展

信托公司开始主动加强自主管理能力建设，在房地产业务开展方面进行广泛创新，提升风险控制能力。其中一个最主要的变化就是房地产信托业务基金化趋势明显。基金化信托是信托公司将委托人交付的资金组合运用，进行跨市场跨行业的资金配置，分散投资的非系统性风险，从而获得更为稳健的收益。监管机构一直鼓励信托公司发展中长期的基金化信托，支持信托资金基金化运作的态度明确。2011 年信托公司进行房地产信托业务基金化探索的主要特点如下。

首先，谨慎选择交易对手，优选经营稳健和具有雄厚实力的房地产公司。交易对手的实力日益提升，在与信托公司合作的房地产公司中，具有房地产二级以上开发资质的房地产商比重上升。

其次，信托公司不再简单以股权或者贷款方式开展信托业务，而是以成立房地产信托基金的方式介入房地产行业，在资金运用和事务管理上更加注重自主管理能力。房地产信托基金虽然对于信托公司信托人员素质要求较高，但却是能够体现信托行业本质的资金运用方式。2010 年房地产信托基金规模只有 135 亿元，但是到 2011 年年底就上升到 335 亿元，上涨 148%，占房地产信托比重也从 3.43% 上升到 4.87%（如表 8—3 所示）。

表 8—3　基金化房地产信托业务规模及其占比

季度	规模（亿元）	占信托资产比重	占房地产信托比重
2010年3季度	135.8	0.46%	3.43%
2010年4季度	168.3	0.55%	3.68%
2011年1季度	214.6	0.66%	4.24%
2011年2季度	284.1	0.76%	4.73%
2011年3季度	325.8	0.80%	4.64%
2011年4季度	335	0.70%	4.87%

资料来源：中国信托行业协会，百瑞信托。

最后，信托公司在房地产市场的投资领域也更为宽泛，从单纯的住宅扩展到商业地产、旅游地产以及保障房建设领域。特别是在保障房领域，信托公司开始显示出自身优势。据统计，2011 年第三季度共发行保障房信托 27 只，总金额 74.28 亿元，占总房地产信托金额比重为 11.80%，较上半年 9.14% 上升了 2.6 个百分点。其中，棚户区改造 8 只共 21.67 亿元，安居工程 12 只共 32.11 亿元，经济适用房 4 只共 8.5 亿元，廉住房、公租房和两限房各一只。虽然保障房的投资较为自由，但是考虑到其现金流并不能满足信托产品较短的投资区间和较高收益率的要求，故保障房信托急剧增长的可能性也较小。

2. 寻求创新业务蓝海

2011 年，信托行业面临的外部宏观环境可谓复杂多变：一方面是对传统投资领域，如房地产的限制越来越多；另一方面是扩张的冲动越来越强烈，信托公司尝试向更多投资领域进行探索和创新，艺术品信托、另类投资信托、矿业类信托等都出现了较大规模的增长。但是多领域的发展，也对信托公司的专业管理能力、专业人才储备提出了更高的要求。

第一，信托公司在矿产资源类信托业务领域的尝试。2011 年三季度有 19 家信托公司参与发行了 35 款矿产资源类产品，融资规模为 223.12 亿元。发行数量同比增长 169.23%，发行规模同比增长 315.96%，融资规模暴涨。

“十二五”规划中煤炭资源整合建设工作的开展，将拉动以股权投资基金方式、产业投资基金方式进行的矿产资源类产品大幅增长。另外，基金化矿产资源类产品的增加，将有助于提高信托对矿产资源的融资能力、降低整体投资风险、提高投资收益。因此，在未来矿产资源类信托产品中，组合投资形式的矿产资源类产品或将成为市场主流产品。

然而，高风险可能会成为制约矿产资源类信托产品发展的主要瓶颈。在当前的政策、金融环境下，矿产资源在探测开采、生产运输、宏观调控等环节均存在风险。除此之外，矿产资源企业的现金流难以控制，也是这类信托业务面临的主要非系统性风险。

第二，艺术品类信托业务崭露头角。艺术品信托是 2011 年信托市场上的一朵“奇葩”。2011 年艺术品信托市场规模增长了 20 倍，参与发行的信托公司数量明显增加。

> 前三季度共发行艺术品信托 31 款，同比增加 25 款，增幅高达 416.67%；发行规模为 410 875.5 万元，同比增加 1 319.26%。

尽管艺术品信托的投资门槛比较高，但艺术品信托产品在实现预期收益水平上比较稳定。曾有机构统计，全球股市从 1920 年到现在，年平均回报率为 13.4%，房地产平均回报率为 6.5%，而艺术品的年平均回报率达到 14.4%，非常具有吸引力。

虽然艺术品投资资金门槛较高，但是通过信托公司可以让更多的投资者分享艺术品升值带来的财富。同时，由于信托法律相对完善、风控体系比较完备、市场发展时间较长，通过信托公司发行可以更好地得到投资人的认可。

然而，艺术品信托难以成为一个主流的信托业务。最主要的一个原因在于估值鉴定是一个难题，业界尚未有一个公认的、权威客观的艺术品鉴定机构。而且，艺术品本身就是一个小众的行业，信托公司员工缺乏艺术品专业知识，为艺术品信托增加了不确定性。

‖资本实力得到增强‖

2010年8月24日，银监会发布了《信托公司净资本管理办法》，信托公司要想保持或扩大信托资产规模，必须增加资本金。2011年该办法正式实施，促使信托公司必须在既定资本情况下通过优化资本、资产的分布提升收益率。

受《信托公司净资本管理办法》的影响，2011年信托行业增资扩股仍未退潮。

> 据公开资料统计，去年成功实现融资的信托公司至少有10家左右，其中，陕国投、爱建信托、兴业信托三家信托公司增资超过20亿元。2011年12月21日，湖南信托发出公告，称注册资本由人民币5亿元增加至人民币7亿元。华鑫信托获得股东中国华电集团公司和中国华电集团财务有限公司的增资，注册资本由3.2亿元增至12亿元。中海信托的注册资本从12亿元增为25亿元。重庆信托的注册资本则由16.3亿元增加至24.4亿元。

从行业情况来看，2011年年底，信托行业注册资本达到871亿元，比2010年增长26.8%，净资产达到1 633亿元，比2011年增长27.3%。

监管层出台此监管文件主要是希望信托公司的收入结构，能从传统的通道类业务和融资类业务向投资类业务转变，最终实现高端财富管理者的定位。因此，各家信托公司在做多融资类业务的同时，也开始逐渐尝试投资类业务。与此相对应的是，2011年三季度末投资类信托业务余额达1.38万亿元，在全部信托资产中的占比为33.74%，规模比去年底增加了近100%，占比也同比增加了 9.87 个百分点。

2011 年 2 月 12 日，银监会印发《信托公司净资本计算标准有关事项的通知》，对信托公司净资本、风险资本计算标准和监管指标做出明确规定。对信托公司最擅长的以房地产为主的融资类业务计提了较高风险资本系数，同时对融资类银信合作业务提出了新增额不得超过当月 30% 的余额比例的管理要求，对 2011 年年底未转表的信托公司投资信贷资产、信托贷款、票据的银信合作业务计提高达 10.5% 的风险资本，以迫使信托公司放弃此类业务。

由此，信托行业建立起《信托法》、《信托公司管理办法》、《集合资金管理办法》和《净资本管理办法》"一法三规"的政策框架。**信托公司为符合监管要求，开始主动寻求自主管理能力的提升：从产品开发角度而言，信托产品基金化趋势明显，开始用基金化原理来构建产品模式，设计和塑造标准化信托产品。**预计一些创新能力较强，评级分类级别较高的信托公司，将会在基金化信托产品设计创新方面大放异彩，实现实质性突破。全行业基金化信托产品的比重会有大幅度上升，乐观估计，2012 年全年基金化信托产品会接近全部信托产品规模的 30% 至 40%。

信托直销能力建设迅速展开

营销同样是 2011 年信托行业发展的一个主题。随着信托投资项目的快速增加，营销成为制约发展的瓶颈，信托资金来源，尤其是高净值客户拓展受到各家信托公司的重视，营销理念开始转变。信托公司纷纷成立财富中心、理财中心等营销部门，从事客户服务和财富管理工作。信托公司封杀诺亚的传言，监管部门《信托公司营销管理办法》征求意见稿的出台，则是 2011 年两个有代表性的事件。

2011 年 7 月到 8 月，市场上流传着信托公司封杀诺亚的传言，《信托公司欲封杀诺亚，第三方理财前途未卜》、《渠道反客为主，信托公司怒而"封杀"诺亚财富》、《诺亚财富否认遭信托封杀，不愉快在于利益分配》等文章在网络媒体快速传播。信托公司与第三方理财公司都处于快速的成长过程中，信托公司在自身发展的过程中，注重客户需求，建设客户服务渠道是一个趋势。

而到了 10 月，银监会向信托公司发出《关于规范信托产品营销有关问题的通知》，虽然仅限于信托公司内部研究和征求意见，但是已经明确表明监管层对于信托行业监管理念的变化，以及对于信托行业长期可持续发展的殷切希望。《关于规范信托产品营销有关问题的通知》中多次鼓励信托公司建立直销业务，通过自身营销团队的建设和营销能力的提升，构建以客户为核心、以专业化资产配置和财富管理为主要服务内容的盈利模式。

2011 年 12 月 22 日，西安信托更名为长安国际信托，此番更名既是西安信托去地域化的一个表现，更是为了在全国展业。这也反映了信托行业近一年来正在发生的变化，即信托公司越来越重视营销工作。

> 以西安信托为例，西安信托目前已经在西安和北京两地建立了财富中心，此外，西安信托还在全国 14 个城市建立了营销网点，省外业务占比已经超过了 50%。

2012 年，监管部门极有可能正式允许信托公司设立异地营销中心。**政策的明确将使 2012 年成为大部分信托公司大力扩张的一年。营销网点、营销人员将大规模扩张，信托公司的营销时代宣告到来。**虽然信托直销渠道的建立不是一朝一夕之事，但是信托直销渠道建立是一个大趋势，未来将会在信托公司发展中占据更加重要的位置。

信托公司重组效果显现

2002—2007 年之间，通过大规模注资、剥离不良资产等方法，银行业、证券业的问题得到解决，大批银行和证券公司上市。而信托行业由于整体规模小，行业发展问题解决较慢。

直到近两年，随着行业的发展，信托牌照不断升值。借助行业发展的东风，信托公司重组不断推进，重量级央企和外资纷纷入股信托公司，信托行业遗留问题才得到初步解决，重组效果显现。

（1）多家信托公司重组成功，有效解决了历史遗留问题，维护了良好的金融秩序。

（2）新开业信托公司业务得到了快速发展。例如，四川信托、大业信托、金谷信托管理的信托资产规模增加较快（如表 8—4 所示）。

表 8—4　　不能正常营业信托公司重组情况

序号	2002年保留信托公司	重组后信托公司	控股股东
1	金谷信托	金谷信托	信达资产管理公司
2	佛山国投	华鑫信托	华电国际电力集团与外资金融机构重组
3	昆明国投	华澳信托	北京三吉利能源+麦格里资本
4	南京市信托投资公司	紫金信托	南京国资+日本住友信托银行
5	广州科技信托投资公司	大业信托	东方资产管理公司
6	四川省信托投资公司	四川信托	宏达公司+中海信托
7	四川省建设信托投资公司		
8	江西江南信托	中航信托	中航工业公司
9	武汉国际信托投资公司	方正东亚信托	北大方正+东亚银行
10	伊犁哈萨克自治州信托投资公司	长城新盛信托	中国长城资产管理公司+新疆生产建设兵团国有资产经营公司等
11	浙江省工商信托投资股份公司	万向信托	万向集团（见2010年12月17日浙江日报）
12	中国旅游国际信托投资有限公司		北京首都旅游集团有限责任公司持股92.19%，待重组
13	青岛海协信托投资有限公司	陆家嘴信托	陆家嘴金融发展集团
14	庆泰信托投资有限责任公司	五矿信托	五矿集团
15	金信信托投资股份有限公司	浙商金汇信托公司	浙江国际贸易集团(56%)+中金公司(35%)+其他
16	吉林泛亚信托投资有限责任公司		2006年11月24日停业整顿
17	新疆金新信托投资有限公司		原德隆系遗留问题

中国经济、货币与政策环境对信托行业业务的影响

中国经济、货币与相关政策深刻影响信托行业发展轨迹

2011 年，中国经济保持着平稳较快发展，但是与 2010 年相比呈现出若干重要特征。

- ○ 受国际经济不利因素影响，经济增速逐步下滑，从 2011 年第一季度的 9.7%，逐步下降到第二季度的 9.6%、第三季度的 9.4%，以及第四季度的 8.9%，部分企业经营发展受到一定不利影响。
- ○ 通货膨胀继续保持高位，与人民生活相关的 CPI 指数保持在 5% 以上高位，部分群众生活发展受到较大影响。
- ○ 为了保障普通人民群众利益，推动经济稳定发展，央行相继提高贷款准备金率，社会贷款总额相比上一年度下降明显，经济中流动性逐步减弱，部分企业融资出现困难。
- ○ 随着制度革新，经济禀赋发生着深刻变化，结构调整力度日益增大，产业发展领域和发展区域发生着重大变化。

上述各种变化同产业政策和银监会监管政策相互作用，对信托行业产生巨大影响，改变着信托行业的生态系统，信托行业的运行轨迹发生了深刻变化。

‖居民财富快速增长与通货膨胀高企为信托行业发展提供广阔市场‖

2011 年，虽然中国经济增长速度逐步降低，但是依旧保持着较快态势。稳步增长的经济增长速度，为居民财富增长提供支持，2011 年中国居民财富保持着较快增长。2011 年 10 月 19 日，瑞信研究院发布的第二份年度《全球财富报告》显示：

(1) 中国的百万富翁数量首次超过 100 万，达到 101.7 万人，占全球总数的 3.4%，并预计 5 年内百万富翁人数将翻倍。

(2) 中国有 84 700 名个人资产净值超过 5 000 万美元，仅次于美国；其中有 29 000 人的个人资产值最少达 1 亿美元，有 2 700 人的资产值超过 5 亿美元。

(3) 目前，中国财富总值为 20 万亿美元，紧随日本之后排名全球第三，高于法国。预计 2016 年中国财富总值将达到 39 万亿美元，超过日本。

(4) 中国财富总值在 2010 年 1 月至 2011 年 6 月间增长了 4 万亿美元，是美国之后全球第二大财富增长来源。

居民财富的快速稳健增长，为中国信托行业的发展提供了广阔的空间。与此同时，受到前几年货币政策惯性影响，2011 年中国居民 CPI 指数保持在高位。2011 年，CPI 涨幅达到 5.4%，在此情况下，居民迫切需要通过一定的方式对持有资产保值增值。可是由于目前投资渠道限制，居民资金运用方式有限，所以金融市场的理财产品受到追捧。目前金融市场的理财产品中，信托理财产品、保险理财产品、券商理财产品以及公募基金占据了主导地位，但在主要的理财产品中，唯有信托产品的收益率高达 9.11%，超越 CPI 指数，因此受到了投资者青睐（如图 8—8 所示）。在此条件下，信托产品的发行受到追捧也就在意料之中了。

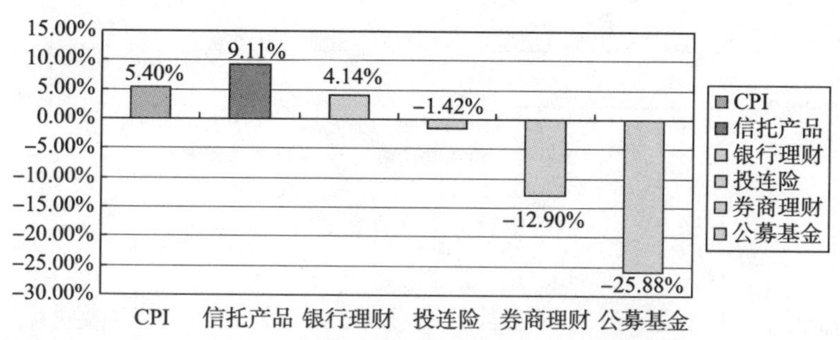

图 8—8　中国理财市场各类产品收益率比较

资料来源：CPI 来源东方财富网，信托理财产品来源普益财富，投连险数据来源于金融界，券商理财来源于和讯网，公墓基金来源于东方财富，信托产品来源于用益网。

受到居民财富增长及保值增值需求影响，信托公司资金来源渠道得到有效拓宽，从而为信托公司集合资金发行理财产品提供有利时机。根据统计，信托公司集合理财业务在 2011 年取得飞速发展，统计数据显示集合资金信托计划发行 9 595 亿元，较上年同期增长 120.1%，远远超越了同期其他理财产品增长。

货币政策持续趋紧，企业借力信托应对产业结构调整

2011 年中国货币政策持续趋近，央行连续六次上调存款准备金率，大型金融机构存款准备金率从 1 月的 18.5% 上升到 11 月的 21.5%。受到央行货币政策影响，金融机构贷款总额也一路走低，全年人民币贷款增加 7.47 万亿元，同比少增 3 901 亿元。受到货币政策影响，部分企业现金流出现萎缩，亟需资金补充。在此情况下，对具有资金融通功能的金融产品的需求持续上升。相较于银行理财产品、证券理财产品，信托产品因具备跨行业优势，能够投资实业领域，因而受到青睐。在一定程度上，集合资金信托对于银行的信贷资金具有

一定的替代作用，能够为经济中部分企业提供资金补充（如图 8—9 所示）。

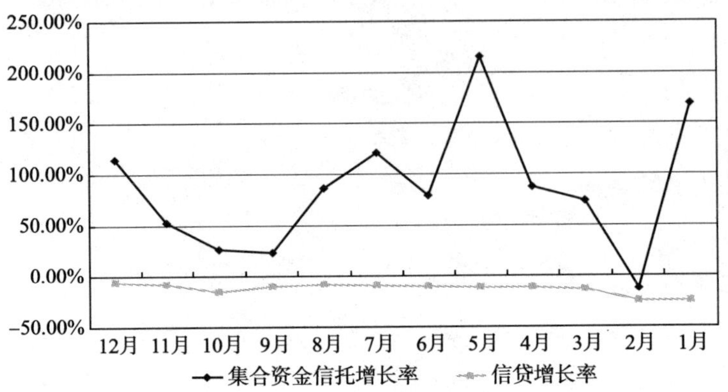

图 8—9　银行信贷与集合资金信托增长率比较

2011 年，中国经济进行着痛苦的产业结构转型，房地产以及基础设施投资在总投资中的比率逐步下降，工商业产业投资比重逐步升高。新增工商信托占新增信托资产规模的比重从 2010 年的 24.26% 上升到 2011 年的 49.75%，上升 25 个百分点，显示出工商信托在当前已经占据了信托投向的主导地位（如图 8—10 所示）。

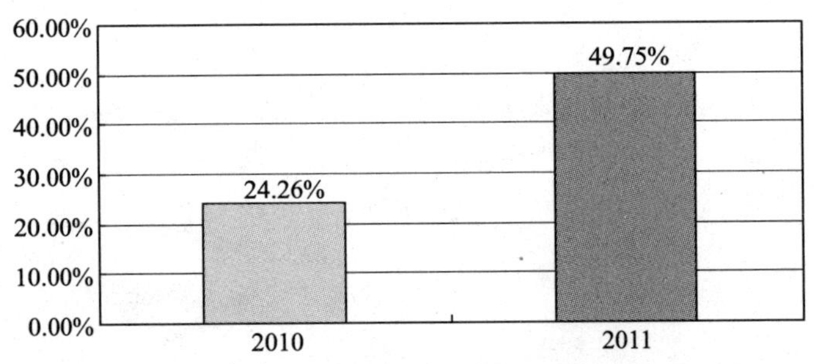

图 8—10　新增信托中工商信托占比

资源型产业整合日渐成效，另类资产投资在经济中所占比重也日趋重要。这种整合和重要性的提升，使得资源型产业对于资金的需求加强，需要大量资金在短期内迅速进入，而这种特性切合了信托公司投资要求，因而在信托公司业务体系中占据了重要位置。2011年，信托公司顺应国家资源型产业整合趋势，共有80款信托产品投向矿产资源领域，募集资金超过322亿元，有力支持了国家产业政策。

随着人们生活品质提升，对于艺术品的需求也日益增加。2011年，中国成为了世界上最大的艺术品拍卖市场，全年艺术品拍卖市场总成交额接近600亿元。艺术品市场的火爆促进了信托资金进入。2011年，信托公司发行艺术品信托规模超过100亿元，较上年增长20倍。

地方政府融资平台清理，信托公司以项目本身重定投资范围

受到2008年爆发的美国“次贷危机”影响，中国政府出台了“四万亿”经济刺激计划。受到此影响，地方政府出台了大规模投资计划，推动中国经济成功渡过经济危机。但是受到经济体制等各个因素影响，中国地方政府投资规模在一定程度上存在着过大风险。国家审计署2011年公布的《全国地方政府性债务审计结果》显示，截至2010年年底，全国地方政府性债务余额107 174.91亿元，其中融资平台公司、政府部门和机构分别举借49 710.68亿元和24 975.59亿元，占比共计69.69%，其中在2011年和2012年到期需要偿还的数额分别为26 246.49亿元、18 402.48亿元。地方政府的融资平台在一定程度上有利于经济发展，但是也存在部分县市举债规模过大，举债不规范等问题，对经济的长期发展和金融稳定形成威胁。因此，国家在2010年相继出台相关政策对其进行规范。

在此政策背景下，信托公司主动调整了自身业务投资方向，在与政府融资平台合作中，将以前单纯以政府信用作为评估标准改为以项目本身现金流覆盖能力为准则的新标准。在此影响下，信托行业基础产业比重也是一路下降，从2010年第一季度的40%下降到2011年第三季度末的24%（如图8—11所示）。值得注意的是，信托公司不仅从规模上对此加以控制，在合作形式上也进一步走向基金化。在2011年，中海、昆仑公司会同国开金融、民生银行等成立城开基金，专门从事土地开发，在信托行业基础产业方面资金运用形式上做了有益拓展。

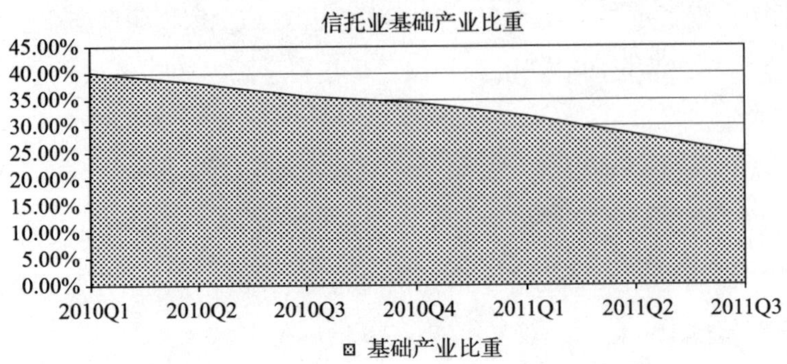

图 8—11　基础产业在信托资产规模中的比重

‖房地产调控政策力度持续加码，信托公司基金化投资策略突围‖

2011 年，国家不断加大房地产市场调控力度，1 月下发了《国务院办公厅关于进一步做好房地产市场调控工作有关问题的通知》，加大了房地产市场调控，特别在第六条提出限购的规定，对房地产市场形成重重一击。在严厉的调控面前，市场形成观望心态，房地产销售面临较大压力，部分房地产企业的现金流甚至出现枯竭，亟需资金补充。

在货币政策持续紧缩的情况下，该通知对信托行业开展信托业务提供了相对有利的外部条件，加强了信托公司话语权。在第一季度和第二季度，房地产信托发行出现了井喷，甚至超越了 2010 年最高峰的 797 亿元（如图 8—12 所示）。

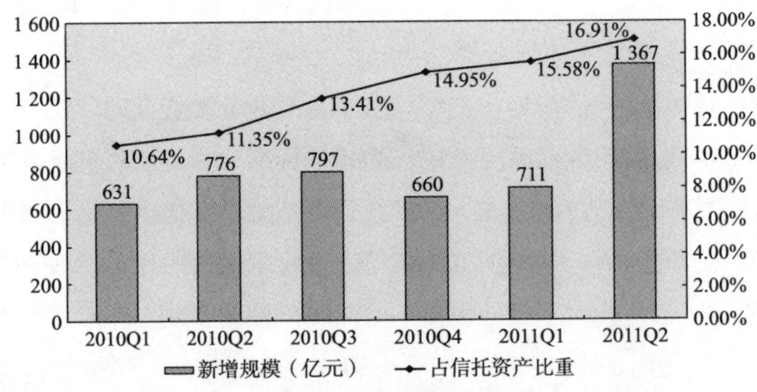

图 8—12　新增房地产信托规模与占比

随着房地产信托总量急剧增长，监管层意识到房地产信托中存在的金融风险，监管部门不断出台房地产融资相关规定，对房地产企业融资采取更为严厉的措施，改事后审批为事前审批，对信托规模总量进行控制，房地产信托业务开展受到一定限制。

在此情况下，信托公司主动加强自主管理能力建设，在房地产业务开展方面进行广泛创新，提升风险控制能力。

在当前，受到国家货币政策影响，房地产信托既面临着较为强烈的资金需求，又受到房地产市场风险控制要求以及金融监管部门日益严格监管要求，其发展面临两难选择。不过，在强烈市场需求面前，即使面临极为严厉的监管，房地产信托的发展依旧可期，但是其资金运用的方式和投资范围需要进一步拓展。

2011年银信合作继续受阻，银信合作业务逐步减少

2010 年下半年以来，监管层对银信合作进行限制，2011 年银信合作规模大幅度降低。截至 10 月末，共发行银信合作产品 7 611 只，其中 3 111 只产品公布了发行规模，由于组合投资类产品及债券类产品中只有一部分属于银信合作，所以经过一定系数的调整后，预计全部银信合作理财产品发行规模约为 2 万亿元，2011 年年底，银信合作整体规模仅为 1.67 万亿，银信合作整体规模已受到限制。此外，受银监会整顿短期理财产品影响，银信合作产品在年末也出现了发行量下降的趋势。银信合作信托占比由一季度的 46.8% 下降至三季度的 40.8%。

在银信合作业务中，很多信托公司的资金信托业务是靠银行的支持完成的，银行占主导地位，信托公司只起到“平台”作用，因此，信托公司获取的利润率很低。而在集合信托计划中，信托公司获取的收益率较高，如果信托公司自己参与认购投资，或者管理产品获得超额收益，信托公司还可以提取一定的收益提成。

2011 年四季度，银信合作风云再起，票据信托成为信托公司的新宠。

截至 2011 年 11 月 29 日，共发行成立全部投资于票据的信托产品 235 只，其中上半年仅发行 6 只，下半年，尤其是四季度票据类信托成立数量爆发，国庆后共成立票据类信托产品 146 只，占信托成立总数量的 21.86%，仅 11 月就成立 74 只。

对于信托公司而言，只要通过银行验证票据的真实性，就可以规避这类业务的风险，同时获得稳定的收益。但在2011年6月银监会发出了《关于切实加强票据业务监管的通知》后，这类业务就开始受到约束，把这类业务作为信托公司长期的赢利点，缺乏足够的政策支持。2012年1月11日，银监会进一步电话通知叫停了票据信托。票据信托本身作为信托行业的创新产品，从市场发展角度是无可厚非，但是当前信托公司发行的信托产品有利用监管空间进行套利行为。信托公司票据创新业务方式，还需要进一步创新。

‖证券市场萧条，信托公司增加固有业务资产配置和金融股权投资‖

2011年证券市场行情不佳，全年证券市场综合指数震荡下跌，证券投资基金基本上处于全年亏损状态，其他类型投资基金也处于类似境地。在此情况下，信托行业证券市场的发展在两方面受到影响：

- ○ 证券投资信托本身受到一系列影响；
- ○ 信托公司自身固有资产配置出现一系列变化。

证券投资信托一直是信托公司业务投资主要领域之一，其追求“绝对收益”的投资策略，也较公募基金更为灵活。2011年，信托公司证券投资业务基本上保持较为平稳状态，其中，第一季度、第二季度、第三季度发行的集合资金证券投资信托分别为183只、225只、218只，基本上保持着稳定增长态势。之所出现这种较为良好的发展态势，是由于信托公司在证券投资资金运用方式和投资领域不断创新。在二级市场普遍惨淡情况下，信托公司的在定向增发领域积极开发，例如在第三季度有20家信托公司发行了定向增发证券投资信托。

2011年证券投资领域另一件大事则是信托公司取得股指期货交易资格，可以借助这项业务有效对冲市场风险。

2011年年末，信托行业内第一家获得股指期货交易业务资格的华宝信托有限责任公司与上海富晶资产管理中心合作推出“禹廷海集1期股指期货套利”，富晶资产担任投资顾问，意味着信托公司开展私募对冲基金业务进行了有效尝试。

信托公司固有业务在证券市场表现不佳与自身业务转型双重影响下，积极开展战略资产重新配置。部分信托公司加大了对城商行等中小金融企业的投资力度，例如百瑞信托、中原信托参与了郑州银行的定向增发，中航信托参与了吉安农商行的组建工作。**信托公司加大对金融公司股权投资，有利于信托公司进行有效配置资产，提高自身经营业绩的稳定性和持续性。**

信托业务与其他资产管理业务的相互影响

‖业务格局变革，互动加强‖

2011年，证券、基金陷入衰退，银行、保险增长放缓，信托行业一枝独秀，3季度末所管理的信托资产已经突破4万亿元，年底信托资产规模达到4.8万亿元。而2011年年底，同期的公募基金规模进一步缩水至2.17万亿元，保险资产规模小幅增长至5.9万亿元，信托资产规模超公募基金近1倍，与保险行业的差距继续缩小（如图8—13所示）。**信托已成为理财市场中快速发展的一股重要力量，行业的地位和实力得到了进一步提升。**

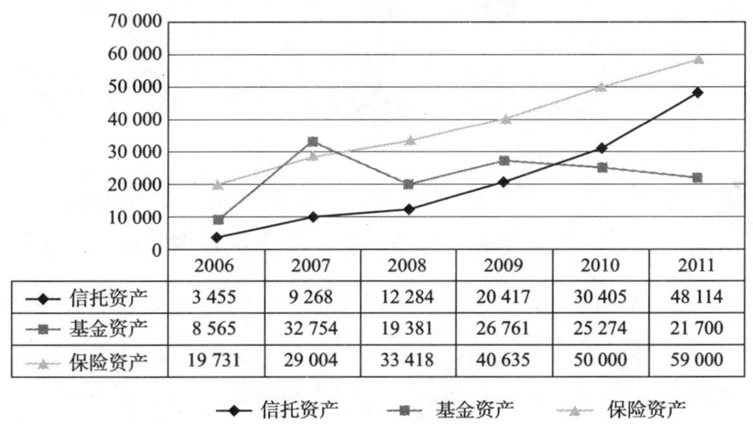

	2006	2007	2008	2009	2010	2011
信托资产	3 455	9 268	12 284	20 417	30 405	48 114
基金资产	8 565	32 754	19 381	26 761	25 274	21 700
保险资产	19 731	29 004	33 418	40 635	50 000	59 000

图8—13　信托与基金、保险资产规模发展趋势图

信托实力增强，与银行、保险、证券、基金的分工更加明确。银信合作和阳光私募这两项业务的规范发展为信托公司提供了稳定的收入来源和广泛的金融同业互访交流合作，为后续的创新合作埋下了伏笔。由于受到分业监管限制，合作产品的跟进及推出仍有待深入挖掘。

‖相互作用驱动因素‖

1. 发力营销投资双中心，信托需借传统渠道

商业银行坐拥庞大的销售网点和客户资源，是信托产品销售市场的“渠道霸主”，其绝对主导地位短期内难以撼动，规模过大的信托产品需要与银行合作发售才能完成。即使信托公司开始发力产品营销，拉长直销短腿，无耐时间尚短，客户体验等方面亟待提高。还有第三方专业理财机构的顺势崛起，使得未来的信托产品销售仍不能完全脱离银行渠道。

信托公司在发力产品营销时，投资领域的项目获取能力和开发能力短板也应强化，“一招制胜”远没有“五个手指弹钢琴”的胜例多。在投资能力上，信托公司和证券、基金、保险行业相比，明显处于下风，应将其他行业视为学习的榜样。**信托公司应该走产品、营销双中心的道路，强化自身的投资能力，走类似于基金公司的道路。**信托公司在股权投资，尤其是在非资本市场股权投资领域有着广阔的业务空间。

2. 金融脱媒趋势明显，信托助理财勃兴

2011年居民存款多次上演大搬家的脱媒景象。央行公布的2011年分月金融运行数据显示，4月和10月住户存款净减少4 678亿元和7 272亿元，而7月不仅住户存款大幅减少6 656亿元，非金融企业存款也减少4 057亿元。但2011年商业银行理财业务迎来爆发式增长，全年共有22 379款银行理财产品发行，同比增长97%。理财产品遭“抢”，购买信托产品是这些资金的一个重要流向。

信托公司的最大优势就是信托制度的灵活性。**信托公司是除银行外唯一一个具有贷款业务资格的金融机构，并且在产品创新、自主定价等方面具有相对充分的自主权，走在了利率市场化的前沿。**信托公司拥有包容性金融工具，能够紧贴客户需求在投资项目中灵活运用贷款、股权、权益投资等多元化的万能组合风险控制手段，量身设计出收益稳定、风险可控的个性化信托产品。**信托公司还是唯一可以横跨货币市场、资本市场、实业领域投资的天然创新型综合金融机构，可以在非资本市场直接投资。**银行、保险等理财资金一旦借道信托，投融资范围立即全面打开，收益将大大提升。信托制度将货币市场、资本市场和实业投资市场进行有效对接，最大程度平滑不同市场的经济周期，呈现出

“盈利弱周期、投资领域强周期”的特质，满足客户财富在经济周期不同阶段合理布局的需求（如表 8—5 和图 8—14 所示）。

表 8—5　　金融机构业务范围比较表

	贷款业务	投资业务		中间业务	信托业务
		金融产品	金融类公司股权		含非金融类公司股权
信托公司	√	√	√	√	√
商业银行	√	√	√	√	
证券公司		√	√	√	
保险公司		√	√	√	
基金公司		√		√	

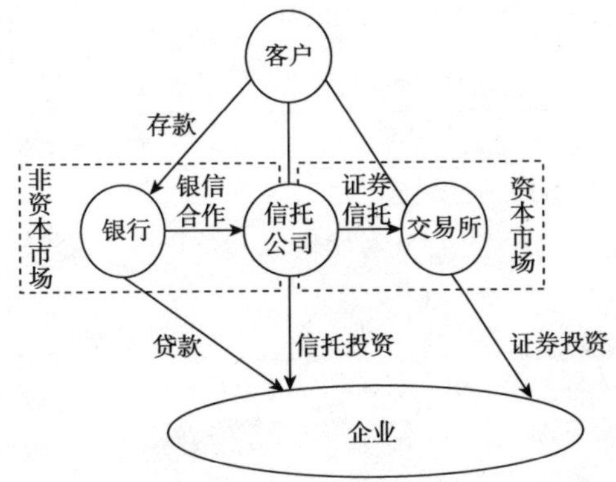

图 8—14　信托与资本市场、非资本市场关系图

中国未来的金融市场发展仍将是一个逐步信托化的脱媒过程，银行存款搬家到投资性产品这个趋势会越来越明显，个人和机构将会更多地利用信托公司理财，信托公司从资产管理机构的过程逐步走向真正的高端财富管理机构的过程中有望继续发挥产品优势、稳定发行量、丰富产品线、结合渠道建设，信托资产占 GDP 的比重将不断增加。

‖具体的表现形式‖

1. 取长补短，相互参控

银行、保险公司参控信托公司，意在利用信托制度的灵活性，通过信托公司打造非融资类和非资本市场的投资能力，拓展为银行、保险资金服务的业务空间。基于此种考虑，中国平安借助其控股的平安信托较早地介入了PE、房地产和基础设施等非资本市场投资领域，交通银行控股交银国际信托，建设银行控股建信信托，兴业银行控股兴业国际信托。

同时，信托公司也积极参股证券和基金公司，不但持续收到了丰厚的回报，还提升了资本市场的投资研发能力。但是由于其进入的高门槛、高溢价，部分信托公司转道青睐银行和保险公司股权。地方性银行和农村银行作为存款性金融机构，在一定程度上可以与信托公司形成金融协同。由于规模通常不大，信托公司只需花有限的资金即可获得话语权，代理发行信托产品，强化产品营销能力。截至目前，共有21家信托公司参股29家银行，其中，有3家全国性银行、16家地方性商业银行和10家农村银行（如表8—6所示）。

表8—6 信托公司参股银行股权情况

信托公司	参股银行情况	持股比例	信托公司	参股银行情况	持股比例
1. 全国性银行（3家）					
东莞信托	广发银行	0.062 5	上海信托	上海浦东发展银行	5.23
中原信托	光大银行	0.01			
2. 地方性商业银行（16家）					
百瑞信托	郑州银行	5.77	甘肃信托	兰州银行	3.2
华宸信托	内蒙古银行	0.04	吉林信托	吉林银行	1.52
华信信托	大连银行	4.88	重庆信托	重庆三峡银行	34.79
	丹东银行	19.79		重庆银行	0.01
建信信托	徽商银行	2.76	江苏信托	江苏银行	10
平安信托	台州市商业银行	5	山西信托	晋商银行	0.02
陕国投	长安银行		苏州信托	江苏银行	0.5
外贸信托	天津银行	0.14	西部信托	长安银行	4.38
中航信托	景德市商业银行	9.95	中原信托	焦作市商业银行	9.95
3. 村镇银行、农村银行（10家）					
百瑞信托	巩义浦发村镇银行	5	国联信托	无锡农村商业银行	10
北方信托	天津津南村镇银行	10	国元信托	淮南通商农村合作银行	20
	天津滨海农村商业银行	3.05		池州九华农村商业银行	20
苏州信托	江苏射阳农村商业银行	10	吉林信托	九台农村商业银行	17.09
	江苏姜堰农村商业银行	4.8	江苏信托	江苏海门农村商业银行	6.67

资料来源：百瑞信托博士后科研工作站，《信托研究与年报分析2011》，中国财政经济出版社，2011年10月第1版。

除了银行股权外，保险公司丰厚的股权收益、沉淀的保险资金和丰富的客户资源也越来越受到信托公司的关注，信托公司参股保险公司的热情持续增长。

泰山财险即是由山东信托等 16 家公司共同发起筹建，众诚汽车保险公司是由粤财信托等 6 家公司发起设立的，吉林信托出资 5 720 万元与其他出资方共同设立中融人寿占该公司总股本的 20%，江西信托受让天安保险 20% 股权。最新数据显示，目前共有 11 家信托公司持有 10 家保险公司股权（如表 8—7 所示）。

表 8—7　信托公司参股保险公司股权情况

信托公司	参股保险公司情况	持股比例	信托公司	参股保险公司情况	持股比例
爱建信托	天安保险	0.67	昆仑信托	上海大众保险	0.24
国民信托	汇丰人寿保险	50	陕国投	永安财险	2.29
华信信托	百年人寿保险	9	粤财信托	众诚汽车保险	20
吉林信托	中融人寿保险	20	中诚信托	中国人寿养老保险	1.81
江西信托	天安保险	20	中信信托	泰康人寿保险	8.80
山东信托	泰山财产保险	9.85	昆仑信托	上海大众保险	0.24

资料来源：百瑞信托博士后科研工作站，《信托研究与年报分析 2011》，中国财政经济出版社，2011 年 10 月第 1 版。

2. 信托借基金参与增发，基金用信托募资揽客

2011 年证券市场持续疲软，投资者信心不足，专户理财客户难找。公募基金资产规模进一步缩水，进而向信托伸出橄榄枝募资揽客。若引入结构化设计，基金公司还可以获取部分浮动收益。尤其是“一对多”专户，在投资时是“一对一”的形式，可以不必遵守个股投资上限的约束。对于信托公司而言，证券账户难题得以解决的同时，还可以直接参与定向增发。现在，走公募基金的专户理财通道，只需要发行一个产品集合。在这一特定市场条件下，与阳光私募相比，信托公司与公募基金两者的合作更有意义，且更能体现信托制度的灵活性优势。

比如，陕国投·汇添富基金定向结构化证券投资集合资金信托计划运用方向被定为通过投资于汇添富基金的资产管理专户。陕国投 2011 年发行了多只此类产品，每只产品的最低认购金额为 100 万元，每只产品募集资金 1 亿到 2 亿元不等，募集效果明显好于公开市场发行。

信托行业未来中期发展展望

未来业务环境变化趋势及其对信托行业发展的影响

‖信托行业仍将处于快速发展时期‖

GDP 分配格局改变，从重财政转向重民生，分配领域向居民部门倾斜，将促使理财客户数量及需求进一步增加。

从图 8—15 中可以看出，2000 年以来，消费支出占 GDP 的比重逐步下降，而投资支出占 GDP 的比例逐步上升。

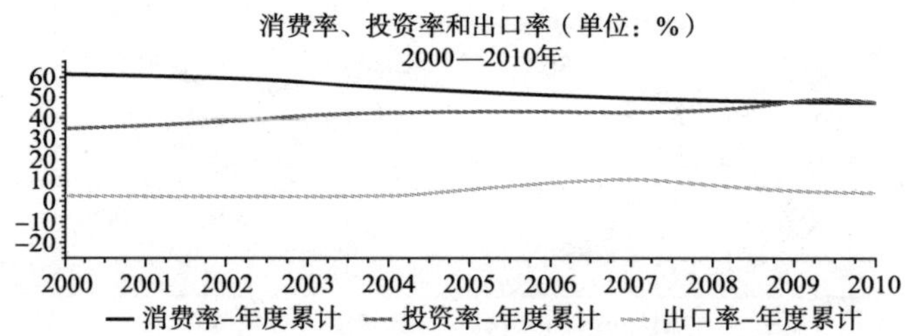

图 8—15　支出法计量的 GDP 构成图

资料来源：Wind 资讯。

由图 8—16 可以进一步看到，居民消费占 GDP 的比重迅速下降，而固定资产投资占 GDP 的比重迅速上升。与发达国家，甚至与不少发展中国家相比，中国居民消费占 GDP 的比例都是偏低的。

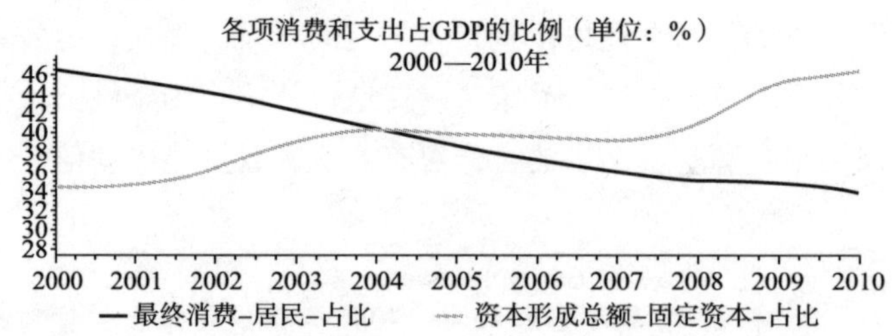

图 8—16　居民消费和固定资产支出占 GDP 比重图

资料来源：Wind 资讯。

为提升居民消费占比，必须提升居民收入占GDP的比例，按照“民富国强”的思路调整国民收入分配格局。改革开放之后，随着承包、放权等政策的实施，居民财富比重上升，财政占比急剧下降。1994年分税制改革至今，财政占国民收入比重回升，财政收入增幅超过GDP增幅。当前，国家已经有意改变收入分配格局，将重新进入居民财富占比上升时期。

中央经济工作会议已经连续几年提出调整国民收入分配格局。中央提出了五项改革措施，尤其是促进中小企业和服务企业发展、加大民生支出两项，将从初次分配和再分配两个层次，直接提升居民部门收入占比，扩大潜在客户数量，提高客户群体质量。

“十二五规划”给信托行业带来发展新机遇。“信托”一词首次出现在国家“十二五规划”中：“更好地发挥信用融资、证券、信托、理财、租赁、担保、网商银行等各类金融服务的资产配置和融资服务功能。”目前中国间接投融资仍占主流，直接投融资市场依然滞后。信托行业拥有横跨货币市场、资本市场、产业投资市场的制度优势，若能够充分发挥信托的制度优势、金融功能优势，利用十二五规划带来的机会，信托行业将借助产品创新，以产业基金、股权投资等多种形式实现产融结合。

国内二元金融市场格局为信托提供增长空间。历经30余年改革，在其他要素市场高度市场化的同时，中国金融业仍然以政府行政管理为主。在这种金融管理体制下，国内金融体系呈现二元市场格局：在银行贷款、股市以及债券市场之外，存在着巨大的市场化的民间资本供求市场。虽同属金融服务正规军，但与银行、券商、保险等金融机构相比，信托公司在产品创新、自主定价等方面具有相对充分的自主权，信托行业在这两个金融市场都有着广阔的发展前景。在中国的金融体系逐步市场化的过程中，信托行业的高速增长仍将持续。

理财市场投资者保值增值需求旺盛，信托行业将在财富管理领域打造专长

近年来国内货币超发严重，包括高净值客户在内的广大居民对财富保值增值的理财需求具有长期性，为信托行业提供了良好的发展机遇。2010年年末广义货币量达到72.6万亿元，为GDP的190%。借用货币经济学的货币效应概念，货币效应首先表现为收入效应，即居民的名义收入增多，在扣除消费支

出外，居民持有货币自然有进一步增值的渠道需求；其次表现为替代效应，即央行货币超发不可避免会带来通胀，通胀因素导致居民的实际收入增幅小于名义收入增幅，货币对内贬值促使居民寻求财富的保值渠道以对抗通胀。

在可预见的未来，中国金融市场仍处于高速增长之中，理财市场需求巨大，包括企业金融需求和居民财富管理需求。目前，虽然国内金融市场仍以服务于企业融资需求为核心，不过随着居民财富快速增长、第一代创业企业家退休潮的来临，中国金融业将逐步进入财富管理黄金时代。中短期内，企业金融需求与财富管理需求并重；长期来看，财富管理将成为信托的主业。在此过程中，金融市场细分、产品创新将决定金融机构的竞争力，而具有天然创新优势的信托行业应拔得头筹。

未来中期信托行业发展策略展望

面对国家经济转型和自身可持续发展的挑战，信托行业必须结合自身业务优势，创造性地开展信托业务，形成有效的新型盈利模式。

‖行业发展策略‖

1. 充分运用信托的制度优势，加速业务转型

信托公司业务主要包括四类：

- ○ 项目融资类，信托融资业务仍然是目前信托资产的重要组成部分。
- ○ 能够发挥受托人优势的业务，为信托财产起到隔离保护等作用，这类业务包括财产权信托、事务信托等。
- ○ 资产管理类业务，包括产业基金、证券投资信托、房地产投资信托基金等。
- ○ 投融资一体化业务，根据客户情况，制定综合投融资解决方案，包括并购信托、投行类业务等。

随着信托公司从融资平台向资产管理平台转型，业务重心将由第一类、第二类业务向第三类、第四类业务转型。

2. 加强投资者教育，走出“刚性兑付”误区

从中国资本市场发展历程来看，加强投资者教育工作，是培育和发展市场的重要内容。结合信托市场现状，虽然信托合同中明示了信托项目的风险，并且签订了风险申明书，但仍有很多投资者认为预期收益率即为实际收益率，信托项目更不能出现亏损，这表明投资者尚缺乏对风险的认知。从这个意义上讲，一些信托产品投资者并非合格投资者。建议信托行业借鉴证券业经验，加强投资者教育，倡导理性投资观念、提示投资风险，将信托产品投资者和潜在投资者培养转化为合格投资者。

3. 加强自主营销渠道建设

在金融领域，信托仍属于一个较小的子行业，信托公司的核心竞争优势主要表现在两个方面，一是客户渠道优势，二是投资渠道优势。投资渠道优势包括产品设计能力和投资管理能力，可以看做信托公司“内功”是否深厚；而客户渠道优势则表现为借助营销手段，将客户的投资理财需要转化为对信托产品的需求，然后信托公司运用产品设计的灵活性，为客户提供风险收益匹配的信托产品，从而使投资渠道优势得以发挥。一定程度上，投资渠道优势的发挥需依赖于客户渠道优势，而营销正是其中不可或缺的催化剂。因此，**营销能够让信托产品自身的优势转变为客户认同的优势，创造并巩固信托产品在客户心中的地位，让信托产品在客户心中成为无可替代的，这恰恰是核心竞争优势中的重要部分。**

4. 开展从业资格考试，提高人力资本

在金融行业内部，证券、保险、银行、期货、基金等众多的子行业都有行业性的培训和从业资格考试，唯独改革开放初期就有的信托行业，却至今还没有行业性培训和从业资格考试。随着信托行业从业人员数量的快速增加，全面提高从业人员的综合素质成为一项重要工作。目前，监管部门和信托行业协会已经开始着手从业资格教材的编写工作，从业资格考试即将拉开帷幕。考试不仅有利于现有从业人员素质的提升，而且对于行业长期发展和人才储备也有着重要意义。

5. 进一步加强信托公司内部风控体系建设

现代金融企业是经营风险的经济组织，建立健全有效的风险管控体系是公司永续经营的基石。当前，信托公司已经纷纷建立起较为完善的内控体系，但是在量化数量模型的构建和配套 IT 系统建设方面还存在一定缺陷，未来仍需要在内部风控体系建设方面下工夫。

‖具体业务发展策略‖

1. 从产品生命周期理论看业务发展策略

根据产品生命周期理论，产品所处周期主要分为导入期、成长期、成熟期、饱和期等（如图 8—17 所示）。从信托行业目前发展情况看，处于成熟期的有基础设施信托业务、房地产信托业务，处于成长期的是资本市场类信托业务，处于导入期的有产业基金业务、并购信托业务、QDII 等业务。近年投向市场的信托产品具有多样化的特征，这些信托产品将自身所处的生命周期阶段与投向市场做到了最大程度的有效对接。

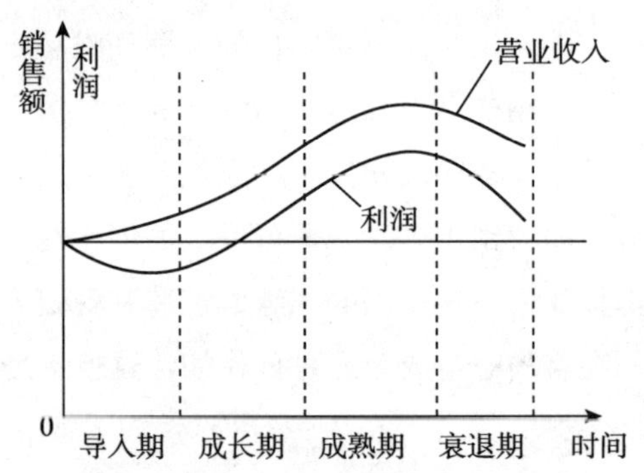

图 8—17　产品生命周期理论示意图

成熟期信托产品的发展重点是产品转型与创新，推动产品细节上的持续改善，通过产品优化方式延长其生命周期，不断激发新的需求，强化产品的生命力。成长期信托产品的发展重点是提升业务量，降低边际成本，早日进入盈利期。导入期信托产品的发展重点是探索业务模式，积累业务经验，为业务实现快速发展打下坚实的基础。

（1）成熟期业务

基础设施信托业务、房地产信托业务相对成熟。对于基础设施信托业务和房地产信托业务而言，主要是推动产品细节上的持续改善，通过产品的优化，产品细节方面的创新，不断激发新的需求，强化产品的生命力。

a. 基础设施信托产品策略。基础设施信托业务要做好内涵，做大外延，运用基金和资产证券化等原理对产品进行优化。

- **产品调整**。依照监管层新精神，调整基础设施信托业务模式。在政府融资平台整顿以后，基础设施信托业务从评价政府信用转型为评价融资平台信用。前者重视GDP、税收总量，而后者更重视从企业角度分析现金流量。
- **做大外延**。在产品外延方面，从包括公路、铁路、机场、通信、水电煤气等传统的基础设施建设，向包括教育、科技、医疗卫生、体育、文化、环保、防灾减灾、保障房建设等社会性基础设施拓展。
- **发展基础设施产业基金，运用资产证券化理念改造基础设施信托产品。**

b. 房地产信托业务。房地产信托业务是当前多数信托公司的主要盈利来源。房地产信托业务在商业地产信托、房地产信托投资基金等方面存在广阔的业务发展和创新空间。

- **逐步加大商业地产的占比**。随着城市规模扩张，经济辐射力增强，商业功能升级，城市商业地产的地位日益突出。商业地产的崛起会为房地产信托提供新的历史机遇。
- **逐步向股权投资模式过渡**。在收购商业地产项目中，常常需要规避直接收购商业地产所带来的各项税费，不少收购采取收购物业项目公司的形式。
- **信托公司已经开始拓展房地产信托业务半径，涉足旅游地产、养老地产、停车场等房地产信托业务。**

（2）成长期业务

信托公司成长期业务的发展重点是提升业务量，降低单位成本，早日进入盈利期，并借助金融产品的高复制性，拓展外延业务。成长期信托业务主要是围绕资本市场开发和设计产品，这是强化和提升投资能力的主要途径，也符合监管层的引导。

从实践看，在资本市场信托业务领域，不同信托公司各具特色，业务发展重点方向和模式也有所差异。总体来看，虽然受限于中国金融体系分业监管、部门利益分割，信托公司在开展资本市场业务时受诸多不利因素影响，但由于市场空间巨大，信托公司在这些业务领域通过受益权分层等创新推出了具有不同特点和优势的产品。

a. 资本市场套利业务。资本市场创新多样，挖掘潜在的套利机会。例如在股票增发中运用套利策略，以低于市场价的成本参与股票定向增发，然后利用相关性强的指数期货进行做空，使二者构成一个市场中性组合策略，锁定增发价折扣对应的收益，同时享有增发股票业务快速增长所带来的超额利润。

b. 为上市公司股东提供投融资一体化业务。信托公司发行集合资金信托计划募集资金，上市公司股东以劣后级投资者身份将拥有的股票置入信托资产，然后以其股票为社会优先级投资者提供保障，优先级投资者享有一定的浮动回报，信托公司与上市公司股东共同开展投资业务。

c. 以股票收益权质押为基础的各类新型信托业务。包括股票质押贷款，股票受益权信托等。充分利用股票流动性强、办理质押手续便利的优势，开发多种模式的信托产品。

d. 发展伞形信托计划。根据宏观经济背景，构建伞型资产配置信托计划，投资不同的板块。母信托的投资对象为金融板块、资源板块、制造板块、消费板块等子信托。通过自主决策，动态调配，母信托可以为各种类型的投资者创造理想的投资收益，这一模式将极大地发挥出信托跨越货币市场、资本市场和产业投资市场等多个市场的制度优势。

（3）导入期业务

“信托可以与人类的想象力相媲美”充分体现了信托业务灵活性及发展空间之巨大。信托创新业务拓展具有多种选择，各个信托公司可以根据自身情况在实践中有所侧重。限于篇幅，我们在此仅对信托产业基金、并购信托、资产证券化三种信托业务进行简要介绍。对于导入期业务而言，目前各个信托公司的着力点是探索业务模式，积累业务经验。

a. 产业基金。产业基金是信托公司实现可持续发展的重要产品支撑。标准化、系列化、基金化运作是未来信托业务发展的方向，产业基金规模大、收益高，能够有效提升人均管理资产规模和人均利润，是信托公司实现集约化发展的产品转变方向。

近年来，信托行业已经陆续出现基础设施产业基金、清洁能源产业基金、节能减排产业基金、商业地产基金等信托产品，这些信托产品得到高净值客户、社保资金、保险资金等投资者的认可。

b. 并购信托业务。在经济结构转型和升级中，物流、医药、煤炭、零售、酒店等行业并购日益频繁，并购信托业务有着巨大的市场需求。

- 在并购信托业务中，股权或者类似有价值的权利是业务拓展的基础。关注并购信托业务，实质上是关注被收购股权、潜在被收购股权的价值。被收购股权具有类似 PE 投资的价值，但因收购方无意于让渡给信托公司，故采取并购信托的业务模式实现双赢。
- 并购信托业务与普通的融资业务不同，具有与银行贷款不同的股权操作模式。信托在股权投资方面有着银行无法比拟的优势，这一点与房地产信托类似，可以为信托公司带来较高的收益。

c. 资产证券化信托业务。信托模式的资产证券化是把特定的具有预期稳定现金流的资产，通过设立特殊目的信托（SPV）将资产划转为特定的资产池信托资产，通过结构化设计（次级和优先级），使之以证券形式表现的一种结构化融资技术。基本交易结构为：资产的原始权利人将资产出售给一个特殊目的信托，该信托以该资产的未来现金收益为支撑发行证券，以证券发行收入支付购买资产的价款，以资产产生的现金流向投资者支付本息。

目前中国已经积累了大量的金融资产和可以进行资产证券化的物质资产，出于流动性的需求，这些资产的持有人有着巨大的证券化需求。随着相关法律体系的成熟和监管技术的完善，信托公司在资产证券化业务方面有着很大的增长空间。

2. 从波士顿矩阵看业务发展策略

为进一步理解不同信托业务对信托公司资源的占用，我们借用波士顿矩阵对信托公司的各种信托产品进行有效评估。以市场发展前景为纵坐标、以市场占有份额为横坐标，可以将一个公司的业务分成四种类型，如图 8—18 所示。

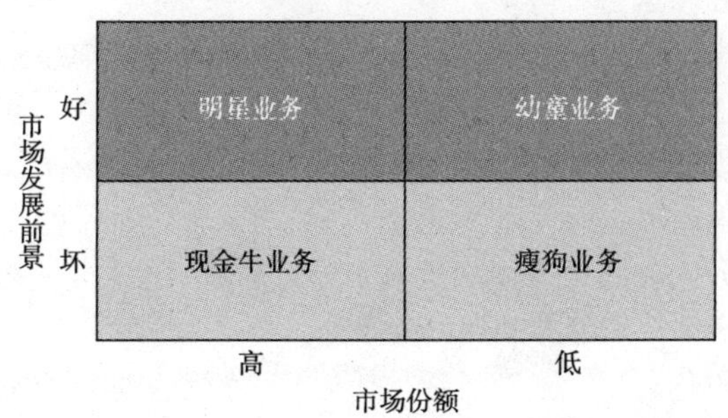

图 8—18　波士顿矩阵分析图

贷款及短期债务融资类信托业务。这类业务是多数信托公司过去多年具有相对优势的业务，也是信托公司以往最重要的利润来源。其特点是均以贷款方式运作信托资金，不同仅在于资金运用领域的差异。但是，此类业务并不符合信托行业资产管理的行业本质，加之近年来信托新政的一个重要政策导向就是限制贷款类信托产品，因此，这类业务属现金牛业务，不应成为信托公司未来的业务重点。

基础设施类信托业务。与传统政府平台上的基础设施信托业务不同，近年出现基金化趋势的基础设施信托业务具有以下优势：

- 这类业务符合信托监管导向；
- 基础设施投资项目多具有收益长期稳定、风险较小的特点；
- 中国经济仍然处于高速增长时期，为基础设施信托业务提供了巨大的项目资源；
- 通过基础设施信托业务，信托公司可以积累投资管理经验。

虽然市场前景看好，但基础设施信托投资业务的拓展也有较大难度，属于幼童业务。

基金化房地产信托业务。2011 年房地产信托业务可谓跌宕起伏，但一个明显的趋势是基金化特征日益明显，房地产信托业务逐渐从融资类业务过渡到投资类业务。虽然基金化房地产信托业务对房地产开发企业或开发项目的股权投资刚刚起步,但多个因素促使房地产信托仍然为信托公司提供了可观的收入。鉴于其处于业务转型期，应属于幼童业务。

- 住宅类房地产开发项目从拿地到交房一般在 2 ~ 3 年，这一特点非常适合房地产信托资金以股权投资方式进入，也与投资者的现金流的时间结构有着较高的契合度。
- 目前房地产行业的高利润为众人所知，偏紧的货币政策促使开发企业乐于与社会公众分享收益。信托资金以投资方式进入，通过业绩分成、自有资金投资作为次级受益人等多种方式参与进来，平滑了社会平均收益率水平。
- 多数信托公司在房地产领域积累了较为丰富的投融资经验，能够有效把控房地产信托产品存续期间的风险。
- 中国的城市化进程远没有结束，房地产信托业务前景依然乐观，只不过会存在业务模式的创新。

信托公司开展房地产信托业务的一个难题是防止信托公司从金融服务商的角色变成开发商，不过，前文所述的夹层融资方式可创造出新的技术手段削弱这一倾向。

证券投资信托业务。广义的证券投资信托业务包括券商、信托、基金公司等开展的证券投资业务。由于2007年暂停信托开户的监管限制，以及券商和基金公司在这一领域的专长,这类业务近年来并未给信托公司带来足够的收入。但中国的证券市场方兴未艾，信托公司在这一领域完全可以借助信托制度的灵活性，通过受益权分层等创新推出创新型产品，增加市场份额。除了业内少数此类业务开展情况良好的信托公司，比如外经贸信托、西安信托等，就整个行业而言，证券投资信托业务属于幼童业务。

PE类信托业务。由于近几年的“全民PE”使得民众对“门口的野蛮人”诟病较多，自2007年起，证监会对信托公司通过PE投资有潜力的上市公司持排斥态度。但建立在信托制度基础上的PE依然显示了其顽强的生命力和竞争力。在中国的金融体系具有天然的行政分割的约束条件下，与证券市场只做“锦上添花”不同，PE类融资为企业提供了真正的“雪中送炭”服务。信托公司不应缺席这一具有良好发展前景的业务领域，应争取将其发展成明星业务。

资产证券化信托业务。在当前中国法律框架下，能够进行证券化的资产以银行信贷资产为主，银行占据主导地位，信托公司在这一业务领域远没有四大资产管理公司的先天优势，开展此类业务的热情不高，这类业务瘦狗业务。未来资产证券化信托业务能否成为明星业务取决于两个因素：

- 资产证券化的制度建设能否出现重大进展，若将可以证券化的资产范围扩大，这一业务前景广阔。
- 资产证券化的法律框架能否发生改变，如果将来人们资产的投资渠道能够大量增加，社会整体的储蓄率下降，银行法定利差消逝，可能会导致银行要通过市场融资弥补其资本需要，对信托公司而言，届时资产证券化的外部环境将大为改善。

私人财产管理信托业务。国内整体的私人财产管理业务处于起步阶段，对于各个金融机构的理财部门而言，均属于幼童业务。但国内包括高净值人士在内的普通居民财富增长迅速，市场前景良好，因此吸引了包括第三方理财机构在内的多种机构的介入竞争。这类业务最能反映信托公司专业化的资产管理机构的功能定位。虽然客户资源更多的掌握在银行和券商等机构，但信托公司对信托财产的运用方式的灵活性和多样性是商业银行无法比拟的。即使是在银行、券商、基金等投资门槛可能只有几万、几千元而已，而信托公司面临着100万起点的门槛这种不对等的竞争格局下，近几年信托公司的理财产品仍然取得优于其他金融理财产品的业绩。随着对英、美、法系各类信托业务的引入和信托公司自身的创新，信托公司应当大力拓展此类业务。

对投资者说

- 2011年信托产品收益率高达9.11%，超越CPI指数。相比其他理财产品，信托业务投资领域广阔，产品种类丰富，投资收益高，各类型投资者可根据自身风险与收益偏好选择合适的信托产品。
- 2011年国家不断加大房地产市场调控力度，房地产信托业务的开展受到一定限制。在此情况下，信托公司不再简单以股权或者贷款方式开展信托业务，而是以成立房地产信托基金的方式介入房地产行业；房地产市场投资领域也更为宽泛，从单纯的住宅扩展到商业地产、旅游地产以及保障房建设领域，建议投资者继续关注。
- 2011年银信合作继续受阻，业务规模大幅度降低。尽管第四季度票据信托经历了一段爆发式增长，国庆后共成立票据类信托产品146只，占信托成立总数量的21.86%，但由于该产品存在监管套利行为，于2012年1月被银监会电话叫停。信托公司票据创新业务方式，还需要进一步创新，投资风险不可忽视。
- 2011年证券市场行情不佳，但信托公司证券投资业务基本上保持较为平稳的状态。主要原因是信托公司在证券投资资金运用方式和投资领域不断创新。此外，2011年年末信托公司取得股指期货交易资格，能够有效对冲市场风险，投资者可关注信托公司在私募对冲基金业务方面的创新。

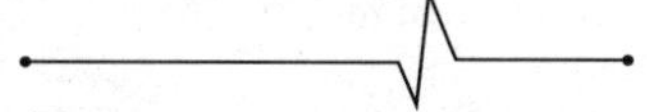

第9章

证券公司资产管理，困境中的挑战与抉择

■ 本章导读 ■

■ 2011 年，中国的证券市场处于内忧外患之中，行情变化复杂，证券公司资产管理业务面临严峻挑战：市场持续低迷，赎回压力加大；产品发行艰难，信托理财产品的替代效应显著；优秀人才缺乏，投资业绩乏善可陈。

■ 为应对挑战，证券公司采取了相应的对策：完善后期客户维护体系，稳定已有客户；加强与银行的合作，与银行交换客户资源，从而提升发行规模；增强产品供给的差异性，发挥比较优势；完善激励机制，吸引优秀人才；加大自有资金投入；寻求证券公司资产管理业务的相对独立。

■ 证券公司资产管理业务前景光明，在危机中不断寻求突破。随着制度的不断放松及内部机制的不断完善，证券公司资产管理业务在中国资产管理行业必将占据重要地位。

2011 年，中国证券市场处于内忧外患之中，物价居高不下，央行持续加息和提高存款准备金率，经济增速放缓预期明显，房地产限购政策、民间信贷危机等负面消息频出。而作为世界最大经济体的美国经济复苏缓慢，有二次衰退的危险。欧债危机更是此起彼伏，愈演愈烈，欧元区各经济体经济增速的放缓、财政支出的缩减及未来加大对财政支出的限制已成普遍预期。作为中国重要贸易伙伴的两大经济体同时陷入泥沼之中，在目前中国出口依存度较高的情况下，国内投资者担心出口额下降会影响经济增速从而带来连锁反应，而贸易摩擦的不断出现增强了这种预期。

在这样的大背景下，股市陷入持续低迷，导致以业绩报酬为重要收入来源的证券公司资产管理业务受到较大冲击。证券公司资产管理业务还处于初级发展阶段，自身市场适应能力较弱，产品发行艰难及份额的大量赎回更使其举步维艰。加之证券公司资产管理业务生存环境无显著改善，发展初期的证券公司资产管理业务在复杂行情下短期难有突破性的发展。

证券公司资产管理业务面临的挑战

市场持续低迷，赎回压力加大

2011 年股市整体呈现持续走低的行情，给发展初期的证券公司资产管理业务带来巨大的挑战。2008 年以来（除 2009 年 3 季度），证券公司成立的集合计划一直处于净赎回状态，2011 年 3 季报显示集合计划 3 季度份额平均减少 7.73%，而同期公募基金份额平均仅减少 1.33%（如图 9—1 所示）。同时，2011 年以来，与混合型公募基金相比，混合型集合计划呈现较大的净赎回（如图 9—2 所示）。

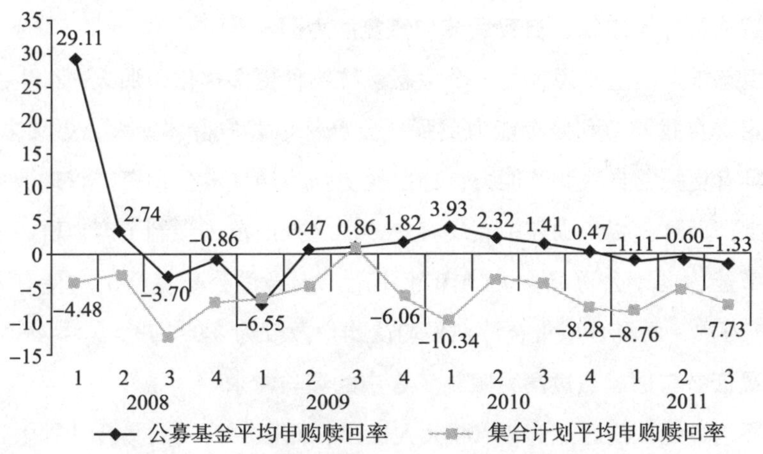

图 9—1　公募基金和集合计划平均申购赎回率

注：（1）为分析投资者对老产品的需求，不考虑本季度成立的理财产品；

（2）申购赎回率 $= 100 \times \dfrac{\text{本季度末份额}-\text{上季度份额}}{\text{上季度份额}}$；

（3）由于货币市场型基金和集合计划波动非常大，故将其剔除。

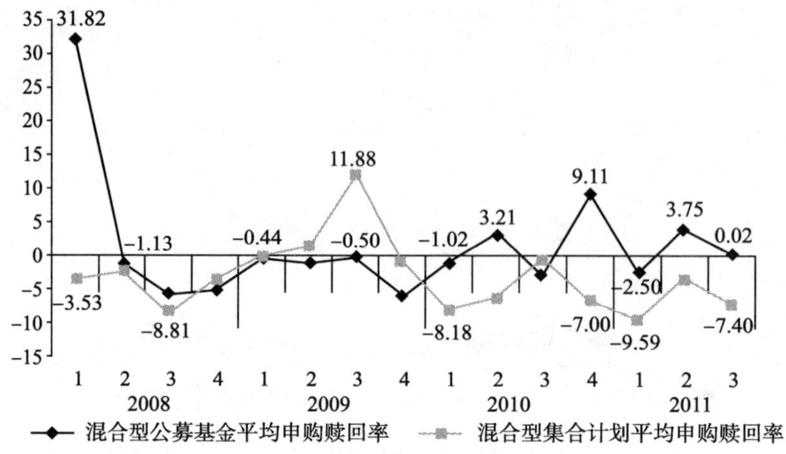

图 9—2　混合型公募基金和集合计划平均申购赎回率

证券公司集合计划持续的净赎回严重阻碍了其规模的扩张。证券公司集合计划净赎回更严重，除与市场行情有显著关系外，以下几点也可能是影响客户对老产品需求的重要因素。

1. 客户群体不丰富，自我调节和修复能力弱

从生态学角度上来说，若一个生态系统物种更多样化，那么这个生态系统将更稳定，自我调节和修复能力更强。公募基金客户群体庞大，更加多样化，因此其具有更强的自我调节能力，稳定性更强。而证券公司资产管理业务客户相对较少，而且主要集中在中高端客户，加之推广范围限制了客户群，导致其自我调节能力弱于公募基金。2010 年年末，混合型公募基金平均持有人户数为 20.27 万户，而混合型集合计划平均认购户数仅为 3 996 户。

2. 最低参与额起点过高，限制了客户的参与需求

公募基金的认购起点为 1 000 元人民币，而证券公司的集合计划限定性产品认购起点为 5 万元，非限定性产品认购起点为 10 万元，相当于公募基金认购起点的 50 倍或 100 倍，限制了客户对产品的需求。据统计，证券公司的全部经纪业务客户中，保证金在 5 万元以下的客户占比均在 90% 以上，而集合计划的认购起点，等于剥夺了证券公司自身绝大部分客户的认购资格，从而严重制约了集合计划的发行规模。

产品发行艰难，替代效应明显

资本的逐利性和投资者对风险的规避倾向决定投资者会根据对不同资产的收益率和风险权衡进行资产配置。而金融理财产品投资的进入壁垒更弱，从而使得金融理财产品之间的替代效应更强。

‖2011年理财产品发行市场竞争格局‖

2011 年以来，在持续的货币紧缩政策下，资金成本不断上升，信托理财产品的收益率也水涨船高，前三季度发行的信托产品的平均预期收益率都在 8% 以上，并不断上升，三季度平均预期收益率甚至达到 8.75%（剔除证券投资信托计划）。而与之相对应的股市则持续下跌，二季度上证综合指数下跌 5.67%，三季度更是加速下跌，跌幅达 14.59%（如图 9—3 所示）。股市负面消息不断出现，投资者预期风险无法在短期内释放完毕。在股市投资风险不断加大的情况下，信托产品成为投资者首选的替代品。

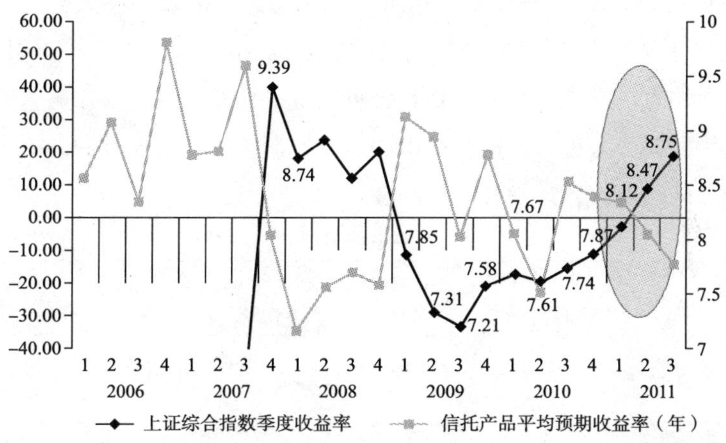

图 9—3　信托产品平均预期收益率和上证综合指数季度收益情况

图 9—4 为新发信托产品、公募基金和集合计划产品规模的占比情况。随行情变化，信托产品、公募基金和集合计划之间存在明显的替代效应。今年以来，信托产品在不断挤占市场，虽受房地产信托计划被叫停的影响，但这种趋势并没有被逆转。

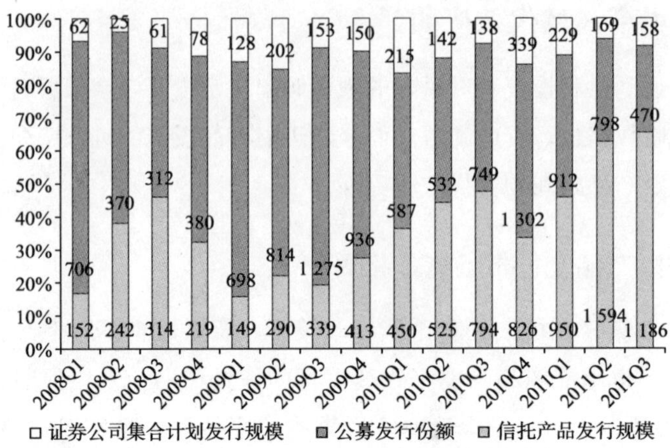

图 9—4　理财产品发行规模趋势分析

‖理财产品发行规模相关性及替代效应分析‖

1. 相关矩阵分析

由表 9—1 可知，信托产品平均发行规模与上证指数存在显著的负相关关系，而集合计划和公募基金平均发行规模与上证指数存在显著的正相关关系。信托产品平均发行规模与集合计划和公募基金平均发行规模存在显著的负相关关系。这种相关关系进一步说明在市场低迷时期，潜在的投资者会更多地选择用信托产品来代替集合计划和公募基金。

表 9—1　　　　相关矩阵分析

	上证综指月度收益	信托产品平均发行规模	证券公司集合计划平均规模	公募基金平均发行规模
上证综指月度收益	1.00	−0.42	0.20	0.42
信托产品平均发行规模		1.00	−0.31	−0.23
证券公司集合计划平均规模			1.00	0.33
公募基金平均发行规模				1.00

注：对各理财产品发行规模取对数。

2. 理财产品需求交叉弹性测定

理财产品交叉弹性测定过程如下：

因：

$$E_{AB}=\frac{d\,(\log(Q_B))}{d\,(\log(P_A))}$$

$$r_A=d\,(\log(P_A))$$

推导：

$$\theta=\frac{d\,(\log(Q_B))}{d\,(r_A)}=\frac{d\,(\log(Q_B))}{d\,(d\,(\log(P_A)))}$$

$$d\,(\log(Q_B))=-\theta\, d\,(\frac{1}{P_A}d(P_A))$$

$$d\,(\log(Q_B))=-\frac{\theta}{P_A^2}d(P_A)+\frac{\theta}{P_A}d^2(P_A)$$

$$d\,(\log(Q_B))=-\frac{\theta}{P_A}d(\log(P_A))+\frac{\theta}{P_A}d^2(P_A)$$

$$\frac{d\,(\log(Q_B))}{d\,(\log(P_A))}=-\frac{\theta}{P_A}+\theta\frac{d^2\,(P_A)}{d\,(P_A)}$$

假设 P_A 在微小范围内变动，并且初始 $P_A=1$，则近似可得：

$$\widehat{E_{AB}}\approx-\frac{\theta}{P_A}\approx-\tilde{\theta}$$

则设定以下模型：

$$\log(Q_B))=\hat{\theta}\times r_{At}+\varepsilon_t$$

其中 E_{AB} 表示理财产品 B 相对理财产品 A 的相对需求交叉弹性，Q_D 为理财产品 B 的需求量，P_A 为理财产品 A 的价格，r_A 为理财产品收益率，$\widehat{E_{AB}}$ 即为需要估计的需求交叉弹性。

实际估计中 Q_{Bt} 用公募基金和集合计划季度平均发行规模进行代替，r_{At} 用信托产品季度平均预期收益率代替。

估计结果如表 9—2 显示，公募基金相对信托产品的需求交叉弹性为 0.23，而相对集合计划的需求交叉弹性为 0.15，在 5% 的水平下皆显著不为零，即信托理财产品预期收益率每增加 1%，则公募基金的平均发行规模将下降 0.23%，而集合计划的规模下降 0.15%。

表 9—2　　需求交叉弹性估计

因变量	自变量	参数估计值	T值	R^2	观察量	需求交叉弹性估计值
公募基金平均发行规模	截据项	5.03	7.56	0.25	22	0.23
	信托计划平均预期收益率	–0.23	–2.61			
集合计划平均发行规模	截据项	3.59	7.47	0.22	22	0.15
	信托计划平均预期收益率	–0.15	–2.36			

注：数据为 2006 年至 2011 年 3 季度的季度数据。

估计结果说明信托理财产品与公募基金和集合计划分别为替代品，而与公募基金的替代性更强，产生的原因可能有 3 点。

（1）客户重叠性。信托产品和基金的客户群体主要来自银行，客户重叠性强，市场分割不明显；而信托产品客户群与集合计划的客户群差异较大，市场分割明显。

（2）公募基金和信托产品同质性较多。原因可能在于公募基金对低风险的产品的开发力度在加大。图 9—5 显示，从 2005 年开始，公募基金每年开发的新产品中低风险的债券型和保本型基金占比在增大，从而使其与信托产品的同质性增强，而集合计划低风险产品的开发力度却在弱化，从而使其与信托的同质性减弱（如图 9—6 所示）。

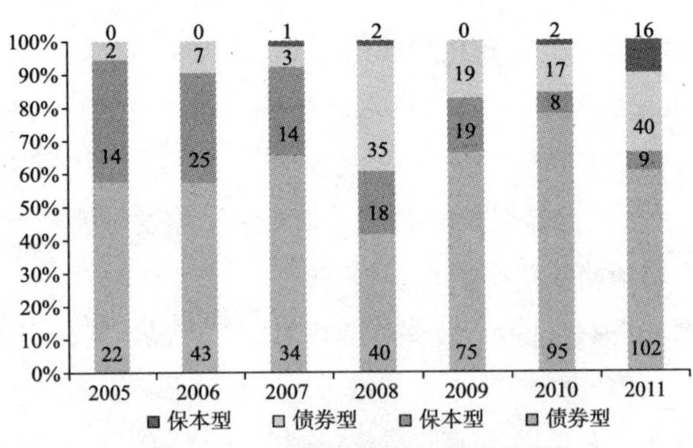

图 9—5　公募基金发行类型的变化

注：时间截至 2011 年 12 月 5 日。

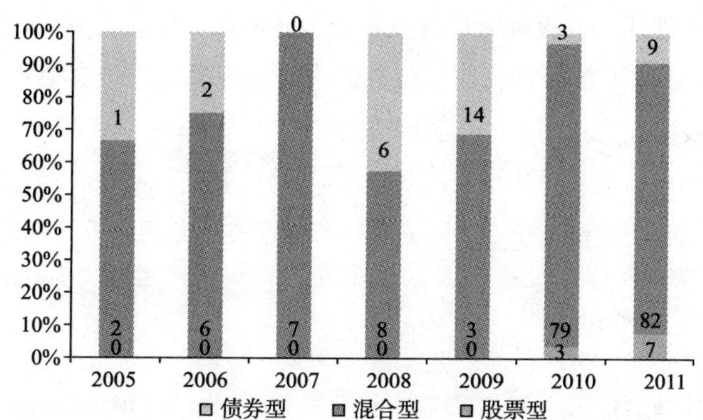

图 9—6　集合计划发行类型的变化

注：时间截至 2011 年 12 月 5 日。

（3）供给受到抑制。产品之间进行替代的另一不寻常的因素是产品的供给受到不利冲击，从而导致需求被迫转移，而这一情况就发生在 2011 年的理财市场上。2011 年，通胀居高不下，持续的加息和提高存款准备金率带来收益率曲线的扰动，而城投债信用危机的冲击加大了利差风险，中长期债券市场遭遇了冲击，债券市场的风险突增。股市风险的加大，使伪装为高风险承受能力的投资者被迫进行自我区分。通常情况下，物理上的隔绝会诱使投资者优先选择同市场内的替代品，所以投资者会选择转向投资债券型基金或集合计划进行风险的规避。但今年债券市场的风险剧增，低风险的产品供给受到极大的抑制，从而导致这样的替代受阻，故投资者转向低风险的信托产品。而公募基金和信托产品客户的重叠性导致对公募基金的需求冲击更大。

从图 9—4 中可以看到，虽然在行情低迷时，集合计划占比不会受很大影响，替代性弱使其具有一定的防御性，但在行情较好时，由于公募基金和信托的同质性较多，它可以较多地抢占信托的市场份额，而集合计划表现的并不明显。

优秀人才缺乏，投资业绩乏善可陈

理财产品投资经理的投资能力是理财产品的生命力，可能是影响老产品和新产品需求的真正因素，所以我们对这一点进行分析，以说明集合计划发展受阻是否是由投资能力差异引起的。统计结果表明，与公募基金或私募基金相比，证券公司资产管理业务投资人员的投资能力普遍较弱（如表 9—3 所示）。

根据 Wind 资讯数据，利用分位数原理对公募基金、证券公司资产管理和私募基金的投资能力进行分析，结果显示：

（1）在偏股型投资经理中，阳光私募整体投资能力要强于公募基金，而公募基金整体投资能力又强于证券公司资产管理（如图 9—7 所示）。

（2）在偏债型投资经理中，公募基金整体投资能力依然优于证券公司资产管理。证券公司资产管理业务的优秀债券投资经理很少（如图 9—8 所示）。

（3）无论是偏股型产品还是偏债型产品，虽然阳光私募的整体投资能力优于公募基金，但最优秀的投资经理都集中在公募基金中。

表 9—3　投资经理投资收益分布情况　单位：%

分位数	偏股型投资经理（年化收益率）			偏债型投资经理（年化收益率）	
	公募基金	证券资产管理	阳光私募	公募基金	证券公司资产管理
0%	(77.35)	(61.70)	(42.82)	(27.79)	(21.54)
1%	(50.90)	(41.76)	(30.33)	(23.27)	(21.54)
5%	(31.19)	(30.22)	(19.93)	(7.49)	(13.47)
10%	(24.75)	(23.53)	(15.40)	(4.94)	(11.33)
25%	(14.19)	(14.40)	(8.41)	(0.48)	(5.95)
50%	(4.32)	(5.18)	0.00	2.57	(0.40)
75%	4.96	0.85	8.10	5.57	3.71
90%	18.55	7.53	20.94	8.42	8.61
95%	25.22	17.86	27.46	13.02	19.82
99%	35.98	39.39	37.04	46.94	42.56
100%	67.74	55.53	45.22	55.58	42.56

资料来源：Wind 资讯。

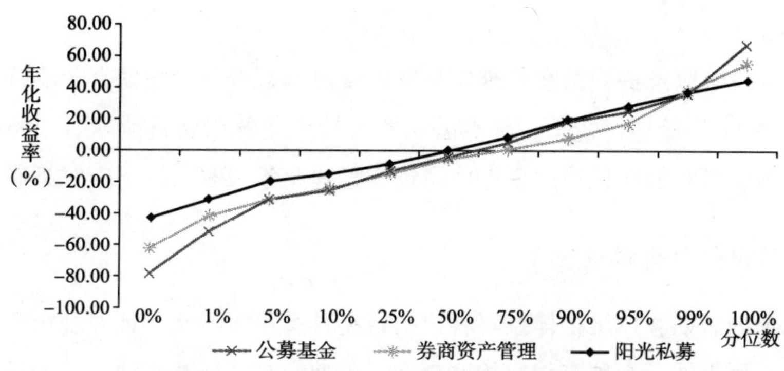

图 9—7 偏股型投资经理投资收益分布情况

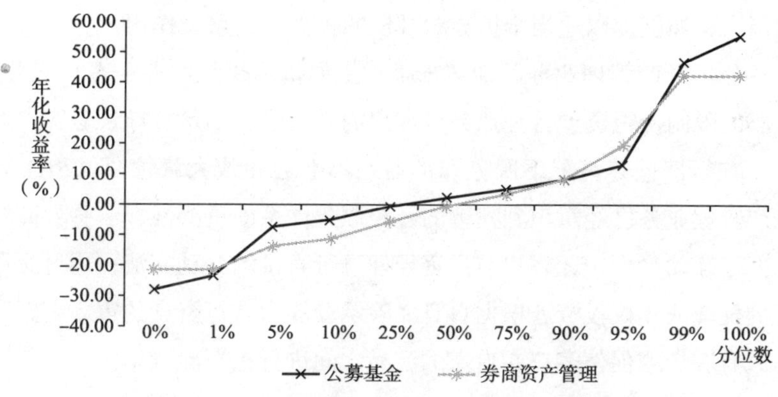

图 9—8 偏债型投资经理投资收益分布情况

促进证券公司资产管理业务发展应采取的对策

上述分析结果显示：相比公募基金，证券公司资产管理业务已有客户群不稳定的原因主要在于客户群体不丰富，自我调节和修复能力弱，加之政策限制的影响，导致证券公司资产管理业务市场适应能力弱。而在新客户的开发中，信托产品对集合计划具有一定的替代效应，加之供给受到抑制，在市场低迷情况下，投资者会更多地选择低风险的信托产品，从而对集合计划份额的增长造成一定影响。而作为理财产品生命力的投资经理的投资能力方面，证券公司资产管理业务要弱于阳光私募和公募基金，而这可能是真正影响产品需求的重要因素。

老客户难以维护，新客户难以开发，投资能力难以在短期有所改善，从而导致在2011年低迷行情下，证券公司资产管理业务相比其他理财产品面临更大的压力。面对如此挑战，证券公司资产管理业务采取了以下应对策略。

完善后期客户维护体系

完善的后期客户维护体系对客户的稳定具有重要意义。证券公司资产管理业务要长远发展，必须有稳定的客户群。后期维护犹如蓄水池，新产品的新增客户将进入此池，新增客户不断积累是一笔无形的资产。新增客户一般具有潜在的购买力，如能加以适当维护会对规模的扩大产生重要作用。

证券公司资产管理业务后期客户维护主要依附于经纪业务客户服务体系，服务重心的限制使得资产管理业务对客户的后期维护不足，导致老客户的忠诚度不高。在行情低迷情况下服务和沟通跟不上会导致大量赎回。2011年证券公司资产管理业务已经意识到完善的客户服务体系的重要性，一些券商开始尝试建立网络互动平台，让客户与投资经理进行直接的互动交流，通过交流化解投资者的疑虑或建议投资者根据自身风险承受能力进行资产的重新配置，从而保留住原有客户或促使客户在自家的产品之间进行重新配置。

加强与银行的合作，与银行交换客户资源

银行客户和证券公司客户之间具有显著不同：银行客户风险承受能力相对较弱，客户特征更具多样性；而证券公司客户风险承受能力相对更强。通过与银行合作，共享客户资源，证券公司可以丰富客户群体，增强客户群体的稳定性，化解产品的赎回压力。

2011年，一些证券公司开始整合资源，通过集中优势资源与少数银行形成全天候的战略同盟，相互交换资源，提高依存度，从而增强自身的市场适应能力。

增强产品供给的差异性，发挥比较优势

目前证券公司集合计划投资范围与公募基金无异，导致其产品供给无法与

公募基金显著区别，从而被迫与公募基金进行直接竞争。证券公司资产管理业务背靠证券公司，可以利用证券公司的诸多优势资源，通过拓宽投资范围增强产品供给的差异性，进而利用产品差异性构建外部屏障，增强竞争力。

2011 年证券公司开始尝试整合内部资源，通过借助自身在研究业务和投行业务上的优势开发差异化产品，如推出股指期货套利及定向增发集合计划等。

随着可能的政策放松，未来证券公司资产管理业务的投资范围将有所放宽，证券公司资产管理业务正努力提前进行相应准备，尝试从以下三方面进行探索。

- 考虑利用投行在一级市场上的优势，进行资产管理业务的 PE 投资，满足高端客户投资需求。
- 尝试参与融资融券业务。借助融资融券业务丰富集合计划的投资策略。同时，尝试推出 130/30 等产品，丰富特色产品线。
- 考虑参与到外汇、远期、REITs、贵金属、商品期货、纸黄金、艺术品等领域中，根据客户需求为其提供个性化的理财产品。

完善激励机制，吸引优秀人力

从大的方面来讲，除后台管理以外，证券公司的资产管理业务大致可划分为产品设计、市场营销、投资管理、客户服务四个主要环节。在这四个环节中，我们认为，**产品设计是基础，市场营销是关键，投资业绩是核心，客户服务是方向**。为此，必须在上述四个方面配备足够的优秀人才，保证资产管理业务的长远发展。而要做到这一点，证券公司应当在与同行相比保持收入的可比性和一定吸引力的前提下，本着“能者多劳，多劳者多得”的原则，建立起一套岗位职责明确、考核方法科学、激励机制透明、薪酬体系合理的制度框架。

基于上述改革方向，2011 年证券公司资产管理业务加大对激励机制的改革，逐渐形成更具独立性的考核机制，从而吸引了更多优秀投资经理的加盟。

加大自有资金投入，支持资产管理业务发展

资产管理业务是建立在客户信任基础上的，而市场行情的持续低迷使整个行业遭受信任危机的考验。动用自有资金参与集合计划，与委托人共担风险，

可在一定程度上化解信任危机，以小资金撬动大资金从而扩大规模并增加收入。同时，自有资金的扶持有利于增强起步中的资产管理业务的适应能力，帮助其逐渐向成熟期转变，最终成为公司稳定的收入来源。

目前，55家开展资产管理业务的券商中有47家有自有资金参与。并且，自2008年起，混合型集合计划自有资金的参与额呈现逐年上升的趋势。截至2011年12月16日，自有资金参与额已达8.78亿元，占2011年新成立混合型集合计划规模的1.9%（如图9—9所示）。虽然目前自有资金的相对占比还较少，但随着各证券公司的陆续上市，证券公司的资本金规模将进一步提高。相关证券公司正考虑加大自有资金的投入力度，通过集合计划分散风险，同时通过杠杆效应提高资金的利用效率。此外，自有资金参与相关制度的可能放松，将对起步中的证券公司资产管理业务产生积极的影响。

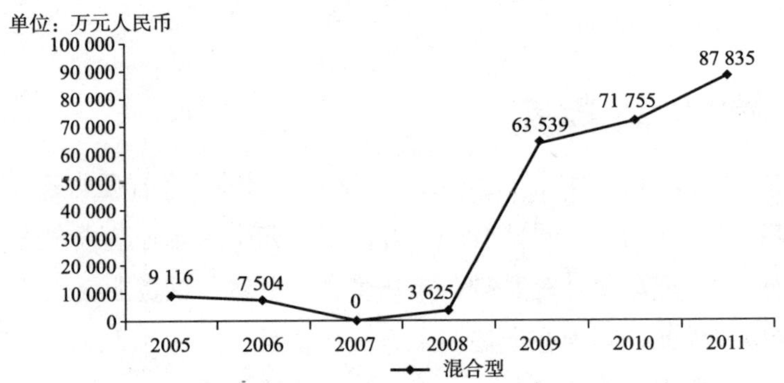

图9—9　混合型集合计划管理人自有资金参与额

‖寻求证券公司资产管理业务的相对独立‖

目前，证券公司资产管理业务基本以业务部门的形式运作，相对独立性不足，从而导致运行效率不高，自身比较优势难以有效发挥。资产管理业务的财务和人力的相对独立有利于提高证券公司的竞争力，可加快产品的发行速度；增加证券公司与银行谈判的回旋余地；有利于激励机制的完善，吸引优秀投资经理。

目前国泰君安和东方证券已成立资产管理子公司，外则独立，内则可利用母公司资源，市场竞争力大大增强。东海证券也在2009年成立分公司，目前其管理资产规模已排名第6位。2011年，其他证券公司正在积极探索相似的发展模式，或考虑设立子公司，或争取内部的相对独立。

对投资者说

○ 证券公司开展资产管理业务需要进一步加强产品供给的差异性与资产增值能力。目前，证券公司集合计划投资范围与公募基金无异，导致其产品供给无法与公募基金显著区别，从而被迫与公募基金进行直接竞争。但事实上，证券公司资产管理业务背靠证券公司，可以利用证券公司的诸多优势资源。相比公募基金，证券公司资产管理业务应当为投资者提供更加多样化的理财产品，满足不同投资者的风险偏好。

○ 证券公司资产管理业务尚处于发展初期，随着监管制度的不断放松、内部机制的不断完善以及人才队伍的不断强化，证券公司集合计划理财产品或能得到积极创新与扩展，促使资产管理业务的业绩水平不断提升。建议投资者关注证券公司资产管理业务发展，选择适合自己的理财产品进行投资。

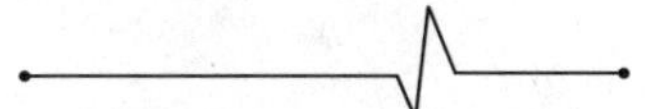

第10章

PE行业的思变与精进

■本章导读■

■ 2011 年，PE 行业的融资规模一举创下近三年来的新高，达到约 388 亿美元。投资金额则创下六年来的新高，共计发生投资交易 695 起。其中，披露金额的 643 起案例共计投资 275.97 亿美元，案例数量和金额同比分别增长 91.5% 和 165.9%。

■ 虽然受全球经济景气程度的影响，退出案例有所减少，但仍然处于高位。整体来看，PE 投资退出行业的特点，与 PE 投资自身的特点以及国内上市监管环境是相符合的。

■ GP 的差异化和专业化凸显是其在 2011 年表现出的一个显著变化，这是出于行业竞争的需要，以及自身完善治理的需要。LP 也出现了成分上的细微变化，个人 LP 群体将呈现萎缩趋势，机构 LP 将日趋成为 PE 行业的主流 LP 群体，这其中就不乏监管政策的原因。

回首 2011 年的 PE 行业发展，不管是融资环节，投资规模或退出案例的数量来看，都折射出一个蓬勃发展的 PE 行业。PE 参与方在 2011 年中也都经历着各种变化。2011 年，以国家发改委为主的监管部门陆续出台 PE 行业政策法规，备案机制、提高投资者门槛等新政纷纷出台。形象地说 2011 年更像个“政策年”，而 2012 年就是个“执行年”。

适者生存是自然界的普遍规律，面对 2012 年的严峻形势，如何才能生存和发展是每个 PE 机构都需要面对的问题，这就需要 PE 机构在融资、投资和退出的每个环节都给予高度重视并努力做好，在募资环节求新求变，在投资环节严格筛选，在退出环节持有合理的收益预期。

PE 行业整体大发展

2011 年的中国 PE 私募股权投资行业整体上保持了蓬勃发展的态势，融资规模创造了近 3 年来的新高，投资规模更是创造了近 6 年来的新高。但发展并非一帆风顺，2011 年的融资环境就经历了一个先高后低的走势，8 月以后融资环境骤然紧张。在融资和投资快速发展的同时，退出环境严峻。

按照清科研究中心的统计数据，2011 年共有 235 只可投资于中国大陆地区的私募股权投资基金完成募集，为 2010 年的 2.87 倍，披露募集金额的 221 只基金共计募集 388.58 亿美元，同比上涨 40.7%；中国私募股权市场发生投资交易 695 起，披露金额的 643 起案例，共计投资 275.97 亿美元，其中 PIPE 类投资占比扩大。机械制造、化工原料及加工行业取代生物技术 / 医疗健康和清洁技术行业，成为 2011 年投资热点行业。在募资与投资呈现锐增的同时，年内退出活动遭遇阻力，仅发生退出案例 150 笔，同比下滑 10.2%。各类退出方式中跌幅最大的为 IPO 退出，共有案例 135 笔，同比减少 15.6%。

融资环节保持快速增长

‖规模增长更多依靠基金数量增加‖

2011 年，PE 行业的整体融资规模达到了 388 亿美元，从 2009 年以来，连续 3 年快速增长。但是从单只基金的募集量来看，也是连续 3 年创出新低（如图 10—1 所示）。

‖九鼎的融资实践——敢于创新，业绩优异‖

九鼎在 2011 年的整体融资规模达到人民币数十亿元，同时在 2010 年顺利完成了美元基金的募集，融资的业绩较为突出，但融资的进程并非一帆风顺。2011 年国内股市整体呈现了一个先扬后抑的走势，融资也呈现出和股市相同的趋势。尤其是 2011 年 8 月以后，随着国内股市的持续大幅下跌以及监管政策的不断出台，融资难度不断加大。事后看来，如果没有抓住年初较好的融资环境，全年的融资也很难上规模。

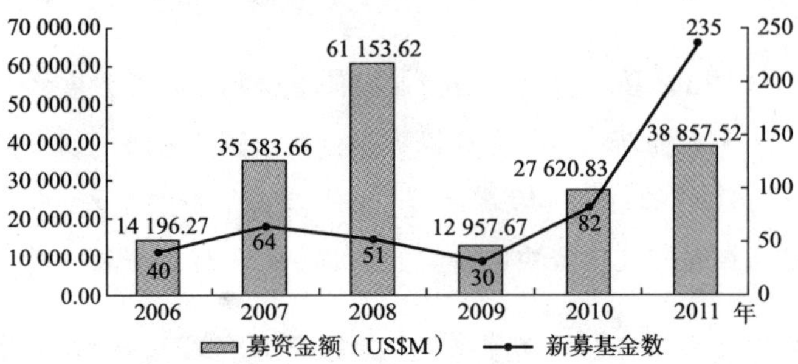

图 10—1　2006—2011 年私募股权投资基金募资总量环比比较

资料来源：清华科研中心 2011.12。

九鼎的PE基金设计

作为一家中国本土的 PE 机构，九鼎在融资方面过往主要针对民营企业主和富裕的个人投资者。面对不断下跌的股市以及越来越谨慎的投资者，九鼎在 PE 基金的设计方面做了大量努力。

其一，加强专业性，推出行业基金。过往设计的 PE 基金大都是“多行业”投资，即会分散投资在九鼎关注的 5 大行业（消费、医药、农业、制造业和新兴产业）。随着投资者群体的不断成熟和专注，九鼎利用自身的专业优势，设立专业的行业基金，以专业化能力获得投资者的认可。例如，九鼎是国内最早设立专业的医疗健康产业基金的机构之一，在国内宏观经济增速放缓的大环境下，医药医疗行业和消费行业都是增速更快，发展前景更明确的行业。这种单个行业的 PE 基金得到了投资者的认可，基金也取得了较好的融资效果。

其二，拓展国际市场。由于中国经济与全球经济并不完全同步，同时国际 PE 市场经过多年的发展也积累了相当成熟和相当数量的机构投资者，所以拓展国际背景的 LP 对于基金募集相当重要。作为中国本土的机构，九鼎并未局限于国内的融资渠道，而是率先启动并成功完成了美元基金的募集，获得了包括祥峰投资集团（淡马锡全资子公司）、合众集团（全球最大的 FOF 之一）、安联保险等机构的投资。

其三，加大机构投资者的引进。基于九鼎过往的优异业绩和完备的管理体系，加之保险公司等机构对 PE 投资的放开，九鼎积极接触国内主要的机构投资者，在这方面也有较大的进展。

投资规模创出历史新高

1. 投资的案例数和金额创近 6 年新高

根据清科研究中心的数据，2011 年中国私募股权市场中的投资活动急速升温，共计发生投资交易 695 起，其中披露金额的 643 起案例，共计投资 275.97 亿美元，案例数量和金额同比分别增长 91.5% 和 165.9%（如图 10—2 所示）。

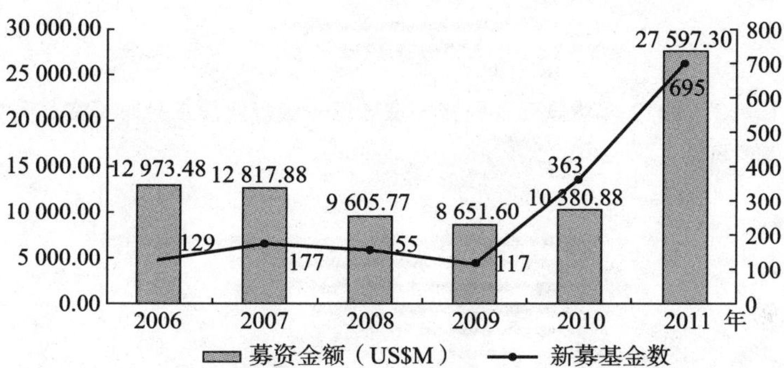

图 10—2　2006—2011 年私募股权投资基金投资总量环比比较

资料来源：清科研究中心，2011.12。

行业集中在传统制造业和部分新兴产业。根据清科研究中心的数据，2011 年中国私募股权市场中的投资交易分布于 24 个一级行业。其中，案例数量位列前 5 位的行业依次为机械制造、化工原料及加工、生物技术 / 医疗健康、清洁技术和互联网（如图 10—3 所示）。投资金额位列前 5 位的行业依次为金融、生物技术 / 医疗健康、互联网、房地产和能源及矿产（如图 10—4 所示）。

地域集中在东南沿海。根据清科研究中心的数据，2011 年中国私募股权市场中的投资交易分布于 33 个省市及地区。其中，案例数量位列前 5 位的是北京、上海、浙江、江苏和广东（除深圳），如图 10—5 所示。投资金额位列前 5 位的是北京、江苏、上海、浙江和广东（除深圳），如图 10—6 所示。

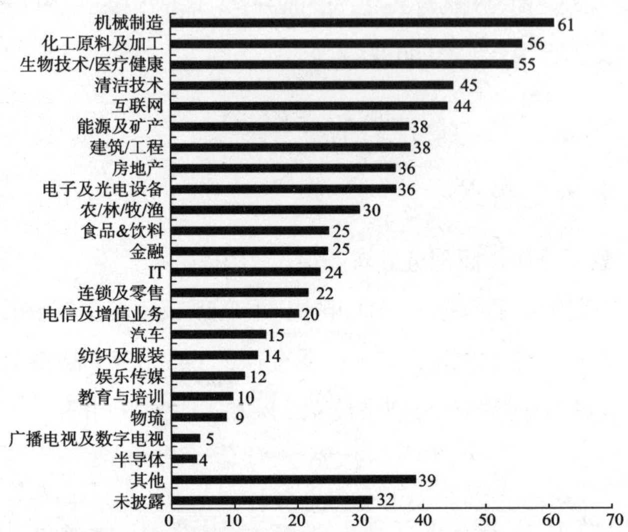

图 10—3　2011 年中国私募股权投资市场一级行业投资分布（按案例数）

资料来源：清科研究中心，2011.12。

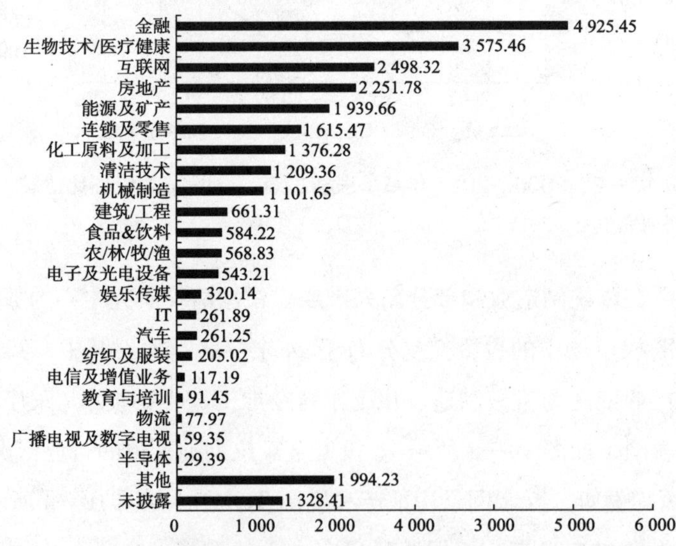

图 10—4　2011 年中国私募股权投资市场一级行业投资分布（按投资金额）

资料来源：清科研究中心，2011.12。

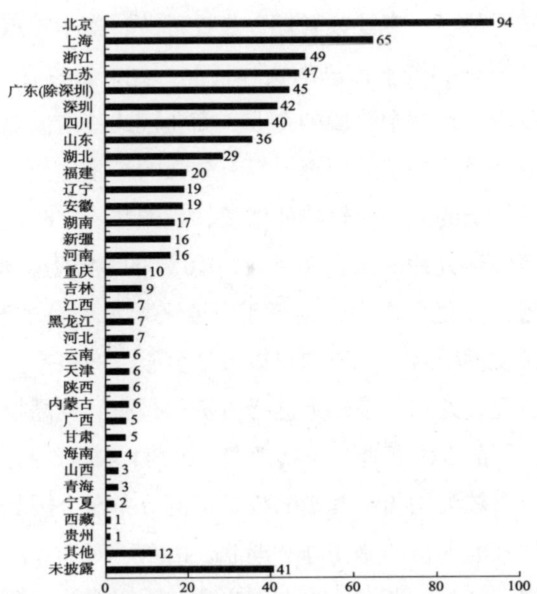

图 10—5　2011 年中国私募股权投资市场一级行业投资地域分布（按案例数）

资料来源：清科研究中心，2011.12。

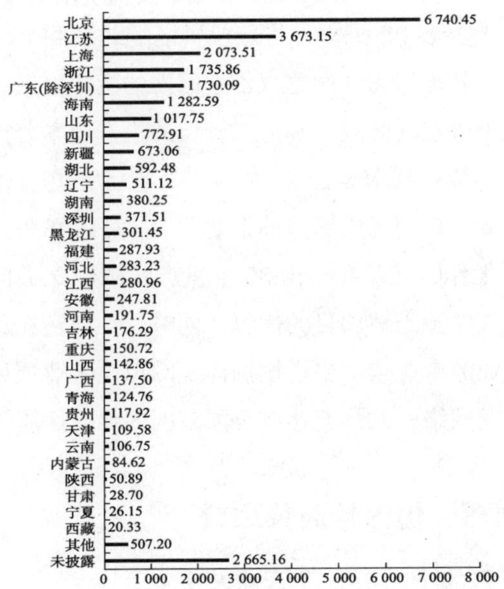

图 10—6　2011 年中国私募股权投资市场一级行业投资地域分布（按投资金额）

资料来源：清科研究中心，2011.12。

2. 九鼎的投资实践——专注成长期、专注行业、集中重点区域

基于中国经济发展和资本市场的实际情况，九鼎投资在2011年依然聚焦对成长期企业的投资。在这个阶段的企业，商业模式基本成熟，也有一定的经营规模，企业家也经过了一定的历练，具有较强的扩张动力。对这个阶段企业的投资，同时兼具较低的风险，较快的增长，且能在一定时期的发展后符合资本市场的条件。2011年九鼎的投资金额在2010年的基础上获得了稳步的增长，平均单笔投资金额在1亿元左右，略低于行业平均水平。对于投资机构而言，强大的专业能力是发掘项目、获得项目以及增值服务的根本。九鼎投资始终坚持对行业的深入研究，并在此基础上选择投资的行业。九鼎投资的行业，依然高度集中在自身关注的5大行业，包括消费、医药、农业、制造业和新兴产业，行业的投资金额分布较为均衡。九鼎的投资案例分布在全国25个省市及地区。其中，案例数量位列前5位的是江苏、湖北、山东、深圳和浙江。投资金额位列前5位的是新疆、江苏、浙江、山东、广东（除深圳）和深圳。

和同行业相比，九鼎投资的案例分布不如行业分布广泛。在投资数量和投资金额方面，九鼎和行业的前5位中都有江苏和浙江，可见江苏、浙江是PE投资的集中区域。大多数PE机构的重点投资区域北京和上海，却没有进入九鼎的投资前列，这部分是因为九鼎建立了全国性的网络渠道，从而可以规避北京、上海等竞争过于激烈的区域，确保以较低的投资成本获得项目。

九鼎的投资范围能够覆盖全国25个省市及地区，这与九鼎自身建立的项目开发体系密不可分。找到优质的拟投企业项目，是做好PE投资的重要前提。为了做好项目开发工作，九鼎在全国30个重点区域建立了自有的项目开发团队，充分发挥当地人熟悉当地项目的优势。同时，九鼎还在总部建立了5大行业研究团队，从行业的专业角度主动挖掘优质的拟投企业项目。通过编制“纵横交错”的项目开发网络，九鼎能够在全国范围内寻找优质拟投项目。

退出案例有所回落，仍保持高位运行

有PE/VC投资背景的上市公司不足50%

在企业IPO上市过程中，并不一定要引入PE/VC机构。在近3年的中国企业境内外 IPO 统计中，2009 年中国有 176 家企业实现上市，2010 年为 476 家，2011 年为 356 家（如图 10—7 所示）。与此相对应，在上市的企业中有 PE/VC 投资背景的企业分别是 77 家、221 家和 171 家，占比分别是 44%、47% 和 48%，PE/VC 参与的比率没有超过 50%（如图 10—8 所示）。上市退出是 PE/VC 首选的退出方式，因为采用这种方法可以实现的收益水平在当前仍是最高的，有上市潜力的公司就是 PE/VC 想要争取的优质资源。

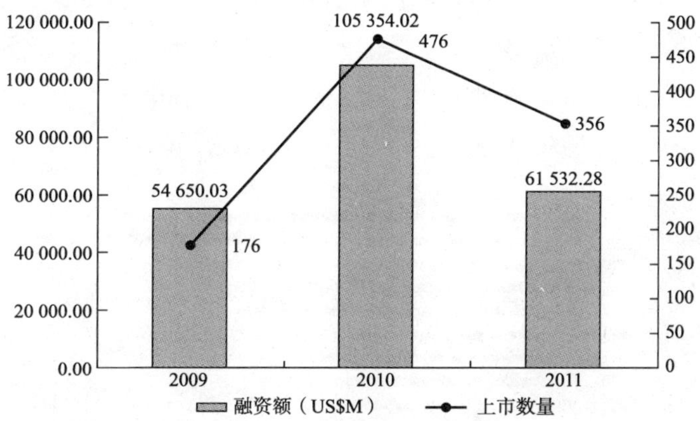

图 10—7　2009—2011 年中国企业境内外 IPO 统计

资料来源：清科数据库，2011.12。

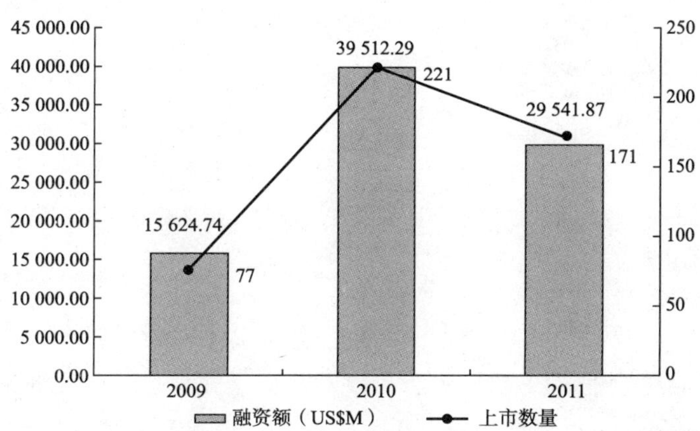

图 10—8　2009—2011 年 VC/PE 支持的中国企业境内外 IPO 统计

资料来源：清科数据库，2011.12。

对于控股股东来说，有上市潜力的公司上市前的股权融资，其融资成本很高，所以拟上市公司更希望通过出让最宝贵的股份资源，而 PE/VC 机构恰好能够协助企业更为顺利地实现资本市场上市。通过分析近 3 年的实际数据，在最终上市的公司中，仍有超过一半的公司没有引入 PE/VC 机构就完成了上市，说明 PE/VC 机构在加强自身投后服务，或者增值服务方面，还要继续“修炼内功”。

行业集中在传统行业，新兴产业案例较少。从 PE 投资的退出行业来看，根据清科研究中心的统计数据，整体上涉及 20 余个行业，以退出案例数量为标准，排在前 5 位的行业分别是：机械制造、电子及光电设备、建筑工程、食品饮料、金融和化工原料及加工（如图 10—9 所示）。

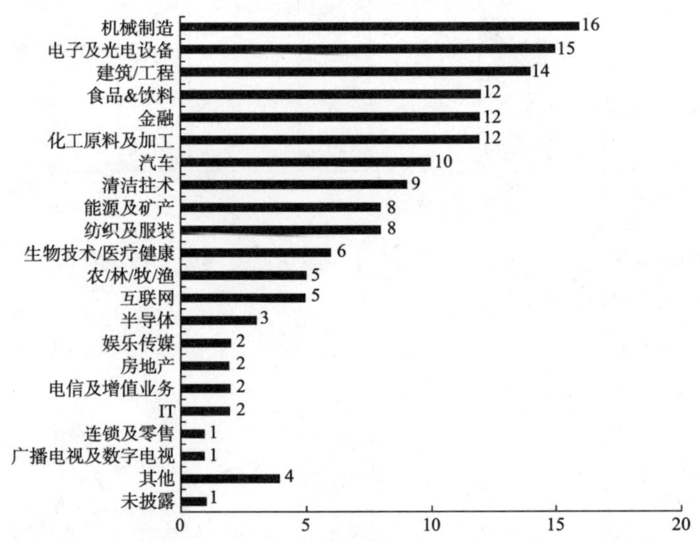

图 10—9　2011 年中国私募股权投资市场退出行业分布（按案例数）

资料来源：清科研究中心，2011.12。

整体来看，PE 投资退出行业的特点，与 PE 投资自身的特点以及国内上市监管环境是相符合的。PE 投资更看重投资在企业发展的成长期和成熟期，而一个企业的成长周期和时间长短，往往和一个行业的发展成熟程度有关。一个新兴行业，自身的发展历史时间都不长，就决定了这个行业中的企业发展阶段和企业生存年限都不长。由此，PE 投资往往更看重成熟行业的龙头企业投资机会。此外，国内的证券市场包括上海主板、深圳中小板和深圳创业板。从上市条件看，上海主板和深圳中小板对企业的上市门槛都较高，深圳创业板的门槛则较低。深圳创业板的设立，也体现了国家鼓励新兴产业、高科技产业中的中小企业上市的政策意图。但从实际的中小板、创业板上市公司所在行业来看，仍集中在机械制造等传统行业，新兴产业的案例比较少。

退出市场集中在中小板和创业板。根据清科研究中心的统计数据，PE 投资企业退出的证券市场，以国内中小板、创业板和香港主板为主（如图 10—10 所示）。

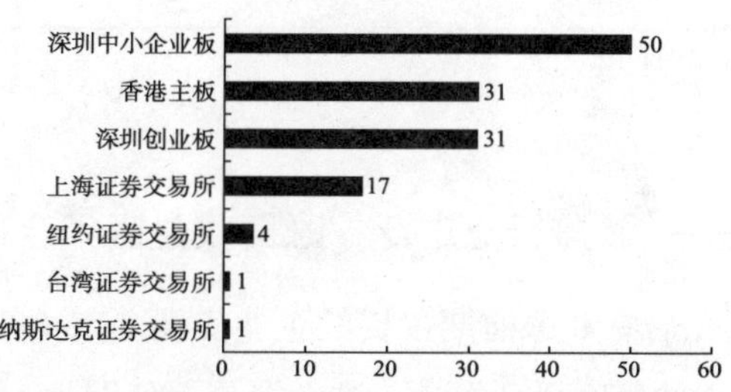

图 10—10　2011 年中国私募股权投资 IPO 退出市场分布（按案例数）

资料来源：清科研究中心，2011.12。

深圳中小板成为 PE 投资最集中的退出市场，香港主板和深圳创业板排在次席，其他的证券市场占比都不大。PE 投资的企业，更多的是成熟行业的龙头企业，与 VC 投资的较早期企业不同，PE 投资的企业自身的盈利规模较大，多数符合中小板的上市门槛，因此中小板成为国内 PE 投资的首选退出市场。

账面盈利平均在 8 倍。根据清科研究中心对 PE/VC 投资收益的统计数据，2011 年国内有 1 笔较为特殊的案例，整体大幅拉高了 PE/VC 行业的盈利水平。这个案例是 1 月在上海证券交易所上市的华锐风电，新天域等多家机构平均获得 480 倍的账面投资回报，使上海证券交易所乃至境内资本市场的平均账面投资回报被整体拉高。

如果剔除华锐风电的影响，上海证券交易所的平均账面投资回报为 6.07 倍，境内资本市场的平均账面回报为 8.22 倍，境内外的平均账面回报为 7.78 倍（如表 10—1 所示）。与 2010 年全年境内外 9.27 倍的平均账面投资回报相比，VC/PE 机构通过 IPO 退出所获得的收益在逐步减少。

表 10—1　2011 年 VC/PE 支持的中国企业境内外 IPO 的账面投资回报

上市地点		平均账面投资回报
境内市场	上海证券交易所	77.16
	深圳中小板	9.18
	深圳创业板	7.81
	平均	**16.59**
海外市场	纳斯达克	5.63
	纽约证券交易所	10.88
	香港主板	2.49
	香港创业板	4.22
	法兰克福证券交易所	0.69
	平均	**5.71**
平均		14.7

资料来源：清科数据库，2011.12。

‖九鼎的退出实践——涵盖行业广泛，账面收益区间合理‖

2011 年，九鼎先后有 6 家前期投资的企业实现上市（待上市），上市数量创造了公司成立以来的年度最高纪录。这 6 家公司分别是：

海南瑞泽新型建材股份有限公司（002596）、河南佰利联化学股份有限公司（002601）、安徽桑乐金股份有限公司（300247）、北京朗姿服装实业有限公司（002612）、湖南尔康制药股份有限公司（300267）和河南裕华光伏新材料股份有限公司（2011 年 11 月发审委审核通过，即将登陆创业板）。

在上市（待上市）的 6 家企业中，行业分布广泛，建筑材料领域的瑞泽新材，化工行业的佰利联，大消费行业的桑乐金、朗姿股份，医药医疗行业的尔康制药，光伏产业的裕华光伏，都属于九鼎投资长期关注的领域。

在以上 6 家企业中，中小板和创业板各占了 3 席，其中在中小板上市的有瑞泽新材、佰利联和朗姿股份；在创业板上市的有桑乐金、尔康制药和裕华光伏。

由于裕华光伏还未实现上市，目前有 5 家企业可以统计账面的获利情况。按照 2011 年 12 月 30 日的复权价计算，2011 年上市的 5 家企业中，账面获利水平最高的是佰利联，回报倍数是 16.5 倍，实现内部回报率（IRR）103.4%；账面获利水平最低的是朗姿股份，回报倍数是 1.6 倍，实现内部回报率 40.9%。

用算术平均，5 家企业账面的平均回报倍数是 5.18 倍，实现内部回报率平均为 76.2%。

2011 年的 PE 投资账面获利情况，与两个方面的背景因素密切相关。

第一个方面是国内证券市场的发展。从上市企业数量来说，尽管国内上市企业数量较 2010 年的 347 家有所回落，但仍达到了 281 家，保持了很高的扩容速度，为 PE 机构提供了更多的退出机会（如图 10—11 所示）。但从股票市场的整体走势看，2011 年的国内股市，可以用“悲惨”来形容，上证综指整体下跌 23%，深证成指下跌 30%，中小板指数下跌 37%，创业板指数下跌 37%。一级市场的大量企业上市加上二级市场的大幅持续下跌，形成了 2011 年国内 PE 投资的特殊背景，PE 投资的退出机会增加了，但在企业上市后的账面回报受到了负面影响。

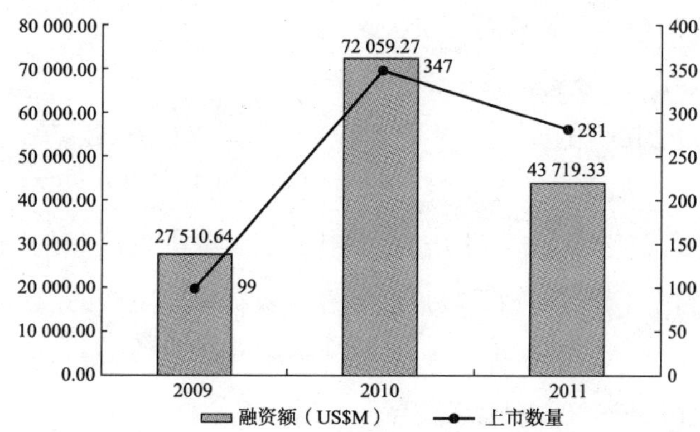

图 10—11　2009 年至 2011 年中国企业境内 IPO 统计

资料来源：清科数据库 2011.12。

第二个方面是九鼎自身所投资企业的时间特点。在 2011 年实现上市的 5 家企业中，从九鼎的投资企业时间长度看，从投资入股到实现国内上市，时间长度最长的是佰利联，从 2007 年 12 月投资入股到 2011 年 7 月实现上市，时间长度是 3.5 年；时间长度最短的是尔康制药，从 2010 年 8 月投资入股到 2011 年 8 月实现上市，时间长度是 12 个月。除了佰利联投资长度是 3.5 年外，其余 4 个企业的投资长度都是在 1 年到 1.5 年之间。

受以上两个方面的因素影响，仅以企业上市的账面回报水平来评价 2011 年的PE行业投资获利情况是不全面的，还要考虑到PE投资的企业上市后都有1年到3年的锁定期，待PE可以真正实现投资退出时，二级市场的投资环境以及所投资企业自身的盈利增长情况，都将最终决定PE投资的实际盈利水平。

PE参与方“有喜有忧”

监管方——监管“从紧”“从细”

2011年，以国家发改委为主的监管部门陆续出台PE行业政策法规，使2011年成为PE行业的“政策年”；随着各项监管政策的具体落实，2012年可以说是PE行业的“执行年”。从国家发改委2011年陆续出台的文件内容可以看出，2012年的整体监管动向是“从紧”“从细”。

1. 备案机制——强制备案＋信息报备

PE基金无论在哪里成立，规模是多少，都要进行备案。单只基金规模在5亿以上的，要在国家发改委备案，规模在5亿以下的要在省级政府的备案管理机构备案。这就强制性地要求所有PE基金都要按照备案的格式和内容要求，定期向监管部门“事后告知”，PE行业过往较自由、宽松的发展环境将不复存在。

2. 投资者门槛——认购起点提高＋打通计算

按照2011年11月发改委的监管新规，PE基金将对投资者进行“打通”计算。考虑到税收优惠，国内的PE基金大都采取有限合伙制企业的形式，有限合伙制企业的GP加LP的数量不能超过50个。如果LP采取信托或有限合伙制的话，也要将信托背后、有限合伙制LP背后的投资者一并进行计算，直到LP由自然人个人或公司名义构成。这一点将大大规范LP的实际投资门槛，同时也将大大规范LP出资人的身份合规性检查。

在LP的最低认缴出资额方面，2012年预计监管要求将更加严格，1 000万将成为进行PE投资的最低门槛，这将大大减少个人LP的数量。预计2012年的PE市场，个人LP群体将大幅萎缩，机构LP群体的增长也不乐观。

3. 基金注册——引入验资程序

过往 PE 基金多采取有限合伙企业的形式，认缴出资的方式，在工商局注册时不用实缴出资,GP 和 LP 只需在基金存续期内缴清认缴出资即可。2011 年，国内 PE 基金出现了虚夸认缴出资，但基金注册后没有实际资金到账，或本来就没有资金实力进行出资的“空壳”基金问题。2012 年将严格 PE 基金的注册制度，基金在注册之后一段时间内，就要按照认缴出资金额的一定比例实际缴纳资金，并进行验资。这将大大规范 PE 市场的运作。

GP——在行业整合中凸显专业化和差异化

无论是出于行业竞争的需要，还是出于自身完善治理的需要，2012 年，PE 股权投资管理公司自身作为 PE 基金的 GP，都要切实提高自身素质。

首先是要有危机感。PE 行业的春天来得很快、很繁华，“全民 PE”已成为近两年的流行词汇。PE 行业的冬天也许来得更快、更寒冷。随着监管的从紧，募资环境的恶化，2012 年将是 PE 机构一个比较难熬的“冬天”，只有发展到一定规模、运作规范的机构才有生存机会。

其次是要实现自身的团队专业化。具体包括资本募集的专业化、投资者关系维护的专业化、项目开发及项目决策的专业化、投资之后提供增值服务的专业化、项目退出的专业化，也包括公司自身人力、财务、科技系统等方面的专业化。

最后是要体现投资的差异化。PE 行业的投资分工将越来越细，PE 投资也将走向细分化，这个细分包括投资阶段的细分和投资行业的细分，需要 PE 机构尽快确定自身定位，以实现差别化的市场营销和市场竞争。

LP——个人群体萎缩+机构群体崛起

随着国家发改委的监管政策的出台，个人 LP 群体将呈现萎缩趋势，机构 LP 将日趋成为 PE 行业的主流 LP 群体。

首先，个人 LP 群体的数量和投资规模将大幅萎缩，但有实力参与投资的个人 LP 将更加高端和专业。随着 PE 基金起点设在 1 000 万的规定实行，过往众多中小个人 LP 出资人将难以继续参与 PE 投资。想在 PE 基金进行长达 5 年以上的高风险股权投资，个人 LP 实际可投资金额将要达到 5 000 万以上，这样的个人 LP 自身的专业性会越来越强，和 GP 进行谈判的能力也更高。

其次，基金中的基金，或称 FOFs 将迎来春天。母基金模式将代表非专业 LP 的利益，更多地进行专业化的 GP 选择和基金条款谈判。

最后，政府引导资金或具有政府背景的投资机构的资金，将成为 GP 争取的对象。类似于社保资金、政府投资平台资金的机构将推动自身投资体制的改革，通过专业 GP 的投资管理，提高自身资金的利用水平。

应对2012，PE各环节都要“思变”

‖募资环节——冬季来临+求新求变‖

募资的“冬天”将不是危言耸听。“融投管退”4 个环节中，融资是第一个环节，如果 PE 机构没有在 2011 年储备好“过冬”的可投资资金，2012 年将面临有项目无钱可投的局面。

随着监管政策的从紧，个人 LP 的群体将呈现萎缩，而机构 LP 群体在国内还不成熟。国内外宏观经济背景以及股市二级市场的表现，也将牵动 LP 群体的投资情绪。

为了做好募资环节，PE 股权投资管理机构一定要在 PE 基金的设计和条款方面多做“文章”，在设计上更多地考虑 LP 群体对于安全性、收益性和流动性的诉求；在条款上也将更加照顾 LP 群体的利益，如投资的决策权、管理费的收取水平、GP 的出资比例、项目退出的资金分配顺序等。

随着融资难度的增加，对 PE 股权投资管理机构自身融资团队的专业性的要求也在提高，一方面是如何向目标 LP 群体实现募资，另一方面是基金的条款设计、基金注册、基金运营方面的专业性和效率。

‖投资环节——把握进度+精选行业‖

随着募资难度的增大、Pre-IPO 项目资源的减少以及宏观经济发展的减速，PE 行业整体的投资将趋于更加谨慎。谨慎主要体现在两方面。

首先是投资进度的谨慎，投资将更加看重融资的进程，避免出现项目谈好了却没有资金的尴尬。

其次是投资行业的谨慎，在宏观经济增速放缓、房地产行业难有起色、资本市场低迷的大环境下，投资行业的选择不仅需要“精准定位”，还要密切关注国家的行业发展政策，因为行业投资将深受国家行业政策的影响。看准了行业，还需要自身具有专业的投资能力，否则也会出现看对了行业却投错了企业的问题。

‖退出环节——过往业绩水落石出+降低未来收益预期‖

按照 PE 投资平均 2 ～ 3 年的投资期估算，2012 年将是大批在 2009—2010 年成立的 PE 基金结束投资期、进入退出期的关键 1 年。

2012 年也许是一些 PE 机构的“丰收年”,也许是一些 PE 机构的“苦果年”。2012 年预计仍将有较多的 IPO 企业，但和前期 PE 行业的大量投资案例 IPO 相比，能够实现 IPO 上市的案例仍是少数。即使能够实现 IPO 上市，预期发行的市盈率也呈下降的趋势。

对于 PE 机构来讲，IPO 固然是首选的退出方式，但考虑到基金的投资期限和运行期限，其他退出方式也应考虑，如并购、大股东回购等。

为了获得更好的退出效果，PE 机构也要加强投后管理及提供增值服务，帮助所投企业更好地发展，实现盈利水平的提高。

对投资者说

- 在经历了 2011 年的一系列发展后，成功把握住 2012 年 PE 的发展特点无疑是取胜的关键。投资于 PE 的投资者应重点关注机构的筛选与 PE 的投资行业选择。同时，应对退出回报持有合理的预期。
- 机构筛选方面要特别注意机构的差异化和专业化所带来的独特竞争优势。PE 行业在经历爆发式增长过后将面临洗牌几成定局，在这种情况下，差异化和专业化既是行业竞争的需要，也是完善自身治理，提升投资水平的需要，是 PE 存续发展的核心竞争力所在。

○ 关注 PE 的投资行业选择问题。投资行业的选择不仅要更加“精准定位”，还要密切关注国家的行业发展政策。此外，看准了行业，投资者还需要关注 PE 自身是否有针对此行业的专业投资能力，否则会出现看对了行业却投错了企业的问题。

○ 合理的退出回报预期。随着二级市场估值的理性回归，虽然可以预见 2012 年仍将有较多的企业实现 IPO，但能够实现 IPO 上市的PE退出案例只占其中较小的比例。即使能够实现 IPO 上市，预期发行的市盈率也将呈下降趋势。对于 PE 来说，首选的退出方式仍是 IPO，但考虑到基金的投资期限和运行期限，其他方式的退出也要考虑，如并购、大股东回购等。因此，投资者持有一个理性的回报预期，放弃对高回报的盲目追求才是未来的主流。

第11章

阳光私募基金行业的修正与沉淀

■ 本章导读 ■

■ 中国阳光私募起步较晚，2003 年诞生第一只私募基金，2007 年进入高速发展期，2010 年底迈入千亿时代。

■ 2011 年，随着行情下跌，阳光私募挥别了“爆发式”增长阶段，整个行业增速放缓、存量缩水，且“新生代”后劲不足。

■ 低迷行情中私募公司经营层面的压力开始凸显：人才流动加剧、运营入不敷出、一批小私募濒临倒闭。反映出长期以来私募惯性照搬“公募式”经营思维、急于扩大团队规模，而私募自身平台有限，从而引发矛盾的问题。

国内阳光私募起步较晚，其发展大致可分为三个阶段。2003—2006 年，阳光私募实现从无到有这一变化，行业发展则极为缓慢；2007—2010 年，虽受到 2008 年金融危机的冲击，但在 2006—2007 两年和 2009 年牛市的推动，以及明星公募基金经理陆续投身提升行业影响力等背景下，阳光私募基金行业的产品数量和产品规模角度均呈现滚雪球式增长。进入 2011 年，阳光私募发行陷入低迷，自 6 月起陆续出现产品并购买卖以及发行失败的现象。而在过往颇受市场追捧的短期业绩佼佼者，也有不少经历了募集困难致使产品延期发行的尴尬。

但是，行业的优胜劣汰更有利于阳光私募走向成熟。在潮水退去时，优秀的机构开始脱颖而出。同时，私募产品创新不断涌现，国内对冲时代开启，法律监管的完善和自律组织的建立，以及参与主体日益增加等乐观因素，均为私募行业的持续发展注入了活力，风险的暴露和及时消化有助于行业进一步走向成熟。

行业发展情况

国内阳光私募起步较晚，2003 年诞生第一只私募基金，2007 年进入高速发展期，至 2010 年底迈入千亿时代。然而 2011 年随着行情下跌，阳光私募挥别了“爆发式”增长阶段，整个行业增速放缓、存量缩水，且“新生代”后劲不足。私募公司经营层面的压力开始凸显，人才流动加剧、运营入不敷出、一批小私募濒临倒闭。但行业的优胜劣汰更有利于阳光私募走向成熟。同时，创新型私募不断涌现、国内对冲时代的开启、法律监管的完善和自律组织建立、参与主体日益增加等，让这一行业的前景依旧值得期待。

行业增速放缓

国内阳光私募起步较晚。2003 年 8 月，云南信托中国龙资本市场集合资金信托的设立，是国内首只信托形式的二级市场管理型资产管理计划，由云南信托自己进行投资管理。2004 年 2 月，深国投 · 赤子之心（中国）集合资金信托设立，意味着国内首只包括“银行、证券、信托、投顾”四要素在内的阳光私募设立，私募基金公司首次借“投资顾问”身份登场。

阳光私募基金的发展可以大致分为三个阶段。

第一阶段为 2003—2006 年，这一阶段历时约四年，阳光私募实现了从无到有这一变化，但行业发展则极为缓慢，截至 2006 年年底，产品数量仅为 10 余只。

第二阶段为 2007—2010 年，同样历时四年，尽管期间经历 2008 年金融危机，但在 2006—2007 年和 2009 年牛市的推动，以及明星公募基金经理陆续投身提升行业影响力等背景下，阳光私募基金行业的产品数量和产品规模均呈现滚雪球式增长，累计发行产品数量接近 1 000 只。截至 2010 年年底，中国信托行业协会披露数字显示，国内投向二级市场的证券投资信托资产余额为 957 亿元，阳光私募走入千亿时代。

第三阶段为2010年至2011年年底，随着资本市场的剧烈波动及随之而来的大幅下挫，阳光私募基金排名更替剧烈、市场话语权提升的同时，为数不少的基金业绩亏损并导致基金整体募资困难，不少私募基金甚至面临清盘危机。统计显示，仅6%的阳光私募在2011年取得正收益，纳入统计的963只阳光私募平均下跌15%，尽管如此，在震荡下跌的市场环境下，阳光私募总体表现仍优于公募基金。截至2011年12月30日，在可统计的859只私募产品中实现绝对收益的仅有78只，占9.08%，不到一成。亏损幅度在10%以上的产品有182只，占比达21.19%，更是有160只产品被强制清盘。

由于阳光私募基金较之公募基金有着更加灵活的仓位限制（阳光私募基金可以对股票、债券、基金等投资品种均采取0～100%的灵活仓位配置，而公募基金则因类型不同有着明确的仓位下限要求），包括源乐晟在内的一批中国阳光私募基金管理公司，在2008年公募基金几乎全军覆没时仍然取得了正的绝对收益。

2008年的阳光私募年度收益冠军金中和西鼎，依靠当年上半年的进取和当年中后段的低仓位，在大熊市中取得了近25%的正回报。而2008年3月成立的北京源乐晟资产管理有限公司，在2008年7月开始运行其第一只阳光私募基金产品。对于这一时间的选择，其创始人曾晓洁认为，既因为看到阳光私募行业进入高速发展期，更是因为坚信在大熊市中更能突显出阳光私募迥异于公募基金的“绝对收益”诉求。

正是因为2008年以来，诞生了一批在熊市中不亏钱或者少亏钱、随后又在2009年小牛市中掘出A股市场真金的阳光私募基金及其管理公司，2010年水到渠成地成为阳光私募在中国诞生以来最为迅猛的规模扩张期（如图11—1所示）。即使是在规模扩张中趋于谨慎的源乐晟公司，2010年内管理资产规模也从年初的近两亿元发展至年末的12亿元人民币，增长6倍；所管理的基金数量也由1只增加至9只。

同时，参与发行阳光私募基金产品的渠道也日益丰富。从早期依靠阳光私募基金管理公司自发募集，发展至证券公司营业部将其个人客户资产导入阳光私募产品，再到好买等第三方销售渠道的积极介入，最后出现各家银行个人金融部门、财富管理中心、私人银行等渠道的全方位参与。此前极为鲜见的（管理资产规模）三十亿以上级别阳光私募纷纷出现。

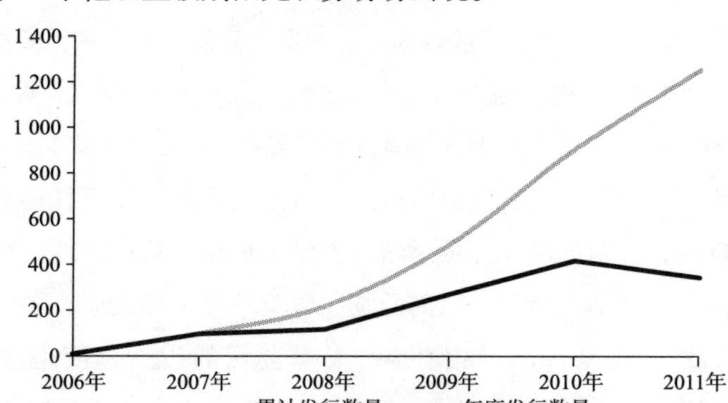

图11—1　阳光私募产品发行情况统计

进入2011年,阳光私募发行情况相比第二阶段堪称低迷。截至12月31日，全年共发行340只产品，而2010年这一数字为423。如图11—2所示，随着指数屡创新低，自2011年5月起发行量呈下滑趋势，12月单月发行产品降至个位数。

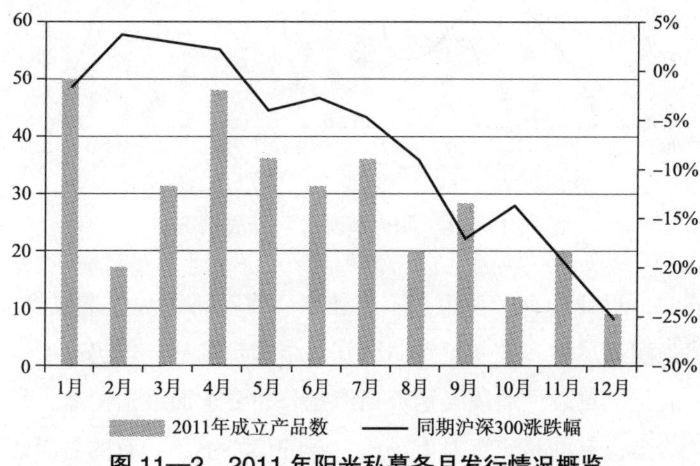

图11—2　2011年阳光私募各月发行情况概览

自2011年6月起行业陆续出现产品并购买卖以及发行失败的现象。而在过往颇受市场追捧的短期业绩佼佼者，也有不少遭遇了因募集困难致使产品延期发行的尴尬。

2011 年鲜有私募管理人在年内发行多只产品。全年新成立产品为 5 只及以上的私募只有 9 家：呈瑞 7 只，从容 5 只，和聚 5 只，凯石 7 只，康成亨 5 只，理成 5 只，长金 7 只，中睿合银 5 只，重阳 9 只。而在 2010 年这一数字为 18 家。

年内发行多只产品的几乎全为老面孔，“新生代”私募市场影响力极为有限。一方面，不少新人尚无自身风格定位就贸然进场导致业绩不佳；另一方面，弱势环境下投资者更为谨慎，导致对新生力量考核期延长；此外，也与行业诞生以来的首批人才已消耗殆尽、目前面临“青黄不接”的局面有关。

与产品发行越来越困难相对应，私募公司的设立速度也逐步放缓，在 2010 年四季度达到阶段顶峰之后，2011 年基本保持逐季回落态势，到 2011 年四季度，单季度新增运作产品的公司数量已经回落到个位数，创 2007 年下半年来季度新低（如图 11—3 所示）。

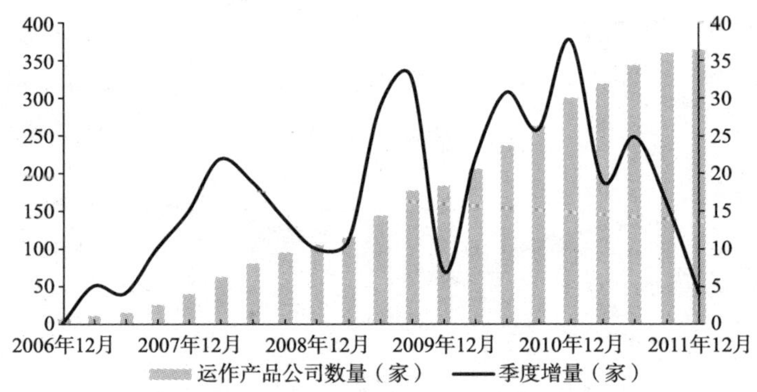

图 11—3　阳光私募公司发展情况

与此同时，行业的存续量也在不断减少。收益持续亏损造成投资者赎回，引发一波清盘潮。尽管多数属于到期结算的结构化私募，但仍有不少是净值触及清盘线，或是大量赎回后规模达不到信托公司要求而被迫清盘。另有部分私募选择主动清盘，有的是出于对市场或自身的信心不足，有的是因产品维持成本过高而入不敷出。

公募基金、券商集合理财 2011 年的发行数量均创出新高，而私募基金却面临产品发行放缓、行业规模缩水的窘境（如图 11—4 和图 11—5 所示）。造成这一局面的原因表现在两方面：

○ 公募、券商的产品发行市场化程度有所提升。

○ 私募面对的高净值客户对于收益受损的敏感度往往更高，在市场不景气时投资热情明显下滑。

同时，这也反映出私募行业在发行方面的短板：无自身发行渠道、与渠道合作时能提供的长期综合对价有限，造成市场萧条时的发行困难。随着公募、券商集合理财市场化程度进一步提升，阳光私募的产品发行面临的竞争将更为激烈。

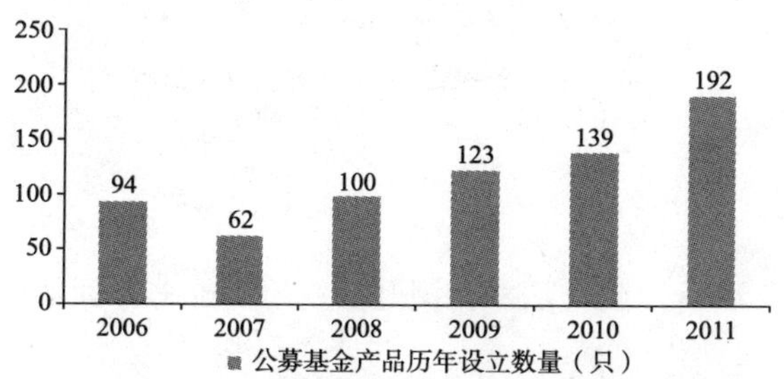

图 11—4　公募基金产品发行数量比较

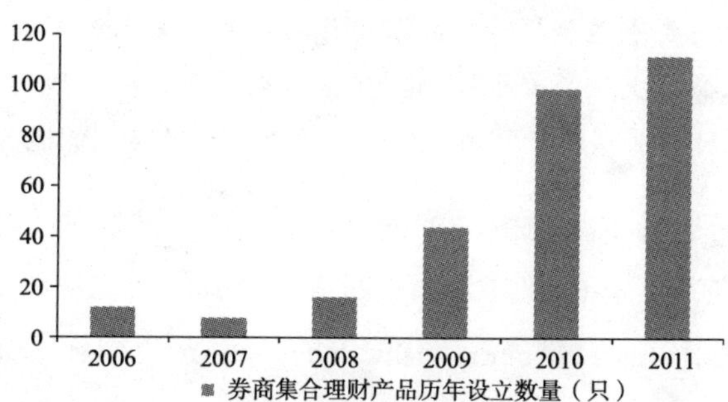

图 11—5　券商集合理财产品发行数量比较

尽管发行情况不佳与市场低迷环境有关，但在2008年的市场急跌中私募发展增速依旧：图11—6的历史数据显示，2008年度新成立私募产品共118只，相较前一年增长118%。而2011年指数缓慢下跌中的私募，乐观估计全年新发规模约在300亿～500亿，而若考虑规模缩水以及赎回因素则估计行业整体为零增长。可见，成长中的阳光私募行业已告别第二阶段滚雪球式的超速增长阶段，逐步迈入相对快速的发展阶段。

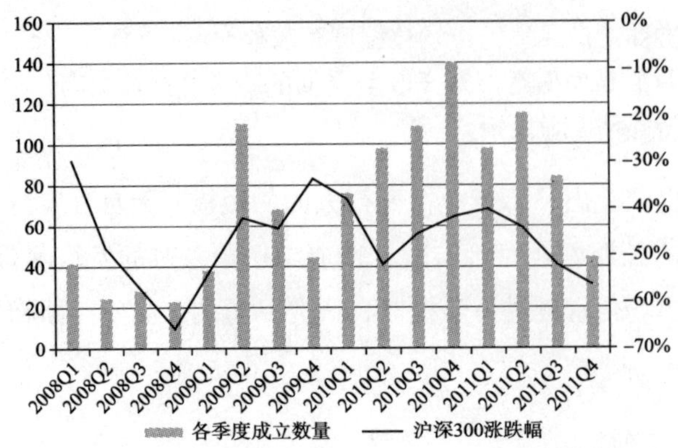

图 11—6　2008—2011 年各季度发行情况纵览

经营压力显现

进入 2011 年以后，阳光私募公司开始纷纷面临多方面的压力。

> 资产规模迅速扩张对原有投资管理策略和模式挑战巨大；扩张后对人才需求剧增的同时却发现人才的竞争已经白热化；引入人才之后对公司内部治理的要求迅速提升，此前小作坊式的公司结构与管理模式已经远远跟不上公司发展的要求；刚刚扩张出来的资产管理规模还没能完全填补公司支付的前期发行费用之时，A 股市场已经陷入低迷行情。

2011 年私募行业的人才流动加剧。不同于第二阶段的大批量“公转私”，2011 年出现了越来越多的私募人才“回流”公募的情况，以及私募高层人员变动。其中固然有行业自身资源优化配置的必然需求，但也反映出私募公司经营方面的问题。

> 国内私募习惯性采取“公募式”运作思维，大举招兵买马进行人员扩张，渠道对私募投研团队的考量关注也客观助长了打造“大团队”的风气。

然而，受限于自身条件，绝大部分私募根本无力提供公募式的发展平台和激励机制，最终造成高端人才离队以及刚培养成材的（略显）年青一代被挖角等情况，令不少私募遭受无形损失。而海外对冲基金的公司建设，多为“小而精”的团队规模，并配以有效的激励机制。

团队人员的不稳定反映出私募整体经营面临着压力。与靠提取管理费为生的公募基金不同，即便是3亿～5亿规模的私募一年管理费大多也仅有两三百万，年度实现收益达20%方能提取约千万上下的业绩报酬。而目前私募行业内规模达到5亿的不足3成，大环境的不景气令多数私募一年来颗粒无收，出现行业人才退出、小私募难以为继的情况也就不难理解了。

但行业的优胜劣汰恰恰体现了其市场化运行特征，有利于阳光私募的发展成熟。在小私募挣扎在生死线时，一线私募重视风险控制、公司管理完善的优势得以凸显；各自的投资理念和风格也会在锤炼中更加坚定成熟，逐渐走出适合自身的制胜路线。而那些心态浮躁贸然入行、忽视公司经营管理的私募，饱尝了经营的苦果，也为摩拳擦掌的后来人敲响了警钟。

源乐晟公司的发展状况

以源乐晟公司自身人才积累情形来看，经过公司成立四年来的人才双向选择，目前已有在职员工16人，主要投研人员均已在公司任职两年以上。激励政策方面将投研的即时激励奖惩与股权期权计划相结合；风险控制与重大投资决策流程被固化到相应的决策流程机制中去，由初期的基金经理单枪匹马向集体参与、独立风控、规范化制度化转变。而在制度转变的讨论过程中，公司也曾对此后应变市场的灵敏度、灵活度等有所担忧，但从公司和基金的长期稳健角度考虑，仍希望坚持走一条稳健但不保守的规范发展道路，这也与其力求的产品形象相符。

源乐晟公司的投资决策委员会由投资总监、投资经理、研究总监、市场总监和交易总监等人组成，每半个月或者遇到突发事件时都会召开会议。投资决策会议将制定或审批下一阶段资产配置方案和重大投资决策，同时监控公司投资活动。通过对投资经理的操作回顾、对行业研究员的跟踪研究、对交易盘面分析等的综合，最终提出包括仓位比重、行业配置在内的投资决策方案。各位投资经理则在这一方案的设定浮动空间内做出具体的投资执行。此外，投资决策委员会还将指定专门人员监督决策方案的可靠执行，担起部分风险控制之责。风险控制委员会则主要负责对公司的道德风险、操作风险、法律风险等进行监控。

风险控制的目标除监督投资经理依照投资决策方案执行外，还需要将方案执行与不同阳光私募产品的个别合同约定相对照，如不符合个别约定，相应的投决会方案将被视为无效。

产品创新推进

尽管发展遭遇瓶颈，但年轻的阳光私募依旧展现了自身的活力：2011 年创新型私募异军突起，开创了新的盈利模式，在各类理财产品中的表现颇为抢眼，也为行业的发展开辟了新的空间。

据不完全统计，目前创新型私募类型主要包括：行业 / 主题型、对冲策略型、定向增发型、风险缓冲型、目标回报型等。2011 年已成立的创新型产品数量超过 100 只，半数为对冲策略型。由于创新型私募成立时间普遍较短，业绩持续性尚待市场检验。而从目前净值来看，多数产品表现平平，反映出新型产品虽各有千秋也各有短板，整体上收益吸引力不足。相较之下，对冲策略型在 2011 年的熊市中表现较为出色，从而迅速崛起成为私募“新贵”。

行业 / 主题型：将部分或全部资金投资于某特定行业或主题股票，关注其长期价值。通常与相应板块“一荣俱荣，一损俱损”，在行业轮动中缺乏主动性，业绩波动较大。例如从容医疗 1 期，2010 年 8 月单月上涨 16.03 个百分点，而 2011 年累计下跌超过 20%。

定向增发型：2011 年一度受到市场追捧，掀起了投资二级市场向一级半市场发展的潮流。但随着参与机构增多，定向增发的超额收益面临摊薄。以博弘数君定增指数型基金系列为例，2011 年上半年曾遥遥领先于投资二级市场的私募，9 月以来随市场调整遭遇获利回吐。目前该系列超过八成产品亏损。

目标回报型：在规定时间内，如果该产品达不到合同设定的业绩目标，私募公司必须按照合同约定将已收取的业绩报酬的一部分返还给投资者。淡水泉、星石、重阳、武当、合赢等均推出了目标回报产品。

对冲策略型：目前主要包括市场中性策略、宏观对冲策略两类，因其对冲掉部分系统性风险而在弱市中表现突出。该类型私募在 2011 年的低迷行情中展示出较强抗跌性，大部分产品实现正收益，且均以较大幅度战胜同期指数，在私募普跌的背景下凭借稳定的收益突出重围。

国内对冲基金的发展历程

2011年7月13日，中国银监会正式下发《信托公司参与股指期货交易业务指引》(下称《交易指引》)，给予了信托公司参与股指期货交易的合法身份。相应地，2011年12月，上海励石投资与第一家获得股指期货交易业务资格的华宝信托合作发行了首只对冲信托产品。2011年成为真正意义上的国内对冲基金元年，标志着阳光私募迎来了新的投资蓝海，2012年整个行业将沿着对冲之路继续前行。

当然，受制于银监会《交易指引》的要求，即使当前阳光私募基金所采用的信托公司平台已经获得股指期货交易资格，所能采用的做空仓位也被限定在现货仓位的20%，并不能充分对冲现货风险。

而在现实尝试中，阳光私募曾经从不同的路径进行过对冲的探索。例如，在银监会《交易指引》颁布之前，深圳民森投资有限公司于2011年3月通过天津民晟资产管理有限公司成立民晟系列市场中性策略基金。该系列基金将信托计划引入有限合伙企业作为有限合伙人，而投资顾问则作为普通合伙人承担投资决策之责。其优势在于通过信托平台的引入，可以与现有信托产品模式一样得到权威、公允的信托估值，得到信托的操作监督与资金管控服务。更关键的是，通过有限合伙企业名义开立期指交易，绕开了信托账户的限制。但在银监会《交易指引》出台后，此类信托嵌套入有限合伙企业的方式也被银监会强制叫停。

但对冲探索之路仍未停歇，众多阳光私募公司一方面在等待信托平台参与股指期货交易尺度的进一步放宽，另一方面还在产品结构形式上做着更多的思考，如完全摆脱信托，成立纯粹有限合伙企业，私募基金投资人以合伙企业有限合伙人身份加入。这一方式带来的最大好处就是灵活、自由度大，对于投资品种的选择可以得到最大的空间；但劣势也同样明显，那就是自然人投资人的收益部分将被收取最高20%的个人所得税。

根据源乐晟公司的市场调查发现，不论是投资者个人还是市场中阳光私募的发行渠道，都对税收问题极为敏感。

首先，对冲型产品的第一目标是对冲掉系统性风险，让基金净值表现更加稳健、平滑，但这并不意味着在同一时期、尤其是短期内会获得更高的超额收益。毕竟，如果坚守股票市场中性策略，虽然回避了系统性风险，但是也对冲掉了市场基准收益。源乐晟的目标则是希望通过自身对宏观基本面的判断采取必要的“对冲”操作，在净值波动得到平滑的前提下，可以坚定持有一些股票仓位，减轻交易中调仓的流动性困难、降低调仓时的冲击成本。

其次，对投资者和一些发行渠道而言，既然从绝对收益上看不出明显优势，还要比传统信托产品多出个人所得税，认购、发行意愿就会受到极大的打击。

显然，对冲型产品在中国真正的发展，还有待一批拥有成熟对冲策略，确实能够取得稳健、绝对回报的投资顾问和产品出现。同时也需要一大批成熟投资人的出现，为阳光私募引入相对稳定的长线投资资金。因为，优秀的对冲型产品，需要通过长期稳健的净值实现，通过投资复利的效应，才能体现出自身的比较优势。

参与主体增加

在阳光私募积极创新的同时，以信托为代表的参与主体亦不断扩大，平台群体的扩大以及竞争的加剧也为行业进一步发展提供了更好的支持，同时也显示了作为参与主体，信托公司对于阳光私募业务重视程度的提升以及发展前景的乐观预期。

早在行业发展初期，除云南信托发展自己管理的证券投资类信托业务，地处深圳的深国投（即现在的华润信托）、平安信托以及以地处上海的上海国际信托、华宝信托外，鲜有其他信托公司大力发展证券投资类信托业务。其中，深圳信托公司积极发展非结构化信托产品，上海信托公司则以结构化信托产品为主，这也是阳光私募最早分为“深圳模式”和“上海模式”的由缘。

由于结构化产业信息披露十分有限，在可统计到数据范围之内，最早占据行业前三位的为华润信托、平安信托以及云南信托，三家信托公司平台上运行的阳光私募产品截至 2007 年年底占据行业 70% 的份额。截止 2011 年年底，已有 40 多家信托公司开展阳光私募业务，与之相对应的是行业集中度稳步下降（如图 11—7 所示）。目前，前三大信托公司平台上运行的产品数量仅占行业 40% 的份额，其中除华润信托外，中融信托、中信信托、外贸信托、兴业信托等发行阳光私募基金产品数量也达到百只级别，另西安国际信托 2011 年下半年大力发展合伙制产品，平台上运行产品数量也已超过 50 只，为饱受“账户”限制的阳光私募发展开辟了新途径。

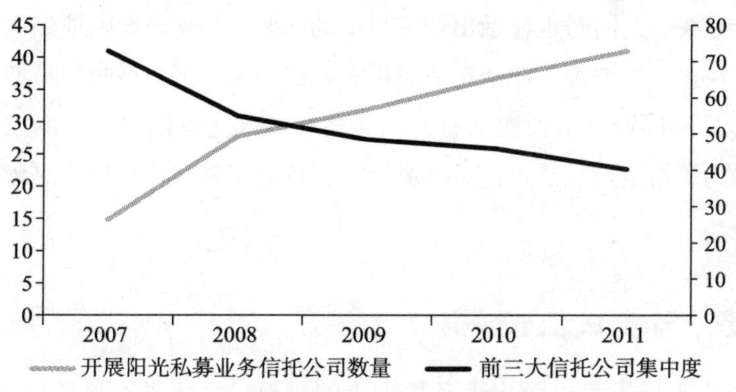

图 11—7　信托公司开展阳光私募基金业务情况

监管自律加强

2009 年 3 月，《基金法》修改列入国务院立法计划，同年 7 月全国人大财经委组建基金法修改小组。经过 1 年多的讨论及调查，《基金法》（修订草案）于 2011 年初完成向业内征求意见后，针对征求到的意见进行汇总并对法案进行再次修改。尽管修改后的《基金法》何时正式公布及实施尚无时间表，但从媒体公开报道可以看到，对于阳光私募基金而言，被纳入到监管范围似无争议。

此外，上海、深圳等地的私募基金行业协会等自律组织也不断出现。行业协会负责私募基金行业的自律和监管工作，并致力于投资环境的优化，包括经济环境、政策环境和文化环境等。

因此，无论是法律监管体系的不断完善加强，还是行业自律组织及行为的完备规范，对于年轻的阳光私募基金而言，都将对其健康平稳发展起到促进作用。

行业风险收益特征

2011年的熊市中超过九成阳光私募亏损，未能保住绝对收益。这与多数私募管理人未预料到指数会持续下跌，不断试图抄底，始终未采取有力的止损措施直接相关。但同时也显示出行业目前的问题，如规模影响业绩、风控能力不足、存在投机氛围等。在全年个股机会寥寥的背景下，高频交易型与保守稳健型私募领先同业。中长期来看，私募相对指数优势依旧。个体方面，走在前列的多为风格定位较清晰，重视风险控制且公司管理机制较为完善的私募管理人。

熊市再现，逾九成私募亏损

2011年市场走势可谓出乎各界人士的预料，全年基本呈单边下跌局面，以灵活和抗跌见长的阳光私募在这一年也遭受收益折损。

> 截至12月31日，可统计全年业绩的非结构化阳光私募共计605只，平均跌幅为17.86%，仅20只获得正收益，占比3%；逾四成亏损超过20%；66只运作整年的结构化阳光私募中，仅3只取得正收益，15只跌幅超过20%。

全年私募亏损者超过九成，我们认为原因主要有以下几点。

2011年虽不同于2008年的陡然急跌，但全年几乎毫无结构性行情和个股机会，私募的灵活风格无用武之地。而且在2010年涨势强劲的中小板、创业板均沦为重灾区，而私募普遍对此类板块参与较多。

绝大多数私募管理人未预料到指数会一跌再跌，不断试图抄底，始终未采取有力的止损措施。

例如，从2011年5月至12月，市场持续下挫，然而问卷调查显示，在这8个月内仓位维持在三至六成者居多，私募并未及时通过清仓避险，期间看平后市者占据主流，预计乐观者也大有人在。

由此可见，对市场的心怀侥幸和对“底部”认知的偏差，造成大批私募损失严重。

尽管绝对收益受损，阳光私募还是保持了一定的超额收益：全年战胜同期沪深300指数6.94%（非结构化，下同，剔除浮动费用），共计462只跑赢市场，占比超过75%。按月度来看，私募在前4个月因对市场大小盘风格转换反应滞后导致落后沪深300指数；但通过调仓及策略转换等自身调整，自5月起基本保持相对沪深300指数的领先优势（如图11—8所示）。与其他理财产品相比，私募基金前10%产品的业绩为–5.42%，也具备比较优势。

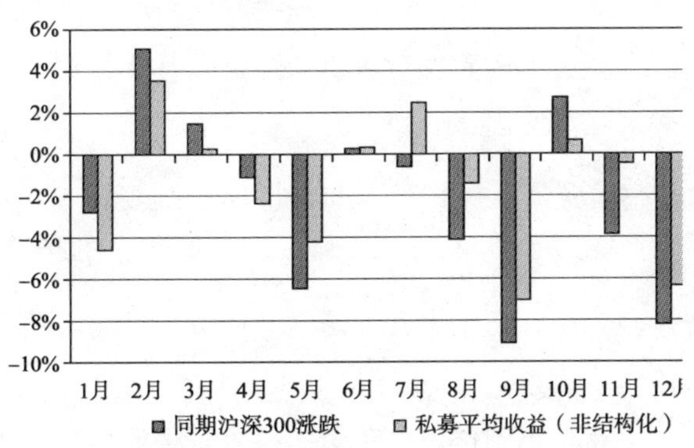

图11—8　阳光私募与同期沪深300指数涨跌对比

以下我们将阳光私募2011年的表现，与同样身处熊市的2008年做一对比。2011年市场在震荡中缓幅下跌，沪深300指数损失25.01%，中证500指数跌33.83%；2008年A股则是“暴跌”，沪深300跌幅达65.95%，中证500跌60.80%。

图11—9显示，2011年私募收益更多集中在–30%～–10%区间，2008年则以收益–30%及以下者居多。但结合当年的指数表现来看，2011年的阳光私募在环境相对稍好的“慢熊”市中表现却并无进步，大部分跌幅较重且超额收益有限。这也显示出行业发展到目前阶段暴露的一些问题。

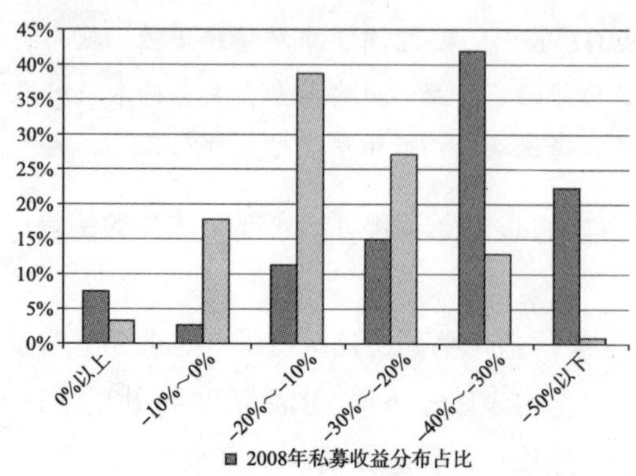

图 11—9　2011 年和 2008 年阳光私募业绩表现对比

“规模是业绩杀手”。尽管这一现象暂不显著，但早在 2010 年便在少数大型私募中有所暴露。有的私募首只产品成绩亮眼，一时受到渠道认可和投资人追捧,后续产品募集顺利,但随着发行数量快速扩张其业绩往往遭遇“滑铁卢”。其中的原因主要表现在两方面：

○ 管理人投资思维跟不上变化，以旧有策略掌管大规模资金。

○ 则是投研团队能力不足，无法与扩张后的资金规模相匹配。

此外，投资手段单一、衍生工具不足以及弱市下市场流动性不足也是限制私募掌管大资金的重要因素。

风控能力不足、执行不到位。真正考验投资管理能力的是熊市中的抗跌水平，然而 2011 年私募绝大部分跌幅超过了 10%，凸显了行业整体的风险控制意识及相应制度执行力度亟待加强。正如前文所述，相当一部分私募在股指持续下跌时始终怀有侥幸“抄底”或“胜出”心态（实际上，相当一部分私募判断到 2011 年市场整体机会不佳，但风险预期也不是很高，因此依然不断追逐其中的结构性机会），而止损制度在实际操作中或被弱化，甚至不排除追逐一些炒作概念的现象。在缺乏对冲工具的不利条件下，如何做好净值管理、摆脱“博弈”心态，是以绝对收益为目标的阳光私募需要反思的问题。

私募中秉承明确投资理念并敢于坚持的高手并不多，而准入门槛较低、法律监管尚不到位等因素令行业鱼龙混杂，影响了阳光私募在投资人眼中的形象，甚至部分干扰了市场的正常运行。随着私募基金纳入监管的步伐加快，对于那些行为不当而影响行业及市场正常运行的私募机构，监管机构或可考虑制定出相应的退出机制。

以源乐晟公司的投资逻辑而言，投资获得的超额收益主要来源于两方面。

- 对宏观经济整体的判断，在判断的基础下选择仓位配置、行业和重点公司。
- 对个体公司的仔细研究，寻找出现拐点和业绩进入爆发期的公司，构建投资组合。

但一个阳光私募公司自有的研究能力、时间、精力、覆盖面都是极其有限的，而在一个热点切换频繁、市场低迷、投资人对标的公司愈加苛刻的阶段，必须要把外部的研究支持充分激励运用起来，而这也是源乐晟公司在同样面临上述新问题时所力求做出的改革。当然，对于源乐晟公司而言，**强制止损制度仍是在出现问题和尚未有效解决问题时，最有效的一项防御措施。**

年度绩优者：高频交易&稳健保守

在 2011 年的市场环境下实现净值上涨实属不易，但阳光私募中仍然涌现出这样一批“高手”，其制胜之道各不相同。

高频交易型。2011 年趋势性机会匮乏、板块热点快速切换的市场正适合此类选手。其投资策略以择时为主，采取波段操作、快进快出的手法把握短线投资机会，及时获利了结并配以果断止损手段，保障绝对收益，当然也承担了相当的风险。此类型绩优代表私募有呈瑞、中睿合银、展博、紫石等，它们在 2011 年以显著优势领先同业。

稳健保守型。以星石系列、云信中国龙系列和麦尔斯通等为代表的稳健保守型私募，以严格的下行风险控制为特长，尽管整体收益率不高，但仍在熊市中脱颖而出。例如星石系列产品始终维持低仓稳健运作，在 2008 年和 2011 年排名均跃居前列。

新型产品初试牛刀

对冲型私募。前面已经介绍过，2011 年涌现的创新型私募产品中“对冲策略型”最为亮眼。该类型基金的组合风险低于主流的单边操作基金，因而在市场行情较差、系统性风险较大的情况下依然能实现正收益。目前已运作的有业绩数据的十余只产品多成立于 2011 年第一季度和第二季度，全年平均收益约为 2%，相比私募同业普跌的表现可谓领先优势明显。

但就现阶段表现来看，对冲型私募整体涨幅有限，取得高收益的产品并不多，运行数月来基本都还在面值附近徘徊。此外，由于该策略对冲掉了指数波动影响，必然会牺牲市场上涨带来的收益，显然不是牛市中的理想选择。总体而言，对冲型私募目前的收益率水平对投资者吸引力尚不大，若想取得更大发展尚需要策略上的适当改进。

TOT。TOT 既“信托中的信托”，是阳光私募基金的组合投资形式。自 2009 年国内首只 TOT 诞生以来，这一新型理财产品凭借分散投资、降低风险的概念在随后的 2010 年内迅速发展。然而在行情低迷的 2011 年，TOT 也随着私募发展的增速下滑而缩水，全年共发行 TOT 产品 19 只，与 2010 年的 36 只相比大幅减少。截至 2011 年 12 月底，运行中的 TOT 产品共计 60 余只。

由于 2011 年市场行情拖累私募整体业绩，TOT 产品也难逃收益折损，全年平均跌幅约为 10%。但 TOT 整体表现仍略优于同期指数和私募基金：29 只业绩可得的产品中，28 只跑赢同期沪深 300 指数，并以小幅优势超过阳光私募平均收益。不过，目前 TOT 产品设计简单，运作相对僵化，核心优势未完全发挥。

中长期跑赢市场

相比短期排名的频频“变脸”，阳光私募中长期业绩更具参考价值。将考察期延伸至近两三年，私募行业持续跑赢对应期间指数，呈现较强的盈利效应，体现出追求绝对收益的自身优势。

近两年沪深 300 指数累计下跌 34.40%，中证 500、中小板指分别下跌 27.17%、23.72%。可统计近两年收益的阳光私募（非结构化，包括自然月度和非自然月度，下同）共 325 只，剔除掉业绩报酬后平均下跌 10.68%，超越同期沪深 300 指数 22.25%。近三年沪深 300 指数上涨 29.05%，中证 500 指数涨幅达 68.44%，中小板指涨 50%。统计范围内阳光私募数量为 162 只，平均绝对收益 37.78%，相对指数超额收益为 15.01%（如表 11—1 所示）。

表 11—1　　阳光私募中、长期业绩表现（非结构化）

	绝对收益	相对沪深300收益	夏普比率	标准差	相对沪深300标准差	下行风险
2011年	–17.86%	6.94%	–1.39	16.91%	–0.90%	33.48%
近两年	–10.68%	22.23%	–0.6	25.58%	–7.46%	53.03%
近三年	37.78%	15.01%	0.78	38.09%	–13.41%	69.40%
近三年同期HS300指数	22.77%	——	0.49	51.50%	——	104.41%

注：各指标均计算到对应统计期限。

图 11—10，图 11—11，图 11—12 及图 11—13 显示了近三年阳光私募在夏普比率、标准差、下行风险、最大回撤这四个风险指标中的分布情况。

夏普比率衡量基金的风险调整后收益，显示了产品在承担单位风险时所获取收益的情况。如图 11—10 所示，近三年，超过八成阳光私募夏普比率为正值，多数集中在 0.5 ～ 1.5 范围内，在 0 以下与 2.0 以上者占比很少，分布较为均匀。行业平均夏普比率为 0.78，而同期沪深 300 指数的平均夏普比率值为 0.49，可见阳光私募在承担相应风险时具备一定获取超额收益的优势。

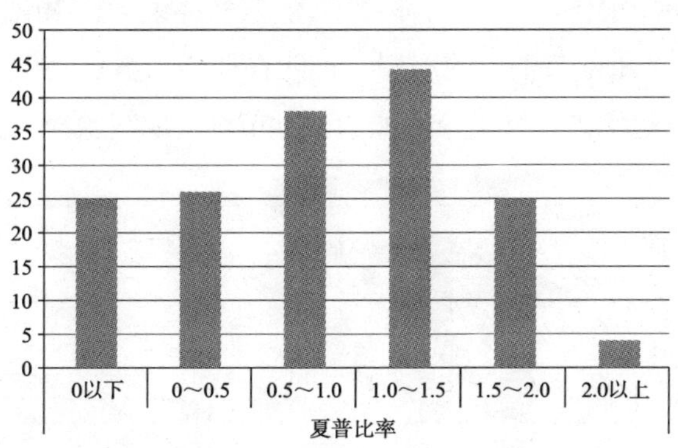

图 11—10　近三年阳光私募夏普比率分布情况

标准差显示了基金净值波动状况。阳光私募近三年标准差分布状况如图 11—11 所示，波动在 10% 以内以及波动大于 60% 者总共占比不足 5 个百分点，多数产品集中在 20% ～ 50% 区间。全行业平均标准差为 38.09%，而同期沪深

300 指数标准差则超过 50%，纳入考评的 162 只产品中仅 25 只波动大于同期指数。整体而言，阳光私募业绩较之指数波动更为平滑。

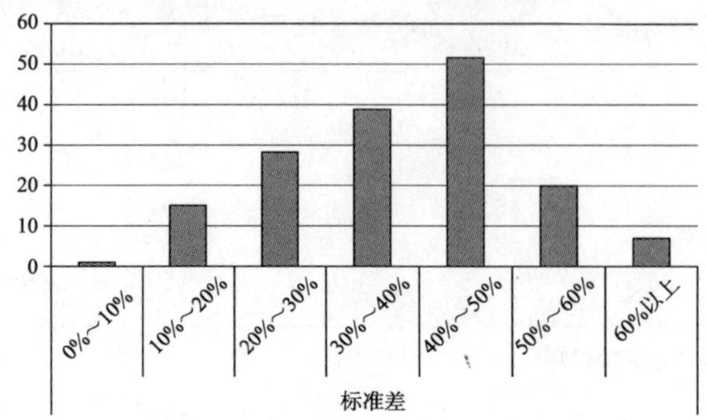

图 11—11　近三年阳光私募标准分布情况

阳光私募长期良好的风控能力也反映在下行风险与最大回撤两个指标中。图 11—12 中近三年阳光私募的下行风险情况显示，近七成私募集中在 40%～100% 区间，而同期指数由高峰跌落谷底，三年期平均下行风险达到 104.41%。相较之下，阳光私募多数产品跌幅小于指数，行业平均下行风险为 69.40%，显示出震荡下行环境中阳光私募基金良好的抗跌性。

图 11—13 的最大回撤指标分布显示，多数私募集中在 10%～40% 范围内，尤以处于 10%～20% 范围内的居多，说明在长期指数震荡下跌中，多数私募凭借操作中的灵活优势及风险控制能力战胜市场、实现绝对收益。

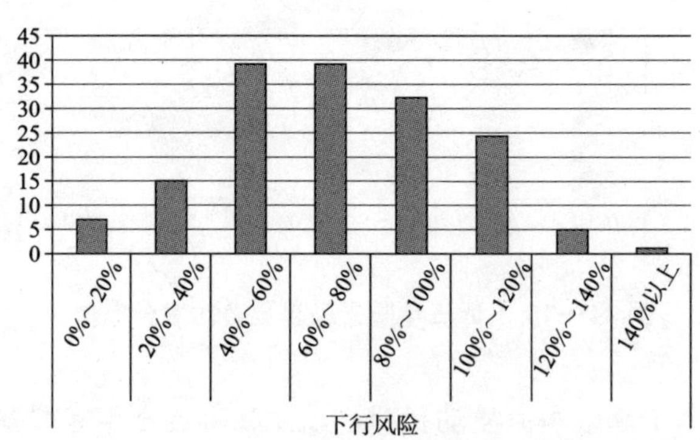

图11—12　近三年阳光私募下行风险分布情况

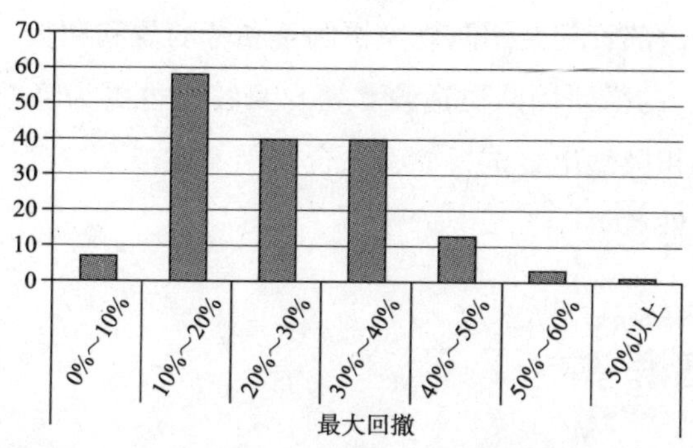

图 11—13　近三年阳光私募最大回撤分布情况

具体到长期私募个体表现的层面，我们发现，历经三年牛、熊市洗礼，能适应生存并走在同业前沿的往往是坚持自身风格、风控能力较强、管理机制完善的私募公司。

坚持自身风格：纵观中长期盈利能力出色的私募，一大共性是自身投资风格清晰稳定。

例如，以择时为主的展博、中睿合银，凭借对盘面敏感的优势定位于短线交易，中长期业绩稳定靠前，展博更是连续两年跻身同业前十。源乐晟、精熙与翼虎同样以灵活操作见长，在近两三年的结构性市场中脱颖而出。另一类私募属于长期稳步成长型，精于选股以分享个股长期成长收益，例如鼎诺、重阳、智德、云程泰、朱雀、武当、淡水泉等，业绩以细水长流的方式增长，并具备适度风控能力，累计回报可观。以星石、云南信托中国龙系列为代表的稳健保守型私募，则凭借极低的仓位和严格风控来规避系统性风险，于熊市中实现绝对收益。

风控能力较强：风控到位、净值波动平滑是长期优胜私募的另一特征。正如前文所述，熊市才是私募管理能力的试金石。中长期绩优者尽管风格有积极有保守，但净值波动都不大，它们在实际操作中严格遵守风控策略。这些风控能力较强的私募也许在牛市中不甚抢眼，但在熊市中无大幅回撤，从而能够保存实力静候市场良机，具备长期领跑同业的能力。

管理机制完善：2011 年的行业小范围洗牌使公司管理机制问题得到了重

视，合理的公司内部管理及团队规模更利于私募的盈利和长远发展。正如前文所述，“小而精”的投研团队更适合私募自身特点也更为高效。在激励机制设置上，一些私募积极做出尝试，如引入合伙制、虚拟股权等，以更好地增强人员竞争力和稳定性。

对投资者说

- ○对阳光私募机构投资者而言，寒冬恰恰是王者诞生的季节。行业曾经的鱼龙混杂局面会被逐渐改变，裸泳者也会被逐渐清除出场。而在下一个春季到来时还能坚持下来的机构，最终将会走向成熟和壮大，甚至成长为传奇而获得不朽的荣誉。
- ○实际上，在寒冬中击败自己的不是别人，恰恰就是自己。从某种程度上说，市场是客观且公正的，若缺乏坚定的理念、成熟的机制和良好的风险管理能力，好运气亦不可能永远陪伴左右。同时，妥善的经营和准确的自我定位对于阳光私募群体而言，亦非常重要。只要看清自己和行业，苦练内功，熬过了这个冬季之后，春天就不远了。

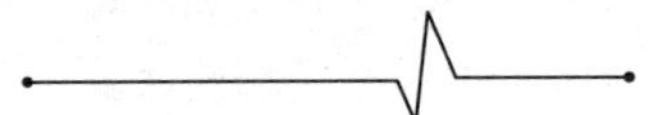

第12章

理财业务，商业银行的微观视角

■ 本章导读 ■

■ 2011 年，受经济增速放缓及宏观货币政策的影响，各类理财市场表现低迷。然而，在这种市场环境之下，银行理财产品因其收益的安全性和稳定性，在各大类理财产品之中一枝独秀，取得了可观的增长。同时，银行理财产品的开发能力和创新能力亦有所增强，另类理财产品表现突出。

■ 在理财产品市场快速发展的同时，一些问题也逐渐暴露出来，如对短期收益率的过分追求等现象造成的银行间恶性竞争，银行对于某些监管条例的变相规避等。基于上述情况，对于银行理财产品市场的监管越来越严格。

■ 从中长期发展的角度来看，银行理财产品市场会逐渐变得更为规范和专业，而宏观经济形势亦会逐渐转好转，可以为银行理财产品市场提供更好的机会和更广阔的市场。同时，随着财富管理行业的逐渐发展和走向成熟，银行理财产品亦会逐渐放开，在业务创新和理财投资范围上将会有很大的变化与发展。

2011 年各类单一市场运行低迷，包括股市、房市、债市等在内的市场不景气，再加上通货膨胀压力，导致个人投资者对银行理财产品的需求激增。而银行理财产品通过多渠道组合投资实现了低风险和稳定收益，获得了大量客户的青睐。商业银行理财业务继续呈现出高速发展态势。

作为一个跨市场、综合化的资产管理行业，商业银行理财业务的高速发展引起了多方关注。而关注的焦点主要集中于：银行理财业务对宏观经济政策的有效性干扰、理财产品对客户利益的保护，以及理财业务自身的规范性等几个方面。

2011年商业银行理财业务

中国商业银行理财业务2011年发展综述

2011商业银行理财业务继续增长，理财产品余额、销售规模、理财产品数量继续上扬，但增速明显放缓。由于可以放入表内进行管理，理财产品部分弥补抵消了存款下滑的影响，保本型产品和结构性产品受到部分商业银行的关注，逐渐成为市场特有品种。通过采取“期限分拆”、“组合管理”和“滚动发售”的模式，理财产品期限缩短。整体上看，2011年理财产品收益率有所上升，整体风险下降，投资者对银行理财产品的认知度上升。在货币政策紧缩条件下，理财产品的表现非常抢眼。

理财产品继续保持增长。据交通银行估算，从资产管理规模来看，2011年理财产品年末余额为7.5万亿左右，考虑到季度末银行对存款规模的时点考核对理财产品的巨大影响，2011年年末理财产品的时点规模为4万亿左右。理财产品数量方面，2011年全年共有超过130家银行发行理财产品，产品数量超过23 000款，从全年发展来看，理财产品数量在三四季度略有下滑，受窗口指导影响，理财产品余额和数量在年末并未出现大幅增长。到期产品方面，根据Wind资讯对100家银行的统计，全年共有20 395款产品到期。虽然2011年全年银行理财产品发行市场与到期市场均保持增长态势，但增速出现减缓趋势。

中国商业银行理财业务发展总量指标数据统计与描述

2011年中国商业银行理财产品市场规模集中现象依然突出。大型银行和股份制银行占据市场主导地位，部分主体规模增长较快。15家主要商业银行占据了整个行业份额的90%以上，尤其是工行、建行等的规模远远超过其他银行。

发行方面，2012 年一季度，非保本浮动收益类产品共募集资金 39 724 亿元，约占总募集资金的 65%，较 2011 年四季度下降约 16%。其次是保本浮动收益类和保证收益类理财产品，募集资金分别为 4 789 亿元和 652 亿元，各占总募集金额的 33% 和 2%。

存量方面，2012 年一季度末，非保本浮动收益类产品余额共计 13 924 亿元，占整体余额的 72%，较 2011 年年末下降约 10%；保本浮动收益类余额 4 790 亿元，占比 25%，较 2011 年末上升约 11%。

投资标的方面，2011 年银行发行的理财产品多为组合型，一款产品往往投资多个标的。投资标的大多也以固定收益类为主，数量占比达到 75% 左右，见表 12—1。银行理财产品主要投资标的为债券、中短期票据、信贷类资产、货币市场以及同业拆借等。相对于其他资产管理方，银行具有特有的银行间货币市场渠道。

表 12—1　　2011 年理财产品投资结构

类型	发行数量	占比（%）	到期数量	占比（%）
股票产品	1 018	2.65	829	2.51
债券产品	10 415	27.11	9 137	27.66
利率产品	9 328	24.28	7 992	24.20
票据产品	4 744	12.35	4377	13.25
信贷资产	3 059	7.96	3227	9.77
汇率产品	631	1.64	457	1.38
商品期货	52	0.14	43	0.13
其他产品	9 170	23.87	6 967	21.09

资料来源：Wind 资讯，《2011 年银行理财产品市场报告》。

产品期限结构方面，理财产品短期化趋势明显。绝大部分理财产品的期限在半年期以内。2011 年上半年表现尤为明显，在 7 月《中国银监会关于印发王华庆纪委书记在商业银行理财业务监管座谈会上讲话的通知》下发后，商业银行逐渐减少了期限在一个月以内的产品的投放。

产品发行数量方面，接近 90% 的个人理财产品期限在半年以内，见表 12—2。通过发行短期理财产品，商业银行可以将理财资金在特定日期锁定在存款上，有利于经营业绩的考核。

表 12—2　　2011 年理财产品期限结构

类型	发行数量	占比（%）	到期数量	占比（%）
一个月以内	7 593	32.43	7 598	37.25
1～3个月	8 269	35.32	6 940	34.03
3～6个月	4 744	20.26	3 387	16.61
6～12个月	2 196	9.38	2 169	10.63
12～24个月	291	1.24	229	1.12
24个月以上	90	0.38	71	0.35
未公布	230	0.98	1	0.01

资料来源：Wind 资讯，《2011 年银行理财产品市场报告》。

收益率方面，2011 年，银行为了揽储，部分商业银行 7 天以内的超短期产品预期年化收益率都能达到 4%。随着下半年超短期产品被叫停，大量 30 天左右的“擦边球”产品收益率达到 5%，甚至更高（见表 12—3）。

表 12—3　　2011 年理财产品收益率结构

	0～2%(含)	2～3%(含)	3～5%(含)	5～8%(含)	8%以上	未公布
数量	930	2 748	13 299	5 523	94	819
占比（%）	3.97	11.74	56.80	23.59	0.40	3.50

资料来源：Wind 资讯，《2011 年银行理财产品市场报告》。

总体来看，与其他资产管理业务相比，商业银行理财产品市场依然保持相对优势。

例如，2010 年年末，银行管理资产和基金规模大体相当，均为 2.5 万亿左右。但到了 2011 年年末，基金规模为 2.2 万亿，银行理财产品（表外）估计为 4 万亿左右，远远超过基金规模。可以说，银行理财产品异军突起，增速迅猛。

中国经济、货币与政策环境对商业银行理财业务的影响

在高利率和通货膨胀双重压力下，个人理财业务的重要性在 2011 年得到了充分的体现。房地产市场在政策挤压下继续走强；股票市场在政策扰动下全

年走低。整体来看，信贷收紧和投资渠道收窄，推动了理财业务的发展。

理财业务继续增长

虽然信贷资产类产品规模急速萎缩，但市场资金充沛与银行资金紧张之间的差异使得债券市场和货币市场更加活跃。投资于债券和货币市场投资工具的理财产品的兴盛，不仅抵消了由于信贷资产萎缩带来的不利因素，而且还大幅提升了理财市场的广度和深度，理财业务继续大幅增长。通过突破监管要求，银行理财产品进行了一系列创新。

理财产品风险有所降低

与2008年和2009年客户投诉频繁的情况相比，2011年客户对理财产品市场的偏见逐渐减少，客观评价逐渐增多。随着监管的日益严格，理财产品的整体风险有所降低，产品的流动性增加。短期、低风险产品已经成为众多客户资产管理的重要工具，不但市场关注度明显提高，甚至连银行理财产品收益也成为媒体追逐的热点。

另类理财产品特色彰显

继2009年和2010年私募类产品开始走入银行客户视野之后，2011年另类理财产品也获得了大量的客户。投资者开始意识到将资产交给投资专家管理更加符合市场需求。这部分客户大多是商业银行的高端客户，具有较强的风险承受力。虽然股票市场低迷，但由此类产品导致的客户投诉并不多见，可见购买理财产品的客户已经逐渐成熟，认识到理财产品非银行存款，投资具有一定的风险。

组合投资和滚动发行产品流行

理财产品开发是个动态过程，产品创新是理财业务发展的重要动力来源。在通胀预期和升息背景下，一些期限短、流动性高、符合客户需求的理财产品得到银行的大力推广。理财产品在投资手段上采用组合投资来分散投资风险，在发行模式上采用期限短、滚动发行的模式来部分抵消客户的收益要求。

‖理财产品监管日益严格‖

继 2009 年和 2010 年监管机构对商业银行投资方面进行严格监管后，监管机构对理财产品也开始进行较为严格的监控，从信托机构入手对银行的合作机构进行了控制，并开始酝酿发布新的理财产品销售管理办法。《中国银监会关于规范银信合作业务有关事项的通知》（银监发 [2010]72 号，以下简称《72 号文》）出台后，融资类理财产品受到严重影响，规模大幅收缩，这给部分银行带来了较大挑战。2011 年，银监会继续加强对银信合作理财产品的深度监管，加大了对信贷资产，由信贷资产转变而来的信贷资产收益权转让，以及票据融资的关注，并进行了一系列指导，强调理财资金不得流向政府融资平台、“两高一剩”企业、“铁公基”和商业房地产开发项目等限制性行业和领域。

在规模迅速扩张情形下，2011 年商业银行理财业务也出现了一些新情况和新问题。

1. 理财产品短期化趋势明显，预期收益率持续攀升，甚至引发部分银行间的恶性竞争，个别银行发行的理财产品有变相高息揽储之嫌

由于连续多次上调存款准备金以及存贷比监管要求，商业银行流动性趋紧，部分商业银行为争夺存款，获得信贷空间而抢占客户。特别是在月末、季末等考核时点，商业银行会大量发行超短期或者短期高预期收益类的理财产品，利用募集期和起息日的时间差达到增加存款余额的目的。有些理财产品的清算期过长且不计利息，导致收益率被夸大。还有个别银行不计成本地开展“价格战”，通过用其他收益来源弥补的方式兑付客户预期收益。据了解，个别银行发行的超短期高预期收益理财产品，产品期限只有 4 天，销售起点为 5 万元，预期年化收益高达 7.5% ～ 8%。此类产品的发行进一步激化了行业间的恶性竞争。

2. 规避银信合作监管新规

《72 号文》印发后，部分银行为规避《72 号文》的要求，开发出新的融资类理财业务模式。

（1）绕过信托开展委托贷款理财业务。由于银信合作受限，房地产及其他行业贷款收紧，部分银行绕过信托公司，以理财资金作为资金来源，通过开展委托贷款业务来满足融资客户的要求。在这种模式中，理财产品发行行作为委托人，其所属分支机构或其他银行作为受托人，向融资企业发放委托贷款。

（2）通过受让信托受益权模式规避银信合作新规。近期部分银行发行的理财产品，以受让信托受益权之名，行贷款之实，规避银信合作新规，变相逃避监管，满足表外融资需求目的。

3. 变相调节监管指标，进行监管套利

（1）部分银行通过投资购买他行或本行理财产品的方式调节监管指标。部分银行迫于信贷规模控制和盈利压力，通过投资其他商业银行发行的信贷资产类机构理财产品，或本行的理财产品，以达到在不占用信贷规模条件下提高资金收益水平的目的。

（2）违规开展信贷资产转让业务。部分银行违反银监会关于规范信贷资产转让业务的有关规定，将银行票据融资排除在信贷资产之外，不经过信托公司直接将理财产品投资于银行票据资产，违反了银监会《关于进一步规范银行业金融机构信贷资产转让业务的通知》的规定。

4. 建立资产池类理财产品，通过期限错配获得利差

建立资产池类产品可以实现理财产品的常规性销售，此类理财产品采取滚动发售、集合运作、期限错配、分离定价的运作模式，银行可获得一定的期限利差。因此，部分银行相继建立起资产池，将各种期限、各种类型理财产品募集的理财资金集合后投资配置多种资产的资产池进行集合运作，导致多个理财产品同时对应多笔资产，违背了单个理财产品专户托管和独立测算成本收益的原则。同时，资金类理财业务支付给客户的收益也是按事先约定的预期收益率兑付。

5. 部分银行追求理财规模的过快增长，业务发展不够审慎稳健

银监会非现场监管系统的数据统计显示，2012年一季度，商业银行理财业务规模增长依然较快，个别银行产品发行增速超过100%。据部分银监局反映，在理财资金投向方面，仍有个别银行理财资金间接投向政府融资平台、“两高一剩”企业、“铁公基”和房地产开发项目等限制性行业和领域。

这些问题的存在不仅引发了媒体关注，成为近期舆论关注的焦点，也引起了国内宏观经济管理部门的高度关注。这些问题给商业银行带来了包括合规风险、流动性风险、声誉风险在内的一系列风险隐患。

2011 年商业银行理财业务发展特征分析

2011 年，商业银行理财产品销售继续保持高速增长，已经大幅超越证券投资基金净值总规模，成为理财市场规模最大的投资品种。银行理财产品总规模的增长，从宏观和微观两个方面对经济体系产生了深远影响。

- **从宏观层面来看，**理财产品规模的快速增长对货币政策的有效性造成了一定的影响；
- **从微观层面来看，**理财产品在销售过程中对广大客户的日常生活造成了影响，人们不再把储蓄当成处理可支配收入的唯一手段。

广大客户在日常生活中对理财产品的关注度越来越高，但客户对银行理财产品的理解仍有待提高，商业银行理财产品销售规范也存在有待改进的地方。下面就这几个方面进行分析。

银行理财业务快速发展的原因分析

宏观政策调整的影响

货币政策方面。2011 年，为抑制货币信贷过快增长，减缓通货膨胀压力等，央行连续 6 次上调存款准备金率，连续 3 次上调存贷款基准利率，这给商业银行的经营及资金运用带来较大影响。为应对当前市场环境，商业银行大力发行理财产品，这样做不仅可以提高资金运用水平，固化存款并争取客户，而且可以较好地优化资产结构，有效降低不良贷款，提高手续费收入，提升银行盈利水平，凸显商业银行积极应对央行货币调控政策的业务经营转型。

产业政策方面。2011 年，政府通过增加土地供应、严控房地产贷款、推出房屋限购令等一系列措施，加大了对房地产市场的调控力度，进一步压缩了房地产投资空间。房地产投资前景的不明朗，加速了热钱从房地产领域回流市场，为银行理财产品热销提供了资金保障。

宏观调控方面。由于过去两年时间里负利率状况持续存在，商业银行已经历了数轮存款搬家潮。如果商业银行不通过理财产品给储户更高的存款收益，整个银行体系的存款搬家现象会更加严峻。因此，可以把理财产品的兴起看做利率市场化的前奏。

‖投资市场变化的影响‖

2011年，中国资本市场持续低迷，全年上证指数跌幅居全球第二，仅次于印度。股票、基金等权益类投资产品均出现较大幅度的亏损。同时，受通货膨胀不断加剧和通胀预期持续升温影响，国债、银行存款等固定收益类投资产品的实际收益率已经为负。加之国内投资市场品种相对有限，银行理财产品成为为数不多的有安全收益的投资产品。

银行理财产品以其资金相对安全、收益相对稳定、期限设计灵活等特点，为投资者开辟了另一条投资渠道，而居民投资理财产品的热情集中体现了投资市场对银行理财产品的认可。银行理财资金吸引大量的流动性，市场资金的无序流动减弱。从这一点来看，如果没有理财市场的引导，大量个人资金无序流动，可能会有更多与经济逻辑无关的商品开始疯狂涨价，加剧市场动荡。

‖银行同业竞争的影响‖

中国商业银行出于自身发展战略的原因，近年来逐渐重视零售银行业务的发展。零售银行业务的利润多为中间业务收入。目前，国际先进商业银行的零售银行收入占比在50%以上，而中国的零售银行业务相对滞后，收入占比还不足30%。发展零售业务的基础是大力拓展个人客户。在2011年宏观调控趋紧、投资市场低迷的情况下，大量发行高收益理财产品成为商业银行吸引个人客户最有效的手段。银行理财产品以其风险相对较低、产品期限相对较短、收益相对合理的特点，成为客户最理想的理财产品。

银行理财业务对货币政策有效性的影响分析

2011年，央行围绕“保持物价总水平基本稳定和经济稳定增长”的宏观调控目标，坚持实施稳健货币政策，综合运用公开市场操作、存款准备金率、存贷款基准利率等一系列手段，成效逐步显现。货币信贷增长向常态水平回归，与经济平稳较快增长相适应。

截至2011年9月末，广义货币供应量M2余额为78.7万亿元，同比增长13.0%。人民币贷款余额同比增长15.9%，比年初增加5.68万亿元，同比少增5 977亿元。

但同时，银行理财业务的快速发展也对宏观货币政策的有效实施和实施效果造成了一定的影响，主要体现在以下几个方面。

理财业务超常规发展弱化了货币政策调控效果

为实现经济稳定增长和物价总水平基本稳定的目标，央行连续使用公开市场操作、上调存款准备金率和存贷款基准利率等多种手段，以减少货币供应、收缩流动性。央行货币调控政策取得实效的前提是货币在商业银行体内循环，换言之，即货币在商业银行表内资产中循环。

为满足存贷比监管要求，释放有限的信贷资源，商业银行在2011年大量发行以信托贷款、票据、应收账款等信贷基础资产为标的的理财产品，将巨量信贷资产表外化。从过去几年的实际情况来看，贷款类理财产品发行规模同信贷调控紧缩程度呈现明显的正相关关系：在宽松的信贷政策下，发行量会明显减少；而在信贷紧缩时，发行规模就会大幅上升。这种正相关关系在近三年的信贷调控中均有所体现，不利于宏观调控政策的顺利实施。

理财产品期限设置削弱了货币政策效力

目前人民银行统计制度只要求将理财产品中的结构性存款计入一般性存款统计，其他类理财资金不受存款准备金制度的约束。由于中国存款准备金是以旬末当天的存款余额为基础计提，所以商业银行通过巧妙设计理财产品的到期时间，将理财产品的起息日放在月末或季末，既缩小了法定存款准备金的缴存范围，又增加了计算商业银行应缴存款准备金的难度。从这个意义上说，理财产品的发行缩小了法定存款准备金缴存范围，削弱了上调存款准备金率对资金的冻结效果。

理财产品高收益对存贷款利率形成了挑战

在2011年货币政策持续趋近的大背景下：一方面，为抢夺存款，商业银行纷纷抬高了理财产品的预期收益率，使之普遍高于同期存款利率水平。每逢月末、季末等关键时点，理财产品预期年化收益率水平甚至超过6%，且预期年化收益率水平随着货币市场利率不断攀升。另一方面，商业银行可以通过发行理财产品将表内资产表外化，降低信贷资金成本，进而向企业提供远低于同期贷款利率的资金。由此可见，理财产品高收益直接影响了存贷款利率政策的有效执行，削弱了央行存贷款利率这一重要货币政策调控手段的效力。

银行理财产品销售中的风险分析

2011年，在银行理财产品热销的同时，由于制度不健全、操作不规范等原因，也积聚和暴露了银行理财产品销售中的大量风险和问题，如理财产品销售夸大宣传、违规承诺收益、产品风险不匹配、无资质人员违规销售等。这些风险和问题导致客户资产受损、客户投诉增加，严重损害了银行的信誉和形象。深入分析银行在理财产品销售中的风险点，大致可以归纳为以下几点。

1. 理财产品销售信息披露不到位

现阶段，由于中国商业银行理财业务发展仍处于起步阶段，相关配套监管制度还不健全，银行客户在理财产品购买过程中明显处于信息弱势地位。商业银行为了追求经营效益，在理财产品销售过程中，经常会出现夸大收益、掩盖风险的情况，即未有效披露理财产品相关信息和风险，给后续客户投资损失和投诉埋下了隐患。

2. 理财产品风险评估机制尚不健全

一是客户风险评估不足。部分商业银行未对客户风险偏好进行评估，或让评估工作流于形式。营销人员不了解客户的财务状况、投资目的、投资经验，以及风险认知和承受能力，无法将准确评估意见告知客户，造成客户购买理财产品时带有一定盲目性。

二是产品销售风险提示不足。集中体现在商业银行向投资者宣传理财产品时大多强调产品收益性，而对可能存在的风险却鲜有提示，或者是“避重就轻”，影响了客户的决策。

三是理财产品信息披露不完善。主要表现在理财产品发行后，在产品存续期内，部分商业银行未能通过有效渠道和方式及时、准确地向客户告知产品相关情况，包括资产变动、期末资产估值等重要信息，损害了投资者的知情权。

3. 银行理财产品创新和风控能力不足

一方面，商业银行缺乏理财业务专业人才。个人理财业务要求理财人员不仅要了解银行的各项产品和功能，掌握证券、保险、房地产等各方面相关知识，还要具有丰富的实践操作经验、良好的人际交往能力和组织协调能力。但是，长期以来的金融行业分业经营使国内的复合型人才匮乏，制约了商业银行为客户提供全面个性化理财服务的能力。

另一方面，商业银行运用资金的能力不足。中国商业银行缺乏独立经营资金的能力，目前的资金投资主要是依托国内信托投资公司和证券公司。另外有一部分理财产品的期权投资部分则交由国际投行到国际市场上运作。由于不了解这种理财产品中的期权结构，难以判断其风险，因此国际市场部分的资金运作过程和结果是中国商业银行无法完全掌控的。

上述两方面原因直接制约了中国商业银行理财产品的创新能力和风控能力，这两年中国商业银行推出的结构性理财产品和 QDII 产品大范围亏损就是一个最好的证明。

4. 理财产品违规发售现象依然存在

针对商业银行部分理财产品设计复杂，包装过度等情况可能带来的投资风险，银监会将目前银行理财资产池涉及的“六种”模式界定为违规。

这“六种”违规的模式包括：理财资产池中涉及委托贷款、信托转让、信贷资产转让、监管套利的票据，以及高息揽存、银银合作等行为。

银监会要求银行进行自查和整改。以上“六种”违规模式共同的特点就是涉及多对多、期限错配以及资金投向不明，有可能给投资者带来资金风险。虽然监管部门已经明确界定了六大类违规理财产品，但商业银行通过二次包装、打“擦边球”等方式违规发售这类理财产品的情况仍时有发生。

银行理财产品销售中的规范性分析

针对商业银行在理财产品销售中暴露出来的上述问题，银监会从保护投资者合法权益的角度出发，整合之前出台的监管规范，于2011年8月28日正式颁布了《商业银行理财产品销售管理办法》。该办法明确规定了商业银行在宣传销售文本管理、产品风险评级、客户风险承受能力评估、销售管理、销售人员管理、销售内控等方面的行为，旨在要求商业银行进一步加强理财业务风险管理，提高合规销售水平，防止误导销售，最终实现“将适合的产品卖给适合的客户”，真正为客户创造价值和财富。

1. 强化宣传销售文本管理

宣传销售文本应当由商业银行总行统一管理和授权，分支机构未经总行授权不得擅自制作和分发宣传销售文本。《商业银行理财产品销售管理办法》规定，理财产品宣传销售文本应当全面、客观反映理财产品的重要特性，以及与产品有关的重要事实，语言表述应当真实、准确和清晰，不得有下列情形：虚假记载、误导性陈述或者重大遗漏；违规承诺收益或者承担损失；夸大或者片面宣传理财产品，违规使用安全、保证、承诺、保险、避险、有保障、高收益、无风险等与产品风险收益特性不匹配的表述；登载单位或者个人的推荐性文字；在未提供客观证据的情况下，使用“业绩优良”、“名列前茅”、“位居前列”、“最有价值”、“首只”、“最大”、“最好”、“最强”、“唯一”等夸大过往业绩的表述；其他易使客户忽视风险的情形。

2. 强调产品风险匹配原则

《商业银行理财产品销售管理办法》规定，商业银行应当采用科学、合理的方法对拟销售的理财产品自主进行风险评级，制定风险管控措施，进行分级审核批准。理财产品风险评级结果应当以风险等级体现，由低到高至少包括五个等级，并可根据实际情况进一步细分。同时，商业银行应当对客户风险承受能力进行评估，确定客户风险承受能力评级，由低到高至少包括五个等级，并可根据实际情况进一步细分。同时要求，客户风险承受能力评级不得低于拟购买的理财产品风险评级。

3. 明确理财产品禁止销售行为

例如：不得销售无市场分析预测、无风险管控预案、无风险评级、不能独立测算的理财产品；不得销售风险收益严重不对称的含有复杂金融衍生工具的理财产品；不得无条件向客户承诺高于同期存款利率的保证收益率；不得将存款单独作为理财产品销售，不得将理财产品与存款进行强制性搭配销售；商业银行不得将理财产品作为存款进行宣传销售，不得违反国家利率管理政策变相高息揽储。

4. 强化销售人员管理

《商业银行理财产品销售管理办法》规定，销售人员在为客户办理理财产品认购手续前，要有效识别客户身份；向客户介绍理财产品销售业务流程、收费标准及方式等；了解客户风险承受能力评估情况、投资期限和流动性要求；提醒客户阅读销售文件，特别是风险揭示书和权益须知；确认客户抄录了风险确认语句。

商业银行应当向销售人员提供每年不少于20小时的培训，确保销售人员掌握理财业务监管政策、规章制度，熟悉理财产品宣传销售文本、产品风险特性等专业知识。

商业银行应当建立健全销售人员资格考核、继续培训、跟踪评价等管理制度，不得对销售人员采用以销售业绩作为单一考核和奖励指标的考核方法，并应当将客户投诉情况、误导销售以及其他违规行为纳入考核指标体系。

5. 加强销售内控制度

《商业银行理财产品销售管理办法》规定：首先，商业银行要建立健全符合本行情况的理财产品销售授权控制体系，加强对分支机构的管理，有效控制分支机构的销售风险；其次，商业银行应当建立全面、透明、快捷和有效的客户投诉处理体系；最后，商业银行应当建立和完善理财产品销售质量控制制度，制定实施内部监督和独立审核措施，配备必要的人员，对本行理财产品销售人员的操守资质、服务合规性和服务质量等进行内部调查和监督。

银行理财资金入市问题分析

2009年的《中国银监会关于进一步规范商业银行个人理财业务投资管理有关问题的通知》（银监发〔2009〕65号）中已经对银行理财资金投入股市问题做出规定。

根据该通知，理财资金不得投资于境内二级市场公开交易的股票或与其相关的证券投资基金，也不得投资于未上市企业股权和上市公司非公开发行或交易的股份。但该通知同时也规定，对于具有相关投资经验，风险承受能力较强的高资产净值客户，商业银行可以通过私人银行服务满足其投资需求，不受上述投资限制。

市场普遍认为理财资金限制入市不利于股市的发展，但从逻辑上看，银行理财资金是利率市场化的催化剂，本质上它属于存款利率市场化的范畴，而对于追求高收益的资产（非存款利率市场化），可以通过银行私人银行服务以及高资产净值客户的特殊服务满足这部分客户的需求，而这部分客户的理财资金并没有限制入市，因此并不存在银行理财资金限制入市问题。从争论的标的来看，纠结的问题主要在于是否将客户存款引入股市。从这一点来看，还存在许多问题，这些问题决定了理财资金入市并不是能够轻易解决的。

1. 客户结构存在障碍

银行理财资金作为普通大众在负利率条件下的选择，其来源主要为客户存款。与一般的股票投资者相比，这部分客户风险承受能力较低，他们之所以不选择股市投资主要原因还是担心风险。银行理财市场客户与股票市场的投资者之间存在较大差异。

2. 风险转移存在障碍

从投资工具来看，理财产品的发行主体是商业银行，理财产品的风险经过详细的风险揭示。商业银行发行理财产品，已经评估过产品风险。为了避免不必要的纠纷，商业银行具有发行低风险产品的动力，而对高风险产品持规避态度。对于高风险产品，商业银行仅在特定的客户群进行销售，以降低自身的连带风险。对于商业银行来说，因为风险转移存在障碍，所以大规模发行股票投资产品无法完全避免风险。商业银行往往成为客户投诉的连带责任人，自身的声誉会受到较大影响。

3. 激励约束不相容

银行发行表外理财产品会降低负债规模，从而影响资产业务。在发行股票市场投资产品时，商业银行客户资金不可避免会部分从表内流出，削弱存款基础。在目前的商业银行考核机制下，存款是商业银行经营最终的业务指标，因此管理人员没有发行此类产品的动力。

反过来考察，如果商业银行大量发行股票投资产品，会对现有市场结构产生重大冲击。作为主渠道，商业银行掌握客户优势可能会对券商、基金公司产生重大冲击。

商业银行理财业务未来中期发展展望

未来理财业务环境变化趋势及其对理财业务发展的影响

2012年市场情况可能会发生一些变化，业务发展环境会更加规范，宏观政策面可能会逐步有条件放松，准备金率和利率有可能会适度下调，资产收益率可能也会下降，理财产品对客户的吸引力将会降低。这些变化可能会对未来的银行理财业务产生一系列影响。

理财业务的制度环境变化将会促进商业银行理财业务规范发展

2011年监管部门发布了一系列规范性政策。

> 针对银行和信托合作开发的理财产品，银监会下发了包括《中国银监会关于进一步规范银信理财合作业务的通知》、《关于规范银行理财合作业务转表范围和方式的通知》和《中国银监会非银部关于做好信托公司净资本监管、银信合作业务转表及信托产品营销等有关事项的通知》等在内的一系列通知，对银信合作进行了规范。7月银监会发布了《中国银监会关于印发王华庆纪委书记在商业银行理财业务监管座谈会上讲话的通知》，对商业银行理财业务中出现的一些问题进行了指导。在对2005年以来的理财产品销售过程中出现的问题进行规范基础上，8月末银监会下发了《商业银行理财产品销售管理办法》，规定从2012年1月1日起开始实施新的销售管理办法。9月银监会下发了《中国银监会关于进一步加强商业银行理财业务风险管理有关问题的通知》，对理财业务中出现的一些问题进行了再次提示，强调理财业务的规范化经营。

2012年中国理财产品市场将继续规范发展，可能会出台一批与商业银行理财业务管理相关的规章制度。这些规范性文件的出台，势必对理财业务规范产生深远影响。

‖市场投资环境变化将会对理财产品收益率产生影响‖

2012 年，随着经济增长步伐的放缓，信贷条件将会有条件地放松。与 2011 年偏紧的信贷环境相比，2012 年的融资环境将会有所改善。相应地，理财产品收益率的参照标准将会有所回调，理财产品的收益率可能会整体下调。随着市场越来越规范，关键时点的超高收益率产品投放的情况可能会有所减少。

‖理财业务的客户分层将更加细致‖

近年来，随着理财业务的发展，各商业银行均已认识到理财业务对商业银行其他业务的带动作用。对一些商业银行而言，客户、存款、中间业务收入，以及服务质量等指标的达成在一定程度上都取决于理财业务策略。为了各项指标的实现，商业银行必须对理财业务进行细致的分类，用不同的理财产品满足不同客户需求，借以实现不同的业务发展目标。

未来中期商业银行理财业务发展策略展望

从世界经济来看，全球经济复苏仍不清晰，全球扩张性的货币政策将会持续。外部利率已经降至历史低点，通胀已经部分得到遏制，但失业率仍然高企。虽然市场关于美国第三轮量化宽松货币政策的传言已经消退，但美元走强态势并不稳定，大宗商品等蕴含着较大的市场风险。此外，国际地缘政治不稳、欧元区主权信用危机，以及美国巨额国债，都是可能会对经济复苏产生重大冲击的诱因。

从国内经济环境来看，各类政策正面临转换关口。全国基建投资受到控制，信托贷款和各种类型的融资信托计划受到较大的限制，从客观上导致在未来的一段时期内政府投资将仍占据主导地位。通货膨胀风险犹存，所以与此相对应的货币政策可能会频繁出台。对客户而言，市场存在大量不确定因素，作为一种风险相对较低的财富管理工具，银行的理财产品仍会成为客户青睐的投资工具。

基于上述宏观背景，2012 年理财产品市场仍可能保持较高的发展速度，产品规模和数量将继续发展。但同时我们也看到，2012 年商业银行理财产品市场将会出现日益激烈的竞争格局，竞争的重点会转向客户。导致这种竞争加剧的原因主要来自外部和内部两个方面。

- **从外部原因来看，**随着货币政策的收紧，作为银行调节经营模式的一个重要业务，负债业务必须高速扩张才能抵消因准备金率提升，资产业务受限而造成的盈利能力减弱的影响。
- **从内部原因来看，**由于客户源的争夺将成为理财产品市场的一个重要诱因，激烈的市场竞争将导致理财产品收益率提高，商业银行理财产品的创收功能，服从于客户源争夺策略。

由于商业银行理财产品发行实行的是报告制，所以在资格方面门槛相对较低。同时，部分商业银行作为其他投资机构的渠道，广泛开展了代理资金收付业务，商业银行开发的产品与代销的产品品种和类型越来越多。此外，未来的理财产品市场参与者也越来越多。随着银行、券商、信托、基金以及投资公司等其他主体的进入，理财产品市场竞争越来越激烈，价格竞争不可避免，甚至有可能出现恶性竞争的局面。因此，亟需一些规范性的措施来规范这一市场的发展。

严格限制理财产品的广告宣传。理财产品是一种财富管理工具，是一种投资工具并具有一定风险。而银行理财客户与券商或基金的客户风险认知度之间存在一定差异，不适合通过大范围的推介来进行宣传，而应侧重于面向某一类客户群进行介绍，因此应严格限制理财产品的公开广告宣传。

放宽理财产品投资范围。目前，商业银行财富管理已经发展到一个新的阶段，客户、产品以及风险控制都较几年前有了长足的进步。在资金投资方面，商业银行已经通过各种创新合法合规地开发了大量理财产品，这些产品投资不同领域且受到双重监管，一方面受到所投资领域主管机构和部门的监管，另一方面受到银监会和人民银行的监管。建议监管部门从合法合规的角度进行宏观监管，不宜对具体业务进行限制。对具体业务的限制可能会导致第三方财富管理机构和地下理财机构的兴起，从而将可监控的业务推到不可监控的地方，反而不利于主管部门的监管。

明确监管重点。商业银行作为服务机构，客户是商业银行理财业务发展的重点，在经历了2008年的金融危机之后，各商业银行都将理财产品销售的合规性管理作为业务发展的重点。但随着竞争的加剧，理财产品的销售依然存在隐患，因此建议监管部门将监管重点放在销售风险的管理方面。

加强投资者教育。商业银行理财产品市场的发展与投资者教育息息相关。近年来，在监管机构、银行业协会和商业银行的推动下，银行客户的投资者教育已经得到长足的发展，但从各类媒体报道来看，一些非主流观念仍然存在，非专业性的报道仍然较多，对商业银行理财业务的认识仍存在一些偏差。为了推动理财业务的发展，需要继续加强投资者教育。

此外，随着市场的发展，商业银行也要做到：

- **以利率市场化推动产品定价**。利率市场化是中国金融市场改革的重要环节，是理财产品定价的发展方向。目前，理财产品的定价已初步实现了市场化，监管机构不再以基准利率指导产品定价。理财业务应以利率市场化改革为契机，推动定价科学化、理性化，在提升产品竞争力的同时，维持理财市场的有序竞争。
- **以需求差异化推动产品创新**。客户需求是理财业务发展创新的动力之源。面对日趋差异化的客户需求，商业银行应加大创新力度，为理财业务寻找新的增长点。一方面，借鉴证券公司和基金公司等资产管理机构的经验，创新产品结构和收益类型；另一方面，大力拓展理财业务投资范围，分散风险、提高收益。

交通银行理财业务发展策略

2011年交通银行理财产品开发从客户层面和管理层面进行了大量工作，并取得了较大的成效，2012年将在丰富产品线和售后服务方面进一步加强，为夯实客户基础，丰富财富管理银行内涵做贡献。为应对市场和监管环境未来的变化，交通银行拟从基本业务和创新业务两个方面对2012年的理财业务发展思路进行总结。

基本工作思路

在基本工作方面，主要从以下几个方面开展工作。

1. 配合客户和存款要求，调整产品策略

思路：为保持业务平稳发展，调整理财产品策略，以客户为中心，以客户部门的需求为导向，适度控制理财产品余额、销售规模和产品数量，降低储蓄对理财产品的依赖度，保持业务健康发展。安排关键时点理财产品的发行计划。根据客户部门的营销方案实时调整配套理财产品或产品组合、代理产品等。

措施：根据客户发展部与私人银行中心调研需求制定产品开发策略，根据销售部有关储蓄时点的安排调整产品投放。从产品规模、收益率以及客户群等几个方面综合考量，以低风险产品为主，进行重点开发。

2. 调节产品发行节奏，避免理财产品超常规发展

思路：根据监管机构提示，目前国内理财产品市场发展过快，带来了一些负面影响。未来一段时间，监管部门对商业银行理财产品规模、数量和余额的关注度会有所增加。为了行业的健康发展，交通银行需主动调节产品发行节奏，兼顾业务发展和风险控制。

措施：根据监管部门的信息，2012年将会出台一系列理财业务管理制度。银行理财产品业务部门应及时跟踪监管环境，打好提前量，合理安排理财产品在年度内的均衡投放，尽量避免出现短时间内理财产品数量和规模猛增的现象，及时根据监管要求联系相关业务部门主动实施规范化管理。

3. 丰富交通银行理财产品线，坚持稳健型理财风格

思路：目前，交通银行理财产品风险等级主要集中在3R级以下，占比达到99%，稳健特征比较明显，但理财产品的风险结构比较单一。作为财富管理特色银行，理财产品的风险和收益配比的多样性是满足客户财富管理需求的重要手段，需要在客户分层管理和精准营销的基础上，进一步丰富理财产品线。

措施：以现有产品为基础，以集中产品品牌和形象为重点，通过优化现有产品类型，逐渐淡化七彩系列产品。通过丰富沃德系列和添利系列两大品牌，施实以客户为中心的产品品牌发展策略。

4. 规范业务流程，提高客户经理的专业水平

思路：2012 年监管环境的变化需要商业银行对业务流程进行重新审视，年初开始就要对分行的理财产品销售管理进行调研，检查《商业银行理财产品销售管理办法》的落实情况。由于目前市场中的理财产品种类繁多，各种不同风险和收益配比的产品层出不穷，一些分行客户经理很难把握这些产品的本质。为打造一支专业的客户经理队伍，银行理财产品业务部门将编写各类理财产品的知识介绍材料，并将其纳入客户经理培训当中，提高客户队伍的专业水平。

措施：按照《商业银行理财产品销售管理办法》要求，在全行范围内对理财产品销售规范进行全面检查，以风险等级在 4R 及以上的理财产品为重点，调查销售合规性以及客户满意度情况，制定客户售后服务计划。撰写理财产品操作手册指导分行市场推广经理。根据业务发展要求，进行理财业务培训。

创新工作思路

在创新业务工作方面，银行理财产品业务部门拟从完善管理系统入手，促进现有产品的优化和业务管理效率的提高，具体来说主要从以下两个项目入手。

1. 建立全行代收付系统

随着客户对产品需求的日益多元化，通过交通银行系统进行代收付的产品和服务会越来越多，但目前仅限于信托代收付和直投基金代收付。在操作上，系统和 AUM 导入及导出等都需要通过手工计入，同时客户购买的情况也需要分行通过手工上报。因此，拟建立全行代收付系统，将此项业务系统化，减少人工环节，提升产品的竞争力。

2. 完善客户售后服务管理系统性服务方案

目前，交通银行已经拥有客户意见工单管理系统，但是还没形成完整的产品售后服务体系。而从客户服务角度看，客户对产品的净值、投资报告、投资信息等获取的方式和频率要求较高，银监会也对产品信息的及时发布提出了严格的要求。为此，需要建立一套客户售后服务管理体系，对产品售后进行分层服务，提升客户满意度。

对投资者说

- 因为银行理财产品的安全性和收益率稳定性要强于其他理财产品，所以银行理财产品市场的主要目标客户群体是那些风险偏好更小，更追求稳定收益的客户群体。
- 然而，银行理财产品毕竟不同于银行存款，依旧有一定的风险存在。同时，银行的一些诸如与贵金属期货相关的理财产品甚至可能具有非常高的风险系数。因此，投资者在对银行理财产品进行投资时，必须详细了解产品的风险收益特性。
- 随着财富管理市场的逐渐变化、规范以及成熟，银行在财富管理市场上亦会逐渐扮演更为重要的角色，随着银行理财产品业务创新能力的增强，对于其业务限制的减少，以及各类财富管理机构间合作的深入，商业银行财富管理业务值得期待和关注。

第13章

私人银行，在变革中寻找市场突破的方向

■ 本章导读 ■

■ 2011 年，可投资资产在 1 000 万人民币以上的国内高净值人士数量达到 60 万人，持有财富达 18 万亿元人民币；中国私人财富市场继续保持增长势头，个人可投资资产总体规模将达到 72 万亿元，同比增长 16%。

■ 我国的私人银行已经走过了 4 个年头，国内设立私人银行部门的中资商业银行已达 13 家，而在国内开展私人银行业务的外资银行已经增至 16 家；私人银行的业务模式还在争鸣之中。

■ 私人银行商业模式的建立应该以客户需求为导向，在搭建业务平台的过程中，对客户市场进行细分并主动发掘满足客户需求的服务和产品，是私人银行业务的发展目标。抓住国内高净值人群财富观念和理财习惯的特点，才能先行一步，做到差异化经营。当前对高净值人士海外资产的管理和一些例如财富传承在内的功能型服务是未来财富管理的发展方向。

家私人银行的建立和完善，需要经历一个较长的时期。一方面，私人银行的客户关系维护和稳定性需要时间的沉淀；另一方面，品牌形象的塑造也需要累积的过程。治大国如烹小鲜，私人银行业务要注重细致入微的高端客户的服务体验提升，要更多地关注客户的感受，增加客户的粘连度，加强服务品牌的关注度，从而提升客户的贡献度。

私人银行业务的特点是客户群体的独特性和客户需求的多元化。客户群体的独特性体现在客户资金量大，风险承受能力高，因此，私人银行可以作为商业银行的试点来带动创新业务和中间业务的发展。客户需求的多元化使私人银行可以作为商业银行内部的传统业务结合点向客户提供综合解决方案。这两点的成效可以在未来私人银行业务的发展实践中得到检验。

私人银行的发展需要打牢基础，由“简”入“繁”、由“同”到“不同”。简单的商业模式即最有效的商业模式。扎根于商业银行的平台之上，私人银行业务需要多方面、多角度的衔接与联合。在此过程中，需要各部门间紧密沟通以达成默契的配合，私人银行的成功将建立在成功整合资源的基础之上。

经济衰退后期的新兴财富市场

在2010年，新兴市场对全球经济走出衰退发挥了很强的带动作用，以中国的经济增长最为显著。国内内需强劲，贸易续增，工业产量及出口量均呈升势。在过去几年中，中国的GDP保持了年均11.2%的高速度增长，即使是在受金融危机影响最大的2009年仍保持了9.3%的增速。2011年全年增速为9.2%。巨大的内生动力在拉动实体经济增长的同时，也快速催生了大批高净值人士。国内私营企业的崛起对中国企业家群体以及新兴中产阶级的财富积累起到很大的助推作用。资本市场在帮助企业家将其商业成功转化为财富的同时，也使个人通过投资优良企业创造了大量财富。在这些基本驱动因素的推动下，国内高净值人士数量加速增长，其规模在2010年达到53.5万人，与2009年相比增加了6万人，年均复合增长率（CAGR）为12%。与2006年的34万人相比，增长了47%，在过去5年内高净值人士数量年均复合增长率超过了15%。其中，超高净值人士（可投资资产超过1亿元人民币）超过2万人，可投资资产5 000万以上人士超过了7万人（如图13—1所示）。

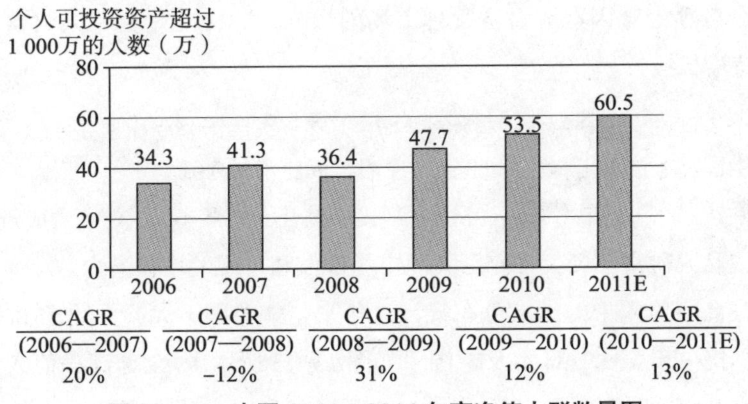

图13—1　中国2006—2011年高净值人群数量图

在过去几年中，高净值人士金融财富的增长率超过了高净值人士数量的增长，高净值人士拥有的财富2010年达到17万亿元人民币，约合2.657万亿美元（如图13—2所示），在全国个人总体持有的可投资资产62万亿的规模中占比27%。

全国可投资资产在千万元人民币以上的高净值人士平均年龄为39岁，男女比例约为7∶3，其中亿万富豪约6万人。高净值人士主要分为民营企业主、企业高管、自由投资人、文体明星等几类，财富来源集中在企业收入、房地产投资、股票市场投资、银行及信托理财产品投资、艺术品投资等几个主要方面。

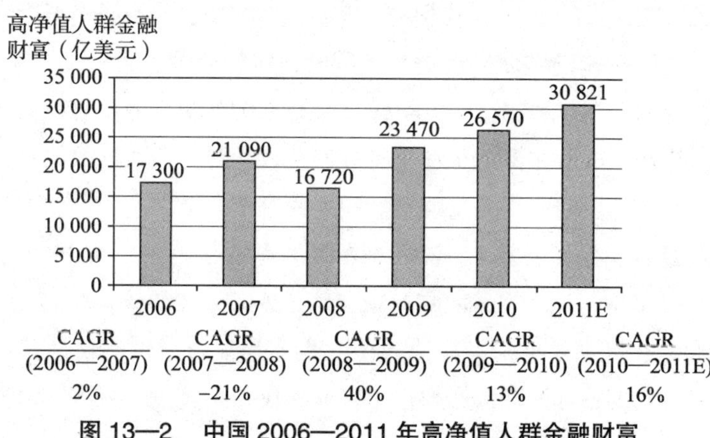

图13—2　中国2006—2011年高净值人群金融财富

综合各项宏观因素对财富管理市场的影响，2011年中国私人财富市场将继续保持增长势头。

- 个人可投资资产总体规模将达到72万亿元人民币，同比增长16%。
- 中国高净值人士将达到60万人左右，同比增长16%。
- 高净值人士持有财富将达18万亿元人民币，同比增长18%。

中国私人财富市场蕴含着巨大的市场价值和可观的增长潜力。

全球高净值人士的地域分布统计近年来整体差别不大，大约53%的高净值人士仍集中于美国、日本及德国（如图13—3所示）。全球高净值人士的金融财富在2010年增加了9.7%，达42.7万亿美元，全球高净值人士的数量增加了8.3%，达1 090万人。亚太区高净值人士的数量达330万人，是全球第二大高净值人士集中地，仅次于北美，并首次超越欧洲。亚太区高净值人士的财富增加了 12.1%，达 10.8 万亿美元。

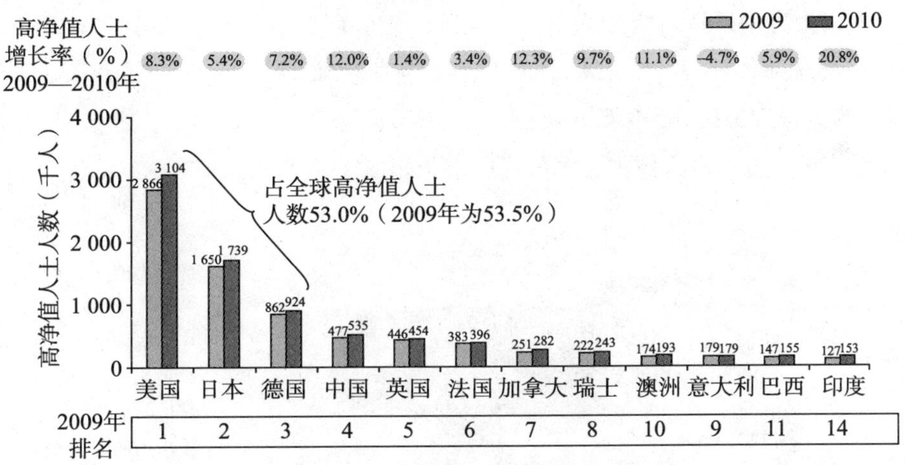

图 13—3　全球高净值人群地域分布图

资料来源：凯捷顾问公司罗伦兹曲线分析，2011 年。

不断壮大的富裕阶层

不同的地域经济特征造就了地方经济发展的特色，同时也成为当地高净值人士的资产来源的特点。从对财富来源的分析中可以了解到高净值人士的投资倾向和偏好，有助于财富管理机构在市场营销和产品开发时进行市场差异化定位。在财富管理多元化的时代，理财机构应该协助投资人更清晰地判明自身的财务状况和挖掘潜在需求，作为认识客户的重要环节，必须明确投资的目标和与之相应的潜在风险。

切实的评估自己的财务需求和风险承受能力，是取得理财成功的关键，有很多认为自己可以承受较高风险的投资人，往往在真的遭受投资损失时才发现，因为自己设定的预期收益过高而忽视了相应的风险，最终导致了投资的失败。因此，**设计合理的投资理财方案非常重要，在投资前应该与理财顾问仔细研究协商，在方案的实施过程中还应该不断监控，并且根据经济环境的变化发展适时进行调整。**

财富构成和金融需求的差异化因素——区域经济特点

总体看来，高净值人士的地域分布、财富特征等都有很大差异。根据胡润财富报告中以持有资产为口径的统计，北京有 17 万个千万富豪和 1 万个亿万富豪，排名第一；广东有 15.7 万个千万富豪和 9 000 个亿万富豪，排名第二；上海有 13.2 万个千万富豪和 7 800 个亿万富豪，排名第三。北京、广东、上海三地千万富豪人数占全国的近一半（如图 13—4 所示）。

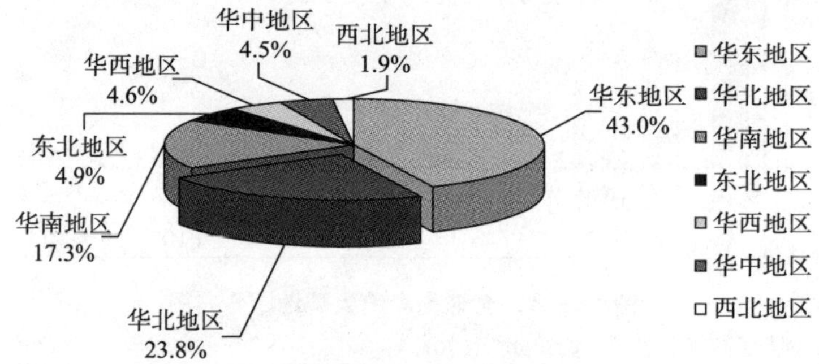

图 13—4　中国高净值人士地域分布图

资料来源：胡润财富报告。

东部沿海地区富裕人群分布集中，人均资产规模大（如图 13—5 所示）、对投资的专业程度更高、风险承受能力较强，其财富主要来源于外向型企业经营收入、资本市场和房地产市场投资等。区域内经济与宏观经济形势关联密切。在出口强劲、资本市场膨胀的经济增长时期，高净值人士增量与增速均高于全国水平，而在出口低迷和资本市场下跌时期，高净值人士数量也会急速下降。

中西部地区人口众多、内需经济强劲，对于出口的依赖度相对较弱，但整体发展水平不及东部发达地区。尤其是区域内金融环境的相对滞后，使得高净值人士的资产组合中对于资本市场的金融产品投资比例较低。但近年来由于国家大力度促进西部地区经济建设，通过政策优惠与国家投资等方式促进中西部地区的经济发展，区域内高净值人士的数量增长率较高，私人财富市场发展潜力巨大。

近年来，随着煤炭等资源品的价格大幅上涨，山西、内蒙古、陕西等地区形成了财富集中的新兴区域，并且涌现出大批超级富豪。该地区的高净值人士投资金额一般大，其寻找投资机会和保障财富安全的需求较高，但其投资理念粗放、投资经验不足，涉及的投资领域主要为房地产和民间借贷。

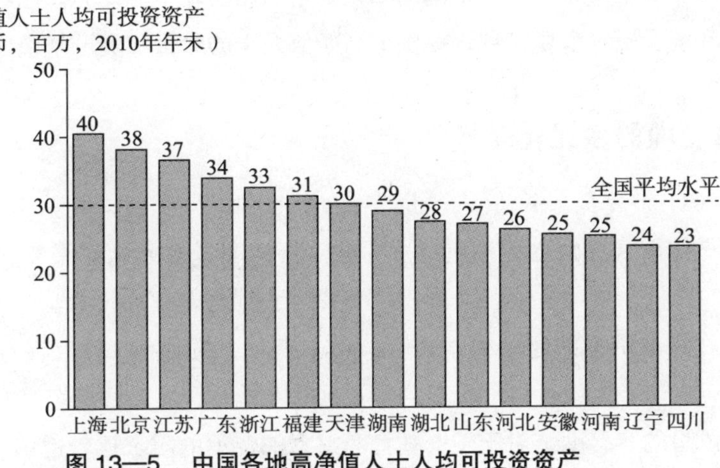

图 13—5　中国各地高净值人士人均可投资资产

资料来源：贝恩公司。

实体经济的增长与资本市场的繁荣推动财富的增加

全球高净值人士最主要的财富来源于金融与投资，中国高净值人士在此方面有明显的区别。中国有 1/4 的高净值人士的财富来源于地产，在制造业的比例上，中国也明显高于全球（如图 13—6）。

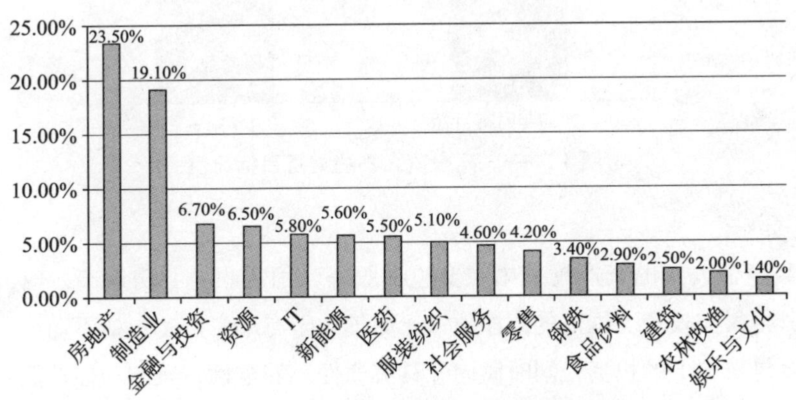

图 13—6　中国高净值人士财富来源图

资料来源：胡润研究院。

近年来，国内私人财富的积累除实体经济的增长推动以外，主要受益于人民币升值、股票市场的市值增加和房地产市场的价格上涨等因素。民营企业的崛起和资本市场的发展是国内私人财富市场的基本驱动力。相对稳定的经济运营环境及资本市场表现，提供了高净值人士的数量和资产规模增长的基础。

财富管理的多元化时代

2011年伴随高净值人士财富的增长，财富管理市场进入多元化的时代。具体体现在财富管理目标多元化、资产配置多元化和服务需求多元化等方面。

在完成资本的原始积累之后，高净值人士的财富管理目标呈现出多样性发展，对于私人银行财富管理的需求也随之提升，大多数高净值人士降低了对投资风险的容忍度，对于子女教育和财富的传承的需求比较迫切（如图13—7所示）。

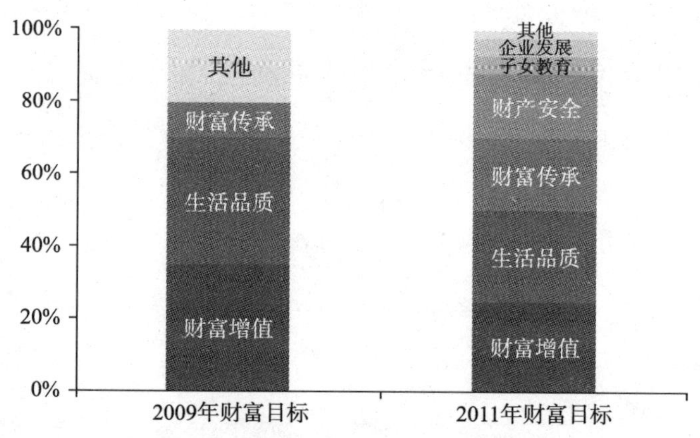

图13—7 高净值人群的财富目标比例

资料来源：贝恩公司。

高净值人士的资产配置中主要包括股票、固定收益、房地产、现金／存款和其他另类投资。国内的高净值人士更偏重于有形资产（包括不动产、现金与现金等价物）的投资，同时倾向于具流通性、安全性，且波动性较低的投资工具。除此之外，中国高净值人士的股票配置比重达41%，现金或现金等价物的资产类别比例为21%，都远高于全球平均水平，形成这一趋势的主要原因是国内较为复杂与高级的投资工具及另类投资仍然不多，投资资产类别结构的相对简单。

此外，在固定收益类产品中，银行理财产品和信托产品在可投资总资产中的占比也逐年增加。普益财富数据显示，2011年中外资银行发行理财产品19 176款，相比2010年增长近一倍，发行规模也在2010年7万多亿元的基础上实现翻番。由于银行理财产品收益较高且银行信誉良好，越来越多的受到投资人的欢迎。值得关注的是，信托产品在过去三年以年均65%的高速度增长。信托行业的兴旺为高净值人士拓宽了市场投资渠道，丰富了理财产品种类，信托产品已经成为高净值人士的主要理财方式之一（如图13—8所示）。

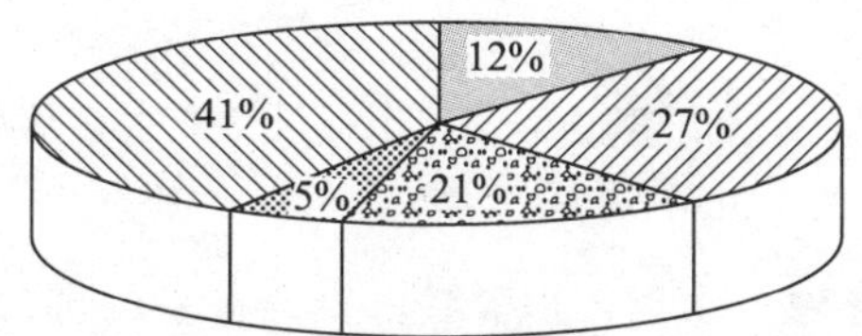

图13—8 高净值人士资产配置图

资料来源：BCG。

伴随着财富目标的多元化，高净值人士对包括融资服务在内的其他增值服务的需求更加复杂多样。调研发现超过70%的高净值人士希望获得用于资金周转和提高投资杠杆率的个人融资服务，另有接近30%的高净值人士希望获得资本市场融资服务以提高投资收益。对于增值服务需求的提高，体现了高净值人士更多关注生活品质，以及投身公益和慈善事业回馈社会的开放心态。在增值服务中，医疗健康服务、子女教育、休闲旅游成为主要的需求，而慈善活动和相关信息介绍需求也有较大幅度的提高。

私人财富市场回顾

在高净值人士的资产配置中，主要由股票、固定收益、房地产、现金/

存款和其他另类投资组成。财富管理是对各项资产的配置权重根据经济周期和金融环境进行相应调整，其关键是能否及时和恰当的调整到位。

宏观经济

2011 年国内经济增速下行，通货膨胀维持高位，尤其是在货币供应量紧缩的市场环境下，部分民营企业出现资金链紧张的状况，导致了融资市场上民间借贷以及小额贷款公司的兴旺。未来一段时期内，稳健的货币政策基调不会改变，局部调整，定向宽松，但是政策尺度有可能试探性放松，经济增长维持中速。

- 一方面，企业主为维持自身企业经营的需要，避免长期投资以维持资金的流动性。
- 另一方面，对于未来经济的不确定也促使企业主将部分资产从企业中隔离出来，投资于资本和货币市场。

越来越多的高净值人士正在积极寻求安全稳妥的理财方式，对专业理财的需求将呈显著上升趋势。

房地产市场

2011 年是房地产调控最为严厉的一年，在房地产史上最严厉的政策环境下，从限购到限贷，从抑制涨幅到一房一价，政策出台之频繁，力度之大，史无前例。

在未来短期之内，市场销售仍将呈现价量齐跌，但结构性分化比较明显，一二线城市成交量回升，三四线城市价格稳住。政策调控将以微调、预调的定向式放松为主，但预计地产行业政策放松将落后于其他行业。开发商面临较大压力，盈利面临下行风险，中小型公司的生存压力尤其明显。总体来说，房地产行业的中长期趋势并未改变，房价难有大调整，未来市场将以改善性需求为主，中高端房价继续看涨，商业性地产也将加速发展。

房地产投资作为高净值人士主要的收益来源之一，在短期内将因为套现的价格制约而受到限制，但是从长期看，持有物业并获得租金收入或投资商业地产依然可以获得丰厚的回报。

股票市场

2011 年国内股票市场一片惨淡，股债双杀，股市跌幅超过 20%，七成以上基民亏损。

> 统计显示，截至 12 月 15 日，股票型基金 2011 年平均跌幅超过 23%，混合型基金平均跌幅超过 20%，无一取得正收益，跌幅最大的近 40%。

欧元区债务危机和美国经济复苏迟缓，国内经济结构调整，4 万亿投资未完全达到预期效果，都对国内经济产生负面影响，也对经济增长的可持续发展能力提出了挑战。证券市场扩容过快，加上限售股解禁大大超过市场的承受能力，造成市场明显的供大于求，加速了股票市场的跌幅。

股票是高净值人士资产配置中的重要组成部分，股票市值的下跌在带来资产损失的同时，也打击了高净值人士在资本市场投资的热情，降低了他们对风险的容忍度。对未来宏观经济的不确定性以及对资本市场的有效运作的怀疑，使得短时间内投资人对于股票市场的投资信心难以恢复。

银行理财市场

在股市惨淡，楼市低迷的市场环境下，以银行、信托公司为主要渠道的理财市场显得热络与兴旺。

> 普益财富数据显示，截至 2011 年 12 月，中外资银行发行理财产品 19 176 款，相比 2010 年增长近一倍，发行规模也在 2010 年 7 万多亿元的基础上实现翻番。

持续的沪深股市的资金净流出，成为遭遇存款“搬家”和流动性紧张的银行的争抢对象。2011 年的银行理财市场呈现出急剧扩容的发展态势。

2010 年，银监会针对融资类银信合作业务出台了一系列监管措施，融资类银信合作理财产品受到一定限制。各家银行多采用“资金池”模式进行组合投资，“资金池”里的资金被分别用于投资票据、债券、银行间市场以及委托贷款。总体来说，银行理财产品的到期收益呈现较高的达标率，成为高净值人士稳定的固定收益类产品来源。在市场存在较大不确定性的环境下，投资人流动性需求显著提升。据统计，80% 的客户不喜欢两年以上的投资产品，而 30% 的客户最青睐一年以内的投资产品，因此，短期理财产品成为中资银行 2011 年的一大亮点。数据显示，3 个月以下的理财产品占比达到 60% 以上，不仅发行数量增大，单次发行额度也很高。

但是，由于存在“短期资金搭配长期资产”可能造成的流动性风险，监管层部门已经对资产池的运作模式提出警示，预计未来以“资金池”模式进行的组合投资资产管理将在规模上有所收缩，在资产质量的标准上趋于严格。

信托理财市场

在整体低迷的市场行情下，信托行业显得一枝独秀。信托行业管理的资产规模在 2011 年三季度末突破 4 万亿，超过了基金管理的资产规模。无论从管理的资产规模还是从产品收益率来看，信托公司都交出了一份靓丽的成绩单，成为 2011 年最大的赢家。信托公司在面对大量寻找银行储蓄之外投资机会的资金时，体现出了较强的灵活性和效率性，信托产品的收益率较银行存款对资金的吸引力优势明显。货币政策维持紧缩的态势，资本市场仍处于震荡的势态，存款利率市场化尚未完成，在此环境之下，信托行业的竞争优势明显。

信托行业的兴旺为高净值人士拓宽了市场投资渠道，丰富了理财产品种类，信托产品已经成为财富人士的主要理财方式之一。在信托公司业务急速增长的同时，其投资管理能力也将接受严格的市场考验。主管部门要求信托行业回归到“受人之托，代人理财”的本源的监管导向非常明确。将信托公司纳入净资本管理并且将净资产规模与信托公司所能开展的业务种类直接挂钩，终结了信托公司无限做大信托资产规模的时代。未来信托行业能否持续为客户提供稳健的高收益理财产品，将取决于信托公司如何利用好分业经营下多元化的独特业务模式，如何强化资金自主募集能力，如何打造专业的投资队伍以提升资产管理与投资能力。

艺术品投资市场

2011 年艺术品投资已经进入了“资本时代”。资本与艺术全面联姻，艺术品作为另类资产，其投资价值已形成共识，越来越多的高净值人士通过各种方式涌入艺术品市场，寻找财富增值的空间。中国艺术品拍卖市场从 2000 年春季的 6.64 亿跃升至 2011 年春季的 426 亿元，包括书画、瓷器、珠宝和其他杂项在内的整体艺术品市场价格大幅度提升。丰厚利润导致金融资本通过各种途径转入艺术品市场，参与艺术品交易、收藏、流通和展示等各个环节，加速了艺术品金融化。各种艺术品基金如雨后春笋，文化产权交易所在全国范围内“遍地开花”。金融资本参与艺术品的主要形式以信托产品和私募投资基金为主，信托艺术品投资基金是最主要的发行方式。

> 依据《2011 中国艺术品基金排行榜》报告，截至 2011 年 11 月，国内近 30 家艺术品基金公司已发行成立了超过 70 只艺术品基金，基金初始规模总计 57.7 亿元。其中，信托艺术品基金总额高达 49 亿元，规模最大，增长势头也最为强劲。

大量资本蜂拥而至，在快速扩大艺术品市场规模的同时，也产生了价格泡沫和过度投机的隐忧。在当前国内艺术品市场仍然欠缺法制规范的环境下，艺术品金融面临着交易不透明，缺乏有效定价机制，“赝品”风险，短期炒作等潜在风险。但从长期来看，投资艺术品市场仍然是高净值人士资产配置与资产保值增值的有效手段之一。艺术品市场前景可期，但风险也不容忽视，国内艺术品市场面临的最大风险便是短期投机炒作导致的部分艺术品的市场成交价格背离其实际价值，未来市场的“去泡沫化”将不可避免。

奋力前行中的中国私人银行业

奋力前行的中国私人银行业，一方面，不断的努力完善自身的流程体系建设，丰富中国财富管理市场和商业银行业态的发展；另一方面，包括行业监管在内的诸多相关市场因素亟待提升。中国私人银行业在其短短的发展过程中已经取得了一定成绩，但是未来也将迎来更多的挑战。一个高效率的私人银行应该注重全方位的基础因素的建设，包括员工的专业素质、业务的流程化管理、品牌、IT 系统等诸多方面。对各类资源的整合是成功的关键，其难度也最大。

投资者应该在不断学习的过程中积累投资经验，提高金融知识水平，并培养掌握新产品相关信息的能力，这样才能更好的参与到与理财顾问的对话之中，共同探讨财富管理策略，随时提出自己的疑问和要求。

自 2007 年以来，中国的私人银行业已经走过 4 年。2011 年 12 月，光大银行正式宣布成立私人银行。至此，国内设立私人银行部门的中资商业银行已达 13 家，而在国内开展私人银行业务的外资银行已经增至 16 家，全国 110 多家各类商业银行都已推出财富管理业务，从而构成了中高端客户的市场基础。在各家商业银行均马不停蹄地加快各自私人银行体系的建设的同时，证券公司、信托公司、基金公司、第三方理财机构等其他的财富管理机构也根据各自的优势衍生出不同的市场定位和战略发展目标，在高净值人士财富管理的各个环节提供各具特色的产品和服务，具有中国特色的私人银行业务模式正在逐步形成。

私人银行业促进中国财富管理行业的整合提升

私人银行业聚焦高净值客户，以建立开放构架的服务模式，整合了国内财富管理的多种功能，为国内的财富管理行业注入了新鲜血液。国内私人银行业发展的同时也带动了证券公司、基金公司、信托公司、私募股权基金等资产管理机构的快速发展。2011 年,信托行业管理的资产规模突破 4 万亿元人民币，超过了基金管理的资产规模。信托类产品的投资起点较高，已经成为高净值客户资产配置中重要的投资品种。基金公司也在 2011 年把高认购起点的基金专户一对多作为业务的“新突破点”。而私募股权基金在国内机构投资人仍然受到限制的环境下，与各私人银行“联姻”，向财富人士募集发行私募股权基金。众多资产管理机构为私人银行搭建了产品货架，私人银行建立“一站式”的产品选择平台，通过投资顾问向客户提供资产配置建议，已经成为国内私人银行的典型服务模式。

民生银行的私人银行业务

以民生私人银行为例。2011年，除常规的银行理财产品之外，民生银行主要开发了符合高端客户投资需求的信托产品、私募股权投资基金、地产基金、艺术品基金等。

在努力尝试产品创新的同时，以宏观经济的研究和金融形势的判断为基础，强调客户的多元化资产配置及行业热点投资分析，并且建立了客户资产组合分析模型以及一套对合作金融投资机构的尽职调查流程。通过严格的筛选标准嫁接多种渠道资源，寻找到具有强大业内资源和投资能力的资产管理核心团队，在金融平台下运作。行业资源加金融平台的模式与项目开发加融资管理的方式方法相对应。围绕着“以产品驱动为主、咨询驱动为辅”的理念进行业务创新和开拓，以建立一个多元化投融资、多领域展业、多市场涉足、多手段组合的“金融超市”为方向，为高净值客户提供全面的资产组合管理服务。

私人银行业推动商业银行中间业务的发展

近年来国内银行积极开展多元化、综合化经营，主动调整优化收入结构，大力发展中间业务，向资本节约型的业务模式发展。在从传统融资中介向全能型金融服务中介转变的过程中，各家商业银行都在加快发展财富管理业务，而私人银行业务的崛起为金融产品的创新和非金融服务的创新开辟了发展空间。2011年前三季度国内银行共发行个人理财产品约13.5万亿，远超过去年全年的7.05万亿。商业银行的财富管理业务促进了银行市场化定价能力的提升，实现了金融资产的多样化，减少了利率变动对银行整体业务的影响程度。在此方面，国内银行仍有较大的拓展空间（见图13—9）。

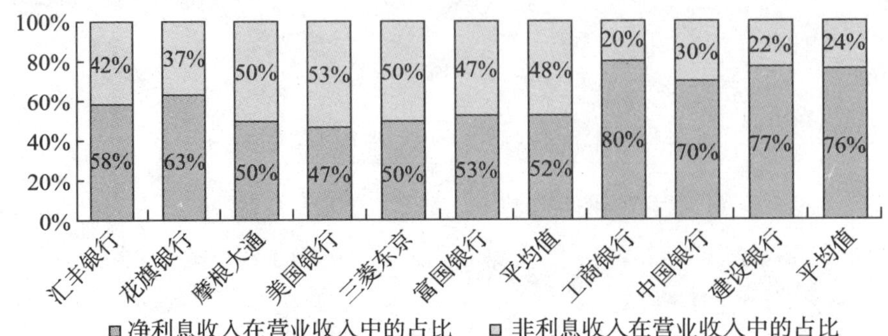

图 13—9　各银行营业收入构成

资料来源：各行年报。

亟待行业监管的提升

2009 年，银监会在《关于进一步规范商业银行个人理财业务投资管理有关问题的通知》中首次提及私人银行，并为私人银行产品投资二级市场和股权投资保留了一定空间。此后，工商银行、农业银行和交通银行先后拿到了私人银行专业机构牌照并批准五大经营范围：资产管理、财务管理、顾问咨询、私人增值服务和跨境经营服务。2011 年 9 月，银监会监管二部起草了《中资银行专营机构监管指引（征求意见稿）》，首度将私人银行业务连同小企业金融、贵金属、票据、资金运营、信用卡纳入商业银行分行级专营机构类型（截至目前该指引尚未出台）。

一方面，目前国内的监管法规体系尚未就私人银行业务进行专门的规定，适用的监管法规主要依据现有的商业银行监管法规体系，未能完全体现出私人银行在投资、理财咨询、风险管理等方面的行业特点。同时，私人银行专营机构牌照的准入以及其功能等，均需要进一步明确。

另一方面，在国内财富管理机构中，第三方理财、PE 等，作为非金融机构而面临相对模糊的监管环境，使得财富管理市场上出现了“监管区域的真空”和“监管内容的缺失”的局面。长此以往将破坏财富管理市场的系统平衡性，为市场发展带来潜在风险。

对未来的展望

私人银行商业模式的建立应该以客户需求为导向，在搭建业务平台的过程中，对客户市场进行细分并主动发掘满足客户需求的服务和产品，是私人银行业务的发展目标。抓住国内高净值人士财富观念和理财习惯的特点，才能先行一步，做到差异化经营。当前对高净值人士海外资产的管理和包括财富传承在内的功能型服务是未来财富管理的发展方向。

选择适合自己的财富管理机构和理财顾问是财富管理的关键，从专业度、品牌、渠道等多个角度比较财富管理机构，然后结合自己的财务特点从中选优，找到适合自己的理财顾问，可以使自己的投资事半功倍。同时，要详细了解自己的需求是否已经被理财顾问理解。理财更应该从全面的资产配置的角度入手，应未雨绸缪提前考虑自己的财务需求，在经过与理财顾问的充分沟通之后，通过审视比较投资方案来决定是否接受理财顾问和他们的建议。

随着国民的财富越来越多的体现为金融资产而非银行存款的时候，对专业的资产管理的需求就会旺盛起来。如何实现在商业银行的平台上提供资产管理的服务，是目前国内私人银行业务热切探讨的课题。

创立并提升有效的商业模式

建立在商业银行平台上的私人银行，在开放构架模式下，代销各类基金、信托等金融产品，以代销费为中间业务收入的盈利模式必然使得产品同质化现象严重，国内私人银行尚未完全做出盈利模式的创新。总的来说，各家私人银行都面临着一些亟待解决的问题。例如，具备优秀素质和良好专业技能的客户经理的稀缺，私人银行作为独立的事业部制架构或者作为零售部门的一部分的大零售的架构哪一种方式更合理等。

一个有效的商业模式包括了盈利模式、管理架构、操作流程、人力资源、IT 系统以及外部服务供应商网络等要素。2011 年在普华永道的一项关于私人银行未来两年内重点提升方向的问卷调查中，服务模式、品牌、管理团队和员工素质占据前 4 位（如图 13—10 所示）。这不仅是各家私人银行优化流程提高工作效率的导向，也是实现面向客户提供高品质服务目标的手段。在未来的私人银行业务中，加强客户市场的细分，提高客户服务的针对性，建立以客户需求为导向的资产管理平台，需要以部门联动为基础，凸显商业银行的整体优势。在客户服务导向明确的前提下，努力打造各方面的实用功能，真正发挥出聚合效用，以提供更好的产品和服务。

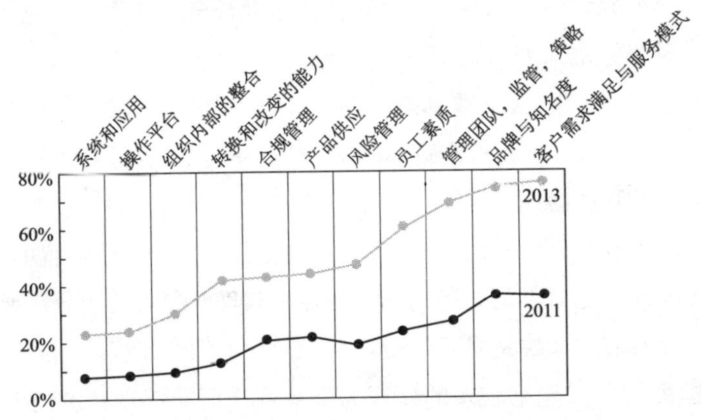

图 13—10　私人银行未来两年内重点提升方向

资料来源：PWC。

财富观的发展决定着财富管理市场的发展

国内高净值人士的财富观来源于中国传统文化和社会现实，在当今国内贫富差距正在逐步加大的现实情况下，许多高净值人士对社会仇富心态格外警惕和防备。同时，高净值人士对履行社会责任已经有了一定的认知，许多高净值人士开始关注社会责任和慈善事业。

高净值人士在强调财富快速创造和累计的同时，对于合理的消费和使用财富并没有完整的规划。高净值人士对于财富管理机构的认可度和信赖度不高，他们的控制欲望较强，更希望由自己直接做出投资选择。高净值人士的资产规模波动较大，财产经常在自己的企业和个人投资中转换，他们的财富管理目标简单且缺乏系统的规划，这对全面和长期的财富管理提出了挑战。

高净值人士的财富观也影响着他们的理财观念和对于财富管理机构的选择（如图 13—11 所示）。在客户调查中，大多数高净值人士认为自己“有一定的风险承受能力”，这一比例达到了 60% 以上，另有 30% 的受访客户认为理财主要以保值为主，不到 10% 的客户表示愿意承担较高的风险。

在财富管理机构和客户经理的选择方面，服务和销售人员的专业素质是高净值人士主要的考虑因素，此外，良好的沟通能力与服务的私密性也是主要的评估标准。调研显示，高净值人士平均使用 2.5 家私人银行，客户的忠诚度并不高。约三成的客户会根据产品的收益情况选择私人银行，也有大约三成的客户表示与客户经理已经建立的长期信任关系比产品的收益更重要。

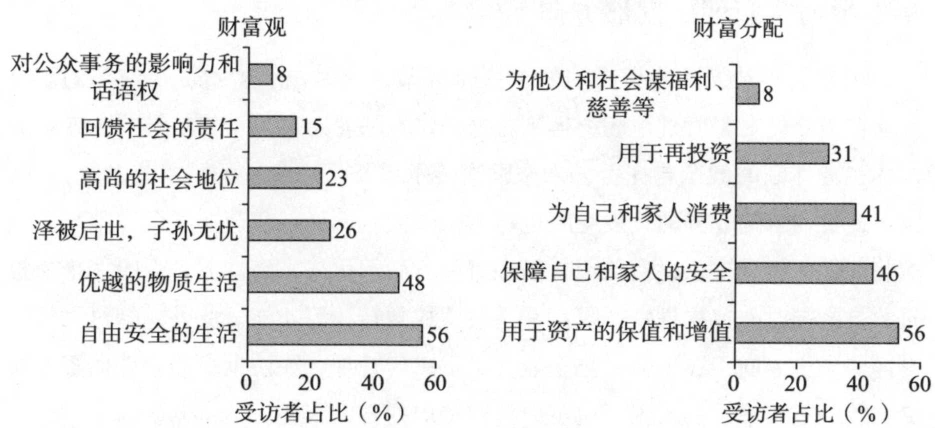

图 13—11　高净值人士的财富观与财富分配

资料来源：建设银行、BCG。

海外资产配置与离岸市场业务的开发

近年来，中国个人境外资产增长迅速，2008—2010 年年均复合增长率达到 100%。其中，作为中国个人主要投资目的地的香港，2008—2010 年投资年均复合增长率超过了 70%。同时，高净值人士中向境外投资移民的数量也呈快速增长之势。

在民生银行进行的问卷调查中，60%以上的受访客户表示考虑过移民，约30%的受访客户已经完成了自己或家人的投资移民。子女教育、财产保全、国外良好的社会福利制度是高净值人士投资移民的主要原因。

在拓展离岸资产管理业务方面，香港和新加坡往往被列为亚洲最重要的离岸私人银行市场。目前，中国内地已经有14家上市银行在香港成立了19家分支机构，其目标是以香港为依托建造全球的资产管理和私人银行离岸平台。国际化和全球资产配置在未来的私人银行业务发展中的比重将逐步上升。对于国内财富管理机构来说，参与国际化的业务经营和其发展方式成为它们面临的挑战，同时，海外资产配置也将是未来业务开发极具潜力的机会。

功能型财富管理的发展方向

财富管理涉及客户资产流转的多个环节，而客户“护财、传财”的需求并未在当今的财富管理市场上得到充分满足。随着财富人士年龄结构的变化和国内税务体制的健全与完善，未来财富传承以及合理避税的需求将越来越多，满足此类需求的业务的开发空间也将越来越大。例如，非营业的民事信托的发展将能够为客户提供财富传承方面和避税方面的优势；高端人寿保险在带来投资收益的同时，也提供资产隔离和受益人权益转让等功能。此外，超过六成的高净值人士倾向于在退休后把企业交给下一代管理，在协助家族企业的资产移交与管理过程中，私人银行也可以提供相应的咨询服务。

除了实现投资收益以外，财富的管理将更多的表现为功能应用，一个多功能的财富管理平台将是未来私人银行发展的方向。以商业银行为基础的私人银行应更好地发挥社会资金的聚集效应、投资项目与资本的连接功能以及服务人员专业的投资顾问职能。作为高净值人士的综合金融服务供应商，私人银行也将不断丰富完善其金融超市中的产品和服务货架，决定其成功的关键不仅是能力，还有选择。

对投资者说

- 奋力前行的中国私人银行业在过去的四年里，一方面，不断努力完善自身的流程体系建设，丰富中国财富管理市场和商业银行业态的发展；另一方面，包括行业监管在内的诸多相关市场因素亟待提升，中国私人银行业在其短短的发展过程中已经取得了一定成绩。
- 随着中国高净值人士数量不断攀升，中国私人银行的竞争格局出现了根本性的转变。越来越多的银行推出了自己的私人银行业务，将这一原本的蓝海市场染成了一片红海。
- 想要在未来获得更大的发展空间，私人银行必须抓住国内高净值人士的财富观念和理财习惯的特点，才能先行一步，做到差异化经营。当前对高净值人士海外资产的管理和一些例如财富传承在内的功能型服务是未来财富管理的发展方向。

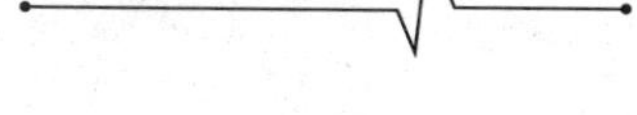

第14章

独立财富管理业，资产配置服务模式的转型

■ 本章导读 ■

■ 1978—2010 年，中国城镇居民家庭人均可支配收入从 343 元增长到 19 109 元，增幅近 55 倍；人均储蓄存款余额从 21 元增加到 22 619 元，增幅达 1 076 倍，各类机构相继开展财富管理业务。

■ 因为在客户与产品资源等方面的先天弱势，独立财富管理业虽然早在 2002 年、2003 年就出现，但直到 2007 年之后才进入发展快车道。庞大的财富管理市场、较低的进入门槛、独立财富管理公司的成功上市，各因素交集在一起使得 2010—2011 年独立财富管理机构数量呈井喷之势。

■ 近年来，独立财富管理机构凭借渠道优势实现了快速成长。但是依靠销售佣金驱动产品销售模式遭遇三方面挑战：市场过度竞争、服务内容与客户需求不匹配以及客户黏性低。

中国独立财富管理业的商业模式尚未完全成熟。现阶段，成功的独立财富管理机构专注服务高净值客户，产品定位以私募为主，服务模式是提供产品咨询和建议，盈利模式是向上游资产管理机构收取费用，操作模式是不经手客户资金，其各项业务均符合国家监管部门的要求。

想要进一步发展，财富管理机构必须提升服务水平，向产品销售的前端和后端延伸，提供“趋势判断 + 产品筛选 / 销售 + 存续管理”的综合服务，实现资产配置的初级阶段。目前，个别领先的独立财富管理机构已经采用了资产配置的初级模式，但大部分独立财富管理机构仍处于产品销售模式的阶段。

展望中国独立财富管理业的发展前景，基于客户特征的市场细分将使独立财富管理机构具有独特竞争力，专注为细分客户群体提供服务也使独立财富管理市场多种商业模式共存。独立财富管理机构需克服规模扩张冲动，对照国外发展经验，专注为本地客户服务而非大而全地开拓全国市场，专注于服务高净值客户。

独立财富管理业的新纪元

理财的需求并非天然存在。当人们的财富积累到一定程度，一些催化因素如通货膨胀会刺激这种需求成为现实。金融分工使得一部分机构专注于金融服务（产品）供应，即狭义上的资产管理机构；另一部分机构则专注于客户服务，独立财富管理机构即属于此类。专业化使得金融服务（产品）供应走向开放架构，独立财富管理业得以出现和发展。

财富的积累与增长

当社会生产力水平较低时，少量的产出在满足人们生产生活需要之外没有多少节余，此时无财可理。从美国和中国的经济发展历史来看，居民财富积累到一定程度是财富管理业出现的必要前提。

第二次世界大战结束后，经济重建、金融市场发展，以及婴儿潮带来的人口红利，使美国逐渐成为世界第一大经济体。20 世纪 70 年代，美国居民财富有了较大增长（见图 14—1），财富管理业随之兴起。

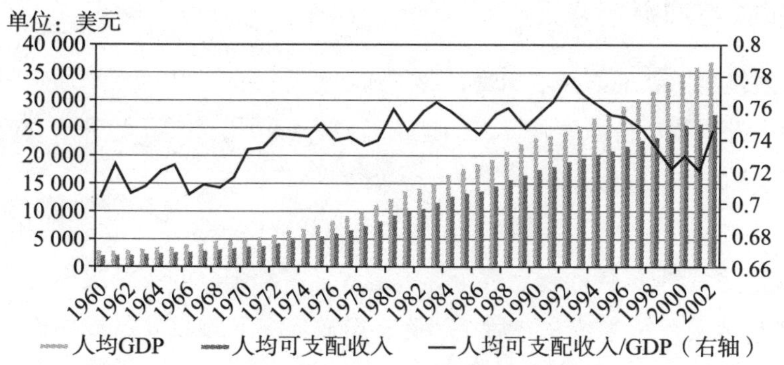

图 14—1　美国的人均可支配收入 /GDP 约为 0.75 左右

资料来源：CEIC，诺亚研究。

中国居民财富的真正积累始于改革开放后。生产力的释放与生产关系的改革为经济发展注入活力。

> 1978—2010年，中国城镇居民家庭人均可支配收入从343元增长到19 109元，增幅近55倍；人均储蓄存款余额从21元增加到22 619元，增幅达1 076倍。

21世纪初，居民财富较之前已经有了非常大的增长（见图14—2），各类机构相继开展财富管理业务。

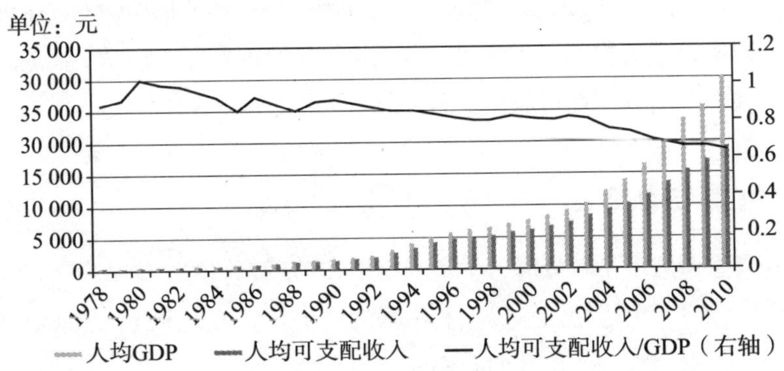

图14—2　中国的人均可支配收入/GDP约为0.7左右

资料来源：同花顺iFinD，诺亚研究。

通货膨胀与理财需求

从财富积累到理财需求出现，通货膨胀是重要的催化因素。通货膨胀使资产价格上升、货币价值下降，人们迫切需要将货币资金转化为升值资产，否则财产就会缩水。

第二次世界大战后，布雷顿森林体系的建立维持了美元币值的相对稳定。但20世纪六七十年代的越南战争导致财政赤字和国际收支情况恶化，美国在1971年放弃美元金本位制之后，为弥补财政赤字而大量发行重新成为信用货币的美元，造成了20世纪70年代通货膨胀高企（见图14—3），财富管理业即兴起于此时。

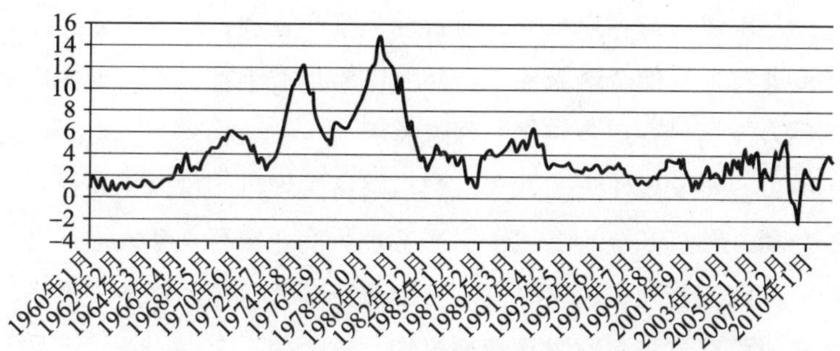

图 14—3　美国 20 世纪 70 年代的通货膨胀激发理财需求

资料来源：Wind，诺亚研究。

中国财富管理业在 2004 年、2005 年全面兴起，并在 2007 年、2008 年开始爆发式增长，与这两个时期通货膨胀率较高有密切关系（如图 14—4 所示）。

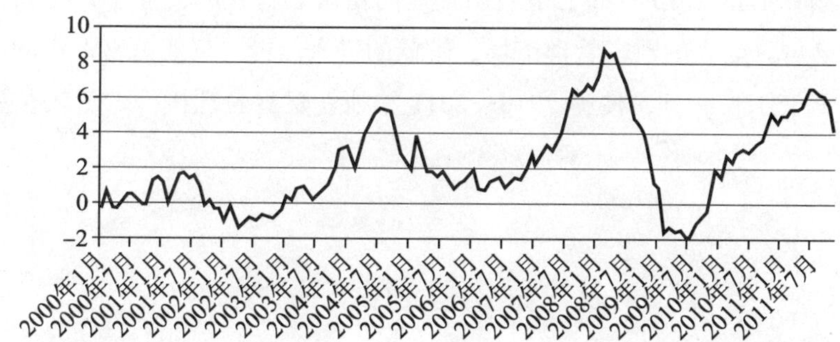

图 14—4　中国 2004 年和 2008 年通胀高企对应理财市场爆发式增长

资料来源：Wind，诺亚研究。

除了通货膨胀这个因素之外，财富管理市场的出现与发展还与投资市场（主要是股市）低迷、宏观经济政策法规等有关。20 世纪 70 年代，美国股市低迷，社会保障体系面临财政困难，人们需要借助专业投资机构抵御资产缩水。2006 年年底中国货币紧缩的宏观环境使得企业信贷紧张，银信合作就在那个时候开始急剧增长，较高收益的理财产品刺激了理财需求。

独立财富管理业的出现

劳动分工带来生产力变革。金融分工使得金融业的各个部门分别专注于金融服务（产品）供应与客户服务，前者称为资产管理，后者称为财富管理。资产管理的专业与专注使金融服务（产品）供给日益丰富，专注于客户服务的财富管理部门方能满足客户多样化的理财需求。

分工的进一步发展使资产管理机构与财富管理机构可以相互独立，基金公司、证券公司、私募基金等专注于资产管理，商业银行及私人银行则专注于财富管理。**一家财富管理机构可以采购多家资产管理机构的服务与产品，一家资产管理机构也可以支持多家财富管理机构。**这就使得金融服务（产品）走向开放架构，财富管理机构不再必须依托资产管理机构而生存，独立财富管理业得以出现。

因为在客户与产品资源等方面的先天弱势，独立财富管理业虽然早在2002年、2003年就出现，但发展并不顺利，直到2007年之后才进入发展快车道。诺亚财富2010年的上市表明独立财富管理行业的商业模式得到了资本市场的认可。庞大的财富管理市场、较低的进入门槛、诺亚财富上市的示范效应等因素交织在一起，使得2010—2011年独立财富管理机构数量增长呈井喷之势。

从产品销售到资产配置

使独立财富管理机构数量激增的一个重要原因，是过去两年“渠道为王”的市场格局。财富管理机构相对资产管理机构发展滞后，渠道不通畅制约了资产管理业发展。这也使得独立财富管理机构可以仅凭借渠道优势即得以快速发展。

但随着客户需求的日益多样化与综合化，单纯的产品销售模式逐渐显现劣势。若能将资产配置理念融入其中，将有助于独立财富管理机构适应新的竞争环境，确立与银行、券商、信托公司等机构不一样的服务模式。

‖目前财富管理主要服务模式：产品销售‖

中国目前的财富管理组织大致可分为两类：金融机构财富管理部门和独立财富管理机构。前者设立的初衷是销售本机构的服务与产品，后者主要收入来源为产品销售佣金。因此，**财富管理机构均是产品销售驱动。**

单纯的产品销售服务模式意味着大多数财富管理机构倾向于销售收益率高、佣金高的金融产品，但这类产品往往风险较大。大多数客户对金融产品的甄别能力与风险意识较弱，且易受到高收益的诱惑，因此往往导致客户资产投资领域集中，风险积聚。

产品销售服务模式在三个方面日益受到挑战。

第一，市场过度竞争。因为进入门槛较低、服务模式无差别，包括独立财富管理机构与金融机构财富管理部门在内的众多组织在一片“红海”中同台竞技。据统计，截至2010年年底，中国有129家银行机构提供财富管理服务①，此外众多的信托公司、证券公司、保险公司、基金公司也纷纷成立财富管理部门或中心，数千家独立财富管理机构在近两年如雨后春笋般出现。因此，虽然财富管理市场非常大（资产管理的过程是在派生财富，因此财富管理市场的容量远大于按客户可投资资产统计的规模），但因为金融服务与产品较为同质化，各家机构服务模式雷同，因此市场呈现非良性的过度竞争。

第二，服务内容与客户需求渐生矛盾。

首先，服务与产品较为同质化，客户资产过于集中在某几个领域，导致风险积聚。以过去两年的信托产品为例，房地产信托因为收益率高而受到财富管理机构与投资者追捧。2010年年底全面深化的房地产市场调控，使发行的大量房地产信托面临集中到期兑付，风险上升。投资资产的集中不符合风险可控的财富管理原则。

其次，财富管理机构与资产管理机构的合作不成熟，客户某些多样化和综合化的需求难以得到满足。商业银行与信托公司从2007年年底大规模开展的“银信合作”因缺乏自制而沦为表外贷款工具，最终受到严厉监管而一蹶不振。“一管就死、一放就乱”的现状使财富管理机构与资产管理机构的合作举步维艰。

第三，财富管理机构与客户缺乏黏性。财富管理机构如果以产品销售为导向，则不可避免地与其他众多机构的服务与产品缺乏区别，导致客户跟着产品走。由此会出现因错误的产品推荐或资产损失导致客户流失的情况。

① 数据来源于《2011年中国私人银行及财富管理行业报告》，中国银行。——作者注

因此，单纯的产品销售服务模式与客户需求之间的矛盾越来越大。要扭转这一不利局面，需要向产品销售的前端和后端延伸，提供“趋势判断＋产品筛选/销售＋存续管理”的综合服务。趋势判断与产品筛选的结合即资产配置的“初级阶段”（见图14—5）。

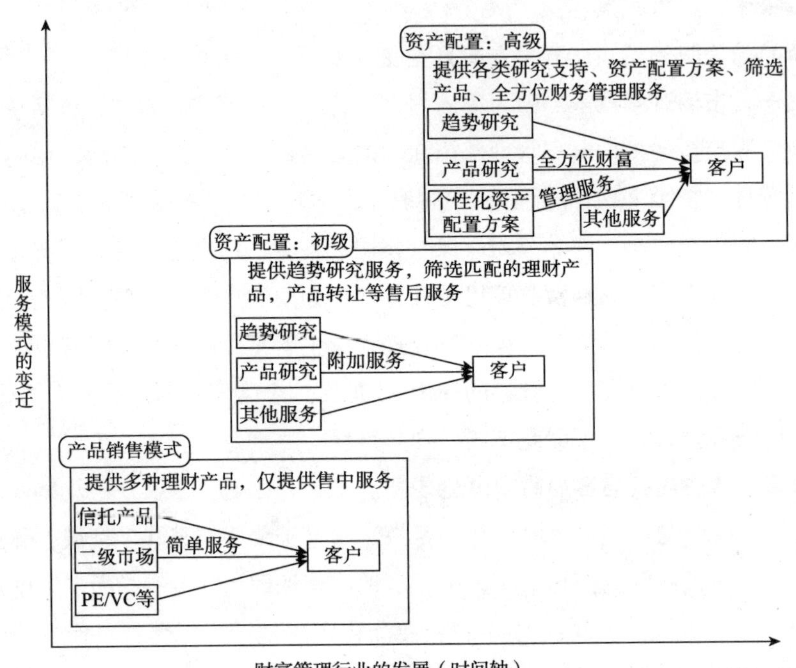

图14—5　财富管理行业发展阶段

资料来源：诺亚研究。

‖以资产配置为方向的服务模式‖

如图14—5所示，目前，个别领先的独立财富管理机构处于第二阶段——资产配置的初级模式，而大部分独立财富管理机构仍处于第一阶段，或正在向第二阶段迈进。第三阶段是资产配置的高级模式，即理论上的真正的资产配置。这需要财富管理机构全面掌握客户财务状况，全面分析客户生命周期财务需求。这是我们财富管理机构的最终目标，但短期内，由于受客户资产信息和财富管理机构专业能力的制约而无法实现。

目前可实现的资产配置初级模式是指，财富管理机构基于客户基本特征，通过趋势判断和产品筛选，帮助客户实现中短期财富管理需求。第二阶段的财富管理机构不再局限于通过销售产品赚取佣金，它们也关注宏观研究与行业趋势并从中发现机会，为客户提供大类资产配置建议。

资产配置的初级模式下，金融产品依然是服务的载体。虽然看起来好像仍是产品销售，但如果财富管理机构的产品筛选是基于趋势研究和客户特征的，那么客户购买的数只产品就是一个资产配置组合，这些产品具有不同的风险－收益特征，在特定宏观环境和特定客户需求下，可以实现跨越经济周期的保值增值作用。

推行资产配置服务模式的独立财富管理机构，在特定时点有倾向性地主推某一类或者几类产品，便是在大局上给客户规划了资产配置方案。在这个平台上，客户可以根据自己的风险偏好，有的放矢地增减各类资产的持有比例，从而实现风险可控下的投资收益最大化。

以独立财富管理机构诺亚财富为例。诺亚财富拥有一支专业的产品研发团队，除了对全市场的产品进行筛选和对比，更重要的是基于宏观市场和政策导向的变化，不断改变产品池内品种的配比，挑选顺应宏观趋势的产品，为客户的资产配置指明方向。

例如，在全球经济趋紧、对未来经济走向以谨慎为主的市场预期下，诺亚财富抓住机遇，大规模发行安全性较高、预期收益率远高于银行同期存款利率的固定收益类信托产品，使客户获得较为稳定的收益，在经济不明朗的时期保证了资产的安全性。而当PE刚刚在中国兴起的时候，诺亚财富抢占先机，把握住经济的脉络，将PE产品作为资产配置的重要组成部分推荐给客户。随着2009年创业板开启，早期和诺亚财富合作的PE机构通过有效的退出渠道，获利颇丰，而当时配置了PE产品的客户也获得了远高于其他投资方式的收益。

因此，对于独立财富管理机构来说，必须尽可能把握宏观经济走势，在市场风险中发现未来投资机会，在多数人仍迷茫时把握稀缺的投资机会，从而给客户提供合理的资产配置方案，帮助客户获得可承受风险范围内的超额收益，取得客户的长期信赖。

1. 资产配置的概念

资产配置的概念由来已久。无论是最浅显易懂的“不要把所有的鸡蛋放在一个篮子里”，还是如今的各类复杂金融模型，都试图从各个角度来解释资产配置的概念。简而言之，资产配置是指根据投资者个别的情况和投资目标，把投资分配在不同种类的资产上，如股票、债券、房地产及现金等，在获取理想回报之余，把风险减至最低。

2. 资产配置是财富管理理想的方法论

从欧美财富管理行业发展的历史看，资产配置一直是欧美发达国家资产管理的重要组成部分。而资产配置之所以受到越来越多的关注，本身也和金融市场的迅速发展息息相关。

- 随着金融市场的不断发展，可选择的金融产品越来越丰富，除了传统的股票，债券等投资工具，房地产市场的崛起（包括 REITS），私募股权类投资、对冲基金等创新型产品的出现，给资产配置提供了必要的条件。
- 国际化进程的加快增强了各国金融市场的联系。投资者不仅可以选择本国的金融产品，也可以投资非本国的金融产品。比如说，受益于新兴经济体的高速发展，新兴市场的股票、债券等产品的收益率也较高，因而受到其他国家投资者的追捧，成为资产配置的重要组成部分之一。

美国金融市场发展的三个阶段

美国金融市场的发展大致可以分为三个阶段，资产配置也逐渐从简单的产品组合向多元化、多维度的产品结构进阶（见图 14—6）。在经历了 1929 年的大萧条后，美国股市在 20 世纪 50 年代逐步迈入重要的规范发展期，并在 60 年代后进入一个疯狂的成长投资期，股票成为当时最热门的投资标的。同时，由于当时美国市场内其他金融投资产品较少，因此当时的资产配置以股票为主，债券、现金次之。

到了第二阶段，也就是 20 世纪 80 年代至 90 年代，美国股票市场进入 20 世纪第二次整理和动荡的阶段。在这一阶段，私募股权类投资兴起，美国居民投资范围有了较大扩展。对于资产配置而言，股票虽然仍是最受关注的投资标的，但相对于第一阶段较为简单的产品组合，资产配置已经完全趋于多元化，出现了PE产品、房地产基金、新兴市场股票等。

到了第三阶段，即20世纪90年代以后，陆续涌现了对冲基金等新的金融产品，另类投资兴起并呈膨胀式发展，金融衍生工具层出不穷。同时，经济全球化与资本市场全球化的步伐越来越快。相应地，资产配置状况也更为多元化。

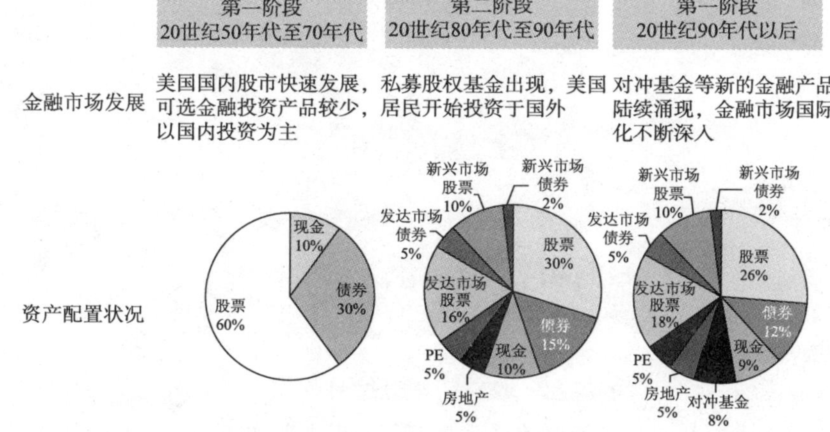

图14—6　美国金融市场发展与资产配置变化

资料来源：戴维·达斯特《资产配置的艺术》，诺亚研究。

相似的情况也出现在中国的金融市场发展历程中。随着金融市场的不断发展，可投资标的也越来越丰富。中国股票市场诞生于1986年，在那之后的很长一段时间，股票、债券等一直是主要的投资标的，相应的资产配置也比较简单。而到了21世纪初，随着信托产品、PE产品的兴起，可选择的投资品种越来越丰富。尤其是随着国际间金融市场联系越来越紧密，离岸投资产品（如美元产品）丰富起来后，资产配置在中国才真正成为一种趋势并快速发展。

3. 资产配置的优势

有效的资产配置能够在风险一定的情况下使投资回报率最大化。Brinson

Hood 和 Beebower（1986）通过分析美国退休基金在 1977—1987 年间取得的回报，发现回报差异的 91.5% 都由资产配置决策造成的，此外，证券选择占了 4.6%，市场时机的贡献率为 1.8%，而其他因素则占了 2.1%（见图 14—7）。资产配置是决定长期投资回报的主要决定因素。

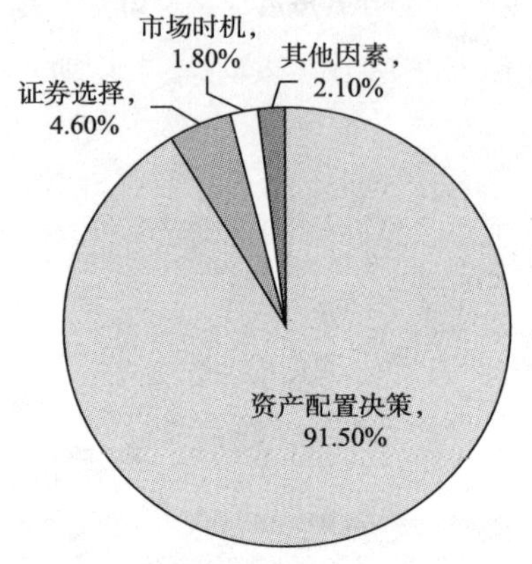

图 14—7　长期投资回报的决定因素

资料来源：Brinson Hood & Beebower（1986），诺亚研究。

没有任何一种资产的风险 – 收益结构是绝对占优的，即风险很小、收益很高，收益与风险基本呈正相关关系。当不同类别的资产组合在一起时，不同资产之间的弱相关性和负相关性会抵消掉一部分风险，从而使风险较小而收益较高成为可能，投资组合的风险 – 收益特征会得到显著改善。因此，**积极有效的资产配置是提高投资回报的关键要素**。

耶鲁捐赠基金

以将资产配置方法运用较好的耶鲁捐赠基金为例。在耶鲁捐赠基金投资总监戴维 · 斯文森掌管耶鲁捐赠基金的 21 年里，耶鲁捐赠基金取得了年均增长 16.3% 的业绩。该基金最近 10 年的投资年化收益率约为 17.8%，是美国业绩最好的大学捐赠基金，而同一时期标普 500 指数的年化收益率仅为 7%。取得这一令人惊叹的收益率的关键便是资产配置。耶鲁捐赠基金在过去的25年间每年都会根据经济形势、外部条件的变化调整各类资产的比例，以确保收益率的最大化。

耶鲁捐赠基金最基本的投资理论便是诺贝尔奖获得者托宾和马科维茨的均值－方差理论，利用统计技术分析并结合预期收益、方差、投资资产协方差等理论去估计资产配置的预期风险和收益，并评估资产变动对结果的敏感性。过去的两个世纪中，耶鲁大学通过重新配置资产和另类投资大大减少了对国内股权市场的依赖性。在1990年，该基金将近四分之三的资源都投向了美国股权、债券及货币市场。而如今，其目标配置要求将11%的资源投向国内股权市场，并且通过国外股权、私募股权、绝对收益策略来分散资产，实物资产占据了89%的比例。

耶鲁捐赠基金对非传统资产的看重来源于其潜在收益及分散风险的能力。目前的证券组合相对于1990年的证券组合来说具有更高的收益和更低的流动性。从本质上来看，与传统资产相比，另类资产在定价上存在低效性，这为主动性管理提供了机会和条件。长期投资更加适合于挖掘非流动的、低效的市场，如风险投资、杠杆收购、石油天然气、木材和房地产市场。

4. 诺亚的资产配置策略

截至2011年12月底，诺亚协助客户配置资产超过472亿元人民币，其中164个产品已到期结束。从成立最初的重点关注固定收益类产品，到顺应市场变化，择机推出阳光私募、私募股权基金、房地产基金、红酒基金等不同类型的产品，诺亚财富为客户进行了大类资产的配置。

- 2008年，上证指数下滑至1 664点。诺亚财富开始为客户配置一级市场的PE/VC产品，减少了二级市场配置。2009年是充满不确定性的一年，诺亚财富为客户大量配置了信托等固定收益类产品，在不确定的时期，帮客户获取了确定的收益。同时，基于中国城市化进程仍将持续、中国房地产仍将是支柱行业，以及中国企业融资手段必将多元化的几大核心认识，诺亚财富建议客户开始配置房地产基金。
- 2010年，二级市场持续低迷，诺亚财富建议客户大量配置PE/VC等一级市场产品，并进一步推动客户配置房地产基金。

- 2011 年是货币超发和流动性极度紧缩的一年，固定收益产品收益率全线走高。诺亚财富建议前瞻性采取防守策略，提升固定收益产品配置比例，把收益锁定在长周期性高位。同时，诺亚财富认为二级市场进入底部阶段，投资价值显现，开始建议客户配置二级市场产品，尤其是定向增发类二级市场产品。

以已结束的固定收益类产品为例，其收益率比同期的国债产品实际年化收益率高 2 ～ 8 个百分点，比信托行业产品收益率高 1 ～ 2 个百分点，如图 14—8 所示。绝大多数存续中的阳光私募产品的净值表现领先于同类别同期成立的阳光私募。经过时间验证，诺亚财富把握宏观经济形势，从大方向上为客户进行资产配置的服务模式是有效的。

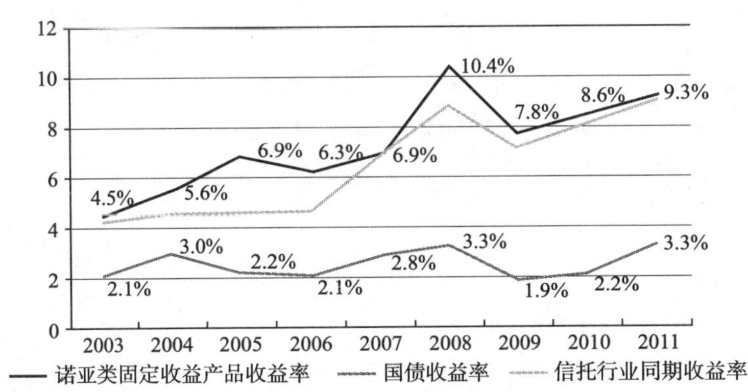

图 14—8　诺亚财富固定收益类产品收益率

资料来源：诺亚研究。

独立财富管理机构的商业模式

服务模式是生产力，商业模式是生产关系。服务模式决定商业模式，服务模式的改变要求商业模式的变革。独立财富管理机构只有建立以趋势判断和产品筛选为核心的商业模式，才能适应产品销售向资产配置的服务模式转变。

独立财富管理的商业模式选择

独立财富管理业最早出现于欧洲。以目前颇具代表性的EFG为例，它于20世纪90年代在瑞士成立，随后顺应欧洲银行业发展的大趋势，通过频繁的并购占领不同市场。EFG相信传统的财富管理银行业无法给予高净值客户真正需要的东西，所以他们创造了一个独特的商业模式，其私人银行的管理哲学与众不同。公司赋予客户经理更大的权利，使其在服务客户时，尽可能少地受到业绩压力和规章制度的束缚。

2005年，EFG私人银行业务经过了10年的快速发展，在瑞士股票交易所成功上市。目前，EFG成为全球性的私人银行集团，在全球30个国家设有50个分支机构，雇员超过2 400人，其中有客户经理（CRO）675人。2010年管理资产848亿瑞郎，其中838.5亿瑞郎为私人银行管理资产。

在中国，独立财富管理业正处于不断摸索之中，尚未完全成熟。我们以2010年11月10日成功登陆美国纽交所的诺亚财富为例，说明当前专注服务高净值客户的独立财富管理机构的运营模式。

‖产品定位：以私募为主‖

私募产品是指非公开募集产品，向特定非公开对象募集，由特定的富有专业经验的资产管理人进行管理，投向具有潜在较大收益空间的领域。相关监管机构对私募产品的募集有着较为严格的规定，例如投资人的资金必须有合法的来源，必须达到一定的额度，投资人对风险要有相对较高的承受能力。从投资的方向上看，相关监管机构对资金的稳定性往往也提出了一定要求，通常情况下应为长期资金。

尽管公募产品具有较高的流动性，但产品同质化较强，能够达到的收益水平基本维持在市场平均水平，很难超越市场。对于高净值客户来讲，公募产品仅能满足其短期流动性管理需求。

大额资金往往为高净值人士的富余资金，资金稳定，风险承受能力较高，对收益的要求也较高，正好符合私募产品的要求。因此，我们认为独立财富管理机构提供的产品应该以私募为主。

‖服务模式：提供产品咨询和建议‖

中国改革大潮中富裕起来的中国首批富人，大多经历了市场的跌宕起伏，对市场具有较高的敏感性，对风险也有着自己的认识。在投资方面，投资人的问题在于对市场中的投资品种不是很了解，没有足够的时间调查对产品背后的信息。独立财富管理机构拥有丰富的产品资源、专业的产品设计经验，其作用在于为投资人提供多样化的产品池，对产品进行详细分析和调查，清晰地表述产品供客户参考，根据客户对风险收益的要求提供资产配置建议。**正如诺亚财富指出的，其定位于金融界的携程，作用在于做客户的GPS，而掌握方向盘的仍是客户自己。**

‖盈利模式：向上游资产管理机构收取费用‖

欧美有一些独立财富管理机构向客户提供投资建议并收取咨询费用，而在中国，市场和投资人均相对不成熟，投资人很难接受付费服务。因此，独立财富管理机构的收费模式普遍采取了向上游资产管理机构收费、对客户免费的模式。随着市场和投资人的成熟以及独立财富管理机构品牌的确立，未来向客户收费的模式可能会变成现实。

‖操作模式：不经手客户资金‖

金融业是一个基于信任的行业，财富管理尤其如此，非金融机构从事财富管理业务如何创造信任是一个难题。另外，从监管的角度看，为避免非法集资，监管机构禁止非金融机构非法募集资金。为了解决该难题，作为财富管理的领头羊，诺亚财富坚持不经手客户资金的独特模式。公司为客户提供投资建议后，客户资金直接由客户自己的开户银行账户转入产品发行方银行托管账户。该种模式下，公司各项业务均符合国家监管部门的要求，信托产品符合银监会的要求，私募基金符合证监会的要求，PE业务符合国家发改委的要求。

独立财富管理机构的价值

全方位的市场研究和客户服务

独立财富管理机构全面地研究市场上的所有产品，并筛选出优秀的产品池供投资人选择。

在客户服务方面，独立的财富管理机构专注于客户服务，遵循主动服务的理念，既满足了客户对财富保值增值的要求，也给客户带来了便利性、私密性、差异性的享受。

客户服务的内容包括：

> 从客户的需求出发，通过与客户充分沟通，真正了解客户需求，并根据客户的实际情况（例如风险承受能力）为其量身制定理财解决方案，以及提供个性化的资产配置建议。时刻根据市场情况、金融产品和客户自身情况变化，对客户的理财解决方案进行诊断与检视，以确保客户资产始终处于最优的配置状态。对于客户已投资产品，全程跟踪产品的运行情况，并及时反馈给客户，这种服务一直持续到产品结束到期。

除此之外，还需要引导客户正确地审视自己的财富状况，树立正确的投资理念、财富观念和价值观，帮助客户在投资选择方面做出正确的判断。

优化价值链，降低供应成本

在财富管理业中，如果仅有金融机构存在的话，那么势必形成强势地位，进而向上挤占资产管理机构的利益，向下侵蚀客户利益，中间成本消耗很大。独立财富管理机构的进入，使市场竞争度提升，优化了价值链，降低了产品供应的成本。

独立客观的产品筛选理念

独立财富管理机构的比较优势主要体现在基于客户需求的独立客观，这源于独立财富管理机构的客户服务角色定位，以及与资产管理机构无从属关系。

‖引领市场‖

金融市场往往遵循着少数人赚钱的规则，一旦一种投资产品产生了高于市场的风险溢价，市场上的资金便蜂拥而至，从而提高投资产品的价格，降低潜在的收益。要在市场中建立核心竞争力，财富管理仅做到客户积累和提供投资建议是不够的，**成功的财富管理机构必须在这个少数人赚钱的市场中引领市场，避免产品的同质化。毫无疑问，创新是永远的必然选择。**

仍以诺亚财富为例。诺亚财富的产品研发团队基于宏观市场和政策导向的变化，寻找潜在的、尚是少数人参与的市场。固定收益产品方面，在整个市场对信托产品认知尚少的情况下，诺亚财富抓住机遇，大规模发行安全性较高、预期收益率远高于银行同期存款利率的固定收益信托产品。

诺亚财富在PE投资方面也抢占了先机。诺亚财富在2008年年初开始募集PE基金，当时距离创业板推出还有一年半时间，PE投资刚刚在中国兴起。到了2009年10月创业板推出时，诺亚财富已经完成了三只PE基金的募集。创业板开启后，优秀的PE机构及其投资者获利颇丰。当市场意识到这个市场的巨额利润时，市场的竞争已经非常激烈，收益呈下降趋势。

因此，**对于财富管理行业来说，必须能够在市场的风险中看到未来的投资机会，在多数人仍处于迷茫的阶段为投资人把握稀缺的投资机会。**创新是永远的话题，避免产品的同质化，才能为客户获得超额的收益，赢得客户长期的信赖。

‖优化资源配置‖

市场中总是存在着专业而有丰富经验的优秀资产管理人。资产管理人的优势在于能够将资金投资于市场中最有效率、预期回报最高的领域，而资金的募集则是其劣势。私募产品的募集方式决定了投资人与资产管理人之间总是存在信息不对称，而独立财富管理机构则起到了搭建桥梁的作用，可以将具有一定风险承受能力的社会资金，通过这个市场中最具经验和商业敏锐感的资产管理人，引至这个市场最有效率最有发展潜质的行业中，起到优化社会资源配置的作用。

独立财富管理机构的挑战与机遇

“十二五”规划明确指出要创新金融产品和服务模式，更好地发挥信用融资、证券、信托、理财、租赁、担保、网上银行等各类金融服务机构的资产配置和融资服务功能。独立财富管理无疑也会成为传统金融机构的有效补充，起到完善金融服务的作用，受到相关国家监管机构的支持。但由于独立财富管理机构出现于民间，缺乏监管，因此其合规性问题必然会成为市场和相关监管机构关注的焦点。

就未来的产品趋势，我们认为与实体经济直接相关的 PE、企业债券等将会有较大的发展空间。国家“十二五”规划直接提出金融服务要服务实体经济，明显区别于“十一五”规划提出的健全金融体系。这说明，国家对金融行业的建设重点已经从体系的搭建转向了重点服务实体经济。

> “十二五”规划要求，大力发展金融市场，继续鼓励金融创新，显著提高直接融资比重；积极发展债券市场，完善发行管理体制，推进债券品种创新和多样化；促进创业投资和股权投资健康发展，规范发展私募基金。

可见，“十二五”期间，服务实体经济是金融行业工作的重点，也是独立财富管理机构的机遇。

独立财富管理业的变迁与展望

虽然中国的财富管理业历史较短，但大可不必完全摸着石头过河，我们可以从欧洲和美国财富管理业的发展历史中得到一些启示。

欧美财富管理业的变迁与启示

16 ～ 18 世纪，独立财富管理业务最早以私人银行的形式起源于瑞士，在 20 世纪 90 年代时发展壮大于美国。经过近几百年的发展，目前北欧、美国等一些发达国家和地区，信用环境良好，政治与金融环境稳定，客户已经对财富管理有了较为理性的认识，私人财富管理业务相对比较成熟。

早在18世纪中叶，瑞士的私人银行家就已活跃在市场上，为国际客户提供货币兑换、资金转移、资产管理、票据贴现等业务。

> 早期的私人银行均为私有制和无限责任制，私人银行的名称即由此而来。保密的金融文化和法律环境为瑞士财富管理业提供了良好的环境。在瑞士的私人银行开户只需资金达到特定的规模即可，其余的资料均无需提供，银行对客户资料绝对保密。为了确保私密性，一些银行还会对客户账户进行处理，以掩饰账户真正主人的身份或用代号为客户开立账户；甚至在银行内部的信息沟通、开展审计工作时也要遵守保密法的限制。

第二次世界大战后，由于全球金融制度变化、科学技术进步以及资本市场的发展，财富快速积累，瑞士的私人银行业务进入了快速发展与扩张阶段。同期，其他欧洲国家，如英国、法国的现代私人银行业也快速发展起来，一些综合性银行和投资银行也进入并扩大了财富管理市场，成为私人银行业务的竞争者。

在欧洲，遗产继承是财富管理业增长的重要影响因素。同时，欧洲的很多产业公司实际上仍然是私有的，财富多与不动产相关，造成了财富的流动性较差。由于"继承财产"的方式和拥有者年龄等因素，客户的风险承受能力比较有限，且比较重视资产安全。资产继承、法律税务和养老金规划是财富管理的重要市场。为了规避较高的税率，瑞士、比利时等一些欧洲国家的客户倾向于投资于离岸理财市场，法国的高端客户则喜欢持有很大比例的保险产品。

欧洲高净值客户的资产规模受经济影响的程度不同。2007年，欧洲的高净值人士（可投资资产在100万美元以上）数量为310万人，占全球的31%；高净值人士的财富总量为11万亿美元，占全球的26%。2008年全球经历了经济危机，欧洲高净值人士的数量受此影响，下降16%，变为260万人；财富总量下降22%，降至8万亿美元。

国外私人银行业务起源于欧洲，然后在美国得到进一步的发展。美国的私人理财业务开始于20世纪30年代，最早是由保险公司开展的，其内容包括投资和收益规划、办理手续等。第二次世界大战以后，随着经济恢复、证券市场和金融市场的发展，美国逐渐发展成为世界第一大经济体，国民的理财需求逐渐增加，商业银行、投资银行开始引入理财服务并逐渐固化为一项日常业务。

- **20 世纪 80 年代，美国新的技术创新大量涌现，汇率、利率、大宗商品的价格逐渐稳定。**第二次世界大战后婴儿潮出生的人群带来人口红利并成为了中产阶级，新企业数量明显增加。随着经济快速发展，劳动生产率持续提高推动了财富增长。证券价格的稳定上涨给投资人带来了较高回报，不少企业家通过 IPO 快速成为富豪。同时，美国的商业银行业逐步认识到个人财富管理市场的重要性，加上金融技术创新层出不穷，私人银行和财富管理在金融行业逐步发展成为一项主流业务。私人财富管理业务融合了资产负债管理、现金流管理等服务，理财工具向多样化形式发展。
- **20 世纪 90 年代中后期的美国，大萧条时期遗留的金融管制界限开始被打破。**1999 年 11 月，克林顿政府颁布《金融服务现代化法案》支持金融混业经营，废止 1933 年制定的《G-S 法》后，商业银行、投资银行和保险公司可以互相进入对方的传统领域，金融产品线得到大幅扩充。私人银行除了能够为客户提供存贷款、证券、保险、基金、年金等金融服务，衍生产品的范围也不断创新和扩大，并可以为客户提供“一站式”综合性金融服务。私募股权、风险资本、对冲基金、结构性金融产品成为财富管理业务的重要金融产品。

目前，美国的高净值客户多数是自力更生的创富者，主要来自企业家、企业管理层、投资行业等。多数人的财富源自于自主创业，与欧洲遗产传承有明显差异。美国客户倾向于自己主动管理资产，投资范围较为广泛，包括对冲基金、金融衍生品等。

美国是世界上最大、最成熟的财富管理市场，拥有注册理财规划师资格的人员达 4.9 万人，拥有注册金融顾问资格的人员达到 4.1 万人。美国注重理财产品的创新，私人银行的产品化模式为财富管理带来了持续增长的盈利来源，并对推动全球的财富管理业务发展起到了重要作用。2006 年年底，全球管理资产最大的前 10 名财富管理机构中，有 8 家总部设立在美国。投资银行在美国已成为了重要的独立财富管理机构，它们利用其在产品设计和客户资源方面的优势发展业务，包括新股发行、并购重组、另类投资、税务策划等附加服务。

家庭办公室是一种特殊形式的独立财富管理机构。美国大约有 4 000 个家庭办公室，欧洲大概有 1 500 个。家庭办公室是类似于私人银行的一种精英团队，负责管理高净值家族的财富（一般在 1 亿美元以上），并为其提供全面、系统的金融服务，不仅可以解决金融领域的问题，还配备了不同行业的专家，如律师、会计师、投资银行家等以处理专业性的事务，甚至提供教育、消费、度假计划等服务，其职能相当于富人家族的财务管家。比较著名的雇用家庭办公室的案例有美国的洛克菲勒和比尔·盖茨家族雇用的个人理财办公室。

目前，国外独立财富管理公司提供的服务包括资产管理、配置、风险管理、税收和遗产规划、信托服务、离岸金融、研究分析等（见图 14—9）。

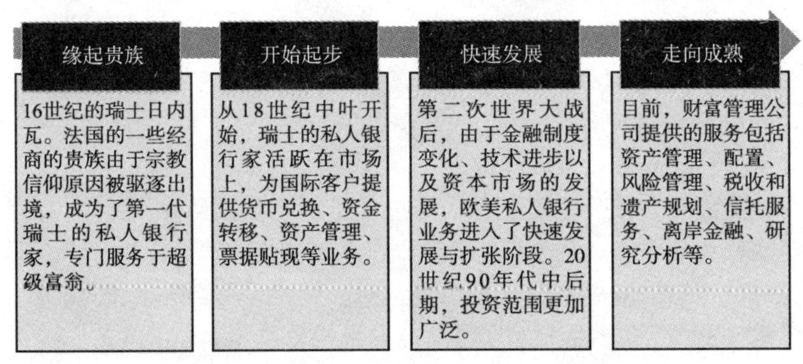

图 14—9　欧美财富管理业的变迁

资料来源：互联网，诺亚研究。

欧美财富管理业的变迁说明，随着私人财富的积累，金融产品的日趋专业化和覆盖领域的多样化，财富管理行业将逐步发展壮大。我们可以从中获得三点启示。

- 客户需求变化不仅局限于传统的金融资产管理，高净值人士还希望在家庭组织、养老、遗产管理、旅游、移民规划等方面得到支持和服务。
- 由于金融科学发展和分工专业化，资产管理技术已逐步应用到财富管理行业中，比如独立财富管理机构对金融产品的设计和筛选，对行业趋势的研究，基金资产配置等。
- 由于客户群的重合度高，财富管理与私人银行的业务结合日益紧密，互相促进发展。

中国独立财富管理业展望

‖市场细分开辟蓝海‖

目前，中国绝大多数独立财富管理机构都走综合化路线，既没有与金融机构旗下的财富管理部门相区别，也没有与同业的商业模式相区分。它们对客户的区分仅依据“二八法则”（20%的客户带来80%的收益），即关注高净值人士的需求。但客户的需求是多元化的，客户的地理分布、人口特征、行业等因素都能影响独立财富管理机构的定位，在各条战线全面出击的模式并不一定适合所有机构。

基于客户特征的市场细分将使独立财富管理机构具有独特竞争力。财富管理机构在为某一类客户提供服务时或许能产生群聚效应。当一家财富管理机构在某一类客户中获得专业声誉后，更多同类客户会被介绍上门或主动上门。根本原因在于：财富管理机构在服务客户的同时也从客户那里学到了与这类客户相关的特殊知识和技能。

比如，美国有一家独立财富管理机构主要为公司高管提供服务，从而累积了应对这一细分客户群独特问题的专长，如公司高管的股票期权、限制股、递延薪酬安排等，这样就吸引了更多公司高管前来寻求服务。

这种群聚效应对面向全类别客户提供服务的综合性财富管理机构而言同样具有启示意义：针对各细分类别的客户建立专门后台团队，将向客户学习到的知识和技能归集沉淀。

独立财富管理市场需要多种商业模式共存。从欧洲和美国的情况来看，财富管理业度过初创期之后，除了少数大型机构（多为传统银行机构）采用全面服务和全球布局的模式之外，大多数独立财富管理机构都在细分市场上耕耘。客户需求非常个性化和多样化，任何一家机构都无法完全满足，这或许就是美国目前有数万家针对各类细分客户提供服务的财富管理机构有序共存的原因。

‖需克服规模扩张冲动‖

绝大多数独立财富管理机构都是从局部区域开始发展，而后谋定全国市场。地域扩张的背后是做大规模的冲动。美国与中国同样幅员辽阔、人口众多，其大多数独立财富管理机构主要为本地客户提供服务，这或许能给我们一些启示。

财富管理业并不存在必然的规模效应。基于金融服务（产品）的开放架构，规模较小的独立财富管理机构，甚至独立个人理财师只要拥有稳定的客户群，也能很好地生存发展。财富管理机构和理财师既可以充当服务和产品的销售渠道，也可以帮助客户在全市场寻找和配置合适、优质服务与产品。

专注于服务高净值客户

社会财富不会完全均等地分配给全体社会成员，因此财富积累必然出现集中化趋势，而基尼系数就是用来衡量这种收入分配不均的程度。高净值客户的数量在过去几年持续增长。

> 波士顿咨询公司和中国建设银行私人银行部的《2011年中国财富管理市场报告》显示，截至2011年年底，中国个人拥有的可投资资产总额预计将达到62万亿元人民币，高净值家庭（即可投资资产高于600万元人民币的家庭）可投资资产规模预计为27万亿元人民币。该报告还预计至2011年年底，全国高净值家庭的数量将达到121万户。在高净值家庭中，可投资资产在600万元人民币到5 000万元人民币的家庭仍占绝大多数，但是超高净值家庭（即可投资资产总额超过5 000万元人民币的家庭）的数量占比也逐年扩大。

独立财富管理机构应该专注于为高净值客户提供服务。大众客户更适合由商业银行来提供理财服务，因为大众客户数量众多、人均可投资资产规模小，必须通过规模化服务来满足。

独立财富管理机构的定位也不应该是私人银行，或者说不要比照商业银行私人银行去发展。商业银行的财富管理业务是在其个人业务与公司业务基础上发展起来的。商业银行与财富管理客户的黏性经常要靠资金业务维系，这是独立财富管理机构所不具备的。

对投资者说

- 对照中美独立财富管理业发展轨迹可以发现，鉴于财富来源和积累方式的特殊性，中国的高净值人士风险偏好更高，更愿意主动管理自己的资产。
- 中国独立财富管理业（乃至财富管理业）在未来很长一段时期内仍将以金融产品为服务载体。但面对客户日益多样化和综合化的需求，未来行业将形成强烈的模式升级动力，未来以趋势判断和产品筛选为特征的资产配置初级阶段服务模式将成为主流模式。
- 独立财富管理机构将更加专注于服务高净值客户，为其提供个性化、多元化的产品和资产配置解决方案。同时，基于客户特征的进一步市场细分也将产生多种多样的商业模式，更多本地化和贴近客户个性需要的独立财富管理机构将会大量涌现。

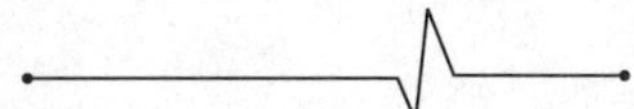

|第三部分|

中国及海外基金行业梳理

曾几何时，基金是资产管理行业最为耀眼的一颗明星。但近年来，基金行业一家独大的霸主地位受到强烈冲击。新基金发行数量再度井喷的现象，无法掩盖基金行业吸金能力下降，资产不断流出的事实。放眼未来，基金公司能否在投资策略选择、机构规划、营销方案等方面进行积极尝试？基金行业能否浴火重生，重现锋芒？

第15章

全球共同基金业：动荡中的稳步发展

■ 本章导读 ■

■ 2011 年，在国际金融市场动荡、全球经济增长速度减慢的背景下，全球共同基金业资产规模增长放缓。美国仍持有全球共同基金的最大份额，而以巴西为代表的新兴市场国家的共同基金业管理的资产总额增长强劲。

■ 2011 年上半年全球范围内共同基金实现净流入，但随着欧债危机愈演愈烈，投资者信心动摇迅速逃离市场，下半年全球共同基金净现金流遭遇极性反转，资金大量流出。

■ 指数型基金的被动投资和跟踪指数的特征使其天生具有抗风险的性质，2010 年美国共同基金的投资者中有 31% 持有至少一只指数型基金。

经历了次贷危机的阵痛之后缓慢复兴的全球共同基金业在 2011 年又遭遇重大考验。但是投资者显然已经变得更加成熟和理性，对市场的走势并不盲目悲观。尽管规模增长速度放缓，但是全球共同基金仍处于扩张态势。2011 年二季度末，全球 45 个主要市场上的共同基金总规模已达到 25.92 万亿美元，比 2010 年末增长约 5%。

2011 年第二季度，全球共同基金业共计净流入 1 080 亿美元，而第三季度净流出 1 710 亿美元。2011 年下半年愈演愈烈的欧债危机加剧了投资者对全球经济衰退的担忧，危机迟迟得不到实质性解决而令投资者的信心遭到沉重打击。在此背景下，各类型基金的境遇迥然不同，股票型基金受市场波动的影响较大，净赎回额最高；债券市场型基金、混合型基金则被投资者寄予止损保值的厚望。

被动型投资方式可能更适宜在动荡的金融市场中抓住珍贵的获利机会。次贷危机后，指数型基金规模实现爆发式增长。2010 年指数型基金的需求更加强劲，有超过 580 亿美元的净流入，其中 40% 流入了跟踪债券指数的被动管理基金。ETF 基金市场快速膨胀，而且由于市场份额处于较低水平，未来发展空间很大。

全球共同基金业的整体情况

2011 年，全球市场度过了多事而动荡的一年。发达市场和新兴市场一同经历着经济放缓与通胀的担忧，而美欧债务危机带来的不确定因素，也极大地影响了市场信心，导致股票市场大幅波动。在经济发展前景不明，金融市场大幅震荡的背景下，全球共同基金市场规模扩大速度放缓，但仍保持稳步发展。

截至 2011 年二季度末，全球 45 个主要市场拥有超过 7.1 万只共同基金，以美元计价，总规模达到 25.92 万亿美元，比 2010 年末增长约 5%（如图 15—1 所示）。其中，55% 的基金资产分布在美洲，32% 在欧洲，分布在亚太和非洲的占 13%。

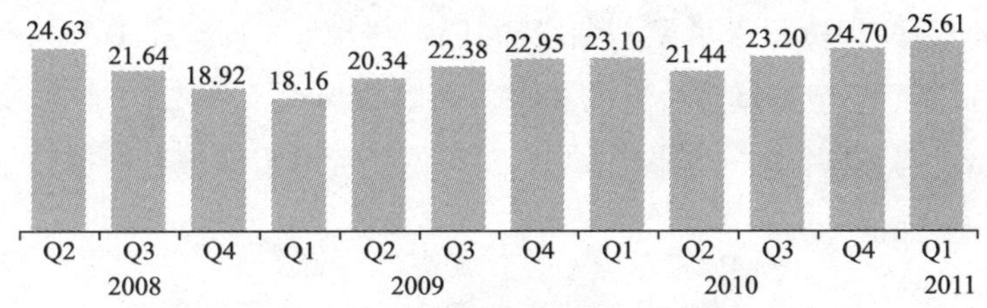

图 15—1　全球共同基金的规模（万亿元）

资料来源：ICI 报告。

美国仍然拥有共同基金资产的最大份额，但是自 2010 年第一季度开始该比例逐年下降；同时，欧洲和中国所占份额基本保持稳定。巴西的表现依然最为抢眼，所占全球共同基金资产的份额从 2010 年一季度的 4.9% 持续增长到 2011 年二季度的 5.9%，表现出新兴经济体经济进步带来的共同基金行业的快速发展，而且与发达国家相比，巴西受宏观经济因素的影响较小。相比而言，中国共同基金业市场份额较低，近两年稳定在 1.3% 左右（见图 15—2）。

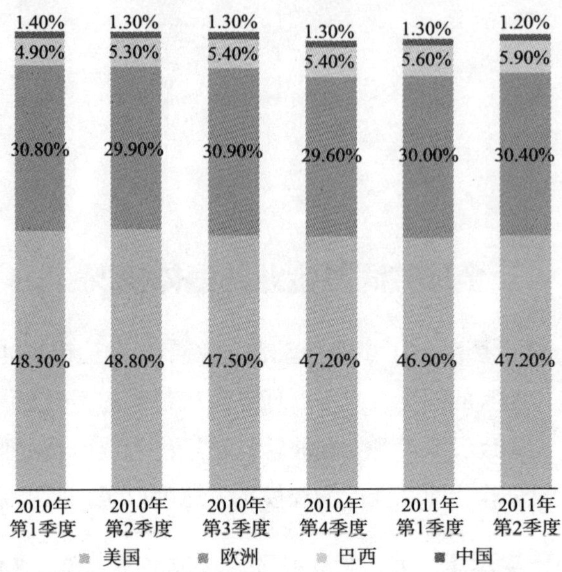

图 15—2　不同国家投资基金资产市场份额变化

资料来源：ICI 报告。

按基金类型统计，股票型基金仍然稳坐资产规模的第一把交椅，占总资产的 39%；债券型和货币市场型基金紧随其后，分别占 21% 和 18%。就基金数量来看，股票型基金占基金总数的 34%，而以 21% 排名第二的是混合型基金，货币市场型基金仅占 4%（见图 15—3）。可见，货币市场型基金单只基金所管理的资产规模相对较大。

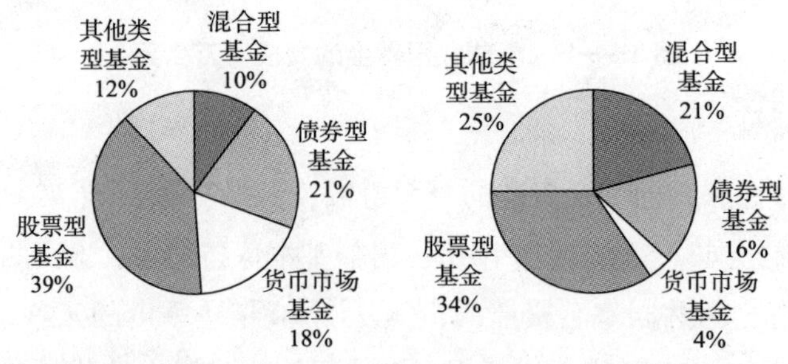

图 15—3　2011 年第二季度全球投资基金资产组成

资料来源：ICI 报告。

从净资金流量看，2011 年的基金净申赎呈现明显的先入后出情形。2011

年第二季度共计 1 080 亿美元净流入，股票基金吸引力明显下降，债券基金流入量进一步增加，混合型基金流入量保持稳定，而货币型基金有 850 亿美元的资金净流出。然而第三季度股票型基金遭到 1 090 亿美元的大规模净赎回，资金大量流出混合型基金，债券型基金的净申购额也大幅缩减至 100 亿美元。该季度共计净流出 1 710 亿美元，与第二季度相比完全极性反转（见表 15—1）。第三季度发生的欧债危机恶化事件可能是导致这一极端情况的直接原因。

表 15—1　　2011 年全球共同基金净资金流量　　单位：亿美元

	股票基金	债券基金	混合型基金	货币型基金	其他类型基金
1季度	570	62	470	−1 010	130
2季度	230	1 010	590	−850	100
3季度	−1 090	100	−200	−630	100

资料来源：ICI 报告。

危机后的艰难复苏：全球共同基金规模变动分析

“永远不要奢望能够把握危机爆发的规律”。共同基金也无法摆脱系统性风险和收益。全球金融危机余波远未平息，美欧债务危机的紧张情绪又迅速弥漫，使得刚刚开始复苏的共同基金业阴云笼罩，复苏之路愈发艰难。

共同基金的发展总体呈上升趋势。各类共同基金都表现出金融危机后的复苏势头。股票型基金的资产从 2008 年最低谷的 6.49 万亿美元增长至 2011 年二季度的 11.1 万亿美元。同时期，债券型基金的资产规模也增长到 5.8 万亿美元。由于货币市场型基金对于长期基金的替代效应，2007—2009 年全球货币市场型基金资产总量一度攀升至 5.3 万亿美元，危机过后又迅速回落至 4.5 万亿美元；然而自 2010 年第三季度以来，货币市场型基金资产规模趋于上升并在 2011 年维持高位，说明经历了危机之后在新的市场环境中，投资者趋于保守，避险动机增强。同时，由于混合型基金构建投资组合有利于分散风险的特征越发受到投资者的青睐，资产价值由 2008 年的 1.7 万亿一直增长到 2011 年二季度的 2.9 万亿美元（见表 15—2）。

总体来看，投资者信心逐渐恢复，各类共同基金的资产规模在 2010—

2011 年间不断扩大；但是由于欧债危机等系统性风险的影响，以及投资者自我保护意识的增强，本应与市场走势相反的货币市场基金资产额也大幅增加。

表 15—2　2007 年到 2011 年年中全球各类型共同基金资产规模变化　单位：十亿美元

报告期（所有报告国家合计）	2007	2008	2009	2010年2季度	2010年3季度	2010年4季度	2011年1季度	2011年2季度
股票型基金	12 443	6 498	8 948	8 221	9 371	10 549	11 082	11 088
债券型基金	4 279	3 389	4 546	4 766	5 267	5 409	5 607	5 836
货币市场基金	4 940	5 786	5 317	4 475	4 586	4 995	4 970	4 933
混合型基金	2 636	1 772	2 345	2 248	2 557	2 717	2 878	2 955

资料来源：EFAMA 报告。

2011 年不同国家的共同基金业资产规模变化差别很大。2011 年第二季度相比第一季度，全球股票型基金和货币型基金的资产规模都出现不同幅度减少，而债券型基金、混合型基金和其他基金资产则分别增长 2.3%、1.0% 和 3.0%（见表 15—3）。欧洲共同基金业仅债券型基金和混合型基金的资产规模实现增长。

表 15—3　不同国家和地区共同基金资产变化（2011 年第二季度较第一季度的变化情况）

基金类型		全球	美国	欧洲	巴西	澳大利亚
股票型基金	资产变化量（10亿欧元计）	–128	–85	–25	1	4
	变化率（欧元计价）	–1.7%	–2.0%	–1.0%	1.0%	1.0%
债券型基金	资产变化量（10亿欧元计）	362	34	21	27	–1
	变化率（欧元计价）	2.3%	2.0%	2.0%	7.0%	–2.0%
货币市场型基金	资产变化量（10亿欧元计）	–85	–61	–34	2	8
	变化率（欧元计价）	–2.5%	–3.0%	–3.0%	7.0%	4.0%
混合型基金	资产变化量（10亿欧元计）	20	1	16	3	—
	变化率（欧元计价）	1.0%	0.0%	2.0%	2.0%	—
其他基金	资产变化量（10亿欧元计）	22	42	–4	25	7
	变化率（欧元计价）	3.0%	6.0%	–1.0%	6.0%	2.0%

资料来源：EFAMA 报告。

与欧洲形成对比的是，巴西共同基金业总资产在 2011 年第二季度快速扩张，所有类型的基金的资产都有不同幅度增长。在美国和欧洲的股票型基金资产均减值的情况下巴西仍然有 1.0% 的资产增值，而债券型和货币市场型基金资产的增长幅度都达到 7.0%，远远超过全球平均水平。在全球共同基金市场缓慢复苏历经阵痛的同时，以巴西为代表的新兴经济体共同基金业表现出风景这边独好的繁荣景象。

出现这种趋势主要是由于与主要发达国家相比，新兴经济体充满活力，经济增速快，内部投资需求逐渐旺盛，共同基金市场潜力较大，而国际投资者也愿意投资于新兴经济体市场以谋求高收益。另外，欧债危机下出于避险的考虑，资金会流入受影响较小的经济体。

复苏面临重大挑战：全球基金业申购赎回分析

基金的净申赎情况直接反映了投资者对于共同基金业的信心。2010 年下半年宏观经济环境出现的变化拖累了市场表现，影响了投资者信心。但由 2010 年至 2011 年二季度的全球共同基金净申赎情况可以发现，市场逐渐转暖使得投资者对于基金的投资信心显著回升，长期基金均呈现资金净流入，只有货币市场型基金呈现资金净流出。但是数据显示美国和欧洲长期基金的净申购额自 2010 年第一季度以来呈逐年降低态势，特别是股票市场的净申购额较低（见表 15—4）。

表 15—4　　全球共同基金净销售量比较　　单位：十亿欧元

	美国						欧洲						世界					
	2010				2011		2010				2011		2010				2011	
	Q1	Q2	Q3	Q4	Q1	Q2	Q1	Q2	Q3	Q4	Q1	Q2	Q1	Q2	Q3	Q4	Q1	Q2
股票型基金	23	–6	–24	29	30	–7	20	–12	4	39	5	8	54	0	–16	68	45	16
债券型基金	78	64	82	20	26	47	40	10	37	1	7	10	122	83	128	23	42	70
混合型基金	10	5	3	10	15	9	20	21	13	5	20	23	37	35	28	28	33	40
其他类型基金	20	41	23	31	24	49	6	4	8	3	7	8	41	62	50	61	56	80
长期基金合计	131	104	84	90	95	98	104	37	80	67	39	48	272	195	208	198	176	206
货币市场基金	–243	–135	–14	4	–57	–32	–30	–56	5	–41	–9	–30	–286	–190	–13	–33	–74	–59
共同基金合计	–112	–31	70	94	38	66	74	–19	85	26	30	18	–14	5	195	165	102	147

资料来源：EFAMA 报告。

数据显示，美国投资者倾向于向债券型和其他型基金注入资金，

2011年二季度这两类基金分别有470亿和490亿欧元流入；相比而言，欧洲投资者在同一时期更热衷于投资于混合型基金，实现净流入200亿欧元。

2009年年末爆发的欧债危机对于欧洲的共同基金投资者有一定的影响。相比全球的平均水平，欧洲货币市场型基金的净赎回额较小，同时基金净现金流虽然为正，但是绝对额持续萎缩。这说明投资者回升的信心再次受到市场波动的打压。

金融危机后缓慢复苏的美国投资者信心也再次遭遇重大挑战。2010—2011年美国月度共同基金净现金流统计数据显示，欧债危机爆发后，2010年的前五个月内共同基金持续遭遇大幅净赎回，2010年三月净赎回额达到低谷值859亿美元（见图15—4）。而后投资者信心缓步回升，转向波动，实现资金净流入的月份居多。然而，2011年6月投资者信心遭到重挫，之后连续5个月出现净赎回，7月更是遭遇近两年来最大幅度的净赎回（1 295亿美元）。大范围的赎回现象连续几个月出现，可能是由于欧债危机持续恶化，而没有根本性的措施出现以解决主权债务危机，投资者担心市场会继续恶化而大量抛售基金份额。

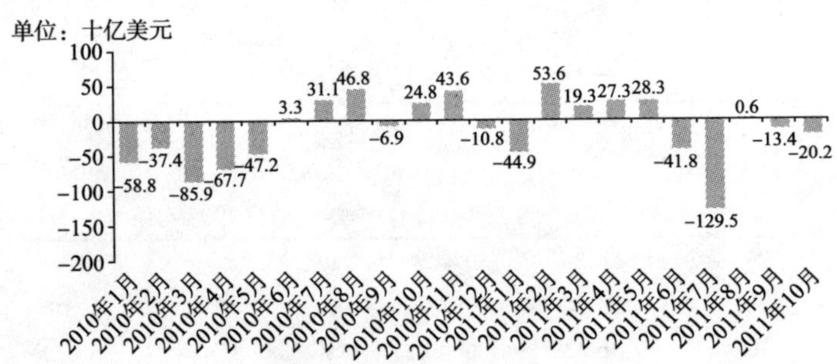

图15—4　美国共同基金净现金流

资料来源：LIPPER报告。

投资者对不同类型基金的态度明显不同。从不同类型的基金净申赎情况来看，股票型基金对市场波动的弹性最大，而债券市场相对较小，体现出一些逆经济周期特性。

○ 2010 年前两个季度，投资者忙着把手中的货币市场型基金赎回换成债券型和混合型基金，这种以长期替换短期的操作充分说明投资者对于市场长期前景看好，期待获取更大的长期投资收益。

○ 2010 年第三季度到 2011 年第二季度，金融市场走势不明朗，投资者大都采取观望态度，市场成交量锐减。但是，股票型基金仍在 2010 年第四季度和 2011 年第一季度分别有 387 亿和 966 亿美元的净申购额，债券市场同期的申购额也远大于赎回额，投资者依然对市场未来表现抱有希望（见图 15—5）。

○ 2011 年第三季度，股票型基金遭遇大规模赎回。

股票型基金对风险敏感度最高，与市场表现的相关性也最高，从美国纳斯达克指数月度收益率变化中可以发现，2010 年 9 月起股票市场收益率持续降低，进入 2011 年第三季度以后甚至变成负收益率，导致了股票型基金的大范围赎回。

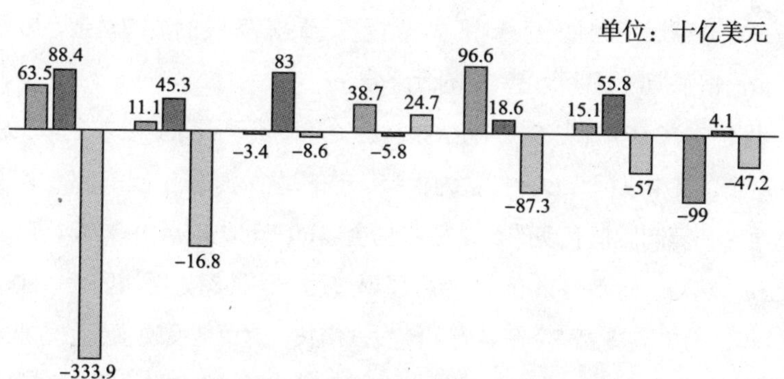

图 15—5 美国不同类型基金的净申赎情况

资料来源：LIPPER 报告。

高风险市场下的新宠：指数型基金备受推崇

指数型基金的被动投资和跟踪指数的特征使其天生具有抗风险的性质。投资者在吸取了2008年金融危机的教训后开始重新构建自己的投资组合，指数型基金备受青睐，指数型基金的净资产总额出现爆发性增长。其中，交易型开放式指数基金（ETF）由于具有交易方便、费率低廉等优势，表现最为抢眼，成为增长速度最快的指数型基金。而且，ETF资产规模还比较小，成长空间非常大。

指数型基金的占比变化

2010年ICI的调查显示，美国共同基金的投资者中有31%持有至少一只指数型基金。截至2010年年底，美国共同基金市场上365只指数型基金管理着超过1万亿美元的资产。2010年指数型基金的需求强劲，有超过580亿美元的净流入。其中，40%流入了跟踪债券指数的被动管理基金，33%投资于跟踪全球股指的基金，剩下27%投资于跟踪美股指数的基金。股票指数基金占据了指数型基金总资产的大部分。

截至2010年年底，81%的指数基金资产投资于跟踪美股或全球股票指数的基金，其中以标普500指数为跟踪标的的基金净资产占比37%。所有股票基金中，复制股指表现的被动投资基金总资产的比重自1996年起就呈逐年上升的趋势，特别是2008年金融风暴过后，这种趋势更加显著。2007—2010年，指数型基金净资产经历了爆发式增长，这可能反映了金融危机对投资者理念的影响，越来越多的投资者选择被动投资以降低风险（见图15—6）。

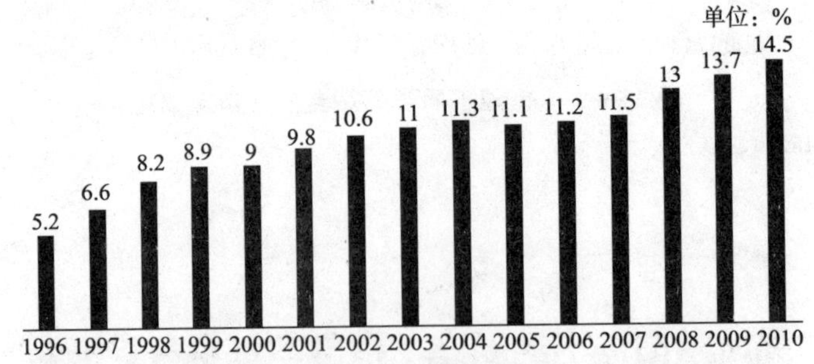

图15—6　指数型基金资产占股票型基金资产比重变化情况

资料来源：ICI报告。

近几年来，ETF作为特殊的指数型共同基金，越发受到市场追捧，ETF对于主动投资基金的替代性越来越强。从2006年以来的全球资金流量数据来看，ETF已经成为全球资金追捧的对象，2010年全球ETF净流入1 700亿美元，而共同基金净流出1 300亿美元。从目前亚太地区ETF发展情况来看，虽然ETF市场不断扩张，但普及率仍然比美国和欧洲低，未来还存在广阔的发展空间，尤其是在亚洲ETF市场上有举足轻重作用的中国市场上。截至2010年底，全球共有ETF产品2 459只，总资产规模达到1.31万亿美元，ETF管理公司136家，共有46个交易所有ETF产品上市交易。2000—2010年，全球ETF总资产以年均34.5%的增速膨胀，ETF市场仍处于快速发展阶段。

- 以资产规模衡量，美国管理的ETF资产占到全球总额的67.9%，欧洲的占21.7%，亚洲约占7%。
- 以ETF数量衡量，欧洲ETF数量占到全球总量的43.6%，美国占36.4%。

美国ETF基金管理的资产总额，以及ETF基金总数都有大幅度增加。2007年8月，ETF基金净资产额为4 000亿美元，而到了4年后的2011年8月就已经达到将近1万亿美元。尽管ETF基金规模不断扩大，但是ETF资产仍只占到所有共同基金总资产的约8%。

ETF基金在近几年逐渐受到投资者青睐，部分是因为它拥有传统基金不具备的几个优势。

- 与传统基金相比，ETF的费率较低，而且其费率结构比较容易理解。
- ETF的交易更灵活，没有申购赎回费用，并且可以像单个证券一样每天交易。
- ETF持有证券的情况是透明的，投资者可以实时了解到所持基金的投资组合构成。
- ETF跟踪指数，使得投资者的投资风险较低。

2011年三季度数据显示，在各类ETF中，股票型ETF是主流，以净资产计的市场份额最大（36%）；全球指数型和行业指数型ETF的市场份额大致相当，分别为24%和22%（见图15—7）。

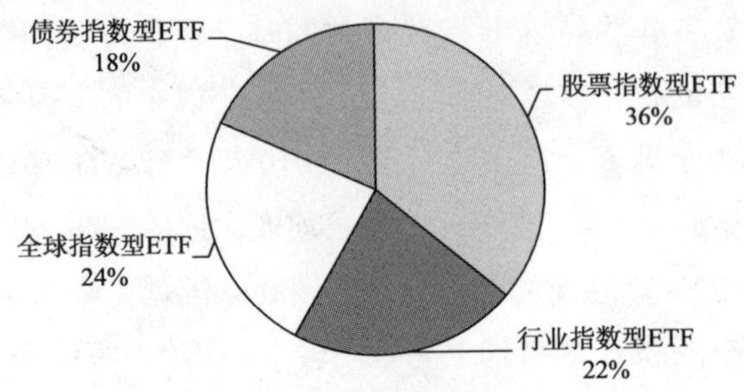

图 15—7　2011 年分类型 ETF 净资产占比

资料来源：ICI 报告。

对投资者说

○ 要在弱市中仍然取得投资收益，就必须转换投资思路，将争取高收益的指导思想转变为降低投资风险，从而度过市场的低潮期。

○ 共同基金市场中有众多的基金产品，投资者需要理清各类产品的特征以及适合的投资环境。股票型基金由于受市场波动影响最大，在危机时期并不推荐。混合型基金和债券型基金无疑能够产生较好的逆周期性效果。美国和欧洲的投资者的投资理念更为成熟，面对危机更加冷静，其中，美国投资者倾向于向债券型和其他类型基金注入资金；欧洲投资者则更热衷于投资于混合型基金。因此，危机时期尽快转换投资思路、调整基金持仓最为重要。

○ 市场动荡时期不要奢望准确地预测全球市场走势，因此主动投资方式不仅不会增加投资收益，反而会增加已经处于高位的风险水平。此时被动型投资方式不仅免去了投资者分析市场之苦，还有可能带来可观收益。指数型基金，尤其是 ETF 基金在海外市场上被火热追捧，证明了跟踪指数投资方式的兴起。

○ 在全球市场低迷的情况下，新兴经济体显现出风景独好的经济增长前景，因此跟踪新兴市场国家的指数不仅可以有效降低风险，还可以获得比投资美国或欧洲市场更大的获利机会。

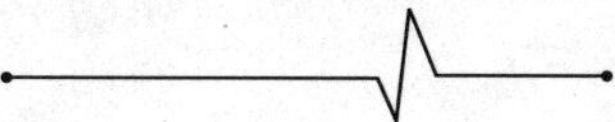

第16章

美国共同基金业：信心与谨慎并存

■ 本章导读 ■

■ 受到欧债危机的不利影响，美国共同基金资产缩水。2011 年 9 月，美国共同基金资产规模达 11.04 万亿元，相比 2010 年年末呈下降趋势，但仍占据全球份额的 45%。

■ 2011 年美国投资者对共同基金市场的态度较为复杂，对基金业持乐观态度的投资者占比达 69%，而总体投资风格却趋于谨慎，仅有 29% 的投资者愿意承担实质性投资风险，体现了投资者在金融危机后对风险的抵御意识显著增强。

■ 美国共同基金费率水平连续 20 年降低，反映了基金销售渠道与方式的创新降低了基金交易成本，而 2010 年提出的 12b-1 费用改革提案明确了未来费率继续降低的基调。

欧债危机对于美国共同基金业的影响显著小于次贷危机。2008 年美国共同基金资产规模相比 2007 年减值 20% 以上，而 2011 年第三季度相比 2010 年年末仅下降 8.1%。美国基金投资者应对两次危机的方式不同，2008 年投资者净购入 6 370 亿美元的货币市场型基金，而 2011 年债券型基金净流入资金 785 亿美元，这可能是因为当前投资者仍对市场回暖抱有信心。

应税债券基金成为亮点。2011 年 4 月应税债券基金有 177 亿美元的资金净流入。在美国经济疲软的情况下，投资者对投资海外债券市场的基金有浓厚兴趣，尤其是新兴市场国家，这反映了投资者积极拓展投资渠道和分散投资风险的需要。然而，欧洲部分国家主权债务评级的降低也影响了部分海外债券基金投资者的基金净值。投资者的需求反映在新发基金的供给上，2011 年固定收益类和混合型基金占据新发行基金大部分份额。

美国家庭热衷于持有共同基金，2011 年大约有 44.1% 的美国家庭投资共同基金。虽然美国投资者在 2011 年国际金融市场风云诡谲的情况下仍然对共同基金行业持有信心，但是必须注意到前基金投资者中仅有 35% 对于基金行业的前景抱有乐观看法，他们的态度显然比持有基金份额的当期投资者更为保守。同时，年长的投资者更倾向于看好基金业。

美国共同基金资产规模：行业集中度持续走高

截至2011年9月，美国共同基金资产规模已达11.04万亿元，受欧债危机影响，与2010年年末和2011年前两季度末的数据相比都呈下降趋势，但仍然占据了全球共同基金市场的45%，表明美国共同基金市场在面对考验时仍然保持着稳定的成长（见图16—1）。债券基金和货币市场基金占据行业较大比重的特点平滑了资产规模的波动。

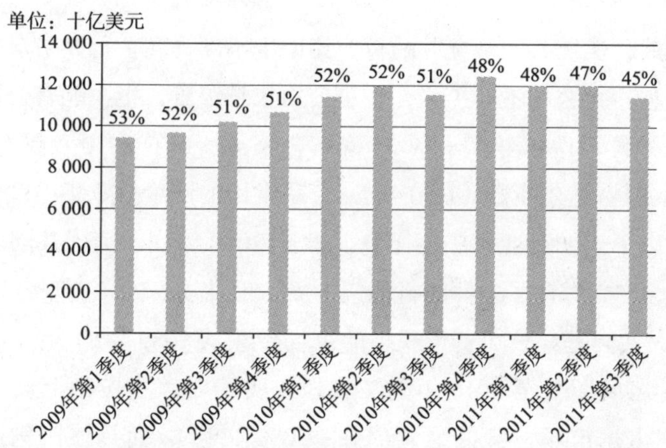

图16—1　美国共同基金资产规模增长趋势与占据全球共同基金比例变动

资料来源：ICI报告。

2008年爆发的次贷危机沉重打击了美国共同基金业，大型金融机构倒闭引发的金融市场震荡连累实体经济，导致投资者大规模撤资和资产价格暴跌。共同基金业管理的资产规模也大幅缩水，2008年资产规模相比2007年减少20%之多。但2011年的欧债危机对于美国共同基金资产规模的不利影响远小于次贷危机，共同基金行业对于此次欧债危机的反应相比次贷危机时小了很多

（见图 16—2）。2011 年第三季度美国共同基金资产规模相比 2010 年年末下降 8.1%。从绝对值上看，2011 年第三季度的共同基金资产总额超出 2008 年 1.8 万亿美元，次贷危机后共同基金的复苏成果并没有因为欧债危机而损失殆尽。

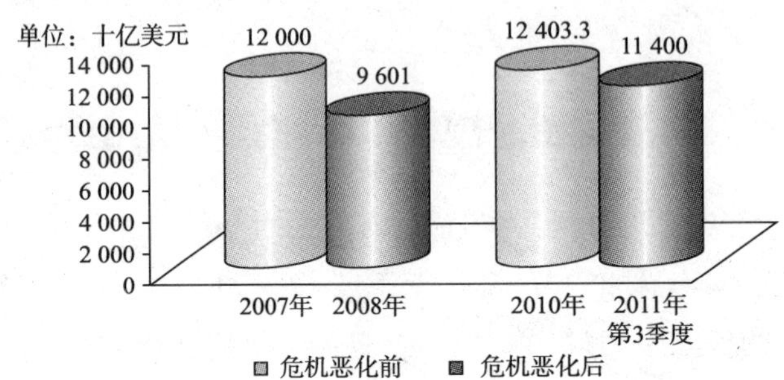

图 16—2　次贷危机与欧债危机对美国共同基金资产规模的影响比较

资料来源：ICI 报告。

与此同时，美国共同基金业的行业集中度不断提高。行业中众多公司长期的激烈竞争使得大公司不断扩张，中小公司成长艰难，很少能有公司在业内长期保持统治地位。1985 年最大的 25 家基金公司，到了 2010 年仅有 13 家仍排在前 25 位。赫芬达尔指数（HHI Index）是常用的测量行业集中度的指标，指数在 1 000 以下表明行业集中度不高。截至 2010 年底，美国共同基金的赫芬达尔指数为 465，保持了中性的行业集中度。但从动态的角度来分析，1985 年美国前 25 大共同基金公司资产规模的市场份额从 1985 年的 78% 降低至 2000 年的 68%，之后回升至 2010 年的 74%，说明绝对市场份额上规模较大的资产管理公司占据市场份额的绝大部分（70% 以上），而且该比例还在不断提升。同时，前 5 大公司市场份额从 2000 年的 32% 增长到 2010 年的 40%，前 10 大公司的市场份额也在 2011 年增长到 54%，说明行业的集中度不断增加，并且持续向行业领先的前 10 大公司集中（如图 16—3 所示）。

共同基金业的市场集中度逐渐增长与投资者趋向于高投资收益有关。投资者更愿意选择成立时间久、资产规模大、承担风险能力强的基金公司旗下的高收益基金产品，这就造成了长期以来资产集中于行业前几位的公司。同时，次贷危机过后，投资者更加谨慎，对于抗风险能力强的资产管理公司更是趋之若鹜。

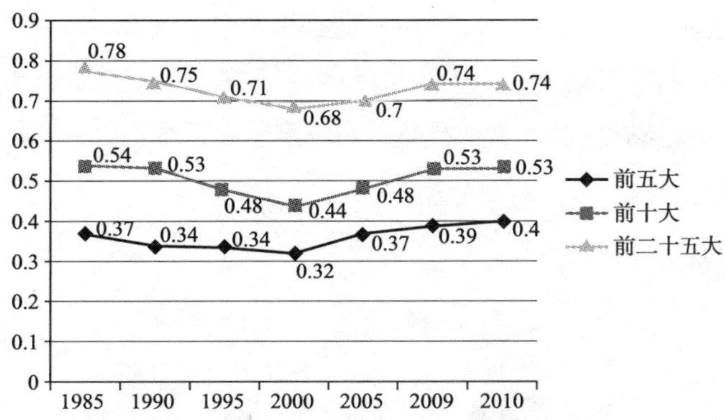

图 16—3　美国大型共同基金公司资产规模所占市场份额变化情况

资料来源：Morningstar。

次贷危机与欧债危机下的现金流比较分析

从历史上看，2011 年逐渐恶化的欧债危机对于美国共同基金净申购的消极影响明显弱于次贷危机。

- 2008 年投资者净赎回 2 340 亿美元股票型及混合型基金，同时净购入 6 370 亿美元的货币市场型基金来规避长期基金的投资风险，金融危机中基金投资市场可谓风声鹤唳，投资者惊慌失措。
- 2011 年，前三季度数据显示市场对新一轮区域性主权债务危机反应较为冷静，成交量走低。股票和混合型基金实现了净申购，货币市场型基金也没有出现大额的正现金流，债券型基金净流入资金 785 亿美元，超过了 2008 年的 280 亿美元，表明投资者对长期市场走势仍存信心（见图 16—4）。

尽管 2008 年美国共同基金在货币市场型基金的强势申购下实现资金净流入，但是资产规模仍降低 2.4 万亿美元。这主要是因为危机中基金所投资的资产价格暴跌，投资者的资金投入无法弥补基金净资产的大幅减值。此外，投资者应对两次危机的策略明显不同：次贷危机时投资者偏好短期投资基金，而 2011 年货币市场型基金同样遭到大额净赎回，债券型基金和混合型基金成为避险工具。这体现了投资者认为2011年的经济前景并没有2008年时那么悲观，长期投资仍可以保证取得收益。只有在短期资金需求旺盛、金融市场投资环境极端恶劣的情况下投资者才会选择货币市场型基金，尽管收益较低但亏损的风险也较小。

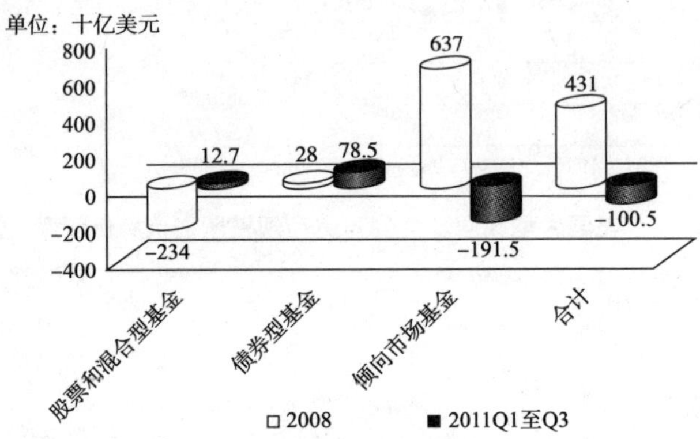

图 16—4　2008 年与 2011 年前三季度美国不同类型基金净现金流对比

资料来源：ICI 和 LIPPER 报告。

综合次贷危机与欧债危机对于美国共同基金业资产规模与净申赎情况的影响可以发现，市场对欧债危机的反应远远弱于次贷危机。我们推测此结果可归因于：

（1）欧洲是此次危机的中心，美国并没有受到直接冲击。
（2）欧盟各国积极磋商寻找解决措施使得危机有望缓解，而且欧洲金融业对世界的影响要比美国小。
（3）经历了次贷危机后美国基金投资者更加理性，对缓慢复苏的美国经济抱有希望。
（4）危机尚未对欧洲外的其他各国经济造成严重影响。

投资特征：应税债券继续成为热点

次贷危机后，由于债券类基金的低风险特性，投资者对债券类基金日益青睐，应税债券基金的资金持续流入量显著。2009 年 1 月至 2011 年 4 月，应税债券基金累积净流入 5 688 亿美元，居各类基金的首位。同期，美国全球股票基金净流入 831 亿美元，而美国国内股票基金遭到 695 亿美元的净赎回。2011 年 4 月应税债券基金有 177 亿美元的资金净流入，反映出投资者对低信用风险、高收益债券认可度较高。其中，多行业债券基金 4 月流入量显著，有 39 亿美元净流入。银行贷款基金和高收益债券基金分别取得 32 亿和 13 亿美元净流入，但净流入量连续第三个月出现衰减。投资者对海外债券市场的投资热情高涨，新兴市场债券基金在 4 月取得较好的净流入量，达到 15 亿美元。投资全球债券的基金自 2009 年 8 月以来一直有稳定的净流入，4 月约有 28 亿美元净流入该类基金（见图 16—5）。该类基金中有少量基金持有欧元区债券和希腊债券的比例较高，该基金的净现金流受主权债务评级的影响很大。

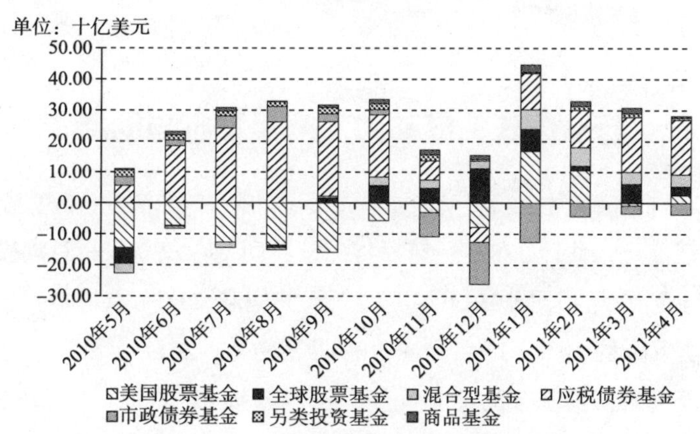

图 16—5　美国各大类基金最近一年净现金流

资料来源：Morningstar。

次贷危机后，投资者理念发生改变，被动型基金吸引资金流入的能力开始强于主动型基金。主要基金公司在吸引资金流入量方面表现差异很大，在被动型投资和固定收益领域拥有强大竞争力的基金成为大赢家，主动型投资风格主导的公司对投资者吸引力下降。过去 5 年，美国共同基金业资金净流入达到 1.69 万亿美元，占同期行业资产增加额的 70%，且大部分月份各类基金都有资金净流入。

○ 资金流入量最大的应税债券基金达到 9 045 亿美元，它的避险效应和收益特征推动资金大规模流入。

- 其次为投资于国际股票的基金，资金净流入为 3 446 亿美元，其中投资新兴市场股票基金最被投资者看好。
- 美国股票基金的资金净流入最少，仅有 191 亿美元，反映了美国经济增长速度缓慢使得投资者对于美国公司股票信心不足。
- 另类投资基金和大宗商品基金虽然资产规模占比较小，但吸引资金净流入量很可观，分别为 1 244 亿美元和 917 亿美元。

尽管股票型基金在资产规模上仍处于领先，但是投资者的兴趣逐渐转向债券类基金。而且，为了追逐高收益，投资者更倾向于投资全球市场股票而不仅限于美国股票，另类投资和商品投资的兴起也表明分散风险和扩展收益渠道的需求逐渐增强。

行业成长的推动力：产品发行与创新

截至 2011 年 10 月 31 日，美国非货币型共同基金市场上新基金总净值约为 273.92 亿美元，共计 378 只；新发货币型共同基金仅 3 只，总规模约为 3.36 亿美元。与 2010 年相比，2011 年美国新发共同基金产品数量略有上升，但新发基金规模下降约 10%。产品构成也有明显变化。2011 年新发基金中，固定收益型基金占据新发基金的绝对优势，发行数量 62 只，净资产超过 135.6 亿美元，新发行数量和募集规模都远超其他品种，并较去年同期有大幅增长（见图 16—6）。

2011 年新发行的固定收益产品中，投资美国国内投资级别固定收益证券的基金有 39 只，总净值规模达 39.1 亿元；而高收益债券型基金虽然仅发行了 4 只，但总净值规模高达 80.5 亿美元；新兴市场债券基金发行了 14 只，总净值规模 11.7 亿美元（见表 16—1）。新发型的混合型基金产品中，在全球各主要股票与债券市场范围内配置的全球混合型基金是最受欢迎的品种。新发型的股票型基金中，大盘股和新兴市场股票占据主要位置，但从募集规模上看，美股和全球大盘股新募集规模从 2010 年的 90 亿美元缩水至 2011 年的 32.6 亿美元，募集规模大幅下降。

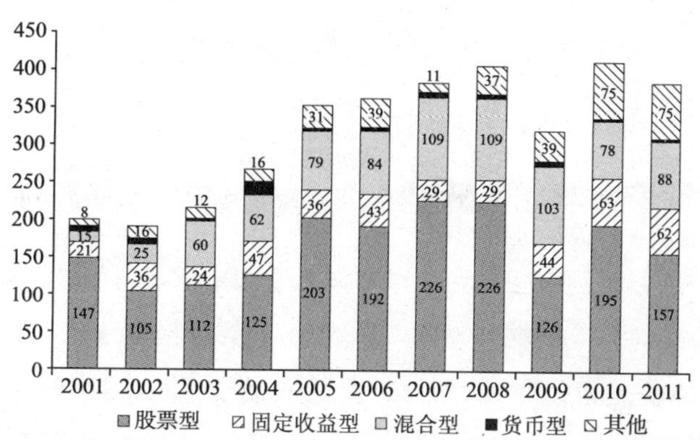

图 16—6　美国共同基金新发产品数量构成（截至 2011 年 10 月 31 日）

资料来源：Morningstar。

表 16—1　　2011 年前三季度美国共同基金产品发行情况

主要类型	新发规模（亿美元）	新发数量（只）	新发基金主要投资方向
固定收益型基金	135.60	62	39只（39.1亿元）投资美国国内投资级别固定收益证券，发行仅4只的高收益债券型基金总规模高达80.5亿美元
混合型基金	56.95	88	配置全球各主要股票与债券市场
股票型基金	51.53	154	大盘股和新兴市场股
另类投资策略型基金	21.70	51	多策略型和多空股票型

资料来源：Morningstar。

另外，2011 年前 10 个月新发行的另类投资策略型基金有 51 只，发行数量上远超 2008—2010 年各年，占 2008—2011 年发行的另类投资策略基金总数的四成。另类投资策略基金是金融危机以后美国共同基金市场上的主要创新产品，其引入做空机制等对冲风险策略，以正收益和低波动性作为市场卖点，产品净值已从 2008 年末的 444 亿美元上升至 2011 年 9 月的千亿美元，数量共计达 256 只。其中净值占比最大的三类产品分别为多空基金、市场中性基金和多策略基金。多空基金和市场中性基金在跌市中具有很大优势，而 2011 年以来美国基础股市恢复稳健，多策略基金开始受到更多关注。2011 年新发行的另类投资策略基金中，有 21 只为多策略基金，截至 10 月底净值总额约为 17 亿美元；另外还有 16 只多空基金，净值总额 7 亿美元。

投资者特征和理念分析：信心与谨慎并存

2000 年以后，美国家庭成为美国共同基金的主要投资群体，美国家庭中持有共同基金的比例保持在 45% 左右。调查还显示，美国家庭中投资共同基金的比例与家庭收入呈正相关关系，说明投资者在可支配收入增加后倾向于将共同基金作为投资首选。而且，婴儿潮一代作为户主的家庭持有最多的共同基金份额。

投资者调查显示，2011 年，尽管受到欧债危机的影响，仍有大约 69% 的投资者对于共同基金业的前景持乐观态度，其中以年龄较大的投资者居多。但是投资者承担风险的意愿在 2008 年以后持续走低，2011 年，只有 29% 的投资者愿意承担高投资风险。

总体来看，投资者仍对共同基金抱有信心，但是投资行为更加谨慎，更加注重规避风险。

美国家庭热衷投资共同基金

共同基金是美国最受家庭投资者欢迎的投资品种。ICI 的调查显示，2011 年大约有 5 230 万美国家庭持有共同基金，占当年美国家庭总数的 44.1%。持有 ETF 或者封闭式基金的家庭中有 80% 也同时持有共同基金。从历史来看，从 1980 年开始，持有共同基金的美国家庭数快速增长，到 2000 年，已有 46% 的美国家庭选择共同基金作为投资对象。2002 年至今，持有共同基金的家庭比例基本保持稳定，但在 2008 年后出现小幅下降（见图 16—7）。

大部分持有共同基金的美国家庭属于中等收入水平。拥有共同基金的家庭中有 55% 的年收入在 25 000 到 99 999 美元之间。而且，拥有共同基金的家庭的年收入要比一般的美国家庭高一些。持有共同基金的家庭中只有 14% 的家庭年收入少于 35 000 美元，但所有美国家庭中有 37% 无法达到该收入水平；拥有共同基金的家庭被调查时有 38% 称年收入在 100 000 美元以上，与之相比，能达到该收入水平的一般美国家庭只占总数的 15%。

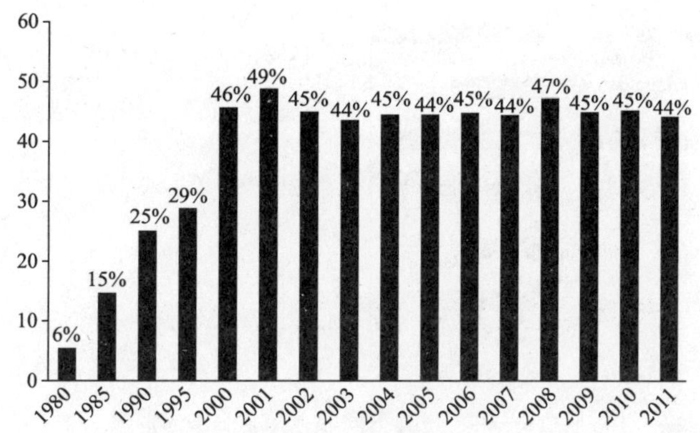

图 16—7　有共同基金的美国家庭的比例

资料来源：ICI 报告。

不同收入水平下的美国家庭都利用共同基金管理资产，说明各个收入阶层普遍持有共同基金，同时也反映出高收入家庭相较低收入家庭更倾向于投资共同基金。2011 年，年收入 50 000 美元以上的家庭中有 68% 持有基金份额，而年收入在 200 000 美元以上的美国家庭中该比例达到 82%，但年收入低于 50 000 美元的家庭中只有大约 21% 持有共同基金资产。家庭共同基金持有量正的收入弹性表明，共同基金是美国家庭配置和储存富裕资金时最受青睐的方式。事实上，低收入家庭拥有的其他形式的储蓄也很少。年收入少于 50 000 美元的家庭每年只能将 10 000 美元用于投资和储蓄，而高收入家庭相同用途的资金有 200 000 美元之多（见图 16—8 至图 16—10）。

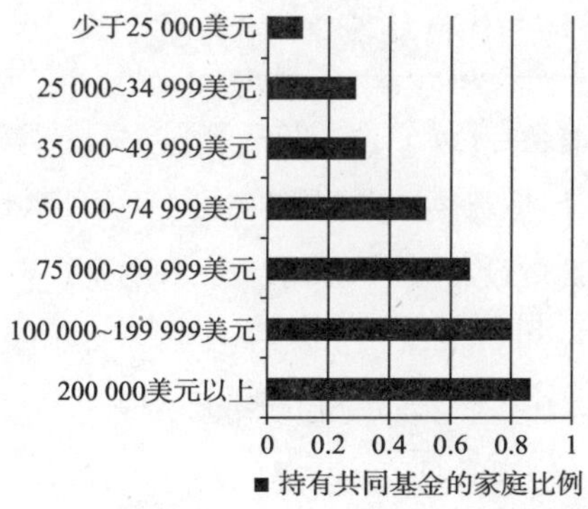

图 16—8　持有共同基金的家庭比例

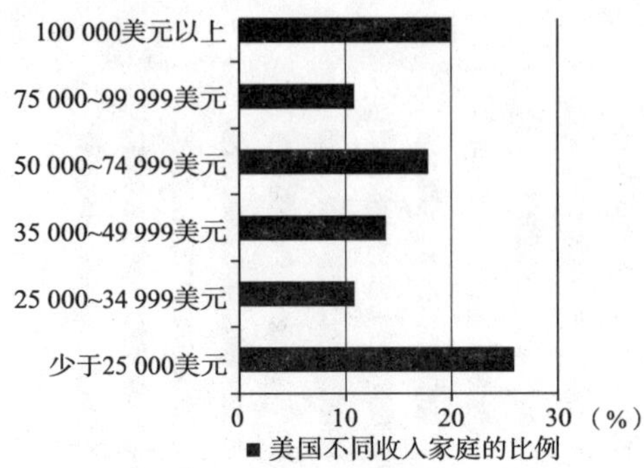

图 16—9　美国不同收入家庭的比例

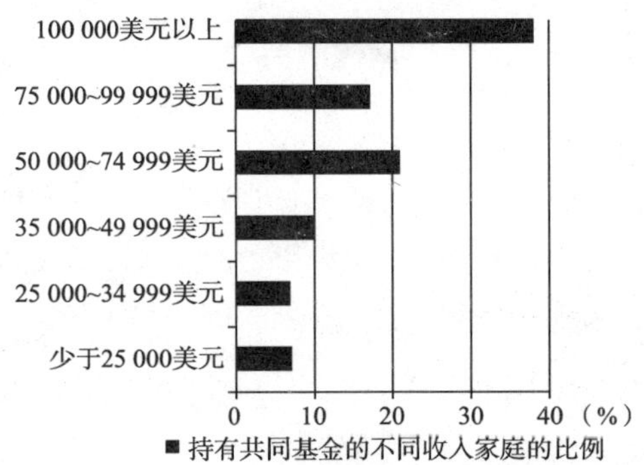

图 16—10　持有共同基金的不同收入家庭的比例

资料来源：ICI 报告。

美国婴儿潮一代的基金持有方式

美国婴儿潮一代是最大的基金持有者群体。2011 年，持有共同基金的家庭的户主出生于各个时代的都有，但是婴儿潮一代的成员（生于 1946—1964 年）作为户主的持有基金家庭比重最大（42%）；另外，户主是 X 或者 Y 一代（出生于 1965—2001 年间）的持有基金家庭约占 41%；同时，军人一代（出生于 1904—1945 年间）作为户主的持有基金的家庭大约占 17%。

除了是最大的持有基金份额的群体外，美国婴儿潮一代还拥有所有家庭持有的共同基金总资产的最大份额。据 ICI 调查，55% 的共同基金资产由户主是婴儿潮一代成员的家庭所持有。由家庭收入与投资共同基金的关系可以发现，现在婴儿潮一代享有最多的家庭收入，是美国社会中最富裕的年龄层，并且最为看好共同基金。同时，从图16—11中可以发现，1904—1945年出生的户主所在家庭投资于共同基金的比重最小，这说明投资者年龄影响其投资共同基金的意愿，65岁以上的投资者并不热衷于共同基金，这可能是因为他们对于基金了解程度较低，且承担投资风险能力较差所致。相对而言，46岁以下的投资者尽管收入不及婴儿潮一代，但是投资基金的比例基本与46—65岁的投资者相当，表明更年轻的家庭更易于接受共同基金，当然也更愿意承担投资风险。

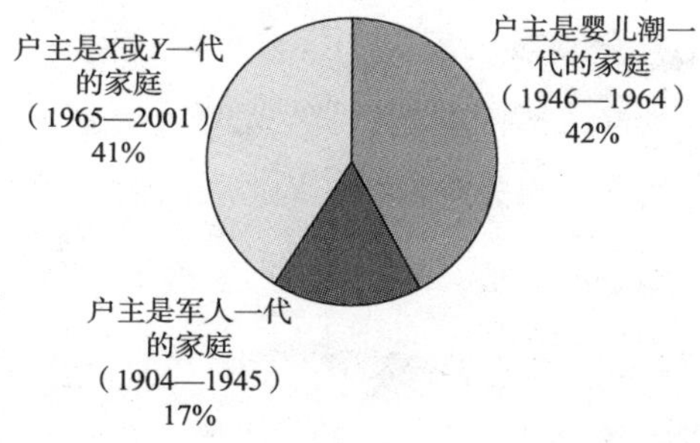

图16—11　2011年美国家庭中拥有共同基金的比例

资料来源：ICI报告。

大多数美国基金投资者对共同基金业持乐观态度

2011年ICI对美国投资者对于当下共同基金业所持态度的调查显示，69%的投资者对于共同基金业持乐观态度。从历史上看，2008年的金融危机令持乐观态度的投资者比例从73%跌至64%，之后随着经济恢复，投资者的信心缓慢回升，欧债危机对于投资者信心恢复并没有太大影响。

然而，前基金份额持有者对于共同基金的态度较为复杂。这些投资者因为有持有共同基金的经历，因而对该行业了解更深。他们之中仅有35%对于基金行业的前景抱有乐观看法，而持悲观态度的占38%（如图16—12所示）。当前的宏观经济形势下，前基金投资者的态度较当下的基金持有者更保守。

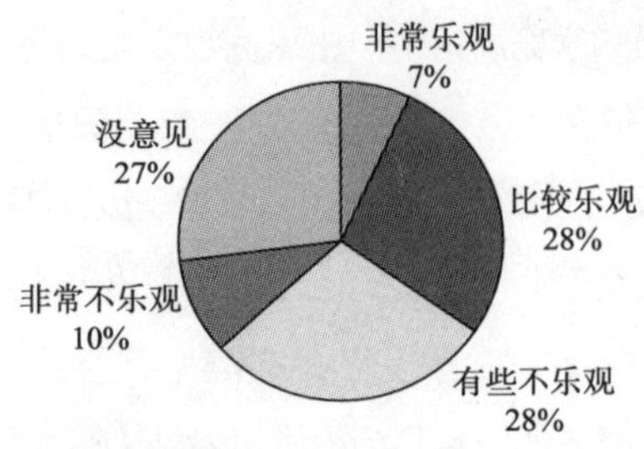

图 16—12 前基金份额持有者对共同基金业的不同态度

资料来源：ICI 报告。

尽管有很多因素影响基金投资者对于共同基金业的整体印象，但是基金的业绩仍是影响他们态度的首要因素。2011 年，42% 的熟悉共同基金公司的投资者把基金投资的表现作为影响他们投资信心的主要因素（见图 16—13）。**共同基金的收益率与市场表现相关性很大，因此投资者的信心与市场收益率的走势基本一致。**

例如，投资者信心在 2003—2007 年间随着标普指数的上涨而上升，接着跟随 2008—2009 年间的市场下跌而下降；当 2010—2011 年股票市场再次出现回升时，投资者对于共同基金的态度也开始反弹。

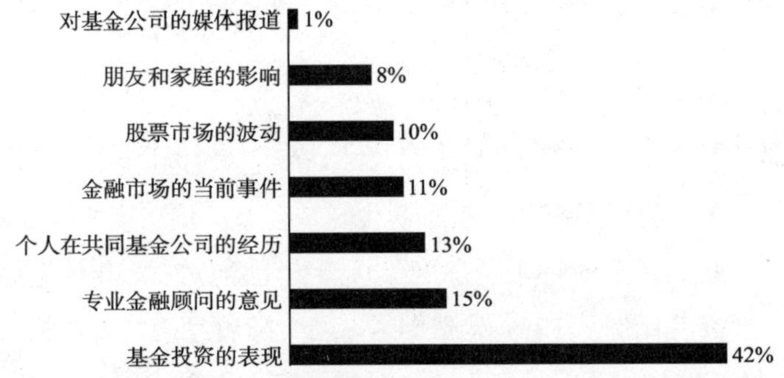

图 16—13 影响投资者对于共同基金业信心的因素分析（基金持有者回答“影响你对基金行业看法的首要因素”问题，各答案所占比例）

资料来源：ICI 报告。

其他影响基金份额持有者对于基金公司态度的重要因素包括专业金融顾问的意见、个人在共同基金公司的经历以及金融市场的当下事件等。特别需要注意的是，媒体对于基金公司的报道对于投资者观点形成的影响力非常微弱，这说明美国投资者已经非常理性，能够通过多种渠道获取信息，而不仅局限于听信相关媒体。相比而言，新兴经济体的投资者仍缺乏独立分析并形成市场观点的知识和能力，以及获取专业投资分析的渠道。

年长的投资者中对基金业持乐观态度的比例相比年轻投资者略高一些。已退休的投资者，年长的投资者都对当下市场环境中的共同基金行业更为看好。

> 2011 年，35 岁以下基金投资者中仅有 67% 对于共同基金业持乐观态度，而在 59 岁以上的投资者人群中这一比例高达 71%（见图 16—14，图 16—15）。

年纪相对较大、投资经验更丰富的投资者更能够理性看待市场的波动，相比年轻人也更富有信心。总之，在投资者看来，当下的市场波动并不能使他们对于基金业的看法彻底翻转。

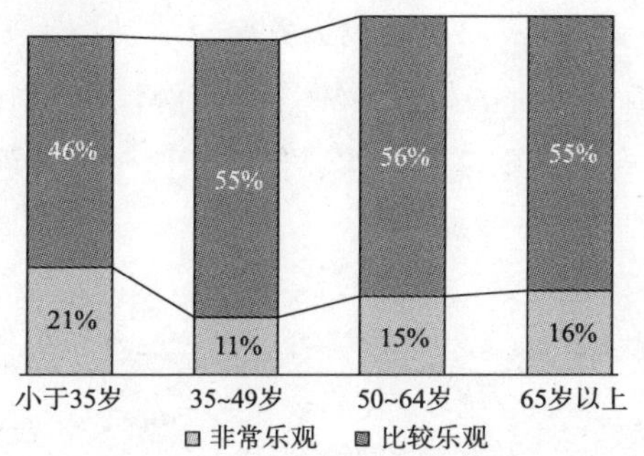

图 16—14　基金行业持乐观态度的基金持有者按年龄划分占比

资料来源：ICI 报告。

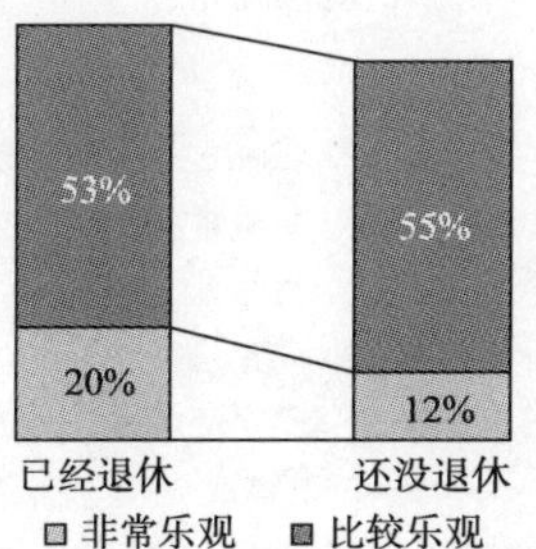

图 16—15　基金行业持乐观态度的基金持有者按是否退休划分占比

资料来源：ICI 报告。

共同基金投资者承担风险的意愿

投资者承担风险的意愿受年龄因素影响非常大，但是在同一年龄层中承担风险的意愿仍随时间变化。自 2008 年以来，美国家庭对于投资风险的承受能力显著减弱。

2008 年 5 月，拥有共同基金的美国家庭中，有 35% 愿意承担高于平均水平或者实质性风险，而这一比率在 2009 年下降到 30%，到了 2011 年只有 29% 的投资者愿意承担该水平的风险。

这说明金融危机过后接踵而来的欧债危机，以及全球去杠杆化趋势，使得投资者承担风险的意愿维持在低位。这表明投资者对于宏观系统性风险表示担心；也表明金融危机使得投资者变得更加保守，对风险的敏感程度更高。

风险承受能力也随投资者年龄变化。户主较年轻的家庭更愿意承担投资风险。2011 年中，31% 的 35 岁以下的投资者愿意承担高于平均水平的或者实质性的金融风险，而 65 岁以上的投资者中这一比例仅为 18%。年长的投资者虽然对于共同基金业抱有乐观态度的更多，但是相比年轻人他们更怕承担投资风险（见图 16—16）。

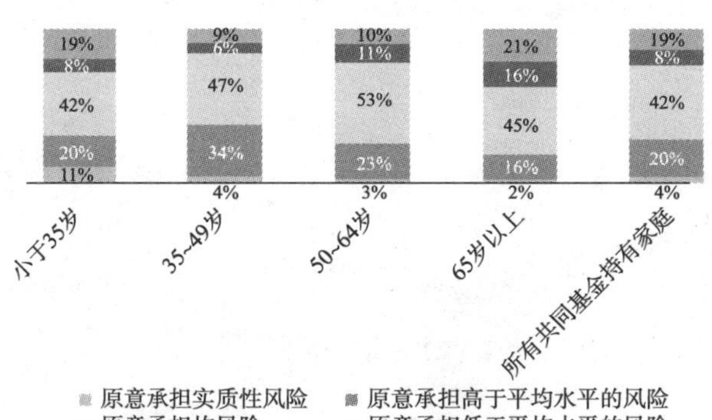

图 16—16 2011 年投资者承担风险意愿

资料来源：ICI 报告。

竞争降低费用：费率变化分析

持续降低的基金费率源于基金销售方式的不断创新。由于省去了众多中间过程，共同基金行业的竞争愈加激烈，市场也面临饱和，各资产管理公司只有争相降低费率吸引客户。同时，2010 年的 12b-1 费用改革提案进一步明确了未来费率降低的大趋势。

长期内费率延续下降趋势

美国共同基金的费率从 1990 年开始持续降低，20 年前股票基金与混合型基金平均每年要支付 2% 的费用，到 2010 年年末下降了超过 50% 达到 0.95%（如图 16—17 所示）；债券型基金的下降幅度更大，由 20 年前的 1.85% 降低到 0.72%，近年来也一直保持小幅下降的趋势。费率的下降主要是受到 401(k) 等雇主发起退休投资计划及其引致的免佣基金发展的影响，同时规模效应和竞争效应也是低费率的重要原因。

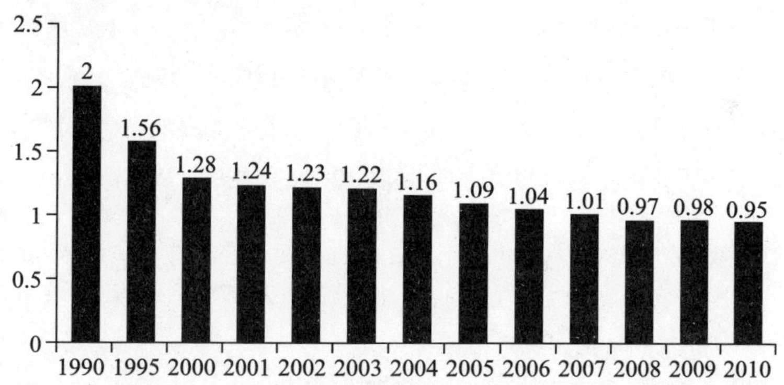

图 16—17　美国共同基金中股票基金与混合型基金年度平均费率变化（%）

资料来源：ICI 报告。

1990 年以来，通过 401(k) 等雇主发起退休投资计划方式销售的共同基金份额高速增长，而通过这类方式购买共同基金通常能获得大幅的佣金减免，这也促成部分依赖于 401(k) 等退休投资计划销售的免佣基金份额快速成长。因此，尽管前端销售佣金费率稳定在5.3%并未减少，但投资者实际支付的销售佣金却迅速下降。

同时，免佣基金份额通常直接由基金公司销售给投资者，其分销渠道不涉及销售费用较高的中介机构，而是通过折扣经纪商或者基金超市等流向投资者。因此，基金超市、折扣经纪商及全方位服务证券经纪平台的快速发展促进了免佣基金的销售。

最后，共同基金市场的快速成长带来的规模效应和竞争效应也促使基金的年度费率下降。基金规模效应是确实存在的，这种规模效应来自于增长的资产规模分摊了一些相对固定的营运成本。同时，虽然急剧增长的需求会导致费率升高，但基金管理公司间的激烈竞争带来的费率下调压力将其完全抵消，导致共同基金市场平均费率水平下降。

2010年12b-1费用改革提案的影响

2008年的金融危机使得市场环境恶化，引发了基金管理公司与投资者关于应该维持甚至提高，还是降低甚至取消12b–1费用的激烈争论。2010年1月，SEC在对费用改革的成本和收益进行衡量之后提出了12b–1费用改革方案。这一方案的核心在于，将现有的12b–1费用结构重组，分成营销服务费和持续销售费两个主要部分。如果该提案获得通过，所有收取12b–1费用的基金都会受到影响，其受到影响的程度与基金收取12b–1费用的水平高低相关。

- 收取低于0.25%水平的12b－1费用的基金受到的冲击会比较小，因为这些基金不收取额外的持续销售费，所以能够相对容易地完成从12b－1费用到营销服务费的过度。
- 收取高于0.25%水平的12b－1费用的基金受到的影响较大，它们需要先将0.25%的营销服务费剥离出来，然后再考虑如何在剩余费用的安排处理与投资者利益及分销体系之间达到利益平衡。

总的来看，该提案旨在适度降低12b–1费用，并且使费用的使用和财务信息更加透明。如果该提案获得通过，会进一步降低基金费率，适度缓解基金管理者和持有人的冲突。

对投资者说

- 投资者应选择业内领先、管理资产规模大的基金公司来管理基金资产，这类机构的抗风险能力较强，信誉较好，在激烈的市场竞争之中更具优势。
- 固定收益类基金的价值受市场波动影响较小，调整持仓结构，增加债券型基金持有量可以抵御市场风险。混合型基金能够根据市场状况及时调整投资货币市场、股票市场、债券市场的比例，分散投资风险的同时最大限度地增加投资者的收益。
- 经过危机的洗礼，海外市场投资者学会更加理智地处理市场突发情况，有效地避免了羊群效应和市场崩溃。因此，在市场波动中改变投资策略、理性地分析市场，比匆忙逃离市场所遭受的损失要小得多。
- 海外投资者应对欧债危机的方式显现出风险意识的加强，投资者不愿轻易放弃对于缓慢复苏的美国经济和共同基金业重建的信心。尽管投资者对共同基金业未来前景并不十分悲观，但是债券型、混合型投资方式的广受追捧凸显了投资者规避风险的投资意图，弱势市场形势下投资风格也趋于稳健。
- 另类投资策略基金引入做空机制等对冲风险策略，以正收益和低波动性作为竞争优势，在金融危机后迅速成长起来。可见，传统的股票市场基金、货币市场基金的替代产品种类越来越多，已经在投资者调整投资组合以应对危机的过程中起到重要作用。
- 全球债券市场基金为投资者提供了更加广阔的投资选择空间，跨国性的投资组合配置最大限度地降低了非系统性风险，迅速捕捉到更多投资获利机会。危机的爆发促成了逆周期性基金产品的大繁荣，使投资者的选择更加丰富，但共同基金已经成为美国家庭的首选投资渠道。

第17章

欧洲共同基金业：危机后的二次探底

■ 本章导读 ■

■ 欧洲共同基金市场笼罩在欧债危机的阴云之下。2011 年第三季度相比 2010 年年末，欧洲共同基金资产规模减值 4 750 亿欧元。次贷危机之后，欧洲共同基金面临经历“二次探底”的风险。

■ 虽然欧洲欠发达共同基金市场的行业集中度较高，但欧洲共同基金市场行业集中度整体不如美国市场，重点基金公司的市场份额占比相对较低。但是在危机导向下，实力雄厚、抗风险能力强的大资产管理公司还是吸引了更多的投资者，欧洲共同基金行业的集中度有上升之势。

■ 在欧债危机的影响下，2011 年下半年欧洲 UCITS 基金遭遇大规模赎回，平衡型基金却成为了部分投资者的避风港。尽管权益型基金仍是欧洲市场的主流，但是 2011 年平衡型基金数达到 8 428 支，数量超过债券型基金。

欧债危机导致希腊、爱尔兰等债务危机国家经济陷入衰退，失业率高涨，而由于欧洲经济一体化的联动效应，德国、英国等非债务危机国家的市场也受到严重冲击。欧洲投资者大幅减持共同基金，海外投资者也因为欧债危机未来走势的不确定性而撤出欧洲基金市场，2011 年第三季度欧洲基金市场资金净流出 830 亿欧元。

从基金类型的角度来看，非 UCITS 基金由于有投资者国界范围限制，所受到的其他国家经济波动的影响相比 UCITS 基金要小。同时，在 2011 年第三季度的基金赎回浪潮中，货币市场基金的回购额最小，体现出投资者对长期市场走势充满担忧，开始考虑用短期投资来替换长期投资。

虽然平衡型基金的资产规模并不突出，但是基金数量仅次于权益型基金，体现出良好的增长势头。综合风险规避和收益性，弱势市场中平衡型基金的表现要优于股票型基金。

风口浪尖的欧洲共同基金业的现状

从次贷危机到欧债危机，欧洲接替美国成为危机的发源地。2011 年，尽管在欧洲国家主权债务评级被不断下调的影响下，面临风险的是欧洲银行业，而不是证券公司，但是在经济衰退的阴影下，欧洲共同基金业的资产规模仍出现缩水。相比 2010 年年末，2011 年第三季度欧洲共同基金资产规模减值 4 750 亿欧元，UCITS 基金资产减少较大而非 UCITS 基金的资产微涨。相比而言，2008 年共同基金面临的形势要比 2011 年严峻得多，2008 年的资产规模相比 2007 年大幅减值 1.76 万亿欧元，非 UCITS 基金业也未能幸免（见图 17—1）。主权债务危机尚未引发全面的金融危机，投资者应对危机的能力和信心增强、没有恐慌性抛售基金份额，而且基金投资的资产价格还没有出现暴跌，可能是迄今为止此次危机中基金业损失较小的主要原因。

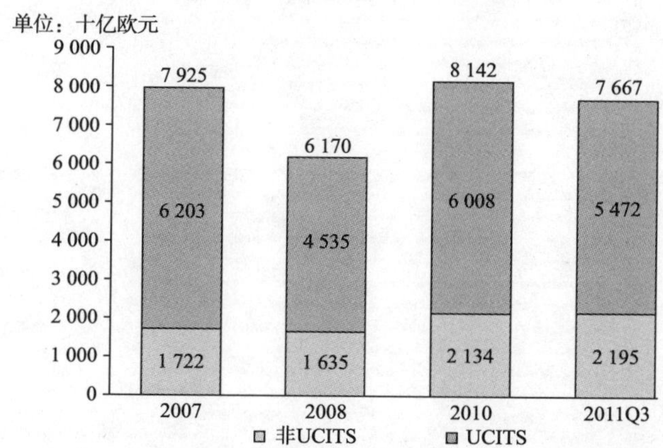

图 17—1　2008 年与 2011 年欧洲共同基金业资产规模变动情况对比

资料来源：EFAMA 报告。

欧洲的投资基金行业被跨国的大型资产管理公司统治。形成单一市场一直是欧洲经济一体化的主要目标之一。每个国家最大的 5 个资产管理公司的市场份额可以反映出行业集中度，同时也可以体现出欧洲资产管理行业金融一体化的水平。

> 由EFAMA的报告可知，在欧洲几个最大的投资基金市场（法国，德国，爱尔兰和英国）中，最大的5家资产管理公司控制着该国不到一半的市场份额，体现出这些市场发展程度、竞争度、多样性均较大。但是在2009年年底，斯洛文尼亚最大的5家资产管理公司管理着境内共同基金96%的资产，有14个欧洲国家中最大的5家资产管理公司控制着三分之二以上的市场份额（见图17—2）。

总体看来，相对美国市场，欧洲重点基金公司的市场份额占比不如美国市场集中。然而，在市场动荡期间，投资者趋向于委托行业领先的公司来管理资产，因为大型资产管理公司的抗风险能力和盈利能力比较强。因此，欧洲共同基金业的趋势与美国相同，行业集中度趋于提高。但如果共同基金市场出现一家独大的局面则说明该国基金市场出现垄断，竞争性严重不足，会阻碍市场的良性发展。

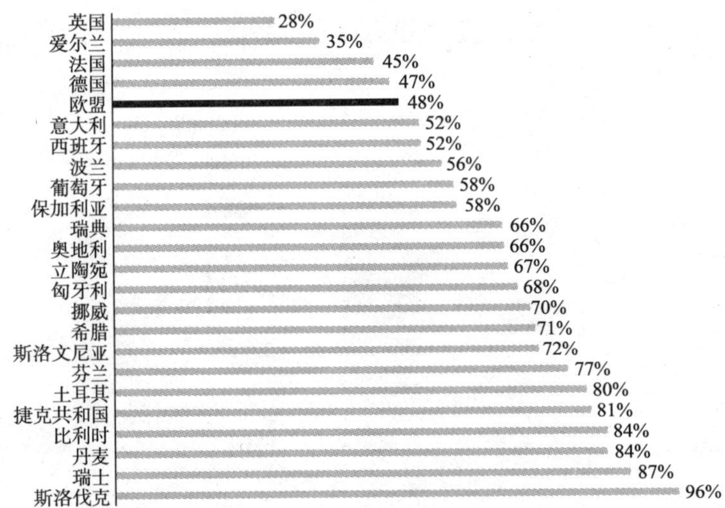

图17—2　在基金所在国发行的最大5家资产管理公司的市场份额（截至2009年）

资料来源：EFAMA fact book。

不同类型的欧洲共同基金净资产变动

2011 年欧洲 UCITS 净资产中权益型所占比重最大，达到 35%；同时权益性基金的数量也居首位，表明权益性基金仍是基金投资的主流。与全球各类基金的占比相似，债券型 UCITS 以 14 040 亿欧元的净资产处在净资产规模第二位。但是在各类基金数量比较中，平衡型基金达到 8 428 只，数量超过债券型基金，说明基金管理者看好平衡型基金前景。同时，货币型 UCITS 的数量只占基金总数的 4%，但是其管理的资产规模占总资产的 19%（见表 17—1）。

表 17—1　　2011 年年中 UCITS 基金的分类净资产和基金数

UCITS类型	资产规模（十亿欧元）	净资产比重	基金数	基金数量比重
权益型	2 087	35%	13 065	39%
平衡型	989	17%	8 428	25%
债券型	1 404	24%	6 363	19%
货币市场型	1 107	19%	1 494	4%
基金的基金型	91	2%	1 098	3%
其他类型	273	5%	2 776	8%
合计	5 921	100%	33 224	100%

资料来源：EFAMA 报告。

动态来看，经历次贷危机时期的急速锐减之后，根据 EFAMA 的数据，UCITS 的资产规模从 2009 年一季度开始增加，尽管 2009 年末爆发的欧债危机贯穿 2010 年，但是增长一直持续到 2010 年四月，达到 60 080 亿欧元的峰值。进入 2011 年后，欧债危机迟迟不能解决，希腊的主权债务评级持续被下调，投资者信心开始动摇，UCITS 净资产规模出现下降。虽然第二季度一度回升，但是在第三季度仍降到 54 720 亿欧元，尚不及 2010 年年初的规模（56 450 亿欧元）。

非 UCITS 基金净资产的走势与 UCITS 基本相同，但是调整滞后于 UCITS，在 2011 年二季度才达到顶峰，随后的第三季度非 UCITS 基金净资产减值幅度要小于 UCITS，这可能是因为它没有在欧元区全境发行的权限，而且所投资对象的抗系统性风险能力更强一些，例如基础设施投资基金和私人股权投资基金（见图 17—3）。

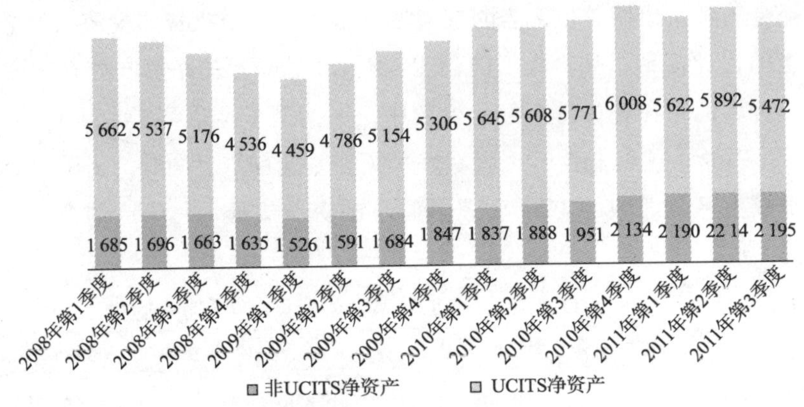

图 17—3　欧洲投资基金净资产（十亿欧元）

资料来源：EFAMA 报告。

欧洲 UCITS 申赎情况

UCITS 的净申赎额与投资者对市场的信心紧密相关。尽管欧债危机 2009 年年末已经爆发，但是它对基金投资者信心的影响直到 2010 年年末才有明显的迹象。

2010 年第三季度 UCITS 净申购 850 亿欧元，是 2007 年次贷危机以来年净申购额最高的一年；但是从 2010 年第四季度起净申购额骤降。

2011 年第一季度主权债务危机蔓延以及中东动乱、日本大地震造成全球市场动荡不安，UCITS 净申购额继续维持在低位，在第二季度因货币市场型基金的大幅赎回继续锐减至 180 亿欧元。2011 年第三季度，随着欧猪五国（piigs）主权信用持续被降级，投资者担心危机会拖累世界经济增长，8 月和 9 月长期 UCITS 被投资者大量净赎回，UCITS 现金流出现翻转，净流出金额达到 830 亿欧元（见图 17—4）。这种态势反映了次贷危机之后刚刚缓慢复苏的投资者信心在新一轮区域性危机的打压下，于2011年第三季度再次沦陷，完全掉到冰点以下，大规模避险性净赎回出现。

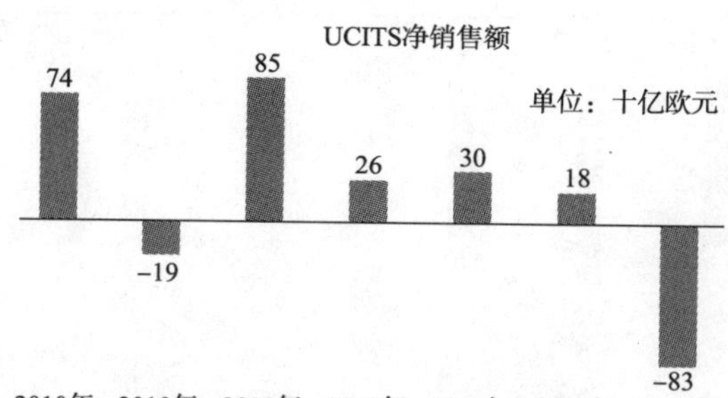

图17—4 UCITS的净申赎额

资料来源：EFAMA报告。

货币市场型UCITS充分发挥对于长期投资基金的替代作用，2010年第四季度到2011第二季度出现大规模赎回，第三季度赎回额明显减少。几种UCITS中，权益型UCITS对于宏观经济形势的反应最为敏感，2011年第三季度净赎回430亿欧元，占该季度总赎回额的50%以上。债券型UCITS自欧债危机爆发以来净申购额远小于净赎回额，这可能是由于希腊等欧洲国家债务评级下降，投资者对于债券类资产的信心丧失所致。

相比而言，投资者对于平衡型基金越来越青睐。

> 平衡型基金既追求长期资本增值，又追求当期收入，这类基金主要投资于债券、优先股和部分普通股，具有投资组合分散风险的作用。

2010年第四季度到2011年第三季度，在其他类型UCITS净申购额下降或者是微升的同时，平衡型UCITS的净申购额大幅增加，分别达到50 200 230亿欧元。即使2011年季度UCITS普遍遭遇现金净流出，平衡型基金的净流出额（–150亿欧元）相对于债券型（–210亿欧元）和权益型（–430亿欧元）也要少很多（见图17—5）。可见，在规避风险和取得适当收益的权衡下，平衡型UCITS已成为欧洲投资者较为信赖的投资基金品种。

自2009年年末欧洲主权债务危机爆发以来，陷入债务危机的国家都遭遇了UCITS基金的连续大规模净赎回。危机严重影响了本国投资者对于共同基金的投资信心，问题迟迟得不到根本解决引发了投资者对于本国经济陷入衰退、失业率激增的深切担忧。

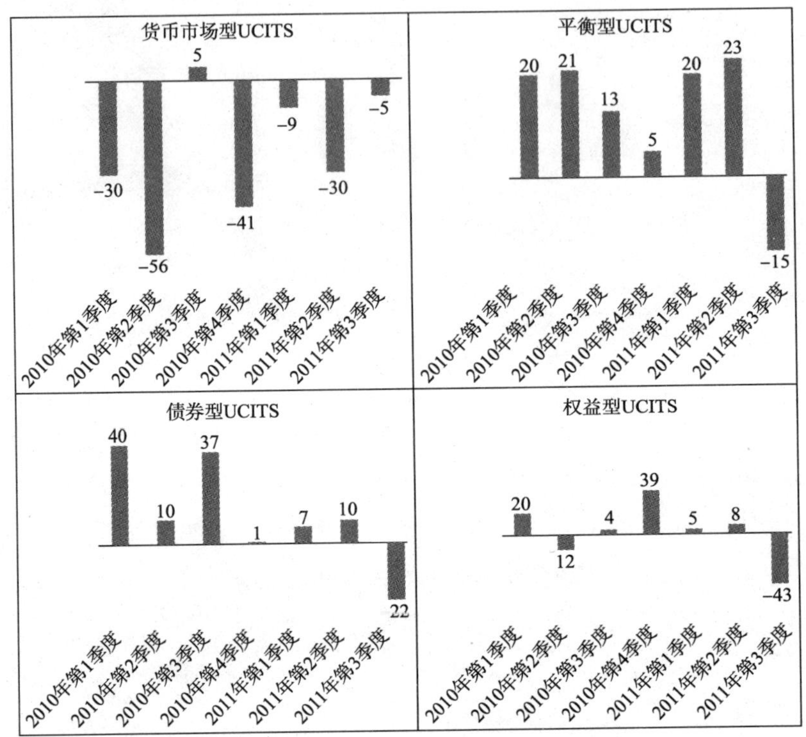

图 17—5　不同类型 UCITS 基金的净申赎情况（单位：十亿欧元）

资料来源：EFAMA 报告。

意大利和西班牙的共同基金所受负面影响较大，意大利在 2010 年第四季度 UCITS 的净赎回额达到 83.4 亿欧元，同期西班牙也遭到 71.6 亿欧元的资金净流出。爱尔兰的共同基金投资者也改变了 2011 年第二季度的申购 UCITS 策略，在第三季度大量卖出基金份额。

德国、英国等在债务问题之外的欧洲国家的共同基金业也不可避免地受到了冲击。德国的 UCITS 基金在 2010 年全年实现净申购，但 2010 年各个季度的数据都显示资金净流出共同基金。同时，英国的 UCITS 虽然仍保持资金净流入，但是绝对金额从 2010 年第三季度开始加速衰减，2011 年第三季度只有 21.6 亿欧元净流入（见表 17—2）。

表 17—2　　2010—2011 欧洲国家 UCITS 基金净申赎情况　　单位：百万欧元

	2010Q1	2010Q2	2010Q3	2010Q4	2011Q1	2011Q2	2011Q3
葡萄牙	–383	–1 178	–702	–659	–453	–452	–679
意大利	–4 154	–6 006	–4 035	–8 345	–7 552	–5 226	–6 118
爱尔兰	NA	NA	NA	26 630	12 810	26 343	–3 396
希腊	–551	–445	–17	–84	–131	–434	–173
西班牙	–3 305	–8 883	–4 149	–7 158	327	–3 589	–2 339
德国	3 011	2 045	2 808	2 538	–540	–34	–173
英国	5 803	15 840	19 046	15 026	5 153	7 787	2 163

资料来源：EFAMA 报告。

将 2008 年与 2011 年的 UCITS 净申赎情况进行对比可以发现，尽管 2011 持续恶化的欧债危机爆发于欧洲而 2008 年的次贷危机中心在美国，但是次贷危机对于欧洲共同基金业的冲击显然比本轮危机更加严重。2008 年四季度欧洲 UCITS 的资产规模锐减至 45.36 亿欧元，但截至 2011 年第三季度 UCITS 的资产规模仍保持在 54.72 亿欧元。2011 年第一、第二季度中投资者仍净购入共同基金，虽然第三、第四季度资金净流出 UCITS 基金，但是资金规模小于 2008 年。

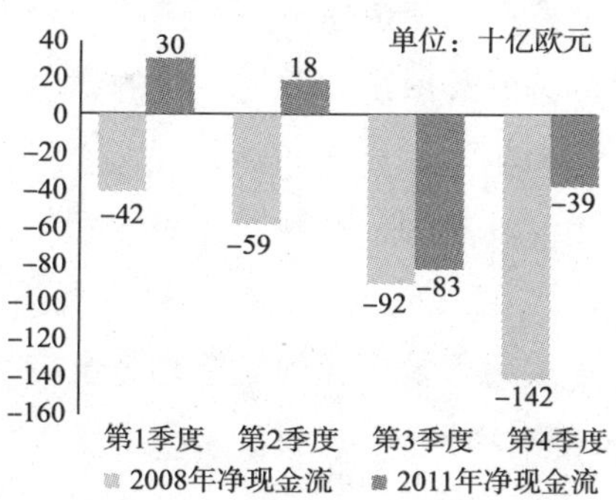

图 17—6　2008 年与 2011 年 UCITS 净申购额对比

注：2011 年第四季度的数据是 10 月和 11 月的加总值。
资料来源：EFAMA 报告。

2011 年影响欧洲共同基金市场的宏观因素很多，但是最主要的无疑是欧洲主权债务危机。此次危机不仅冲击了陷入债务问题的国家的共同基金市场，也严重打击了欧洲其他国家的 UCITS 基金业务。2011 年下半年投资者信心大幅受挫，UCITS 基金遭到净赎回，资产规模减小。虽然欧洲共同基金面临 2008 年以后的“二次探底”风险，但是还是比次贷危机对于欧洲市场的影响小。这可能是由于欧债危机还没有演变成全面的金融危机，市场的走势取决于欧洲国家是否能够妥善解决债务问题。

对投资者说

○ 欧债危机对欧洲共同基金市场的影响并没有呈不可遏制的扩大之势，2011 年第四季度 UCITS 基金的净赎回额已经大幅减少。欧债危机并没有引发与 2008 年相似的全球性金融海啸，而且危机发源于欧洲银行体系中，对共同基金的影响相对较小。

○ 货币市场型基金具有避险作用，在无法判断长期市场走势的情况下持有短期投资基金可以使基金持仓调整更加灵活，因为货币市场对于宏观经济情况变化的反应速度更快。

○ 2011 年欧洲主权债务危机成为影响全球共同基金业的主要宏观因素，危机的走势牵动着金融市场敏感的神经，左右着共同基金的表现。投资基金必须紧密关注危机的动向，尽可能减少系统性风险可能带来的损失。

○ 弱势市场下，建议投资者采取被动投资方式，选择抗经济周期性强的基金，如债券型基金、大宗商品型基金和指数型基金等，同时减少受市场波动影响较大的股票型基金持有份额。投资者应权衡收益和风险，按照一定收益水平下最小化风险的原则构建投资组合。

第18章

中国基金业发展：投资篇

■ 本章导读 ■

■ 2011 年的 A 股市场非常惨淡。2011 年以来国内持续的高通胀，经济增长放缓，欧债危机不断深化，美国经济复苏乏力，内忧外患的形式之下，资本市场“跌跌不休”。相比 2010 年涨跌起伏的动荡，A 股在 2011 年除一季度有小幅上涨外，后三个季度均一路下跌。

■ 与 2010 年基金整体跑赢市场的情况相比，2011 年基金行业交出的答卷难以令人满意，股票型基金和混合型基金大跌并跑输市场基准，债券型基金整体负收益，可谓股债“双杀”。除货币市场基金外，其他所有类型基金平均收益率均为负，在这个暴风骤雨般的环境中，货币基金成为投资者投资基金的唯一港湾。

■ 股债“黑天鹅”频现，更为本已黑暗的市场笼罩了一层阴影。基金公司频繁“踩雷”，导致了巨大亏损并引发赎回潮，如何有效避免这些地雷，则值得基金公司反思。

■ 同样是市场不好的年份，整个基金行业在 2011 年的表现与 2008 年的表现有何不同，获得超额收益的能力和风险溢价的能力是否提高，是值得我们关注的。

公募基金在资产管理行业中一直占据着最核心的地位，其总规模最大，发展也最为成熟，旗下的基金经理们也被认为是最专业的机构投资者。在过去的十多年中，公募基金较好的为普通投资者实现了资产管理和财富增值的目标。虽然 2010 年中国二级市场排名全球倒数第三，但基金公司依然以其专业性获得了超过市场的收益。

然而，在过去的 2011 年，公募基金的业绩却很难让投资者满意：偏股型基金大幅下跌并跑输指数，债券型基金风光不在，基金公司频繁“踩雷”，普通投资者向这些一直被赋予二级市场最专业投资者头衔的基金公司投以质疑的眼光。究竟是何原因让基金业陷入如此境地？专业的机构投资者在过去的一年究竟为我们带来了一份怎样的业绩？本章将为投资者回顾过去一年各类基金的业绩并进行归因分析。

2011 年基金业绩回顾

2011年股债“双杀”，货币基金成唯一避风港湾

2011 年的 A 股市场非常惨淡。2011 年以来，国内持续的高通胀，国内经济增长放缓，欧债危机不断深化，美国经济复苏乏力。在内忧外患的形势之下，资本市场“跌跌不休”。相比 2010 年涨跌起伏的动荡，A 股在 2011 年除一季度有小幅上涨外，后三个季度均一路下跌。

2011 年上证综指收于 2 199.42 点，全年下跌 21.68%，沪深 300 指数收于 2345.74 点，全年下跌 25.01%。上证 180 指数下跌 23.14%，上证 50 指数下跌 18.19%，沪深 300 指数下跌 25.01%，深证成份指数下跌 28.41%，深证 100 指数下跌 30.30%。

不仅大盘股毫无机会，中小盘股和创业板股票更是大幅杀跌。

中小板指数下跌 37.09%，创业板指数下跌 35.88%。另上证国债指数上涨 4.05%，上证企债指数上涨 3.51%（见表 18—1）。

表 18—1 2011 年各大指数涨跌幅

序号	指数代码	指数名称	2010年12月31日	2011年12月31日	2011年涨跌幅度(%)
1	000001	上证综合指数	2 808.08	2 199.42	–21.68
2	000002	上证A股指数	2 940.24	2 304.12	–21.64
3	000010	上证180指数	6 517.6	5 009.29	–23.14
4	000016	上证50指数	1 977.37	1 617.61	–18.19
5	000300	沪深300指数	3 128.26	2 345.74	–25.01
6	399001	深证成份指数	12 458.55	8 918.82	–28.41
7	399004	深证100指数	4 545.75	3 168.23	–30.30
8	399005	中小板指数	6 828.98	4 295.86	–37.09
9	399006	创业板指数	1 137.66	729.5	–35.88
10	000012	上证国债指数	126.28	131.39	4.05

资料来源：wind 资讯，课题组整理。

与2010年基金整体跑赢市场的情况相比，今年基金行业交出的答卷难以令人满意。股票型基金和混合型基金大跌并跑输市场基准，债券型基金整体负收益，可谓股债“双杀”。除去货币市场基金外，其他所有类型基金平均收益率均为负，是2008年以来最差的一年。

○ 股票型基金跌幅最大，全年下跌25.02%，跑输大盘3.3个百分点。
○ 指数型基金略好于股票型，下跌22.35%。由于今年的下跌市中以银行为代表的大盘股相对抗跌，而指数型基金中跟踪大盘指数的基金占多数，因此指数型基金跌幅小于主动股票型基金。
○ 混合型基金由于较低的权益类资产配置跌幅也相对较小。混合型基金中，偏股混合型基金净值平均下跌23.50%，平衡混合型基金净值平均下跌20.62%，偏债混合基金平均下跌6.59%，保本基金平均下跌0.71%，整体全年下跌21.95%。
○ QDII基金自成立以来就未取得过良好的业绩，2011年同样无法获得令人满意的成绩，整体下跌20.81%。三季度城投债违约事件导致市场恐慌，加之企业债、可转债大跌，债券基金结束连续6年的正收益，全年下跌2.81%。
○ 货币基金成为公募基金在2011年唯一上涨的大类品种。受益于2011年较为紧张的资金面和高企的货币市场利率，货币基金在2011年为投资者带来了3.48%的正收益。在这个暴风骤雨般的环境中，货币基金成为了投资者投资基金的唯一港湾。

‖2011年不同类型基金分类收益排名‖

相比2010年，2011年基金资产净额结构有所变化。股票型基金依然占多数，达到57.84%；混合型基金占有率有所减少，从35.46%变化为23.32%；债券型基金大幅增加，占比从5.99%上升到18.84%（见图18—1）。

1. 市场整体概况

表18—2，表18—3和图18—2分别是我们统计的2011年不同类型基金收益和其历年收益。

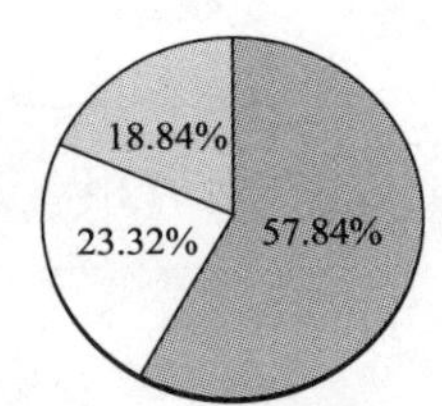

图 18—1　2010 年基金资产净额结构图

资料来源：Wind，课题组整理。

表 18—2　　2011 年不同类型基金收益

基金分类名称	应统计基金数量(只)	参与平均值计算基金数量(只)	2011年净值增长率平均值(%)
封闭式标准股票型基金	5	5	–23.97
封闭式普通股票型基金	25	25	–21.90
封闭式股票型分级子基金（优先份额）	3	3	0.21
封闭式股票型分级子基金（进取份额）	3	3	–47.24
封闭式普通债券型基金（一级）	13	4	0.60
封闭式普通债券型基金（二级）	5	1	–1.10
封闭式债券型分级子基金（优先份额）	12	1	3.85
封闭式债券型分级子基金（进取份额）	12	1	–1.88
标准股票型基金	286	217	–24.95
普通股票型基金	7	7	–24.52
标准指数型基金	120	61	–22.68
增强指数型基金	21	13	–21.40
股票型分级子基金(优先份额)	12	4	–3.21
股票型分级子基金(进取份额)	12	4	–37.44
偏股型基金(股票上限95%)	43	43	–24.98

续前表

基金分类名称	应统计基金数量(只)	参与平均值计算基金数量(只)	2011年净值增长率平均值(%)
偏股型基金(股票上限80%)	29	29	–21.07
灵活配置型基金(股票上限95%)	12	12	–21.49
灵活配置型基金(股票上限80%)	61	48	–20.75
股债平衡型基金	14	14	–20.68
偏债型基金	7	7	–9.43
保本型基金	22	4	–0.68
特定策略混合型基金	6	6	–17.86
长期标准债券型基金	5	5	1.22
中短期标准债券型基金	2	2	1.75
普通债券型基金(一级)	94	65	–2.83
普通债券型基金(二级)	96	64	–3.79
货币市场基金(A类)	51	45	3.48
货币市场基金(B类)	28	21	3.69

资料来源：Wind 资讯，课题组整理。

表 18—3　　不同类型基金历年收益

基金分类名称	2011年	2010年	2009年	2008年	2007年	2006年	2005年
标准股票型基金	–24.95%	2.89%	71.57%	–51.76%	132.78%	131.05%	3.30%
普通股票型基金	–24.52%	4.87%	52.69%	–44.49%	103.45%	117.11%	4.26%
标准指数型基金	–22.68%	–11.47%	90.97%	–63.32%	143.85%	123.45%	–4.53%
增强指数型基金	–21.40%	–12.19%	87.67%	–61.40%	138.24%	127.43%	0.83%
偏股型基金(股票上限95%)	–24.98%	5.74%	71.99%	–50.89%	131.08%	123.84%	1.28%
偏股型基金(股票上限80%)	–21.07%	2.34%	53.54%	–45.89%	103.94%	108.93%	3.72%
灵活配置型基金(股票上限95%)	–21.49%	2.70%	64.85%	–50.01%	126.54%	136.54%	9.36%
灵活配置型基金(股票上限80%)	–20.75%	6.41%	53.59%	–48.48%	113.25%	99.64%	1.70%
股债平衡型基金	–20.68%	3.87%	48.50%	–41.21%	97.39%	96.50%	6.03%

续前表

基金分类名称	2011年	2010年	2009年	2008年	2007年	2006年	2005年
偏债型基金	-9.43%	-0.29%	27.20%	-20.94%	71.15%	54.35%	8.40%
保本型基金	-0.68%	7.39%	10.12%	-9.70%	64.53%	35.42%	7.93%
长期标准债券型基金	1.22%	3.38%	1.71%	8.42%	16.62%	9.33%	8.36%
中短期标准债券型基金	1.75%	—	0.65%	5.41%	2.78%	1.72%	0.00%
普通债券型基基金(一级)	-2.83%	8.14%	4.73%	8.00%	17.78%	15.67%	8.92%
普通债券型基基金(二级)	-3.79%	6.36%	5.83%	-0.13%	35.83%	32.89%	12.19%
货币市场基金 (A级)	3.48%	1.79%	1.41%	3.53%	3.31%	1.87%	2.43%
货币市场基金(B级)	3.69%	1.93%	1.54%	3.54%	3.52%	1.98%	0.00%
QDII基金	—	3.58%	57.48%	-43.35%	0.00%	—	—

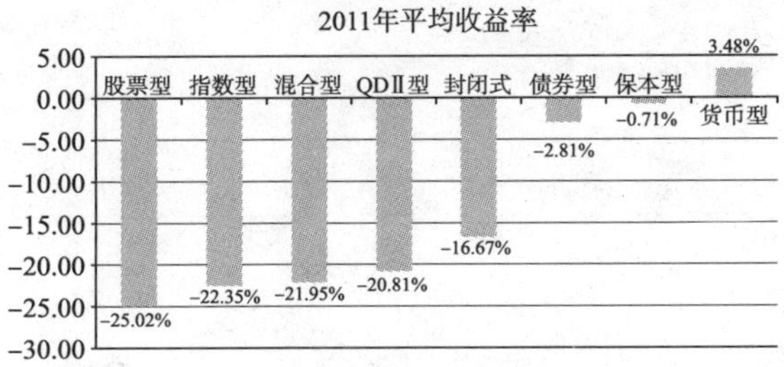

图 18—2　2011 年不同类型基金收益

资料来源：Wind 资讯，课题组整理。

2. 股票型基金：博时夺冠、分化相对减小

2011 年开放式股票型基金前 5 名分别是博时主题、鹏华价值、东方策略成长、长城品牌优选和华夏收入股票，净值增长率分别为 -9.63%、-9.93%、-10.95%、-12.12% 和 -12.15%，均大幅超越上证综指。我们发现这些基金在 2010 年的排名都非常靠后。究其原因是这些基金一贯坚持选择金融等大蓝筹以及消费类板块，这些板块在 2010 年表现并不佳，但在 2011 年的下跌途中，这些板块表现出明显的抗跌性，获得超额收益。

同比之下，跌幅最大的 5 只基金及其跌幅分别为银华内需精选跌 41.77%，融通内需驱动跌 40.15%，华商产业升级跌 39.58%，大成行业轮动跌 38.12%，金鹰行业优势跌 37.49%（如表 18—4 所示）。这些股票多配置了中小盘、创业板或是有色等周期性板块。

在行业分化方面，由于市场整体深度下跌，各基金之间的差距较去年有所减少，第一名和最后一名的基金业绩差距为 32 个百分点，相比去年的 60 个百分点有所收窄，分化相对减小。

表 18—4　　2011 股票型基金净值增长前 5 名和后 5 名

排名	基金代码	基金简称	单位净值	累计单位净值	总回报(%)	同类排名
前5名	160505.OF	博时主题行业	1.571 0	3.299 0	–9.50	1/238
	160607.OF	鹏华价值优势	0.726 0	2.276 0	–9.93	2/238
	400007.OF	东方策略成长	1.253 8	1.253 8	–10.95	3/238
	200008.OF	长城品牌优选	0.673 3	0.673 3	–12.12	4/238
	288002.OF	华夏收入	2.183 0	3.583 0	–12.15	5/238
后5名	210003.OF	金鹰行业优势	0.741 0	0.771 0	–37.49	234/238
	090009.OF	大成行业轮动	0.763 0	0.763 0	–38.12	235/238
	630006.OF	华商产业升级	0.661 0	0.661 0	–39.58	236/238
	161611.OF	融通内需驱动	0.609 0	0.729 0	–40.15	237/238
	161810.OF	银华内需精选	0.662 0	0.629 0	–41.77	238/238

资料来源：Wind 资讯。

3. 混合型基金：博时靠仓位取胜

混合型基金无一取得正收益。博时价值跌 7.94%，东方龙混合跌 8.39%，新华泛资源优势跌 9.46%，博时价值增长 2 号跌 9.63%，富国天瑞强势精选跌 11.31%，这 5 只基金排在全部基金的前 5 名。博时价值依靠较低的仓位在 2011 年取得混合型第 1 名，其股票仓位全年都在 50% 以下。东方龙混合则依靠坚守银行股等大盘蓝筹取得第 2 名，新华泛资源优势依靠银行和食品饮料等消费类股票夺得第 3 名。混合型基金中跌幅较大的基金包括跌 38.99% 的广发大盘成长，跌 37.39% 的中海能源策略，跌 36.39% 的华富竞争力优选（见表 18—5）。其中，广发大盘在 2011 年始终维持 90% 左右的较高仓位，并且配置了较多的有色金属，采掘板块，因此跌幅较大。中海能源策略同样由于超配了煤炭等板块产生较大跌幅。

表 18—5　　2011 混合型基金净值增长前 5 名和后 5 名

排名	基金代码	基金简称	单位净值	累计单位净值	总回报(%)	同类排名
前5名	050001.OF	博时价值增长	0.719 0	3.221 0	–7.94	1/24
	400001.OF	东方龙混合	0.615 0	2.376 5	–8.39	2/24
	519091.OF	新华泛资源优势	0.909 0	0.909 0	–9.46	1/125
	050201.OF	博时价值增长2号	0.657 0	2.112 0	–9.63	3/24
	100022.OF	富国天瑞强势精选	0.691 9	3.072 9	–11.31	5/238
后5名	630001.OF	华商领先企业	0.842 0	0.947 0	–33.40	121/125
	161606.OF	融通行业景气	0.644 0	2.584 0	–35.34	122/125
	410001.OF	华富竞争力优选	0.496 7	1.650 2	–36.39	123/125
	398021.OF	中海能源策略	0.599 8	0.909 8	–37.39	124/125
	270007.OF	广发大盘成长	0.594 7	0.594 7	–38.99	125/125

资料来源：Wind 资讯。

4. 指数型基金：大盘蓝筹远胜中小盘 ETF

指数基金业绩排名前 5 的是国投金融地产、华宝兴业上证 180 价值 ETF 联接、嘉实基本面 50，华宝兴业上证 180 价值 ETF 和海富通上证周期 ETF 联接，它们的业绩表现分别为 –13.75%、–13.94%、–14.56%、–14.83%、–16.32%。在指数型基金中排名靠前的主要是跟踪大盘蓝筹风格指数的基金。这些指数基金跟踪标的中权重股的配置相对较高，在权重股相对抗跌的行情中，依靠标的指数的良好表现，跟踪该指数的基金业绩也相对较好。而标的挂钩中小盘股的基金今年收益远远落后，跟踪煤炭有色指数的国联安商品 ETF 也亏损较大。排名后 5 的分别是华夏中小板 ETF、国联安上证商品 ETF、鹏华中证 500、国联安上证商品 ETF 联接和南方中证 500（见表 18—6）。

表 18—6　　2011 指数型基金净值增长前 5 名和后 5 名

排名	基金代码	基金简称	单位净值	累计单位净值	总回报(%)	同类排名
前5名	161211.OF	国投瑞银沪深300金融	0.709 0	0.709 0	–13.75	1/75
	240016.OF	华宝兴业上证180价值ETF联接	0.815 0	0.845 0	–13.94	2/75
	160716.OF	嘉实基本面50	0.631 3	0.631 3	–14.56	3/75
	510030.OF	华宝兴业上证180价值ETF	2.175 0	0.745 0	–14.83	4/75
	519027.OF	海富通上证周期ETF联接	0.733 0	0.733 0	–16.32	5/75

续前表

排名	基金代码	基金简称	单位净值	累计单位净值	总回报(%)	同类排名
后5名	160119.OF	南方中证500	0.813 9	0.883 9	–32.72	71/75
	257060.OF	国联安上证商品ETF联接	0.666 0	0.666 0	–33.13	72/75
	160616.OF	鹏华中证500	0.687 0	0.687 0	–33.24	73/75
	510170.OF	国联安上证商品ETF	2.112 0	0.655 0	–34.69	74/75
	159902.OF	华夏中小板ETF	2.014 0	2.114 0	–36.71	75/75

资料来源：Wind 资讯。

5. 债券型基金：整体亏损，少数取得正收益

2011 年债券基金整体亏损，但依然有少数基金取得正收益。排名前 5 的债券基金分别是广发增强债券、招商安泰债券 A、招商安泰债券 B、华安稳固收益和鹏华丰收，分别上涨 6.21%，5.75%、5.37%、4.40% 和 4.32%。这些基金在 2011 年始终坚持以利率产品为主要配置，在今年债市整体不佳的情况下，国债和金融债是表现较好的产品，因此这些债券基金也取得了不错的业绩。排名靠后的债券基金包括金元比联丰利，富国可转债，博时稳定价值，博时可转债 C，华商稳健双利跌，分别下跌 11.57%、11.43%、10.80%、10.66%、10.65%（见表 18—7）。这几只基金或因在股票资产上投入过多仓位而损失惨重，或因投资了比较多的可转债，而随着 3 季度可转债的大跌产生较大亏损。

表 18—7　　2011 债券型基金净值增长前 5 名和后 5 名

排名	基金代码	基金简称	单位净值	累计单位净值	总回报(%)	同类排名
前5名	270009.OF	广发增强债券	1.087 0	1.267 0	6.21	1/152
	217003.OF	招商安泰债券A	1.128 8	1.595 3	5.75	2/152
	217203.OF	招商安泰债券B	1.150 4	1.566 9	5.37	3/152
	040019.OF	华安稳固收益	1.045 0	1.045 0	4.40	4/152
	160612.OF	鹏华丰收	1.066 0	1.286 0	4.32	5/152
后5名	630107.OF	华商稳健双利B	0.923 0	0.923 0	–10.65	148/152
	050119.OF	博时转债C	0.888 0	0.888 0	–10.66	149/152
	050006.OF	博时稳定价值B	0.948 0	1.194 0	–10.80	150/152
	100051.OF	富国可转债	0.883 0	0.883 0	–11.43	151/152
	620003.OF	金元比联丰利	0.902 0	0.924 0	–11.57	152/152

资料来源：Wind 资讯。

6. QDII：国内专业投资者尚不能适应全球化市场环境

2011 年的国际市场十分混乱，受到持续的紧缩政策和经济增速下滑的影响，新兴经济体的资本市场出现大幅下跌，被称为“金砖四国”的中国、巴西、印度和俄罗斯均出现大幅下跌，跌幅均超过 15%。其中，印度跌幅最大，印度孟买指数下跌 24.21%。

成熟市场则是一幅冰火两重天的景象：欧洲各大经济体受欧债危机拖累均大跌超过 10%，德国 DAX 指数以及法国 CAC40 分别下跌了 15.41% 和 17.80%。美国方面则由于量化宽松政策，资本规避新兴经济体，以及欧洲风险回流美国本土的原因对市场形成了支撑，道琼斯工业指数涨幅为 6.13%，标普 500 小幅上涨 0.43%，纳斯达克指数下跌 1.48%（见表 18—8）。

表 18—8　　2011 全球市场表现

成熟市场	涨跌幅	新兴市场	涨跌幅
道琼斯工业	6.13%	韩国KOSPI	–10.98%
标普500	0.43%	巴西BOVESPA	–18.11%
纳斯达克	–1.48%	香港恒生指数	–20.13%
伦敦金融时报	–5.65%	台湾加权	–21.15%
德国DAX	–15.41%	中国上证	–22.60%
法国CAC40	–17.80%	俄罗斯RTS	–22.98%
日经225	–17.89%	印度孟买	–24.21%

资料来源：wind 资讯。

将 QDII 的整体表现与海外市场对比，情况难以令人满意：表现最好的是国泰纳斯达克 100 指数基金，受益于美国股市 2011 年的较好表现，该基金仅下跌 2.52%，但除去该基金和富国全球债券以外，其他基金跌幅均超过 10%，排名靠后的 5 名跌幅均在 24% 以上，跑输上述全部股指（见表 18—9）。

出现这一情况的主要原因还是 QDII 基金多由本土化基金经理管理，大多投资于香港台湾等新兴经济体，在 2011 年成熟市场明显跑赢新兴经济体的情况下未能把握住成熟市场的机会。QDII 自成立以来，一直未能够获得令投资者满意的成绩，与国内投资者尚不能适应全球化的投资环境有关，这值得我们反思。

表 18—9　2011QDII 基金净值增长前 5 名和后 5 名

排名	基金代码	基金简称	单位净值	累计单位净值	总回报(%)	同类排名
前5名	160213.OF	国泰纳斯达克100	1.056 0	1.096 0	–2.52	1/27
	100050.OF	富国全球债券	0.957 0	0.957 0	–4.30	2/27
	161815.OF	银华抗通胀主题	0.857 0	0.857 0	–14.81	3/27
	206006.OF	鹏华环球发现	0.831 0	0.831 0	–16.40	4/27
	183001.OF	银华全球核心优选	0.824 0	0.824 0	–16.43	5/27
后5名	070012.OF	嘉实海外中国股票	0.514 0	0.514 0	–24.08	23/27
	519696.OF	交银环球精选	1.176 0	1.301 0	–24.09	24/27
	460010.OF	华泰柏瑞亚洲企业	0.752 0	0.752 0	–25.17	25/27
	118001.OF	易方达亚洲精选	0.773 0	0.773 0	–26.87	26/27
	377016.OF	上投摩根亚太优势	0.506 0	0.506 0	–26.88	27/27

资料来源：Wind 资讯。

7. 货币基金：暴风骤雨中的唯一港湾

货币基金是 2011 年唯一取得正收益的基金类别。流动性紧张，同业拆借利率和回购利率高居不下，带动货币型基金的年化收益不断攀升，货币型基金中 A 类份额平均上涨 3.48%，B 类份额平均上涨 3.73%，整体的收益率和一年期的定期存款利率相当，其中位于前 5 名的广发货币、南方现金增利、长信利息收益 B、海富通货币 B、易方达货币 B 的收益更是超过 4%。货币型中排名最后的是益民货币，全年收益 1.90%（见表 18—10）。在股债“双杀”的情况下，货币基金成为市场唯一的避风港湾。

表 18—10　2011 货币基金净值增长前 5 名和后 5 名

排名	基金代码	基金简称	总回报(%)	同类排名
前5名	270014.OF	广发货币B	4.40	1/69
	202302.OF	南方现金增利B	4.27	2/69
	519998.OF	长信利息收益B	4.18	3/69
	519506.OF	海富通货币B	4.18	4/69
	110016.OF	易方达货币B	4.16	5/69
后5名	370010.OF	上投摩根货币A	2.58	65/69
	260202.OF	景顺长城货币B	2.50	66/69
	460006.OF	华泰柏瑞货币A	2.34	67/69
	260102.OF	景顺长城货币A	2.25	68/69
	560001.OF	益民货币	1.90	69/69

资料来源：Wind 资讯。

8. 保本基金：发展迅猛

2011 年是保本基金迅速发展的一年，产品数量从原来的 4 只上升到 22 只，并且大多实现了保本增值的功能，在弱势市场中保本基金的稳健性也体现了其投资价值（见表 18—11）。

表 18—11　　2011 年成立一年以上保本基金业绩

基金代码	基金名称	总回报（%）	同类排名
180002.OF	银华保本增值	1.40	1/4
519697.OF	交银保本	–0.83	2/4
020018.OF	国泰金鹿保本	–1.49	3/4
202202.OF	南方避险增值	–1.92	4/4

资料来源：Wind 资讯。

基金业绩归因分析

2011 年市场普遍下跌，从自上而下的角度分析：大盘蓝筹、大消费和成长板块此起彼伏，风格轮动明显，侧重配置这三类板块的基金均比较抗跌。从表 18—12 中我们也可以看出明显的风格转换，2010 年表现最差的价值风格型基金在 2011 年表现最佳，而 2010 年表现最好的中盘平衡风格型基金则排名垫底。

从行业来看，重仓食品行业的基金，全年跌幅最小；混合型基金中排名靠前的基金除了因为重配了金融地产行业、食品等防御性行业外，还因为仓位较低而比较抗跌。下面我们便分别从自上而下、自下而上和仓位控制三个方向分析 2011 年基金业绩。

表 18—12　　2011 年基金投资风格统计

指数简称	区间收益					基金只数
	1月	3月	6月	2011年	2010年	
价值风格型基金指数	–7.08	–6.31	–18.40	–19.40	–7.90	58
平衡风格型基金指数	–9.97	–7.99	–17.61	–24.89	2.68	338
成长风格型基金指数	–10.69	–7.55	–16.26	–22.37	6.47	83
大盘风格型基金指数	–9.41	–7.56	–17.31	–23.79	1.11	421
中盘风格型基金指数	–12.08	–8.80	–17.32	–26.91	9.84	53

续前表

指数简称	区间收益					基金只数
	1月	3月	6月	2011年	2010年	
小盘风格型基金指数	–13.00	–8.57	–18.50	–20.80	未计算	5
大盘价值风格型基金指数	–6.92	–6.21	–18.27	–22.51	–13.40	57
大盘平衡风格型基金指数	–9.65	–7.80	–17.47	–24.24	0.79	300
大盘成长风格型基金指数	–10.48	–7.67	–16.52	–20.84	4.06	64
中盘价值风格型基金指数	–15.42	–11.92	–19.76	–21.77	–3.46	1
中盘平衡风格型基金指数	–12.37	–9.66	–18.59	–28.72	10.28	33

资料来源：Wind 资讯。

‖自上而下：蓝筹消费共同演绎、2010年落后者的反击战‖

2011 年整个二级市场行业表现分化明显，业绩增长稳定的大消费行业相对抗跌，业绩增长超预期和低估值的银行保险业也比较抗跌。食品饮料、金融保险、公用事业、社会服务、房地产是表现抗跌的前 5 名行业，跌幅分别为 10.61%、13.76%、19.65%、19.72%、22.26%。对宏观经济增速下滑敏感的周期性行业跌幅较大，跌幅较大的行业分别为电子、木材、机械、金属和石油化工行业，收益率分别为 –37.53%、–36.67%、–35.83%、–34.80% 和 –34.14%。

我们对 2011 年和 2010 年这些基金的排名进行研究后发现：2011 年表现良好的基金多数在 2010 年表现靠后。2011 年表现良好的基金主要重仓了银行、房地产和食品饮料板块。虽然金融板块在 2010 年表现不佳，但正是由于坚持低估值和消费类的防御性战略，这类基金才能脱颖而出，在市场不好的环境下为投资者保存了更多的果实。

> 如股票型基金排名前 5 的博时主题、鹏华价值、东方策略成长、长城品牌和华夏收入股票基金基本都是这类风格的基金，它们多数重配了金融和房地产行业，但这类基金在 2010 年业绩多数并不如意；而排在后 5 名的基金无疑都重仓了机械、有色和 TMT 等强周期行业，因此出现巨大亏损（见表 18—13）。

另外，重仓配置消费类行业的基金的表现同样获得认可，如易方达消费行业、兴业全球视野等均表现出抗跌性（见表 18—14）。

表 18—13　　2011 年排名靠前和靠后基金重仓对比

基金代码	基金名称	2011年1季度	2011年2季度	2011年3季度	总回报（%）
050001.OF	博时价值增长	房地产业	房地产业	房地产业	–7.94
400001.OF	东方龙混合	金融、保险业	金融、保险业	金融、保险业	–8.39
519091.OF	新华泛资源优势	金融、保险业	金融、保险业	金融、保险业	–9.46
160505.OF	博时主题行业	金融、保险业	金融、保险业	金融、保险业	–9.50
050201.OF	博时价值增长2号	房地产业	房地产业	房地产业	–9.63
160607.OF	鹏华价值优势	金融、保险业	金融、保险业	金融、保险业	–9.93
400007.OF	东方策略成长	金融、保险业	金融、保险业	金融、保险业	–10.95
200008.OF	长城品牌优选	金融、保险业	金融、保险业	金融、保险业	–12.12
090009.OF	大成行业轮动	机械、设备、仪表	机械、设备、仪表	机械、设备、仪表	–38.12
270007.OF	广发大盘成长	金属、非金属	金属、非金属	金属、非金属	–38.99
630006.OF	华商产业升级	信息技术业	机械、设备、仪表	金融、保险业	–39.58
161611.OF	融通内需驱动	机械、设备、仪表	金属、非金属	金属、非金属	–40.15
161810.OF	银华内需精选	机械、设备、仪表	信息技术业	机械、设备、仪表	–41.77

资料来源：Wind 资讯，课题组整理。

表 18—14　　2011 年重仓食品饮料行业基金

基金代码	基金名称	2011年1季度	2011年2季度	2011年3季度	总回报（%）
110022.OF	易方达消费行业	食品、饮料	食品、饮料	食品、饮料	–13.56
340006.OF	兴业全球视野	食品、饮料	食品、饮料	食品、饮料	–12.45
200006.OF	长城消费增值	食品、饮料	食品、饮料	食品、饮料	–15.19

资料来源：Wind 资讯，课题组整理。

自下而上：成长股与“黑天鹅”

1. 基金通过优秀成长股获得相当收益

在二级市场有一句众所周知的话：牛市重势、熊市重质。在熊市中选择出优秀的成长股，一直是研究人员追寻的目标。除了对名列前茅的基金进行自上而下的行业配置分析外，我们还对 2011 年成长风格基金进行了分析，我们发现，表现较好的成长风格基金中的宝盈资源、博时第三产业等基金均是凭借出色的选股能力，较好地把握了成长股的反弹行情（见表 18—15）。

表 18—15　**2011 年排名前列基金重仓股贡献**

名称	第三季度			第二季度			第一季度			总回报（%）
	重仓股总贡献度(%)	最重仓股票	次重仓股票	重仓股总贡献度(%)	最重仓股票	次重仓股票	重仓股总贡献度(%)	最重仓股票	次重仓股票	
博时价值增长	–4.90	三一重工	保利地产	–0.07	三一重工	保利地产	3.33	三一重工	保利地产	–7.94
东方龙混合	–4.98	农业银行	招商银行	–0.67	招商银行	中国平安	1.98	招商银行	中国平安	–8.39
新华泛资源优势	–1.78	国中水务	*ST金马	0.58	*ST金马	国中水务	0.97	驰宏锌锗	国中水务	–9.46
博时主题行业	–9.40	上汽集团	万科A	0.51	万科A	上汽集团	7.60	上汽集团	大秦铁路	–9.5
博时价值增长2号	–5.15	三一重工	保利地产	–0.13	三一重工	保利地产	3.49	三一重工	保利地产	–9.63
鹏华价值优势	–7.25	美的电器	中国建筑	–0.12	美的电器	中国建筑	5.24	中国联通	招商银行	–9.93
东方策略成长	–4.61	农业银行	招商银行	–0.79	招商银行	中国平安	2.14	招商银行	南京银行	–10.95
长城品牌优选	–7.80	兴业银行	浦发银行	–1.40	浦发银行	兴业银行	5.83	兴业银行	浦发银行	–12.12
博时第三产业成长	–2.50	贵州茅台	中国联通	1.54	贵州茅台	海螺水泥	1.47	贵州茅台	海螺水泥	–10.28
宝盈资源优选	–0.99	凯美特气	瑞康医药	0.06	凯美特气	海默科技	–1.44	凯美特气	海默科技	–13.46

资料来源：Wind 资讯，课题组整理。

2. 股市“黑天鹅”频发

在成长股为基金带来不菲收益的同时，“黑天鹅”股票则让基金很受伤。2011 年发生了多个上市公司的黑天鹅事件，不少是基金重仓股，如双汇发展和重庆啤酒。虽然这些上市公司的问题各有不同，但都让基金很受伤。事件爆发后紧跟着的就是股票连续跌停，持有这些股票的基金只能接受净值损失，份额遭遇大量赎回的尴尬。黑天鹅事件频发让广大投资者对基金的风险控制能力产生一定的怀疑，专家理财是否应该有效避免这些地雷，值得基金公司反思。

中国股市的黑天鹅事件

从表 17—16 我们可以看出，重庆啤酒是大成基金公司多只基金的第一重仓股。重庆啤酒多年来的炒作概念便是其乙肝疫苗的研制，而重庆啤酒在 2011 年 12 月 6 日和 2012 年 1 月 10 日两次披露其乙肝疫苗研制结果显示其乙肝疫苗的主要指标、次要指标、安全性指标均与安慰剂在统计学意义上无差异，基本算是研制失败。因此从 12 月 6 日至今，其股价从最高价 83.12 元历经 11 个跌停跌至最低的 25.10 元，大成基金损失惨重。除了基金净值的损失，大成基金公司还遭遇了强大的赎回潮。

公开数据显示，三季度末重仓持有重庆啤酒的大成核心双动力在去年四季度份额缩水 70%，由 9 月底的 7.54 亿份降至 12 月底的 2.26 亿份，即有七成的份额被净赎回；重仓持有重庆啤酒的大成核心策略回报和大成景阳领先去年四季度的份额缩水率也都超过 30%。经过重庆啤酒一役，大成基金损失惨重。

同样的一幕也发生在上半年的双汇发展。与重庆啤酒导致大成系基金损失惨重不同，双汇发展涉及的基金更多，影响更广。在 2011 年 3 月爆出“瘦肉精”事件后，双汇发展的股价在连续 3 个跌停后，依然无法站稳。3 月 15 日至 5 月 4 日，该股的跌幅达到了 35.08%。然而，2010 年基金年报显示，累计有 169 只基金持有该股，涉及基金公司 41 家，更有 56 只基金将其纳入前十大重仓股，累计持有双汇发展2.16亿股。其中旗下超过5只基金重仓双汇发展的便有4家，而持股最多的基金公司当属兴业全球，持股总市值达到20亿元，该公司因“瘦肉精”事件产生的损失也最大。而且，兴业全球今年不止一次“踩雷”，其另外一只重仓股紫鑫药业因业绩造假停牌两个月，2011年10月24日复牌后同样遭遇三个跌停，而兴业全球旗下基金累计持有该股1.66亿股，同样损失惨重。

表18—16　　重庆啤酒让大成系基金损失惨重

名称	第三季度			第二季度			第一季度			总回报（%）
	重仓股总贡献度(%)	最重仓股票	次重仓股票	重仓股总贡献度(%)	最重仓股票	次重仓股票	重仓股总贡献度(%)	最重仓股票	次重仓股票	
大成创新成长	–3.829 48	重庆啤酒	贵州茅台	–1.368 7	重庆啤酒	贵州茅台	0.717 008	重庆啤酒	贵州茅台	–26.75
大成精选增值	–1.538 09	重庆啤酒	招商银行	–1.699 31	重庆啤酒	泸州老窖	2.361 976	重庆啤酒	泸州老窖	–27.87
大成行业轮动	–4.186 39	重庆啤酒	三一重工	0.144 852	青岛海尔	三一重工	–1.740 89	青岛海尔	浦发银行	–36.63
大成核心双动力	1.040 48	重庆啤酒	五粮液	1.463 971	海螺水泥	贵州茅台	2.805 325	双汇发展	海螺水泥	–30.02

资料来源：Wind资讯，课题组整理。

3. 债市同样遭遇“黑天鹅”

2011年除了股市“黑天鹅”频现外，债市同样遭遇多起“黑天鹅”（见表18—17）。国内市场“黑天鹅”第一次出现，源于6月底的城投债风波。接力棒在7月由铁道债接过。紧接着，城投债风波蔓延至企业债市场。6月、7月流动性的异常紧张，又将“黑天鹅预期”转嫁给中短期限的利率债、信用债等。8月之后，中国石化突然宣布拟发行300亿元可转债，可转债市场的扩容等因素导致可转债市场恐慌性下跌，“黑天鹅”再次上演。

表 18—17　　2011 多只债券因黑天鹅亏损

050019.OF	博时转债A	0.892 0	0.892 0	–10.26	69/77
100037.OF	富国优化增强C	0.962 0	1.027 0	–10.42	70/77
050106.OF	博时稳定价值A	0.964 0	1.210 0	–10.48	71/73
630107.OF	华商稳健双利B	0.923 0	0.923 0	–10.65	71/77
050119.OF	博时转债C	0.888 0	0.888 0	–10.66	72/77
050006.OF	博时稳定价值B	0.948 0	1.194 0	–10.80	72/73
100051.OF	富国可转债	0.883 0	0.883 0	–11.43	73/77

资料来源：Wind 资讯，课题组整理。

‖仓位控制‖

偏股混合型基金与股票型基金相比具有更大的灵活性，2011 年混基中排名靠前的基金中不乏依靠仓位控制及资产配置取胜的：偏股混合型基金排名前 3 的是新华泛资源优势、富国天瑞强势精选、长盛创新先锋。平衡混合型基金中排名前 3 的是博时价值增长、东方龙混合、博时价值增长 2 号。偏债混合型基金中银河收益跌幅最小（见表 18—18）。我们可以通过表 18—19 看出，博时价值增长和博时价值增长二号均配置了与股票资产相当的债券，并且第一、第三季度的银行存款占比在 15% 以上，在全年下跌的环境下，这种稳健的配置为其带来了相对良好的业绩。

表 18—18　　2011 混合型基金分项前 5 名

排名	偏股混合型基金		平衡混合型基金		偏债混合型基金	
	基金名称	总回报	基金名称	总回报	基金名称	总回报
1	新华泛资源优势	–9.46	博时价值增长	–7.94	银河收益	–1.49
2	富国天瑞强势精选	–11.31	东方龙混合	–8.39	申巴盛利配置	–3.35
3	长盛创新先锋	–11.62	博时价值增长2号	–9.63	泰达风险预算	–3.47
4	国投瑞银稳健增长	–12.73	华夏回报	–11.79	南方宝元债券	–3.84
5	中欧新蓝筹	–13.94	华夏回报2号	–12.08	国投瑞银融华债券	–8.61

资料来源：Wind 资讯。

表 18—19　　2011 年排名前列的混合型基金仓位　　单位：%

名称	第三季度				第二季度				第一季度			
	股票占比	债券占比	银行存款	其他资产	股票占比	债券占比	银行存款	其他资产	股票占比	债券占比	银行存款	其他资产
博时价值增长	43.17	41.24	15.13	0.46	45.61	37.89	7.92	8.58	46.75	36.74	15.38	1.13
博时价值增值二号	46.28	41.47	11.59	0.67	48.41	41.02	9.95	0.62	48.35	39.74	10.43	1.48
富国天瑞	93.68	5.83	0.26	0.23	91.25	6.77	1.38	0.6	88.68	7.44	3.47	0.42
东方龙	76.77	16.15	4.82	2.26	83.41	4.15	8.19	4.25	78.57	0.77	20.5	0.16
新华泛资源	74.61	11.89	13.07	0.42	78.48	14.92	5.59	1.01	78.58	13.08	6.77	1.58
长盛创新	68.67	17.43	12.88	1.02	70.23	18.01	10.3	1.47	74.49	18.17	5.42	1.92

资料来源：Wind 资讯，课题组整理。

与2008年对比，2011年基金业绩评价

2011 年的市场跌幅仅次于 2008 年的跌幅，分别为 –21.68% 和 –65.39%。同样都是比较差的年份，基金行业的业绩有没有什么不同？基金行业规避系统性风险的能力是否有所提高？不同产品是否已做到分散风险？

表 18—20 是 2008 年和 2011 年所有基金公司的业绩指标（算数平均值）。由于 2008 年市场跌幅远远大于 2011 年，所以从平均收益率、几何平均收益率、平均风险收益率以及几何平均风险收益率来看，2008 年的负值都大大超过 2011 年。

表 18—20　　2008 年和 2011 年基金业绩评价指标

指标	夏普指数	特雷诺指数	詹森指数	平均收益率(%)	几何平均收益率(%)	平均风险收益率(%)	几何平均风险收益率(%)
2011年	−0.253 6	−0.006 3	−0.000 7	−0.323 4	−0.335 3	−0.389 6	−0.401 5
2008年	−0.276 7	−0.019 1	0.000 3	−0.848 2	−0.905 0	−0.913 4	−0.970 2

资料来源：Wind 资讯。

而剔除市场因素，目前市场上对基金业绩评价大多采用詹森指数（Jensen）、特雷诺指数（Treynor）以及夏普指数（Sharpe）等综合性评价指标，我们尝试利用这 3 个指标来评价 2011 年的基金业绩。

○ 詹森指数含义：其代表超额收益率，詹森指数大于0，表明基金的业绩表现优于市场基准组合，大得越多，业绩越好；反之，如果詹森指数小于0，则表明其绩效不好。

○ 特雷诺指数含义：代表每单位风险获得的风险溢价，是投资者判断某一基金管理者在管理基金过程中所冒风险是否有利于投资者的判断指标。特雷诺指数越大，单位风险溢价越高，开放式基金的绩效越好，基金管理者在管理的过程中所冒风险越有利于投资者获利。相反，特雷诺指数越小，单位风险溢价越低，开放式基金的绩效越差，基金管理者在管理的过程中所冒风险越不利于投资者获利。

○ 夏普指数的含义：每单位总风险下，资产组合获得的超过无风险利率的超额报酬。夏普指标调整的是全部风险，因此当所要评价的投资组合构成了投资者的全部资产时，以标准差来衡量投资组合的风险并使用夏普指标较为合适。

从表 18—20 中可以看到，基金公司整体的詹森指数在 2008 年为 0.000 3，不仅大于 0，而且大于 2011 年的 – 0.000 9。超额收益方面，基金公司的表现在 2008 年是好过 2011 年的，整个基金行业在 2008 年的大熊市中跑赢了指数，但在 2011 年中却并未能跑赢指数。

2011 年，基金整体特雷诺指数为 – 0.006 3，虽为负值但大于 2008 年的 – 0.019 1。从特雷诺指数来判断，2011 年基金整体获得风险溢价的能力好于 2008 年。

同样，2011 年的夏普指数 – 0.253 6 大于 2008 年的 – 0.276 7，显示 2011 年基金整体风险回报要好于 2008 年。

由此我们得出结论，虽然整个基金行业在 2011 年中没有跑赢指数，但是其在风险收益方面的表现已经好于 2008 年，整个基金行业的专业性正在加强，获得风险溢价的能力正在提高。

对投资者说

○ 2011 年的股票型基金里，无一上涨，且行业涨幅平均跑输指数，这个二级市场上最专业的投资者是否还值得我们信任？当然，我们不能够凭一时之成败论英雄。回顾过去 3 至 5 年，在这一轮大牛市和大熊市的洗礼当中，还是有不少优秀基金脱颖而出，为基金投资者赢得了丰厚的回报。

- 在以往的年份中，股票不行则债市会好，但在 2011 年中，却出现了股债双杀的现象，这也告诉普通投资者：债券市场并非毫无风险，在购买债券型基金时也需具备风险意识。
- 踩过"地雷"的基金是否还值得购买？这个问题应该是 2011 年投资者讨论得较多的一个问题。我们认为，评判一个基金，应该更多地从其长期业绩和风险控制来判断，而不应因一两次失误而否定长期保持较好成绩的基金和基金公司。
- 虽然整个基金行业在 2011 年中没有跑赢指数，但是其在风险收益方面的表现已经好于 2008 年，整个基金行业的专业性正在加强，获得风险溢价的能力正在提高。
- 回顾基金行业走过的十数年，我们可以肯定一点：在未来的数十年中，基金行业将继续分享中国经济高速增长的红利，中国依然是全球财富增长最快的国家之一，中国的人均可支配收入和可投资资产也必将高速增长，开放式基金将扮演其非常重要的角色。把握中国这个未来全球最大的财富管理市场，中国的基金业将会更加辉煌。

第19章

中国基金业发展：机构篇

■ 本章导读 ■

■ 2011 年年底，中国基金市场行业总净值 2.19 万亿元，同比减少 12.19%；行业份额总值为 2.65 万亿元，同比增加 9.43%。行业净值连续第三年下滑。

■ 基金业面对不利的市场状况仍新发行了 212 只新基金。2011 年，共有 7 家基金公司成立，为 2004 年以来成立基金公司最多的一年。截至 12 月，共有基金公司 69 家，合资公司 37 家。

■ 2011 年也是基金公司高层管理人员、基金经理、研究人员频繁变动的一年，据 Wind 资讯统计，扣除新成立基金公司的影响，今年各公司团队平均稳定性仅为 0.39，较之 2008 年的 0.56，下降 30.34%。

2011 年 A 股市场低迷不振，年末上证指数曾一度跌破 2 200 点大关。中国基金行业也同样遭遇滑铁卢。虽然在前 11 个月就有 201 只新基金发行，但仍难掩基金行业缩水的趋势。基金业业绩全面委靡，基金业连续第二年遭遇净赎回。连去年表现优异的债券型基金，净赎回率也高达 41%。“哀鸿遍野”堪称 2011 年基金行业的现实写照。

究竟是什么因素导致了基金行业的现状？不可否认，作为“十二五”规划的开局之年，2011 年稳健的货币政策导致企业资金面偏紧，宏观经济面临更多下行风险是基金市场低迷的因素之一。同时，在欧债危机阴云笼罩下，欧美发达国家经济复苏缓慢也对中国基金市场，尤其是 QDII 基金市场造成不小的负面影响。

基金市场纵览

行业规模净值继续缩水

截至 2011 年 12 月 31 日，我国基金市场的资产净值为 21 928.60 亿元，同比减少 12.19%，份额为 26 513.25 亿份，同比增加 9.43%。如图 19—1 所示，基金行业资产净值规模连续三年下滑，份额规模基本维持不变。新基金的发行成为行业总份额得以不减的主要原因，但受到今年基金业绩大幅下滑的影响，基金净值出现显著下滑。

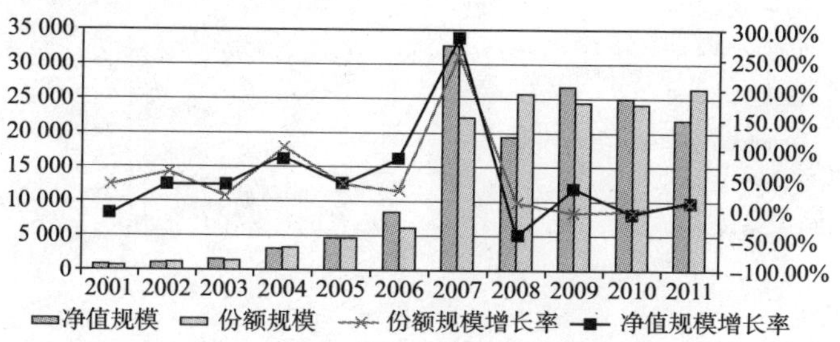

图 19—1　基金行业净值、份额变化

其中，开放式基金 25 092.97 亿份，占比 94.64%；封闭式基金 1 450.28 亿份，占比 5.46%。开放式基金占比同比下降 0.47 个百分点。从投资类型上看。股票基金占比 49%，占比较去年下降 2.43 个百分点，但仍主导整个基金市场（见图 19—2）。

鉴于 A 股市场的低迷（2011 年 12 月 31 日，上证综指为 2 199.42 点、深证成指为 9 779.84 点，较之年初的 2 825.33 点和 12 578.45 点分别下降了 20.30%、25.75%），基金份额出现大面积缩水。但基金业 −15.51% 的业绩还是明显优于市场的整体表现，证明了基金的专业理财能力。图 19—3 为基金份额在今年的变化，从图中可以看出，基金总份额在3月达到最低点，之后随着新基金发行潮的掀起，数量迅速上升，之后虽然在5~10月出现震荡，但截至12月，总体上看，基金份额稳步上升。

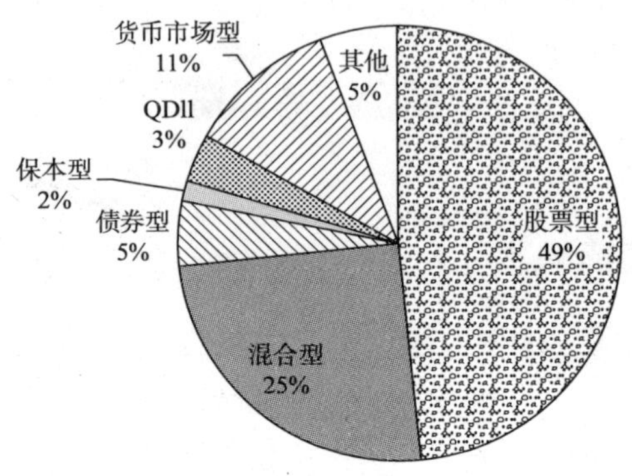

图19—2　基金市场构成

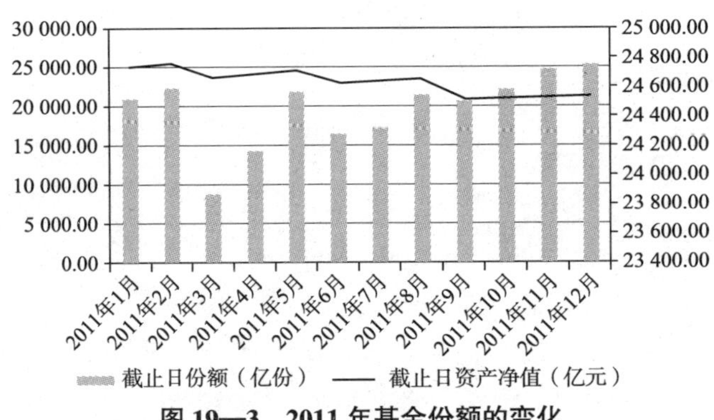

图19—3　2011年基金份额的变化

从图19—3可以看出，基金行业净值在2011年处于稳步下滑的阶段。虽然在3~5月发生了小幅攀升，但是增加值仅为575.39亿元，增长率仅为2.4%。较之全年25.46%的下滑，上升并不显著。

七家新基金公司相继成立，中资公司唱主角

2011年共有7家新基金公司成立，分别是：平安大华（1月）、富安达（4月）、财通基金（5月）、方正富邦（6月）、长安基金（8月）、国金通用

（10月）、安信基金（11月），是2005年以来成立新基金公司最多的一年。《上海金融报》（2011年12月2日）称，从2010年下半年开始，监管部门就有意加快基金公司放行速度，而未来基金公司扩容速度仍被看好。同时，2011年中资基金公司数量有了大幅提高，新成立的7家基金公司中，除平安大华、方正富邦之外，其余5家都是中资性质。中资公司的大量加入反映外资对成立基金的兴趣降低。

往年，由于外资合资公司能够带来更为成熟的理财策略以及先进的人才支持，中资企业占比较少。但伴随我国基金市场的发展以及华夏、易方达等中资企业在行业中出色的运营表现，中资公司越来越被市场所接受（见表19—1）。

表19—1　基金公司数量变化

年份	基金公司数量	合资公司数量
2003年	35	16
2004年	45	23
2005年	52	30
2006年	57	30
2007年	58	31
2008年	60	33
2009年	60	33
2010年	62	35
2011年	69	37

行业竞争日趋激烈

截至2011年12月31日，在基金管理份额规模上，前5名分别为华夏、易方达、嘉实、博时和南方。同比2010年，嘉实与易方达互换排名。博时以1 384.13亿元资产险胜南方排名第4；同时华安以990.72亿元的资产超越银华排名第9。受到整个行业不景气的影响，榜单上的十家基金公司的管理规模都出现大幅缩水。其中管理总净值在千亿元以上的有5家，同比减少一家，如表19—2、表19—3所示。

表 19—2　　2011 年基金公司管理规模前 10 名

基金公司	基金数量	总份额（亿份）	总净值（亿元）
华夏基金管理有限公司	26	1 756.07	1 746.310 6
易方达基金管理有限公司	31	1 742.26	1 301.277 4
嘉实基金管理有限公司	29	1 657.14	1 330.806 5
博时基金管理有限公司	28	1 384.13	1 031.225 8
南方基金管理有限公司	32	1 346.83	1 092.830 2
广发基金管理有限公司	21	1 122.01	974.920 6
大成基金管理有限公司	26	1 012.61	618.013 5
工银瑞信基金管理公司	22	992.92	665.410 5
华安基金管理有限公司	24	990.72	734.781 1
银华基金管理有限公司	21	691.87	549.706 5

资料来源：Wind 资讯。

表 19—3　　2010 年基金公司管理规模前 10 名

公司名称	截止日期	总份额（亿份）	总净值（亿份）
华夏基金管理有限公司	2010年	1 738.08	2 247.129 8
嘉实基金管理有限公司	2010年	1 523.92	1 603.004 3
易方达基金管理有限公司	2010年	1 475.12	1 453.349 4
博时基金管理有限公司	2010年	1 293.74	1 162.246 9
南方基金管理有限公司	2010年	1 146.77	1 158.769 0
大成基金管理有限公司	2010年	1 027.32	994.360 2
广发基金管理有限公司	2010年	901.55	1 036.277 9
华安基金管理有限公司	2010年	808.65	816.516 3
工银瑞信基金管理有限公司	2010年	725.25	578.706 6
银华基金管理有限公司	2010年	704.26	855.456 9

资料来源：Wind 资讯。

在市场集中度上看，2011 年管理份额排在前 10 位的基金公司的市场占有率（CR10）为 47.89%，比去年的 46.82% 多出 1.07%。在管理的资产净值方面，排在前 10 位的公司的市场占有率（CR10）为 48.75%，比去年的 47.70% 高出 1.05%。基金行业的市场集中程度进一步加强。华夏基金以 6.62% 的份额市场占有率、8.26% 的净值市场占有率领跑基金业。单就该公司而言，市场占有率出现一定程度的下滑（2010 年华夏基金的份额市场占有率为 7.17%、净值市场占有率为 8.998%）。今年以来，前 10 名中基金份额市场占有率下滑最快的是华夏基金，下滑 0.55%。基金净值市场占有率下滑幅度最大的同样是华夏基金，下滑 0.74%。工银瑞信以 0.75% 的份额市场占有率增幅位列榜首，南方以 0.623% 的净值市场占有率增幅处于首位（见表 19—4 和表 19—5）。

表 19—4　　2011 年基金公司份额市场占有率前 10 名

公司名称	总份额（亿份）	份额市场占有率（%）	总资产净值（亿元）	净值市场占有率（%）
华夏基金管理有限公司	1 756.07	0.066 2	1 790.877	0.082 6
易方达基金管理有限公司	1 742.26	0.065 7	1 355.578	0.062 5
嘉实基金管理有限公司	1 657.14	0.062 5	1 374.958	0.063 4
博时基金管理有限公司	1 384.13	0.052 2	1 083.213	0.050 0
南方基金管理有限公司	1 346.83	0.050 8	1 133.89	0.052 3
广发基金管理有限公司	1 122.01	0.042 3	978.441 9	0.045 1
大成基金管理有限公司	1 012.61	0.038 2	728.630 8	0.033 6
工银瑞信基金管理有限公司	992.92	0.037 5	689.812 1	0.031 8
华安基金管理有限公司	990.72	0.037 4	781.397 9	0.036 0
银华基金管理有限公司	691.87	0.026 1	651.22 6	0.030 0

表 19—5　　2010 年基金公司市场份额占有率前 10 名

公司名称	总份额（亿份）	份额市场占有率（%）	总资产净值（亿元）	净值市场占有率（%）
华夏基金管理有限公司	1 738.08	0.071 7	2 247.13	0.090 0
嘉实基金管理有限公司	1 523.92	0.062 9	1 603.004	0.064 2
易方达基金管理有限公司	1 475.12	0.061	1 453.349	0.058 2
博时基金管理有限公司	1 293.74	0.053	1 162.247	0.046 5
南方基金管理有限公司	1 146.77	0.047	1 158.769	0.046 4
大成基金管理有限公司	1 027.32	0.042	994.360 2	0.039 8
广发基金管理有限公司	901.55	0.037	1 036.278	0.041 5
华安基金管理有限公司	808.65	0.033	816.516 3	0.032 7
工银瑞信基金管理有限公司	725.25	0.030	578.706 6	0.023 2
银华基金管理有限公司	704.26	0.029	855.456 9	0.034 3

基金在A股市场影响力连续下滑

股票型和偏股型基金资产净值和全部基金持股市值占 A 股流通市值比例这两个指标，反映了基金对于 A 股流动市场的影响力。指标值越高，表明基金对A股流动市场的影响力越大。本书将全部基金持股市值与A股流动市值的比例作为分析工具。从图19—4中可以看到，基金在A股市场的影响力在最近5年连续降低。

在2001—2007年，基金行业在A股市场的影响力逐渐上升，并在2007年达到峰值，占比为32.84%。然而随着大小非逐步解禁，股市迈向全流通时代，股票型和偏股型基金资产净值占A股流通市值的比例，从2007年年底的32.84%迅速下降到2011年的9.89%。同时由于客户来源广、收益稳定等特点，理财产品迅速发展，吸引了相当一部分基金投资资金。目前市场基本实现了全流通，未解禁市值占市场市值比重已远低于1%。因此，就整体而言，在全流通时代，基金比重大幅下降必然使其无法得到机构投资者的主流话语权。而银行理财产品对基金产品的替代作用也极大地冲击着基金的市场地位。这些因素也直接导致近几年基金无法成为市场主流热点的主宰者。之后伴随欧债危机的蔓延以及缓慢的经济复苏速度，这一指标连续下降，截至2011年12月31日，基金股票净值占A股市场比例已经下降到9.70%，接近2002年的占比。

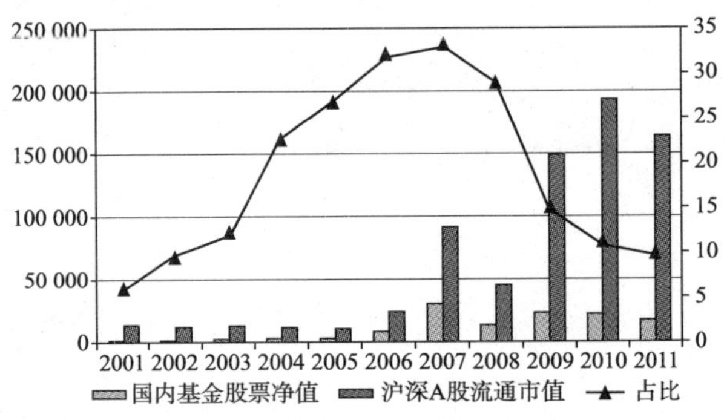

图19—4　A股基金市场影响力

基金行业规模变化原因分析

2011年基金行业出现大幅缩水，出现“股债双杀”的局面。最直接的原因在于大盘整体的低迷表现。对比图19—3和图19—5可以发现基金行业这一年来的整体净值与上证指数的变化有着高度的相关性，整体上都呈现缓慢下跌趋势。与基金净值变化情况类似，上证指数同样在3月开始出现小幅反弹，之后虽然又出现小幅振荡，但整体下降趋势不变。

图 19—5　上证指数收盘点位变化

资料来源：Wind 数据库。

A 股市场的低迷及实体经济的萎缩导致今年各类股票型、混合型及指数型基金净值遭遇大幅下跌。

> 截至 12 月 31 日，中证股基收盘点数为 3 770.85，同比下跌 19.26%；中证混合指数为 3 688.38，同比下跌 19.88%。

今年主动进攻型基金业绩的绝对下滑是导致行业规模缩水的主要原因。

> 同期上证综指收于 2 199.42（12 月 31 日），同比跌幅为 20.30%；深证成指收于 9 779.84，同比下跌 25.75%。

无论是从绝对业绩还是相对业绩来看，股票型基金今年的表现均低于市场。混合型基金虽然相对优于市场，但是大幅的下跌额度还是刺激了投资者的市场情绪，赎回成为必然。

2011 年不仅偏进攻的股票型基金遭遇净赎回，鉴于委靡的市场表现，债券型基金市场也遭遇了大面积的赎回。截至 12 月 31 日，中债综合指数收于 134.14 点，同比上升 5.74%；中证债基收于 1 791.95 点，同比下跌 1.80%。债券型基金的市场表现显著劣于债券市场。债券型基金业绩的表现不佳是债基市场出现净赎回的主要原因。

行业内部机构的结构状况

基金公司内部的机构变化

‖公司股权大变更‖

截至 12 月 31 号，2011 年共有 10 家基金公司股权发生转让，其中影响最大的为华夏基金历时 3 个月，总额 51.44 亿元的股权转让案例。同时申万巴黎基金外资方 33% 的股权也发生转让，交易完成后，申万巴黎基金的名字也变更为“申万菱信基金管理有限公司”。长盛基金 9 月也完成了大比例（33%）的股权转让。在所有的股权变更中，仅有两家基金公司（中海基金、新华基金）是由于股东增资而引起股权变化，其余 8 家全是公司股东内部、外部的股权转让（见表 19—6）。

表 19—6　基金公司股权变化

基金公司	新股东及股权比例	性质	日期
申万巴黎基金	三菱UFJ信托银行（33%）	股权外部转让	3月
中海基金	法国爱德蒙得洛希尔银行	股东增资	4月
新华基金	杭州永原网络科技有限公司（8.25%）	股东增资	4月
光大保德信基金	保德信投资管理有限公司（12%）	股权内部转让	4月
建信基金	中国华电集团资本控股有限公司（10%）	股权转让	6月
长盛基金	新加坡星展银行有限公司（33%）	股权转让	9月
东方基金	渤海国际信托公司（18%）	股权外部转让	10月
平安大华基金	三亚盈湾旅业有限公司（3.3%）	股权内部转让	10月
中邮创业基金	中国邮政集团公司（5%）	股权内部转让	11月
华夏基金	南方工业资产管理有限责任公司（11%） 山东农村经济开发投资公司（10%） 加拿大鲍尔集团（10%）	股权外部转让	11月

资料来源：Wind 资讯，课题组。

各公司股权变更的原因不尽相同，如国内基金业第 1 名的华夏基金由于股权配置问题，近两年都未发行新产品，原因就是受制于《证券投资基金管理公司管理办法》第十一条“一参一控”规定——“一家机构或者受同一实际控制人控制的多家机构参股基金管理公司的数量不得超过两家，其中控股基金管理公司的数量不得超过一家。”华夏今年的股权转让有望改变这一状况。有些基金如中邮基金公司则是因为2010年业绩上的惨败而被迫转让股权。申万巴黎的股权转让则以吸引实力外资股东为目的。基金行业竞争程度的日益激烈也是各公司股权转让的催化剂。各家公司股份转让原因各有不同，可谓“家家有本难念的经”。

‖新基金公司涌现‖

如表19—7，2011年共有7家基金公司成立，中外合资公司2家。从新成立公司的性质上看，今年新成立的基金公司中，中资企业占主流，一改往年中资基金公司的萎靡。从新成立基金公司股东方来看，“券商系”仍是主力军，安信、财富通、富安达、方正富邦等的主要持股股东都是证券公司。目前基金公司的主要股东仍是证券公司、信托公司和试点银行，保险系公司试点尚未得到正式批准。这些新成立的基金公司运作节奏较快，其中平安大华、富安达、财通基金公司都已发行了各自的第一只基金。

表19—7　　2011年新成立的基金公司

基金公司	成立日期	注册资本（亿元）	管理规模（亿元）	旗下基金	性质
平安大华基金管理有限公司	2011年1月7号	3	31.98	2	中外合资
富安达基金管理有限公司	2011年4月27号	1.6	10.53	1	中资
财通基金管理有限公司	2011年6月21号	1	10.59	1	中资
方正富邦基金管理有限公司	2011年7月8号	2	待定	1	中外合资
长安基金管理有限公司	2011年9月5号	1	待定	0	中资
国金通用基金管理有限公司	2011年11月2号	1.6	0	0	中资
安信基金管理有限公司	2011年12月06号	2	0	0	中资

资料来源：好买基金网。

新基金公司的生存并不容易，数据显示2006—2010年成立的8家公司中，有6家排名在后10位，其中不少公司仍在亏损，这对新生基金公司来说无疑是很大的考验。

据Wind资讯统计，国内公募基金目前管理资产总规模（含货币市场基金）为2.44万亿元，其中华夏、嘉实、易方达等管理规模前10的基金公司就占据其中1.14万亿的规模，占总规模的47%。而规模排在后20位的基金公司管理资产总规模为1 291亿元，约占市场总额的5%。

根据目前国内公募基金的盈利模式，其管理资产规模的大小将直接决定公司的盈利能力。根据目前行业平均水平，当基金公司管理资产达到100亿元时，基金公司收取的管理费大体可以抵消当年的支出，达到盈亏平衡。Wind资讯统计显示，目前尚有17家基金公司管理资产总额低于100亿元的行业平均水平。当然，这17家中的大部分都是新成立的基金公司。因此，这些新生基金公司如何在激烈的竞争压力下得以生存成为行业发展的焦点。

除规模影响因素之外，人才以及基金行业的品牌效应也是影响新公司发展的重要因素。

‖行业高层人才频繁变更‖

作为人才的高流动行业，基金经理频繁离职。在团队稳定性上，从表19—8中可以看出，新成立的基金公司在团队稳定上的打分占有明显优势，且都未发生基金经理离职的现象。除此之外，老牌的基金公司万家、长信基金公司的团队稳定性均挤进前10名。

表19—8　　基金公司团队稳定性前10名

基金公司	基金经理数	基金经理平均年限	团队稳定性	新聘基金经理数	离职基金经理数
财通基金管理有限公司	2	1.75	2.00	2	
富安达基金管理有限公司	1	0.21	2.00	1	
纽银梅隆西部基金管理有限公司	2	2.00	2.00	2	
平安大华基金管理有限公司	1	1.81	2.00	1	
浙商基金管理有限公司	1	0.55	2.00	1	
益民基金管理有限公司	2	0.46	1.20	2	3
中邮创业基金管理有限公司	8	0.89	0.83	5	1
万家基金管理有限公司	10	1.27	0.75	6	2
天弘基金管理有限公司	6	1.35	0.73	4	3
长信基金管理有限公司	12	2.02	0.70	7	3

资料来源：Wind资讯。

表 19—9 列出了金融危机后，基金公司团队结构的变化情况。由于新成立基金公司本身并无“老”基金经理，再加上在成立当年，基金经理数量一般有增无减，所以新成立公司的数量增加有助于提升行业的团队稳定性，减少基金经理变动率。在表 19—8 中就可以看到，排名前 6 的基金公司都是新成立、或成立不到两年的新公司。

从表 19—9 中可知，在团队稳定性指标上，2008—2010 年，行业一直处于下降期。今年这一指标虽然有所提升，但与今年许多新基金公司的成立有一定关系。若是扣除几家新成立的基金公司的影响，2011 年基金行业团队稳定性的平均值仅为 0.39，说明金融危机以来，我国基金行业在稳定性方面表现不尽如人意。表 19—7 也反映出离职基金经理的平均人数的变化。最近 4 年来，每年的离职人数出入不大，除 2010 年之外，其他 3 年都在 1.9 左右小幅徘徊。基金经理的变动率在 2008—2011 年一直处于下降趋势。

基金经理相对稳定的基金公司整体来说业绩相对偏好，因为人员流动性偏高在短期内将对基金公司整体业绩造成不利影响。但随着时间的推移这一影响将逐渐淡化，且呈现牛市和震荡市中影响整体偏正面、熊市中影响偏负面的现象。

表 19—9　　近 4 年来基金公司团队变动情况

年份	团队稳定性	离职基金经理人数	基金经理变动率	新基金公司
2008	0.56	1.91	57.03%	2
2009	0.45	1.87	45.04%	0
2010	0.40	2.18	41.48%	2
2011	0.47	1.86	35.03%	7

资料来源：Wind 资讯，课题组整理。

除基金经理外，基金公司总经理、董事长等高层管理人员的变更在 2011 年也尤为显眼。

> 据统计，截至 2011 年 10 月 11 日，2011 年基金公司高级管理人员（副总经理及以上）发生变动 36 次，涉及 40% 的公司，其中包括嘉实（董事长）、易方达（总经理）、博时（总经理）、南方（副总经理）这样的老牌大型基金公司。

高管离职背后，伴随着大量职位的空缺。据人民网统计，大部分基金公司总经理离职之后都是由内部副总经理兼任。年初的高管变动潮中，除了申万菱信的总经理基本确定外，其余的几家基金公司的总经理人选仍处于待定状态。另外，多家大中型基金公司的副总成为小基金公司的热门人选。

业内人士分析，导致基金公司高管频繁变动的主要原因有：股权变更导致的高层更换；公司高管间内部斗争；经营业绩问题导致的被动型跳槽。

四大国有银行独大托管市场

截至 2011 年 12 月 31 日，我国基金托管业总共有 17 家托管银行，托管基金资产总净值为 21 928.60 亿元，托管基金总份额为 26 513.25 亿份。

- 在托管份额及总值上看，四大国有银行占据绝对主导地位。今年新批准的 212 只新基金中，中国工商银行、建设银行、中国银行、中国农业银行四大国有银行占据了 158 只，占到总量的 75%（见表 19—10）。
- 在托管基金资产净值方面，工商银行以 6 202.954 5 亿元领跑，建行以 5 187.869 8 亿元次之。四大国有银行托管基金资产净值总和为 17 386.731 7 亿元，占行业总规模 21 277.614 0 亿元的 82%。

表 19—10　　基金资产净值前 5 位的托管银行

托管银行名称	中国工商银行	中国建设银行	中国银行	中国农业银行	交通银行
期间新发基金（只）	42	46	41	29	8
期间成立基金（只）	49	46	38	29	10
期间首次募集规模（亿份）	752.579 9	532.974 7	435.305 5	503.725 4	101.809 1
本年度新托管基金（只）	40	45	37	29	8
本年度新托管基金首次募集规模（亿份）	500.950 9	453.473 9	415.492 5	424.787 8	79.322 7
本年度新托管基金最新份额（亿份）	366.693 7	341.521 1	343.979 8	333.746 7	74.163 3
本年度新托管基金资产净值（亿元）	312.331	318.468 3	294.353 5	308.046 9	71.988 9
托管基金数量（只）	248	219	132	113	60
托管基金份额（亿份）	7 130.70	5 716.16	4 270.77	3 014.62	2 205.08

资料来源：Wind 资讯。

同时，无论在托管基金净值上还是在新托管基金数量上，托管人都呈现严重的两极分化状态。排名后5位的托管人托管基金资产净值总和为116.391 3亿元，不到总量的5.5‰，2011年后5位的基金托管人新托管10只基金，占总量的4.7%（见表19—11）。托管行业的独大说明基金托管市场的单一以及马太效应。这与四大国有银行无论在信息渠道、投资客户方面都有其他小银行及外资银行无法比拟的优势有关。

表19—11　　基金资产净值后5位的托管人

托管银行名称	中国邮政储蓄银行	广发银行	渤海银行	上海银行	深圳发展银行
期间新发基金（只）	6	0	1	2	1
期间成立基金（只）	4	0	1	1	1
期间首次募集规模（亿份）	117.489 5		20.048 5	5.248 9	2.936 5
本年度新托管基金（只）	6	0	1	2	1
本年度新托管基金首次募集规模（亿份）	68.089 4		20.048 5	5.248 9	2.936 5
本年度新托管基金最新份额（亿份）	51.415 9		20.048 5	5.248 9	1.586
本年度新托管基金资产净值（亿元）	60.161 8		20.196	5.069 1	1.339 2

资料来源：Wind资讯。

机构投资者地位凸显

根据2011年基金业半年报告统计，截至6月30号，机构投资者共持有6 966 274.33万份基金，占总比的19.90%；个人投资者共持有基金189 088 650.06万份，占总比80.90%（如图19—6所示）。从表19—12中可以看出：从2007年起，机构投资者在基金投资中所占的比例持续上升。

从表19—12中可以看出，截至上半年，股票型、混合型开放式基金中，机构投资者所占比例在14%左右徘徊，个人投资者占到86%；而在新发行的此类基金中，机构投资者所占比例提高到19.29%。在债券、保本型老基金中，机构投资者投资占比36.41%，比2010年年末提高4.7个百分点；新发行的基金中机构投资者占比 18.41%，低于平均比例。在新发型的货币型基金中，机构投资者占比 66.15%；老基金中，机构投资者投资占比 52.12%，比 2010 年年末的 70.12% 降低整整 18 个百分点，说明今年上半年机构投资者在货币市场基金上大幅减仓。随着市场的发展，由于机构投资者投资资金大，风险规避程度高，追求稳定收益，保本型基金、债券型基金、货币型基金等成为机构投资者的主要投资领域。

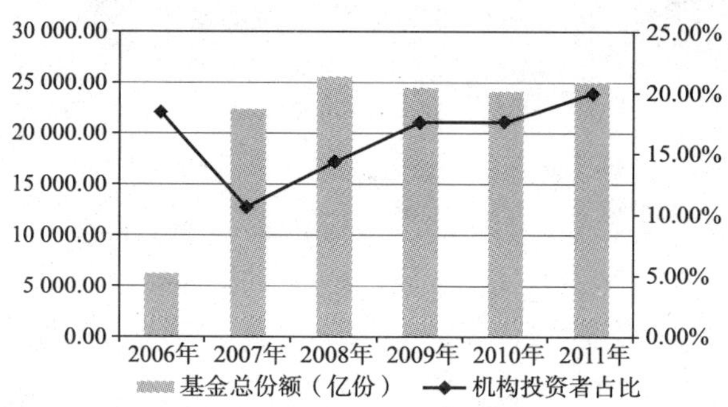

图 19—6　基金机构投资者占比情况

表 19—12　各类基金中机构投资者情况　单位：万

基金类型		总份额	机构份额	个人份额	机构比例（%）	个人比例（%）
股票、混合	2011年中期	186 457 658.3	26 642 955.26	159 814 703.1	14.29	85.71
开放式基金	2010年年末	193 493 137.3	26 580 113.03	166 913 023.2	13.74	86.26
（老）	变动比例（%）	–3.64	0.24	– 4.25	4.02	– 0.64
同上（新）	2011年中期	10 214 567.43	1 807 974.41	8 244 558.62	19.29	80.71
债券、保本	2011年中期	9 646 369.38	3 512 446.69	6 133 922.68	36.41	63.59
开放式基金	2010年年末	10 579 292.22	3 354 382.18	7 224 910.04	31.71	68.29
（老）	变动比例（%）	– 8.82	4.71	–15.1	14.84	– 6.89
同上（新）	2011年中期	4 03 792.59	755 554.74	3 348 237.85	18.41	81.59
货币型开	2011年中期	11 544 649.18	6 017 585.21	5 527 063.96	52.12	47.88
放式基金	2010年年末	15 089 693.68	10 581 009.49	4 508 684.18	70.12	29.88
（老）	变动比例（%）	–23.49	–43.13	22.59	–25.66	60.23
同上（新）	2011年中期	268 566.01	177 649.78	90 916.23	66.15	33.85

资料来源：Wind 资讯。

基金评级变化维稳

截至2011年12月31日，共有297只基金参与Wind资讯评级。以3年期评级为例，共有31只基金获得五星评级、64只基金获四星评级。较之上次评级，39只基金被增级、49只被降级。降级幅度最大的为招商大盘蓝筹、泰信优势增长，两只基金均被降两个等级。升级幅度最大的为国泰金马稳健回报，较之上期提升两个等级。从表19—13中可以看出：除上海证券外，基金的其他五大评级机构今年均呈现基金的净降级现象，但较之往年变化幅度不大，说明评级机构在对单只基金评级上并没有出现显著变化。由于涉及的评级基金成立年限均不低于3年，因此这些基金的评级存在累积效应，今年的评级状况并不能较好地反映当年的基金市场状况，市场评价存在滞后性。

表19—13　　基金评级情况

	Wind资讯	晨星	银河证券	海通证券	上海证券	招商证券
增级数	39	42	33	51	47	28
降级数	49	53	50	69	41	60
参与评级数	360	296	224	291	209	238

基金产品结构

2011年主要基金产品的份额对比、同比增长对比

截至2011年12月31日，我国基金市场上共有基金914只，其中股票型基金434只、混合型基金176只、债券型基金141只、货币性基金51只，其他如保本型基金、封闭式基金、QDII基金共143只。由于货币型基金、保本型基金在今年熊市中的优异变现，进攻型的股票型基金市场所占份额降低了2.03个百分点。但是由于股票型基金巨大的基数效应，无论从基金数量、份额、资产净值上看，股票型基金仍然占据整个基金市场的半壁江山（见表19—14）。

表 19—14　　2011 年基金市场概况

基金类型	数量合计（只）	占比（%）	份额合计（亿份）	占比（%）	资产净值合计（亿元）	占比（%）
股票型基金	434	47.54	12 808.67	51.77	10 594.392 4	49.82
普通股票型基金	293	32.09	8 955.50	36.19	7 694.441 1	36.18
被动指数型基金	121	13.25	3 212.51	12.98	2 434.012 7	11.45
增强指数型基金	20	2.19	640.66	2.59	465.938 6	2.19
混合型基金	176	19.28	6 619.96	26.75	5 900.229 9	27.74
偏股混合型基金	134	14.68	4 882.75	19.73	4 499.320 2	21.16
平衡混合型基金	24	2.63	1 348.94	5.45	1 081.093 2	5.08
偏债混合型基金	18	1.97	388.27	1.57	319.816 4	1.50
债券型基金	141	15.44	1 255.65	5.07	1 302.916 7	6.13
中长期纯债型基金	8	0.88	51.92	0.21	53.131 3	0.25
短期纯债型基金	2	0.22	7.22	0.03	7.235 5	0.03
混合债券型一级基金	63	6.90	632.51	2.56	698.598 5	3.28
混合债券型二级基金	68	7.45	564.00	2.28	543.951 5	2.56
货币市场型基金	50	5.48	1 276.77	5.16	1 276.782 4	6.00
其他基金	142	15.55	2 782.72	11.25	2 566.810 4	12.07
保本型基金	22	2.41	423.35	1.71	480.677 4	2.26
封闭式基金	69	7.56	1 422.27	5.75	1 507.837 7	7.09
QDII基金	51	5.59	937.11	3.79	578.295 4	2.72
合计	913	100.00	24 743.77	100.00	21 266.541 2	100.00

资料来源：Wind 资讯。

新基金大量发行

截至 2011 年 12 月 31 日，今年共发行基金 212 只、2 368.61 亿份。其中股票型基金 1 032.95 亿份、混合型基金 54.50 亿份、债券型基金 620.86 亿份、货币型基金 107.85 亿份、其他基金（封闭式、QDII、保本型）552.45 亿份。从表 19—15 中可以看出，虽然今年股票型基金表现大跌眼镜，不过在发行份额上，股票型基金经历年初低潮期后，有渐渐回暖的趋势。从时间轴上看，上半年为基金发行的旺季，下半年虽然新发行基金数量逐渐增多，但是在份额上仍不如上半年，如 7 月发行了 24 只基金（下半年最多），但总计只募集了 243.30 亿份，这个数字与上半年 6 个月的表现相比，排在倒数第 2 位。

这种变化可以用我国股市的整体表现解释：上半年为股市的缓慢上升期，

下半年一直到现在为衰退期。低迷的经济情况和差强人意的基金募集表现使得不少基金公司选择推迟新基金的发行。但是在新基金的发行数量上，今年的发行数量已远大于去年 147 只。大量基金的发行反映出众多基金公司在基金审批机制放宽的形式下，为争夺市场的先手优势的竞争到达白热化阶段。

表 19—15　　各类新基金发行情况

	新成立基金			股票型			混合型		
截止日期	只数（只）	发行份额（亿份）	占比（%）	只数（只）	发行份额（亿份）	占比（%）	只数（只）	发行份额（亿份）	占比（%）
1月	17	253.39	100.00	8	110.82	43.74	1	22.17	8.75
2月	16	351.76	100.00	5	123.08	34.99	0		
3月	17	307.31	100.00	9	148.77	48.41	0		
4月	19	340.57	100.00	8	115.69	33.97	1	17.08	5.01
5月	28	386.13	100.00	15	129.60	33.57	0		
6月	11	71.19	100.00	6	32.40	45.51	0		
7月	24	243.30	100.00	12	113.91	46.82	2	13.61	5.60
8月	22	187.26	100.00	16	117.00	62.48	0		
9月	8	39.86	100.00	7	36.12	90.64	0		
10月	16	155.14	100.00	8	105.55	68.03	3	25.33	16.33
11月	23	32.72	100.00	8	69.69	28.39	2	9.86	4.02
12月	7	60.93	100.00	4	23.70	38.89	1	14.12	23.17
	债券型			货币市场型			其他		
截止日期	只数（只）	发行份额（亿份）	占比（%）	只数（只）	发行份额（亿份）	占比（%）	只数（只）	发行份额（亿份）	占比（%）
1月	1	5.43	2.14	1	28.46	11.23	6	86.51	34.14
2月	4	88.40	25.13	2	67.85	19.29	5	72.43	20.59
3月	4	77.47	25.21	0			4	81.07	26.38
4月	3	83.82	24.61	0			7	123.99	36.41
5月	8	176.28	45.65	0			5	80.24	20.78
6月	3	30.63	43.03	0			2	8.16	11.46
7月	2	68.23	28.04	0			8	47.54	19.54
8月	2	48.02	25.65	0			4	22.24	11.87
9月	0		0	0			1	3.73	9.36
10月	3	9.86	6.35	1	11.55	7.45	1	2.85	1.84
11月	9	115	46.86	0			4	50.95	20.75
12月	1	5.40	8.86	1	17.72	29.08	0		0

图 19—7 为今年新发行基金的平均首募规模变化。从图中可以看出在上半年，股市先缓慢上升，但从 6 月开始下滑。同时，基金的平均首募规模在上半年也一直处于高位，但是在 6 ～ 9 月，基金业经历了募集困难时期，平均募集规模为 7.53 亿份。之后，虽然股市从 10 月开始又出现下滑，但是随着投资者对市场见底预期的深入，首募规模不降反升。

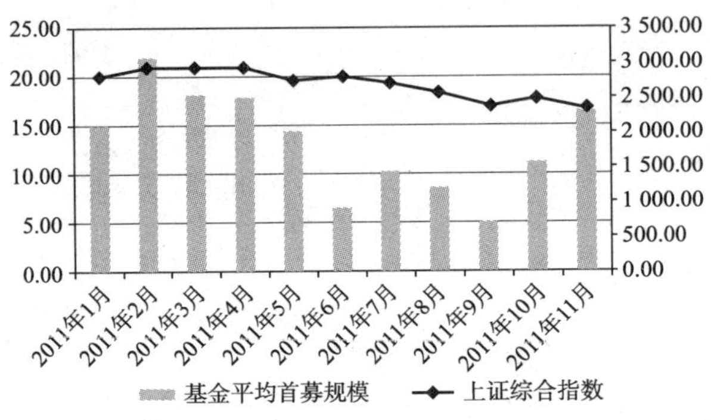

图 19—7　基金首募平均规模

资料来源：Wind 资讯。

今年出现大量新发行基金的同时，基金市场出现了不少微型基金。如图 19—7 所示，6 ~ 9 月基金的平均募集规模仅 7.53 亿份。全年来看，截至 12 月 31 日，共有 67 只基金发行份额低于 5 亿份，8 只基金低于 2 亿份。同时，今年发行份额最高的为汇添富社会责任基金，共 56.23 亿份，第 2 名为南方保本基金，共 49.61 亿份。较之去年两只基金发行规模破百亿（工银瑞信双利 A（B）140.525 2 亿份、华泰策略精选 118.146 7 亿份）的情况，基金“迷你化”成为不争的事实，同时也反映出基金市场日趋饱和。

基金业遭遇大面积净赎回

从表 19—16 中可以看出：2011 年基金市场遭到全面净赎回。较之去年，债券型基金净申购比例最小，为 –41.72%，它也是净申购比例下降最快的基金类型。2011 年，货币市场基金业绩表现虽然整体上超出其他类型基金，但仍然遭到了 26.25% 的净赎回，但是这一比例要远优于去年 45.47% 的赎回比例。

今年净申购比例最高的为混合型基金的 –0.43%。

表 19—16 开放式基金申赎情况

基金类型	11年净申购份额（亿份）	11年净申购比例	10年净申购份额（亿份）	10年净申购比例
股票型	–603.981 7	–4.72%	–729.847	–6.02%
混合型	–284.725 1	–0.43%	–638.079	–8.91%
债券型	–523.841 8	–41.72%	11.696 7	1.54%
货币市场型	–337.682 1	–26.45%	–1 180.18	–45.47%
保本型	–55.911	–13.21%	–13.129 2	–9.29%
QDII	–183.194 1	–19.55%	–129.066	–12.69%

注：2011 年数据只统计到前 3 季度
资料来源：课题组。

总体上看，今年赎回现象最为严重的为偏进攻型的混合型基金和股票型基金，原因有两点：

- 股基业绩大幅下跌（截至 11 月 25 日，中证股基指数同比下跌 17.21%）。
- 投资者在 A 股市场单向下跌情况下出现投资风险规避效应，股票型、混合型基金遭遇了大面积赎回。

同时，债券型基金指数下跌 2.9%，表现不及债券市场（4.4%）。收益率上高达 7.3% 的差值使得债基市场 523.8 亿份的净赎回额成为必然。

基金产品分布变化的成因分析

2011 年 3 月 5 日，温家宝总理在十一届人大四次会议中表示，作为“十二五规划”的开局之年，央行继续采用积极的财政政策和稳健的货币政策。央行在上半年连续 6 次提高存款准备金率，使之达到 21.5% 的历史高位。在这种货币环境中，融资难成为制约中小企业，甚至一些大型私营企业发展的普遍原因。不少企业转向借贷利率在 30% 以上的民间借贷，高借贷成本以及有限的市场需求使得不少企业因无力偿还贷款而宣布倒闭。

离开了实体经济的支持，作为资源配置行业的基金业自然也无法有出色的表现。不少基金公司纷纷采取发行指数基金的方式对冲实体市场经济的糟糕表现，以取得市场收益率为最终的投资目标。截至2011年12月31日，今年新发行的212只基金中有44只被动指数型基金，17只分级基金。**基金的指数化、分级化成为近年市场的一个显著特点。**

同时由于受到“十二五规划”的影响，行业出现了紧随市场热点的主题基金。

> 如以对冲通货膨胀为目的的商品消费、绿色能源等主题资源基金成为众多基金公司的目标，如工银瑞信商品消费、易方达资源、富国低碳环保行业等占据了新发行的普通股票基金的半壁江山。

受到欧债危机、人民币升值等各方面影响，具备保值功能的黄金类主题资源基金也陆续发行，如汇添富黄金及贵金属、嘉实黄金等。

由于在“十二五规划”目标中明确提到对高科技行业的支持，所以今年也发行了多只科技概念基金，如华安科技动力、汇丰晋信科技先锋等。

尾随佣金逐年递增

据Wind资讯统计，基金行业费用可分为管理费、托管费、客户维护费（尾随佣金，2008年起开始列入统计项目）、销售服务费和其他费用。

2011年上半年，共产生费用237.84亿元，其中基金管理费以149.22亿元在各项费用中居首，托管费次之，为26.56亿元，备受关注的尾随佣金以23.80亿元位居第三（见图19—8）。

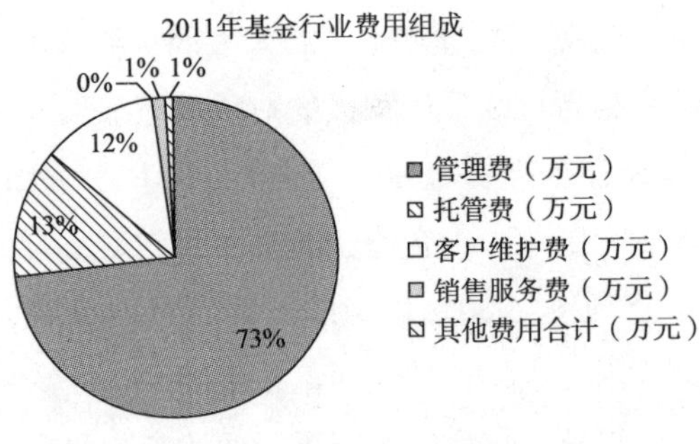

图19—8　基金行业收费情况

较之往年可以看出（表19—17），基金行业费用逐年递减，同时基金行业资产管理规模也持续萎缩。在管理费、托管费方面基本维持在300亿、500亿元左右，变化不大。近年来变化最为明显的是备受关注的尾随佣金。截至2011年上半年，客户维护费总计26.56亿元，占管理费的17.87%，尾随佣金自计入统计以来占管理费的比例逐年上升。**尾随佣金占管理费比例的上升说明面对大量基金的发行，基金销售成为各大基金公司运营的重点，基金业的行业销售竞争程度日趋激烈。**

表19—17　　基金行业收费构成

报告期	2011年	2010年	2009年	2008年	2007年
费用合计（万元）	2 378 437.35	4 879 099.52	4 750 636.40	5 335 810.24	6 158 403.59
管理费（万元）	1 492 196.06	3 029 409.47	2 857 329.62	3 073 388.43	2 838 218.19
托管费（万元）	265 641.22	533 108.52	504 383.70	537 734.91	483 971.40
客户维护费（万元）	237 974.82	460 253.30	414 842.53	438 968.72	
客户维护费占管理费比例（%）	17.87	16.10	15.50	15.26	
销售服务费（万元）	22 196.92	35 542.08	57 439.44	45 621.99	21 015.99
其他费用合计（万元）	17 634.29	32 215.02	22 223.17	31 021.12	29 688.54

资料来源：Wind资讯。

对投资者说

○ 在行业结构方面，今年新发行的212只基金中，业绩欠佳的股票型基金仍旧维持了以往近50%的占比，表现较好的保本型、货币型基金新发行量仍旧维持低位。总体上看，货币型基金、保本型基金虽然业绩表现优秀，但其在行业中市场份额的提升主要来自原有基金规模的大幅增加，而非新基金的冲击。同时，新发行的货币型基金的募集规模并不比股票型、债券型基金具有更明显的优越性。

○ 行业竞争程度整体上进一步加强，但是排在前 10 名、前 5 名的大型基金公司的市场份额占比总额仍旧维持高位，并进一步提升。同时，大型基金公司的人员稳定性也维持高位。

○ 机构投资者地位凸显。随着行业发展，2011 年上半年，机构投资者持有全行业 19.9% 的基金，基金投资机构化成为趋势。投资者这种机构化投资的行为愈发明显，是因为投资机构化能够更好的保障投资者利益。

第20章

中国基金业发展：销售篇

■ 本章导读 ■

■ 2011 年，新基金发行数量井喷，年内共发行 212 只新基金，数量创单年度历史新高。但平均首募规模仅为 13.09 亿份，创近年来新低。

■ 受股票市场弱势影响，高风险基金销售维持低迷；与此同时，低风险基金销售也日益受到银行理财产品的强烈冲击。年内首募规模较高的基金产品仍以低风险的保本型基金、债券型基金（尤其是分级债基）居多，拥有渠道优势的银行系基金公司销售表现较为出色。

■ 银行渠道继续占据基金销售主导地位，但银行体系内部围绕基金托管展开日益激烈的竞争。第三方销售有望在长期打破目前的基金销售渠道格局，逐步形成英美等海外成熟基金市场销售渠道多元化的模式。

■ 基金公司继续深化利用各种营销手段进行市场推广，竭力打造基金品牌，跨界营销、“智能定投”等频频为基金销售市场带来新亮点。基金公司微博营销开始形成一条新型产业链，但其效果如何，仍然有待观察。未来如何在监管的约束条件下，创新微博营销模式，提高微博平台影响力，仍然是基金公司需要思考的重要问题。

2011 年，新基金发行数量创历史新高，但新基金平均首募规模创历史新低，一个“新高”和一个“新低”，反映了 2009 年以来新基金销售的困境。不仅高风险产品销售持续低迷，低风险产品销售也受到冲击。

在销售方面，虽然在长期来看，新修订的《证券投资基金销售管理办法》为第三方基金销售的发展奠定了制度基础，并与其他配套制度一同，基本构成中国基金销售法规体系。但就目前的情况而言，短期内无论是支付方面还是销售方面，第三方机构由于自身的劣势，都难以与银行渠道竞争，对基金销售的推动作用将较为有限。第三方基金销售机构应该将未来的工作重点放在发行 FOF 类产品，并在积累了渠道资源、树立品牌后开展增值服务业务。

经过十几年的发展，基金销售领域已经迎来向更高层次发展的时间窗口，由简单卖基金、同质化营销的阶段，逐渐过渡到为投资者提供增值服务、差异化营销的阶段。在这一过程中，人才培养和制度创新是关键的促进因素。

产品：基金行业销售持续冷清

2011 年，在多通道审批制度的背景下，新基金发行数量井喷，年内共发行 212 只新基金，数量创单年度历史新高。新基金首募规模合计 2 643.72 亿份，但平均首募规模仅为 13.09 亿份，创近年来新低。导致新基金首募规模持续萎缩的主要原因有：

- 近几年来，基金赚钱效应不显著，对投资者吸引力下降。
- 基金审批制度改革后，基金发行数量和品种增加，分散了投资者的视线。
- 投资者投资理念越来越成熟，对于没有历史可考的新基金越来越挑剔。
- 由于银行理财产品的爆发和银行揽储压力，渠道对基金销售的支持动力也在逐渐消退。

基金行业新发基金整体概况

2011 年新发基金共 212 只，较 2010 年新发基金 154 只增长 35.7%，创历史新高。其中股票型基金 106 只、混合型基金 10 只、债券型基金 40 只、货币市场型基金 5 只、保本型基金 17 只、封闭式基金 9 只、QDII 基金 22 只。新基金平均首募规模 13.09 亿份，较 2010 年平均首募规模 20.71 亿份下降 36.8%，创近年来新低。其中，股票型基金 10.92 亿份、混合型基金 9.78 亿份、债券型基金 18.69 亿份、货币市场型基金 30.90 亿份、保本型基金 21.00 亿份、封闭式基金 10.62 亿份、QDII 基金 6.74 亿份（见图 20—1）。

一个“新高”和一个“新低”，反映了 2009 年以来新基金销售的困境：虽然发行数量上升，但平均首募规模却持续走低。这个现象背后确实有基金公司基于产品线布局的需要，但拼命上马新基金更多是为了保住市场份额的无奈之举。此外，这一现象也反映了目前基金销售主要依靠银行渠道的难处：由于销售新基金有高额尾随佣金，银行渠道有激励销售，基金公司不得不选择“重首发，轻持续”的营销策略。

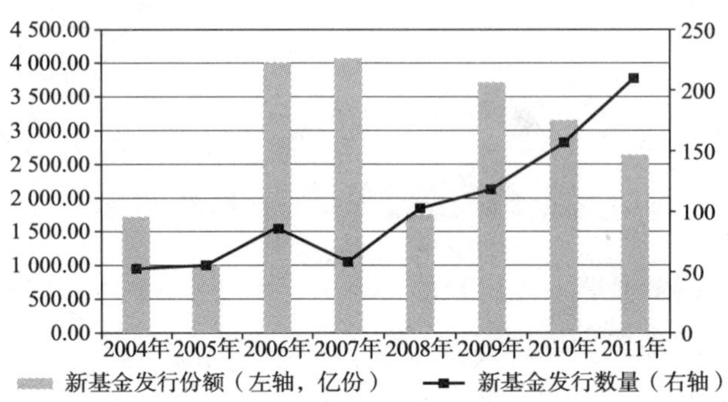

图 20—1　2004—2011 年新基金发行数量及发行份额

资料来源：Wind 资讯。

从表 20—1 中可以看出，2011 年首募规模超过 30 亿份的基金中，以低风险的保本型基金、债券型基金（尤其是分级债基）居多。而拥有渠道优势的银行系基金表现也较为出色，工银瑞信、农银汇理、民生加银、中银基金都有产品获得了较好的首发成绩。

表 20—1　　2011 年部分首募规模高于 30 亿份基金一览

基金名称	首募规模（亿份）
汇添富社会责任	56.23
工银瑞信添颐B	46.29
华安升级主题	41.19
广发聚祥保本	41.09
南方恒元保本二期	39.04
易方达医疗保健	38.13
工银瑞信保本	34.30
农银汇理沪深300	32.98
博时裕祥分级A	32.02
民生加银景气行业	31.99
平安大华行业先锋	31.98
中银中小盘成长	30.46
鹏华丰盛稳固收益	30.46
长盛同鑫保本	30.32

资料来源：Wind 资讯。

反观一些综合实力较弱的基金公司，在低迷的市况下，首募 2 亿份的标准下限都难以达到，不得不宣布延长募集期。其中天治稳定收益基金被迫连续 3 次推迟募集期限，直到第 73 天才勉强达到首募标准下限，创下了业界纪录。

高风险产品销售持续低迷，低风险产品销售受冲击

受到股票市场弱势影响，2011 年高风险基金销售维持低迷，股票型基金平均首募规模缩水至 10.92 亿份，远低于 2010 年 17.23 亿份的水平，与 2007 年的 55.37 亿份更是不可同日而语；混合型基金更是惨淡，平均首募规模 9.78 亿份，仅相当于 2010 年 46.75 亿份的约 20%。

另一引人注目的情况是，在流动性趋紧的宏观形势下，银行理财产品成为银行间争夺存款的主要工具，发行规模和数量均呈井喷态势。在低风险产品战场上，货币市场型基金和债券型基金开始因收益率和流动性不敌同类银行理财产品而陷入销售困局（见表 20—2）。尤其是作为低风险和高流动性典范的货币市场型基金，其传统现金管理工具的龙头地位遭遇严峻挑战。

表 20—2　2005—2011 年债券型基金、货币市场型基金平均首募规模

	债券型基金平均首募规模（亿份）	货币市场型基金平均首募规模（亿份）
2005年	80.18	28.47
2006年	43.19	29.20
2007年	34.42	—
2008年	28.81	—
2009年	22.64	25.43
2010年	37.15	44.75
2011年	18.69	25.11

资料来源：Wind 资讯。

由于银行理财产品额度偏紧，有些银行内部甚至出现“卖基金奖理财产品额度”的“怪招”，如总行和分行达成协议，销售 300 万基金，奖励 100 万的理财产品额度，以加大基金销售力度。当然，这一现象也反映了银行理财产品的火爆对低风险基金销售造成的强烈冲击。

渠道：银行仍然占据优势，第三方销售期待起航

银行渠道继续占据主导地位

进入2011年，银行渠道凭借众多的网点、雄厚的客户基础、完善的产品线与资金支付清算的天然优势，在基金销售中仍然占据主导地位。基金公司在银行面前没有讨价还价的能力，难以摆脱对银行渠道的依赖。

> 认购费1.5%要给银行，赎回费0.5%的70%要给银行，管理费1.5%的部分（比例不定，从20%到75%）作为尾随佣金，还要给银行。

即使是直销渠道，由于结算系统单一，银行仍然要承担重要角色。因此，银行拥有了在基金销售领域无可比拟的话语权。

虽然《开放式证券投资基金销售费用管理规定》已实施近两年，但基金公司销售基金的成本不仅没有因此降低，反而还有一定程度的上升。由于发行数量与扩大首募规模的压力，基金公司迫不得已改变形式，通过培训、活动等给银行奖励，并不断提高尾随佣金比例。

目前，大型银行的基金销售渠道已经变得越来越拥挤，而大型银行由于自身渠道优势，向基金公司收取的费用水涨船高，令众多基金公司苦不堪言。相比而言，中小银行则主要出击争取新基金的托管资格，在渠道费用等方面往往比大型银行更加优惠。此外，由于托管的基金较少，中小银行对每次新发基金也较为重视。2011年，更多的中小银行开始分食基金托管蛋糕，托管于中小银行的新基金平均首募规模也丝毫不逊色于大型银行（参见表20—3）。

表20—3 新基金托管银行分布与平均首募规模

托管银行名称	新托管基金数量（只）	新托管基金平均首募规模（亿份）
华夏银行	1	5.43
浦发银行	2	20.20
兴业银行	2	13.38
中信银行	9	11.74

续前表

托管银行名称	新托管基金数量（只）	新托管基金平均首募规模（亿份）
上海银行	2	7.15
深发展银行	1	2.94
渤海银行	1	20.05
民生银行	5	19.12
农业银行	29	15.44
中国银行	42	11.68
交通银行	9	8.81
光大银行	3	15.67
建设银行	46	10.91
邮储银行	6	16.74
招商银行	13	20.67
工商银行	43	13.02

资料来源：Wind 资讯。

值得注意的是，新修订的《证券投资基金销售管理办法》(以下简称《管理办法》) 开放了外资银行代销基金。根据第三轮中美战略与经济对话框架下经济对话成果，符合条件的在华外资法人银行与中国银行在互助基金分销上享受同等权利，为此，《管理办法》第八条申请基金销售机构的商业银行中，专门标明了包括在华外资法人银行。虽然外资银行在国内网点不多，但基本锁定高端客户，在客户单产和个性化服务上具有优势。若基金公司希望未来开展专户业务，外资银行也将是一个较为合适的销售渠道。

外资银行对代销基金的兴趣，包含对打造全方位产品平台的希望、对提升中间业务收入水平的需求，以及对通过满足客户更为全面的财富管理需求和提供财务规划协助提高客户黏性的期待。当然，外资银行要实际进入中国内地基金代销市场，还需要一系列的准备，包括资格审查批复、结算系统对接运行，以及相关基金公司和产品的选择洽谈等。

从第三方支付到第三方销售

华夏基金 2010 年 5 月 31 日公告第三方支付业务正式开通，个人投资者可通过汇付天下“天天盈”账户，申购、赎回华夏基金旗下基金产品，标志着基金第三方支付的启动。截至2011年12月，作为国内首个服务于基金销售的第三方支付系统，汇付天下的“天天盈”线上基金平台可以提供通过国内19家银行的借记卡购买27家基金公司的开放式基金份额的服务，申购费率与基金公司网上直销0.6%的水平持平，大打低价牌，力图挑战银行的传统渠道优势。

第三方销售的政策支持

2011年10月1日，修订后的《管理办法》和《证券投资销售结算资金管理暂行规定》(以下简称《暂行规定》)正式实施，放宽了独立基金销售机构的准入条件，明确了基金销售结算资金的法律性质，并增加了基金销售“增值服务费”内容，在制度上更是使第三方基金销售机构的发展成为可能。在此之前，虽然2004年7月1日即开始实施《管理办法》，但是由于准入门槛过高，天相投顾成为唯一获得第三方基金销售牌照、开展相关基金销售业务的投资咨询机构。7年以来，由于没有找到合理的盈利模式，其在该业务上的发展非常缓慢。

10月14日，证监会发布《关于实施〈证券投资基金销售管理办法〉的规定》(以下简称《实施规定》，明确了《管理办法》修订前后具体实施上的衔接问题:《实施规定》以表格形式将每一项监管要求细化，具体列明资格申请条件和日常监管标准，使监管对象可以清晰地判断自身是否符合标准。每一项法规要求的具体化，将使审核与监管工作更为透明。对于监管部门而言，有利于减少在审核方面的过度裁量，增加在标准明晰情况下的监督职能；对于监管对象而言，有利于减少因标准不明而发生的“误撞线”，增加自身合规管理的内部约束。

《实施规定》是《管理办法》的配套规范性文件之一，《实施规定》发布后，基金销售法规体系基本建成，形成在《基金法》框架下，以《管理办法》为主体，《基金销售业务信息管理平台管理规定》、《基金销售机构内部控制指导意见》、《基金销售适用性指导意见》、《基金宣传推介材料的补充规定》、《基金评价业务管理暂行办法》、《基金销售费用管理规定》、《暂行规定》等规范性文件和证券业协会关于人员管理、反洗钱、网上基金销售信息系统技术规范等自律规范为补充的法规体系。该法规体系已经涵盖机构管理、人员管理、评价业务、宣传推介、费用管理、资金管理、内部控制等基金销售监管的各主要内容。

根据中国证券业协会的统计，2010 年中国开放式基金销售中，直销渠道占比 31%，券商渠道占比 9%，银行渠道占比 60%；商业银行，尤其是大型银行代销在基金销售中占据主导地位（见图 20—2）。而美国基金第三方销售的比重占到 70%，英国在 55% 以上（见图 20—3）。新《管理办法》实施后，中国基金市场第三方销售的发展有望在长期打破目前的渠道格局，逐步形成英美等海外成熟基金市场多渠道、以第三方销售渠道为主的基金销售模式。但就目前的情况而言，短期内无论是支付方面还是销售方面，第三方机构由于自身的劣势，都难以与银行渠道竞争，对基金销售的推动作用将较为有限。此外，如果与第三方基金销售机构合作，基金公司需要考虑客户维护问题，需要对从事第三方业务的相关人员进行培训、服务，这对于基金公司，尤其是小型基金公司而言也将是不小的负担。

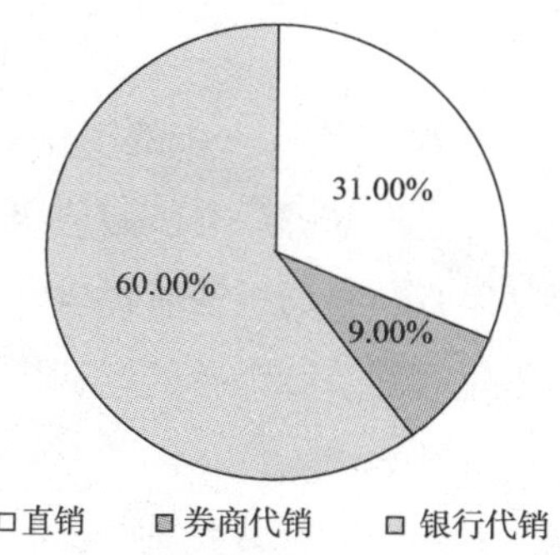

图 20—2　中国基金销售渠道分布情况（2010 年）

资料来源：中国证券业协会。

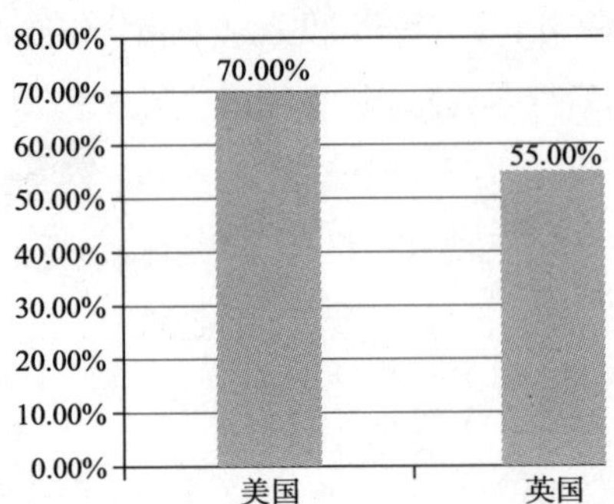

图 20—3　美国与英国第三方机构占基金销售渠道比重

资料来源：晨星（中国）研究中心。

FOF产品和增值服务成为第三方销售未来发展看点

第三方基金销售机构盈利空间到底如何？根据展恒理财中心计算，目前基金的申购费一般为 1.5%，但网上申购一般打四折，即 0.6%。第三方基金销售机构理论上只能拿到 0.6% 的申购费用，同时还必须向支付平台和监管银行支付相应的费用。其中，第三方支付机构将提取最低 0.3% 左右的费用，而有监督资质的商业银行每笔会收取 0.1%~0.2% 左右的费用。如此算来，第三方基金销售机构在代销这一环节的获利空间所剩无几。好买基金 CEO 杨文斌也曾经预测，**在目前的市场环境下，至少需要 30 亿到 50 亿的基金存量规模，第三方基金销售机构才能实现盈亏平衡；而从获得资格到盈利，则需要 3 年左右时间。**

因此，第三方基金销售机构应该将未来的工作重点放在发行 FOF 类产品上，并在积累了渠道资源、树立了品牌后开展增值服务业务。因为，虽然第三方基金销售市场空间广阔，但只有在为投资者提供增值服务上下工夫，走与传统渠道差异化的竞争之路，建立独特和完善的运营模式，才是第三方基金销售机构生存、盈利的关键。

为了引导和促进基金销售机构进行差异化、专业化、高附加值的营销服务，新《管理办法》增加了基金销售“增值服务费”内容。鼓励销售机构按照质价相符的原则，提高对基金投资人的服务质量。这样的制度安排有利于完善多元化、多层次基金销售体系，也有利于扩大基金销售机构收入来源。但要引导基金第三方销售机构从免费走向有选择地收费，难度很大，且需要较长时间的投资者教育作为保障。因此，如何在未来利用增值服务形成可持续的盈利模式，仍然需要第三方销售机构进行长时间的探索与投入。

营销：营销创新继续发展，微博营销渐入佳境

基金创新营销方式继续发展

2011年，市场环境的约束使基金公司面对日益加剧的销售压力，大多数基金公司开始选择更加务实的营销理念：从降低费用、增厚投研、重点力推绩优产品等方面入手抢占市场。与此同时，各基金公司继续深化利用各种营销手段进行市场推广，竭力打造基金品牌。

以获得第九届中国财经风云榜“2011年度基金业最佳创意营销奖”和2011东方财富风云榜“2011年度基金业最佳营销案例”的基金公司为例，它们通过“亲情牌法”、“公益牌法”、“环保牌法”、“以小见大法”等方式创新基金营销、为基金销售市场频频带来新亮点（见表20—4和表20—5）。

表20—4　　第九届中国财经风云榜“2011年度基金业最佳创意营销奖”

基金公司	相关案例
大成基金	成长的故事——深证成长40指数成份股有奖竞猜
富国基金	“万人共植低碳公益林”活动
华商基金	爱老虎投
华泰柏瑞基金	“暑期亲子理财夏令营——我是小小艺术家”系列
汇添富基金	“黄金万里行”全国巡讲活动
嘉实基金	债市的春天主题活动
鹏华基金	“投资可以更美的”深度投资之旅
泰达宏利基金	儿童理财绘本
信达澳银基金	“关注产业升级 收获建行黄金”活动
兴业全球基金	公益活动果壳时间（科学松鼠会讲座）

资料来源：和讯网，课题组。

表 20—5　2011 东方财富风云榜“2011 年度基金业最佳营销案例”

基金公司	相关案例
长盛基金	“长盛微基金”公益活动
海富通基金	周期非周期指数投资黄金大赛
易方达基金	“绿色珍奇之旅”活动

资料来源：东方财富网，课题组。

此外，基金营销策划在 2011 年出现了一些有趣的现象，如基金份额，尤其是低风险产品份额成为营销礼物。

上投摩根基金和七喜汽水合作开展了“喝超值七喜，赢超爽基金”的活动。在活动期间买七喜“再来一瓶 / 再来一罐”促销装产品，揭开瓶盖印有“大奖”，可获得上投摩根提供的价值人民币 4 999 元的货币市场基金份额。本次上投摩根在业界首开先河，与快消巨头百事集团展开跨界合作，源于双方对市场需求的准确把握。

这样的跨界营销也出现在工银瑞信保本基金的产品推广中，其选择与纽交所上市公司奇虎 360 合作，强调的共同点是“安全守护”，获得了首募超过 34 亿元的成绩。

与此同时，“智能定投”也逐渐成为多家基金公司持续营销的重点，所谓智能定投，具体地说，是指在某一预先设定的日期（T 日），根据 T–1 日某证券市场指数与该指数均线的比较情况，在 T 日自动增加或减少基金定投金额。在证券市场指数低于该指数均线时，增加扣款金额；高于该指数均线时，减少扣款金额。即在基金净值较低时，增加投资金额，获得更多份额；在基金净值较高时，减少投资金额，从而进一步降低申购成本，使得成本平摊效果更好。以大成基金为例，其推出的“智能定投”主要有以下两个特点：一是低位多投，高位少投；二是投资者可以任选定投期间、定投指数、比较均线、定投级差等投资参数。

微博营销渐入佳境

进入 2011 年，以“新浪微博”、“腾讯微博”为代表的微博产业继续高速发展。虽然面临诸多限制，但更多的基金公司开始力图借助微博寻找一条基金营销新路。截至 2011 年年底，已经有 55 家基金公司开通了官方微博，其中 5 家基金公司开通了公司子品牌微博，一部分基金公司高管和员工也注册了实名认证微博账号。

汇添富基金、富国基金和兴业全球基金在2010年年初成为业内最早拥有官方微博的基金公司。2011年年初，华夏基金、南方基金等大型基金官方微博上线；与此同时，南方基金总经理高良玉、华夏基金副总经理张后奇也注册了实名认证微博账号，高良玉还成为首个基金高管"微访谈"对象。借助微博，公众对基金公司及其高管的关注度得以大幅提升。

从表20—6中可以看出，基金公司微博的人气不仅与基金规模、市场影响力有关，更与公司微博自身的活跃度高度相关。一些中小基金公司由于重视并善于管理微博媒介，受关注度甚至超过部分大型基金公司。例如，光大保德信基金虽然管理规模排名30名左右，微博粉丝数却排名第2；而国海富兰克林基金、申万菱信基金等的微博粉丝数也超过2万人。

表20—6　基金公司新浪微博粉丝数量排名（前20名，截至2011年1月12日）

排名	基金公司	粉丝数量	微博条数
1	华夏基金	189 620	2 265
2	光大保德信基金	108 062	1 684
3	嘉实基金	102 474	713
4	富国基金	94 934	1 917
5	华安基金	79 096	2 207
6	工银瑞信基金	58 084	2 146
7	汇添富基金	50 838	2 433
8	南方基金	48 795	767
9	国投瑞银基金	39 978	1 399
10	海富通基金	30 115	805
11	上投摩根基金	29 253	2 264
12	银华基金	26 490	2 091
13	申万菱信基金	26 177	2 216
14	国海富兰克林基金	25 941	2 877
15	中邮创业基金	25 053	1 013
16	摩根士丹利华鑫基金	24 784	2 829
17	鹏华基金	24 177	2 033
18	长信基金	23 285	807
19	诺安基金	23 010	1 479
20	大成基金	22 501	2 691

资料来源：新浪微博，课题组。

基金公司的微博营销方式

大部分活跃的基金公司官方微博较为注重公司、基金经理与投资者的交流互动，会定期或不定期地在官方微博举办推广活动，通常为“转发回答问题 +@ 好友”的方法，并以抽奖的形式鼓励参与。例如，富国基金曾推出“预测中证 500 点位”的有奖竞猜活动，假如能精确到小数点后两位，就可能成为富国“指等你来猜”活动的日冠军，拿到相机或者话费等奖品。这样的活动意在吸引大众关注，增加微博人气，也起到一定投资者教育的作用。

但其他一些基金公司的微博营销更进一步，力图通过营销成本较低的微博平台推广相关基金产品。以诺安基金为例，其针对国内投资者越来越倾向于通过网上交易进行投资的新情况，率先开发了集黄金交易和网上交易两大投资优势于一体的全新品牌——“E 黄金”，为投资者开通了便捷的黄金投资渠道。与此同时，诺安基金还巧妙地运用微博进行产品推广。值得称道的是，相对于简单卖产品，诺安基金利用微博采用文化营销的方式求新求变，“用文化搭台为产品唱戏”，让投资者于潜移默化中接受产品信息，诺安黄金基金也因此成为 2011 年备受业界关注的一只基金。此外，鹏华基金和上投摩根基金还因为在微博营销中的突出表现，在《证券时报》第十二届优秀财经网站评选中获得“优秀微博营销基金平台”的称号。

微博营销这块蛋糕也让一些网络营销公司、广告公司，甚至微博营销“达人”应运而生，为基金公司进行微博业务外包服务，形成一条新型产业链。但微博营销的效果如何，仍然有待观察。目前来看，“关注度就是影响力”的低层次微博营销方式仍然是主流，产生了类似“中奖专业户”的新问题。展望未来，如何在监管的约束条件下，创新微博营销模式，提高微博平台影响力，是基金公司需要思考的重要问题。

人才培养和制度创新是未来基金销售破题的着力点

从 2011 年基金销售情况可以看出，基金销售比拼的往往是基金公司的品牌、过往业绩、费率结构、渠道销售能力，以及产品是否有卖点，但市场的困难可以瓦解上述所有优势。**经过十几年的发展，公募基金销售领域已经迎来向更高层次发展的时间窗口，由简单卖基金、同质化营销的阶段，逐渐过渡到为投资者提供增值服务、差异化营销的阶段。**

在这一过程中，人才培养和制度创新是关键的促进因素。目前，营销人才，尤其是渠道人才已经成为基金公司的核心缺口：

- 一方面，具备专业素养、销售技能、熟悉银行的人才有限；
- 另一方面，基金公司和产品越来越多，代销银行增加，对营销人才需求较大。

此外，行业竞争加剧促使基金公司销售策略转型也是营销人才紧缺的重要原因。未来，基金行业和公司如何发掘、培养、训练一批高素质的营销人才，对破题基金销售有着重要的意义。

从长远看，只有制度创新才能促进基金销售的健康稳定发展。目前，管理层正把促进销售渠道多元化、促进专业销售顾问发展作为基金行业发展的一项重要工作，第三方销售机构将在这一过程中扮演重要的角色，拓展基金销售的通道，改善基金行业的生态链环境。未来，完善对基金第三方销售和直销的相关制度支持，鼓励第三方销售机构在品牌、客户资源以及增值服务上进行探索，将在很大程度上缓解基金公司，尤其是中小基金公司的营销压力，理顺契约型基金管理中的信托责任关系。

随着资产管理行业发展，基金销售已不再是简单"卖"基金，而是在售前、售中、售后为投资者提供相应增值服务的过程，这样的进步也有利于投资者教育的深入。证监会主席郭树清上任以来，多次提到包括基金在内的机构投资者要坚持价值投资理念，不能为了短期业绩而大幅度偏离基准。因此，借助第三方销售渠道的拓展，更可以提升基金销售人员素质，增加销售渠道为投资者提供理财服务的技术含量，基金持有人也将从中获益。

此外，如何通过合理的制度创新安排大大降低（甚至可以考虑取消）基金发行和相关费用，也将给基金营销带来重要影响。因为这一作法不但可以减少基金投资者的成本，还可以吸引更多的投资者参与基金投资，从而为基金销售市场开辟新的空间。

对投资者说

○ 2009 年以来的基金销售困境持续发酵，投资者未来在选择基金产品投资时，应该从基金公司品牌、历史业绩、费用结构、基金经理经历等因素多维度全方位考察，结合自己的收益预期、风险承受能力以及流动性需求决定具体的基金配置。

○ 随着第三方销售和基金公司直销的发展，投资者可以选择传统的银行、券商之外的渠道申购和赎回基金，降低相关交易费用。投资者也可密切关注第三方基金销售机构 FOF 类产品和增值服务提供的发展情况，适时利用新渠道优势进行基金投资。

○ 基金定投仍然是值得推荐的基金投资方式，投资者可以留意“智能定投”的发展。“低位多投、高位少投”的特点使得基金定投成本平摊的效果更好，投资者也可以根据自身偏好设定相应的定投参数。

○ 基金公司的营销活动不断创造新亮点，投资者可以积极参与线上线下活动，感受基金投资的乐趣，获得可能的奖品和回馈。此外，通过关注基金公司官方微博，投资者可以第一时间了解基金公司和基金产品的动态，便于自己做出投资决策。

○ 从长远看，投资者应该密切关注基金销售领域制度创新的进程，并充分利用专业销售顾问等途径，从更好的产品、渠道和营销方式中获益。

| 附录 |

中国资产管理行业发展数据概览

附录一　公募基金数据

表 1　　基金公司资产规模排名

统计区间：2011 年 1 月 1 日—2011 年 12 月 31 日

基金公司	成立日期	开放式基金资产合计（亿元）	封闭式基金资产合计（亿元）	管理资产合计（亿元）	资产净值市场占比	排名
华夏基金管理有限公司	19980409	1 746.31	44.57	1 790.88	8.25%	1
嘉实基金管理有限公司	19990325	1 330.81	44.15	1 374.96	6.33%	2
易方达基金管理有限公司	20010417	1 301.28	54.30	1 355.58	6.25%	3
南方基金管理有限公司	19980306	1 092.83	41.06	1 133.89	5.22%	4
博时基金管理有限公司	19980713	1 031.23	51.99	1 083.21	4.99%	5
广发基金管理有限公司	20030805	974.92	3.52	978.44	4.51%	6
华安基金管理有限公司	19980604	734.78	46.62	781.40	3.60%	7
大成基金管理有限公司	19990412	618.01	110.62	728.63	3.36%	8
工银瑞信基金管理有限公司	20050621	665.41	24.40	689.81	3.18%	9
银华基金管理有限公司	20010528	549.71	101.52	651.23	3.00%	10
富国基金管理有限公司	19990413	491.92	102.59	594.50	2.74%	11
上投摩根基金管理有限公司	20040512	500.09	0.00	500.09	2.30%	12
鹏华基金管理有限公司	19981222	431.67	66.36	498.02	2.29%	13
汇添富基金管理有限公司	20050203	487.24	0.00	487.24	2.24%	14
建信基金管理有限公司	20050919	434.13	46.36	480.49	2.21%	15
诺安基金管理有限公司	20031209	460.24	0.00	460.24	2.12%	16
交银施罗德基金管理有限公司	20050804	431.20	18.47	449.67	2.07%	17
中银基金管理有限公司	20040812	434.65	0.00	434.65	2.00%	18
国泰基金管理有限公司	19980305	370.58	58.79	429.37	1.98%	19
长盛基金管理有限公司	19990326	237.37	166.08	403.45	1.86%	20
融通基金管理有限公司	20010522	374.60	19.77	394.37	1.82%	21
国投瑞银基金管理有限公司	20020613	333.92	54.78	388.70	1.79%	22
景顺长城基金管理有限公司	20030612	384.07	0.00	384.07	1.77%	23
招商基金管理有限公司	20021227	352.67	21.62	374.29	1.72%	24
华宝兴业基金管理有限公司	20030307	362.85	0.00	362.85	1.67%	25
海富通基金管理有限公司	20030401	318.45	2.25	320.70	1.48%	26
兴业全球基金管理有限公司	20030930	316.52	0.00	316.52	1.46%	27
长城基金管理有限公司	20011227	265.16	16.41	281.57	1.30%	28
华商基金管理有限公司	20051220	274.14	0.00	274.14	1.26%	29
中邮创业基金管理有限公司	20060508	251.45	0.00	251.45	1.16%	30

续前表

基金公司	成立日期	开放式基金资产合计（亿元）	封闭式基金资产合计（亿元）	管理资产合计（亿元）	资产净值市场占比	排名
光大保德信基金管理有限公司	20040422	229.53	0.00	229.53	1.06%	31
泰达宏利基金管理有限公司	20020606	201.30	18.57	219.87	1.01%	32
长信基金管理有限公司	20030509	178.62	2.20	180.81	0.83%	33
万家基金管理有限公司	20020823	159.76	7.23	166.99	0.77%	34
国海富兰克林基金管理有限公司	20041115	147.48	0.00	147.48	0.68%	35
农银汇理基金管理有限公司	20080318	145.35	0.00	145.35	0.67%	36
银河基金管理有限公司	20020614	116.59	27.04	143.63	0.66%	37
华泰柏瑞基金管理有限公司	20041118	131.94	2.15	134.09	0.62%	38
信诚基金管理有限公司	20050930	101.67	23.95	125.61	0.58%	39
中海基金管理有限公司	20040318	123.23	0.00	123.23	0.57%	40
国联安基金管理有限公司	20030403	85.51	36.92	122.43	0.56%	41
申万菱信基金管理有限公司	20040115	103.96	15.37	119.33	0.55%	42
东吴基金管理有限公司	20040902	115.31	0.00	115.31	0.53%	43
摩根士丹利华鑫基金管理有限公司	20030314	99.42	0.00	99.42	0.46%	44
汇丰晋信基金管理有限公司	20051116	86.77	0.00	86.77	0.40%	45
东方基金管理有限公司	20040611	82.25	0.00	82.25	0.38%	46
泰信基金管理有限公司	20030523	79.64	0.00	79.64	0.37%	47
宝盈基金管理有限公司	20010518	62.42	13.64	76.06	0.35%	48
天弘基金管理有限公司	20041108	59.13	14.84	73.97	0.34%	49
华富基金管理有限公司	20040419	54.49	19.43	73.92	0.34%	50
新华基金管理有限公司	20041209	64.35	0.00	64.35	0.30%	51
金鹰基金管理有限公司	20021225	60.47	0.00	60.47	0.28%	52
信达澳银基金管理有限公司	20060605	58.27	0.00	58.27	0.27%	53
中欧基金管理有限公司	20060719	50.97	1.14	52.11	0.24%	54
民生加银基金管理有限公司	20081103	51.66	0.00	51.66	0.24%	55
益民基金管理有限公司	20051212	45.97	0.00	45.97	0.21%	56
诺德基金管理有限公司	20060608	33.78	0.00	33.78	0.16%	57
天治基金管理有限公司	20030527	33.50	0.00	33.50	0.15%	58
平安大华基金管理有限公司	20110107	27.15	0.00	27.15	0.13%	59
浦银安盛基金管理有限公司	20070805	14.34	9.08	23.42	0.11%	60
方正富邦基金管理有限公司	20110708	13.12	0.00	13.12	0.06%	61
财通基金管理有限公司	20110621	10.58	0.00	10.58	0.05%	62
金元惠理基金管理有限公司	20061128	9.70	0.00	9.70	0.04%	63
浙商基金管理有限公司	20101021	7.62	0.00	7.62	0.04%	64
纽银梅隆西部基金管理有限公司	20100720	5.80	0.00	5.80	0.03%	65
富安达基金管理有限公司	20110427	4.21	0.00	4.21	0.02%	66
长安基金管理有限公司	20110905	3.84	0.00	3.84	0.02%	67

表 2 基金公司资产规模排名（剔除货币基金影响）

统计区间：2011 年 1 月 1 日—2011 年 12 月 31 日

基金公司	成立日期	开放式基金资产合计（亿元）	封闭式基金资产合计（亿元）	管理资产合计（亿元）	资产净值市场占比	排名
华夏基金管理有限公司	19980409	1 645.20	44.57	1 689.77	9.01%	1
嘉实基金管理有限公司	19990325	1 111.85	44.15	1 156.01	6.16%	2
易方达基金管理有限公司	20010417	1 098.01	54.30	1 152.31	6.14%	3
南方基金管理有限公司	19980306	849.21	41.06	890.27	4.75%	4
博时基金管理有限公司	19980713	806.30	51.99	858.29	4.58%	5
广发基金管理有限公司	20030805	780.91	3.52	784.43	4.18%	6
大成基金管理有限公司	19990412	528.56	110.62	639.18	3.41%	7
银华基金管理有限公司	20010528	517.67	101.52	619.19	3.30%	8
华安基金管理有限公司	19980604	550.86	46.62	597.48	3.19%	9
富国基金管理有限公司	19990413	437.67	102.59	540.25	2.88%	10
工银瑞信基金管理有限公司	20050621	451.78	24.40	476.19	2.54%	11
汇添富基金管理有限公司	20050203	446.71	0.00	446.71	2.38%	12
鹏华基金管理有限公司	19981222	380.24	66.36	446.60	2.38%	13
诺安基金管理有限公司	20031209	430.54	0.00	430.54	2.30%	14
建信基金管理有限公司	20050919	350.62	46.36	396.98	2.12%	15
国泰基金管理有限公司	19980305	322.78	58.79	381.56	2.03%	16
景顺长城基金管理有限公司	20030612	380.03	0.00	380.03	2.03%	17
融通基金管理有限公司	20010522	355.03	19.77	374.80	2.00%	18
交银施罗德基金管理有限公司	20050804	347.34	18.47	365.81	1.95%	19
上投摩根基金管理有限公司	20040512	357.74	0.00	357.74	1.91%	20
长盛基金管理有限公司	19990326	191.63	166.08	357.71	1.91%	21
国投瑞银基金管理有限公司	20020613	279.49	54.78	334.26	1.78%	22
华宝兴业基金管理有限公司	20030307	316.13	0.00	316.13	1.69%	23
兴业全球基金管理有限公司	20030930	306.80	0.00	306.80	1.64%	24
海富通基金管理有限公司	20030401	288.75	2.25	290.99	1.55%	25
中银基金管理有限公司	20040812	280.37	0.00	280.37	1.49%	26
长城基金管理有限公司	20011227	258.08	16.41	274.50	1.46%	27
华商基金管理有限公司	20051220	274.14	0.00	274.14	1.46%	28
招商基金管理有限公司	20021227	238.10	21.62	259.72	1.38%	29
中邮创业基金管理有限公司	20060508	251.45	0.00	251.45	1.34%	30
光大保德信基金管理有限公司	20040422	222.19	0.00	222.19	1.18%	31
泰达宏利基金管理有限公司	20020606	200.43	18.57	218.99	1.17%	32
国海富兰克林基金管理有限公司	20041115	147.48	0.00	147.48	0.79%	33

续前表

基金公司	成立日期	开放式基金资产合计（亿元）	封闭式基金资产合计（亿元）	管理资产合计（亿元）	资产净值市场占比	排名
农银汇理基金管理有限公司	20080318	136.03	0.00	136.03	0.73%	34
华泰柏瑞基金管理有限公司	20041118	129.84	2.15	131.99	0.70%	35
长信基金管理有限公司	20030509	121.40	2.20	123.60	0.66%	36
国联安基金管理有限公司	20030403	84.33	36.92	121.25	0.65%	37
信诚基金管理有限公司	20050930	95.36	23.95	119.31	0.64%	38
申万菱信基金管理有限公司	20040115	102.60	15.37	117.97	0.63%	39
银河基金管理有限公司	20020614	90.80	27.04	117.85	0.63%	40
东吴基金管理有限公司	20040902	110.56	0.00	110.56	0.59%	41
中海基金管理有限公司	20040318	110.42	0.00	110.42	0.59%	42
万家基金管理有限公司	20020823	98.86	7.23	106.09	0.57%	43
摩根士丹利华鑫基金管理有限公司	20030314	95.16	0.00	95.16	0.51%	44
汇丰晋信基金管理有限公司	20051116	85.38	0.00	85.38	0.46%	45
东方基金管理有限公司	20040611	78.25	0.00	78.25	0.42%	46
天弘基金管理有限公司	20041108	59.13	14.84	73.97	0.39%	47
泰信基金管理有限公司	20030523	73.87	0.00	73.87	0.39%	48
宝盈基金管理有限公司	20010518	59.82	13.64	73.46	0.39%	49
新华基金管理有限公司	20041209	64.35	0.00	64.35	0.34%	50
华富基金管理有限公司	20040419	43.58	19.43	63.01	0.34%	51
金鹰基金管理有限公司	20021225	60.47	0.00	60.47	0.32%	52
信达澳银基金管理有限公司	20060605	58.27	0.00	58.27	0.31%	53
中欧基金管理有限公司	20060719	50.97	1.14	52.11	0.28%	54
民生加银基金管理有限公司	20081103	51.66	0.00	51.66	0.28%	55
益民基金管理有限公司	20051212	45.18	0.00	45.18	0.24%	56
诺德基金管理有限公司	20060608	33.78	0.00	33.78	0.18%	57
天治基金管理有限公司	20030527	32.70	0.00	32.70	0.17%	58
平安大华基金管理有限公司	20110107	27.15	0.00	27.15	0.14%	59
浦银安盛基金管理有限公司	20070805	10.03	9.08	19.11	0.10%	60
方正富邦基金管理有限公司	20110708	13.12	0.00	13.12	0.07%	61
财通基金管理有限公司	20110621	10.58	0.00	10.58	0.06%	62
金元惠理基金管理有限公司	20061128	9.70	0.00	9.70	0.05%	63
浙商基金管理有限公司	20101021	7.62	0.00	7.62	0.04%	64
纽银梅隆西部基金管理有限公司	20100720	5.80	0.00	5.80	0.03%	65
富安达基金管理有限公司	20110427	4.21	0.00	4.21	0.02%	66
长安基金管理有限公司	20110905	3.84	0.00	3.84	0.02%	67

表 3　基金公司偏股型基金规模加权风险收益率排名

统计区间：2011 年 1 月 1 日—2011 年 12 月 31 日

排名	公司名称	平均风险收益率(%)
1	东方基金管理有限公司	–12.473 6
2	天弘基金管理有限公司	–14.487 1
3	益民基金管理有限公司	–14.908 9
4	富国基金管理有限公司	–14.975 4
5	银河基金管理有限公司	–15.050 4
6	农银汇理基金管理有限公司	–16.410 5
7	万家基金管理有限公司	–16.756 4
8	中银基金管理有限公司	–16.844 4
9	中欧基金管理有限公司	–17.399 4
10	博时基金管理有限公司	–17.456 4
11	宝盈基金管理有限公司	–17.482 4
12	诺安基金管理有限公司	–17.783 7
13	建信基金管理有限公司	–18.084 8
14	新华基金管理有限公司	–18.162 1
15	鹏华基金管理有限公司	–18.350 6
16	光大保德信基金管理有限公司	–18.470 9
17	兴业全球基金管理有限公司	–18.502 9
18	长信基金管理有限公司	–18.533 7
19	工银瑞信基金管理有限公司	–18.668 7
20	交银施罗德基金管理有限公司	–18.670 1
21	华安基金管理有限公司	–19.226 5
22	华夏基金管理有限公司	–19.291 2
23	海富通基金管理有限公司	–19.310 1
24	国泰基金管理有限公司	–19.385 3
25	汇添富基金管理有限公司	–19.395 7
26	华泰柏瑞基金管理有限公司	–19.541 3
27	华宝兴业基金管理有限公司	–19.575 7
28	嘉实基金管理有限公司	–19.587 4
29	招商基金管理有限公司	–19.610 7
30	泰达宏利基金管理有限公司	–19.813 7

续前表

排名	公司名称	平均风险收益率(%)
31	国投瑞银基金管理有限公司	–19.818 1
32	中海基金管理有限公司	–19.966 8
33	银华基金管理有限公司	–20.049 1
34	东吴基金管理有限公司	–20.425 1
35	摩根士丹利华鑫基金管理有限公司	–20.486 2
36	浦银安盛基金管理有限公司	–20.502 2
37	泰信基金管理有限公司	–20.511 5
38	长城基金管理有限公司	–20.885 2
39	长盛基金管理有限公司	–21.038 7
40	上投摩根基金管理有限公司	–21.139 3
41	国海富兰克林基金管理有限公司	–21.160 4
42	国联安基金管理有限公司	–21.322 1
43	南方基金管理有限公司	–21.470 8
44	华富基金管理有限公司	–21.719 5
45	信诚基金管理有限公司	–21.833 2
46	易方达基金管理有限公司	–21.843 1
47	信达澳银基金管理有限公司	–22.097 2
48	诺德基金管理有限公司	–22.226 4
49	景顺长城基金管理有限公司	–22.546 8
50	天治基金管理有限公司	–22.653 8
51	广发基金管理有限公司	–23.078 4
52	民生加银基金管理有限公司	–23.162 9
53	大成基金管理有限公司	–23.206 9
54	申万菱信基金管理有限公司	–23.522 8
55	汇丰晋信基金管理有限公司	–23.713 8
56	金元惠理基金管理有限公司	–25.196 2
57	华商基金管理有限公司	–25.278 9
58	融通基金管理有限公司	–27.128 6
59	中邮创业基金管理有限公司	–34.822 2
60	金鹰基金管理有限公司	–36.312 4

表 4

基金投资风格一览表

统计区间：2011 年 1 月 1 日—2011 年 12 月 31 日

名称	投资风格	风格系数	平均持仓时间（年）	持股市盈率	行业集中度（%）	投资集中度（%）
宝盈基金管理有限公司	成长型	4.76	0.17	34.49	5.26	81.72
博时基金管理有限公司	混合型	2.13	0.27	14.95	2.41	87.18
长城基金管理有限公司	混合型	2.05	1.10	12.95	2.54	93.53
长盛基金管理有限公司	混合型	1.92	0.29	13.37	2.19	162.82
长信基金管理有限公司	成长型	2.50	0.37	19.72	2.53	78.96
大成基金管理有限公司	成长型	3.09	0.38	17.28	4.15	90.91
东方基金管理有限公司	成长型	2.54	0.28	16.18	3.12	95.02
东吴基金管理有限公司	成长型	5.11	0.21	30.03	6.65	85.44
富安达基金管理有限公司	成长型	5.44		47.42	4.83	100.00
富国基金管理有限公司	成长型	2.60	0.28	15.53	3.35	91.02
工银瑞信基金管理有限公司	成长型	2.84	0.26	20.23	3.19	84.19
光大保德信基金管理有限公司	价值型	1.62	0.38	11.53	1.82	89.07
广发基金管理有限公司	成长型	3.36	0.37	19.58	4.41	86.43
国海富兰克林基金管理有限公司	成长型	3.16	0.33	23.48	3.41	89.67
国联安基金管理有限公司	混合型	1.86	0.27	12.37	2.22	158.12
国泰基金管理有限公司	成长型	3.10	0.37	19.06	3.92	86.86
国投瑞银基金管理有限公司	成长型	2.39	0.20	16.56	2.74	126.74
海富通基金管理有限公司	成长型	2.41	0.18	17.39	2.66	80.40
华安基金管理有限公司	混合型	1.91	0.25	12.53	2.31	85.81
华宝兴业基金管理有限公司	成长型	2.61	0.19	16.88	3.18	82.33
华富基金管理有限公司	成长型	2.70	0.07	18.46	3.13	89.78
华商基金管理有限公司	成长型	5.97	0.17	40.78	6.94	83.72
华泰柏瑞基金管理有限公司	成长型	4.33	0.22	27.68	5.30	83.22
华夏基金管理有限公司	混合型	1.86	0.43	12.22	2.23	73.39
汇丰晋信基金管理有限公司	成长型	3.38	0.18	27.35	3.30	94.82
汇添富基金管理有限公司	成长型	2.73	0.42	17.60	3.32	90.48
嘉实基金管理有限公司	成长型	3.29	0.29	19.86	4.21	77.21
建信基金管理有限公司	混合型	1.90	0.27	13.17	2.18	94.82
交银施罗德基金管理有限公司	成长型	3.21	0.26	19.67	4.07	89.53
金鹰基金管理有限公司	成长型	5.00	0.12	44.53	4.31	84.69
金元惠理基金管理有限公司	成长型	3.49	0.23	23.04	4.17	96.78
景顺长城基金管理有限公司	成长型	2.29	0.19	14.81	2.78	85.52
民生加银基金管理有限公司	混合型	2.01	0.06	14.05	2.29	87.94

续前表

名称	投资风格	风格系数	平均持仓时间（年）	持股市盈率	行业集中度（%）	投资集中度（%）
摩根士丹利华鑫基金管理有限公司	成长型	2.89	0.17	22.34	2.97	81.96
南方基金管理有限公司	成长型	2.91	0.31	17.79	3.68	79.43
纽银梅隆西部基金管理有限公司	成长型	3.05		19.48	3.74	82.39
农银汇理基金管理有限公司	成长型	3.47	0.08	24.45	3.93	86.52
诺安基金管理有限公司	混合型	2.01	0.22	15.25	2.12	83.09
诺德基金管理有限公司	成长型	3.15	0.17	21.81	3.61	89.80
鹏华基金管理有限公司	混合型	2.07	0.31	15.02	2.29	85.50
平安大华基金管理有限公司	混合型	2.21		17.22	2.26	96.95
浦银安盛基金管理有限公司	混合型	2.15	0.15	14.91	2.47	84.47
融通基金管理有限公司	成长型	3.26	0.36	20.30	4.08	88.95
上投摩根基金管理有限公司	成长型	2.56	0.19	17.20	3.01	59.91
申万菱信基金管理有限公司	成长型	2.64	0.33	17.92	3.10	129.37
泰达宏利基金管理有限公司	成长型	3.23	0.15	20.18	4.03	88.21
泰信基金管理有限公司	成长型	6.23	0.21	46.54	6.66	90.65
天弘基金管理有限公司	成长型	5.72	0.12	40.01	6.52	96.14
天治基金管理有限公司	成长型	2.52	0.37	17.67	2.87	86.88
万家基金管理有限公司	价值型	1.49	0.23	9.91	1.76	85.69
新华基金管理有限公司	成长型	3.70	0.28	31.72	3.36	84.40
信诚基金管理有限公司	成长型	5.59	0.13	34.36	7.07	91.01
信达澳银基金管理有限公司	成长型	2.63	0.19	16.71	3.24	93.32
兴业全球基金管理有限公司	成长型	3.12	0.23	19.72	3.86	98.90
易方达基金管理有限公司	混合型	2.06	0.56	12.76	2.59	88.57
益民基金管理有限公司	成长型	3.49	0.27	22.09	4.32	90.26
银河基金管理有限公司	成长型	5.64	0.22	34.32	7.16	87.16
银华基金管理有限公司	成长型	2.55	0.31	19.70	2.63	125.37
招商基金管理有限公司	成长型	2.27	0.18	16.03	2.56	83.97
浙商基金管理有限公司	混合型	2.15		14.04	2.61	97.27
中海基金管理有限公司	成长型	2.31	0.14	16.12	2.63	82.14
中欧基金管理有限公司	混合型	1.88	0.10	13.57	2.09	86.07
中银基金管理有限公司	成长型	4.98	0.24	31.25	6.20	82.15
中邮创业基金管理有限公司	混合型	1.97	0.17	13.28	2.32	87.78

表 5

基金公司 2006—2011 年净收益情况一览

统计区间：2006 年 1 月 1 日—2011 年 12 月 31 日

公司名称	2011年基金净收益（万元）	2010年基金净收益（万元）	2009年基金净收益（万元）	2008年基金净收益（万元）	2007年基金净收益（万元）	2006年基金净收益（万元）
宝盈基金管理有限公司	–180 505.16	–116 483.00	361 612.50	–954 141.00	1 005 548.00	161 475.80
博时基金管理有限公司	–1 751 213.35	–849 139.00	5 733 396.00	–9 674 163.00	6 539 351.00	737 264.30
长城基金管理有限公司	–570 782.91	–245 736.00	1 899 315.00	–3 446 687.00	1 837 612.00	297 261.90
长盛基金管理有限公司	–845 003.63	9 093.02	1 325 139.00	–2 086 676.00	2 173 656.00	363 414.20
长信基金管理有限公司	–322 772.45	–52 015.00	701 549.50	–1 635 345.00	353 793.10	32 717.06
大成基金管理有限公司	–2 367 710.00	638 855.60	3 819 274.00	–7 342 307.00	4 133 149.00	493 410.50
东方基金管理有限公司	–94 025.95	–6 849.78	504 848.40	–775 855.00	437 659.40	31 978.73
东吴基金管理有限公司	–432 726.72	155 876.70	215 461.00	–466 302.00	307 762.60	8 111.88
富国基金管理有限公司	–1 083 067.35	167 564.40	2 161 165.00	–3 121 017.00	2 850 373.00	353 031.50
工银瑞信基金管理有限公司	–876 201.84	72 751.49	1 470 060.00	–1 908 544.00	2 185 627.00	123 241.10
光大保德信基金管理有限公司	–588 791.95	–159 685.00	1 841 790.00	–3 414 156.00	530 461.20	57 881.24
广发基金管理有限公司	–2 520 073.42	455 322.40	4 123 223.00	–7 220 688.00	3 845 074.00	547 030.50
国海富兰克林基金管理有限公司	–407 106.27	54 599.65	783 230.50	–1 129 149.00	1 307 691.00	36 684.20
国联安基金管理有限公司	–337 255.90	–23 936.50	316 690.00	–558 820.00	566 279.90	202 502.20
国泰基金管理有限公司	–849 743.63	38636.40	1 841 061.00	–2 693 321.00	2 406 906.00	288 021.60
国投瑞银基金管理有限公司	–686 358.99	–83286.30	1 207 178.00	–1 667 158.00	1 398 660.00	104 221.40
海富通基金管理有限公司	–807 707.18	202901.80	1 303 025.00	–2 214 413.00	2 047 561.00	423 905.70
华安基金管理有限公司	–1 649 763.64	–42162.40	3 187 706.00	–5 098 496.00	3 361 883.00	685 326.50
华宝兴业基金管理有限公司	–905 606.07	–416199.00	2 440 900.00	–34 22 267.00	2 675 404.00	324 669.90
华富基金管理有限公司	–153 659.78	26 569.75	151 861.60	–409 644.00	319 372.30	11 571.25

续前表

公司名称	2011年基金净收益（万元）	2010年基金净收益（万元）	2009年基金净收益（万元）	2008年基金净收益（万元）	2007年基金净收益（万元）	2006年基金净收益（万元）
华商基金管理有限公司	–1 088 877.99	437 794.50	456 014.80	–724 834.00	205 355.80	
华泰柏瑞基金管理有限公司	–480 078.30	14 911.68	678 811.80	–1 545 719.00	717 224.30	34 344.02
华夏基金管理有限公司	–4 368 389.97	111 951.90	8 562 684.00	–11 000 000.00	8 714 571.00	1 075 127.00
汇丰晋信基金管理有限公司	–244 520.87	93 080.29	274 332.60	–412 146.00	491 882.10	35 349.38
汇添富基金管理有限公司	–1 188 369.18	225 402.00	1 811 729.00	–3 151 247.00	2 032 662.00	73 931.40
嘉实基金管理有限公司	–2 870 914.62	446 585.60	4 980 339.00	–8 595 005.00	6 347 983.00	841 239.20
建信基金管理有限公司	–688 913.73	70 254.72	1 129 221.00	–17 61 817.00	1 986 873.00	153 016.60
交银施罗德基金管理有限公司	–1 004 294.54	–510 815.00	2 104 597.00	–2 235 292.00	2 368 490.00	136 509.80
金鹰基金管理有限公司	–241 273.33	53 885.40	132 351.00	–161 818.00	92 712.13	19 829.34
金元比联基金管理有限公司	–25 113.68	1 698.81	16 437.47	–14 866.20	30 157.94	
景顺长城基金管理有限公司	–1 064 217.07	–269 919.00	2 259 297.00	–4 739 532.00	3 344 940.00	236 076.40
民生加银基金管理有限公司	–72 565.28	10 305.07	29 176.68			
摩根士丹利华鑫基金管理有限公司	–259 683.98	106 015.80	106 496.60	–168 378.00	79 898.03	25 183.42
南方基金管理有限公司	–2 061 183.09	36 038.89	3 652 483.00	–8 163 054.00	7 557 821.00	773 933.30
农银汇理基金管理有限公司	–359 249.11	203 249.90	272 258.10	–2 508.79		
诺安基金管理有限公司	–1 147 456.14	–69 053.80	2 030 838.00	–3 540 994.00	2 082 131.00	116 274.80
诺德基金管理有限公司	–89 848.39	–4 211.10	200 668.10	–467 003.00	380 088.00	
鹏华基金管理有限公司	–939 060.77	–208 545.00	2 367 377.00	–3 906 076.00	3 246 144.00	351 696.90
浦银安盛基金管理有限公司	–28 453.29	1 317.53	55 673.01	–72 501.90		
融通基金管理有限公司	–1 400 784.67	–155 385.00	2 529 190.00	–4 303 421.00	2 589 336.00	294 489.10
上投摩根基金管理有限公司	–1 201 398.13	115 533.60	2 413 776.00	–4 974 656.00	3 635 281.00	228 277.00

续前表

公司名称	2011年基金净收益（万元）	2010年基金净收益（万元）	2009年基金净收益（万元）	2008年基金净收益（万元）	2007年基金净收益（万元）	2006年基金净收益（万元）
申万菱信基金管理有限公司	–376 244.26	–50 879.10	531 963.90	–1 062 610.00	908 891.00	162 785.00
泰达宏利基金管理有限公司	–620 649.50	184 917.30	1 003 686.00	–1 645 651.00	1 154 517.00	206 044.90
泰信基金管理有限公司	–289 574.17	–9 204.41	384 065.20	–796 454.00	383 662.20	31 991.48
天弘基金管理有限公司	–72 578.62	34 543.96	106 930.90	–324 248.00	–31 398.00	4 728.00
天治基金管理有限公司	–98 074.02	13 412.84	156 432.40	–460 675.00	63 955.65	14 309.89
万家基金管理有限公司	–209 818.14	–114 934.00	429 286.50	–820 366.00	122 963.40	30 364.37
新华基金管理有限公司	–114 720.96	11 520.83	139 216.90	–125 337.00	75 080.90	6 781.96
信诚基金管理有限公司	–412 708.26	146 445.80	445 828.10	–470 684.00	469 723.50	37 407.14
信达澳银基金管理有限公司	–152 443.19	38 743.57	423 278.10	–788 411.00	778 679.50	
兴业全球基金管理有限公司	–657 464.84	111 181.90	1 722 845.00	–1 662 539.00	1 441 062.00	91 306.49
易方达基金管理有限公司	–3 468 207.22	–345 606.00	5 308 821.00	–8 343 940.00	7 717 203.00	1 006 183.00
益民基金管理有限公司	–132 676.31	–21 037.40	331 869.00	–673 940.00	371 714.20	889.27
银河基金管理有限公司	–254 461.57	91 692.31	396 471.10	–552 404.00	807 085.70	241 077.80
银华基金管理有限公司	–1 800 186.99	–29 784.80	3 013 801.00	–4 037 865.00	3 576 193.00	478 350.60
招商基金管理有限公司	–688 445.30	34 755.19	1 018 952.00	–2 133 125.00	1 900 268.00	176 925.60
中海基金管理有限公司	–461 324.37	91 123.01	747 021.10	–1 287 549.00	1 146 041.00	36 349.10
中欧基金管理有限公司	–73 728.84	–17 712.40	115 180.80	–303 901.00	409 949.90	
中银基金管理有限公司	–549 219.76	149 054.70	1 005 596.00	–1 294 905.00	783 780.20	113 651.90
中邮创业基金管理有限公司	–1 291 555.39	–345 662.00	2 253 072.00	–4 271 868.00	1 348 912.00	30 466.86
富安达基金	–1 326.09					
平安大华基金	–27 069.81					
浙商基金	–16 434.90					
纽银梅隆西部基金	–21 025.42					

表 6　　　　　基金评级情况排名

统计区间：2011 年 1 月 1 日—2011 年 12 月 31 日

代码	名称	晨星3年评级
000011.OF	华夏大盘精选混合	★★★★★
000031.OF	华夏复兴股票	★★★★★
002031.OF	华夏策略混合	★★★★★
020003.OF	国泰金龙行业混合	★★★★★
020010.OF	国泰金牛创新股票	★★★★★
070002.OF	嘉实增长混合	★★★★★
070006.OF	嘉实服务增值行业混合	★★★★★
070010.OF	嘉实主题混合	★★★★★
070013.OF	嘉实研究精选股票	★★★★★
070015.OF	嘉实多元债券A	★★★★★
080002.OF	长盛创新先锋混合	★★★★★
080003.OF	长盛积极配置债券	★★★★★
090007.OF	大成策略回报股票	★★★★★
100029.OF	富国天成红利混合	★★★★★
110017.OF	易方达增强回报债券A	★★★★★
121006.OF	国投瑞银稳健增长混合	★★★★★
160612.OF	鹏华丰收债券	★★★★★
161010.OF	富国天丰强化债券	★★★★★
163302.OF	大摩资源优选混合（LOF)	★★★★★
163302.OF	大摩资源优选混合（LOF)	★★★★★
163801.OF	中银中国混合（LOF）	★★★★★
163801.OF	中银中国混合（LOF）	★★★★★
163801.OF	中银中国混合（LOF）	★★★★★
180012.OF	银华富裕主题股票	★★★★★
180015.OF	银华增强收益债券	★★★★★
260104.OF	景顺长城内需增长股票	★★★★★
260109.OF	景顺长城内需贰号股票	★★★★★
320006.OF	诺安灵活配置混合	★★★★★
340006.OF	兴全全球视野股票	★★★★★
340007.OF	兴全社会责任股票	★★★★★
400003.OF	东方精选混合	★★★★★
400007.OF	东方策略成长股票	★★★★★
519087.OF	新华优选分红混合	★★★★★
519089.OF	新华优选成长股票	★★★★★
519668.OF	银河成长股票	★★★★★

续前表

代码	名称	晨星3年评级
530006.OF	建信核心精选股票	★★★★★
530008.OF	建信稳定增利债券	★★★★★
550003.OF	信诚盛世蓝筹股票	★★★★★
630002.OF	华商盛世成长股票	★★★★★
020001.OF	国泰金鹰增长股票	★★★★
020005.OF	国泰金马稳健混合	★★★★
020009.OF	国泰金鹏蓝筹混合	★★★★
040004.OF	华安宝利配置混合	★★★★
050001.OF	博时价值增长混合	★★★★
050008.OF	博时第三产业股票	★★★★
050010.OF	博时特许价值股票	★★★★
070011.OF	嘉实策略混合	★★★★
070016.OF	嘉实多元债券B	★★★★
070099.OF	嘉实优质企业股票	★★★★
080001.OF	长盛成长价值混合	★★★★
100016.OF	富国天源平衡混合	★★★★
100018.OF	富国天利增长债券	★★★★
100022.OF	富国天瑞强势混合	★★★★
100026.OF	富国天合稳健股票	★★★★
110010.OF	易方达价值成长混合	★★★★
110011.OF	易方达中小盘股票	★★★★
110012.OF	易方达科汇灵活配置混合	★★★★
110018.OF	易方达增强回报债券B	★★★★
121002.OF	国投瑞银景气行业混合	★★★★
121005.OF	国投瑞银创新动力股票	★★★★
121008.OF	国投瑞银成长优选股票	★★★★
121009.OF	国投瑞银稳定增利债券	★★★★
150103.OF	银河银泰混合	★★★★
151001.OF	银河稳健混合	★★★★
151002.OF	银河收益债券	★★★★
159902.OF	华夏中小板ETF	★★★★
159902.OF	华夏中小板ETF	★★★★
159902.OF	华夏中小板ETF	★★★★
160314.OF	华夏行业股票(LOF)	★★★★
160314.OF	华夏行业股票(LOF)	★★★★
160505.OF	博时主题行业股票(LOF)	★★★★

续前表

代码	名称	晨星3年评级
160505.OF	博时主题行业股票(LOF)	★★★★
160602.OF	鹏华普天债券A	★★★★
160603.OF	鹏华普天收益混合	★★★★
160607.OF	鹏华价值优势股票(LOF)	★★★★
160607.OF	鹏华价值优势股票(LOF)	★★★★
161005.OF	富国天惠成长混合(LOF)	★★★★
161005.OF	富国天惠成长混合(LOF)	★★★★
162102.OF	金鹰中小盘精选混合	★★★★
162201.OF	泰达宏利成长股票	★★★★
162204.OF	泰达宏利精选股票	★★★★
163805.OF	中银策略股票	★★★★
163806.OF	中银增利债券	★★★★
166002.OF	中欧新蓝筹混合	★★★★
180010.OF	银华优质增长股票	★★★★
200006.OF	长城消费增值股票	★★★★
200007.OF	长城安心回报混合	★★★★
202011.OF	南方优选价值股票	★★★★
213007.OF	宝盈增强收益债券A/B	★★★★
213917.OF	宝盈增强收益债券C	★★★★
217003.OF	招商安泰债券A	★★★★
217011.OF	招商安心收益债券	★★★★
240001.OF	华宝兴业宝康消费品混合	★★★★
270006.OF	广发策略优选混合	★★★★
270008.OF	广发核心精选股票	★★★★
270009.OF	广发增强债券	★★★★
288001.OF	华夏经典混合	★★★★
288002.OF	华夏收入股票	★★★★
288102.OF	中信稳定双利债券	★★★★
320004.OF	诺安优化收益债券	★★★★
320005.OF	诺安价值增长股票	★★★★
350002.OF	天治品质优选混合	★★★★
360005.OF	光大保德信红利股票	★★★★
360006.OF	光大保德信新增长股票	★★★★
360008.OF	光大保德信增利收益债券A	★★★★
360009.OF	光大保德信增利收益债券C	★★★★
400001.OF	东方龙混合	★★★★

续前表

代码	名称	晨星3年评级
410004.OF	华富收益增强债券A	★★★★
410005.OF	华富收益增强债券B	★★★★
450002.OF	国富弹性市值股票	★★★★
450003.OF	国富潜力组合股票	★★★★
450004.OF	国富深化价值股票	★★★★
460005.OF	华泰柏瑞价值增长股票	★★★★
510081.OF	长盛动态精选混合	★★★★
519001.OF	银华价值优选股票	★★★★
519011.OF	海富通精选混合	★★★★
519013.OF	海富通风格优势股票	★★★★
519019.OF	大成景阳领先股票	★★★★
519021.OF	国泰金鼎价值混合	★★★★
519692.OF	交银成长股票	★★★★
530001.OF	建信恒久价值股票	★★★★
540002.OF	汇丰晋信龙腾股票	★★★★
540003.OF	汇丰晋信动态策略混合	★★★★
610001.OF	信达澳银领先增长股票	★★★★
610002.OF	信达澳银精华配置混合	★★★★
660001.OF	农银行业成长股票	★★★★
000001.OF	华夏成长混合	★★★
000021.OF	华夏优势增长股票	★★★
001001.OF	华夏债券A/B	★★★
001003.OF	华夏债券C	★★★
001011.OF	华夏希望债券A	★★★
001013.OF	华夏希望债券C	★★★
002001.OF	华夏回报混合	★★★
002011.OF	华夏红利混合	★★★
002021.OF	华夏回报二号混合	★★★
040002.OF	华安中国A股增强指数	★★★
040005.OF	华安宏利股票	★★★
040007.OF	华安中小盘成长股票	★★★
040008.OF	华安策略优选股票	★★★
040009.OF	华安稳定收益债券A	★★★
040010.OF	华安稳定收益债券B	★★★
040011.OF	华安核心股票	★★★
050201.OF	博时价值增长贰号混合	★★★

续前表

代码	名称	晨星3年评级
070001.OF	嘉实成长收益混合	★★★
070003.OF	嘉实稳健混合	★★★
070005.OF	嘉实债券	★★★
090001.OF	大成价值增长混合	★★★
090002.OF	大成债券A/B	★★★
090006.OF	大成2020生命周期混合	★★★
090008.OF	大成强化收益债券	★★★
092002.OF	大成债券C	★★★
100020.OF	富国天益价值股票	★★★
100032.OF	富国天鼎中证指数增强	★★★
110005.OF	易方达积极成长混合	★★★
110007.OF	易方达稳健收益债券A	★★★
110008.OF	易方达稳健收益债券B	★★★
110009.OF	易方达价值精选股票	★★★
110013.OF	易方达科翔股票	★★★
112002.OF	易方达策略成长二号混合	★★★
121003.OF	国投瑞银核心企业股票	★★★
159901.OF	易方达深证100ETF	★★★
159901.OF	易方达深证100ETF	★★★
159901.OF	易方达深证100ETF	★★★
160105.OF	南方积极配置股票(LOF)	★★★
160105.OF	南方积极配置股票(LOF)	★★★
160106.OF	南方高增长股票(LOF)	★★★
160106.OF	南方高增长股票(LOF)	★★★
160605.OF	鹏华中国50混合	★★★
160608.OF	鹏华普天债券B	★★★
160610.OF	鹏华动力增长混合(LOF)	★★★
160610.OF	鹏华动力增长混合(LOF)	★★★
160611.OF	鹏华优质治理股票(LOF)	★★★
160611.OF	鹏华优质治理股票(LOF)	★★★
160706.OF	嘉实沪深300指数(LOF)	★★★
160706.OF	嘉实沪深300指数(LOF)	★★★
160706.OF	嘉实沪深300指数(LOF)	★★★
161604.OF	融通深证100指数	★★★
161604.OF	融通深证100指数	★★★
161610.OF	融通领先成长股票(LOF)	★★★

续前表

代码	名称	晨星3年评级
161610.OF	融通领先成长股票(LOF)	★★★
161902.OF	万家增强收益债券	★★★
162006.OF	长城久富股票	★★★
162006.OF	长城久富股票	★★★
162202.OF	泰达宏利周期股票	★★★
162203.OF	泰达宏利稳定股票	★★★
162207.OF	泰达宏利效率优选混合(LOF)	★★★
162207.OF	泰达宏利效率优选混合(LOF)	★★★
162208.OF	泰达宏利首选企业股票	★★★
162209.OF	泰达宏利市值优选股票	★★★
162607.OF	景顺长城资源垄断股票(LOF)	★★★
162607.OF	景顺长城资源垄断股票(LOF)	★★★
162703.OF	广发小盘成长股票（LOF）	★★★
162703.OF	广发小盘成长股票（LOF）	★★★
163402.OF	兴全趋势投资混合（LOF）	★★★
163402.OF	兴全趋势投资混合（LOF）	★★★
163803.OF	中银增长股票	★★★
163804.OF	中银收益混合	★★★
180001.OF	银华优势企业混合	★★★
180013.OF	银华领先策略股票	★★★
200002.OF	长城久泰沪深300指数	★★★
200002.OF	长城久泰沪深300指数	★★★
200008.OF	长城品牌优选股票	★★★
202003.OF	南方绩优成长股票	★★★
202007.OF	南方隆元产业主题股票	★★★
202102.OF	南方多利增强债券C	★★★
206001.OF	鹏华行业成长混合	★★★
210001.OF	金鹰成份股优选	★★★
213008.OF	宝盈资源优选股票	★★★
217008.OF	招商安本增利债券	★★★
217203.OF	招商安泰债券B	★★★
240002.OF	华宝兴业宝康配置混合	★★★
240004.OF	华宝兴业动力组合股票	★★★
240008.OF	华宝兴业收益增长混合	★★★
240010.OF	华宝兴业行业精选股票	★★★
240011.OF	华宝兴业大盘精选股票	★★★

续前表

代码	名称	晨星3年评级
255010.OF	国联安稳健混合	★★★
260101.OF	景顺长城优选股票	★★★
270001.OF	广发聚富混合	★★★
270002.OF	广发稳健增长混合	★★★
270005.OF	广发聚丰股票	★★★
310308.OF	申万菱信盛利精选混合	★★★
310368.OF	申万菱信竞争优势股票	★★★
310378.OF	申万菱信添益宝债券A	★★★
310379.OF	申万菱信添益宝债券B	★★★
320003.OF	诺安股票	★★★
360001.OF	光大保德信量化股票	★★★
360007.OF	光大保德信优势配置股票	★★★
373020.OF	上投摩根双核平衡混合	★★★
375010.OF	上投摩根中国优势混合	★★★
377020.OF	上投摩根内需动力股票	★★★
395001.OF	中海稳健收益债券	★★★
398001.OF	中海优质成长混合	★★★
398011.OF	中海分红增利混合	★★★
400009.OF	东方稳健回报债券	★★★
420002.OF	天弘永利债券A	★★★
420102.OF	天弘永利债券B	★★★
450001.OF	国富中国收益混合	★★★
481001.OF	工银核心价值股票	★★★
481004.OF	工银稳健成长股票	★★★
481006.OF	工银红利股票	★★★
483003.OF	工银精选平衡混合	★★★
485005.OF	工银增强收益债券B	★★★
485007.OF	工银添利债券B	★★★
485105.OF	工银增强收益债券A	★★★
485107.OF	工银添利债券A	★★★
519003.OF	海富通收益增长混合	★★★
519005.OF	海富通股票	★★★
519007.OF	海富通强化回报混合	★★★
519008.OF	汇添富优势精选混合	★★★
519015.OF	海富通精选贰号混合	★★★
519017.OF	大成积极成长股票	★★★

续前表

代码	名称	晨星3年评级
519035.OF	富国天博创新股票	★★★
519039.OF	长盛同德主题股票	★★★
519066.OF	汇添富蓝筹稳健混合	★★★
519068.OF	汇添富成长焦点股票	★★★
519078.OF	汇添富增强收益债券A	★★★
519110.OF	浦银安盛价值成长股票	★★★
519183.OF	万家双引擎灵活配置混合	★★★
519519.OF	华泰柏瑞稳本增利债券A	★★★
519667.OF	银河银信添利债券A	★★★
519690.OF	交银稳健配置混合	★★★
519989.OF	长信利丰债券	★★★
519991.OF	长信双利优选混合	★★★
519995.OF	长信金利趋势股票	★★★
519997.OF	长信银利精选股票	★★★
530003.OF	建信优选成长股票	★★★
530005.OF	建信优化配置混合	★★★
540004.OF	汇丰晋信2026周期混合	★★★
550001.OF	信诚四季红混合	★★★
550002.OF	信诚精萃成长股票	★★★
560003.OF	益民创新优势混合	★★★
570001.OF	诺德价值优势股票	★★★
580001.OF	东吴嘉禾优势精选混合	★★★
580002.OF	东吴双动力股票	★★★
630001.OF	华商领先企业混合	★★★
020002.OF	国泰金龙债券A	★★
020011.OF	国泰沪深300指数	★★
020011.OF	国泰沪深300指数	★★
020012.OF	国泰金龙债券C	★★
040001.OF	华安创新混合	★★
050002.OF	博时沪深300指数	★★
050002.OF	博时沪深300指数	★★
050004.OF	博时精选股票	★★
050007.OF	博时平衡配置混合	★★
050009.OF	博时新兴成长股票	★★
090003.OF	大成蓝筹稳健	★★
090004.OF	大成精选增值混合	★★

续前表

代码	名称	晨星3年评级
110002.OF	易方达策略成长混合	★★
110003.OF	易方达上证50指数	★★
160311.OF	华夏蓝筹混合(LOF)	★★
160311.OF	华夏蓝筹混合(LOF)	★★
160805.OF	长盛同智优势混合	★★
160805.OF	长盛同智优势混合	★★
160910.OF	大成创新成长混合	★★
160910.OF	大成创新成长混合	★★
161601.OF	融通新蓝筹混合	★★
161603.OF	融通债券A	★★
161605.OF	融通蓝筹成长混合	★★
161606.OF	融通行业景气混合	★★
161607.OF	融通巨潮100指数(LOF)	★★
161607.OF	融通巨潮100指数(LOF)	★★
161607.OF	融通巨潮100指数(LOF)	★★
161706.OF	招商优质成长股票（LOF）	★★
161706.OF	招商优质成长股票（LOF）	★★
161903.OF	万家公用事业行业股票(LOF)	★★
161903.OF	万家公用事业行业股票(LOF)	★★
162605.OF	景顺长城鼎益股票(LOF)	★★
162605.OF	景顺长城鼎益股票(LOF)	★★
163503.OF	天治核心成长股票(LOF)	★★
163503.OF	天治核心成长股票(LOF)	★★
180003.OF	银华–道琼斯88指数	★★
180003.OF	银华–道琼斯88指数	★★
200001.OF	长城久恒平衡混合	★★
200009.OF	长城稳健增利债券	★★
202001.OF	南方稳健成长混合	★★
202002.OF	南方稳健成长贰号混合	★★
202005.OF	南方成份精选股票	★★
202009.OF	南方盛元红利股票	★★
210002.OF	金鹰红利价值混合	★★
213003.OF	宝盈策略增长股票	★★
217010.OF	招商大盘蓝筹股票	★★
240003.OF	华宝兴业宝康债券	★★
240003.OF	华宝兴业宝康债券	★★

续前表

代码	名称	晨星3年评级
240005.OF	华宝兴业多策略股票	★★
257010.OF	国联安小盘精选混合	★★
257020.OF	国联安精选股票	★★
257030.OF	国联安优势股票	★★
257040.OF	国联安红利股票	★★
260103.OF	景顺长城动力平衡混合	★★
260110.OF	景顺长城精选蓝筹股票	★★
260111.OF	景顺长城公司治理股票	★★
270010.OF	广发沪深300指数	★★
270010.OF	广发沪深300指数	★★
290003.OF	泰信双息双利债券	★★
290005.OF	泰信优势增长混合	★★
310358.OF	申万菱信新经济混合	★★
320001.OF	诺安平衡混合	★★
350001.OF	天治财富增长混合	★★
373010.OF	上投摩根双息平衡混合	★★
377010.OF	上投摩根阿尔法股票	★★
378010.OF	上投摩根成长先锋股票	★★
398031.OF	中海蓝筹混合	★★
410003.OF	华富成长趋势股票	★★
420001.OF	天弘精选混合	★★
450005.OF	国富强化收益债券A	★★
450006.OF	国富强化收益债券C	★★
460001.OF	华泰柏瑞盛世中国股票	★★
460003.OF	华泰柏瑞稳本增利债券B	★★
510050.OF	华夏上证50ETF	★★
510050.OF	华夏上证50ETF	★★
510050.OF	华夏上证50ETF	★★
510080.OF	长盛中信全债指数增强债券	★★
510180.OF	华安上证180ETF	★★
510180.OF	华安上证180ETF	★★
510180.OF	华安上证180ETF	★★
510880.OF	华泰柏瑞上证红利ETF	★★
510880.OF	华泰柏瑞上证红利ETF	★★
510880.OF	华泰柏瑞上证红利ETF	★★
519018.OF	汇添富均衡增长股票	★★

续前表

代码	名称	晨星3年评级
519023.OF	海富通稳健添利债券C	★★
519029.OF	华夏稳增混合	★★
519100.OF	长盛中证100指数	★★
519100.OF	长盛中证100指数	★★
519111.OF	浦银安盛优化收益债券A	★★
519180.OF	万家180指数	★★
519180.OF	万家180指数	★★
519181.OF	万家和谐增长混合	★★
519300.OF	大成沪深300指数	★★
519300.OF	大成沪深300指数	★★
519666.OF	银河银信添利债券B	★★
519680.OF	交银增利债券A/B	★★
519682.OF	交银增利债券C	★★
519688.OF	交银精选股票	★★
519694.OF	交银蓝筹股票	★★
550004.OF	信诚三得益债券A	★★
550005.OF	信诚三得益债券B	★★
560005.OF	益民多利债券	★★
571002.OF	诺德灵活配置混合	★★
590001.OF	中邮核心优选股票	★★
660002.OF	农银恒久增利债券A	★★
050006.OF	博时稳定价值债券B	★
050106.OF	博时稳定价值债券A	★
110001.OF	易方达平稳增长混合	★
110029.OF	易方达科讯股票	★
160613.OF	鹏华盛世创新股票(LOF)	★
160613.OF	鹏华盛世创新股票(LOF)	★
161609.OF	融通动力先锋股票	★
162210.OF	泰达宏利集利债券A	★
162299.OF	泰达宏利集利债券C	★
166001.OF	中欧新趋势股票（LOF）	★
166001.OF	中欧新趋势股票（LOF）	★
213001.OF	宝盈鸿利收益混合	★
213002.OF	宝盈泛沿海增长股票	★
217001.OF	招商安泰股票	★
217001.OF	招商安泰股票	★

续前表

代码	名称	晨星3年评级
217005.OF	招商先锋混合	★
217009.OF	招商核心价值混合	★
233001.OF	大摩基础行业混合	★
240009.OF	华宝兴业先进成长股票	★
260108.OF	景顺长城新兴成长股票	★
270007.OF	广发大盘成长混合	★
290002.OF	泰信先行策略混合	★
290004.OF	泰信优质生活股票	★
310328.OF	申万菱信新动力股票	★
350005.OF	天治创新先锋股票	★
350006.OF	天治稳健双盈债券	★
398021.OF	中海能源策略混合	★
410001.OF	华富竞争力优选混合	★
410006.OF	华富策略精选混合	★
420003.OF	天弘永定价值成长股票	★
460002.OF	华泰柏瑞积极成长混合	★
481008.OF	工银大盘蓝筹股票	★
519993.OF	长信增利动态策略股票	★
540005.OF	汇丰晋信平稳增利债券	★
560002.OF	益民红利成长混合	★
580003.OF	东吴行业轮动股票	★
582001.OF	东吴优信稳健债券A	★
590002.OF	中邮核心成长股票	★
620002.OF	金元比联成长动力混合	★

表 7

偏股型基金收益风险特征排名

统计区间：2011 年 1 月 1 日—2011 年 12 月 31 日

排名	代码	名称	夏普指数	特雷诺指数	詹森指数	2011年化收益率(%)	年化波动率(%)	Beta	投资类型	管理公司
1	050022.OF	博时回报灵活配置	−0.437 5	0.039 2	−0.000 3	2.257 1	0.003 9	−0.006 0	偏股混	博时基金
2	163818.OF	中银中小盘成长	−0.478 6	−0.074 6	−0.000 2	2.106 1	0.003 9	0.003 5	普通股	中银基金
3	530016.OF	建信恒稳价值	−0.478 6	−0.074 6	−0.000 2	2.106 1	0.003 9	0.003 5	偏股混	建信基金
4	519033.OF	海富通国策导向	−0.636 7	−0.029 4	−0.000 1	1.752 1	0.003 7	0.011 2	普通股	海富通基
5	690007.OF	民生加银景气行业	−0.551 9	−0.130 7	−0.000 4	1.049 3	0.006 0	0.003 5	普通股	民生加银
6	720001.OF	财通价值动量	−0.404 2	−0.006 9	0.001 1	0.005 2	0.011 8	0.095 6	偏股混	财通基金
7	519697.OF	交银优势行业	−0.137 3	−0.005 2	0.000 0	−0.744 1	0.042 3	0.154 3	偏股混	交银施罗
8	398061.OF	中海消费主题精选	−0.443 2	0.006 7	−0.003 4	−1.470 2	0.015 4	−0.141 6	普通股	中海基金
9	080008.OF	长盛同祥泛资源	−0.457 1	0.061 6	−0.001 2	−1.714 8	0.015 7	−0.016 1	普通股	长盛基金
10	070027.OF	嘉实周期优选	−1.723 6	0.097 0	−0.001 2	−1.723 4	0.004 2	−0.010 3	普通股	嘉实基金
11	290011.OF	泰信中小盘精选	−0.576 0	−0.018 3	−0.000 5	−6.183 9	0.023 6	0.103 0	普通股	泰信基金
12	400001.OF	东方龙混合	−0.108 6	−0.002 7	0.001 9	−7.493 0	0.143 0	0.805 7	平衡混	东方基金
13	050001.OF	博时价值增长	−0.154 7	−0.004 2	0.000 5	−7.502 6	0.100 5	0.516 2	平衡混	博时基金
14	020023.OF	国泰事件驱动	−0.146 0	−0.004 8	0.001 4	−7.761 7	0.109 2	0.463 0	普通股	国泰基金
15	160505.OF	博时主题行业	−0.106 8	−0.002 7	0.002 0	−8.411 7	0.158 4	0.857 8	普通股	博时基金
16	519091.OF	新华泛资源优势	−0.121 9	−0.003 0	0.001 6	−8.600 1	0.141 1	0.790 2	偏股混	新华基金
17	206009.OF	鹏华新兴产业	−0.213 6	−0.006 7	0.000 1	−8.643 3	0.080 8	0.358 2	普通股	鹏华基金
18	160607.OF	鹏华价值优势	−0.106 5	−0.002 6	0.002 2	−8.764 0	0.163 8	0.913 5	普通股	鹏华基金
19	050201.OF	博时价值增长2号	−0.171 4	−0.004 7	0.000 2	−9.162 2	0.105 3	0.536 8	平衡混	博时基金
20	100022.OF	富国天瑞强势精选	−0.099 9	−0.002 7	0.002 4	−9.763 5	0.189 8	0.992 2	偏股混	富国基金
21	400007.OF	东方策略成长	−0.128 9	−0.003 1	0.001 7	−9.993 8	0.149 9	0.852 3	普通股	东方基金
22	270028.OF	广发制造业精选	−0.792 9	−0.081 3	−0.002 6	−10.696 2	0.025 7	0.034 8	普通股	广发基金
23	200008.OF	长城品牌优选	−0.121 7	−0.003 1	0.001 8	−10.904 9	0.170 3	0.917 6	普通股	长城基金

续前表

排名	代码	名称	夏普指数	特雷诺指数	詹森指数	2011年化收益率(%)	年化波动率(%)	Beta	投资类型	管理公司
24	080002.OF	长盛创新先锋	−0.159 8	−0.004 2	0.000 6	−10.914 0	0.129 8	0.684 2	偏股混	长盛基金
25	288002.OF	华夏收入	−0.133 5	−0.003 3	0.001 6	−11.104 2	0.157 6	0.883 9	普通股	华夏基金
26	002001.OF	华夏回报	−0.171 0	−0.004 4	0.000 4	−11.152 4	0.123 4	0.662 8	平衡混	华夏基金
27	002021.OF	华夏回报2号	−0.165 4	−0.004 3	0.000 6	−11.380 5	0.129 7	0.699 0	平衡混	华夏基金
28	121006.OF	国投瑞银稳健增长	−0.160 0	−0.004 3	0.000 5	−11.919 7	0.139 4	0.712 1	偏股混	国投瑞银
29	002031.OF	华夏策略精选	−0.123 4	−0.003 1	0.002 1	−12.724 0	0.191 0	1.047 0	偏股混	华夏基金
30	340006.OF	兴全全球视野	−0.149 2	−0.003 9	0.001 0	−12.835 8	0.159 2	0.846 8	普通股	兴业全球
31	166002.OF	中欧新蓝筹	−0.150 2	−0.003 9	0.001 0	−12.898 7	0.158 8	0.840 0	偏股混	中欧基金
32	050008.OF	博时第三产业成长	−0.195 5	−0.005 2	−0.000 1	−13.138 2	0.123 9	0.643 5	普通股	博时基金
33	210008.OF	金鹰策略配置	−0.567 3	−0.031 2	−0.002 4	−13.150 4	0.042 7	0.107 8	普通股	金鹰基金
34	519095.OF	新华行业周期轮换	−0.145 7	−0.003 8	0.001 1	−13.349 8	0.168 6	0.887 2	普通股	新华基金
35	020010.OF	国泰金牛创新成长	−0.140 1	−0.003 5	0.001 5	−13.527 1	0.177 3	0.980 6	普通股	国泰基金
36	519991.OF	长信双利优选	−0.166 1	−0.005 7	−0.000 4	−13.694 9	0.151 2	0.610 3	偏股混	长信基金
37	400003.OF	东方精选	−0.181 8	−0.004 8	0.000 2	−13.775 5	0.138 9	0.725 5	偏股混	东方基金
38	110022.OF	易方达消费行业	−0.147 7	−0.004 6	0.000 4	−13.849 0	0.171 7	0.768 3	普通股	易方达基
39	110023.OF	易方达医疗保健	−0.174 8	−0.005 5	−0.000 3	−13.899 0	0.145 5	0.644 7	普通股	易方达基
40	571002.OF	诺德主题灵活配置	−0.184 9	−0.005 4	−0.000 2	−14.061 7	0.139 0	0.664 9	偏股混	诺德基金
41	163409.OF	兴全绿色投资	−0.214 1	−0.006 6	0.000 8	−14.167 8	0.120 8	0.543 5	普通股	兴业全球
42	257050.OF	国联安主题驱动	−0.145 0	−0.003 8	0.001 2	−14.205 2	0.178 8	0.947 6	普通股	国联安基
43	162212.OF	泰达宏利红利先锋	−0.161 6	−0.004 7	0.000 3	−14.520 0	0.163 6	0.787 2	普通股	泰达宏利
44	166005.OF	中欧价值发现	−0.139 8	−0.003 6	0.001 5	−14.563 4	0.189 6	1.012 2	普通股	中欧基金
45	100016.OF	富国天源平衡	−0.189 6	−0.005 4	−0.000 2	−14.756 8	0.141 4	0.685 6	平衡混	富国基金
46	180001.OF	银华优势企业	−0.226 4	−0.006 2	−0.000 7	−14.764 8	0.118 5	0.599 6	平衡混	银华基金
47	070001.OF	嘉实成长收益	−0.193 3	−0.005 7	−0.000 4	−14.855 7	0.139 6	0.654 0	偏股混	嘉实基金
48	050010.OF	博时特许价值	−0.166 3	−0.004 1	0.000 9	−14.867 9	0.162 4	0.914 8	普通股	博时基金

续前表

排名	代码	名称	夏普指数	特雷诺指数	詹森指数	2011年化收益率(%)	年化波动率(%)	Beta	投资类型	管理公司
49	519093.OF	新华钻石品质企业	– 0.166 0	– 0.004 1	0.000 9	–14.903 4	0.163 0	0.916 5	普通股	新华基金
50	481015.OF	工银瑞信主题策略	– 0.597 5	– 0.040 8	– 0.003 3	–14.976 3	0.045 5	0.092 3	普通股	工银瑞信
51	213008.OF	宝盈资源优选	– 0.118 3	– 0.003 3	0.002 1	–15.054 6	0.230 8	1.152 8	普通股	宝盈基金
52	320007.OF	诺安成长	– 0.157 4	– 0.004 0	0.001 0	–15.075 6	0.173 7	0.945 3	普通股	诺安基金
53	519015.OF	海富通精选2号	– 0.197 9	– 0.005 0	0.000 1	–15.181 4	0.139 0	0.759 5	偏股混	海富通基
54	519087.OF	新华优选分红	– 0.175 3	– 0.004 3	0.000 7	–15.237 0	0.157 4	0.897 9	偏股混	新华基金
55	163807.OF	中银行业优选	– 0.195 3	– 0.005 3	– 0.000 2	–15.318 6	0.142 0	0.721 4	偏股混	中银基金
56	000011.OF	华夏大盘精选	– 0.133 5	– 0.003 3	0.002 1	–15.350 5	0.208 1	1.169 8	偏股混	华夏基金
57	162211.OF	泰达宏利品质生活	– 0.198 1	– 0.005 8	– 0.000 5	–15.551 2	0.141 9	0.670 2	偏股混	泰达宏利
58	519089.OF	新华优选成长	– 0.149 8	– 0.003 8	0.001 4	–15.716 0	0.189 5	1.041 4	普通股	新华基金
59	200006.OF	长城消费增值	– 0.207 8	– 0.007 2	– 0.001 2	–15.801 7	0.137 2	0.550 9	普通股	长城基金
60	320006.OF	诺安灵活配置	– 0.179 6	– 0.004 6	0.000 4	–15.803 5	0.158 8	0.858 2	偏股混	诺安基金
61	519183.OF	万家双引擎	– 0.203 2	– 0.006 0	– 0.000 6	–15.918 7	0.141 3	0.663 4	偏股混	万家基金
62	710001.OF	富安达优势成长	– 0.406 2	– 0.027 3	– 0.002 9	–15.922 5	0.070 7	0.145 8	普通股	富安达基
63	151001.OF	银河稳健	– 0.224 0	– 0.006 6	– 0.000 9	–15.956 5	0.128 4	0.601 4	偏股混	银河基金
64	162203.OF	泰达宏利稳定	– 0.189 2	– 0.006 0	– 0.000 6	–16.071 9	0.153 1	0.674 9	普通股	泰达宏利
65	040015.OF	华安动态灵活配置	– 0.187 2	– 0.005 0	0.000 1	–16.331 3	0.157 0	0.821 6	偏股混	华安基金
66	483003.OF	工银瑞信精选平衡	– 0.190 3	– 0.005 0	0.000 0	–16.351 9	0.154 6	0.809 3	偏股混	工银瑞信
67	202005.OF	南方成份精选	– 0.186 8	– 0.004 6	0.000 4	–16.377 2	0.157 8	0.890 3	普通股	南方基金
68	530006.OF	建信核心精选	– 0.206 7	– 0.005 4	– 0.000 2	–16.377 8	0.142 6	0.763 2	普通股	建信基金
69	070022.OF	嘉实领先成长	– 0.331 3	– 0.010 3	– 0.001 1	–16.412 4	0.089 1	0.399 1	普通股	嘉实基金
70	580006.OF	东吴新经济	– 0.162 5	– 0.004 2	0.000 8	–16.415 1	0.181 7	0.964 0	普通股	东吴基金
71	100029.OF	富国天成红利	– 0.203 3	– 0.005 2	– 0.000 1	–16.454 2	0.145 5	0.788 6	偏股混	富国基金
72	519692.OF	交银成长股票	– 0.173 9	– 0.004 9	0.000 1	–16.552 5	0.171 1	0.835 1	普通股	交银施罗
73	540009.OF	汇丰晋信消费红利	– 0.184 9	– 0.004 8	0.000 2	–16.616 9	0.161 5	0.855 1	普通股	汇丰晋信

续前表

排名	代码	名称	夏普指数	特雷诺指数	詹森指数	2011年化收益率(%)	年化波动率(%)	Beta	投资类型	管理公司
74	610002.OF	信达澳银精华	-0.201 1	-0.005 8	-0.000 5	-16.630 3	0.148 6	0.712 4	偏股混	信达澳银
75	080005.OF	长盛量化红利策略	-0.193 9	-0.004 9	0.000 2	-16.675 6	0.154 5	0.852 5	普通股	长盛基金
76	270021.OF	广发聚瑞	-0.143 8	-0.005 2	-0.000 1	-16.702 2	0.208 7	0.807 1	普通股	广发基金
77	530011.OF	建信内生动力	-0.205 7	-0.005 1	0.000 0	-16.722 1	0.146 0	0.811 0	普通股	建信基金
78	450009.OF	国富中小盘	-0.156 4	-0.004 2	0.000 9	-16.737 3	0.192 1	1.002 6	普通股	国海富兰
79	206007.OF	鹏华消费优选	-0.179 3	-0.005 1	0.000 0	-16.751 5	0.167 7	0.816 6	普通股	鹏华基金
80	350007.OF	天治趋势精选	-0.207 4	-0.006 7	-0.001 0	-16.813 1	0.145 5	0.621 8	偏股混	天治基金
81	519011.OF	海富通精选	-0.213 6	-0.005 3	-0.000 2	-16.843 4	0.141 5	0.783 7	偏股混	海富通基
82	481006.OF	工银瑞信红利	-0.176 0	-0.004 6	0.000 4	-16.846 0	0.171 8	0.908 3	普通股	工银瑞信
83	288001.OF	华夏经典配置	-0.200 5	-0.005 0	0.000 1	-16.847 6	0.150 8	0.838 1	偏股混	华夏基金
84	519678.OF	银河消费驱动	-0.342 5	-0.012 0	-0.000 8	-16.981 4	0.088 9	0.350 6	普通股	银河基金
85	240001.OF	华宝兴业宝康消费品	-0.222 2	-0.006 1	-0.000 7	-17.017 2	0.137 3	0.695 4	偏股混	华宝兴业
86	070003.OF	嘉实稳健	-0.246 1	-0.006 2	-0.000 8	-17.050 2	0.124 3	0.685 2	偏股混	嘉实基金
87	398011.OF	中海分红增利	-0.206 6	-0.005 5	-0.000 3	-17.065 0	0.148 1	0.771 0	偏股混	中海基金
88	519674.OF	银河创新成长	-0.210 9	-0.005 8	-0.000 5	-17.231 6	0.146 4	0.741 9	普通股	银河基金
89	121002.OF	国投瑞银景气行业	-0.257 3	-0.007 0	-0.001 2	-17.244 9	0.120 1	0.615 3	平衡混	国投瑞银
90	163302.OF	大摩资源优选混合	-0.228 0	-0.006 0	-0.000 7	-17.368 7	0.136 4	0.718 0	偏股混	摩根士丹
91	233007.OF	大摩卓越成长	-0.211 2	-0.005 7	-0.000 4	-17.452 6	0.148 0	0.766 9	普通股	摩根士丹
92	163402.OF	兴全趋势投资	-0.235 5	-0.005 8	-0.000 5	-17.475 0	0.132 8	0.749 5	偏股混	兴业全球
93	620006.OF	金元比联消费主题	-0.198 5	-0.006 5	-0.001 0	-17.727 0	0.159 8	0.675 4	普通股	金元惠理
94	202023.OF	南方优选成长	-0.296 8	-0.008 0	-0.001 6	-17.756 9	0.107 0	0.549 3	偏股混	南方基金
95	519668.OF	银河竞争优势成长	-0.218 2	-0.006 1	-0.000 7	-17.796 6	0.145 8	0.725 1	普通股	银河基金
96	070013.OF	嘉实研究精选	-0.198 2	-0.005 5	-0.000 3	-17.835 3	0.160 9	0.803 5	普通股	嘉实基金
97	070002.OF	嘉实增长	-0.218 8	-0.006 8	-0.001 1	-17.881 7	0.146 1	0.654 9	偏股混	嘉实基金

续前表

排名	代码	名称	夏普指数	特雷诺指数	詹森指数	2011年化收益率(%)	年化波动率(%)	Beta	投资类型	管理公司
98	610001.OF	信达澳银领先增长	−0.191 4	−0.005 0	0.000 1	−17.906 2	0.167 2	0.888 0	普通股	信达澳银
99	360005.OF	光大保德信红利	−0.218 0	−0.005 4	−0.000 2	−17.912 1	0.146 9	0.823 6	普通股	光大保德
100	519994.OF	长信金利趋势	−0.184 2	−0.004 5	0.000 5	−17.960 2	0.174 2	0.979 3	普通股	长信基金
101	163801.OF	中银中国精选	−0.247 5	−0.007 5	−0.001 4	−18.043 8	0.130 3	0.598 6	偏股混	中银基金
102	420001.OF	天弘精选	−0.194 5	−0.006 2	−0.000 8	−18.099 5	0.166 3	0.718 1	偏股混	天弘基金
103	260104.OF	景顺长城增长	−0.192 1	−0.005 2	−0.000 1	−18.100 9	0.168 3	0.865 6	普通股	景顺长城
104	540006.OF	汇丰晋信大盘	−0.187 4	−0.004 9	0.000 2	−18.223 2	0.173 7	0.920 2	普通股	汇丰晋信
105	112002.OF	易方达策略2号	−0.203 7	−0.005 6	−0.000 4	−18.278 4	0.160 2	0.811 1	偏股混	易方达基
106	166009.OF	中欧新动力	−0.167 9	−0.004 7	0.001 1	−18.300 6	0.194 6	0.968 4	普通股	中欧基金
107	260109.OF	景顺长城增长2号	−0.192 1	−0.005 2	−0.000 1	−18.370 1	0.170 7	0.879 2	普通股	景顺长城
108	110002.OF	易方达策略成长	−0.207 4	−0.005 7	−0.000 5	−18.412 4	0.158 5	0.801 1	偏股混	易方达基
109	161605.OF	融通蓝筹成长	−0.280 8	−0.007 6	−0.001 5	−18.527 6	0.117 7	0.599 8	平衡混	融通基金
110	270001.OF	广发聚富	−0.242 4	−0.007 4	−0.001 4	−18.598 3	0.136 9	0.621 4	平衡混	广发基金
111	163809.OF	中银蓝筹精选	−0.254 9	−0.006 7	−0.001 1	−18.646 3	0.130 4	0.688 2	偏股混	中银基金
112	160314.OF	华夏行业精选	−0.184 1	−0.004 7	0.000 4	−18.679 2	0.180 9	0.989 1	普通股	华夏基金
113	020005.OF	国泰金马稳健回报	−0.195 8	−0.004 9	0.000 2	−18.704 8	0.170 4	0.951 8	偏股混	国泰基金
114	360011.OF	光大保德信动态优选	−0.222 5	−0.005 5	−0.000 3	−18.783 4	0.150 5	0.844 8	偏股混	光大保德
115	340008.OF	兴全有机增长	−0.216 8	−0.006 5	−0.001 0	−18.846 9	0.155 0	0.722 2	偏股混	兴业全球
116	519097.OF	新华中小市值优选	−0.203 8	−0.005 3	−0.000 2	−18.850 0	0.164 9	0.881 2	普通股	新华基金
117	398041.OF	中海量化策略	−0.183 6	−0.004 9	0.000 2	−18.893 5	0.183 4	0.957 9	普通股	中海基金
118	020003.OF	国泰金龙行业精选	−0.233 0	−0.006 0	−0.000 7	−18.905 1	0.144 6	0.777 8	偏股混	国泰基金
119	510081.OF	长盛动态精选	−0.203 8	−0.005 3	−0.000 2	−18.910 0	0.165 4	0.876 1	偏股混	长盛基金
120	160512.OF	博时卓越品牌	−0.224 3	−0.006 0	0.002 4	−18.959 5	0.150 6	0.783 5	普通股	博时基金
121	519672.OF	银河蓝筹精选	−0.209 0	−0.005 7	−0.000 5	−18.990 9	0.161 9	0.821 0	普通股	银河基金

续前表

排名	代码	名称	夏普指数	特雷诺指数	詹森指数	2011年化收益率(%)	年化波动率(%)	Beta	投资类型	管理公司
122	519670.OF	银河行业优选	−0.189 5	−0.005 8	−0.000 5	−19.014 5	0.178 8	0.816 7	普通股	银河基金
123	260101.OF	景顺长城优选股票	−0.231 2	−0.005 6	−0.000 5	−19.017 8	0.146 6	0.832 7	普通股	景顺长城
124	180018.OF	银华和谐主题	−0.205 6	−0.005 4	−0.000 3	−19.079 1	0.165 3	0.866 6	偏股混	银华基金
125	450003.OF	国富潜力组合	−0.197 0	−0.005 0	0.000 1	−19.170 8	0.173 3	0.943 6	普通股	国海富兰
126	350008.OF	天治成长精选	−0.557 6	−0.020 7	−0.002 7	−19.210 1	0.061 4	0.228 8	普通股	天治基金
127	519066.OF	汇添富蓝筹稳健	−0.225 8	−0.006 6	−0.001 1	−19.215 4	0.151 6	0.713 7	偏股混	汇添富基
128	257030.OF	国联安优势	−0.196 1	−0.005 2	−0.000 1	−19.327 0	0.175 4	0.918 0	普通股	国联安基
129	580008.OF	东吴新产业精选	−0.504 3	−0.017 0	−0.003 2	−19.442 6	0.068 6	0.282 6	普通股	东吴基金
130	200007.OF	长城安心回报	−0.223 1	−0.007 3	−0.001 5	−19.522 1	0.155 7	0.656 2	平衡混	长城基金
131	070010.OF	嘉实主题精选	−0.250 6	−0.008 3	−0.001 9	−19.530 2	0.138 7	0.583 0	偏股混	嘉实基金
132	070099.OF	嘉实优质企业	−0.204 9	−0.005 8	−0.000 6	−19.547 5	0.169 8	0.827 6	普通股	嘉实基金
133	163406.OF	兴全合润分级	−0.184 9	−0.004 8	0.000 3	−19.566 7	0.188 3	1.007 3	普通股	兴业全球
134	121005.OF	国投瑞银创新动力	−0.232 7	−0.006 1	−0.000 8	−19.575 6	0.149 7	0.797 4	普通股	国投瑞银
135	200001.OF	长城久恒	−0.257 8	−0.007 8	−0.001 7	−19.612 2	0.135 4	0.616 9	平衡混	长城基金
136	213001.OF	宝盈鸿利收益	−0.190 3	−0.004 9	0.000 2	−19.639 5	0.183 7	0.998 1	平衡混	宝盈基金
137	110001.OF	易方达平稳增长	−0.281 6	−0.007 9	−0.001 7	−19.668 1	0.124 3	0.616 6	平衡混	易方达基
138	470028.OF	汇添富社会责任	−0.282 3	−0.008 2	−0.000 1	−19.685 1	0.124 1	0.589 9	普通股	汇添富基
139	570001.OF	诺德价值优势	−0.209 8	−0.005 2	−0.000 1	−19.824 3	0.168 1	0.946 2	普通股	诺德基金
140	360001.OF	光大保德信核心	−0.195 8	−0.004 6	0.000 5	−19.839 9	0.180 2	1.060 3	普通股	光大保德
141	320012.OF	诺安主题精选	−0.209 7	−0.005 2	−0.000 1	−19.891 0	0.168 7	0.939 3	普通股	诺安基金
142	470009.OF	汇添富民营活力	−0.235 7	−0.006 5	−0.001 1	−19.938 4	0.150 5	0.756 7	普通股	汇添富基
143	070006.OF	嘉实服务增值行业	−0.220 8	−0.005 8	−0.000 6	−20.002 2	0.161 1	0.851 3	偏股混	嘉实基金
144	240010.OF	华宝兴业行业精选	−0.230 4	−0.005 9	−0.000 7	−20.095 7	0.155 1	0.839 3	普通股	华宝兴业
145	530001.OF	建信恒久价值	−0.249 9	−0.006 4	−0.001 0	−20.131 2	0.143 2	0.770 0	普通股	建信基金
146	360007.OF	光大保德信优势	−0.228 7	−0.005 5	−0.000 4	−20.138 9	0.156 5	0.899 3	普通股	光大保德

续前表

排名	代码	名称	夏普指数	特雷诺指数	詹森指数	2011年化收益率(%)	年化波动率(%)	Beta	投资类型	管理公司
147	050004.OF	博时精选	– 0.210 8	– 0.005 2	– 0.000 1	–20.179 6	0.170 2	0.951 8	偏股混	博时基金
148	202001.OF	南方稳健成长	– 0.268 0	– 0.006 9	– 0.001 3	–20.194 1	0.134 0	0.720 3	偏股混	南方基金
149	290005.OF	泰信优势增长	– 0.240 0	– 0.007 0	– 0.001 4	–20.196 8	0.149 6	0.712 7	偏股混	泰信基金
150	100020.OF	富国天益价值	– 0.219 0	– 0.005 6	– 0.000 4	–20.227 7	0.164 2	0.891 7	偏股混	富国基金
151	162214.OF	泰达宏利领先中小盘	– 0.218 7	– 0.006 7	– 0.001 2	–20.252 8	0.164 6	0.742 9	普通股	泰达宏利
152	660005.OF	农银汇理中小盘	– 0.206 5	– 0.005 6	– 0.000 5	–20.263 3	0.174 5	0.886 6	普通股	农银汇理
153	240004.OF	华宝兴业动力组合	– 0.247 8	– 0.006 7	– 0.001 2	–20.322 5	0.145 8	0.745 1	普通股	华宝兴业
154	160211.OF	国泰中小盘成长	– 0.189 6	– 0.005 0	0.000 1	–20.357 0	0.190 8	1.013 5	普通股	国泰基金
155	519069.OF	汇添富价值精选	– 0.206 4	– 0.005 3	– 0.000 2	–20.380 5	0.175 5	0.940 3	普通股	汇添富基
156	202002.OF	南方稳健成长2号	– 0.266 4	– 0.006 9	– 0.001 3	–20.466 3	0.136 5	0.735 8	平衡混	南方基金
157	180020.OF	银华成长先锋	– 0.246 6	– 0.007 2	– 0.001 5	–20.506 5	0.147 8	0.704 5	偏股混	银华基金
158	660006.OF	农银汇理大盘蓝筹	– 0.251 1	– 0.006 6	– 0.001 1	–20.529 8	0.145 3	0.771 4	普通股	农银汇理
159	290008.OF	泰信发展主题	– 0.230 0	– 0.006 4	– 0.001 0	–20.543 2	0.158 7	0.790 6	普通股	泰信基金
160	110025.OF	易方达资源行业	– 0.579 1	– 0.024 6	– 0.003 5	–20.555 0	0.063 1	0.205 9	普通股	易方达基
161	270002.OF	广发稳健增长	– 0.274 9	– 0.007 3	– 0.001 5	–20.573 9	0.133 0	0.698 8	偏股混	广发基金
162	160611.OF	鹏华优质治理	– 0.217 7	– 0.005 4	– 0.000 3	–20.646 2	0.168 5	0.935 0	普通股	鹏华基金
163	481013.OF	工银瑞信消费服务	– 0.213 9	– 0.005 9	0.0027	–20.653 8	0.171 5	0.856 4	普通股	工银瑞信
164	162208.OF	泰达宏利首选企业	– 0.221 2	– 0.006 1	– 0.0008	–20.659 3	0.166 0	0.841 3	普通股	泰达宏利
165	240008.OF	华宝兴业收益增长	– 0.269 2	– 0.008 1	– 0.0019	–20.718 8	0.136 7	0.633 4	偏股混	华宝兴业
166	160215.OF	国泰价值经典	– 0.208 4	– 0.004 9	0.000 1	–20.731 7	0.176 8	1.032 8	普通股	国泰基金
167	530005.OF	建信优化配置	– 0.222 9	– 0.005 4	– 0.000 3	–20.761 7	0.165 5	0.943 9	偏股混	建信基金
168	162605.OF	景顺长城鼎益	– 0.237 6	– 0.005 8	– 0.000 6	–20.780 7	0.155 3	0.878 3	普通股	景顺长城
169	519068.OF	汇添富成长焦点	– 0.258 1	– 0.006 9	– 0.001 3	–20.790 7	0.143 1	0.745 6	普通股	汇添富基
170	020009.OF	国泰金鹏蓝筹价值	– 0.216 1	– 0.005 1	– 0.000 1	–20.886 7	0.171 7	1.000 9	偏股混	国泰基金

续前表

排名	代码	名称	夏普指数	特雷诺指数	詹森指数	2011年化收益率(%)	年化波动率(%)	Beta	投资类型	管理公司
171	660010.OF	农银汇理策略精选	–0.515 5	–0.052 1	–0.004 3	–20.915 2	0.072 1	0.098 9	普通股	农银汇理
172	070019.OF	嘉实价值优势	–0.218 1	–0.005 7	–0.000 6	–20.958 4	0.170 7	0.898 0	普通股	嘉实基金
173	481004.OF	工银瑞信稳健成长	–0.195 4	–0.005 4	–0.000 3	–20.970 4	0.190 6	0.951 1	普通股	工银瑞信
174	660004.OF	农银汇理策略价值	–0.212 2	–0.005 8	–0.000 6	–21.018 4	0.176 0	0.891 4	普通股	农银汇理
175	260110.OF	景顺长城精选蓝筹	–0.252 9	–0.006 2	–0.000 9	–21.018 6	0.147 6	0.837 8	普通股	景顺长城
176	050014.OF	博时创业成长	–0.184 0	–0.004 8	0.000 3	–21.037 3	0.203 0	1.082 2	普通股	博时基金
177	560003.OF	益民创新优势	–0.257 7	–0.006 7	–0.001 2	–21.045 8	0.145 0	0.773 9	偏股混	益民基金
178	020015.OF	国泰区位优势	–0.259 3	–0.007 0	–0.001 4	–21.059 0	0.144 3	0.745 1	普通股	国泰基金
179	002011.OF	华夏红利	–0.217 6	–0.005 3	–0.000 2	–21.104 0	0.172 3	0.973 4	偏股混	华夏基金
180	373020.OF	上投摩根双核平衡	–0.283 7	–0.007 4	–0.001 6	–21.112 9	0.132 1	0.699 4	偏股混	上投摩根
181	690001.OF	民生加银品牌蓝筹	–0.235 9	–0.005 9	–0.000 7	–21.134 9	0.159 1	0.878 3	偏股混	民生加银
182	660001.OF	农银汇理行业成长	–0.208 0	–0.005 6	–0.000 5	–21.197 4	0.181 0	0.925 4	普通股	农银汇理
183	163804.OF	中银收益	–0.247 7	–0.007 6	–0.001 7	–21.216 9	0.152 1	0.683 1	偏股混	中银基金
184	260112.OF	景顺长城能源基建	–0.166 8	–0.004 4	0.000 8	–21.246 3	0.226 2	1.195 0	普通股	景顺长城
185	200012.OF	长城中小盘成长	–0.233 6	–0.006 9	–0.001 4	–21.360 3	0.162 4	0.757 0	普通股	长城基金
186	213003.OF	宝盈策略增长	–0.217 2	–0.005 8	–0.000 6	–21.424 9	0.175 2	0.917 3	普通股	宝盈基金
187	080001.OF	长盛成长价值	–0.320 9	–0.008 2	–0.002 0	–21.448 6	0.118 7	0.646 1	偏股混	长盛基金
188	320011.OF	诺安中小盘精选	–0.187 0	–0.004 5	0.000 7	–21.487 9	0.204 0	1.173 3	普通股	诺安基金
189	040005.OF	华安宏利	–0.231 5	–0.005 7	–0.000 6	–21.497 9	0.164 9	0.930 3	普通股	华安基金
190	213002.OF	宝盈泛沿海增长	–0.193 5	–0.004 9	0.000 2	–21.574 7	0.197 9	1.084 0	普通股	宝盈基金
191	320005.OF	诺安价值增长	–0.222 7	–0.005 5	–0.000 4	–21.595 3	0.172 2	0.974 6	普通股	诺安基金
192	160610.OF	鹏华动力增长	–0.260 2	–0.006 9	–0.001 4	–21.607 0	0.147 4	0.770 7	偏股混	鹏华基金
193	460009.OF	华泰柏瑞量化先行	–0.243 9	–0.006 4	–0.001 1	–21.631 2	0.157 5	0.829 2	普通股	华泰柏瑞
194	660003.OF	农银汇理平衡双利	–0.285 2	–0.008 2	–0.002 0	–21.722 6	0.135 2	0.654 6	偏股混	农银汇理
195	162607.OF	景顺长城资源垄断	–0.219 2	–0.005 3	–0.000 2	–21.734 2	0.176 0	1.006 1	普通股	景顺长城

续前表

排名	代码	名称	夏普指数	特雷诺指数	詹森指数	2011年化收益率(%)	年化波动率(%)	Beta	投资类型	管理公司
196	162006.OF	长城久富	－0.216 3	－0.007 1	－0.001 5	–21.741 6	0.178 5	0.757 3	普通股	长城基金
197	257070.OF	国联安优选行业	－0.300 6	－0.010 1	－0.000 9	–21.750 0	0.128 5	0.527 6	普通股	国联安基
198	519115.OF	浦银安盛红利精选	－0.212 6	－0.005 6	－0.000 5	–21.777 6	0.181 9	0.951 7	普通股	浦银安盛
199	580007.OF	东吴新创业	－0.232 9	－0.007 4	－0.001 7	–21.844 7	0.166 5	0.728 7	普通股	东吴基金
200	110013.OF	易方达科翔	－0.210 0	－0.005 7	－0.000 6	–21.915 2	0.185 2	0.938 9	普通股	易方达基
201	165310.OF	建信双利策略主题分级	－0.259 6	－0.008 2	－0.000 1	–21.915 2	0.149 8	0.654 0	普通股	建信基金
202	398031.OF	中海蓝筹配置	－0.301 8	－0.008 2	－0.002 0	–21.935 5	0.129 0	0.660 8	偏股混	中海基金
203	260103.OF	景顺长城动力平衡	－0.279 1	－0.007 0	－0.001 5	–21.990 2	0.139 9	0.777 5	平衡混	景顺长城
204	121008.OF	国投瑞银成长优选	－0.241 6	－0.006 3	－0.001 0	–21.992 1	0.161 6	0.858 7	普通股	国投瑞银
205	519690.OF	交银稳健配置混合	－0.246 1	－0.006 9	－0.001 4	–21.999 8	0.158 7	0.789 1	偏股混	交银施罗
206	519694.OF	交银蓝筹股票	－0.256 1	－0.006 7	－0.001 3	–22.011 8	0.152 6	0.812 9	普通股	交银施罗
207	206001.OF	鹏华行业成长	－0.248 4	－0.006 7	－0.001 3	–22.125 4	0.158 1	0.818 1	平衡混	鹏华基金
208	070021.OF	嘉实主题新动力	－0.235 4	－0.006 2	－0.000 9	–22.198 4	0.167 4	0.887 6	普通股	嘉实基金
209	377020.OF	上投摩根内需动力	－0.228 6	－0.006 2	－0.001 0	–22.202 6	0.172 4	0.877 1	普通股	上投摩根
210	519035.OF	富国天博创新主题	－0.213 9	－0.005 5	－0.000 4	–22.242 0	0.184 6	0.9997	普通股	富国基金
211	202003.OF	南方绩优成长	－0.258 0	－0.007 0	－0.001 5	–22.286 7	0.153 4	0.783 3	普通股	南方基金
212	161601.OF	融通新蓝筹	－0.271 5	－0.007 5	－0.001 8	–22.287 2	0.145 7	0.732 5	偏股混	融通基金
213	270022.OF	广发内需增长	－0.202 1	－0.005 2	－0.000 1	–22.302 2	0.195 8	1.063 2	偏股混	广发基金
214	070011.OF	嘉实策略增长	－0.229 3	－0.006 8	－0.001 4	–22.329 8	0.172 9	0.810 1	偏股混	嘉实基金
215	550003.OF	信诚盛世蓝筹	－0.246 7	－0.007 9	－0.002 0	–22.337 2	0.160 7	0.696 0	普通股	信诚基金
216	240017.OF	华宝兴业新兴产业	－0.209 6	－0.006 0	－0.000 8	–22.363 1	0.189 4	0.924 3	普通股	华宝兴业
217	233008.OF	大摩消费领航	－0.338 5	－0.008 8	－0.002 3	–22.380 9	0.117 4	0.626 4	偏股混	摩根士丹
218	481001.OF	工银瑞信核心价值	－0.212 2	－0.005 2	－0.000 1	–22.454 2	0.187 8	1.063 4	普通股	工银瑞信
219	160105.OF	南方积极配置	－0.276 1	－0.007 5	－0.001 8	–22.474 9	0.144 5	0.736 0	偏股混	南方基金

续前表

排名	代码	名称	夏普指数	特雷诺指数	詹森指数	2011年化收益率(%)	年化波动率(%)	Beta	投资类型	管理公司
220	450002.OF	国富弹性市值	−0.216 2	−0.005 7	−0.000 6	−22.503 4	0.184 8	0.977 5	普通股	国海富兰
221	398051.OF	中海环保新能源	−0.324 3	−0.010 6	−0.002 9	−22.509 2	0.123 2	0.521 2	偏股混	中海基金
222	020001.OF	国泰金鹰增长	−0.227 6	−0.005 7	−0.000 6	−22.571 0	0.176 0	0.983 2	普通股	国泰基金
223	070018.OF	嘉实回报灵活配置	−0.292 0	−0.008 3	−0.002 1	−22.572 5	0.137 2	0.671 0	偏股混	嘉实基金
224	257040.OF	国联安红利	−0.208 0	−0.005 6	−0.000 5	−22.572 7	0.192 6	0.997 7	普通股	国联安基
225	360010.OF	光大保德信精选	−0.264 1	−0.006 5	−0.001 2	−22.633 4	0.152 1	0.856 1	普通股	光大保德
226	470006.OF	汇添富医药保健	−0.219 4	−0.006 8	−0.001 4	−22.639 3	0.183 2	0.815 0	普通股	汇添富基
227	270005.OF	广发聚丰	−0.212 5	−0.005 7	−0.000 6	−22.714 9	0.189 7	0.983 0	普通股	广发基金
228	160605.OF	鹏华中国50	−0.232 5	−0.005 9	−0.000 8	−22.799 3	0.174 0	0.945 7	偏股混	鹏华基金
229	540008.OF	汇丰晋信低碳先锋	−0.215 8	−0.005 9	−0.000 7	−22.813 2	0.187 6	0.959 3	普通股	汇丰晋信
230	110009.OF	易方达价值精选	−0.228 4	−0.005 7	−0.000 6	−22.860 8	0.177 6	0.988 3	普通股	易方达基
231	410007.OF	华富价值增长	−0.245 2	−0.007 0	−0.001 5	−22.870 5	0.165 6	0.804 7	偏股混	华富基金
232	162204.OF	泰达宏利行业精选	−0.230 7	−0.006 6	−0.001 3	−22.870 9	0.176 0	0.850 2	普通股	泰达宏利
233	580001.OF	东吴嘉禾优势	−0.237 5	−0.006 6	−0.001 3	−22.928 3	0.171 4	0.861 4	偏股混	东吴基金
234	257010.OF	国联安小盘精选	−0.240 1	−0.006 0	−0.000 9	−22.930 7	0.169 5	0.935 0	偏股混	国联安基
235	590003.OF	中邮核心优势	−0.260 2	−0.007 2	−0.001 7	−22.970 8	0.156 7	0.782 6	偏股混	中邮创业
236	378010.OF	上投摩根成长先锋	−0.262 8	−0.007 1	−0.001 6	−22.980 4	0.155 2	0.794 4	普通股	上投摩根
237	620004.OF	金元比联价值增长	−0.235 5	−0.007 3	−0.001 7	−23.028 1	0.173 6	0.777 4	普通股	金元惠理
238	320001.OF	诺安平衡	−0.273 6	−0.006 9	−0.001 5	−23.032 5	0.149 5	0.826 4	偏股混	诺安基金
239	257020.OF	国联安精选	−0.233 0	−0.006 0	−0.000 9	−23.087 2	0.175 9	0.942 0	普通股	国联安基
240	160603.OF	鹏华普天收益	−0.264 8	−0.007 1	−0.001 6	−23.101 0	0.154 9	0.798 4	偏股混	鹏华基金
241	519021.OF	国泰金鼎价值精选	−0.291 9	−0.007 7	−0.001 9	−23.160 7	0.140 9	0.738 8	偏股混	国泰基金
242	360006.OF	光大保德信新增长	−0.250 6	−0.006 3	−0.001 1	−23.188 6	0.164 3	0.912 0	普通股	光大保德
243	376510.OF	上投摩根大盘蓝筹	−0.271 0	−0.007 0	−0.001 5	−23.214 7	0.152 1	0.822 0	普通股	上投摩根
244	050012.OF	博时策略灵活配置	−0.246 2	−0.006 5	−0.001 3	−23.252 3	0.167 7	0.878 9	偏股混	博时基金

续前表

排名	代码	名称	夏普指数	特雷诺指数	詹森指数	2011年化收益率(%)	年化波动率(%)	Beta	投资类型	管理公司
245	160806.OF	长盛同庆	−0.280 4	−0.006 9	−0.001 5	−23.292 6	0.147 5	0.827 1	普通股	长盛基金
246	270006.OF	广发策略优选	−0.224 8	−0.006 8	−0.001 4	−23.323 1	0.184 2	0.847 9	偏股混	广发基金
247	400011.OF	东方核心动力	−0.246 2	−0.006 3	−0.001 1	−23.371 5	0.168 6	0.916 2	普通股	东方基金
248	100026.OF	富国天合稳健优选	−0.217 0	−0.005 7	−0.000 6	−23.379 5	0.191 3	1.012 5	普通股	富国基金
249	519113.OF	浦银安盛精致生活	−0.267 3	−0.007 1	−0.0017	−23.432 8	0.155 6	0.807 5	偏股混	浦银安盛
250	519008.OF	汇添富优势精选	−0.265 2	−0.007 0	−0.0016	−23.476 9	0.157 2	0.826 9	偏股混	汇添富基
251	373010.OF	上投摩根双息平衡	−0.283 7	−0.007 3	−0.001 8	−23.506 4	0.147 1	0.789 5	平衡混	上投摩根
252	000001.OF	华夏成长	−0.266 0	−0.006 6	−0.001 3	−23.576 9	0.157 4	0.875 6	平衡混	华夏基金
253	162209.OF	泰达宏利市值优选	−0.235 0	−0.006 5	−0.001 3	−23.594 3	0.178 3	0.889 3	普通股	泰达宏利
254	377530.OF	上投摩根行业轮动	−0.264 6	−0.006 7	−0.001 4	−23.620 6	0.158 5	0.863 5	普通股	上投摩根
255	162207.OF	泰达宏利效率优选	−0.292 0	−0.008 6	−0.002 4	−23.640 6	0.143 7	0.679 8	偏股混	泰达宏利
256	519013.OF	海富通风格优势	−0.249 5	−0.006 5	−0.001 3	−23.643 1	0.168 3	0.895 4	普通股	海富通基
257	630010.OF	华商价值精选	−0.326 6	−0.010 3	−0.001 6	−23.681 5	0.128 8	0.567 1	普通股	华商基金
258	570005.OF	诺德成长优势	−0.238 3	−0.006 0	−0.000 8	−23.697 2	0.176 6	0.980 2	普通股	诺德基金
259	110029.OF	易方达科讯	−0.245 9	−0.007 0	−0.001 6	−23.720 6	0.171 3	0.836 0	普通股	易方达基
260	519987.OF	长信恒利优势	−0.214 9	−0.005 6	−0.000 6	−23.726 9	0.196 1	1.036 3	普通股	长信基金
261	310308.OF	申万菱信盛利精选	−0.276 3	−0.007 5	−0.001 9	−23.736 1	0.152 5	0.779 0	偏股混	申万菱信
262	570006.OF	诺德中小盘	−0.257 8	−0.007 5	−0.001 9	−23.768 2	0.163 7	0.785 3	普通股	诺德基金
263	163810.OF	中银价值精选	−0.275 6	−0.007 2	−0.001 7	−23.787 2	0.153 2	0.810 3	偏股混	中银基金
264	377240.OF	上投摩根新兴动力	−0.378 9	−0.012 9	−0.001 0	−23.791 7	0.111 5	0.455 4	普通股	上投摩根

续前表

排名	代码	名称	夏普指数	特雷诺指数	詹森指数	2011年化收益率(%)	年化波动率(%)	Beta	投资类型	管理公司
265	160212.OF	国泰估值优势可分离	−0.238 8	−0.006 2	−0.001 0	−23.796 3	0.177 0	0.948 1	普通股	国泰基金
266	217013.OF	招商中小盘精选	−0.243 8	−0.006 2	−0.001 1	−23.880 7	0.174 0	0.944 7	普通股	招商基金
267	420005.OF	天弘周期策略	−0.191 7	−0.005 2	−0.000 1	−23.886 1	0.221 3	1.129 5	普通股	天弘基金
268	519110.OF	浦银安盛价值成长	−0.221 2	−0.005 6	−0.000 6	−23.889 9	0.191 8	1.042 5	普通股	浦银安盛
269	540003.OF	汇丰晋信动态策略	−0.238 7	−0.006 4	−0.001 2	−23.919 1	0.178 0	0.917 4	偏股混	汇丰晋信
270	160805.OF	长盛同智	−0.269 3	−0.006 7	−0.001 4	−23.921 2	0.157 8	0.873 8	偏股混	长盛基金
271	163503.OF	天治核心成长	−0.237 5	−0.006 0	−0.000 9	−24.027 7	0.179 7	0.983 3	普通股	天治基金
272	040016.OF	华安行业轮动	−0.247 1	−0.006 8	−0.001 5	−24.030 6	0.172 8	0.875 4	普通股	华安基金
273	450004.OF	国富深化价值	−0.220 6	−0.005 8	−0.000 8	−24.042 9	0.193 6	1.015 0	普通股	国海富兰
274	375010.OF	上投摩根中国优势	−0.195 2	−0.005 0	0.000 1	−24.046 6	0.218 8	1.185 4	偏股混	上投摩根
275	519039.OF	长盛同德	−0.247 2	−0.006 3	−0.001 2	−24.073 0	0.172 9	0.934 8	普通股	长盛基金
276	161005.OF	富国天惠精选成长	−0.235 8	−0.006 4	−0.001 2	−24.181 3	0.182 2	0.926 6	偏股混	富国基金
277	270025.OF	广发行业领先	−0.234 3	−0.006 2	−0.001 0	−24.187 8	0.183 4	0.964 8	普通股	广发基金
278	620001.OF	金元比联宝石动力	−0.297 2	−0.008 7	−0.002 5	−24.295 0	0.145 2	0.687 0	偏股混	金元惠理
279	519181.OF	万家和谐增长	−0.233 9	−0.006 8	−0.001 5	−24.299 0	0.184 5	0.880 4	偏股混	万家基金
280	519702.OF	交银趋势优先	−0.266 9	−0.007 0	−0.001 7	−24.310 1	0.161 8	0.850 8	普通股	交银施罗
281	163805.OF	中银动态策略	−0.287 6	−0.007 5	−0.001 9	−24.375 3	0.150 6	0.803 1	普通股	中银基金
282	620005.OF	金元比联核心动力	−0.304 9	−0.007 3	−0.001 8	−24.384 5	0.142 1	0.827 0	普通股	金元惠理
283	163803.OF	中银持续增长	−0.260 3	−0.006 6	−0.001 4	−24.393 8	0.166 5	0.906 7	普通股	中银基金
284	688888.OF	浙商聚潮产业成长	−0.429 2	−0.012 8	−0.002 0	−24.401 8	0.101 0	0.470 4	普通股	浙商基金

续前表

排名	代码	名称	夏普指数	特雷诺指数	詹森指数	2011年化收益率(%)	年化波动率(%)	Beta	投资类型	管理公司
285	340007.OF	兴全社会责任	−0.251 1	−0.007 1	−0.001 7	−24.435 9	0.172 9	0.849 1	普通股	兴业全球
286	519018.OF	汇添富均衡增长	−0.267 5	−0.007 3	−0.001 8	−24.555 3	0.163 1	0.833 8	普通股	汇添富基
287	540002.OF	汇丰晋信龙腾	−0.262 4	−0.006 9	−0.001 6	−24.561 6	0.166 4	0.879 5	普通股	汇丰晋信
288	560002.OF	益民红利成长	−0.270 4	−0.007 1	−0.001 7	−24.568 2	0.161 5	0.858 2	偏股混	益民基金
289	110012.OF	易方达科汇	−0.241 4	−0.006 6	−0.001 4	−24.597 0	0.181 1	0.917 5	偏股混	易方达基
290	580002.OF	东吴价值成长	−0.257 4	−0.007 5	−0.002 0	−24.610 0	0.169 9	0.804 0	普通股	东吴基金
291	217012.OF	招商行业领先	−0.205 6	−0.005 4	−0.000 4	−24.662 1	0.213 2	1.123 4	普通股	招商基金
292	165508.OF	信诚深度价值	−0.272 8	−0.008 7	−0.002 5	−24.671 1	0.160 7	0.697 3	普通股	信诚基金
293	519698.OF	交银先锋股票	−0.254 5	−0.006 7	−0.001 4	−24.685 4	0.172 4	0.912 3	普通股	交银施罗
294	040008.OF	华安策略优选	−0.242 7	−0.006 7	−0.001 5	−24.717 8	0.181 0	0.909 9	普通股	华安基金
295	040001.OF	华安创新	−0.275 2	−0.007 2	−0.001 8	−24.834 7	0.160 4	0.851 1	平衡混	华安基金
296	200011.OF	长城景气行业龙头	−0.308 9	−0.007 9	−0.002 2	−24.844 4	0.142 9	0.773 2	偏股混	长城基金
297	202011.OF	南方优选价值	−0.275 0	−0.007 3	−0.001 8	−24.940 5	0.161 3	0.847 3	普通股	南方基金
298	240005.OF	华宝兴业多策略	−0.226 0	−0.006 4	−0.001 2	−24.999 5	0.196 7	0.966 0	偏股混	华宝兴业
299	040020.OF	华安升级主题	−0.250 4	−0.006 9	0.001 9	−25.025 2	0.177 7	0.896 5	普通股	华安基金
300	121003.OF	国投瑞银核心企业	−0.272 7	−0.007 2	−0.001 8	−25.059 2	0.163 4	0.859 9	普通股	国投瑞银
301	260115.OF	景顺长城中小盘	−0.265 9	−0.007 2	0.000 6	−25.087 0	0.167 7	0.857 8	普通股	景顺长城
302	460005.OF	华泰柏瑞价值增长	−0.254 5	−0.006 9	−0.001 7	−25.108 3	0.175 4	0.891 4	普通股	华泰柏瑞
303	160311.OF	华夏蓝筹核心	−0.253 3	−0.006 4	−0.001 2	−25.119 0	0.176 3	0.973 2	偏股混	华夏基金
304	620002.OF	金元比联成长动力	−0.347 2	−0.009 7	−0.003 0	−25.130 5	0.128 7	0.637 7	偏股混	金元惠理
305	540004.OF	汇丰晋信2026	−0.255 4	−0.007 3	−0.001 9	−25.133 4	0.175 0	0.853 8	普通股	汇丰晋信

续前表

排名	代码	名称	夏普指数	特雷诺指数	詹森指数	2011年化收益率(%)	年化波动率(%)	Beta	投资类型	管理公司
306	180010.OF	银华优质增长	– 0.254 0	– 0.007 4	– 0.001 9	–25.153 3	0.176 1	0.839 5	普通股	银华基金
307	121099.OF	国投瑞银瑞福分级	– 0.279 6	– 0.007 2	– 0.001 8	–25.176 0	0.160 1	0.861 7	普通股	国投瑞银
308	165512.OF	信诚新机遇	– 0.382 7	– 0.013 2	– 0.001 7	–25.241 6	0.117 3	0.470 3	普通股	信诚基金
309	630008.OF	华商策略精选	– 0.305 8	– 0.009 2	– 0.002 8	–25.275 1	0.147 0	0.681 0	偏股混	华商基金
310	519029.OF	华夏平稳增长	– 0.232 7	– 0.005 9	– 0.000 9	–25.297 7	0.193 4	1.051 1	平衡混	华夏基金
311	470008.OF	汇添富策略回报	– 0.264 8	– 0.007 1	– 0.001 8	–25.337 6	0.170 2	0.878 1	普通股	汇添富基
312	310368.OF	申万菱信竞争优势	– 0.224 9	– 0.006 0	– 0.001 0	–25.374 7	0.200 7	1.041 1	普通股	申万菱信
313	590006.OF	中邮中小盘灵活配置	– 0.312 2	– 0.008 9	– 0.000 4	–25.450 6	0.145 0	0.702 1	偏股混	中邮创业
314	110005.OF	易方达积极成长	– 0.246 9	– 0.006 6	– 0.001 4	–25.452 4	0.183 4	0.950 6	偏股混	易方达基
315	090001.OF	大成价值增长	– 0.281 8	– 0.007 2	– 0.001 8	–25.487 9	0.160 9	0.876 9	平衡混	大成基金
316	217009.OF	招商核心价值	– 0.224 4	– 0.005 9	– 0.000 9	–25.596 6	0.202 9	1.072 9	偏股混	招商基金
317	166001.OF	中欧新趋势	– 0.297 1	– 0.007 5	– 0.002 0	–25.626 1	0.153 5	0.840 2	普通股	中欧基金
318	213006.OF	宝盈核心优势	– 0.322 7	– 0.008 5	– 0.002 5	–25.647 9	0.141 5	0.744 5	偏股混	宝盈基金
319	270008.OF	广发核心精选	– 0.241 6	– 0.007 6	– 0.002 1	–25.691 2	0.189 2	0.836 4	普通股	广发基金
320	519017.OF	大成积极成长	– 0.264 2	– 0.006 9	– 0.001 7	–25.778 9	0.173 7	0.925 5	普通股	大成基金
321	217005.OF	招商先锋	– 0.327 9	– 0.008 4	– 0.002 5	–25.806 9	0.140 1	0.760 4	偏股混	招商基金
322	110011.OF	易方达中小盘	– 0.225 7	– 0.006 1	– 0.001 1	–25.813 4	0.203 5	1.043 4	普通股	易方达基
323	090007.OF	大成策略回报	– 0.266 4	– 0.007 0	– 0.001 7	–25.839 1	0.172 7	0.917 4	普通股	大成基金
324	519185.OF	万家精选	– 0.266 0	– 0.006 7	– 0.001 5	–25.842 2	0.172 9	0.949 2	普通股	万家基金
325	540010.OF	汇丰晋信科技先锋	– 0.321 8	– 0.010 3	– 0.000 4	–25.852 5	0.143 0	0.620 0	普通股	汇丰晋信

续前表

排名	代码	名称	夏普指数	特雷诺指数	詹森指数	2011年化收益率(%)	年化波动率(%)	Beta	投资类型	管理公司
326	162703.OF	广发小盘成长	−0.213 9	−0.005 4	−0.000 4	−25.907 4	0.215 7	1.175 0	普通股	广发基金
327	202007.OF	南方隆元产业主题	−0.215 0	−0.005 6	−0.000 5	−25.949 5	0.214 9	1.151 1	普通股	南方基金
328	310358.OF	申万菱信新经济	−0.262 7	−0.007 3	−0.002 0	−25.972 1	0.176 0	0.873 2	偏股混	申万菱信
329	350002.OF	天治品质优选	−0.285 1	−0.008 1	−0.002 4	−25.974 0	0.162 2	0.792 6	偏股混	天治基金
330	460001.OF	华泰柏瑞盛世中国	−0.291 0	−0.008 0	−0.002 3	−26.002 1	0.159 1	0.801 5	普通股	华泰柏瑞
331	673010.OF	纽银新动向	−0.422 2	−0.012 8	−0.002 6	−26.044 8	0.109 8	0.500 7	偏股混	纽银梅隆
332	161610.OF	融通领先成长	−0.246 4	−0.006 8	−0.001 6	−26.046 2	0.188 2	0.948 4	普通股	融通基金
333	519001.OF	银华核心价值优选	−0.247 2	−0.006 4	−0.001 3	−26.126 9	0.188 3	1.002 9	普通股	银华基金
334	162201.OF	泰达宏利成长	−0.276 0	−0.007 7	−0.002 2	−26.183 6	0.169 0	0.844 3	普通股	泰达宏利
335	519025.OF	海富通领先成长	−0.276 7	−0.007 7	−0.002 2	−26.243 5	0.168 9	0.844 5	普通股	海富通基
336	110010.OF	易方达价值成长	−0.246 6	−0.006 1	−0.001 1	−26.272 8	0.189 8	1.057 2	偏股混	易方达基
337	519983.OF	长信量化先锋	−0.224 2	−0.005 8	−0.000 8	−26.358 5	0.209 4	1.132 0	普通股	长信基金
338	519688.OF	交银精选股票	−0.314 4	−0.008 1	−0.002 4	−26.385 8	0.149 5	0.802 9	普通股	交银施罗
339	450007.OF	国富成长动力	−0.262 0	−0.006 8	−0.001 6	−26.420 3	0.179 7	0.959 0	普通股	国海富兰
340	519700.OF	交银主题优选	−0.321 3	−0.008 4	−0.002 6	−26.434 3	0.146 6	0.775 7	偏股混	交银施罗
341	200010.OF	长城双动力	−0.269 8	−0.007 8	−0.002 3	−26.525 3	0.175 2	0.839 5	普通股	长城基金
342	160106.OF	南方高增长	−0.276 3	−0.007 3	−0.002 0	−26.529 3	0.171 1	0.902 6	普通股	南方基金
343	690005.OF	民生加银内需增长	−0.312 9	−0.008 3	−0.002 6	−26.643 9	0.151 8	0.794 6	普通股	民生加银
344	210001.OF	金鹰成份股优选	−0.284 4	−0.006 9	−0.001 7	−26.669 8	0.167 2	0.957 0	平衡混	金鹰基金
345	166006.OF	中欧中小盘	−0.264 8	−0.006 8	−0.001 7	−26.840 9	0.180 7	0.977 2	普通股	中欧基金
346	000021.OF	华夏优势增长	−0.216 8	−0.005 8	−0.000 8	−26.851 8	0.220 9	1.148 2	普通股	华夏基金

续前表

排名	代码	名称	夏普指数	特雷诺指数	詹森指数	2011年化收益率(%)	年化波动率(%)	Beta	投资类型	管理公司
347	206002.OF	鹏华精选成长	– 0.318 8	– 0.008 0	– 0.002 4	–26.914 2	0.150 6	0.827 8	普通股	鹏华基金
348	320003.OF	诺安股票	– 0.313 1	– 0.008 1	– 0.002 5	–26.936 1	0.153 4	0.826 7	普通股	诺安基金
349	050018.OF	博时行业轮动	– 0.342 1	– 0.009 2	– 0.003 0	–27.139 6	0.141 6	0.732 7	普通股	博时基金
350	379010.OF	上投摩根中小盘	– 0.253 3	– 0.006 9	– 0.001 7	–27.149 1	0.191 3	0.979 7	普通股	上投摩根
351	161706.OF	招商优质成长	– 0.268 0	– 0.007 2	– 0.002 0	–27.196 3	0.181 1	0.930 4	普通股	招商基金
352	161903.OF	万家公用事业	– 0.301 9	– 0.007 7	– 0.002 3	–27.275 5	0.161 3	0.877 1	普通股	万家基金
353	000031.OF	华夏复兴	– 0.246 0	– 0.006 2	– 0.001 2	–27.311 3	0.198 2	1.083 8	普通股	华夏基金
354	162202.OF	泰达宏利周期	– 0.253 4	– 0.007 0	– 0.001 9	–27.333 6	0.192 6	0.965 3	普通股	泰达宏利
355	180012.OF	银华富裕主题	– 0.275 3	– 0.007 5	– 0.002 2	–27.372 9	0.177 5	0.905 3	普通股	银华基金
356	530003.OF	建信优选成长	– 0.267 9	– 0.007 0	– 0.001 8	–27.394 4	0.182 6	0.973 1	普通股	建信基金
357	519993.OF	长信增利策略	– 0.255 8	– 0.006 4	– 0.001 4	–27.489 2	0.191 9	1.066 7	普通股	长信基金
358	420003.OF	天弘永定成长	– 0.248 8	– 0.006 9	– 0.001 8	–27.569 9	0.197 9	0.995 3	普通股	天弘基金
359	377010.OF	上投摩根阿尔法	– 0.274 6	– 0.006 9	– 0.001 8	–27.610 2	0.179 6	0.986 7	普通股	上投摩根
360	180013.OF	银华领先策略	– 0.227 9	– 0.006 0	– 0.001 0	–27.671 1	0.216 9	1.142 7	普通股	银华基金
361	398001.OF	中海优质成长	– 0.301 1	– 0.009 2	– 0.003 1	–27.743 4	0.164 7	0.749 3	偏股混	中海基金
362	233009.OF	大摩多因子策略	– 0.258 4	– 0.007 9	0.000 5	–27.762 8	0.192 0	0.870 4	普通股	摩根士丹
363	519996.OF	长信银利精选	– 0.283 5	– 0.006 9	– 0.001 8	–27.805 2	0.175 3	0.995 8	普通股	长信基金
364	671010.OF	纽银策略优选	– 0.267 9	– 0.007 0	– 0.001 9	–27.915 8	0.186 3	0.993 3	普通股	纽银梅隆
365	210002.OF	金鹰红利价值	– 0.293 4	– 0.007 9	– 0.002 5	–27.917 2	0.170 1	0.872 9	偏股混	金鹰基金
366	610006.OF	信达澳银产业升级	– 0.360 2	– 0.011 5	– 0.002 4	–27.948 6	0.138 7	0.602 0	普通股	信达澳银
367	202009.OF	南方盛元红利	– 0.224 5	– 0.005 8	– 0.000 8	–27.976 4	0.222 8	1.205 6	普通股	南方基金

续前表

排名	代码	名称	夏普指数	特雷诺指数	詹森指数	2011年化收益率(%)	年化波动率(%)	Beta	投资类型	管理公司
368	519005.OF	海富通股票	–0.281 9	–0.007 8	–0.002 4	–27.990 9	0.177 5	0.892 3	普通股	海富通基
369	630002.OF	华商盛世成长	–0.284 5	–0.008 2	–0.002 6	–28.057 8	0.176 4	0.849 6	普通股	华商基金
370	050007.OF	博时平衡配置	–0.395 7	–0.010 7	–0.003 7	–28.144 1	0.127 2	0.650 5	平衡混	博时基金
371	090004.OF	大成精选增值	–0.255 7	–0.006 5	–0.001 6	–28.183 2	0.197 1	1.068 7	偏股混	大成基金
372	110015.OF	易方达行业领先	–0.248 3	–0.006 8	–0.001 8	–28.197 7	0.203 1	1.022 5	普通股	易方达基
373	519019.OF	大成景阳领先	–0.298 7	–0.008 1	–0.002 6	–28.232 6	0.169 1	0.867 3	普通股	大成基金
374	481010.OF	工银瑞信中小盘成长	–0.248 5	–0.006 6	–0.001 6	–28.272 8	0.203 6	1.061 6	普通股	工银瑞信
375	090003.OF	大成蓝筹稳健	–0.290 2	–0.007 6	–0.002 3	–28.637 4	0.176 7	0.936 5	偏股混	大成基金
376	260111.OF	景顺长城公司治理	–0.247 7	–0.006 1	–0.001 2	–28.665 8	0.207 3	1.161 8	普通股	景顺长城
377	000061.OF	华夏盛世精选	–0.253 5	–0.006 5	–0.001 6	–28.679 8	0.202 6	1.094 4	普通股	华夏基金
378	100039.OF	富国通胀通缩主题	–0.307 9	–0.008 8	–0.003 0	–28.712 8	0.167 0	0.808 3	普通股	富国基金
379	519026.OF	海富通中小盘	–0.264 1	–0.007 5	–0.002 3	–28.716 4	0.194 7	0.949 3	普通股	海富通基
380	481008.OF	工银瑞信大盘蓝筹	–0.252 4	–0.006 7	–0.001 7	–28.759 8	0.204 1	1.069 2	普通股	工银瑞信
381	160910.OF	大成创新成长	–0.270 7	–0.007 3	–0.002 1	–28.879 6	0.191 1	0.989 2	偏股混	大成基金
382	040007.OF	华安中小盘成长	–0.304 3	–0.008 3	–0.002 8	–28.880 0	0.170 1	0.864 8	普通股	华安基金
383	090015.OF	大成内需增长	–0.329 2	–0.009 4	–0.001 9	–28.946 2	0.157 6	0.762 7	普通股	大成基金
384	310388.OF	申万菱信消费增长	–0.249 7	–0.006 7	–0.001 7	–29.080 0	0.208 8	1.083 4	普通股	申万菱信
385	519704.OF	交银先进制造	–0.602 2	–0.0204	–0.004 2	–29.115 6	0.086 7	0.355 3	普通股	交银施罗
386	202019.OF	南方策略优化	–0.270 5	–0.006 5	–0.001 6	–29.179 2	0.193 5	1.120 1	普通股	南方基金
387	580005.OF	东吴进取策略	–0.279 0	–0.008 1	–0.002 7	–29.216 0	0.187 8	0.899 3	偏股混	东吴基金

续前表

排名	代码	名称	夏普指数	特雷诺指数	詹森指数	2011年化收益率(%)	年化波动率(%)	Beta	投资类型	管理公司
388	161818.OF	银华消费主题分级	−0.833 4	−0.079 8	−0.006 8	−29.220 0	0.062 9	0.091 1	普通股	银华基金
389	450010.OF	国富策略回报	−0.357 2	−0.010 5	−0.001 2	−29.270 5	0.147 0	0.694 3	偏股混	国海富兰
390	100056.OF	富国低碳环保	−0.477 1	−0.022 5	−0.004 5	−29.393 9	0.110 6	0.325 6	普通股	富国基金
391	550002.OF	信诚精萃成长	−0.298 8	−0.008 0	−0.002 7	−29.403 8	0.176 6	0.916 9	普通股	信诚基金
392	630005.OF	华商动态阿尔法	−0.234 5	−0.006 7	−0.001 7	−29.412 0	0.225 1	1.100 6	偏股混	华商基金
393	570007.OF	诺德优选30	−0.321 9	−0.009 7	−0.001 2	−29.412 9	0.164 0	0.754 9	普通股	诺德基金
394	550009.OF	信诚中小盘	−0.334 1	−0.009 6	−0.003 4	−29.419 7	0.158 0	0.764 6	普通股	信诚基金
395	233001.OF	大摩基础行业混合	−0.398 9	−0.011 2	−0.004 0	−29.477 3	0.132 6	0.654 9	偏股混	摩根士丹
396	040011.OF	华安核心优选	−0.278 1	−0.007 0	−0.002 0	−29.583 4	0.191 0	1.048 0	普通股	华安基金
397	240011.OF	华宝兴业大盘精选	−0.318 9	−0.009 0	−0.003 2	−29.588 2	0.166 6	0.815 7	普通股	华宝兴业
398	050009.OF	博时新兴成长	−0.299 5	−0.007 3	−0.002 2	−29.661 2	0.177 9	1.012 4	普通股	博时基金
399	161609.OF	融通动力先锋	−0.290 5	−0.008 1	−0.002 8	−29.685 4	0.183 6	0.908 8	普通股	融通基金
400	162102.OF	金鹰中小盘精选	−0.285 9	−0.007 6	−0.002 4	−29.738 7	0.186 9	0.979 0	偏股混	金鹰基金
401	360012.OF	光大保德信中小盘	−0.241 1	−0.007 7	−0.002 5	−29.759 2	0.221 7	0.957 3	普通股	光大保德
402	460002.OF	华泰柏瑞积极成长	−0.280 3	−0.008 0	−0.002 7	−29.789 7	0.191 0	0.923 6	偏股混	华泰柏瑞
403	690003.OF	民生加银精选	−0.306 8	−0.008 1	−0.002 8	−29.801 3	0.174 5	0.913 2	普通股	民生加银
404	160613.OF	鹏华盛世创新	−0.264 5	−0.007 1	−0.002 1	−29.915 6	0.203 2	1.055 5	普通股	鹏华基金
405	290002.OF	泰信先行策略	−0.280 9	−0.007 7	−0.002 5	−30.027 3	0.192 2	0.975 3	偏股混	泰信基金
406	590005.OF	中邮核心主题	−0.288 1	−0.007 5	−0.002 4	−30.125 9	0.188 1	1.004 7	普通股	中邮创业
407	240009.OF	华宝兴业先进成长	−0.302 1	−0.007 5	−0.002 4	−30.290 4	0.180 4	1.010 6	普通股	华宝兴业
408	700001.OF	平安大华行业先锋	−0.704 6	−0.027 1	−0.005 5	−30.382 4	0.077 6	0.280 3	普通股	平安大华

续前表

排名	代码	名称	夏普指数	特雷诺指数	詹森指数	2011年化收益率(%)	年化波动率(%)	Beta	投资类型	管理公司
409	090011.OF	大成核心双动力	– 0.301 7	– 0.008 6	– 0.003 1	–30.471 1	0.181 8	0.881 5	普通股	大成基金
410	460007.OF	华泰柏瑞行业领先	– 0.285 3	– 0.007 8	– 0.002 6	–30.577 5	0.193 0	0.985 0	普通股	华泰柏瑞
411	233006.OF	大摩领先优势	– 0.325 8	– 0.009 5	– 0.003 6	–30.793 4	0.170 4	0.812 0	普通股	摩根士丹
412	217001.OF	招商安泰股票	– 0.295 6	– 0.007 3	– 0.002 4	–30.852 7	0.188 1	1.050 7	普通股	招商基金
413	260108.OF	景顺长城新兴成长	– 0.262 0	– 0.006 5	– 0.001 7	–31.080 8	0.214 0	1.190 4	普通股	景顺长城
414	410009.OF	华富量子生命力	– 0.271 5	– 0.007 4	0.000 6	–31.087 5	0.206 6	1.046 0	普通股	华富基金
415	310328.OF	申万菱信新动力	– 0.269 9	– 0.007 2	– 0.002 3	–31.244 1	0.208 9	1.091 2	普通股	申万菱信
416	410006.OF	华富策略精选	– 0.318 9	– 0.008 5	– 0.003 2	–31.814 8	0.180 4	0.934 1	偏股混	华富基金
417	610005.OF	信达澳银红利回报	– 0.330 8	– 0.009 2	– 0.003 6	–31.907 2	0.174 5	0.867 4	普通股	信达澳银
418	630001.OF	华商领先企业	– 0.280 4	– 0.007 4	– 0.002 5	–32.036 6	0.206 8	1.092 1	偏股混	华商基金
419	290004.OF	泰信优质生活	– 0.254 4	– 0.007 4	– 0.002 5	–32.378 2	0.230 7	1.099 0	普通股	泰信基金
420	550001.OF	信诚四季红	– 0.367 0	– 0.009 8	– 0.003 9	–32.423 8	0.160 1	0.827 5	偏股混	信诚基金
421	410003.OF	华富成长趋势	– 0.302 8	– 0.007 9	– 0.002 9	–32.523 6	0.194 8	1.035 9	普通股	华富基金
422	540007.OF	汇丰晋信中小盘	– 0.337 8	– 0.008 7	– 0.003 4	–32.621 1	0.175 2	0.942 1	普通股	汇丰晋信
423	070017.OF	嘉实量化阿尔法	– 0.299 0	– 0.007 7	– 0.002 8	–33.007 3	0.200 5	1.079 9	普通股	嘉实基金
424	550008.OF	信诚优胜精选	– 0.353 1	– 0.009 6	– 0.003 9	–33.164 3	0.170 7	0.867 4	普通股	信诚基金
425	590002.OF	中邮核心成长	– 0.310 5	– 0.007 7	– 0.002 8	–33.247 2	0.194 7	1.088 9	普通股	中邮创业
426	610004.OF	信达澳银中小盘	– 0.320 3	– 0.008 9	– 0.003 6	–33.251 4	0.188 8	0.941 9	普通股	信达澳银
427	290006.OF	泰信蓝筹精选	– 0.292 2	– 0.007 7	– 0.002 9	–33.557 7	0.209 1	1.100 9	普通股	泰信基金
428	161606.OF	融通行业景气	– 0.260 4	– 0.006 9	– 0.002 3	–33.626 7	0.235 2	1.223 3	偏股混	融通基金

续前表

排名	代码	名称	夏普指数	特雷诺指数	詹森指数	2011年化收益率(%)	年化波动率(%)	Beta	投资类型	管理公司
429	690004.OF	民生加银稳健成长	− 0.349 6	− 0.009 0	− 0.003 7	−33.986 8	0.177 3	0.956 5	普通股	民生加银
430	210005.OF	金鹰主题优势	− 0.330 2	− 0.008 3	− 0.003 4	−34.304 6	0.189 7	1.047 5	普通股	金鹰基金
431	590001.OF	中邮核心优选	− 0.293 1	− 0.007 2	− 0.002 6	−34.342 7	0.214 0	1.200 2	普通股	中邮创业
432	217010.OF	招商大盘蓝筹	− 0.293 8	− 0.007 2	− 0.002 6	−34.497 6	0.214 6	1.207 2	普通股	招商基金
433	350005.OF	天治创新先锋	− 0.284 9	− 0.007 7	− 0.003 0	−34.997 5	0.224 9	1.155 7	普通股	天治基金
434	210004.OF	金鹰稳健成长	− 0.299 6	− 0.008 1	− 0.003 3	−35.190 7	0.215 3	1.110 7	普通股	金鹰基金
435	410001.OF	华富竞争力优选	− 0.331 9	− 0.009 1	− 0.003 9	−35.258 4	0.194 8	0.987 7	偏股混	华富基金
436	580003.OF	东吴行业轮动	− 0.269 7	− 0.007 4	− 0.002 8	−35.498 7	0.241 6	1.216 8	普通股	东吴基金
437	519099.OF	新华灵活主题	− 0.372 7	− 0.011 1	− 0.000 3	−35.610 3	0.175 4	0.819 4	普通股	新华基金
438	163110.OF	申万菱信量化小盘	− 0.357 2	− 0.011 6	− 0.003 7	−35.822 6	0.184 4	0.787 1	普通股	申万菱信
439	210003.OF	金鹰行业优势	− 0.306 4	− 0.007 8	− 0.003 2	−36.084 8	0.216 8	1.174 5	普通股	金鹰基金
440	398021.OF	中海能源策略	− 0.380 6	− 0.010 1	− 0.004 6	−36.483 3	0.176 7	0.926 3	偏股混	中海基金
441	090009.OF	大成行业轮动	− 0.339 5	− 0.009 4	− 0.004 3	−36.934 7	0.201 0	1.007 0	普通股	大成基金
442	270007.OF	广发大盘成长	− 0.300 1	− 0.007 6	− 0.003 2	−37.421 1	0.230 9	1.259 3	偏股混	广发基金
443	161611.OF	融通内需驱动	− 0.291 1	− 0.008 2	− 0.003 8	−38.415 0	0.245 6	1.205 8	普通股	融通基金
444	630006.OF	华商产业升级	− 0.390 5	− 0.010 7	− 0.005 3	−38.620 9	0.184 3	0.929 2	普通股	华商基金
445	161810.OF	银华内需精选	− 0.359 9	− 0.010 1	− 0.005 3	−40.536 6	0.212 0	1.046 9	普通股	银华基金
446	320016.OF	诺安多策略	− 0.343 7	− 0.009 9	− 0.001 6	−42.413 1	0.234 8	1.130 2	普通股	诺安基金
447	519979.OF	长信内需成长	−1.175 5	− 0.064 7	− 0.015 1	−56.413 3	0.101 0	0.254 4	普通股	长信基金

表 8　　第九届中国基金业金牛奖获奖名单（2011 年度）

奖项	获奖名单
金牛基金公司	嘉实基金管理公司
	富国基金管理公司
	建信基金管理公司
	国泰基金管理公司
	兴业全球基金管理公司
	海富通基金管理公司
	华夏基金管理公司
	博时基金管理公司
	工银瑞信基金管理公司
	鹏华基金管理公司
金牛进取奖	银河基金管理公司
	东方基金管理公司
债券投资金牛基金公司	广发基金管理公司
	中银基金管理公司
海外投资金牛基金公司	空缺
被动投资金牛基金公司	易方达基金管理公司
	嘉实基金管理公司
2011年度封闭式金牛基金	建信优势动力股票封闭
	富国汉盛封闭
三年期封闭式金牛基金	华安安顺封闭
	嘉实泰和封闭
五年期封闭式金牛基金	华夏兴华封闭
	博时裕隆封闭
2011年度股票型金牛基金	鹏华价值优势股票（LOF）
	博时第三产业股票
	长城品牌优选股票
	新华钻石品质企业股票
	博时特许价值股票
	南方成份精选股票
	易方达消费行业股票
	诺安成长股票
	泰达宏利红利先锋股票
	华夏收入股票

续前表

三年期股票型金牛基金	华商盛世成长股票
	新华优选成长股票
	景顺长城内需贰号股票
	兴全社会责任股票
	国泰金牛创新股票
	银华富裕主题股票
	华夏复兴股票
五年期股票型金牛基金	兴全全球视野股票
	博时主题行业股票（LOF）
	国富弹性市值股票
	交银成长股票
2011年度混合型金牛基金	博时价值增长混合
	东方龙混合
	新华泛资源优势混合
	华夏回报混合
	富国天瑞强势混合
	国投瑞银稳健增长混合
三年期混合型金牛基金	嘉实主题混合
	诺安灵活配置混合
	大摩资源优选混合（LOF）
	富国天成红利混合
	新华优选分红混合
	嘉实增长混合
五年期混合型金牛基金	华夏大盘精选混合
	中银中国混合（LOF）
	兴全趋势投资混合（LOF）
	兴全可转债混合
	华夏红利混合
	华安宝利混合
2011年度货币市场金牛基金	广发货币
	万家货币
	南方现金增利货币

续前表

2011年度指数型金牛基金	易方达深圳100ETF
	嘉实沪深300指数（LOF）
	南方中证500指数（LOF）
	富国沪深300指数增强
三年期债券型金牛基金	建信稳定增利债券
	鹏华丰收债券
五年期债券型金牛基金	富国天利增长债券
2011年度债券型金牛基金	广发增强债券
	招商安泰债券
	中银增利债券
	工银瑞信双利债券

附录二　非公募基金理财产品数据

表 9　　　　**2011 年券商理财产品收益情况**

简称	2011年总回报（%）	同类排名	成立以来总回报（%）	成立日期	投资类型	所属概念	管理公司	托管人
国泰君安君享稳健	5.98	1/27	5.98	2011–1–14	混合债券型一级基金	债券型	国泰君安证券	中国银行
中银国际中国红货币宝	4.33	1/5	6.21	2010–5–24	货币市场型基金	货币市场型	中银国际证券	中国银行
国泰君安君得利2号货币	4.13	2/5	4.23	2010–12–23	货币市场型基金	货币市场型	国泰君安证券	中国建设银行
国泰君安君得利1号货币	4.13	3/5	29.68	2005–10–11	货币市场型基金	货币市场型	国泰君安证券	招商银行
招商现金牛货币	3.90	4/5	45.35	2006–1–16	货币市场型基金	货币市场型	招商证券	招商银行
创业1号安心回报	3.25	2/27	8.62	2009–4–17	混合债券型一级基金	债券型	第一创业证券	兴业银行
招商智远稳健4号	3.20	1/125	3.30	2010–12–24	偏债混合型基金	混合型	招商证券	交通银行
南京神州2号	2.25	3/27	9.08	2009–11–5	混合债券型一级基金	债券型	南京证券	交通银行
华泰紫金现金管家	1.93	5/5	8.09	2009–8–25	货币市场型基金	货币市场型	华泰证券	交通银行
兴业证券金麒麟1号	0.69	4/27	17.09	2009–3–27	混合债券型一级基金	债券型	兴业证券	兴业银行
国泰君安君得惠债券	0.39	5/27	8.15	2009–9–24	混合债券型一级基金	债券型	国泰君安证券	中国建设银行
创业创金避险增值	0.30	2/125	0.37	2010–12–23	偏债混合型基金	混合型	第一创业证券	中国工商银行
中金一号	0.14	6/27	11.07	2010–1–13	混合债券型二级基金	债券型	中金公司	中国银行
国泰君安君享套利3号			2.10	2011–8–17	平衡混合型基金	混合型	国泰君安证券	中国建设银行
长江超越理财经典策略			–4.95	2011–6–15	平衡混合型基金	混合型	长江证券	中国农业银行
光大全球灵活配置			–12.00	2011–5–30	QDII基金	QDII	光大证券	中国工商银行
招商智远避险			–2.00	2011–3–23	平衡混合型基金	混合型	招商证券	中信银行
国海金贝壳4号			–7.11	2011–6–23	平衡混合型基金	混合型	国海证券	交通银行

续前表

简称	2011年总回报（%）	同类排名	成立以来总回报（%）	成立日期	投资类型	所属概念	管理公司	托管人
中信建投新经济			–15.26	2011–6–23	平衡混合型基金	混合型	中信建投	交通银行
长江超越理财宝3号			–6.24	2011–5–5	平衡混合型基金	混合型	长江证券	交通银行
国泰君安君享套利5号			1.90	2011–8–29	平衡混合型基金	混合型	国泰君安证券	中国工商银行
东方红先锋7号			–20.65	2011–8–3	平衡混合型基金	混合型	东方证券资产	中国工商银行
创业创金灵活成长1期			–6.92	2011–7–5	平衡混合型基金	混合型	第一创业证券	兴业银行
兴业证券玉麒麟2号			–16.30	2011–6–3	平衡混合型基金	混合型	兴业证券	兴业银行
广发理财5号			–15.54	2011–4–28	平衡混合型基金	混合型	广发证券	中国工商银行
广发理财6号			–1.25	2011–9–8	平衡混合型基金	混合型	广发证券	交通银行
中信贵宾6号			– 0.10	2011–10–24	平衡混合型基金	混合型	中信证券	中信银行
民生惠富达创新精选			– 4.56	2011–9–29	平衡混合型基金	混合型	民生证券	中国工商银行
恒泰先锋1号			–5.30	2011–6–13	平衡混合型基金	混合型	恒泰证券	中国建设银行
信达满堂红主题投资			0.00	2011–12–15	平衡混合型基金	混合型	信达证券	中国建设银行
海通海蓝消费精选			–2.34	2011–8–3	平衡混合型基金	混合型	海通证券	中国工商银行
海通海蓝内需价值优选			–22.57	2011–2–10	平衡混合型基金	混合型	海通证券	交通银行
兴业证券金麒麟消费升级			– 0.30	2011–12–7	平衡混合型基金	混合型	兴业证券	交通银行
创业创金价值成长2期			0.95	2011–12–15	平衡混合型基金	混合型	第一创业证券	中国工商银行
南京神州3号			– 0.71	2011–2–1	平衡混合型基金	混合型	南京证券	交通银行
长江超越理财优享红利			0.20	2011–9–28	平衡混合型基金	混合型	长江证券	招商银行

续前表

简称	2011年总回报（%）	同类排名	成立以来总回报（%）	成立日期	投资类型	所属概念	管理公司	托管人
广发金管家策略2号			–9.74	2011–6–30	平衡混合型基金	混合型	广发证券	中国银行
东方红先锋6号Ⅱ期			–9.64	2011–6–8	平衡混合型基金	混合型	东方证券资产	招商银行
世纪金彩1号			–2.69	2011–6–23	平衡混合型基金	混合型	世纪证券	华夏银行
东北证券融通一期			–31.41	2011–5–20	平衡混合型基金	混合型	东北证券	中国工商银行
光大阳光集结号混合型三期			– 0.01	2011–12–21	平衡混合型基金	混合型	光大证券	中国民生银行
广州证券红棉1号			– 0.30	2011–12–5	平衡混合型基金	混合型	广州证券	中国建设银行
国泰君安君享套利1号			2.40	2011–7–19	平衡混合型基金	混合型	国泰君安证券	中国建设银行
兴业证券金麒麟5号			–3.90	2011–9–15	平衡混合型基金	混合型	兴业证券	兴业银行
国泰君安君享节能			–11.40	2011–9–9	平衡混合型基金	混合型	国泰君安证券	中国银行
中信建投稳健增利			0.13	2011–12–22	平衡混合型基金	混合型	中信建投	兴业银行
国泰君安君享套利2号			1.70	2011–7–27	平衡混合型基金	混合型	国泰君安证券	中国建设银行
平安稳健增值一期			–8.60	2011–5–31	平衡混合型基金	混合型	平安证券	中信银行
光大阳光集结号收益型二期			0.00	2010–10–22			光大证券	中国光大银行
光大阳光集结号收益型一期			0.75	2010–6–12			光大证券	中国光大银行
创业金益求金			1.31	2011–1–21		混合型	第一创业证券	中国工商银行
长江超越理财量化1号			– 0.50	2011–11–9			长江证券	中国建设银行
光大阳光稳健添利			0.46	2011–11–10	混合债券型一级基金	债券型	光大证券	广发银行
国联金如意3号			–14.07	2011–8–15	普通股票型基金	股票型	国联证券	交通银行

续前表

简称	2011年总回报（%）	同类排名	成立以来总回报（%）	成立日期	投资类型	所属概念	管理公司	托管人
海通海蓝宝益			0.55	2011-11-18	混合债券型一级基金	债券型	海通证券	交通银行
国泰君安君得惠二号			1.60	2011-9-22	混合债券型一级基金	债券型	国泰君安证券	中国建设银行
招商海外宝			– 0.60	2011-5-18		QDII	招商证券	中国建设银行
银河木星1号			–13.00	2011-6-28	偏股混合型基金	FOF	中国银河证券	中国建设银行
国都安心投资			–5.05	2011-5-6	偏股混合型基金	混合型	国都证券	华夏银行
华泰紫金龙大中华			–22.10	2011-2-15	QDII基金	QDII	华泰证券	中国银行
中投汇盈基金优选			–13.32	2011-5-3	偏股混合型基金	FOF	中国中投证券	中国银行
国泰君安君得益二号优选基金			–13.85	2011-6-7	偏股混合型基金	FOF	国泰君安证券	交通银行
光大阳光集结号收益型三期			0.00	2011-6-3			光大证券	中国光大银行
中航金航2号			–24.86	2011-1-27	偏股混合型基金	FOF	中航证券	浦发银行
渤海滨海1号民生价值			–24.30	2011-2-14	偏股混合型基金	混合型	渤海证券	中国建设银行
高华证券盛享1号			–3.45	2011-12-8	普通股票型基金	股票型	北京高华证券	中国工商银行
中信基金精选			0.00	2011-12-23	混合债券型二级基金	FOF	中信证券	中信银行
国海金贝壳5号			0.16	2011-9-1	混合债券型二级基金	债券型	国海证券	中国工商银行
长江超越理财可转债			– 4.78	2011-3-23	混合债券型二级基金	债券型	长江证券	交通银行
华泰紫金策略避险			0.59	2011-10-24	混合债券型二级基金	债券型	华泰证券	中国银行
华西证券融诚2号			–10.70	2011-3-25	偏债混合型基金	FOF	华西证券	中国建设银行
中原炎黄一号精选基金			–9.48	2011-5-16	偏债混合型基金	FOF	中原证券	中国建设银行

续前表

简称	2011年总回报（%）	同类排名	成立以来总回报（%）	成立日期	投资类型	所属概念	管理公司	托管人
光大阳光避险增值			1.88	2011-8-25	偏债混合型基金	混合型	光大证券	中国光大银行
方正金泉友3号			0.76	2011-8-26	偏债混合型基金	混合型	方正证券	中信银行
恒泰稳健回报			0.59	2011-11-28	混合债券型二级基金	债券型	恒泰证券	中国建设银行
中信红利价值			0.38	2011-8-25	普通股票型基金	股票型	中信证券	中信银行
宏源新兴成长			-13.09	2011-7-1	普通股票型基金	股票型	宏源证券	中国建设银行
东兴金选1号			-34.88	2011-4-1	普通股票型基金	股票型	东兴证券	中国工商银行
中信卓越成长			0.69	2011-5-19	普通股票型基金	股票型	中信证券	中信银行
信达现金宝			0.00	2011-11-8	货币市场型基金	货币市场型	信达证券	中国证券登记结算有限责任公司
申银万国宝鼎5期			0.74	2011-12-26	货币市场型基金	货币市场型	申银万国证券	兴业银行
国泰君安君得发			0.00	2011-12-29	普通股票型基金	股票型	国泰君安证券	中国工商银行
齐鲁锦泉			1.40	2011-9-28	货币市场型基金	货币市场型	齐鲁证券	交通银行
金元1号核心主题			0.12	2011-12-12	平衡混合型基金	混合型	金元证券	交通银行
中航金航5号			0.22	2011-10-21	平衡混合型基金	混合型	中航证券	浦发银行
东方红先锋6号			-16.54	2011-3-10	平衡混合型基金	混合型	东方证券资产	招商银行
东方红公益			-5.50	2011-4-13	平衡混合型基金	混合型	东方证券资产	中国工商银行
兴业证券玉麒麟1号			-10.00	2011-1-20	平衡混合型基金	股票型	兴业证券	兴业银行
银泰1号股票精选			-0.33	2011-11-24	平衡混合型基金	混合型	银泰证券	交通银行
广发金管家策略1号			-25.67	2011-2-16	平衡混合型基金	混合型	广发证券	中国银行

续前表

简称	2011年总回报（%）	同类排名	成立以来总回报（%）	成立日期	投资类型	所属概念	管理公司	托管人
东方红7号			–5.38	2011–5–5	平衡混合型基金	混合型	东方证券资产	中国工商银行
东海东风9号			– 0.37	2011–12–9	平衡混合型基金	混合型	东海证券	交通银行
东方红8号			0.01	2011–12–28	平衡混合型基金	混合型	东方证券资产	中国工商银行
中信贵宾3号			1.66	2011–4–15	平衡混合型基金	混合型	中信证券	中信银行
东方红新睿1号			–1.37	2011–9–5	平衡混合型基金	混合型	东方证券资产	招商银行
东方红量化1号			– 0.65	2011–10–18	平衡混合型基金	混合型	东方证券资产	中国工商银行
财通金色钱塘基金优选			–12.83	2011–9–22	平衡混合型基金	FOF	财通证券	中国工商银行
创业创金价值成长			–3.30	2011–6–7	平衡混合型基金	混合型	第一创业证券	华夏银行
东兴2号			– 0.80	2011–12–2	平衡混合型基金	混合型	东兴证券	中国工商银行
长城1号			–19.08	2011–3–23	平衡混合型基金	混合型	长城证券	华夏银行
东北证券5号			–7.80	2011–8–25	平衡混合型基金	FOF	东北证券	中国建设银行
华泰紫金套利宝			0.58	2011–8–9	平衡混合型基金	混合型	华泰证券	招商银行
中航金航3号			1.16	2011–7–25	平衡混合型基金	混合型	中航证券	交通银行
渤海滨海2号转型成长			0.00	2011–12–25	平衡混合型基金	混合型	渤海证券	中国建设银行
山西证券汇通启富2号			–3.96	2011–6–10	平衡混合型基金	混合型	山西证券	中国工商银行
德邦心连心1号			0.07	2011–12–12	平衡混合型基金	混合型	德邦证券	交通银行
浙商汇金大消费			–11.32	2011–4–28	平衡混合型基金	混合型	浙商证券	中国光大银行
创业创金策略尊享			0.48	2011–10–31	平衡混合型基金	混合型	第一创业证券	中国工商银行

续前表

简称	2011年总回报（%）	同类排名	成立以来总回报（%）	成立日期	投资类型	所属概念	管理公司	托管人
光大阳光新兴产业			–21.37	2011–1–31	平衡混合型基金	混合型	光大证券	中国工商银行
平安证券稳健资本一号			0.29	2011–11–18	平衡混合型基金	混合型	平安证券	中信银行
东海精选2号			–26.53	2011–5–3	平衡混合型基金	混合型	东海证券	中国建设银行
东海东风8号			–18.99	2011–8–19	平衡混合型基金	混合型	东海证券	中信银行
国泰君安君享套利6号			2.10	2011–9–14	平衡混合型基金	混合型	国泰君安证券	中国工商银行
东莞旗峰财富1号			–7.90	2011–9–6	平衡混合型基金	混合型	东莞证券	招商银行
国信金理财内需升级			–21.30	2011–3–25	平衡混合型基金	混合型	国信证券	中国工商银行
浙商金惠套利通1号			0.30	2011–11–18	平衡混合型基金	混合型	浙商证券	中国建设银行
东海精选5号			–17.50	2011–8–19	平衡混合型基金	混合型	东海证券	交通银行
宏源红利成长			–20.81	2011–3–21	平衡混合型基金	混合型	宏源证券	中国建设银行
中信贵宾5号			0.78	2011–7–18	平衡混合型基金	混合型	中信证券	中信银行
安信基金宝			–6.34	2011–8–1	平衡混合型基金	FOF	安信证券	广发银行
国泰君安君享量化			3.25	2011–3–14	平衡混合型基金	混合型	国泰君安证券	中国工商银行
华泰紫金新兴产业			–23.15	2011–6–20	平衡混合型基金	混合型	华泰证券	交通银行
浙商金惠海宁钱潮			–18.62	2011–3–3	平衡混合型基金	混合型	浙商证券	浦发银行
长江超越理财稳健增利	– 0.08	7/27	0.59	2009–12–2	混合债券型二级基金	债券型	长江证券	中国农业银行
长江超越理财增强债券	– 0.90	8/27	13.44	2008–12–18	混合债券型二级基金	债券型	长江证券	招商银行
中信贵宾2号	– 0.97	3/125	– 0.97	2011–1–13	平衡混合型基金	混合型	中信证券	中信银行

续前表

简称	2011年总回报（%）	同类排名	成立以来总回报（%）	成立日期	投资类型	所属概念	管理公司	托管人
安信理财1号	–1.10	9/27	12.58	2009–5–22	混合债券型一级基金	债券型	安信证券	中国农业银行
长江超越理财宝2号	–1.50	1/3	–1.50	2010–12–20		混合型	长江证券	交通银行
平安年年红债券宝	–1.87	10/27	6.31	2009–1–21	混合债券型二级基金	债券型	平安证券	招商银行
光大阳光5号	–2.23	11/27	10.29	2009–1–21	混合债券型二级基金	债券型	光大证券	中国光大银行
中金增强型债券	–2.55	12/27	11.63	2009–2–26	混合债券型一级基金	债券型	中金公司	中国建设银行
国海债券1号	–2.57	13/27	6.99	2009–9–7	混合债券型二级基金	债券型	国海证券	华夏银行
中信贵宾1号	–2.82	4/125	–3.13	2010–9–28	平衡混合型基金	混合型	中信证券	中信银行
国信金理财收益增强	–2.97	14/27	– 0.28	2010–1–5	混合债券型二级基金	债券型	国信证券	招商银行
中信债券优化	–3.62	15/27	9.26	2009–1–6	混合债券型二级基金	债券型	中信证券	中信银行
上海证券理财2号	–3.93	16/27	9.97	2009–7–10	混合债券型二级基金	债券型	上海证券	兴业银行
方正金泉友1号	– 4.52	17/27	1.98	2010–5–26	混合债券型二级基金	债券型	方正证券	中信银行
国联金如意1号	– 4.65	18/27	–2.04	2010–2–8	混合债券型二级基金	债券型	国联证券	中国建设银行
东海稳健增值	– 4.87	5/125	– 4.76	2010–12–23	偏债混合型基金	债券型	东海证券	交通银行
安信理财3号	–5.91	6/125	– 4.29	2010–9–28	平衡混合型基金	混合型	安信证券	中信银行
华安理财1号	–6.44	19/27	0.63	2010–6–23	混合债券型二级基金	债券型	华安证券	浦发银行
华泰紫金策略优选	–8.10	2/3	0.93	2010–2–9		混合型	华泰证券	交通银行
中信稳健收益	–8.16	20/27	2.02	2009–5–8	混合债券型二级基金	债券型	中信证券	中国银行
海通季季红	–8.92	21/27	–1.10	2009–1–19	混合债券型二级基金	债券型	海通证券	中国农业银行

续前表

简称	2011年总回报（%）	同类排名	成立以来总回报（%）	成立日期	投资类型	所属概念	管理公司	托管人
招商智远成长	–9.07	7/125	2.66	2010–4–30	偏股混合型基金	股票型	招商证券	招商银行
东方红4号	–9.17	8/125	58.22	2009–4–21	平衡混合型基金	混合型	东方证券资产	中国工商银行
平安优质成长中小盘	–9.39	9/125	– 4.75	2009–11–26	平衡混合型基金	股票型	平安证券	中国建设银行
国元黄山1号	–9.46	22/27	39.00	2006–10–9	混合债券型二级基金	债券型	国元证券	中国农业银行
瑞银财富1号	–9.55	10/125	–10.00	2010–11–11	平衡混合型基金	混合型	瑞银证券	中国建设银行
华泰紫金鼎步步为盈	–9.69	23/27	7.68	2008–10–27	混合债券型二级基金	债券型	华泰证券	中国银行
中山金汇1号	–9.87	11/125	–14.80	2010–2–25	平衡混合型基金	混合型	中山证券	交通银行
浙商金惠引航	–9.91	12/125	–8.99	2010–12–27	平衡混合型基金	混合型	浙商证券	中国光大银行
光大阳光集结号混合型一期	–9.95	13/125	2.35	2010–1–28	平衡混合型基金	混合型	光大证券	中国光大银行
东方红5号	–10.33	14/125	–1.64	2010–2–5	平衡混合型基金	混合型	东方证券资产	中国工商银行
中银万国宝鼎1期	–10.37	15/125	9.78	2010–3–26	平衡混合型基金	混合型	申银万国证券	浦发银行
中信稳健回报	–10.77	16/125	– 4.82	2010–2–25	平衡混合型基金	混合型	中信证券	中信银行
国都1号安心受益	–11.01	24/27	30.10	2006–12–22	混合债券型一级基金	债券型	国都证券	华夏银行
银河北极星1号	–11.64	17/125	–10.32	2010–4–1	偏债混合型基金	混合型	中国银河证券	中国建设银行
华融稳健成长1号基金精选	–11.66	18/125	–11.55	2010–12–27	偏债混合型基金	FOF	华融证券	中国工商银行
中投汇盈债券优选	–11.96	25/27	–7.52	2009–5–18	混合债券型二级基金	债券型	中国中投证券	深圳发展银行
创业2号稳健回报	–12.02	19/125	–3.91	2010–1–5	平衡混合型基金	混合型	第一创业证券	广发银行
浙商金惠1号	–12.25	20/125	13.91	2010–7–1	平衡混合型基金	混合型	浙商证券	中国光大银行

续前表

简称	2011年总回报（%）	同类排名	成立以来总回报（%）	成立日期	投资类型	所属概念	管理公司	托管人
浙商汇金1号	-12.86	21/125	0.46	2010-4-30	平衡混合型基金	FOF	浙商证券	中国农业银行
申银万国宝鼎2期	-12.93	22/125	-12.27	2010-12-22	平衡混合型基金	混合型	申银万国证券	中国光大银行
华泰紫金1号	-13.11	26/27	78.78	2005-12-6	混合债券型二级基金	债券型	华泰证券	招商银行
国海内需增长	-13.11	23/125	-11.08	2010-4-29	平衡混合型基金	混合型	国海证券	华夏银行
中金安心回报	-13.29	24/125	-7.75	2010-3-29	平衡混合型基金	混合型	中金公司	华夏银行
华泰紫金优债精选	-13.39	27/27	-2.15	2009-5-12	混合债券型二级基金	债券型	华泰证券	中国银行
华西证券锦诚1号	-13.83	25/125	-15.90	2010-7-29	平衡混合型基金	混合型	华西证券	深圳发展银行
招商股票星	-13.84	26/125	1.24	2009-11-4	平衡混合型基金	股票型	招商证券	中国建设银行
东海东风2号	-13.91	27/125	38.01	2008-6-13	平衡混合型基金	FOF	东海证券	兴业银行
华西证券融诚1号	-13.94	28/125	-9.81	2010-3-26	平衡混合型基金	混合型	华西证券	中国建设银行
中航金航1号	-13.94	29/125	-12.29	2010-8-4	平衡混合型基金	混合型	中航证券	兴业银行
光大阳光内需动力	-14.00	30/125	-15.07	2010-9-27	平衡混合型基金	混合型	光大证券	中国光大银行
国信金理财限额特定1号	-14.48	3/3	-10.20	2010-9-16		混合型	国信证券	交通银行
招商智远内需	-14.73	31/125	-15.50	2010-11-24	平衡混合型基金	股票型	招商证券	交通银行
银河福星1号	-14.84	32/125	-13.90	2010-9-21	平衡混合型基金	混合型	中国银河证券	中信银行
安信理财2号	-14.96	33/125	-16.22	2009-11-26	平衡混合型基金	混合型	安信证券	中国光大银行
中金大中华股票配置	-15.03	1/2	8.90	2008-2-28	QDII基金	QDII	中金公司	中国银行
宏源内需成长	-15.33	35/125	-5.85	2009-7-6	偏股混合型基金	混合型	宏源证券	中国建设银行

续前表

简称	2011年总回报（%）	同类排名	成立以来总回报（%）	成立日期	投资类型	所属概念	管理公司	托管人
银河99指数	–15.63	1/3	–16.39	2010–12–21	被动指数型基金	股票型	中国银河证券	中国建设银行
国联金如意2号	–15.68	36/125	–12.71	2010–9–29	偏债混合型基金	混合型	国联证券	招商银行
山西证券汇通启富1号	–15.71	37/125	–8.37	2010–5–7	平衡混合型基金	FOF	山西证券	华夏银行
东北证券1号	–15.79	38/125	–5.61	2009–7–20	平衡混合型基金	混合型	东北证券	中国建设银行
光大阳光基中宝	–15.87	39/125	–15.10	2009–7–28	平衡混合型基金	FOF	光大证券	中国光大银行
东吴财富2号	–15.87	40/125	–16.10	2010–12–15	偏股混合型基金	FOF	东吴证券	中国工商银行
中金配置	–16.12	41/125	–18.50	2009–8–17	偏股混合型基金	混合型	中金公司	中国建设银行
国海收益精选	–16.62	42/125	–21.67	2010–10–29	平衡混合型基金	混合型	国海证券	中信银行
广发理财3号	–16.95	43/125	220.59	2006–1–18	平衡混合型基金	混合型	广发证券	交通银行
中银国际中国红基金宝	–17.01	44/125	–17.25	2009–12–10	平衡混合型基金	FOF	中银国际证券	中国银行
东方红先锋5号	–17.04	45/125	–17.04	2011–1–12	平衡混合型基金	混合型	东方证券资产	中国农业银行
东方红先锋1号	–17.14	46/125	3.53	2010–1–7	平衡混合型基金	混合型	东方证券资产	中国工商银行
方正金泉友2号	–17.20	47/125	–17.20	2010–12–28	平衡混合型基金	FOF	方正证券	交通银行
国信金理财4号	–17.37	48/125	14.66	2008–11–21	偏股混合型基金	混合型	国信证券	华夏银行
兴业证券金麒麟2号	–17.50	49/125	–10.94	2009–11–26	平衡混合型基金	股票型	兴业证券	兴业银行
西南珠峰1号	–17.76	50/125	–17.81	2010–12–8	平衡混合型基金	混合型	西南证券	中国建设银行
浙商金惠3号	–18.26	51/125	–17.97	2010–12–1	平衡混合型基金	混合型	浙商证券	中国光大银行
银河金星1号	–18.37	52/125	–23.63	2009–4–8	偏股混合型基金	股票型	中国银河证券	招商银行

续前表

简称	2011年总回报（%）	同类排名	成立以来总回报（%）	成立日期	投资类型	所属概念	管理公司	托管人
招商基金宝二期	–18.44	53/125	–28.84	2007–8–27	平衡混合型基金	FOF	招商证券	招商银行
中银万国3号基金宝	–18.45	54/125	–18.31	2010–11–18	偏债混合型基金	FOF	申银万国证券	中信银行
国泰君安君享富利	–18.75	55/125	–20.87	2010–10–27	平衡混合型基金	混合型	国泰君安证券	中国光大银行
国泰君安上证央企50	–19.23	2/3	–17.64	2010–7–15	被动指数型基金	FOF	国泰君安证券	招商银行
中信股票精选	–19.24	56/125	–20.14	2010–12–10	平衡混合型基金	股票型	中信证券	中信银行
海通金中金	–19.35	57/125	– 4.03	2008–6–30	平衡混合型基金	FOF	海通证券	兴业银行
长江超越理财趋势掘金	–19.69	58/125	–14.98	2010–6–2	偏股混合型基金	混合型	长江证券	交通银行
长江超越理财核心成长	–19.93	59/125	–19.25	2010–10–20	平衡混合型基金	混合型	长江证券	中国建设银行
国泰君安明星价值	–19.97	60/125	–17.57	2010–2–12	偏股混合型基金	股票型	国泰君安证券	中国光大银行
中信理财2号	–20.15	61/125	172.62	2006–3–22	偏债混合型基金	混合型	中信证券	中信银行
东方红2号	–20.19	62/125	137.06	2006–7–5	平衡混合型基金	混合型	东方证券资产	中国银行
中金消费指数	–20.58	3/3	–20.57	2010–12–29	被动指数型基金	股票型	中金公司	中信银行
兴业证券金麒麟3号	–20.61	63/125	–19.10	2010–8–19	平衡混合型基金	FOF	兴业证券	中国农业银行
东方红基金宝	–20.73	64/125	–10.50	2010–6–24	平衡混合型基金	FOF	东方证券资产	中国银行
国信金理财价值增长	–20.75	65/125	42.44	2007–1–25	平衡混合型基金	股票型	国信证券	中国农业银行
信达满堂红基金优选	–20.83	66/125	–22.10	2010–9–21	偏债混合型基金	FOF	信达证券	中国建设银行
光大阳光	–20.84	67/125	268.54	2005–4–28	平衡混合型基金	混合型	光大证券	中国光大银行
宏源金之宝	–20.86	68/125	–19.51	2010–8–23	平衡混合型基金	FOF	宏源证券	中国建设银行

续前表

简称	2011年总回报（%）	同类排名	成立以来总回报（%）	成立日期	投资类型	所属概念	管理公司	托管人
华泰紫金2号	–21.12	69/125	98.99	2006–8–7	平衡混合型基金	FOF	华泰证券	招商银行
民生金中宝1号	–21.19	70/125	–23.34	2009–12–8	偏债混合型基金	FOF	民生证券	交通银行
大通星海1号	–21.22	71/125	–3.90	2009–6–30	偏债混合型基金	混合型	大通证券	中国光大银行
国都2号安心理财	–21.28	72/125	–6.62	2009–3–27	平衡混合型基金	FOF	国都证券	中国建设银行
国信金理财6号	–21.32	73/125	–16.57	2010–6–4	平衡混合型基金	混合型	国信证券	招商银行
东莞旗峰2号	–21.34	74/125	–22.67	2010–8–10	平衡混合型基金	混合型	东莞证券	中国工商银行
广发增强型基金优选4号	–21.35	75/125	27.31	2007–2–9	偏股混合型基金	FOF	广发证券	招商银行
中金股票策略	–21.36	76/125	–9.47	2007–3–6	偏股混合型基金	股票型	中金公司	中国建设银行
上海证券理财1号	–21.41	77/125	–54.34	2007–9–17	平衡混合型基金	股票型	上海证券	招商银行
东方红先锋3号	–21.48	78/125	–6.63	2010–7–8	平衡混合型基金	混合型	东方证券资产	中国银行
中投汇盈产业优选	–21.48	79/125	–17.57	2010–4–26	平衡混合型基金	混合型	中国中投证券	中国农业银行
东莞旗峰1号	–21.60	80/125	–22.92	2009–12–22	平衡混合型基金	FOF	东莞证券	招商银行
东方红先锋4号	–21.90	81/125	–23.41	2010–12–7	平衡混合型基金	混合型	东方证券资产	浦发银行
中信优选成长	–21.95	82/125	9.13	2009–5–8	偏股混合型基金	股票型	中信证券	中国银行
国都3号安心成长	–21.99	83/125	–22.22	2010–12–9	平衡混合型基金	混合型	国都证券	中国建设银行
财富证券财富1号	–22.41	84/125	–27.45	2010–6–9	平衡混合型基金	FOF	财富证券	中国建设银行
国泰君安君得鑫股票	–22.48	85/125	–21.70	2010–12–28	平衡混合型基金	股票型	国泰君安证券	中国建设银行
中金股票精选	–22.58	86/125	86.51	2006–7–20	偏股混合型基金	股票型	中金公司	中国银行

续前表

简称	2011年总回报（%）	同类排名	成立以来总回报（%）	成立日期	投资类型	所属概念	管理公司	托管人
长江超越理财3号	–22.71	87/125	2.75	2009–1–5	平衡混合型基金	混合型	长江证券	中国农业银行
西部财富长安1号	–22.74	88/125	–23.90	2010–9–10	偏股混合型基金	FOF	西部证券	中国建设银行
国泰君安君享精品基金一号	–23.04	89/125	–14.74	2010–5–21	平衡混合型基金	FOF	国泰君安证券	中国光大银行
东方红6号	–23.05	90/125	–24.99	2010–11–22	平衡混合型基金	混合型	东方证券资产	中国工商银行
中金基金优选	–23.56	91/125	–17.25	2010–1–29	平衡混合型基金	FOF	中金公司	中国建设银行
海通新兴成长	–23.86	92/125	–15.52	2010–5–26	平衡混合型基金	混合型	海通证券	交通银行
中信建投灵活配置	–23.87	93/125	–21.69	2010–1–20	平衡混合型基金	混合型	中信建投	中信银行
华泰紫金周期轮动	–23.98	94/125	–27.68	2010–9–27	平衡混合型基金	股票型	华泰证券	中国银行
齐鲁金泰山2号	–24.02	95/125	–26.98	2010–7–16	平衡混合型基金	混合型	齐鲁证券	中信银行
财通金色钱塘核心动力	–24.21	96/125	–26.49	2010–12–8	平衡混合型基金	混合型	财通证券	中国工商银行
东北证券2号	–24.38	97/125	–11.29	2010–5–20	偏股混合型基金	股票型	东北证券	中国建设银行
国泰君安君得益优选基金	–24.40	98/125	–15.92	2007–12–12	平衡混合型基金	FOF	国泰君安证券	招商银行
东海精选1号	–24.60	99/125	–23.21	2010–7–19	平衡混合型基金	混合型	东海证券	中信银行
国元黄山3号	–24.80	100/125	–28.17	2010–6–7	偏债混合型基金	FOF	国元证券	中国民生银行
齐鲁金泰山	–25.13	101/125	–25.33	2009–8–13	平衡混合型基金	混合型	齐鲁证券	中信银行
红塔登峰1号	–25.15	102/125	–25.57	2010–12–23	偏债混合型基金	FOF	红塔证券	华夏银行
东兴1号	–25.19	103/125	–19.34	2010–7–15	平衡混合型基金	FOF	东兴证券	中国光大银行
光大阳光6号	–25.35	104/125	–12.02	2009–12–28	平衡混合型基金	混合型	光大证券	中国工商银行

续前表

简称	2011年总回报（%）	同类排名	成立以来总回报（%）	成立日期	投资类型	所属概念	管理公司	托管人
中银国际中国红1号	–25.52	105/125	9.36	2009–1–20	平衡混合型基金	混合型	中银国际证券	中国银行
长江超越理财灵活配置	–25.56	106/125	–5.85	2009–8–5	平衡混合型基金	混合型	长江证券	交通银行
中银国际中国红稳定价值	–25.74	107/125	–24.86	2010–11–19	平衡混合型基金	混合型	中银国际证券	华夏银行
东海东风3号	–25.90	108/125	–17.09	2009–8–21	偏股混合型基金	股票型	东海证券	中国建设银行
国信金理财多策略	–26.09	109/125	–32.99	2010–1–5	平衡混合型基金	股票型	国信证券	招商银行
中投汇盈核心优选	–26.62	110/125	–14.96	2008–9–1	偏股混合型基金	混合型	中国中投证券	中国建设银行
东方红先锋2号	–26.81	111/125	–15.57	2010–2–24	平衡混合型基金	混合型	东方证券资产	交通银行
国信金理财经典组合	–26.85	112/125	108.19	2006–8–7	平衡混合型基金	FOF	国信证券	中国银行
中信积极配置	–27.39	113/125	–23.55	2009–5–8	偏债混合型基金	混合型	中信证券	中国银行
东吴财富1号	–27.42	114/125	–35.24	2010–2–11	平衡混合型基金	混合型	东吴证券	交通银行
国泰君安君富香江	–27.42	2/2	–29.60	2010–9–30	QDII基金	QDII	国泰君安证券	中国银行
浙商金惠2号	–27.86	115/125	–26.94	2010–11–15	平衡混合型基金	混合型	浙商证券	中国光大银行
华泰紫金鼎锦上添花	–28.11	116/125	–22.69	2009–3–19	平衡混合型基金	FOF	华泰证券	中国银行
东北证券3号	–28.94	117/125	–29.30	2010–12–16	平衡混合型基金	混合型	东北证券	中国建设银行
申银万国2号	–29.21	118/125	–26.14	2009–7–17	偏股混合型基金	混合型	申银万国证券	中国银行
海通稳健成长	–29.72	119/125	–27.23	2009–8–28	偏股混合型基金	混合型	海通证券	中国工商银行
东海东风6号	–31.19	120/125	–27.32	2010–8–20	平衡混合型基金	混合型	东海证券	中国光大银行
东海东风5号	–31.58	121/125	–21.87	2010–4–26	平衡混合型基金	股票型	东海证券	交通银行

续前表

简称	2011年总回报（%）	同类排名	成立以来总回报（%）	成立日期	投资类型	所属概念	管理公司	托管人
国元黄山2号	–32.15	122/125	–34.25	2008–12–19	平衡混合型基金	FOF	国元证券	中国农业银行
华泰紫金3号	–34.13	123/125	–3.42	2007–3–6	平衡混合型基金	混合型	华泰证券	招商银行
华泰紫金鼎造福桑梓	–34.48	124/125	–27.33	2008–10–27	平衡混合型基金	股票型	华泰证券	中国银行
中信股债双赢	–35.07	125/125	–10.16	2007–4–6	平衡混合型基金	混合型	中信证券	中国建设银行
东海东风5号	–31.58	121/125	–21.87	2010–4–26	平衡混合型基金	股票型	东海证券	交通银行
国元黄山2号	–32.15	122/125	–34.25	2008–12–19	平衡混合型基金	FOF	国元证券	中国农业银行
华泰紫金3号	–34.13	123/125	–3.42	2007–3–6	平衡混合型基金	混合型	华泰证券	招商银行
华泰紫金鼎造福桑梓	–34.48	124/125	–27.33	2008–10–27	平衡混合型基金	股票型	华泰证券	中国银行
中信股债双赢	–35.07	125/125	–10.16	2007–4–6	平衡混合型基金	混合型	中信证券	中国建设银行

一切为了您的阅读价值

★ 您知道自己为阅读付出的最大成本是什么吗？

★ 您是否常常在读过一本书后，才发现不是自己要看的那一本？

★ 您是否常常发现很多书都是一时冲动买下，至今一字未读？

★ 您是否常常感慨书的价格太贵，两百多页，值四十多元钱吗？

阅读的最大成本

读者在选购图书的时候，往往把成本支出的焦点放在书价上，其实不然。

时间才是读者付出的最大阅读成本。

阅读的时间成本=选择花费的时间+阅读花费的时间+误读浪费的时间

选择合适的图书类别

目前市场上的**图书来源**可以分为**两大类，五小类：**

1. 引进图书：引进图书来源于国外出版公司，多从其他语种翻译成中文出版，反映国际发展现状，但与中国的实际结合较弱，其中包括三小类：

a）教科书：理论性较强，体系完整，但多为学科的基础知识，适合初入门的、需要系统了解一门学问的读者。

b）专业书：理论性、专业性均较强，需要读者拥有比较深厚的专业背景，阅读的目的是加深对一门学问的理解和认识。

c）大众书：理论性、专业性均不强，但普及性较强，贴近现实，实用可操作，适合一门学问的普通爱好者或实际操作者。

2. 本土图书：本土图书来源于中国的作者，反映中国的发展现状，与中国的实际结合较强，但国际视野和领先性与引进版相比较弱，其中包括两小类，可通过封面的作者署名来辨别：

a）“著”作：大多为作者亲笔写就，请读者认真阅读“作者简介”，并上网查询、验证其真实程度，一旦发现优秀的适合自己的作者，可以在今后的阅读生活中，多加留意并了解。

b）“编著”图书：汇编了大量图书中的内容，拼凑的痕迹较明显，建议读者仔细分辨，谨慎购买。

阅读的收益

阅读图书最大的收益，来自于获取知识后，**应用于**自己的**工作和生活**，获得品质的**改善和提升**，油然而生无限的**满足感**。

我们出版的所有图书，封底和书脊都有“湛庐文化”的标志

并归于两个品牌

心视界

找“小红帽”

为了便于读者在浩如烟海的书架陈列中清楚地找到我们，我们在每本图书的书脊上部 47mm 处，全部用红色标记，称之为——小红帽。同时，“小红帽”上标注“湛庐文化”字样，小红帽下方标注所属图书品牌名称。

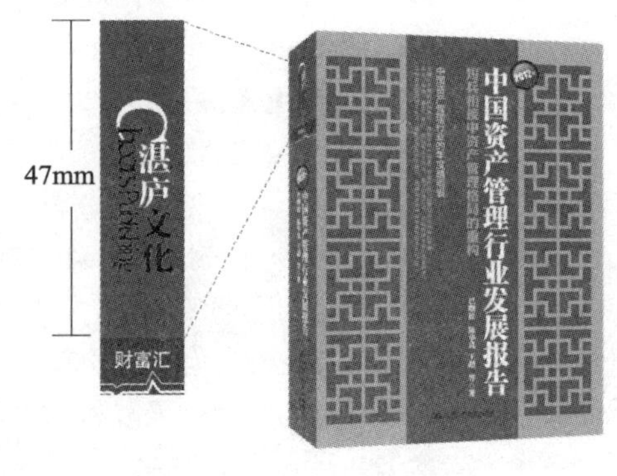

湛庐文化主力打造两个品牌：**财富汇**，致力于为商界人士提供国内外优秀的经济管理类图书；**心视界**，旨在通过心理学大师、心灵导师的专业指导为读者提供改善生活和心境的通路。

用轻型纸

您现在正在阅读的这本书所使用的是轻型纸，有白度低、质感好、韧性好、油墨吸收度高等特点，价格比一般的纸更贵。

关注阅读体验

我们目前所使用的字体、字号和行距，是在经过大量调查研究的基础上确定的，符合读者阅读感受。每页设计的字数可以在阅读疲劳周期的低谷到来之前，使读者稍作停顿，减轻读者的阅读疲劳，舒适的阅读感觉油然而生。

所有的一切都为了给您更好的阅读体验，代表着我们“十年磨一剑”的专注精神。我们希望湛庐能够成为您事业与生活中的伙伴，帮助您成就事业，拥有更为美好的生活。

湛庐文化2008-2011年获奖书目

《牛奶可乐经济学》
国家图书馆“第四届文津奖”十本获奖图书之一，唯一获奖的商业类图书。
搜狐、《第一财经日报》2008年十本最佳商业图书。
用经济学的眼光看待生活和工作，体验作为“经济学家”的美妙之处。

《大而不倒》
《金融时报》·高盛2010年度最佳商业图书入选作品。
美国《外交政策》杂志评选的全球思想家正在阅读的20本书之一。
蓝狮子·新浪2010年度十大最佳商业图书，《智囊悦读》2010年度十大最具价值经管图书。
一部金融界的《2012》，一部丹·布朗式的鸿篇巨制。

《金融之王》
《金融时报》·高盛2010年度最佳商业图书。
蓝狮子2011年度十大最佳商业图书，《第一财经日报》2011年度十大金融投资书籍。
权威透视国际金融界大佬在大萧条中的群像著作。
一部优美的人物传记，一部独特视角的经济金融史。

《富可敌国》
蓝狮子·《第一财经日报》2011年度最佳金融商业图书。
《第一财经日报》2011年度十大金融投资书籍。
源自300个小时的真实访谈，一部权威的对冲基金史。

《认知盈余》
2011年度和讯华文财经图书大奖。
看“互联网革命最伟大的思考者”克莱·舍基如何开启无组织的时间力量。
看自由时间如何成就“有闲”世界，如何引领“有闲”经济与“有闲”商业的未来。

《微力无边》
2011年度和讯华文财经图书大奖“最佳装帧设计奖”。
中国最早的社会化媒体营销研究者杜子建首部作品。
一部微博前传，半部营销后传。

《神话的力量》
《心理月刊》2011年度最佳图书奖。
在诸神与英雄的世界中发现自我，当代神话学大师约瑟夫·坎贝尔毕生精髓之作。

《facebook效应》
《金融时报》·高盛2010年度最佳商业图书入选作品。
蓝狮子·新浪2010年度十大最佳商业图书，《新智囊》2011年度最具价值十大经管图书。
首度公开facebook非凡创业的26个细节，马克·扎克伯格及40多位核心高管倾情讲述。

《真实的幸福》
《职场》2010年度最具阅读价值的10本职场书籍。
积极心理学之父马丁·塞利格曼扛鼎之作，哈佛最吸引人、最受欢迎的幸福课。

《绕着大毛球飞行》
蓝狮子·《职场》2011年度最佳职场图书。
畅销13年的职场创意手册，贺曼贺卡公司创意总监倾情之作。

湛庐文化 Cheers Publishing

延伸阅读

《资本之王》

◎ 全球私募之王黑石集团成长史。
◎ 唯一一部透视黑石集团运作内幕的权威巨作。
◎ 首度展现黑石创始人史蒂夫·施瓦茨曼叱咤风云的私募传奇。

《金融之王》

◎ 2010年普利策历史奖得主,《金融时报》与高盛“最佳商业图书”,《纽约时报》年度畅销书。
◎ 一部介绍国际金融界大佬在大萧条中群像的著作，一部情节引人入胜的优美传记，一部视角独特的经济金融史。

《大而不倒》

◎ 2010年最厚重、最值得期待的金融巨制。
◎ 全球政要和首席执行官争相阅读的危机启示录。
◎ 一部金融界的《2012》，一部丹·布朗式的鸿篇巨制。
◎ 长踞亚马逊畅销书排行榜榜首。

《富可敌国》

◎ 2010年《金融时报》与高盛“最佳商业图书”入围作品。
◎ 源自300小时的真实访谈，无数业内第一手资料的真实呈现。
◎ 一部权威的对冲基金史。
◎ 展现顶级对冲基金大亨们的传奇人生。

《2011年中国资产管理行业发展报告》

◎ 烽烟四起，从“结构之变”到“市场之变”，苍茫大市，谁主沉浮？
◎ 强势突进，变法革新，基金业如何破解销售困局？
◎ 中国资产管理行业的年度晴雨表。
◎ 全程导读，把脉资产管理大势。

图书在版编目（CIP）数据

2012年中国资产管理行业发展报告：短兵相接中资产管理格局的重构 / 巴曙松，陈华良，王超等著．—北京：中国人民大学出版社，2012

ISBN：978-7-300-15996-6

Ⅰ．①2… Ⅱ．①巴… ②陈… ③王… Ⅲ．①证券投资－基金－研究报告－中国－2012 Ⅳ．①F832.51

中国版本图书馆CIP数据核字（2012）第134267号

2012年中国资产管理行业发展报告：短兵相接中资产管理格局的重构

巴曙松 陈华良 王 超 等著

2012 Nian Zhongguo Zichan Guanli Hangye Fazhan Baogao: Duanbingxiangjie zhong Zichan Guanli Geju de Chonggou

---

出版发行	中国人民大学出版社		
社　址	北京中关村大街31号	**邮政编码**	100080
电　话	010–62511242（总编室）		010–62511398（质管部）
	010–82501766（邮购部）		010–62514148（门市部）
	010–62515195（发行公司）		010–62515275（盗版举报）
网　址	http:// www. crup. com. cn		
	http:// www. ttrnet. com（人大教研网）		
经　销	新华书店		
印　刷	北京中印联印务有限公司		
规　格	170 mm×230 mm 16开本	**版　次**	2012年8月第1版
印　张	33.75 插页2	**印　次**	2012年9月第2次印刷
字　数	547 000	**定　价**	79.90元

湛（zhàn）**庐**（lú）

铸剑大师欧冶子『十年磨一剑』，炼就了『天下第一剑』湛庐剑。

——《吴越春秋》记载